WILLI HEINRICH

WILLI HEINRICH

MÄNNER ZUM WEGWERFEN

VERLEGT BEI
KAISER

Berechtigte Ausgabe für den Neuen Kaiser Verlag — Buch und Welt, Hans Kaiser, Klagenfurt, mit Genehmigung der F. A. Herbig Verlagsbuchhandlung GmbH., München und Berlin

Schutzumschlag: Volkmar Reiter unter Verwendung eines Fotos von Zefa, Wien
Reproduktion: Schlick KG, Graz
Fotosatz: Times 9.4 Punkt
Druck und Bindung: Ueberreuter Buchproduktion, Korneuburg

1

Über eines waren wir uns bei aller Divergenz der in einer großen Redaktion vertretenen Meinungen und Temperamente einig: Was uns die Publikation schon der ersten Folge der Neumann-Story an Turbulenzen ins Haus brachte, übertraf alles, was wir jemals in dieser Beziehung erlebt hatten, und das war gewiß nicht wenig. Die Zahl der Anrufer, die uns angeblich Wissenswertes über die Vergangenheit der Neumann berichten wollten oder nur daran interessiert waren, etwas über ihren heutigen Wohnsitz zu erfahren, nahm kein Ende. Obwohl wir miteinem lebhaften Echo gerechnet hatten, wurden wir von den tatsächlichen Geschehnissen völlig überrollt. Während ich in der Erwartung, vielleicht auf das eine oder das andere für unseren Abdruck Wissenswerte zu stoßen, anfänglich die meisten Gespräche persönlich annahm, überließ ich diese Arbeit schon ab zehn Uhr vormittags meiner Sekretärin. Sie war es auch, die mir von einem Anrufer berichtete, der unbedingt darauf bestand, mit dem verantwortlichen Redakteur zu sprechen. Andernfalls würde er sich mit seiner Geschichte, die eng mit der Person der Neumann verknüpft sei, an die Konkurrenz wenden. Mit ähnlichen Drohungen waren wir an diesem Vormittag schon einige Male ohne praktisches Ergebnis neugierig gemacht worden. Dennoch nahm ich auch dieses Gespräch schließlich an, wies jedoch sofort darauf hin, daß an Verehrern der Neumann, die seit Beginn unserer Publikation aus einem angeblichen früheren Verhältnis mit ihr Kapital zu schlagen versuchten, bei der Redaktion inzwischen kein Bedarf mehr bestünde. Worauf mir der Anrufer erwiderte, daß er besser über sie Bescheid wisse als jeder andere. »Ich könnte mir denken«, fuhr er fort, »daß Sie in Ihren Memoiren auch auf den Namen Feuerstein gestoßen sind.«

»Warum interessieren Sie sich dafür?«

»Weil ich dieser Feuerstein bin«, antwortete er, zu meiner unsäglichen Überraschung. »Und wenn in Ihrem Blatt schon über meine Person geschrieben wird, dann will ich wenigstens Gelegenheit haben, die Dinge dort, wo sie nicht zutreffen, zurechtzurücken. Und damit Sie etwas klarer sehen, mit wem Sie es zu tun haben: Ich arbeitete zu jener Zeit für eine Sonderabteilung der Abwehr. Wir waren über das Eintreffen von Schimazek unterrichtet und hatten den Auftrag, ihn und seine Begleiter nach geglücktem Grenzübergang in Empfang zu nehmen. Organisiert und vorbereitet wurde seine Flucht angeblich von einem Spitzenfunktionär aus dem Ministerium für Staatssicherheit, der sich nach dem geglückten Unternehmen ebenfalls zu uns absetzen und uns mit wichtigen Informationen über ostdeutsche Agententätigkeiten auf dem Boden der BRD versorgen wollte. Vermutlich in der Absicht, gemeinsam mit Schimazeks Begleitern dessen Werdegang im Westen selbst in die Hand zu nehmen und finanziell davon zu profitieren. Daß sich Schimazek nach dem geglückten Grenzübertritt dann selbständig machte, hat diese Pläne zerschlagen und uns um einen erstklassigen Informanten gebracht.«

»Ist Ihnen der Name des Spitzenfunktionärs bekannt?«

»Nein. Wir hatten keinen unmittelbaren Kontakt mit ihm. Mehr möchte ich im Augenblick auch nicht dazu sagen. Wenn Sie die ganze Geschichte hören wollen, dann müssen wir uns vorher über die Bedingungen einigen. Was haben Sie der Neumann für Ihre Geschichte bezahlt?«

Einiges von dem, was er mir erzählte, war mir von der Lektüre der Neumann-Story her bekannt, aber eben nur einiges. Der Gedanke, in ihm einen Informanten gefunden zu haben, der uns auch über die Hintergründe der damaligen Ereignisse Klarheit verschaffen könnte, war so faszinierend, daß ich Mühe hatte, ihn meine Aufregung nicht merken zu lassen; ich antwortete ausweichend: »Ihre Memoiren erscheinen gleichzeitig in über vierzig Ländern. Wir bekamen die Rechte von einem Londoner Anwalt angeboten. Aus dem, was sie schreibt, geht auch nicht hervor, wo sie heute lebt und was aus Schimazek geworden ist. Ist Ihnen darüber etwas bekannt?«

»Nein. Aber sicher hält sie sich und ihn so gut versteckt, daß sie meinte, sich die Veröffentlichung ihrer Memoiren leisten zu können. Ich weiß zwar nicht, warum sie sie publiziert, bestimmt aber nicht allein wegen des Geldes. Davon hatte sie schon vorher mehr als genug. Trotzdem wollte ich nicht mit ihr tauschen.«

»Warum nicht?«

»Immerhin hat sie sich zahllose Feinde geschaffen. Von den Leuten, die sich durch sie geschädigt fühlen, ganz zu schweigen. Wie ist es nun? Sind Sie interessiert oder nicht?«

Mein Entschluß war bereits gefaßt; ich fragte: »Wo sind Sie zu erreichen? Wir kommen zu Ihnen. Möglichst noch heute.«

Er gab mir die Adresse und setzte abschließend hinzu: »Vorausgesetzt, Sie bringen auch gleich ein Angebot mit, über das sich reden läßt.«

Das Gespräch mit ihm beschäftigte mich auch noch hinterher so stark, daß ich völlig geistesabwesend am Schreibtisch sitzen blieb. Als meine Sekretärin zu mir hereinkam, bemerkte ich sie erst, als sie bereits neben mir stand. Sie sagte mit besorgt klingender Stimme: »Ist Ihnen nicht gut, Herr Wörner? Sie sehen aus, als sei Ihnen ein Gespenst begegnet.«

Ich blickte sie an. »Ein Gespenst gerade nicht, aber der Feuerstein. Stellen Sie sich vor, den Mann gibt es tatsächlich. Die Neumann scheint nicht einmal die Namen geändert zu haben. Wo ist der Chef?«

»In seinem Büro«, sagte sie. »Ich nehme es wenigstens an.«

»Der wird sich vielleicht wundern«, sagte ich.

Daß Feuerstein wegen der Neumann nicht nur seine Stellung, sondern auch seine Frau verloren hatte, erfuhren wir bereits bei unserem ersten Besuch bei ihm. Es war daher verständlich, daß seine Schilderung der Ereignisse ebensowenig von Objektivität geprägt war wie seine Einschätzung ihrer Person. Darüber gingen allerdings auch die Meinungen in der Redaktion weit auseinander. Die einen neigten anfänglich dazu, Feuersteins Ansichten über sie zu teilen. Andere wiederum waren hellauf begeistert von ihr und wünschten sich nichts sehnlicher, als einer Frau wir ihr einmal persönlich zu begegnen. Meine eigene Meinung dazu war differenzierter. Es stimmte zwar, daß sie die Freuden der Liebe unbedenklich genossen hatte. Andererseits hatte sie aber auch nicht jede sich bietende Gelegenheit wahrgenommen. Vielleicht war es gerade ihre Widersprüchlichkeit, die meine Gedanken nicht von ihr loskommen ließen. Schon ihre Schilderung, wie sie Schimazek kennenlernte, hatte mich fasziniert und auf sie neugierig werden lassen. Sie schrieb darüber in ihrer Story.

Nicht selten sind es reine Zufälligkeiten, die unser Leben von Grund auf verändern, und daß ich Jochen kennenlernte, gehörte eben mit zu jenen Begegnungen, die weder durch gewohnte Tagesabläufe noch durch gemeinsame Interessen vorprogrammiert sind. Als ich nämlich am Vorabend dieses Tages nach Hause kam, vermißte ich mein Auftragsbuch. Mir war sofort klar, daß es nur beim zuletzt besuchten Kunden liegen konnte, denn dort hatte ich es noch benutzt. Er hieß Batschauer und wohnte in einem einsam gelegenen Bauernhof in der Gegend von Michelstadt. Also blieb mir nichts anderes übrig, als mich am nächsten Morgen ins Auto zu setzen und meinen Fehler gutzumachen. Weil es ein Samstag war und Gremmelmaier vor Montagmorgen meine Wochenaufträge und Spesenabrechnung nicht erwartete, würde mir auch kein Ärger daraus entstehen. Und eine kleine Spazierfahrt durch den Odenwald, einmal ohne Kundenbesuche, war mir sogar eine willkommene Abwechslung. Auch das Wetter zeigte sich zum Wochenende mit beinahe sommerlichen Temperaturen von seiner besten Seite. Ich war die Strecke jetzt schon so oft gefahren, daß ich sie in weniger als eineinhalb Stunden schaffte, allerdings völlig umsonst, denn dort, wo ich das Auftragsbuch vermutet hatte, war es nicht, obwohl mir die ganze Familie Batschauer, soweit sie im Augenblick nichts Wichtigeres zu tun hatte, beim Suchen behilflich war. Schließlich entdeckte ich das Buch eine Viertelstunde später bei der Rückkehr zum Wagen halb unter dem Fahrersitz liegen, und nichts kann meinen Pulsschlag mehr beschleunigen als Ärger über mich selbst. Herr Batschauer, Oberhaupt der schätzungsweise neun Köpfe umfassenden Familie, bestand darauf, mir auf den Ärger hin ein Glas Selbstgebrannten einzuschenken. Daß er selbstgebrannt war, merkte ich bereits nach dem ersten vorsichtigen Schluck; mir stand das Wasser noch in den Augen, als ich mich endgültig von der Familie verabschiedete. Zwischen Tür und Auto begegnete ich dann noch einem Batschauer, er war etwa siebzehn und verschlang mich jedesmal, wenn er mich sah, mit den Blicken. Heute hatte er jedoch kaum ein Auge für mich. Er stürzte an mir vorbei ins Haus, ich hörte ihn drinnen laut und aufgeregt mit seinen Eltern, Brüdern und Schwestern reden. Augenblicke später kam er mit dreien von ihnen, zwei jüngeren Brüdern und einer Schwester, aus dem Haus gerannt, vorbei an mir die steil ansteigende, schmale Straße hinauf. Weiter oben führte sie über eine bewaldete Kuppe hinweg. Ich hatte keine Erklärung für ihre Aufgeregtheit und blieb unschlüssig neben dem Wagen stehen, bis Vater Batschauer aus dem Haus trat und mir Aufschluß über ihr merkwürdiges Gebaren gab. Hinter der Kuppe befand sich ein kleiner Fußballplatz der Gemeinde. Dort trafen sich am Wochenende bei schönem Wetter die Mitglieder eines Fußballvereins aus Michelstadt zum samstäglichen Training. Heute nun hatte sich ihnen ein Fremder zugesellt, eine Weile das Spiel beobachtet und sich vernehmbar in abfälligen Bemerkungen über die Qualität des Michelstäder Torhüters geäußert. Bis diesem der Kragen platzte und er den Fremden lauthals dazu aufforderte, sich mit seinem großen Maul doch selbst einmal in das Tor zu stellen, wenn er das besser könne als er. Was dann prompt geschehen war. Und nun schoß die ganze Michelstadter Mannschaft seit einer guten halben Stunde aus allen Rohren beziehungsweise mit allen Beinen auf das Tor, ohne einen einzigen Treffer zu erzielen. Und so etwas, schloß Herr Batschauer seinen Bericht, sei seines Wissens der Michelstadter Mannschaft seit Menschengedenken noch nie widerfahren. Danach erkundigte er sich, ob auch ich mich für Fußball interessiere. »Nicht allzu sehr«, räumte ich ein. »Vielleicht hat die Michelstadter Mannschaft keine guten Torschützen?«

Batschauer widersprach mir mit Entschiedenheit: »Das ist eine ganz ausgezeichnete Mannschaft, Fräulein Neumann. Die hat ein paar Spieler, da würden sich selbst die Darmstädter die Finger danach lecken. Entschuldigen Sie, wenn ich Ihnen das als Darmstädterin so offen sage.«

Ich lächelte: »Macht nichts, Herr Batschauer; ich bin in Frankfurt daheim.«

Weil ich befürchtete, er könnte auf den Gedanken kommen, mir noch einen von seinem Selbstgebrannten anzudrehen, verlor ich keine Zeit mehr und brachte den Wagen erst wieder zum Stehen, als ich hinter der Kuppe und rechts der Straße an einem frühlingsgrünen Waldrand den Fußballplatz sah. Dort drängten sich einige Dutzend Leute um eines der beiden Tore. Im Gegensatz zum sonstigen, auf Fußballplätzen vorherrschenden Geräuschpegel breitete sich eine bemerkenswerte Stille aus. Dies war mein erster Eindruck, als ich aus dem Wagen stieg und, neugierig geworden, mich raschen Schrittes dem Zentrum des Geschehens näherte. Neben dem guten Dutzend Spieler der Michelstadter Mannschaft in ihrem weiß-roten Dreß, die allesamt vor dem Tor im Halbkreis versammelt waren und sich abwechselnd mit mehr oder weniger gut gezielten Schüssen um einen Treffer bemühten, standen hinter dem Tor und seitlich davon noch zwei oder drei Dutzend interessierte Zuschauer. Auch die Batschauer-Kinder entdeckte ich zwischen ihnen. Den Mann im Tor sah ich erst, als ich mich so weit genähert hatte, daß ich über die Köpfe der Zuschauenden hinwegsehen konnte. Er trug einen blauen Trainingsanzug und Trainingsschuhe und war sehr groß. Ich schätzte ihn auf über einsneunzig, und was er da vorführte, war selbst für mich mit meinen Laienkenntnissen über die hohe Kunst des Fußballs Akrobatik in perfekter Form. Auch wenn es für das Auge nicht mehr faßbar erschien, waren sein Körper und seine Hände immer genau dort, wo der Ball hinflog: in der rechten oberen, in der linken unteren oder in einer anderen

Ecke, wobei ich den Eindruck gewann, daß er die vorangehenden, mehr oder weniger gekonnten Täuschungsmanöver der verschiedenen Torschützen jedesmal rechtzeitig durchschaute. Es gab keinen Augenblick der erkennbaren Unsicherheit bei ihm, keine falschen Reflexe, sein Körper arbeitete mit der Präzision einer Maschine,einem unfehlbaren Roboter ähnlich, und bei all dem machte er einen völlig frischen, ja beinahe lässigen Eindruck.

Mein eigenes Empfinden bei diesem Anblick spiegelte sich ebenso in den Gesichtern der mit verbissener Verzweiflung um ein Tor bemühten Michelstadter Mannschaft wie in jenen der Zuschauer wider. Ich war so fasziniert, daß ich kein Auge mehr für etwas anderes hatte, und als der Fremde im Tor plötzlich die Handschuhe abstreifte, sie zu Boden fallen ließ, sich umdrehte und der Straße zuwandte, stand ich noch immer in ungläubigem Staunen. Erst jetzt kam Bewegung in die noch immer an der Elfmetermarke verharrenden Spieler, sie redeten aufgeregt und gestikulierend aufeinander ein. Auch ich wandte mich meinem Wagen zu. Als ich den Motor startete, sah ich den Fremden schon etwa fünfzig Meter entfernt vor mir rechts auf der Straße gehen. Beim Geräusch meines Wagens hob er, ohne den Kopf zu wenden, mit ausgestrecktem Daumen den linken Arm in die Höhe. Augenblicke später saß er neben mir, streifte die Trainingsjacke über den Kopf und warf sie auf den Rücksitz. Dann blickte er mich an und fragte: »Wohin fahren Sie?«

Da er unter der Jacke kein Hemd trug, hatte ich Gelegenheit, seinen athletisch gebauten Oberkörper mit den schmalen Hüften, breiten Schultern und sehnigen Armen zu bewundern. »Wohin hätten Sie es denn gern?« fragte ich zurück.

»Ich heiße Jochen«, sagte er. »Und Sie?«

Das war eine etwas ungewöhnliche Art, meine Frage zu beantworten. Ich sagte: »Marianne.«

»Der Name paßt zu Ihnen«, meinte er. »Sie gefallen mir. Ich habe Sie vorhin aus dem Auto steigen sehen und Ihretwegen beinahe einen Ball verfehlt. Das ist mir schon lange nicht mehr passiert.«

Mir war nicht aufgefallen, daß er mich gesehen hatte. Ich fragte, weil mir nichts Besseres einfiel: »Muß ich mir etwas darauf einbilden?«

»Das müssen Sie nicht«, räumte er ein. »Aber ich bin hungrig und abgebrannt. In der vergangenen Nacht habe ich meinen Koffer mit all meinen Kleidern und Papieren verloren. Ich brauche jemanden, der mir weiterhilft. Würden Sie mich zum Essen einladen?«

Vorhin, als er im Tor stand, hatte ich ihn auf fünfundzwanzig geschätzt. Aus der Nähe sah er älter aus, ein gutes Gesicht, das sich sofort einprägte. Ganz so mühelos, wie es im Tor den Anschein gehabt hatte, war ihm die Arbeit aber doch nicht gewesen, seine Haut glänzte feucht, das dichte, blonde Haar klebte ihm verschwitzt in der Stirn. Mir fiel auf, daß er unrasiert war. »Sie werden sich erkälten«, sagte ich.

»Ich erkälte mich nie«, gab er zurück. »Wenn wir unterwegs an einem Bach vorbeikommen, würde ich mich aber gerne etwas frisch machen.«

Damit konnte ich ihm sofort dienen. Die Straße führte in ein Tal, auf der linken Seite floß ein Bach im Wiesengrund, flankiert von grünenden Sträuchern. Als er zum Bach hinabstieg und hinter den Sträuchern verschwand, war ich bereits halb entschlossen, ihn mit Manfred zusammenzubringen. Ganz abgesehen davon, daß ich mich von Minute zu Minute in zunehmendem Maße auch persönlich für ihn zu interessieren begann. Er blieb nicht lange unten. Als er zurückkam, sagte er: »Vielen Dank, daß Sie auf mich gewartet haben. Wohin fahren Sie?«

»Nach Frankfurt.«

»Ist mir auch recht«, meinte er. »Ich habe ein Problem, aber dabei werden Sie mir wohl kaum helfen können.«

»Warum versuchen Sie es nicht?« Er wandte mir das Gesicht zu. »Ich brauche etwas zum Anziehen und etwas Geld.«

»Und auch etwas in den Magen«, nickte ich. »Wir können uns beim Essen darüber unterhalten.«

Das Tal wurde jetzt breiter, an seinem Ende stand an einer Straßenkreuzung ein Gasthof mit einer alten Linde davor. Unter der Linde waren Tische und Stühle aufgestellt. Wir setzten uns in den kleinen Restaurationsgarten; ich bot Jochen eine Zigarette an. Er schüttelte den Kopf. Ein Mädchen brachte uns die Speisekarte. Wir waren die einzigen Gäste. Während wir auf das Essen warteten, wurde ich mir über mein weiteres Vorgehen schlüssig: »Ich kann Sie in Frankfurt mit einem Mann bekannt machen. Er wird Ihnen vielleicht helfen.«

»Ein Freund von Ihnen?«

»Ja. Er arbeitet als Redakteur für den Sportteil einer Zeitung. Mich würde interessieren, für welche Mannschaft Sie, wenn Sie nicht gerade so wie vorhin eine kleine Privatvorstellung geben, normalerweise spielen.«

»Für keine. Ich habe mich bisher nur darauf vorbereitet.«

»Und wo war das?« – »Darüber möchte ich nicht reden.«

Ich lächelte. »Sie scheinen bis über beide Ohren in Geheimnissen zu stecken. Ich nehme an, Sie wollen mir auch nicht erzählen, auf welche Weise Sie Ihren Koffer verloren haben.«

»Vielleicht später.«

Das Mädchen brachte uns die Getränke; wir hatten Cola bestellt. Ich sagte: »Und wo liegt, von Ihrem verlorenen Koffer einmal abgesehen, Ihr eigentliches Problem?«

Statt zu antworten, sagte er: »Da dieser Redakteur Ihr Freund ist, sind Sie sicher noch nicht verheiratet.«

»Das eine schließt das andere ja nicht aus.«

»Also doch verheiratet?« Seine Stimme klang enttäuscht. Ich lehnte mich im Stuhl zurück und schlug die Beine übereinander. Irgendwie behagte es mir nicht, Manfred jetzt schon einzuschalten. Wie ich ihn einschätzte, würde er Jochen sofort für sich in Beschlag nehmen und seine eigenen Pläne mit ihm verfolgen, ohne mich in sie einzuweihen. Ich schüttelte den Kopf.

»Aber verlobt?« fragte er. Ich lächelte wieder. »Seien Sie doch nicht so schrecklich konventionell. Ich schlafe mit ihm; das ist alles.«

Er beugte sich über den Tisch zu mir herüber. »Würden Sie auch mit mir schlafen?«

Dieses Eigentor hatte ich mir selbst zuzuschreiben; ich fragte belustigt: »Warum sollte ich?«

»War nur eine Frage. Sind Sie berufstätig?«

»Wer ist das nicht?«

»Macht Ihnen Ihr Beruf Spaß?«

»Im Augenblick nicht.«

»Dann weiß ich vielleicht etwas Besseres für Sie«, sagte er. »Wenn alles so läuft, wie ich mir das vorstelle, werde ich in einigen Monaten mehr Geld verdienen, als ich allein ausgeben kann. Sie könnten mir dabei helfen.«

Bei ihm überraschte mich schon nichts mehr. »Zu welchem Preis? Indem ich mit Ihnen schlafe?«

»Ich habe seit drei Jahren wie in einem Kloster gelebt. Sprechen Sie zufällig etwas Italienisch?«

»Auch etwas Englisch und Französisch.«

»Wirklich?« Er rutschte auf seinem Stuhl hin und her. »Wo haben Sie es gelernt? In der Schule?«

»Ich war auf einer Dolmetscherschule. Warum interessieren Sie sich dafür?«

»Weil man im Ausland mit Fußball mehr verdienen kann als hier. Ich spreche nur etwas Englisch, und das genügt nicht.«

»Was Sie den Leuten vorhin vorgeführt haben, vielleicht auch nicht«, sagte ich. »Sie sind sich doch hoffentlich im klaren darüber, daß Sie es bei dem, was Sie vorhaben, mit ganz anderen Torschützen zu tun haben werden?«

Er winkte ungeduldig ab: »Ich hatte es schon mit anderen zu tun, mit den besten, die es gibt, und keiner hat mich geschafft. Die Leute, die mich trainiert haben, halten mich für ein Phänomen, für ein Jahrhundertereignis. Sie haben keine Erklärung dafür. Ich übrigens auch nicht. Ich kann es eben. Ich bin im Tor unschlagbar. Eine Mannschaft, die mich zum Torhüter hat, kann kein Spiel verlieren. Wissen Sie, was das bedeutet?«

Er brauchte es mir nicht näher zu erläutern. Wenn es zutraf, was er sagte und einen Vorgeschmack davon hatte ich ja schon selbst erhalten, würde er die halbe Fußballwelt auf den Kopf stellen. Ich trank einen Schluck Cola. Gleich darauf bekamen wir unser Essen. Er schien wirklich sehr hungrig zu sein; wir sprachen dann nicht mehr viel. Als wir eine halbe Stunde später weiterfuhren, sagte ich: »Damit kein Mißverständnis zwischen uns aufkommt: Ich bin nicht käuflich. Was Sie brauchen, ist ein guter Manager und keine Frau fürs Bett. Wieso haben Sie drei Jahre wie in einem Kloster gelebt? Gab es da keine Frauen?«

»Nein. Ich war völlig isoliert in einem Trainingslager untergebracht. Man gab mir keine Gelegenheit, Frauen zu begegnen.«

»Darf ich fragen, wie alt Sie sind?«

»Zwanzig.«

»Du lieber Gott.« Ich starrte ihn ungläubig an. Er lachte. »Ich weiß, ich werde immer für älter eingeschätzt. Vielleicht sehe ich in ein paar Jahren aus wie einer mit Fünfzig, aber bis dahin will ich von meinem Leben noch etwas haben. Ich hatte es satt, mir noch länger vorschreiben zu lassen, was ich tun darf und was nicht. Was ich essen darf und was nicht. Mit wem ich mich unterhalten darf und mit wem nicht. Sie hatten vor, mich bei den Europameisterschaftsspielen, die jetzt beginnen, in der Nationalmannschaft aufzustellen. Bis dahin sollte außer ihnen keiner etwas von mir wissen. Gestern bin ich ihnen davongelaufen.«

»Wem? Diesen Leuten im Trainingslager?«

»Denen auch.« Er griff nach meiner Hand am Lenkrad. »Ich sagte Ihnen schon, daß Sie mir gefallen. Von einer anderen hätte ich mich nicht zum Essen einladen lassen und sie auch nicht um Geld und Kleider gebeten. Ich erwarte gar nicht, daß Sie mit mir schlafen. Das fuhr mir, als Sie von Ihrem Freund erzählten, nur so heraus. Spricht auch er Fremdsprachen?«

»Nur ein wenig Englisch; genau wie Sie.«

»Dann werde ich ohne Sie erst recht nicht auskommen. Sie könnten mich genauso managen wie ein Mann. Ohne Ihre Hilfe schaffe ich es nicht, nach Italien zu kommen. Ich möchte zuerst für eine italienische Mannschaft antreten, aber ohne Geld und Papiere komme ich nicht über die Grenze und sehe auch keine Möglichkeit, wie ich . . .«

»Sie könnten sich doch neue Papiere besorgen«, warf ich ein. Er schüttelte den Kopf. »Nicht hier. Ich würde zuviel Zeit damit verlieren. Außerdem werden mich die Leute, denen ich davongelaufen bin, überall suchen, und hier in der . . .« Er brach ab.

Mir kam ein jäher Verdacht, aber wenn er nicht von selbst darüber reden wollte, wäre es unklug gewesen, ihn dazu zu nötigen. Ich sagte: »Vielleicht finden wir eine andere Lösung. Wenn Sie es nicht als Einladung betrachten, mit mir zu schlafen, fahren wir jetzt zu mir nach Hause. Dort können wir uns noch einmal über alles unterhalten.«

Er ließ meine Hand los: »Sie werden es nicht bereuen, Marianne.«

Meine Wohnung gefiel ihm. Besonders das Schlafzimmer mit dem breiten Bett nach französischem Muster und das bis zur Decke gekachelte Bad. Damit er sich keine falschen Vorstellungen machte, erzählte ich ihm, daß es sich um eine möblierte Mietwohnung handle. Weil sein Trainingsanzug bei der Michelstadter Premiere einige Gras- und Schmutzflecken abbekommen hatte, versorgte ich ihn mit einem Bademantel von Manfred und steckte den Trainingsanzug in die Waschmaschine. Auch mit einem Elektrorasierer konnte ich ihm aushelfen. Danach machte ich uns einen Kaffee.

Mit Manfred brauchte ich heute und morgen nicht zu rechnen, er war über das Wochenende für die Montagausgabe seiner Zeitung mit Recherchen über aktuelle Fußballergebnisse und anderen Sportereignissen beschäftigt. Beim Kaffee erkundigte Jochen sich nach dem Besitzer des Rasierapparats. Ich sagte: »Wenn mein Freund die Nacht über hierbleibt, braucht er ihn. Schließlich kann er nicht unrasiert zur Arbeit gehen.«

»Ich möchte ihn so rasch wie möglich kennenlernen. Geht es noch heute?«

»Er hat erst wieder am Montag Zeit. Vorher können wir auch sonst nicht viel unternehmen. Ich werde versuchen, mich am Montag für Sie freizuhalten. Sie waren noch nie in Frankfurt?«

Er schüttelte, aus seiner Tasse schlürfend, den Kopf. Dann stellte er die Tasse auf den Tisch und sagte: »Es genügt mir nicht, daß Sie sich nur am Montag für mich freihalten wollen. Ich möchte so rasch wie möglich nach Italien. Ich weiß auch schon, wie wir es machen könnten. Ihr Wagen hat sicher einen großen Kofferraum. Wenn wir die Rücklehne im Fond etwas vorklappen, habe ich genügend Luft zum Atmen. Sind die Gepäckkontrollen nach Italien streng?

»Das ist reine Glückssache. Ich würde mich auf so etwas jedenfalls nicht einlassen. Es wäre mir zu riskant.«

Er lächelte: »Wie wollen Sie mich sonst über die Grenze bringen?« Bisher hatten wir uns nicht darüber unterhalten, ob ich das überhaupt wollte. Ich hatte mich gedanklich mit dieser Möglichkeit noch gar nicht beschäftigt. Er stand von seinem Sessel auf, setzte sich zu mir auf die Couch und griff nach meiner Hand; seine Stimme klang entschlossen: »Ich habe Ihnen gesagt, daß Sie es nicht bereuen werden, Marianne. Ich würde Sie mit der Hälfte aller meiner Einkünfte beteiligen und Ihnen das sofort schriftlich geben. Sie können den Vertrag selbst aufsetzen.«

»Ohne Personalausweis ist Ihre Unterschrift nichts wert«, sagte ich. »Sie könnten auch mit einem falschen Namen unterschreiben. Ich bin nicht auf Ihr Geld aus, und wenn ich mich schon auf so etwas einließe und deshalb meine Stellung aufs Spiel setzte, dann nur bei entsprechenden Sicherheiten. Es wäre mir im Augenblick ohnehin unmöglich, mir Ihretwegen Urlaub zu nehmen. Ich habe die Stellung erst vor ein paar Wochen angetreten.«

»Was ist das für eine Stellung?«

»Das ist unwesentlich. Ich habe auch keinen eigenen Wagen; der, den ich benutze, gehört der Firma. Wir müßten uns einen mieten, und das wird nicht billig sein. Außerdem sagte ich Ihnen bereits, daß mir das Risiko zu groß ist. Ich rede mit meinem Freund darüber. Vielleicht bringt er Sie über die österreichische Grenze und von dort aus nach Italien.« – Er streichelte meine Hand. »Ich würde aber gerne mit Ihnen fahren und nicht mit ihm.«

Unser Gepäck war bei den gelegentlichen Fahrten, die ich mit Manfred nach Italien unternommen hatte, an den Grenzübergängen bisher nur einmal kontrolliert worden, und das war auf der Rückreise durch deutsche Zollbeamte geschehen. Ähnliche Erfahrungen hatten wir auch an der französischen Grenze gemacht, aber dies wäre schließlich, wenn ich mich auf Jochens Vorschlag einließe, nicht das einzige Problem. Ich sagte: »Wie stellen Sie sich das überhaupt vor, daß ich Sie managen soll? Ich habe keine Ahnung von solchen Dingen. Sie brauchen jemanden, der sich im Ausland mit den dortigen Fußballvereinen . . .«

Er ließ mich nicht ausreden: »Wir werden jeden Vertrag, den ich unterschreibe, vorher von einem Notar prüfen lassen. Für mich ist nur wichtig, daß ich weiß, was ich unterschreibe, und dabei wären Sie mir eine große Hilfe. Haben Sie ein Stempelkissen?«

Seit ich für Gremmelmaier arbeitete, hatte ich eins: »Was wollen Sie damit?«

»Wenn Ihnen meine Unterschrift nicht genügt, können Sie auch noch meine Fingerabdrücke auf dem Vertrag haben. Die werde ich nirgendwo ableugnen können.«

Ein paar Augenblicke war ich so verblüfft, daß mir dazu nichts mehr einfiel. Dann entzog ich ihm meine Hand. »Ich muß mir das alles erst noch durch den Kopf gehen lassen. Vor allen Dingen möchte ich vorher wissen, woran ich mit Ihnen bin. Ich nehme an, Sie kommen aus der DDR?«

Er blickte mich wortlos an. Ich nickte: »Gut, mehr möchte ich im Augenblick von dieser Sache auch nicht hören. Aber vielleicht können Sie mir wenigstens erzählen, von wem und wann Ihr Talent entdeckt wurde. Erst von diesen Leuten im Trainingslager?«

»Nein.« Er griff nach seiner Tasse und trank sie leer. »Ich wußte schon mit vierzehn in der Schule, daß ich dieses Talent hatte. Mein Lehrer erzählt es einem hohen Sportfunktionär. Der kam mit zwei anderen angefahren und sah sich ein Spiel unserer Schulmannschaft an. Damals war ich noch nicht ganz so sicher, es passierte mir hin und wieder, daß ich einen Ball verfehlte, das hatte aber allein damit zu tun, daß ich noch nicht so groß war wie heute. Ich durfte meine Schulzeit noch vorzeitig mit dem Abitur abschließen. Anschließend holten sie mich in das Lager. Meine Eltern durften mich dort zwei- oder dreimal im Jahr besuchen. Aber auch dann war jedesmal einer der Sportfunktionäre dabei. Sie wollten nicht, daß sie den wahren Grund erfuhren, weshalb ich in dem Lager war. Sie erzählten ihnen, ich würde zum Fußballtrainer ausgebildet. Ein einziges Mal hatte ich Gelegenheit, eine Minute lang allein mit ihnen zu reden. Ich bat sie, mich aus dem Lager zu holen, aber mein Vater wollte nichts davon wissen. Er hat meinetwegen eine besser bezahlte Stellung bekommen, er hat sich von ihnen kaufen lassen, und meine Mutter auch. Heute bin ich fertig mit ihnen.«

»Das ist schlimm für Sie«, sagte ich. Er legte die Hand auf mein Knie: »Ich bin mit allem fertig. Ich habe oft bis zu zehn Stunden trainiert, Hochsprung, Weitsprung, Hürdenlauf, und natürlich jeden Tag Fußball und noch einmal Fußball. Sie kamen mit den besten Spielern von ›Dynamo‹ und anderen Clubs angefahren und ließen mich mit ihnen trainieren. Wenn ich einmal ungeduldig wurde und nach meinem ersten öffentlichen Spiel fragte, vertrösteten sie mich jedesmal auf die Spiele für die nächste Europameisterschaft, aber da hatte ich schon ganz andere Pläne und keine Lust mehr, für die DDR anzutreten. Dort hätte ich auch nicht so gut verdient, wie das im Westen der Fall ist, und überall, wohin ich gekommen wäre, ein paar Aufpasser an den Fersen gehabt. Das war schon im Lager so, ich durfte es nie allein verlassen. Jetzt fühle ich mich zum erstenmal in meinem Leben als freier Mensch, und niemand wird mich noch einmal dorthin zurückbringen. Niemand, ich schwöre es Ihnen.«

Seine Hand lag noch immer auf meinem Knie; ich hatte gar nicht mehr darauf geachtet. Er nahm sie weg, stand auf und trat ans Fenster.

Vor dem Haus war eine Grünanlage; in der Grünanlage spielten Kinder. Ihre Stimmen drangen durch das geschlossene Fenster. Ich fragte: »Und warum wollen Sie nicht für eine westdeutsche Mannschaft antreten? Nur wegen des Geldes nicht?«

»Ich habe noch andere Gründe.« Er kam vom Fenster zurück: »Darf ich mich etwas hinlegen? Ich habe seit vorgestern nicht mehr geschlafen.«

Daran hätte ich eigentlich schon selbst denken sollen; ich sagte: »Sie können mein Bett haben; heute nacht schlafen Sie hier auf der Couch. Würden Sie es als Ausdruck mangelnden Vertrauens empfinden, wenn ich in der Zwischenzeit eine kleine Vereinbarung zwischen uns aufsetze?«

Er berührte meine Schulter. »Ich bitte Sie darum, Marianne. Sie würden mich damit sehr glücklich machen.«

Die Männer, mit denen ich es bisher zu tun hatte, waren, was das Glücklichmachen betrifft, ungleich anspruchsvoller gewesen. Ich sagte: »Schön, ich wecke Sie zum Abendessen. Bis dahin kann ich Ihnen vielleicht schon sagen, wie ich mich, was die Italienreise betrifft, entschieden habe.«

»Ich hatte gehofft, Sie hätten es schon getan«, lächelte er. Er war etwa einen halben Kopf größer als ich. Durch mein Kleid hindurch fühlte ich die Wärme seiner Hand auf der Schulter. Seine Hände wirkten gepflegt, die Nägel erstaunlich sauber. Was mir jedesmal an ihnen auffiel, waren seine überlangen, schlanken Finger. Er sagte: »Sie bräuchten an der Grenze kein Risiko einzugehen. Falls man mich entdeckt, erzähle ich, ich hätte mich auf einem Rastplatz ohne Ihr Wissen im Kofferraum versteckt. Vielleicht wird man mir in Italien politisches Asyl gewähren.«

Ich hatte schon selbst an diese Möglichkeit gedacht: »Auch darüber können wir uns heute abend unterhalten. Legen Sie sich jetzt schlafen.«

Für einen Augenblick lang sah es so aus, als wollte er sich zu mir niederbeugen und mich küssen, aber er tat es nicht und ging in mein Schlafzimmer. Schon viel später, als ich in der Küche das Kaffeegeschirr wusch, war ich mir noch immer nicht schlüssig geworden, ob ich ihn daran gehindert hätte. Die Vereinbarung mit ihm entwarf ich, am Küchentisch sitzend, auf einem Blatt Papier aus meinem Auftragsbuch. Ich hörte jedoch sehr bald damit auf und fragte mich laut: »Was tust du da eigentlich? Weißt du überhaupt, was du da tust?« Ich wußte es, und ich wußte es gleichzeitig nicht. Ich fühlte mich von den Ereignissen der vergangenen Stunden zu überfordert, um einen klaren Gedanken oder gar einen Entschluß zu fassen, der mich über den Augenblick hinaus überzeugt hätte. Schließlich gab ich es auf.

Der Weg von der Küche zum Wohnzimmer führte am Schlafzimmer vorbei. Ich ertappte mich bei dem Wunsch, einen Blick hineinzuwerfen, und öffnete leise die Tür. Er schien bereits fest zu schlafen. Wegen seiner Südlage war es bei schönem Wetter im Schlafzimmer tagsüber sehr warm; den Bademantel hatte er, bevor er einschlief, ausgezogen. Ich betrachtete sein Gesicht, seinen Körper. Ich fühlte mich versucht, ihn zu berühren und zu küssen.

Als ich das Zimmer verließ und leise die Tür hinter mir schloß, hatte ich mich bereits wieder gefangen. Ich ging ins Wohnzimmer und wählte Manfreds Nummer. Obwohl er sicher stark beschäftigt war, meldete er sich sofort. »Ich habe ein Problem«, sagte ich. »Wo kann ich dich treffen?«

Er überlegte nur kurz. »Im ›Karrenberg‹, in einer halben Stunde, wenn es dir paßt. Ich kann aber nur zu einer Tasse Kaffee bleiben.«

»Ist mir recht.« Ich beendete das Gespräch. Zum ›Karrenberg‹, wo Manfred oft zu Mittag aß, fuhr ich mit dem Auto von meiner Wohnung etwa zehn Minuten. Ich hatte also noch eine Viertelstunde Zeit und verbrachte sie rauchend und in peinigender Unschlüssigkeit auf der Couch. Auch wenn ich mir bei Manfred nicht vorstellen konnte, mich fest an ihn zu binden oder auch nur länger als ein paar Wochen zusammen mit ihm unter einem Dach zu verbringen, so wußte ich an ihm doch seine Zuverlässigkeit und seine nüchterne Art zu schätzen. Er war seit drei Jahren geschieden, kennengelernt hatten wir uns ein Jahr nach seiner Scheidung in einem Eisenbahnabteil, als ich, von Gießen kommend, wo ich damals gearbeitet hatte, nach Hause fuhr. Schon vierzehn Tage später waren wir uns in seiner Wohnung nähergekommen, nicht zuletzt deshalb, weil ich es zu jener Zeit bereits etwas leidgeworden war, mir jeden Abend Egons Fürsorglichkeiten anzuhören. Trotzdem hatte ich mich nicht dazu aufraffen können, Manfreds Einladung, bei ihm zu wohnen, anzunehmen. Vielleicht deshalb nicht, weil meine tieferen Empfindungen für ihn nicht viel weiter als über den Tag hinausreichten.

Überraschenderweise reagierte er, als wir uns zu verabredeten Zeit im ›Karrenberg‹ trafen und ich ihm von meinen Erlebnissen erzählte, auf Jochens Anwesenheit in meiner Wohnung mit einer bei ihm ungewohnten Empfindlichkeit. »Du hättest ihn sofort zu mir bringen sollen«, sagte er. »Ich möchte nicht, daß er heute nacht bei dir bleibt. Das kommt überhaupt nicht in Frage.«

»Und sonst hast du nichts dazu zu sagen?« erkundigte ich mich.

Das Restaurant war zu dieser Tageszeit wegen des schönen Wetters kaum besucht, wir konnten uns also offenherzig aussprechen, und das taten wir auch sonst. Er war grundsätzlich gegen alles, was ich mir in den Kopf setzte, auch gegen meine neue Wohnung und gegen meinen derzeitigen Job bei Gremmelmaier. Er fand ihn idiotisch und einfach nicht zu fassen. Diese Meinung hatte er allerdings auch schon bei meinen früheren Tätigkeiten vertreten, weil sie angeblich unter meinem Niveau und meinen Möglichkeiten gelegen hätten, wobei er sich durch die beiden Rausschmisse, auf die ich zurückblicken konnte, in seiner Auffassung nur noch bestätigt fühlte. Was ihn in Wirklichkeit ärgerte, war meine beharrliche Weigerung, ihm, wenn schon nicht treusorgendes Eheweib, so doch wenigstens hörig genug zu sein, seine Wohnung so lange mit ihm zu teilen, bis ich eine Stellung gefunden hätte, die meiner Ausbildung und der hierfür von Egon aufgebrachten Kosten würdig war. Wobei er insgeheim sicher darauf spekulierte, die Gewohnheiten unseres engen Zusammenlebens würden mich früher oder später dazu veranlassen, gänzlich auf eigene Berufspläne zu verzichten und nur noch für ihn da zu sein. Was meine neue Wohnung betraf, so war sie ihm allein schon deshalb ein Ärgernis, weil ich seitdem unsere sporadischen Begegnungen in meine eigenen vier Wände verlegt hatte und er sich der Mühe unterziehen mußte, anschließend – und das oft mitten in der Nacht – zu seiner Wohnung zu fahren. Allerdings geschah es neuerdings immer öfter, daß er bis zum Morgen bei mir blieb.

Eigentlich war ich davon ausgegangen, daß meine farbige Schilderung von Jochens Jahrhunderttalent ihn förmlich vom Stuhl reißen würde. Das Gegenteil war der Fall, er verstieg sich in haltlose Verdächtigungen und zu der Behauptung, ich hätte mir von diesem dahergelaufenen Burschen einen Bären aufbinden und mir bei meinen laienhaften Kenntnissen über Fußball im allgemeinen und Torhütern im besonderen ein X für ein U vormachen lassen. Meinen mehrfachen Hinweis auf das, was nicht nur meine eigenen, sondern ein paar Dutzend Augen bei Michelstadt gesehen hatten, tat er mit einer Handbewegung und der Bemerkung ab, jeder zweitklassige Ersatztorhüter vom FC Frankfurt hätte den samstäglichen Amateurfußballern von Michelstadt genauso Paroli geboten wie dieser größenwahnsinnige Angeber, der, nach seiner Überzeugung, von überallher, nur nicht aus der DDR käme, höchstwahrscheinlich ein polizeilich gesuchter Krimineller sei, der sich heimlich und mit meiner Hilfe über die nächstbeste Grenze verdünnisieren und mich dann vollends ausnehmen wolle.

Damit war schon fast alles gesagt, was wir uns an diesem Nachmittag an Unfreundlichkeiten zu sagen hatten, denn auch ich hielt mich in meiner Meinung über sein oberflächliches Urteil nicht zurück. Ich nannte ihn einen sturen Besserwisser und, was ihn ungleich härter traf, einen phantasielosen Ableger dessen, was ich unter einem das Gras wachsen hörenden und die Zeichen an der Wand lesenden guten Journalisten verstünde. Noch mehr sich von mir beschimpfen zu lassen, hatte er leider keine Zeit mehr, er küßte mich auf die Wange und sagte: »Ich komme gegen elf heute abend bei dir vorbei. Wenn er dann noch in deiner Wohnung ist, werfe ich ihn eigenhändig hinaus. Und falls du auf die Idee kommen solltest, mich vor der Tür stehen zu lassen, schlage ich sie ein. Tschüs, mein Liebes.«

Den Kaffee ließ er mich bezahlen.

Er war nicht so groß wie Jochen, jedoch, wie ich mich schon überzeugen konnte, ungemein kräftig. Ich kannte ihn auch gut genug, um zu wissen, daß dies keine leere Drohung und er kein Papiertiger war. Eigentlich benahm er sich mir gegenüber schon genauso wie ein Ehemann mit behördlich legitimierten Ansprüchen. Mir kam zum ersten Mal der Gedanke, daß ich in Wirklichkeit gar nicht mehr so frei und unabhängig war, wie ich es mir bisher immer eingeredete hatte. Denn welchen Sinn hätte es gehabt, mich Egons Fürsorglichkeit zu entziehen, wenn ich mich künftig allein von Manfreds Gutdünken abhängig machte. Also hatte ich mich jetzt zu entscheiden: Für oder gegen Jochen. Für oder gegen Italien. Für das große, vielleicht einzige Abenteuer meines Lebens oder für Gremmelmaier-Mineralwässer und sonstigen Getränke. Ähnlich hatte ich mich auch gefühlt, als ich Egon die Wohngemeinschaft aufkündigte oder mit meinem früheren Arbeitgeber eine

Art von Russischem Roulette aufführte. Ich reagiere dann genauso wie manche Leute, die, um zu verhindern, daß sie es sich doch noch anders überlegten, Brücken hinter sich abbrechen oder bei einer Bootsfahrt mitten im reißenden Fluß die Ruder von sich werfen.

Als ich zehn Minuten später Jochen an der Schulter wachrüttelte, hatte ich bereits wichtigere Dinge im Kopf, als mich durch den Anblick seiner wohlgestalteten Männlichkeit ablenken zu lassen. Allerdings reagierte er dann weder mit einem sanften Erröten noch versuchte er, hastig seine Blöße zu bedecken. Er blickte mich, als er wachgeworden war, vielmehr lächelnd an, verschränkte die Hände im Nacken und fragte: »Ist schon Zeit zum Essen?«

Entweder hatte er in seinem Trainingslager jede Beziehung zum Geschlechtlichen verloren oder er war auch in dieser Beziehung ein Jahrhundertphänomen. Ein paar Augenblicke lang war ich ernstlich irritiert. Bevor ich jedoch das Nächstliegende tun und ihn wieder allein lassen konnte, griff er nach meiner Hand, zog mich neben sich auf das Bett und fragte: »Gefalle ich Ihnen?«

Ich sagte: »Sie sind nicht der erste Mann, den ich sehe.«

»Eben deshalb frage ich Sie ja«, meinte er. »Ich hatte es früher nur mit unerfahrenen Mädchen zu tun. Wenn eine Frau wie Sie mir sagt, daß ich ihr gefalle, so ist das etwas ganz anderes.«

Seiner Art, zu argumentieren, war eine gewisse Logik nicht abzusprechen. »Und wieviel Mädchen waren das?«

»Drei oder vier. Das erste hat mich verführt, die anderen ließen sich von mir verführen.«

»Und jetzt versuchen Sie es auch bei mir?«

»Das kann ich mir nicht leisten.«

»Weil Sie vorläufig von mir abhängig sind?«

»Nicht nur deshalb«, sagte er. »Sie sollten mich auch nicht länger so ansehen.« Ich stand lächelnd auf und verließ das Zimmer. Augenblicke später kam er in die Küche an meine Seite, diesmal im Bademantel; er sagte: »Sie regen mich eben auf.«

»Dann regen Sie sich jetzt wieder ab.« Ich nahm seinen Trainingsanzug aus der Waschmaschine. Vor morgen früh würde er nicht trocken sein, und so viel Zeit hatten wir nicht. Ich kehrte, ohne mich länger um Jochen zu kümmern, in das Schlafzimmer zurück und wühlte eine Weile im Kleiderschrank. Irgendwo hatte ich noch einen Rollkragenpullover liegen, ein Weihnachtsgeschenk von Egon, den ich nie getragen hatte, weil er mir viel zu groß und zu weit war. Da Jochen schmalhüftig und in der Taille nicht viel breiter war als ich, müßte ihm auch eine meiner Hosen, wenngleich nicht in der Länge, so doch in der Weite passen. Er war mir in das Schlafzimmer gefolgt und beobachtete, einen beunruhigten Ausdruck im Gesicht, mein geschäftiges Treiben. Ich gab ihm Hose und Pullover und sagte: »Wir können nicht hierbleiben. Probieren Sie, ob Ihnen das Zeug paßt. Die Hose ist natürlich zu kurz, aber zur Not wird es gehen.«

»Wir müssen von hier weg?« vergewisserte er sich betroffen. Ich nickte. »Es ist besser so. Ich kenne im Odenwald ein kleines Hotel, dort werden wir bis Montag bleiben. Ziehen Sie Ihren Bademantel aus.« Und als er zögerte, setzte ich ungeduldig hinzu: »Was ist los? Vorhin hatten Sie keine Probleme, mich Ihre Männlichkeit sehen zu lassen. Ich beiße Ihnen schon nichts ab.«

Er lächelte. »Bei Ihnen würde ich sogar stillhalten.« Er streifte den Bademantel von den Schultern und fuhr in die Hose. Sie war ihm nicht nur mindestens fünfzehn Zentimeter zu kurz, sie war ihm in den Hüften auch zu eng. »Dann ziehen Sie den Reißverschluß eben nicht bis ganz hinauf«, sagte ich. Der Pullover war ihm nur am Hals zu eng. Ich schob zwei Finger in den Kragen und zog daran. »Bis morgen früh hat er sich an Sie gewöhnt. Warten Sie im Wohnzimmer auf mich. Ich habe noch einiges zu packen; den Rest hole ich am Montag.«

»Er blickte mich rasch an: »Sie haben sich bereits entschieden?«

»Vielleicht überlege ich es mir bis Montag wieder anders. Seien Sie sich Ihrer Sache vorläufig nicht zu sicher.«

Er verließ das Schlafzimmer. Als ich eine Viertelstunde später mit einem Koffer zu ihm kam, saß er auf der Couch und rauchte eine Zigarette. »Ich denke, Sie rauchen nicht?« – »Es ist seit zwei Jahren wieder die erste«, sagte er. »Im Lager war es streng verboten. Vorher hatte ich viel geraucht.«

»Dann fangen Sie es besser nicht wieder an. Helfen Sie mir, die Rolläden zu schließen, aber alle, damit mein Freund schon von unten sieht, daß wir nicht mehr in der Wohnung sind.«

»Wann haben Sie mit ihm gesprochen?«

»Als Sie schliefen. Wir trafen uns in einem Restaurant. Er glaubt Ihnen von der Geschichte kein Wort.«

Er drückte die Zigarette aus. »Das ist ja mein Problem. Wäre ich nicht zufällig Ihnen begegnet, so hätte ich die Nacht im Freien verbringen müssen. Ich verspreche Ihnen, Marianne: Sie werden es nie bereuen. Ich werde mein Leben lang . . .«

»Hören Sie auf damit«, fiel ich ihm dazwischen. »Wenn ich mich auf diese Sache einlasse, dann nicht für ein paar hübsch klingende Worte. Sobald wir in Italien sind, regeln wir das verbindlicher. Ihnen scheint überhaupt nicht bewußt zu sein, was Sie da von mir verlangen und welches Risiko ich damit eingehe.«

Er nickte. »Doch, das weiß ich, Marianne. Ich werde es auch noch wissen, wenn wir erst einmal in Italien sind.«

Im Grunde hatte ich mich bereits entschieden. Die Stellung bei Gremmelmaier und meine Ersparnisse waren mir, nach der Lage der Dinge, ein überschaubares Risiko wert; Egon würde mich, wenn ich reumütig zu ihm zurückkehrte, mit offenen Armen aufnehmen. Manfred mit großer Wahrscheinlichkeit auch. Als wir kurze Zeit später zur Autobahn fuhren, fühlte ich mich merkwürdig gelöst von allem, was mir bis vor ein paar Stunden noch so unverzichtbar wichtig erschienen war.

Jochen verhielt sich schweigsam. Er hatte sich, obwohl ich ihm davon abriet, wieder eine von meinen Zigaretten geben lassen. Mir fiel jedoch auf, daß er den Rauch nicht inhalierte, sondern ihn nur in die Luft paffte. Obwohl dies sein erster Besuch in Westdeutschland war, verlor er über seine Eindrücke kein Wort und stellte auch keine Fragen.

Vielleicht kannte er das alles schon vom Fernsehen. Schließlich lebten die Leute drüben nicht hinter dem Mond.

Bei Wertheim verließ ich die Autobahn. Das von mir ins Auge gefaßte Hotel stand etwas abgesetzt von der Hauptverkehrsstraße an einem Südhang zwischen Wertheim und Miltenberg. Die Besitzerin, eine fünfzigjährige Witwe, die seit dem Tod ihres Mannes das Hotel allein führte, kannte ich schon aus der Zeit vor Manfred, als ich noch ein Verhältnis mit einem Studienkollegen hatte. Weil auch er bei seinen Eltern wohnte, waren wir über das Wochenende öfter in den Odenwald gefahren und hatten uns an dieses kleine Hotel gewöhnt. Die Besitzerin mochte mich, ich hatte sie später, als mein damaliger Freund sein Studium beendete und eine Stellung in Hannover fand, noch ein paarmal besucht. Auch heute begrüßte sie mich bereits an der Tür, offenbar hatte sie den Wagen vorfahren hören. Über meinen damaligen Kommilitonen hatte sie nie ein Wort verloren, sie verlor auch über Jochens eigenartigen Aufzug keins und nahm meinen Wunsch nach zwei Einzelzimmern zur Kenntnis, ohne eine Miene zu verziehen. Als ich im Laufe des Abends einmal Gelegenheit hatte, unter vier Augen ein paar Worte mit ihr zu wechseln, erzählte ich ihr, daß es sich um einen entfernten Verwandten von mir handle, der, ohne eigenes Verschulden, in eine Notlage geraten sei und sich deshalb an mich gewandt habe. Da ich ihn nicht in meiner Wohnung aufnehmen wollte, hätte ich mich bis zum Montag für ihr Hotel entschieden. Mit Rücksicht auf Jochens unzulängliche Garderobe ließ sie uns das Abendessen in meinem Zimmer servieren. Vom Fenster aus hatte man einen schönen Blick auf den Main und auf die grünen Hügel jenseits des Flusses. Jochen sprach auch beim Essen nicht viel. Erst hinterher fragte er nach dem Grund, weshalb wir nicht in meiner Wohnung bleiben konnten.

Ich sagte: »Mein Freund wäre nicht damit einverstanden, daß ich Sie heimlich über die Grenze schaffe. Es ist besser, ich sehe ihn vorher nicht mehr. Da ist noch etwas, Jochen, ich habe Sie bisher nicht danach gefragt, wie Sie es geschafft haben, herüberzukommen. Gehört das auch zu den Dingen, über die Sie vorläufig nicht reden wollen? Schließlich haben das vor Ihnen schon andere geschafft.«

»Nicht so wie ich. Man hat mir geholfen; ich war nicht allein.«

»Sie waren . . .« Ich brach verwundert ab. Er stand auf, trat ans Fenster und betrachtete den Fluß und die frühlingsgrüne Landschaft dahinter.

»Ist das der Neckar?« fragte er.

»Der Main. Wer war noch bei Ihnen?«

Er drehte sich, am Fenster stehenbleibend, nach mir um. »Meine Flucht war von langer Hand vorbereitet. Die beiden Funktionäre, die mir dabei halfen, mußten sich mit mir in die Bundesrepublik absetzen. Sie hatten zwei Grenzposten bestochen, die sich uns anschlossen. Hinter der Grenze kamen wir durch einen Wald mit dichtem Unterholz. Es war so dunkel, daß man die Hand nicht vor den Augen sehen konnte. Es gelang mir, ohne daß sie es bemerkten, mich von ihnen zu entfernen. Als ich zwei Stunden später mitten im Wald auf eine Straße stieß, hielt ich einen LKW an. Er nahm mich bis nach Würzburg mit.

Am Stadtrand erwischte ich heute früh einen, der nach Walldürn fuhr. Ich hatte keine Ahnung, wo Walldürn liegt und bin von dort aus auf der erstbesten Straße zu Fuß weitermarschiert. Als ich den Fußballplatz sah, wollte ich zuerst nur zuschauen und mich ein wenig ausruhen, aber der Torhüter war so schlecht, daß ich es nicht mitansehen konnte.«

Obwohl seine Geschichte mich aufregte, mußte ich lachen. »Das kann ich Ihnen nachfühlen. Was haben Sie den Fahrern erzählt, die Sie mitnahmen?«

»Daß mein Auto mit einer Panne liegengeblieben sei. Leider verwikkelte ich mich jedesmal in Widersprüche; sie kannten sich in der Gegend aus, ich nicht. Ich glaube, sie waren beide heilfroh, als sie mich loswaren.« Er kam vom Fenster zurück, setzte sich wieder an den Tisch und blickte unverwandt in mein Gesicht. Ich verstand, was in ihm vorging; für ihn mußte ich auf dem kleinen Fußballplatz bei Michelstadt wie ein rettender Engel erschienen sein. Ich fragte: »Hat der Umstand, daß sie nicht allein über die Grenze kamen, etwas mit Ihrer Abneigung zu tun, sich hier als Flüchtling zu melden?«

»Sie werden mich überall suchen«, sagte er ruhig. »In Italien bin ich sicherer. In diese Sache sind sicher einflußreiche Leute verwickelt, die sich durch meine Flucht in den Westen für ihre Person etwas mehr versprochen haben, als wenn ich drüben geblieben wäre. Sie wollten mich hier managen und sich auf meine Kosten die Taschen füllen. Daran war ich aber nicht interessiert. Ich wäre sie mein Leben lang nicht mehr losgeworden. Es war vorgesehen, daß wir hinter der Grenze auf einem Waldweg von einem Auto erwartet wurden. Das ist alles, was ich weiß und was ich Ihnen erzählen kann. Werden Sie es sich mit Italien nun anders überlegen?«

Seine Argumente leuchteten mir ein. Bei einem Jahrhundertereignis, wie er es verkörperte, konnten selbst linientreue Funktionäre der Versuchung, sich an seinem ungewöhnlichen Talent zu bereichern, wohl kaum widerstehen. Im eigenen Land hätten sie es nicht tun können. Da es in der Bundesrepublik, wenn man manchen Meldungen glauben durfte, von Agenten aus dem anderen Teil Deutschlands nur so wimmelte, war Jochen im Ausland tatsächlich besser aufgehoben als hier.

2

Daß es in der Bundesrepublik von Agenten aus dem anderen Teil Deutschlands nur so wimmle, räumte Feuerstein bedenkenlos ein. Seine Einwände richteten sich hauptsächlich gegen das, was die Neumann sonst noch schrieb. Eine Frau wie sie müßte sich bereits nach ihren ersten Gesprächen mit Schimazek darüber klar gewesen sein, daß das Risiko, das sie mit ihm einginge, ungleich leichter wog als die goldenen Eier, die sie von ihm erwartete. In seinen Augen war sie eine eiskalte Person, die ihre Chance, mit seiner Hilfe aus ihren beruflichen Kalamitäten, die sie alle selbst verschuldet habe, herauszukommen, hemmungslos nutzte. Er schloß zwar in einem der vielen Gespräche, die ich mit ihm hatte, die Möglichkeit nicht aus, daß er, was ihre Person betraf, voreingenommen war. Aber letztlich stünde er, wie er mir versicherte, mit seiner Meinung über sie nicht allein auf der Welt. Der einzige, der nie mitbekommen habe, zu welcher Sorte von Frauen sie wirklich gehöre, sei Jochen Schimazek. Auch bei ihm treffe eben wieder einmal zu, daß Liebe blind mache. Ihre Mitmenschen seien ihr immer nur Mittel zum Zweck gewesen. Sobald sie nicht mehr auf sie angewiesen war, habe sie sie einfach fallen lassen. Es selbst wisse ein Lied davon zu singen, obwohl er ihretwegen Kopf und Kragen riskiert habe, sich über Direktiven seiner Dienststellen hinwegsetzte und es schließlich so weit brachte, daß man ihn vorzeitig in Pension schickte.

Trotz der langen Zeit, die seitdem vergangen war, hatte ich doch den Eindruck, daß ihre Memoiren bei Feuerstein auch heute noch die schlimmsten Erinnerungen weckten. Verstehen konnte ich es, auch wenn ich mir von Marianne Neumann in wesentlichen Punkten eine andere Meinung gebildet hatte, als er sie mir aufzureden versuchte. Daß sie für ihre nähere Umgebung ein oft schwieriger Mensch war, geht vor allem aus der Schilderung der Vorgeschichte hervor, die sie schließlich zu Gremmelmaier geführt hatte. Auch mit ihrem Vater schien sie sich zuletzt nicht mehr verstanden zu haben. Sie schrieb über ihn:

Egon meinte zwar immer: Was nicht ist, kann noch werden. Das half ihm jedoch bei dem, was er ursprünglich selbst hatte werden wollen, auch nicht viel weiter. Denn als Vertreter für Herrenunterwäsche ließen sich keine großen Sprünge machen. Was ich ihm jedoch mein Leben lang hoch anrechne, war sein Ehrgeiz, wenigstens aus seiner einzigen Tochter etwas werden zu lassen. Hätte er den gleichen Ehrgeiz seiner eigenen Karriere zugewandt: Er hätte es sicher viel weitergebracht, aber irgendwann gab es in seinem Leben einen Bruch. Vermutlich damals, als unsere schöne Mama uns verließ und ihre Zuneigung einem anderen schenkte, der ungleich besser verdiente als Egon. Da fiel er eben auf die Nase, und ich mit ihm; damals gerade elf Jahre alt. Inzwischen bin ich 25, habe das Abitur geschafft und, dank Egons Förderung, eine Dolmetscherschule besucht, Englisch, Französisch und Italienisch gelernt, das Diplom gemacht, mich bei der UNO und in Straßburg beim Europarat beworben und von dort nie Antwort erhalten. Schließlich versuchte ich es in der freien Wirtschaft und flog, weil ich mich nicht anzupassen verstand, zweimal auf die Straße. Mit entsprechenden Zeugnissen natürlich, die sich bei meinen nachfolgenden Bemühungen, anderweitig in der freien Wirtschaft wieder Fuß zu fassen, als recht hemmend auswirkten. So daß ich mich sogar mit Egon zerstritt, weil er immer weniger Verständnis für meine Eigenart aufbrachte, mich ständig mit für meine berufliche Zukunft wichtigen Leute anzulegen, weshalb ich demonstrativ mit allem, was ich mein eigen nannte und das war nicht viel, die gemeinsame Wohnung verließ.

Nachdem ich einige freudlose Nächte in einem billigen Hotel verbracht hatte, schaffte ich es, mit viel Glück und gefälligem Auftreten, die möblierte Zweizimmerwohnung zu finden, deren Besitzer sie wegen einer vorübergehenden Auslandstätigkeit notgedrungen für ein Jahr entbehren mußte und auf einen seriösen Mieter Wert legte. Mit Rücksicht darauf, daß er für das Appartement monatlich zwölfhundert Mark und eine Vorauszahlung von drei Monaten verlangte und ich von meinen bisherigen Tätigkeiten in der freien Wirtschaft, die sich über einen Zeitraum von zwei Jahren erstreckt hatten, nur sechstausend auf die hohe Kante legen konnte, wurde es danach höchste Zeit für mich, nach neuen Verdienstmöglichkeiten Ausschau zu halten. Daß ich dann nach mehrwöchigen und demütigenden Bemühungen um einen neuen Job als Vertreterin für Gremmelmaiers in Darmstadt ansässigen Getränkeverlag landete, hat eine ebenso lange wie quälende Vorgeschichte. Gremmelmaier war damals buchstäblich mein letzter Versuch, es doch noch ohne vorzeitige Rückkehr in Egons Fürsorglichkeit zu schaffen, mich und mein Leben auf eigene Füße zu stellen. Beinahe hätte es auch mit dieser Stellung nicht geklappt; Gremmelmaier, ein hausbackener Gemütsmensch, hatte mehr an einen Vertreter aus dem eigenen Geschlecht gedacht. Er ließ sich jedoch im Laufe unseres Gesprächs von meinen beruflichen Qualitäten überzeugen. Sicher trug auch mein angenehmes Äußeres zu seinem Sinneswandel bei, er vertraute mir das Vertriebsgebiet des nördlichen Odenwaldes an, dessen bisheriger Betreuer aus Gesundheitsgründen die Firma verlassen hatte. Für meine Reisen quer durch den Odenwald stellte er mir einen Geschäftswagen zur Verfügung und weihte mich in mehreren ausführlichen Gesprächen, die nur durch einige besorgte Auftritte seiner Ehegefährtin unterbrochen wurden, in die subtilen Hintergründe meines neuen Wirkungskreises ein, der sich ausschließlich auf private Großabnehmer beschränkte. Allerdings erwies sich auch meine Tätigkeit für Gremmelmaier dann als wenig geeignet, mich zukunftsfroh zu stimmen. Er bezahlte mich zwar nicht schlecht. Um mir jedoch bei den heutigen Lebenshaltungskosten ein Zwölfhundert-Mark-Appartment zu leisten, hätte ich doppelt so viel verdienen müssen. Im Gegensatz zu Gremmelmaier, der mich mit einem langfristigen Vertrag an sich binden wollte, betrachtete ich diese Stellung vom ersten Augenblick an nur als eine Übergangslösung, bis ich etwas Besseres gefunden hätte.

Kein Wunder also, daß seine Reaktion auf meinen Wunsch nach einem vierwöchigen Urlaub recht harsch ausfiel. Nachdem er sich von seinem ersten Schrecken erholt hatte, fragte er mich nach dem Grund meines skandalösen Ansinnens. Ich sagte, weil mir nichts anderes eingefallen war: »Mein Arzt hat mir wegen meiner chronischen Bronchitis eine Luftveränderung verordnet.«

»Von der haben Sie mir aber nichts erzählt, als ich Sie einstellte«, brauste Gremmelmaier auf. »Wenn es sich um eine chronische handelt, haben Sie die doch sicher schon lange?«

»Eigentlich hatte ich sie schon immer«, log ich unverfroren weiter. »Aber wenn ich in vier oder acht Wochen aus dem Urlaub zurückkomme, bin ich bestimmt wieder tipptopp in Höchstform.«

Gremmelmaier stand gemessen auf. »Aber nicht für mich, mein verehrtes Fräulein Neumann. Wenn Sie die Bronchitis schon immer hatten, dann kriegen Sie sie auch in vier Wochen nicht los, und falls ich das eben richtig verstanden habe, wollen Sie eventuell sogar noch länger wegbleiben, als Sie überhaupt für mich arbeiten. Wie stellen Sie sich das vor, wer in all diesen Wochen, und dazu noch zu Beginn der Hochsaison, die Kundschaft besuchen soll?«

Auch seine Frau, eine hochgeschossene Brillenträgerin an der oberen Grenze der sogenannten besten Jahre, wohnte unserem kleinen Gespräch bei. Mich hatte sie vom ersten Augenblick an nicht gemocht, und seit sie ihren Mann einmal dabei erwischte, wie er mir bei einer Spesenabrechnung in seinem nach Zigarrenrauch stinkendend Büro väterlich den Arm tätschelte, verließ sie das Büro in meiner Anwesenheit grundsätzlich nicht mehr. Ich sagte bedauernd: »Ja, das ist eben Ihr Problem, Herr Gremmelmaier. Damit kann ich mich bei meiner derzeitigen gesundheitlichen Verfassung nicht auch noch belasten.«

Zehn Minuten später hatte ich mein letztes Teilgehalt und ein Zeugnis, worin er mir bestätigte, daß ich von Anfangs April bis Mitte Mai für ihn im Außendienst tätig war. Wenigstens hätte er schreiben können: Zu meiner Zufriedenheit tätig war, aber darauf kam es jetzt wohl auch nicht mehr an. Er verabschiedete mich, ohne mir die Hand zu geben, ein menschlich enttäuschter Arbeitgeber. Beinahe tat er mir leid.

Nach Frankfurt fuhr ich dann mit der Bahn zurück und besorgte mir bei einer international renommierten Firma einen Mietwagen. Wegen des erforderlichen großen Kofferraums und weil im Augenblick kein anderer Wagen zur Verfügung stand, mußte ich einen Mercedes nehmen, der mich fünfzehnhundert Mark Anzahlung kostete, womit meine Barmittel zum größten Teil erschöpft waren. Daß ich ihn bei einer italienischen Filiale der Firma abliefern wollte, bereitete hingegen keine Probleme.

Mit Jochens Körpermaßen ausgestattet, besorgte ich in einem Geschäft für Herrenbekleidung für ihn das Nötigste, versorgte auch mich, weil ich wegen der vorgesehenen Fremdnutzung des Kofferraums nicht viel Gepäck mitnehmen durfte, aus meiner Wohnung nur mit dem Allernötigsten und fand im Briefkasten eine schriftliche, in ultimativem Ton gehaltene Aufforderung Manfreds vor, mich umgehend mit ihm in Verbindung zu setzen. Mit all diesen Besorgungen und Erledigungen, einschließlich eines Besuchs bei meiner Bank und bei der Post, wo ich für die Zeit meiner Abwesenheit Egons Adresse hinterließ, war beinahe der ganze Tag draufgegangen, zumal ich in Frankfurt, um vor Schwäche nicht umzufallen, noch in einem Restaurant einkehrte. Es war daher verständlich, daß Jochen sich bei meiner Rückkehr bereits die größten Sorgen gemacht hatte. Der Anzug, den ich ihm gekauft hatte, stand ihm vorzüglich, ich ließ ihn für ein paar Minuten allein und führte von meinem Zimmer aus zwei Gespräche, zuerst mit Manfred und dann mit Egon. Zu Manfred, den ich in seiner Wohnung erreichte, sagte ich: »Gib dir keine Mühe, mich zu finden, ich bin nicht mehr in Frankfurt. Ich rufe dich morgen oder übermorgen wieder an.« Und zu Egon sagte ich: »Ich muß für ein paar Tage verreisen. Die Post habe ich an deine Adresse umleiten lassen. Sobald ich wieder in Frankfurt bin, melde ich mich bei dir.« Eine Antwort oder Erwiderung wartete ich in beiden Fällen nicht mehr ab. Zum Abendessen zog ich mein Beigefarbenes an; es ließ mich noch schlanker und größer erscheinen und kontrastierte augenfällig zu meinem Haar. Daß Jochen mir beim Umkleiden zuschaute, konnte ich schon deshalb nicht verhindern, weil er meine Auffordung, mein Zimmer so lange zu verlassen, einfach ignorierte. Vielleicht lag dies aber auch in meinem Sinne. Im Grunde meines Herzens war ich weder berechnend noch ohne Skrupel. Ich wollte nur nicht, wie es Schulfreundinnen von mir ergangen war, wegen eines Mannes auf die Nase fallen. Schon gar nicht in einer so außergewöhnlichen Situation wie dieser. Ich war viel aufgeregter und von inneren Zweifeln zerrissen, als ich es mir Jochen gegenüber anmerken ließ.

Zum Essen gingen wir diesmal ins Restaurant. Sich vor anderen Leuten mit einem gutaussehenden Begleiter zu zeigen, gehörte mit zu jenen Erlebnissen, die für mein Selbstvertrauen genauso wichtig waren wie ein schnelles Auto für erfolgreiche Männer, und Jochen sah in dem hellgrauen Einreiher, den ich für ihn erstanden hatte, selbst für meine Ansprüche beeindruckend aus. Mir fiel jedoch auf, daß er einen zerstreuten und fahrigen Eindruck machte. Ich fragte: »Fehlt Ihnen etwas?« Und er antwortete: »Ich habe noch immer vor Augen, wie Sie sich vorhin in dem kleinen Slip vor dem Spiegel gekämmt haben.«

»Sie hätten ja wegsehen können, wenn es Sie so aufregte.«

»Es regt mich auch jetzt noch auf«, sagte er. »Ich gäbe alles dafür, Sie noch einmal so zu sehen.«

Außer uns saßen nur noch zwei ältere Ehepaare im Restaurant; die Rezession hatte auch vor Wertheim und Miltenberg nicht haltgemacht. Wer heute über ein gutes Einkommen und über einen sicheren Arbeitsplatz verfügte, gehörte bereits zu den Privilegierten hierzulande, aber um privilegiert zu sein, mußte man sich in dieser Gesellschaft anpassen können. In Gießen hatte ich gut verdient, über achtzehnhundert netto, und auch die erste Stellung in Koblenz war ein Glückstreffer. Diese lästige Eigenschaft, mich nicht einordnen, keine Kompromisse eingehen zu können, hatte ich weder von Egon noch von seiner Mutter; sie mußte neu mit mir in meine Familie gekommen sein. Ich hätte es auch ohne meine Begegnung mit Jochen kein halbes Jahr mehr bei Gremmelmaier und seiner eifersüchtigen Frau ausgehalten, obwohl mir der Umgang mit seiner Kundschaft leichter gefallen war als der Umgang mit jenen Leuten, mit denen ich es in meinen früheren Stellungen zu tun hatte. Ein Naturereignis wie Jochen war für mich genauso ein großer Glücksfall wie ich für ihn.

Ich blickte in seine Augen und sagte: »Dann war es ein Fehler von mir, dir erlaubt zu haben, im Zimmer zu bleiben. Versprichst du mir, heute nacht nichts zu versuchen?«

Er starrte mich überrascht an.

»Da wir nun schon mal Partner sind«, sagte ich, »können wir uns jetzt auch duzen. Versprichst du es mir?«

»Wenn du es so willst«, sagte er rauh.

Das Essen kam. Frau Geiger, die Hotelbesitzerin, wünschte uns einen guten Appetit; ihr auf Jochen gerichteter Blick drückte Wohlgefallen aus. Dies war ein anstrengender Tag gewesen, und nach der

Riesenportion Kalbsleber mit Bratkartoffeln und Gemüse fühlte ich mich richtig erledigt. Ich konnte mich nicht einmal zu einem kleinen Verdauungsspaziergang durch die linde Maiennacht am Mainufer aufraffen, zu dem Jochen mich überreden wollte. »Was ich jetzt brauche«, sagte ich, »ist ein heißes Bad und ein Bett. Bist du dir schon schlüssig, wohin du in Italien willst?«

»Mailand«, antwortete er, ohne zu zögern. »Sie haben dort zwei sehr gute Mannschaften. Weiß deine Familie, was du vorhast?«

»Habe ich sie einmal erwähnt?«

»Bisher nicht.«

»Dann wollen wir es dabei belassen«, sagte ich und stand auf. Frau Geiger wünschte uns eine gute Nacht. Unsere Zimmer lagen im Obergeschoß nebeneinander; ich hatte den Eindruck, daß wir im Augenblick die einzigen Hotelgäste waren. Jochen blieb wie unschlüssig stehen. Ich schloß meine Tür auf und fragte, weil er mir plötzlich leid tat: »Fühlst du dich jetzt sehr allein?«

»Ich habe noch zwei Brüder und eine Schwester«, sagte er. »Mit ihnen habe ich mich immer gut verstanden.«

»Dann komm noch für ein paar Minuten herein«, sagte er. »Ich habe eine Zeitung mitgebracht; sie liegt auf dem Tisch. Du kannst sie, während ich bade, lesen.«

Diesmal zog ich mich im Badezimmer aus; die Tür drückte ich hinter mir ins Schloß. Ich hielt mich jedoch nicht lange in der Wanne auf. Als ich die Seife vom Körper spülte, klopfte Jochen an die Tür. Ich ließ ihn hereinkommen und fragte: »Was willst du? Dich wieder aufregen?« Er blieb in der Tür stehen und blickte in regloser Bewunderung zu mir her. Ich stieg aus der Wanne und griff nach dem Badetuch. Während ich mich abtrocknete, ließ er kein Auge von mir. Ich schlang mir das Tuch um Brust und Hüften und ging an ihm vorbei ins Zimmer. Auf dem Bett zündete ich mir eine Zigarette an und erwiderte seinen Blick. Er stand noch immer in der Badezimmertür; ich war mir darüber im klaren, daß ich nicht länger in diesem Ton, wie ich es eben im Badezimmer wieder getan hatte, mit ihm reden könnte. Ich schlug ihn auch nicht bewußt an, eher unwillkürlich, um mir meine eigene Unsicherheit nicht anmerken zu lassen. Ich hatte einfach Probleme, mich auf ihn einzstellen. Der Gedanke, daß er erst zwanzig war, ließ es mir schwerfallen, ihn nicht wie einen Zwanzigjährigen zu behandeln. Auch als er dann neben mir saß und mich wieder unverwandt anschaute, bereitete es mir Mühe, einen unbefangen klingenden Ton anzuschlagen; ich fragte: »Wie fühlt man sich, wenn man seine Freunde, seine Familie und seine Heimat hinter sich gelassen hat?«

»Ich habe ja dich gefunden«, antwortete er.

Ich verbarg meine Rührung hinter einem Lächeln: »Spätestens in einigen Monaten wirst du das ganz anders sehen. Wenn es stimmt, was du mir erzählt hast, wäre ich im Augenblick nur die erstbeste Gelegenheit für dich, Versäumtes nachzuholen. Die Männer, die dir keine Gelegenheit dazu gaben, müssen Sadisten gewesen sein.«

Er lachte. »Ich glaube, so weit haben die gar nicht gedacht. Sie hatten eben den Auftrag, zu verhindern, daß ich über die Pläne, die sie mit mir hatten, mit jemandem redete, der es dann vielleicht weitererzählte. Mit einem von ihnen habe ich mich sogar ganz gut verstanden.«

»Kam er auch über die Grenze?«

»Nein. Er wurde schon einige Wochen vorher in ein anderes Trainingslager abkommandiert. Von da an stand für mich erst recht fest, daß ich mich bei der ersten Gelegenheit in den Westen absetzen werde, spätestens dann, wenn sie mich für die Europameisterschaftsspiele aufstellen.«

»Sie hätten dann noch mehr auf dich aufgepaßt als im Lager«, gab ich zu bedenken. Er nickte: »Daß ich es vorgestern gleich hinter der Grenze versuchte, damit hatte keiner von ihnen gerechnet. Ich erfuhr erst im letzten Augenblick von unserer Flucht. Ich lag schon im Bett, als sie zu mir kamen. Außer meinem Trainingsanzug durfte ich nichts anziehen oder mitnehmen. Sie setzten mich vor dem Lager in ein Auto und fuhren mit mir über eine Stunde lang durch die Nacht.«

»Und wie kamt ihr dann über die Grenze?« fragte ich gefesselt. Er zuckte mit den Schultern. »Das war ziemlich einfach. Unsere Ankunft dort war so berechnet, daß sie mit dem Wachdienst der beiden Vopos zusammenfiel, die uns über den Zaun halfen. Eigentlich kam das alles so plötzlich für mich, daß ich es noch immer nicht ganz begriffen habe. Heute nacht, als ich einmal aufwachte, hatte ich ein paar Augenblicke lang richtig Angst, alles nur geträumt zu haben. Erst als ich die Lampe anknipste, konnte ich mir sicher sein, daß es kein Traum ist. Trotzdem habe ich dann die halbe Nacht nicht mehr einschlafen können. Ich horchte immerzu zur Tür. Es war dumm von mir, ich weiß. Hier werden sie mich bestimmt nicht finden. Ich hoffe, ich kann diese Nacht besser schlafen.«

Obwohl ich nicht ausschließen konnte, daß er auf mein Mitleid spekulierte, sagte ich: »Wenn du mir versprichst, nichts zu versuchen, kannst du bei mir schlafen.«

»Ich werde dich nicht enttäuschen«, sagte er leise. »Ich werde immer nur das tun, was du mir erlaubst. Ich putze mir nur noch rasch die Zähne.«

Um sich die Zähne zu putzen, hätte er erst in sein eigenes Zimmer gehen müssen, und ich war mir nicht so sicher, ob mein Mitleid lange genug währte, diese Zeitspanne zu überdauern, ohne daß ich meine Einladung bereute. Ich streifte das Badetuch vom Körper, kroch unter die Bettdecke und fragte: »Muß das jetzt unbedingt sein?«

Wenig später lag er neben mir. Ich knipste die Lampe aus und wartete auf ihn, aber er rührte sich nicht. Vielleicht schämte er sich seiner Erregung, die mir, als er sich auszog, nicht verborgen geblieben war. Oder er fühlte sich noch immer an sein Versprechen gebunden. Als ich ihm unter der Decke die Hand auf die Brust legte, fühlte ich, wie er am ganzen Körper erschauerte. Er griff nach meiner Hand, streichelte und küßte sie und zog sie dann, ohne daß ich ihn daran zu hindern versuchte, an seine Beine. Obwohl ich mich darauf beschränkte, ihn nur ganz leicht zu berühren, kam er augenblicklich zu einem Erguß. Während der ganzen Zeit hielt er meine Hand fest an sich gepreßt. Dann schob er sie, als befürchte er, mich damit zu kränken, behutsam zur Seite und gab keinen Laut mehr von sich. Ich fragte: »Bist du tot?«

»Nein«, sagte er. »Nur sehr glücklich. Ich kann dir gar nicht sagen, wie. Ich möchte dich genauso glücklich machen, Marianne. Darf ich?«

Die Berührung seines Körpers und seine unerwartet heftige Reaktion hatten mich erregt, und weil er meine Antwort nicht abwartete, sondern sofort damit anfing, mich zu küssen und überall zu streicheln, fand ich auch keine Gelegenheit mehr, mich eines Besseren zu besinnen. Ich stellt allerdings sehr bald fest, daß es mit seinen Erfahrungen, eine Frau auch auf diese Weise glücklich zu machen, noch nicht sehr weit her war. Offensichtlich bereitete es ihm ein Bedürfnis, gleichzeitig alles zu erfassen, zu erfahren und zu erleben einige Probleme, sich endlich auf das Wesentliche zu konzentrieren. Erst als ich ihn fühlen ließ, worauf es bei mir in besonderem Maße ankäme, reagierte mein Körper genauso prompt, wie ich es von ihm gewohnt war. Ich beugte mich zu ihm hinüber, küßte ihn und sagte: »Du mußt jetzt schlafen, Jochen, und ich auch. Wir haben einen schweren Tag vor uns.«

Er nahm mein Gesicht in die Hände, küßte mich heftig und murmelte: »Vom Augenblick an, wo ich dich kennenlernte, wußte ich sofort, wie unsagbar schön es mit dir sein würde.«

Inzwischen wußte auch ich es.

An der Grenze hatten wir keine Probleme. Weder an der österreichischen noch an der italienischen. An der italienischen unterhielt ich mich kurz mit einem jungen Zöllner, der mir dauernd tief in die Augen sah und Auskunft über mein Reiseziel erbat. Meine in seiner Muttersprache gehaltene Antwort löste eitel Freude bei ihm aus, er winkte mich lächelnd südwärts. Für Jochen wurde es dann auch höchste Zeit, daß ich ihn aus seinem engen Käfig befreite, er kletterte, als ich einen Rastplatz ansteuerte und den Kofferraum öffnete, mit hochrotem Kopf ins Freie, schüttelte sich wie ein dem Wasser entstiegener Hund und vergewisserte sich mit einem raschen Blick in die Runde, ob unser verdächtiges Treiben unbemerkt geblieben war, aber das hatte ich schon vor ihm getan. Die Insassen von zwei vor uns parkenden Autos, ein älteres Ehepaar und ein junges Liebespaar, waren viel zu sehr mit sich selbst beschäftigt, um ihr Augenmerk auf uns zu richten. Ich wunderte mich sofort über Jochens roten Kopf, denn länger als fünfzehn Minuten hatte sein Aufenthalt im Kofferraum nicht gedauert. »Es muß von der Hinterachse kommen«, sagte er. »Befühl mal den Boden des Kofferraums.«

Tatsächlich fühlte sich die Veloursverkleidung sehr warm an. Ich sagte: »Hauptsache, du bist in Italien. Was, glaubst du wohl, wie ich geschwitzt habe?«

»Dafür werde ich dich auch mein Leben lang lieben«, sagte er und nahm mich in die Arme. Hätte ich gestern abend gewußt, worauf ich mich bei ihm eingelassen hatte: Ich wäre vielleicht standhafter geblieben. Denn abgesehen von den insgesamt dreißig Minuten, die er an der österreichischen und italienischen Grenze im Kofferraum verbracht hatte, war er auf der ganzen Fahrt ständig damit beschäftigt gewesen, mir seine Liebe nicht nur mit Worten zu bekunden. Und dies, obwohl ich ihm, wenngleich nur notgedrungen, schon vor dem Frühstück Gelegenheit gegeben hatte, seinen Liebeshunger zu stillen. Erst der Anblick der bayrischen und österreichischen Alpen, der ihm bislang nur aus Filmen und Büchern bekannt war, hatte ihn vorübergehend von mir abzulenken vermocht. Meinen Bemühungen, ihn während der Fahrt auf besondere Sehenswürdigkeiten und die damit verknüpften historischen Begebenheiten hinzuweisen, schenkte er nur geteilte Aufmerksamkeit. Weder Nürnberg noch München noch Innsbruck hatten ihm mehr als ein beiläufiges: »Ach, so sieht das aus« entlocken können.

Beiderseits der Paßhöhe lag noch Schnee. Wegen des frühlingshaften Wetters hatte ich für die Reise ein kurzärmeliges, dünnes Kleid angezogen. Hier oben, dicht unterhalb der Paßhöhe, schien zwar auch die Sonne, von frühlingshaften Temperaturen war aber nicht viel zu merken. Dies änderte sich erst, als wir in das, in einem grünen Talkessel gelegene, von schneebedeckten Berggipfeln umrahmte Meran kamen.

Seit dem Mittagessen an einer Autobahnraststätte bei München waren über zwei Stunden vergangen. In der Via Manzoni entdeckten wir ein hübsch gelegenes Terrassencafé mit Blick auf die Zenoburg und die grünen Vorhügel der Berge. Hier schien die Sonne so warm, daß Jochen das Jackett auszog. Ein tirolerisch sprechendes freundliches Mädchen nahm unsere Bestellung entgegen. Mir fiel auf, daß Jochen, einen geistesabwesenden Ausdruck in den Augen, den blauen Himmel über den schneebedeckten Berggipfeln betrachtete. Ich fragte: »Woran denkst du?«

»Daß ich das alles dir verdanke«, antwortete er. »Du mußt wissen, ich bin nie aus der DDR herausgekommen. Meine Eltern verbrachten ihren Urlaub stets bei einer Schwester meiner Mutter in Köslin an der Ostsee. Ich war nicht in der FDJ. Wer in die FDJ eintrat, hatte Gelegenheit, auch nach Ungarn oder in die ČSSR zu kommen. Es gibt regelmäßig einen Jugendaustausch zwischen unseren Ländern. Mein jüngster Bruder ist deshalb in die FDJ eingetreten. Mich konnten sie damit nicht kaufen.«

Ich lächelte: »Das hattest du auch nicht nötig. Du wußtest ja schon frühzeitig, daß dir eines Tages die ganze Welt offenstehen wird. Gab es im Fußball überhaupt schon einmal so ein Genie wie dich?«

Er lächelte: »Genies nicht, aber einige Weltklassetorhüter. Stuhlfauth, beispielsweise, aber das ist schon viele Jahre her. Ist er dir dem Namen nach bekannt?«

»Noch nie gehört«, antwortete ich. »Ich habe mich bisher auch nicht ernsthaft für Fußball interessiert. Was wirst du jetzt tun? Dich in Mailand einem Verein anschließen?«

Er schüttelte den Kopf. »Einem Verein nicht. Ich werde immer nur dort spielen, wo man mir am meisten dafür bezahlt.«

Das Mädchen brachte uns Kaffee und Kuchen. Wenigstens sah ich jetzt, was seine Absichten und meine eigenen Möglichkeiten betraf, ihm in Italien nützlich zu sein, schon etwas klarer. Aber mit den rund fünfhundert Mark, die ich jetzt noch in der Handtasche hatte, würden wir nicht länger als zwei oder drei Tage hinkommen. Merkwürdigerweise schien er sich aber gerade darüber überhaupt keine Gedanken zu machen; wenigstens war er bisher mit keinem Wort darauf zu sprechen gekommen. Ich sagte: »Was du vor allem brauchst, sind Personalpapiere. Die bekommst du aber nur, wenn du dich bei einem deutschen Konsulat meldest und dich als politischer Flüchtling ausgibst.«

Er nickte: »Genauso habe ich es mir vorgestellt. Ich könnte es auch bei den Italienern versuchen, aber das ist mir zu unsicher. Sie werden wissen wollen, warum ich mich nicht in Westdeutschland um politisches Asyl bemühe.

»Und das deutsche Konsulat«, sagte ich, »wird von dir wissen wollen, wie du es geschafft hast, von der DDR nach Mailand zu kommen. Sie werden dich vielleicht für einen Agenten halten, der versucht, durch eine Hintertür nach Westdeutschland zu schlüpfen. Wir müßten eine glaubwürdige Erklärung dafür finden, wie es dich nach Italien verschlagen hat.«

»Vielleicht per Schiff?« überlegte er laut. »Als blinder Passagier. Die DDR exportiert sicher ihre Waren auch nach Italien. Welcher Hafen käme da in Frage?«

Ich fand den Einfall so gut, daß ich ihn augenblicklich aufgriff: »Genua. Dort gibt es sicher auch ein deutsches Konsulat.«

»Aber keinen italienischen Fußballverein, der mir bekannt ist«, sagte er. »Ist es weit von Genua nach Mailand?«

Ich war die Strecke zusammen mit Manfred schon einmal gefahren: »Auf der Autobahn braucht man nicht viel länger als eine Stunde.« Ich griff über den Tisch hinweg erleichtert nach seiner Hand. »Ich glaube, so könnten wir es versuchen, Jochen. Vielleicht haben wir Glück und es liegt, wenn wir nach Genua kommen, ein Schiff aus der DDR im Hafen. Wenn nicht, warten wir in einem Hotel, bis eins eintrifft. Wir müßten dann nur noch den Heimathafen herausfinden, aber das dürfte zu schaffen sein. Du erzählst im Konsulat, ein Bekannter von dir, der zur Schiffsmannschaft gehört, hätte dich heimlich an Bord gebracht und dich auf dem Schiff versteckt. Du bist dann, als du das Schiff ebenso heimlich, vielleicht bei Dunkelheit, verlassen hast, zufällig mir begegnet, hast mich angesprochen und mich gebeten, dich zum nächsten deutschen Konsulat zu bringen. Ist das eine Idee?«

Er lachte: »Ich wüßte keine bessere, Marianne. Wie gefällt dir das?« Er griff in die Innentasche seines Jacketts und brachte einen kleinen Brustbeutel aus braunem Leder zum Vorschein. Ich hatte ihn bisher noch nicht gesehen, und fragte verwundert: »Woher hast du ihn?«

»Von meiner Schwester. Ich habe sie, als sie mich einmal im Trainingslager besuchte, darum gebeten. Sie konnte ihn mir beim nächsten Besuch heimlich zustecken. Mach ihn auf.« Er legte ihn mir in die Hand. Ich öffnete den Druckknopf und nahm ein mehrfach zusammengefaltetes Stück Papier heraus. »Was ist das?«

»Sieh es dir an«, sagte er.

Ich faltete das Papier auseinander und starrte eine Weile darauf nieder. Dann blickte ich in sein Gesicht: »Warum hast du mir nicht schon in Frankfurt davon erzählt?«

»Weil ich dich in Italien damit überraschen und auch wissen wollte, ob du auch ohne einen Beweis für meine Identität Vertrauen zu mir hast. Seit sie mir im Trainingslager meine Personalpapiere abgenommen haben, war mir klar, daß ich ohne Geburtsurkunde überall Mühe haben würde, neue Papiere zu bekommen.«

Im ersten Augenblick ärgerte ich mich über die Prüfung, die er mir auferlegt hatte, aber meine Erleichterung überwog dieses Empfinden rasch; ich sagte: »Du bist ein Schuft, Jochen.«

»Aber ich liebe dich über alles«, sagte er.

Außer uns saßen noch andere Gäste auf der Terrasse. Ihre Anwesenheit hinderte ihn nicht daran, meine Hand an den Mund zu führen, sie zu küssen und danach an seine Wange zu pressen.

Es war angenehm warm auf der Terrasse, die schneebedeckten Gipfel über der Stadt leuchteten kreidefarben im indigoblauen Himmel. Auf den ihnen vorgelagerten Hügeln standen Obstbäume in voller Blüte. Auch die samtweiche Luft roch nach Blüten und zahllosen Blumen; ich war mit mir zufrieden wie schon lange nicht mehr. Und ein bißchen verliebt dazu.

3

Daß sie zu diesem Zeitpunkt zufrieden war, glaubte Feuerstein ihr aufs Wort. Aber er meinte, sicher sei ihr, als sie das schrieb, noch rechtzeitig eingefallen, wie zweideutig und ihre wahren Empfindungen enthüllend es für den Leser klingen müsse. Darum habe sie noch rasch ein bißchen Liebe drangehängt. Ungleich authentischer schien ihm ihre Schilderung der illegalen Grenzpassage nach Österreich und Italien zu sein, denn auch sie gehörte zu jenen Fakten, über die ihn die Neumann nur fragmentarisch informiert hatte. Über das, was sich wenig später in Genua abgespielt hatte, wo die beiden unter dem Vorwand, auf einem aus der DDR kommenden Frachtschiff die Rückreise in ihre Heimat anzutreten, von der Hafenverwaltung Auskunft über die gerade vor Anker liegende ›Rostock‹ erhalten hatten, war Feuerstein unterrichtet. Das Schiff war mit einer Ladung Kali von Wismar gekommen und sollte auf der Rückfahrt in Marseille mit Importgütern für die DDR beladen werden. Für Feuersteins damalige Dienststelle mit ihren direkten Verbindungen zum Auswärtigen Amt war es, sobald sie Kenntnis von Schimazeks Aufenthalt in Italien erhalten hatte, ein leichtes gewesen, durch eine Rückfrage beim dortigen Generalkonsulat die Geschehnisse zu recherchieren. Daß man von Schimazeks Anwesenheit in Italien erst aus Zeitungsberichten erfahren hatte, gehörte eben mit zu jenen Pannen, mit denen selbst eine Bundesbehörde leben mußte.

Die eigentliche Schilderung der nachfolgenden Geschehnisse durch Feuerstein setzte an dem vereinbarten Treffpunkt und mit der Ankunft der vier Begleiter ein, die an Schimazeks Flucht unmittelbar beteiligt waren. Die Information über Ort und Zeitpunkt erfolgte durch den gleichen ostdeutschen Sportfunktionär, der anläßlich einer Begegnung zweier Fußballmannschaften aus beiden Teilen Deutschlands im Namen einer anonymen Persönlichkeit aus dem Staatssicherheitsdienst die ersten Vorgespräche geführt hatte. Daß Feuerstein seinen Auftrag, Schimazek und seine Begleiter am vereinbarten Ort in Empfang zu nehmen, nur zum Teil ausführen konnte, weil sie mit einstündiger Verspätung und ohne Schimazek bei ihm eintrafen, entzog sich seiner Zuständigkeit. Zu ihrer eigenen Sicherheit wurden sie am nächsten Tag von seiner Dienststelle an einen geheimgehaltenen Ort gebracht. Einige Wochen danach erhielten er und sein Kollege, der ihn schon zur Übernahme der Flüchtlinge begleitet hatte, von einem unmittelbaren Vorgesetzten den Auftrag, nach Mailand zu fahren, wo sich Schimazek und die Neumann zu diesem Zeitpunkt noch aufhalten sollten.

Von der ursprünglichen Annahme, daß es zu der Verbindung zwischen der Neumann und Schimazek durch die von ihnen bei dem deutschen Konsulat zu Protokoll gegebene zufällige Begegnung in Mailand gekommen sei, war man abgekommen. Bei den Ermittlungen über ihre Person hatte sich nämlich herausgestellt, daß die Kündigung ihres letzten Arbeitsplatzes zeitlich etwa mit Schimazeks Eintreffen auf westdeutschem Boden zusammenfiel. Es war daher nicht völlig auszuschließen, daß ihr Zusammentreffen mit ihm geplant und sie im Dienste der gleichen anonymen Person stand, die Schimazeks Flucht so glänzend vorbereitet und durchgeführt hatte. Feuersteins nachdenklich geäußerte Vermutung, daß diese Person mit gezinkten Karten gespielt und gar nicht die Absicht gehabt habe, sich später in die BRD, sondern ebenfalls nach Italien zu begeben, wurde von seinem Vorgesetzten als denkbare Möglichkeit nicht von der Hand gewiesen. Über nachrichtendienstliche Tätigkeiten der Neumann war nichts bekannt. Allein der Umstand, daß sie nach Abschluß ihres Studiums als Fremdsprachenkorrespondentin in zwei Firmen tätig gewesen war, die sich mit Text- und Datenverarbeitung beschäftigten, und daß sie ihre Stellung in beiden Fällen nach einem Jahr wegen unüberwindlicher Meinungsverschiedenheiten mit Abteilungsleitern verloren hatte, reichte nicht aus, um ihr daraus einen Strick zu drehen. Es sei denn, fügte Feuersteins Vorgesetzter in eher beiläufig gehaltenem Ton hinzu, seine, Feuersteins, soeben geäußerte Befürchtung träfe zu und die anonyme Person aus dem Staatssicherheitsdienst habe sich unter Außerachtlassung des ursprünglich mit ihr getroffenen Agreements zischenzeitlich zu ihr nach Mailand abgesetzt, um dort gemeinsam mit ihr die Früchte zu kassieren, für die er seine wertvollen Informationen über ostdeutsche Agententätigkeiten auf dem Boden der BRD liefern wollte. Das aber würde man, beendete Feuersteins Vorgesetzter seine Ausführungen, dem wortbrüchigen Spitzenfunktionär allerdings sehr übelnehmen, und sollte Feuerstein in Mailand ohne zusätzliche Hilfe nicht auskommen, so fände er bei seiner Dienststelle jederzeit ein offenes Ohr.

Wie immer hatte er die Katze erst ganz zum Schluß aus dem Sack gelassen. Aber Feuerstein wußte jetzt wenigstens genau, was man von ihm und seinem Kollegen in Mailand erwartete.

Die Reise dorthin legten sie in einem Dienstwagen zurück und quartierten sich nach ihrem Eintreffen in dem ihnen genannten Hotel ein. Zu Verständigungsproblemen kam es schon deshalb nicht, weil Feuerstein ebenso wie sein Begleiter Wieland für ihre nicht selten grenzüberschreitenden Aufgaben der wichtigsten Fremdprachen mächtig waren. Da sie eine anstrengende Reise hinter sich hatten und keine Lust verspürten, sich für den Speisesaal umzuziehen, bestellten sie sich zuerst ein Bier und dann eine kalte Wurst- und Fleischplatte aufs Zimmer. Das Hotel stand im Nordteil der Stadt in der Via Mulino. Vom Fenster aus blickte man auf eine parkähnliche Grünanlage. Daß es nicht zu den teuersten und exklusivsten Hotels Mailands zählte, hatte Feuerstein bereits an der Rezeption festgestellt, es war eher gutbürgerlich, Bad und Zimmer waren ohne besonderen Komfort, jedoch sauber gehalten und die Betten akzeptabel. Auch die kalte Platte erfüllte seine Erwartungen. Er benutzte die Gelegenheit, den Zimmerkellner zu fragen, ob Signor Schimazek noch im Hotel wohne. Er war sich dessen so sicher, daß ihn die Antwort des Kellners, Signor Schimazek und Signorina Neumann hätten das Hotel gestern am späten Abend verlassen, wie ein Hieb in den Magen traf. Er fragte bestürzt: »Sie wohnen nicht mehr hier?«

Der Zimmerkellner lächelte bedauernd: »Leider, Signore. Wir waren alle überrascht, auch die Hotelleitung. Heute waren den ganzen Tag schon viele Leute hier, die nach ihnen fragten. Sie haben aber keine Adresse hinterlassen. Kommen Sie auch von der Zeitung?«

Der Kellner war noch jung, höchstens zweiundzwanzig. Feuerstein schüttelte den Kopf: »Ich bin ein Verwandter von Signor Schimazek und war heute abend mit ihm verabredet. Ich verstehe nicht, daß er und die Signorina keine Nachricht für mich hinterlassen haben. Ich werde dringend von ihnen erwartet.«

Der Kellner lächelte wieder bedauernd: »Ich bin sicher, daß sie keine hinterlassen haben. Haben Sie sonst noch einen Wunsch, Signore?«

Feuerstein hatte keinen mehr. Er wartete, bis der Kellner das Zimmer verlassen hatte. Dann setzte er sich an den Tisch und betrachtete die kalte Platte. Auch Wieland nahm Platz; er fragte: »Warum hast du dich als Verwandter von ihm ausgegeben?«

Er war sechs Jahre jünger als Feuerstein, ein großgewachsener, breitschultriger Mann, dessen dichtes Kraushaar ihm bis tief in die Stirn reichte. Feuerstein arbeitete gerne mit ihm zusammen. Wieland war intelligent und zuverlässig. Bis vor einem Jahr hatte er bei einer Sondereinheit für Terroristenbekämpfung gedient, wo es ihm aber zu langweilig geworden war.

Feuerstein legte Wurst und Fleisch auf den Teller: »Ich habe ihn im Verdacht, daß er uns nicht die Wahrheit sagt. Wenn die beiden so plötzlich, dazu noch am Abend, das Hotel wechselten, dann vielleicht nur, weil sie nicht länger von der Presse und anderen Neugierigen belästigt werden wollten. Das schließt nicht aus, daß sie, für besondere Fälle, ihre neue Adresse hinterlassen haben. Wenn wir sie hier nicht erfahren, wird es nicht leicht werden. Mailand hat über eineinhalb Millionen Einwohner. Wären wir schon gestern eingetroffen, so hätten wir dieses Problem nicht.«

»Vielleicht wissen sie in Wiesbaden auch schon davon«, sagte Wieland kauend. Feuerstein goß sich ein Glas Bier ein. »Heute morgen wußten sie es jedenfalls noch nicht. Diesen Stiefel müssen wir uns selbst anziehen. Zum Wohl, Franz.« Er griff zum Glas, nahm einen kräftigen Schluck und wischte sich mit dem Handrücken den Schaum von den Lippen.

»Vielleicht sind sie mit einem Taxi weggefahren«, sagte Wieland. Feuerstein nickte. »Darum kümmern wir uns gleich morgen früh. War eine lange Reise. Heute abend läuft bei mir nichts mehr.«

»Bei mir nur noch die Blase«, sagte Wieland.

Nach dem Essen zündete sich Feuerstein eine Zigarre an; Wieland war Nichtraucher. Vom Fenster aus blickten sie, nebeneinander stehend, auf die grüne Parkanlage jenseits der Straße. Feuerstein sagte: »Ich war mal mit meiner Frau hier; auf der Durchreise. Außer dem Dom und ein paar Museen hält dich als Tourist nicht viel auf. Ist eine Industrie- und Messestadt wie Frankfurt auch, nur eben mit südlichem Flair. In Turin hielten wir uns drei Tage auf. Interessante Stadt. Hübsche Umgebung.« Er wechselte sprunghaft das Thema: »Könnte natürlich auch sein, daß ihre plötzliche Abreise andere Gründe hat. Vielleicht haben sie Besuch bekommen.«

Wieland blickte von der Seite scharf in sein Gesicht: »Du denkst an unseren anonymen Freund von drüben?«

»Nicht nur an ihn. Die vier Aufpasser, die mit Schimazek herüberkamen, dürften jetzt auch schon mitbekommen haben, wo er sich aufhält. Ich nehme an, sie haben sich inzwischen mit Papieren und etwas Geld versorgt. Nicht viel für das Risiko, das sie eingingen. Sie hofften, bei uns in Schimazeks Geld zu schwimmen. Statt dessen hocken sie jetzt auf dem trockenen.«

Wieland lächelte dünn: »Vielleicht hat der Grenzschutz für die Vopos Verwendung. Und von den beiden Sportfunktionären können unsere eigenen noch lernen, wie man junge, große Talente entdeckt und fördert. Falls sie aber tatsächlich hier aufkreuzen, werden wir mit Ihnen nicht weniger Ärger haben als Schimazek. Ich fürchte, wir werden überhaupt nur Ärger haben, Rudolf. Er fängt ja schon an, kaum daß wir richtig hier sind.«

Feuerstein, der fast genauso groß war wie er, jedoch nicht ganz so breitschultrig, kehrte an den Tisch zurück, setzte die Bierflasche an den Mund und trank, was noch drinnen war, mit einem Zug leer. Danach klingelte er dem Zimmerkellner und bestellte noch zwei Flaschen. Zu Wieland, der am Fenster stehengeblieben war, sagte er: »Du bist doch nicht etwa hier, um dich zu langweilen?«

»Ich langweile mich jetzt schon«, brummte Wieland. »Falls Schimazek kein Taxi, sondern einen eigenen Wagen genommen hat, müssen wir warten, bis er wieder irgendwo auf einem Fußballplatz auftaucht, und wann das sein wird, wissen vorläufig nur die Leute, die ihn unter Vertrag genommen haben. Du hast ja gelesen, was in unseren Zeitungen darüber geschrieben stand. Ich glaube nicht, daß er das Hotel nur gewechselt hat. Wenn es ihm darum ging, seine Fans und die Presse loszuwerden, kann er nicht einfach in einem anderen Hotel absteigen. Er wird sich irgendwo ein Haus oder eine Wohnung genommen haben, vielleicht außerhalb von Mailand. Und falls er sich von irgendwem bedroht fühlt, wird er erst recht nicht aufzufinden sein. Dafür werden schon die Leute sorgen, die ihre Geschäfte mit ihm machen oder machen wollen.«

Feuerstein nickte. »Trotzdem habe ich kein schlechtes Gefühl, und auf mein Gefühl konnte ich mich bisher immer verlassen. Ich schlage vor, wir legen uns jetzt . . .« Er brach ab, weil das Telefon läutete. »Sicher die ›Reblaus‹«, sagte Wieland. »Wer könnte es sonst sein?«

Die ›Reblaus‹ war der interne Codename für das am Fuße lieblicher Weinberge gelegene Hauptquartier ihrer Dienststelle. Feuerstein ging mit ein paar raschen Schritten zum Apparat und nahm ab. Es war nicht die ›Reblaus‹, sondern der Hotelgeschäftsführer; er entschuldigte sich für die Störung und sagte: »Ein Signor Belloni möchte Sie sprechen. Wollen Sie ihn auf dem Zimmer oder hier unten empfangen?«

»Woher weiß er, daß ich hier wohne?« fragte Feuerstein. Der Geschäftsführer zögerte mit der Antwort: »Es war ein Versehen unserer Telefonzentrale, Signor Feuerstein. Ein Anrufer verlangte vor einer halben Stunde Signor Schimazek zu sprechen. Als er von der Zentrale erfuhr, daß dieser nicht mehr bei uns wohnt, fragte er nach Signorina Neumann. Man sagte ihm, daß auch die Signorina nicht mehr bei uns wohne, daß er aber, wenn sein Anruf sehr wichtig sei, vielleicht mit Ihnen sprechen könne. Es hatte sich bis zur Telefonzentrale herumgesprochen, daß Sie ein Verwandter von Signor Schimazek sind. Ich nehme an, daß es sich auch bei diesem Anrufer schon um Signor Belloni . . .«

Feuerstein schnitt ihm das Wort ab: »Sagen Sie dem Signore, daß er in der Halle auf mich warten soll. Ich bin in zehn Minuten unten.« Er legte auf und blickte Wieland an. »Ein Belloni. Sagt dir der Name etwas?«

Wieland schüttelte verwundert den Kopf.

»Mir auch nicht. Vielleicht war er der Grund, weshalb die beiden gestern abend so überstürzt das Hotel verließen.« Er unterrichtete ihn in knappen Worten über den Inhalt seines Gesprächs und schloß: »Du gehst jetzt nach unten, läßt dir an der Rezeption eine Zeitung geben und setzt dich in den Rauchsalon. Von dort aus kannst du die Hotelhalle im Auge behalten. Er braucht nicht zu merken, daß wir zusammengehören.«

»Mit oder ohne Ballermann?«

»Falls du dich an ihm nicht totträgst«, sagte Feuerstein, »nähme ich ihn an deiner Stelle vorsichtshalber mit.« Er beobachtete, wie Wieland ein Schulterhalfter mit Pistole aus dem Koffer nahm, es anlegte und das Jackett überstreifte. Wenn es ihn einmal erwischte, würde er keine große Beerdigung haben. Ein paar Kollegen und eine der Frauen, die er beinahe ebensooft wechselte wie das Hemd. Über sein Privatleben sprach er nie. Auch nicht über Politik. Gleichwohl hatte Feuerstein Anlaß zu der Vermutung, daß er nicht im gleichen Lager stand wie er, aber das störte ihn bei Wieland nicht. Er war einer von drüben. Seinen damals noch lebenden Vater hatte er in Stralsund zurückgelassen, von wo aus er mit einem selbstgebastelten Segelboot in einer regnerischen Herbstnacht in Richtung Kiel losgefahren und vor der Insel Fehmarn, schon halb erfroren, von einem westdeutschen Küstenwachboot aufgegriffen worden war. Seitdem waren über fünfzehn Jahre vergangen.

Signor Belloni war ein hochgewachsener Mann mit hagerem Gesicht und dunklen Augen. Feuerstein schätzte ihn auf Fünfunddreißig. Er trug einen unauffälligen grauen Anzug und eine dezent gestreifte blaue Krawatte. Daß er Feuerstein nicht im Vestibül, sondern vor dem Hoteleingang auf der Straße erwartete, erfuhr dieser vom Geschäftsführer, der ihn bis zur Tür begleitete. Bellonis Entschuldigung, er habe sich wegen einer hinter ihm liegenden längeren Autofahrt bis zu Feuersteins Eintreffen ein wenig die Beine vertreten wollen, nahm dieser mit einem flüchtigen Kopfnicken zur Kenntnis. Belloni sagte: »Wenn Sie nichts dagegen haben, Signor Feuerstein, würde ich unser Gespräch gerne in meinem Wagen führen; wir sind dort ungestörter. Ich habe Gründe, die es mir geraten erscheinen lassen, daß der Geschäftsführer uns nicht zuhört. Mein Wagen steht dort drüben.«

Feuerstein hatte ihn bereits entdeckt; offensichtlich handelte es sich um einen Fiat. Obwohl er im Schatten der dunklen, die gegenüberliegende Straßenseite begrenzende Parkanlage stand, glaubte Feuerstein auf dem Fahrersitz einen Mann zu erkennen; er fragte: »Sie sind nicht allein?«

»Mein Fahrer«, sagte Belloni. »Während wir uns unterhalten, wird er sich die Beine vertreten. Würden Sie mir bitte folgen.«

Feuerstein betrachtete wieder den Fiat; seine dem Hotel zugewandten Scheiben reflektierten das Licht einer Straßenlaterne. Dahinter hob sich, wenn auch nur für Feuersteins scharfe Augen erkennbar, die Silhouette eines zweiten Mannes im Fond ab. Als Belloni ihm plötzlich den Lauf einer Pistole in die Seite preßte, hatte ihn sein Gefühl wieder einmal nicht betrogen. Er fragte: »Was wollen Sie?«

»Da Sie ein Verwandter von Signor Schimazek sind«, antwortete Belloni, »können Sie uns vielleicht bei einem kleinen Geschäft behilflich sein. Wir haben ein dringendes Gespräch mit ihm zu führen, dem er sich leider entzogen hat.«

»Also Entführung zum Zwecke der Erpressung«, nickte Feuerstein. »Sehen Sie den Mann hinter uns am Hoteleingang? Er bevorzugt eine Pistole vom Kaliber neun Millimeter, und die machen unangenehm große Löcher. Danebengeschossen hat er angeblich noch nie.«

Belloni blickte über die Schulter hinweg zu Wieland hin, der, kaum zehn Schritte hinter ihnen, reglos vor dem Hoteleingang stand. »Ich sehe keine Pistole bei ihm«, meinte er. Feuerstein sagte so laut, daß Wieland es hören konnte: »Zeig ihm den Ballermann, Franz. Er glaubt mir nicht, daß du einen hast.«

Wieland griff in das Jackett, zog die Dienstpistole aus dem Halfter und fragte: »Ist es so besser?«

»Jetzt müßte er ihn eigentlich sehen«, bestätigte Feuerstein. Zu Belloni sagte er: »Ich an Ihrer Stelle ließe es nicht darauf ankommen. Bis Ihre Freunde Ihnen helfen können, haben wir beide etwa die gleich schlechten Chancen.«

»Das leuchtet mir ein«, sagte Belloni. Er nahm den Pistolenlauf von Feuersteins Hüfte und lächelte:

»Ich nehme doch an, Sie bleiben noch ein paar Tage in Milano?«

Feuerstein nickte. »Wir haben es vor. Aber so einfach wie heute abend wird es dann für Sie nicht mehr werden. Machen Sie sich da keine allzu großen Hoffnungen.«

»Hoffen ist gut, wissen ist besser«, sagte Belloni. Er drehte Feuerstein den Rücken zu und überquerte die Straße. Als er zum Wagen kam, wurde ihm von innen die Tür geöffnet.

Wieland kam an Feuersteins Seite. Sie beobachteten, wie der Fiat rasch anfuhr und, etwa hundert Meter entfernt, in eine Querstraße einbog. Feuerstein sagte: »Hoffen ist gut, wissen ist besser, ist das nicht ein deutsches Sprichwort?«

»Ich kenne es etwas anders«, meinte Wieland. »Wie kommst du darauf?«

Feuerstein blickte ihn an: »Daß ich einen Pistolenlauf in der Hüfte hatte, das hast du natürlich mitbekommen?«

»Im Ernst?« Wielands Stimme klang ehrlich überrascht. »Dann hast du aber verdammt hoch gespielt.«

»Er wollte mich lebend haben«, sagte Feuerstein.

Der Empfangschef kam ihnen erwartungsvoll ein paar Schritte entgegen. »Ich hoffe, Sie hatten ein angenehmes Gespräch, Signor Feuerstein?«

»Doch, es war sehr kurzweilig«, sagte dieser. »Schicken Sie uns noch zwei Flaschen Bier aufs Zimmer. Milano macht mich jedesmal so durstig.«

»Das geht allen unseren ausländischen Gästen so«, lächelte der Empfangschef.

Im Zimmer zog Feuerstein das Jackett aus und warf es auf den Tisch. Auch Wieland machte es sich bequem. »Alles in allem«, sagte er, »haben wir trotzdem nicht schlecht abgeschnitten. Falls du gerade nichts Besseres vorhast, könntest du mir vielleicht erzählen, was er von dir wollte.«

Feuerstein ließ sich in einen Sessel fallen, er griff nach seinem Zigarrenetui auf dem Tisch, nahm eine heraus, biß die Spitze ab und spuckte sie auf den Teppichboden.

»Das ist nicht unser Problem, Franz«, meinte er dann. »Unser Problem ist, was er von Schimazek wollte.«

4

Marianne Neumann schilderte Ardigo als einen Mann so recht nach ihrem Herzen. Er verkörperte in ihren Augen die von ihr am meisten geschätzten italienischen Eigenschaften, sei höflich, galant und dazu noch von charismatischem Äußeren. Man konnte aus dieser Darstellung schließen, daß sie auf den ersten Blick Interesse an ihm nahm. Für Feuerstein wieder einmal ein Grund mehr, sich in abfälligen Worten über ihren Charakter zu äußern. Mein persönlicher Eindruck war der, daß sie zu diesem Zeitpunkt in der Person von Schimazek schon mehr eine Art von Rückversicherung gegen künftige Unabwägbarkeiten als den Mann gesehen hatte, der sie bedingungslos an sich fesseln könnte. Möglicherweise hatte das nicht zuletzt seinen Grund in dem bestehenden Altersunterschied, in Schimazeks sich sehr früh entwikkelnder Eifersucht und in seinem Desinteresse an Dingen gehabt, die ihr viel bedeuteten und mit denen sie, waren erst einmal die finanziellen Voraussetzungen dafür geschaffen, ihr Leben zu bereichern gedachte. Die späteren Ereignisse zeigen allerdings, daß auch dieser Eindruck ebenso falsch war wie meine vorangegangenen Einschätzungen ihrer Fähigkeit, ein einmal ins Auge gefaßtes Ziel mit großer Energie und, wenn es sein mußte, auch mit Selbstverleugnung anzustreben und zu erreichen. In Wirklichkeit war es wohl so, daß sie in Schimazek bis zuletzt eine Aufgabe gesehen hatte, an der sie ihre Kräfte messen und mit der sie sich identifizieren konnte. Bewundernswert auch ihre Tatkraft, in Mailand, ohne auch nur einen Tag zu verlieren, gleich an den für Schimazek richtigen Mann zu kommen. Seinen Namen und seine Telefonnummer hatte sie vom Zimmerkellner erfahren und ihn sofort angerufen. Sie schildert diese Episode so:

Ich mußte jedoch siebenmal bei ihm anläuten, bis ich das Glück hatte, ihn anzutreffen. Er hörte sich, was ich ihm zu sagen hatte, geduldig an und versprach mir dann, uns am nächsten Vormittag gegen elf Uhr im Hotel zu besuchen. Er traf dann allerdings, und das scheint zu den weniger schätzenswerten Eigenschaften zu gehören, mit einstündiger Verspätung bei uns ein und informierte uns sofort darüber, daß er zu dieser Stunde immer eine kleine Mahlzeit zu sich nehmen müsse. Wir nahmen sie gemeinsam im Hotelrestaurant ein, das Personal schien ihn zu kennen, die Kellner umtanzten ihn wie die Israeliten in der Sage von Aaron das Goldene Kalb. Auch bei den sonst noch anwesenden Gästen sprach sich seine Identität rasch herum, Köpfe rückten sich näher; es wurde getuschelt. Über den eigentlichen Zweck seines Hierseins verlor er vorläufig kein Wort, mit Jochen befaßte er sich, als er merkte, daß dieser kein Italienisch sprach, nur beiläufig, mit mir dagegen um so gründlicher. Er machte mir Komplimente über die Farbe meiner Augen, über mein wunderschönes Haar, über meine italienischen Sprachkenntnisse und über meine wohllautende Stimme. Denn offen gestanden, erzählte er geradeheraus, sei er nur wegen meiner Stimme auf mich neugierig geworden und nun sehr glücklich darüber, seiner Neugierde nachgegeben und mich auch persönlich kennengelernt zu haben. Er ließ mich Fotos seiner Familie sehen, zwei Jungen und drei Mädchen. Sie waren alle sehr hübsch, besonders die Mädchen und ganz besonders eines davon. Ich mußte mich dann aber von ihm darüber aufklären lassen, daß dies keine Tochter, sondern bereits seine dritte Frau sei, aber vielleicht würde er sich auch von ihr wieder trennen müssen, weil sich die Kinder ihr nicht recht unterordnen wollten. Kein Wunder, konnte sie doch kaum viel älter sein als die sie um eine halbe Kopfeslänge überragenden Stiefsöhne. Aus der kleinen Mahlzeit, die Ardigo ins Auge gefaßt hatte, wurde dann ein Diner mit sieben Gängen, Dessert eingeschlossen. Zwischen dem fünften und sechsten Gang versuchte ich, sein Augenmerk endlich auch auf Jochen zu lenken, dem, ob der vielen Komplimente, die ich einheimsen durfte, bereits nach dem zweiten Gang der Appetit abhanden gekommen war. Auch wenn er kein einziges Wort von dem verstand, was Signor Ardigo mir sagte, so mußte doch allein schon dessen Art, mit mir zu reden und mich dabei anzusehen, wieder seine Eifersucht wecken. Um ihm zu zeigen, daß kein Grund hierfür vorlag, küßte ich ihn vor Ardigos Augen rasch auf die Wange. Zu Ardigo sagte ich, seine Artigkeiten kurzerhand unterbrechend: »Sie sind doch ein berühmter Mann, Signor Ardigo. Sie trainieren eine der besten italienischen Mannschaften. Für Sie müßte es doch möglich sein, meinen Freund in Italien bekannt zu machen. Wäre er in der DDR geblieben, so hätte man ihn dort bei den jetzt beginnenden Spielen um die nächste Europameisterschaft in der Nationalmannschaft eingesetzt.«

Er lächelte nachsichtig. »Ich kann verstehen, daß man nach den letztjährigen Spielergebnissen der ostdeutschen Nationalmannschaft große Erwartungen in einen guten Torhüter setzt, aber was schätzen Sie wohl, wie viele gute Torhüter wir allein in Italien schon haben? Wie sind Sie gerade auf mich gekommen?«

»Weil Sie eben einer der berühmtesten Trainer der Welt sind«, schmeichelte ich ihm. »Hören Sie zu, Signor Ardigo, ich habe, nach deutschem Geld, ungefähr zehntausend Mark bei mir. Wenn Sie nur einen einzigen Spieler auftreiben, der es schafft, meinem Freund ein Tor zu verpassen, gehören sie Ihnen. Ist das ein Wort?«

Offensichtlich war es eins, denn er blickte mich eine Weile prüfend an. Skrupel hatte ich deshalb keine, denn ob ich fünfzehnhundert Mark, die ich jetzt wieder hatte, auf Jochens Kopf setzte oder zehntausend, die ich nicht hatte, war bei meinem unbegrenzten Vertrauen in sein Jahrhunderttalent ohne Belang. Als Signor Ardigo plötzlich aufstand, sich mit der Serviette den Mund abwischte und für eine Minute entschuldigte, war ich mir sicher, auf die richtige Karte gesetzt zu haben.

»Wohin geht er?« fragte Jochen. Ich erzählte ihm von den zehntausend Mark und fuhr fort: »Wir dürfen keine Zeit verlieren, Jochen. Eine Woche in diesem Hotel, und wir sind unser Geld los. Wenn du dir schon keine Gedanken darüber machst, so lass' es wenigstens mich für dich tun.«

»Ob wir auch in Italien heiraten können?« überlegte er laut. »Das müßte doch eigentlich zu machen sein.«

Von Heirat war bisher mit keinem Wort die Rede gewesen; ich war für den Augenblick auch viel zu überrascht, um mich dazu zu äußern. Bevor ich es dann tun konnte, kam Signor Ardigo zurück. Er nahm wieder bei uns Platz und fragte: »Haben Sie das Geld bei sich?«

»Sie trauen mir nicht?« fragte ich.

Er lächelte. »Es geht mir nicht um Ihr Geld, Signorina. Ich schlage Ihnen etwas Besseres vor. Wenn Sie die Wette verlieren, müssen Sie für ein Wochenende mein Gast sein. Kennen Sie zufällig Riomaggiore?«

Ich kannte es nicht, aber es hörte sich vielversprechend an. »Es liegt in einer schönen Bucht der Cinque Terre«, sagte Ardigo. »Ich habe dort ein Landhaus mit einem herrlichen Blick auf das Meer. Es wird Ihnen sicher gefallen.«

»Davon bin ich überzeugt«, sagte ich. »Gilt diese Einladung auch für meinen Freund?«

»Das ist ja Ihr Risiko bei dieser Wette«, sagte Ardigo.

Davon erzählte ich Jochen allerdings nichts. Nach dem Dessert hatte Ardigo es eilig; vor dem Hotel wartete bereits ein Taxi auf uns. Wohin es uns bringen sollte, verriet er uns nicht. Statt dessen interessierte er sich dafür, ob ich Jochen schon einmal im Tor erlebt hätte. »Dazu ergab sich noch keine Gelegenheit«, antwortete ich. »Wir kennen uns erst seit vier Tagen.« - »Und wie haben Sie sich kennengelernt?«

Daß Jochen als blinder Passagier nach Genua gekommen sei, hatte ich ihm bereits am Telefon erzählt. Auch daß man ihm auf dem deutschen Konsulat einen Reisepaß ausgestellt hatte. Ich sagte: »Er sprach mich in Genua auf der Straße an. Am Kennzeichen meines Wagens sah er, daß ich aus Westdeutschland kam. Ich war auf einer Urlaubsreise und wollte mir Genua ansehen.«

Ardigo betrachtete durch das Fenster ein großes, stattliches Gebäude, an dem wir gerade vorüberfuhren. »Das Museo Poldi-Pezzoli«, sagte er. »Wenn Sie Ihren Freund noch nie im Tor erlebt haben, verstehe ich erst recht nicht, weshalb Sie sich Ihrer Sache so sicher sind, daß Sie zehntausend Mark für ihn riskieren.«

»Inzwischen sind wir ja davon abgekommen«, erinnerte ich ihn. Ich saß mit ihm im Fond: Jochen hatte neben dem Fahrer Platz genommen. Ardigo wandte mir das Gesicht zu. Ich schätzte ihn auf fünfundvierzig, ein sehr sportlich wirkender Typ mit braungebranntem Gesicht und graublauen Augen. Er sagte: »Sie würden in Riomaggiore ganz allein mit mir sein.«

»So habe ich es auch verstanden«, nickte ich. »Wäre ich mir meiner Sache nicht sicher, so hätte ich es vorgezogen, eher die zehntausend Mark zu riskieren.«

»Das erklärt noch immer nicht, weshalb Sie sich so sicher sind.«

Ich nahm eine Zigarette aus der Handtasche: »Als seine Managerin muß ich es wohl sein. Oder etwa nicht?«

»Sind Sie seine Managerin?«

»Er wollte es so haben, weil er kein Italienisch spricht. Er hat mich ermächtigt, für ihn zu verhandeln.«

»Auch Verträge für ihn abzuschließen?«

»Ja. Wir waren gestern hier in Mailand bei einem Notar, der sich in solchen Verträgen auskennt. Schimazek hat mir eine Generalvollmacht gegeben, alle finanziellen und vertraglichen Dinge für ihn zu regeln. Er selbst möchte nichts damit zu tun haben.«

Ardigo gab mir Feuer für die Zigarette. »Entschuldigen Sie bitte, aber Ihre Vorsorge scheint mir doch sehr optimistisch zu sein. Sie wissen ja noch gar nicht, ob es zu Verträgen kommen wird.«

Sein Einwurf war nicht unbegründet. Wäre es nach mir gegangen, so hätten wir zuerst einmal abgewartet, wie sich die Dinge entwickeln. Es war jedoch Jochens Einfall gewesen, schon jetzt zu einem Notar zu gehen, er wollte mir schwarz auf weiß beweisen, daß es ihm mit seinem

Angebot, mich mit 50 Prozent an seinem künftigen Handgeld, wie er das nannte, zu beteiligen, ernst war.

Ich antwortete: »Diese Sorge habe ich nicht. Ich bin ganz sicher, daß er seinen Weg machen wird. Er fängt jeden Ball.«

Ardigo lächelte nachsichtig. »Selbst eine Ricardo Zamorra hat in 26 Länderspielen 42 Tore hinnehmen müssen, und er war zu seiner Zeit der beste Torhüter der Welt. Sie haben seinen Namen sicher schon gehört.«

»Tut mir leid«, sagte ich. »Fußball gehört zu den wenigen Dingen, für die ich mich bisher nicht interessiert habe. Damit wir uns von vornherein richtig verstehen, Signor Ardigo: Mein Freund möchte keinen langfristigen Vertrag unterschreiben, sondern nur als Gastspieler auftreten. Und zwar dort, wo man ihm am meisten dafür bezahlt. Darf ich Sie fragen, wohin Sie mit uns fahren und was Sie mit uns vorhaben?«

»Sie haben mich trotz all meiner Zweifel neugierig auf Ihren Freund gemacht«, antwortete er. »Die drei Spieler, die Sie in Kürze kennenlernen werden, gehören zu den besten Torschützen Italiens.«

Diesen Eindruck gewann auch ich kurze Zeit später, als ich neben ihm in einem riesigen, menschenleeren Fußballstadion am Fuße einer ebenso riesigen, überdachten Tribüne auf einem Klappstuhl saß und die Vorstellung aus nächster Nähe beobachtete. Zuvor hatte man Jochen Gelegenheit gegeben, sich in einer Kabine umzuziehen, er trug eine blaue Trainingshose und einen Rollkragenpullover. Bei den drei Spielern aus Ardigos Mannschaft handelte es sich durchweg um athletisch gebaute, jüngere Männer mit muskulösen Beinen, die uns schon vor dem Torschießen mit einem gegenseitigen Zuspiel eine Kostprobe ihres Könnens gaben. Wir waren auf dem Spielfeld von ihnen erwartet worden; mir fiel erst nachträglich auf, daß Ardigo es ihnen überlassen hatte, sich nach unserem Eintreffen um Jochen zu kümmern. Er selbst hatte mich sofort an den Rand des Spielfeldes begleitet und war keinen Augenblick lang von meiner Seite gewichen.

Das Torschießen verlief dann nicht viel anders als auf dem kleinen Michelstadter Fußballplatz auch. Ich hatte allerdings den, zugegebenermaßen, laienhaften Eindruck, daß Jochen seine Arbeit heute noch müheloser erledigte, obwohl die drei Spieler den Ball oft mit solcher Kraft abfeuerten, daß mir allein schon vom Hinschauen beinahe schlecht wurde. Jedesmal, wenn er ihn mit den Händen, mit dem Kopf oder auch mit den Beinen abwehrte, schloß ich unwillkürlich die Augen. Dabei ließen die drei Spieler keinen Trick aus, um ihn zu täuschen. Sei es, daß sie einen großen Anlauf nahmen, um dann, unmittelbar beim Ball angelangt, plötzlich zu bremsen und ihn nicht, wie es zu erwarten war, in halber oder voller Höhe des Tores abzufeuern, sondern ihn flach am Boden in eine der unteren Ecken zu lancieren. Oder aber sie nahmen keinen Anlauf, sondern spielten sich den Ball gegenseitig zu, bis ihn dann einer, nicht selten Jochen den Rücken zukehrend, mit einer blitzschnellen Drehung seines Körpers auf den Weg zum Tor schickte. Wie Jochen es anstellte, den Ball trotzdem zu erwischen, ließ sich mit den Augen zwar verfolgen, mit dem Verstand jedoch nicht begreifen. Sein Körper, seine Hände waren eben immer genau dort, wo der Ball hinflog, indem er sich entweder wie eine Katze am Boden wälzte oder, wie von einem Sprungbrett abhebend, zur oberen Latte federte. Als ich einmal in Ardigos Gesicht blickte, wirkte es wie versteinert.

Ich hatte kein Gefühl dafür, wie lange das Ganze dauerte, ob eine halbe oder eine volle Stunde. Schon nach dem vierzigsten oder fünfzigsten Schuß auf das Tor hatte ich es aufgegeben, noch länger mitzuzählen. Mein einziges Gefühl, als Ardigo plötzlich aufstand, zum Tor lief und das Spiel beendete, war das einer absoluten physischen und psychischen Erschöpfung. Als wäre ich es gewesen, die im Tor gestanden hatte. Ich beobachtete, wie er Jochen zu den Umkleidekabinen schickte und dann mit den drei Spielern sprach. Sie machten einen völlig verstörten Eindruck, und schüttelten, während Ardigo sich mit ihnen unterhielt, immer wieder den Kopf. Er verabschiedete sich mit einem Händedruck von ihnen und kam rasch zu mir. »Wie alt ist denn Ihr Freund?« fragte er.

Ich sagte es ihm. Offensichtlich erschien es ihm so unglaublich, daß er es mir nicht abnahm. Ich fügte hinzu: »Sie können seinen Reisepaß sehen. Es tut mir leid, daß Sie die Wette verloren haben.«

Er blickte mich ein paar Sekunden lang wie geistesabwesend an, dann fragte er: »Haben Sie übermorgen schon etwas vor?«

Was hätten wir schon vorhaben sollen! Schließlich waren wir nicht zu unserem Vergnügen hier. Er sagte: »Wir werden dasselbe veranstalten wie heute, dann aber in Gegenwart der Presse und des Fernsehens. In spätestens zweiundsiebzig Stunden wird Ihr Freund der populärste Mann in ganz Italien sein. Ich habe, was den Fußball betrifft, in meinem Leben schon einige Überraschungen erlebt, aber gemessen an dem, was ich eben gesehen habe, waren es keine außergewöhnlichen Erlebnisse. Ich möchte es Ihnen einmal so erklären: Einen Torhüter wie Ihren Freund für den internationalen Fußball zu entdecken, wiegt für mich unendlich schwerer als alles, was ich in meinem bisherigen Leben erreicht habe und als Trainer noch erreichen werde. Von ihm wird man noch reden, wenn Namen wie Ricardo Zamorra, Antonio Carbvajal, Jan Jongbloed oder Ubaldo Fillol schon längst vergessen sind. Sie werden vielleicht nicht verstehen, was eine solche Begegnung für einen Mann wie mich, der sein Leben dem Fußball verschrieben hat, bedeutet. Sehen Sie, Signorina, es mag in Ihren Ohren theatralisch oder auch pathetisch klingen: Für mich ist das im wahrsten Sinne des Wortes eine Sternstunde, und daß ich sie Ihnen verdanke, werde ich so rasch nicht vergessen. Da kommt auch schon Ihr Freund!«

Mir fiel sofort auf, daß Jochen nicht den Eindruck eines strahlenden Siegers machte; er wirkte eher mürrisch. Als Ardigo ihm mit ausgestreckten Armen einige Schritte entgegenging, ihn umarmte und sagte: »Die Spanier nannten Ricardo Zamorra-Martinez ›El Divino‹, den Göttlichen. Sie wird man eines Tages nicht nur in Spanien so nennen, mein Freund«, knurrte Jochen über Ardigos Schulter hinweg: »Es paßt mir nicht, daß du so lange allein mit ihm warst. Worüber hat er mit dir gesprochen?«

»Daß er dich innerhalb von zweiundsiebzig Stunden zum populärsten

Mann Italiens machen will«, antwortete ich. »Ist dir das sehr unangenehm?«

Er schwieg. Das Taxi hatte vor dem Stadion auf uns gewartet. Während wir zum Hotel zurückfuhren, sprach Ardigo beinahe ununterbrochen einmal auf mich und dann wieder auf Jochen ein. Es ging im Wesentlichen um seine Pläne für übermorgen. Jochen war damit einverstanden, aber viel heiterer als vorhin wirkte er auch jetzt nicht. Daran änderte sich auch nichts, als Ardigo sich vor dem Hotel mit der Zusicherung von uns verabschiedet hatte, uns morgen im Laufe des Vormittags telefonisch über den genauen Termin zu verständigen. Ich war so verärgert über Jochen, daß ich ihn vor meiner Zimmertür stehenließ und die Tür hinter mir abschloß. Da wir jedoch zwei nebeneinander liegende Zimmer mit einer Verbindungstür hatten und zu dieser der Schlüssel fehlte, kam er gleich darauf zu mir herüber, hielt mir die Faust unter die Nase und drohte: »Wenn du diesem Salontrainer noch einmal schöne Augen machst wie vorhin, verpasse ich ihm eins, und dir vielleicht gleich eins mit dazu.«

Er hatte sich in der kurzen Zeit, in der wir zusammenlebten, in seinem Selbstbewußtsein mir gegenüber doch schon sehr weiterentwikkelt und erinnerte mich immer öfter an Manfred, dessen Selbstverständlichkeit, über mich zu verfügen, mir schon lange ein Ärgernis gewesen war. Allerdings lag das nicht zuletzt auch an mir selbst, an meiner raschen Nachgiebigkeit dann, wenn Widerstand am Platze gewesen wäre. Aber diese Eigenschaft, mich einem Mann nicht ernsthaft zu widersetzen, meine guten Vorsätze in seinen Armen ebenso rasch vergessen zu können wie meine Unabhängigkeit, mußte ich wohl von meiner Mutter mitbekommen haben, und auch jetzt bereitete es Jochen wenig Mühe, mich willfährig zu machen. Ich sagte zwar noch, über seinen Ton empört: »Dir bekommt wohl das Klima hier nicht! Was bildest du dir denn ein, wer ich bin? Doch nicht deine Leibeigene?« Aber auch das vermochte ihn nicht einzuschüchtern, denn er nahm mich einfach auf die Arme, trug mich zum Bett und antwortete: »Ich werde jeden umbringen, der deinen Leib auch nur anzutasten versucht.«

Wegen des sommerlich warmen Wetters hatte ich unter dem Kleid nicht viel an, und gleich darauf überhaupt nichts mehr. Daß es ihn, trotz der anstrengenden Arbeit, die hinter ihm lag, bereits wieder nach mir verlangte, überraschte mich bei ihm schon nicht mehr. Um ihm nicht zu verraten, wie sehr ich sein Verlangen teilte, sagte ich, scheinbar unwirsch: »Du hättest vorher wenigstens unter die Dusche gehen können. Du riechst ja ganz verschwitzt.«

»Das mit der Dusche erledigen wir nachher zusammen«, sagte er. »Wenn auch du völlig verschwitzt riechen wirst.« Dann war er auch schon in mir, und es bereitete mir noch immer das gleiche Vergnügen wie beim allerersten Mal. Als ich wieder zu Atem gekommen war, sagte ich: »Dieser Ardigo ist wichtig für uns, Jochen. Vergiß auch nicht, daß du deinen heutigen Erfolg allein meiner Stimme zu verdanken hast.«

»Wieso deiner Stimme?« wunderte er sich.

Ich nahm seine Hand von meinem Schoß. »Er hat sich am Telefon in sie verliebt. Laß das jetzt; ich bin völlig ausgepowert. Wenn du anfängst, eifersüchtig zu werden, packe ich meine Koffer und fahre nach Hause.«

Er lachte: »Das kannst du gar nicht. In unserem Vertrag steht, daß du genauso an ihn gebunden bist wie ich. Andernfalls kostet dich das zehn Millionen.«

Diese Schnapsidee hatte er sich beim Notar einfallen lassen, der sic, wenn auch kopfschüttelnd, in den Vertrag mit aufgenommen hatte. Da die Vereinbarung für Jochen jedoch ebenso zutraf wie für mich, hatte ich sie nach kurzem Wortwechsel akzeptiert.

Später ließen wir uns einen Kaffee aufs Zimmer bringen; ich fragte: »Würde es dich sehr enttäuschen, wenn ich übermorgen nicht mehr dabei bin? Mir ist heute ein paarmal fast das Herz stehengeblieben; ich habe plötzlich eine wahnsinnige Angst, wenn ich dir zuschaue. Ob mehr davor, daß du den Ball einmal nicht erwischen oder dich verletzen könntest, weiß ich nicht. Vielleicht habe ich vor beidem Angst. Ich würde lieber hier auf dich warten.«

Zu meiner Erleichterung ging er sofort darauf ein: »Dann hast du wenigstens keine Gelegenheit, Ardigo wieder schöne Augen zu machen. Mir ist es auch lieber, du schaust mir nicht zu. Deine Anwesenheit lenkt mich ab. Weil ich zu oft zu dir hinsah, hätte ich den Ball ein- oder zweimal fast aus den Händen verloren. Bin ich nun der Größte oder nicht?«

»Du bist sogar der Allergrößte«, nickte ich.

Rückblickend gesehen, waren die darauffolgenden zwei Wochen ein einziges Tohuwabohu; ich wußte oft nicht mehr, wo mir der Kopf stand. Ardigo hatte uns jedenfalls nicht zuviel versprochen. Was sich in dem Stadion vor den Augen der geladenen Presse-, Rundfunk- und Fernsehmenschen abgespielt hatte, war selbst für diese hartgesottenen Profis, die sich mit nichts anderem als mit Sportreportagen beschäftigten, offensichtlich einfach zuviel gewesen. Ardigo erzählte mir hinterher, sie hätten in den ersten fünf Minuten noch ungläubig klingende Geräusche von sich gegeben, in den zweiten fast gar keine mehr und dann nur noch in andächtiger Stille verharrt. Wenn sie, was anzunehmen war, an einen Fußballhimmel glaubten, mußte Jochen für sie wie Christus erschienen sein, als er seine erste irdische Fühlungnahme mit den zwölf Aposteln vollzog. Im Stadion waren es allerdings mehr als nur zwölf Apostel des italienischen Fußballs gewesen, sie waren von überall her angereist, aus Torino ebenso wie aus Bologna, Roma und Napoli. Denn auch Guido Ardigo war eine Kultfigur des italienischen Fußballs, und wenn er sich persönlich ans Telefon hängte und zu einem Sportereignis einlud, wie es die Welt noch nie gesehen habe, wollte keiner, der etwas auf sich hielt, hinter dem Ofen beziehungsweise hinter seinem Schreibtisch hockenbleiben. Daß sie ihr Interesse dann aber auch kübelweise über mich ausgossen, war, wenigstens von mir, nicht vorgesehen. Das ergab sich jedoch schon deshalb beinahe zwangsläufig, weil Ardigo ihnen von mir erzählt hatte. Der Augenblick, als draußen auf dem Flur ein lärmendes Getöse anhob und sie Sekunden später in das Zimmer gestürzt kamen, mich umdrängten, anblitzten und mit Fragen überschütteten, wird mir unvergeßlich bleiben, auch wenn ich mich dann im Laufe der Zeit an solche Erlebnisse gewöhnt habe. Weil das Zimmer viel zu klein war, um sie aufzunehmen, nötigten sie mich dazu, ihnen in die Hotelhalle zu folgen, wo ich bereits von Ardigo und Jochen erwartet wurde, die erst gar nicht den Versuch gemacht hatten, noch vor den Journalisten in mein Zimmer zu kommen. Ich fand nicht einmal Gelegenheit, Jochen zu gratulieren, denn daß er seine Feuerprobe angesichts unzähliger auf ihn gerichteter Kameralinsen bestanden hatte, war mir von Ardigo bereits vom Stadion aus telefonisch mitgeteilt worden. Die hauptsächlich an mich gerichteten Fragen, was unsere nächsten Pläne seien und ob wir uns schon für eine bestimmte italienische Mannschaft entschieden hätten, beantwortete ich ausweichend damit, daß wir uns erst seit etwa einer Woche in Italien aufhielten. Andere Fragen, denen ich weniger mühelos ausweichen konnte, betrafen mein Verhältnis zu Jochen, die Gründe seiner Flucht aus der DDR, von der sie bereits im Stadion erfahren hatten, aber auch hier fielen mir Antworten ein, die sie nach Belieben auslegen konnten. Das Spektakel dauerte über zwanzig Minuten, und daß es nicht länger währte, war allein der Frage eines bärtigen Journalisten zuzuschreiben, ob Jochen auch bereit wäre, vor einem größeren Publikum sein Können unter Beweis zu stellen. Ich hatte da keine Bedenken. Es kam dann zu einem kurzen Meinungsaustausch zwischen den versammelten Journalisten und Ardigo, worauf dieser verkündete, das Stadion stünde zu diesem Zweck jederzeit zur Verfügung, wenn es gewünscht werde schon am kommenden Samstag anläßlich des bevorstehenden Heimspiels von AC Mailand gegen AS Rom, wobei es sich einrichten ließe, Jochens Auftritt eine halbe Stunde vor Beginn der offiziellen Spielzeit zu legen, so daß den Zuschauern sogar ein doppeltes Erlebnis geboten werde. Die anschließende lärmende Zustimmung der Journalisten ließ dieses Arrangement perfekt werden, noch ehe ich Gelegenheit fand, mich dazu zu äußern. Den unmittelbar danach einsetzenden, beinahe fluchtartig anmutenden Rückzug der Journalisten und Fotoreporter erklärte mir Ardigo mit ihren Bestreben, bereits in der Abend-, spätestens jedoch in der Morgenausgabe ihrer Zeitung einen ersten Bericht zu bringen. Er selbst mußte sich dann auch rasch empfehlen, um für die geplante Programmerweiterung des bevorstehenden Heimspiels seiner Mannschaft noch die erforderlichen organisatorischen Maßnahmen zu treffen. Ich sah ihn erst am Samstagabend wieder, als das inzwischen zur Kompaniestärke angewachsene Heer der Fotografen und Journalisten ein zweites Interview von mir erhalten hatte und drei Stunden zuvor einige zehntausend im Stadion versammelte Zuschauer bei einem vierzigminütigen Elfmeterschießen – an dem sich die komplette Mannschaft des AC Mailand ebenso beteiligte wie die Gastmannschaft des AS Rom – Jochen in einer Höchstform gesehen hatten und es zu Begeisterungsstürmen noch nie erlebten Ausmaßes gekommen war. Ardigo erzählte mir, der spätere Beifall für die siegreiche Mannschaft im Spiel AC Mailand gegen AS Rom sei dagegen nur der leise Seufzer einer entehrten Jungfrau gewesen. Er überreichte mir bei dieser Gelegenheit auch gleich einen Scheck, der, umgerechnet, einem kleinen Vermögen von etwa 50 000 Mark entsprach. Da es sich hierbei um Geld handelte, das der Vereinskasse des AC Mailand aus einem, wegen Jochens Auftreten geringfügig erhöhten Eintrittspreis zugeflossen war und Ardigo mir versicherte, das seit langer Zeit wieder einmal ausverkaufte Stadion sei allein Jochens Erscheinen zuzuschreiben gewesen, konnte ich es bedenkenlos annehmen. Unzweifelhaft hatten zu diesem erfreulichen Ergebnis all die spaltenlangen Hymnen beigetragen, die in allen Zeitungen Mailands von den bei Jochens erstem Auftritt anwesenden Journalisten angestimmt worden waren. Daß auch im italienischen Fernsehen davon berichtet worden war, hatte sicher einen zusätzlichen Einfluß auf den ungewöhnlich guten Besuch gehabt. Dieser Sendung hatten wir es wohl hauptsächlich zuzuschreiben, daß Ardigo uns gleichzeitig mit dem Scheck die Angebote eines Vereins aus Turin und aus Neapel übermitteln konnte, Jochen möge am nächsten und übernächsten Wochenende ihr Publikum in gleicher Weise auf das nachfolgende Heimspiel ihrer Mannschaft einstimmen, wie es in Mailand geschehen war. Da auch sie im Falle unseres Einverständnisses ihre Eintrittspreise geringfügig erhöhen wollten, hatte man Ardigo dazu ermächtigt, uns die gleichen, wenn nicht noch besseren Konditionen zuzusichern, weil man sich durch Jochens Mitwirkung auch dort ein ausverkauftes Stadion versprach. Tatsächlich waren beide Stadien am nächsten und übernächsten Wochenende völlig ausverkauft, und ich konnte, zu meiner und zu Jochens angenehmer Überraschung, jeweils einen Scheck entgegennehmen, dessen Summe um 50 Prozent höher lag als jene, die Ardigo uns für den AC Mailand überreicht hatte.

Mit Ardigo hielten wir ständig engen Kontakt. Er besuchte uns, wenn seine Aufgaben es gerade zuließen, öfter im Hotel, wo wir indessen zu solchen Ehren gekommen waren, daß uns die Geschäftsleitung wegen der mit unserer Anwesenheit für ihr Haus verbundenen Publicity zwei ihrer besten Appartements zum bisherigen Preis anbot.

Ganz schlimm wurde es nach Jochens Galavorstellung in Turin und Neapel, die beide vom Fernsehen übertragen wurden und einen solchen Wirbel entfachten, daß man meinen konnte, die Menschen hätten jetzt vollends den Verstand verloren. Nicht nur wurde Jochen im Anschluß von einem das Spielfeld stürmenden, wildgewordenen Publium auf den Schultern mehrfach über den Platz getragen. In Neapel rissen ihm souvenirsüchtige Fans sogar Schuhe, Socken, Hose und Rollkragenpullover vom Körper. Daß sie ihn nicht auch noch des Slips beraubten, hatte er nur dem energischen Eingreifen der anwesenden Ordnungskräfte zu verdanken. Die Reise nach Turin und Neapel hatten wir, um pünktlich zu sein, mit dem Flugzeug zurückgelegt und waren bereits am Flughafen von Vereinsfunktionären in Empfang genommen worden, die uns zum Stadion brachten und es nicht verstehen konnten, warum ich mir Jochens Auftritt nicht mitansehen wollte. Einen Teil davon bekam ich jedoch am Fernseher in der Stadionskantine mit. Ich war auch diesmal wieder so aufgeregt, daß ich die meiste Zeit gar nicht hinsah, zumal man sich in Turin ebenso wie in Neapel etwas Neues für Jochen einfallen ließ. Es gab kein Elfmeterschießen wie in Mailand. Eine aus beiden Vereinen zusammengesetzte zehnköpfige Mannschaft mit den jeweils besten Torschützen spielte sich, meist innerhalb des Strafraums, den Ball zu, so daß die Schüsse auf das Tor völlig unberechenbar und oft aus unmittelbarer Nähe der Torlinie erfolgten. Manche der Spieler sollen sich vor Ärger und ungläubigem Entsetzen über ihr Unvermögen, ein Tor zu erzielen, auf den Boden geworfen und den Kopf mit den Händen bedeckt haben. Von dem, was sich hinterher in der Kantine, als ein Fernsehteam auch zu mir kam und ich für Jochen ein Interview geben mußte, alles abspielte, ist in meinem Gedächtnis nur noch ein schreckliches Gedränge haften geblieben. Auch nach unserer Rückkehr nach Mailand hatten wir kaum eine ruhige Minute mehr. Dauernd standen irgendwelche Leute vom Fernsehen, Rundfunk oder von einer Zeitung vor der Tür. Von den zahllosen Autogrammjägern, die ständig das Hotel umlagerten, ganz zu schweigen. Telefongespräche ließen wir gar nicht mehr auf das Zimmer legen, Briefe und Telegramme mit allen möglichen Einladungen und Angeboten, vor allem von irgendwelchen Firmen, die Jochen für ihre Produkte vermarkten wollten, warfen wir am Schluß unbesehen in den Papierkorb. Auch für sonstige Geschenke, einschließlich Dutzender Wein- und Champagnerflaschen aus erlesenen italienischen Kellereien, hatten wir am Ende keine rechte Verwendung mehr. Schließlich konnten wir uns nicht ununterbrochen betrinken, zumal Jochens Lieblingsgetränk unverändert Coca-Cola war. Dagegen kam uns ein korallenroter Pininfarina Spidereuropa Abart, den uns ein Direktor des Werkes in nicht ganz selbstloser Weise von einem livrierten Chauffeur als Ausdruck seiner Wertschätzung überbringen ließ, schon deshalb nicht unwillkommen, weil wir noch immer den Mietwagen aus Frankfurt benutzten und es allerhöchste Zeit wurde, ihn abzugeben. Ich erledigte das bei einer Mailänder Niederlassung der Firma und mußte, neben der bereits geleisteten Anzahlung, noch einmal, umgerechnet, viertausend Mark auf den Tisch legen. Da wir inzwischen in Mailand über ein Bankkonto verfügten, erledigte ich es mit einem Scheck.

Über Jochens weitere Verwendung im italienischen Fußballgeschehen waren wir uns noch nicht schlüssig geworden. Zwar flatterten uns nach seinem Auftritt in Neapel eine ganze Anzahl Angebote aller italienischen Spitzenvereine ins Hotel, anläßlich ihres nächsten Heimspiels auch bei ihnen ein Gastspiel gleicher Art zu den gleichen Konditionen zu geben, aber Jochen war sich nicht sicher, ob dies noch im Interesse dessen lag, was ihm unverändert vorschwebte: Als Gasttorhüter bei einem Spitzenspiel zweier italienischer Mannschaften seinen Einstand zu geben, aber merkwürdigerweise lagen, was das betraf, bisher noch keine Angebote vor. Dies war um so verwunderlicher, als an den gleichen Angeboten aus anderen Ländern kein Mangel herrschte; das erste ausländische Angebot erfolgte sogar aus den USA, dem sich vielversprechende Offerten aus England, Spanien, Frankreich und noch anderen Ländern anschlossen, die bei den Europa- und Weltmeisterschaftsturnieren ein gewichtiges Wort mitzureden hatten. Nur aus Italien erfolgte, von den Ostblockländern und der BRD abgesehen, kein Angebot. Bei den Ostblockländern konnte ich es verstehen, in einer gewissen Weise auch beim DFB, wo man bei den ständigen Bemühungen um gutnachbarliche Sportbeziehungen zum anderen Teil Deutschlands auf Empfindlichkeiten Rücksicht zu nehmen hatte.

In unser Befremden über das Ausbleiben eines seriösen italienischen Angebots weihten wir selbstverständlich auch Ardigo ein. Dies geschah wenige Tage nach Jochens glanzvoller Premiere in Neapel. In der Annahme, er würde uns augenblicklich ein Angebot seines eigenen Vereins unterbreiten, sahen wir uns jedoch insofern enttäuscht, als er ihn gar nicht erst erwähnte, sondern sich in langatmigen Auslassungen über das besondere Verhältnis zwischen italienischen Fußballmannschaften und ihren Torhütern erging. »Stellen Sie sich vor«, fuhr er fort, »wie ein solcher Torhüter auf den Wunsch seines Vereins reagieren würde, seinen Platz für zwei oder drei Spiele einem anderen zu überlassen, der so unschlagbar ist wie Ihr Freund. Ganz abgesehen davon, daß man sich auch als Trainer nicht über bestehende Verträge hinwegsetzen und seinen Torhüter nicht einfach gegen einen anderen austauschen kann. Nein, das geht wirklich nicht, dafür müssen Sie Verständnis haben.«

Das Gespräch fand in meinem Appartement zur fortgeschrittenen Stunde bei einem Glas Champagner statt. Jochen hatte sich an diesem Abend ausnahmsweise kein Cola, sondern ein Glas Apfelsaft bestellt. Ich getraute mich vorläufig gar nicht, ihm Ardigos so unverblümt geäußerte Meinung zu übersetzen und resümierte: »Mit anderen Worten: Sie sehen also, wenn er sich für eine bestimmte Zeit nicht fest an einen italienischen Verein bindet, keine Möglichkeit für ihn?«

Ardigo nickte ernst: »So ist es. Ich wüßte im Augenblick auch keinen für Ihren Freund in Frage kommenden Verein, dessen Vertrag mit seinem Torhüter oder Ersatztorhüter in absehbarer Zeit ausläuft. Sie müssen wissen, daß wir seit der Ausländersperre Probleme haben, Gastspieler zu beschäftigen. In dieser Saison war jedem Verein nur einer erlaubt, und solche Plätze sind langfristig alle schon besetzt. Seit unsere Vereine wegen der enormen Schulden, die sie haben, in Aktiengesellschaften umgewandelt wurden, hat auch das Nationale Olympische Komitee bei kostspieligen Einkäufen ausländischer Spieler ein Mitspracherecht. Übrigens ist die Spielsaison bei uns schon so gut wie beendet, alle wichtigen Entscheidungen sind, bis auf wenige bereits gefallen. Die Mannschaften für die nächste Saison stehen alle fest. Änderungen sind da kaum mehr möglich. Ich ziehe mich im Juli für vier Wochen nach Riomaggiore in mein Landhaus zurück. Meine Frau und meine Kinder wollen die Schulferien im Tessin verbringen. Mein Angebot an Sie und Ihren Freund, in Riomaggiore meine Gäste zu sein, besteht unverändert.«

Mir hatte dieses Angebot, das er uns schon vor acht Tagen gemacht hatte, sofort zugesagt. Nur Jochen wollte nichts davon wissen. Ich sprach mit ihm wieder darüber, als Ardigo sich verabschiedet hatte: »Du mußt doch selbst einsehen, daß wir nicht länger hier wohnen können. Es ist kaum mehr möglich, das Hotel zu verlassen, ohne daß uns nicht eine ganze Herde Fotografen und Reporter auf den Fersen ist. Vielleicht erinnerst du dich gelegentlich daran, daß wir uns vorgenommen hatten, von Mailand aus auch einmal nach Venedig und nach Rom zu fahren. Statt dessen sitzen wir tagaus, tagein hier im Hotel und getrauen uns nicht . . .«

»Du warst ja erst in Neapel und eine Woche davor in Turin«, warf er ein. Ich nickte: »Für jeweils drei Stunden und dauernd von Leuten umringt, die mich über dich ausfragten, oder mich, möglichst ohne dich, irgendwohin einladen wollten. In Riomaggiore hätten wir unsere Ruhe, könnten uns den Tag nach unserem Gutdünken einteilen und hin und wieder auch etwas Vernünftiges unternehmen.«

Er griff nach seinem Glas Apfelsaft: »Wir haben in drei Wochen, nach westdeutscher Währung, zweihunderttausend Mark verdient. War das denn nichts Vernünftiges?«

Es war genauso vernünftig, wie ich es mir, als ich mich mit ihm einließ, vorgestellt hatte, aber inzwischen war ich es bereits ein wenig leid geworden, den Leuten zu erzählen, weshalb er sich aus der DDR abgesetzt und wie ich ihn in Genua angeblich von der Straße aufgelesen hatte. Oder Fragen darüber zu beantworten, was er gerne aß und welche Musik er hörte. Tatsächlich interessierte er sich so gut wie nicht für Musik, und daß wir in München Leberknödel oder in Neapel zusammen eine Pizza verspeist hatten, war kaum von ihm zur Kenntnis genommen worden. Er hatte nichts anderes als seinen Fußball und das viele Geld im Kopf, das er innerhalb kürzester Zeit verdienen wollte. Ein vernünftiges Gespräch auch über andere Dinge mit ihm zu führen, war kaum mehr möglich. Mir reichten die 200 000 zwar auch noch nicht, aber im Gegensatz zu ihm wollte ich unseren Aufenthalt in Italien nicht ausschließlich mit Geldverdienen verbringen, sondern es, zu meinem Nutzen und zu meinem Vergnügen, hin und wieder auch ausgeben. Zum Besuch einer Oper, eines Theaters oder auch eines Museums, wozu ich Jochen jedoch nie überreden konnte. Was ich allerdings an ihm bewunderte, war die Gelassenheit, mit der er auf seinen plötzlichen Ruhm reagierte. Er war weder neugierig auf das, was in all den Zeitungen, die uns der Zimmerkellner jeden Morgen unaufgefordert auf den Tisch legte, mit oft halbseitigen Fotos über uns geschrieben stand, noch hatte ich in Turin und Neapel, als uns die vielen Reporter und Kameraleute umdrängten, den Eindruck, er sonnte sich in der oft unterwürfig anmutenden Aufmerksamkeit, die man ihm zollte. In Neapel sollen sich seinetwegen Zuschauer sogar bekreuzigt oder, auf dem Boden kniend, ihm die, wie es in manchen Zeitungen stand, ›goldenen Hände‹ geküßt haben.

Ich klärte ihn über den Inhalt meines soeben mit Ardigo geführten Gespräches auf und schloß: »Falls es sich so verhält, wie er sagt, mußt du dich, wenn sie dir eine Spielerlaubnis für Italien geben, entweder zu den üblichen Vertragsbedingungen bei einem Verein eintragen lassen oder so weitermachen wie bisher und die Einladungen annehmen, die uns noch vorliegen.«

»Ich bin kein Zirkusclown«, winkte er ab. »Ich habe das dreimal mitgemacht, um mich ihnen vorzustellen und uns mit dem nötigen Geld zu versorgen. Entweder sie akzeptieren meine Bedingung, mich jedesmal nur als Gasttorhüter für ein Spiel einzusetzen oder sie verzichten auf mich. Ich gehe jede Wette ein, Marianne, daß sie mich noch in dieser Saison holen werden. Ich habe mich bereits erkundigt: Für Bologna und Palermo entscheiden die beiden nächsten Spiele darüber, ob sie absteigen werden. Mit meiner Hilfe steigen sie nicht ab. Ein Abstieg würde für sie viel mehr kosten, als ein kurzfristiger Vertrag mit mir; sie verlieren bei einem Abstieg ihre besten Spieler, die sich nach einem anderen Verein umsehen werden. Das weiß Ardigo so gut wie ich. Mein Eindruck ist, daß er uns gegenüber nicht mit offenen Karten spielt und eigene Pläne verfolgt. Deshalb möchte er uns auch in sein Landhaus haben. Ich traue ihm nicht.«

»Mir natürlich auch nicht«, sagte ich.

Er nickte: »Er gefällt dir. Ich dürfte euch dort keine Sekunde lang aus den Augen lassen.«

Wenn ich mich daran erinnere, wie ihn die Frauen und Mädchen in Turin und Neapel angehimmelt hatten, wäre es eher meine Sache gewesen, ihn keine Sekunde aus den Augen zu lassen. Ehe ich mich aber gegen seine haltlose Verdächtigung zur Wehr setzen konnte, wurde an die Tür geklopft. Es war bereits kurz nach elf, so spät wurden wir vom Hotelpersonal nicht mehr gestört. Ich ging öffnen und betrachtete den mir unbekannten Mann vor der Tür. Er sagte, noch ehe ich den Mund aufbrachte: »Es ist wichtig für Sie, daß Sie mit mir reden, Signorina. Es ist auch für Signor Schimazek wichtig. Darf ich eintreten?«

Irgendwie hatte ich das Gefühl, daß es tatsächlich wichtig war, obwohl der Fremde einen zwiespältigen Eindruck in mir auslöste. Zu Jochen, der jetzt auch an die Tür kam, sagte ich: »Er will uns sprechen; angeblich ist es für uns beide wichtig.«

»Vielleicht kommt er vom Fußballverband«, sagte Jochen. »Laß ihn herein.«

Wäre es nach mir gegangen, so hätte ich ihn nicht hereingelassen; mein zwiespältiger Eindruck hatte sich, je länger ich Gelegenheit fand, ihn mir anzusehen, sogar noch verstärkt. Nicht etwa, daß er mir auf den ersten Blick unsympathisch gewesen wäre, ich fühlte mich von seinem Äußeren aber ebenso angezogen wie abgestoßen, ohne eine Erklärung dafür zu finden. Er setzte sich unaufgefordert in einen Sessel und sagte: »Mein Name ist Bonelli, Signorina. Ich weiß, daß Signor Schimazek kein Italienisch spricht, also muß ich mich mit Ihnen unterhalten. Um es kurz zu fassen: Es gibt in diesem Land Leute, die berechtigten Anlaß zu der Sorge haben, ihre Geschäfte könnten darunter leiden, wenn der Ausgang eines Fußballspiels nicht mehr unberechenbar bleibt. Sie wünschen daher von Signor Schimazek eine verbindliche Verzichtserklärung auf jede aktive Teilnahme an derzeitigen und künftigen Meisterschaftsspielen innerhalb unseres Landes. Sie sind bereit, ihm diese Verzichtserklärung in angemessener Weise zu honorieren. Man denkt dabei an eine sechsstellige Summe in westdeutscher Währung. Ferner hat man den Wunsch geäußert, er möge am übernächsten Wochenende bei einem noch zu bestimmenden Verein gegen den gegenwärtig besten Torschützen Italiens antreten. Es läge in seinem wie auch im Interesse meiner Auftraggeber, wenn er ihm die Möglichkeit gäbe, zwei Tore zu erzielen. Mein Auftrag ist es, mich seiner grundsätzlichen Bereitschaft zu vergewissern.«

Ich brauchte eine ganze Weile, bis ich völlig begriffen hatte, welches ungeheure Ansinnen er da an Jochen stellte. Meine Stimme klang wie atemlos, als ich mich, weil ich es noch immer nicht fassen konnte, vergewisserte: »Sie erwarten von ihm, daß er sich zwei Tore schießen läßt?«

Belloni lächelte dünn: »Sie haben mich richtig verstanden, Signorina. Um Signor Schimazek sein Einverständnis zu erleichtern, möchte ich noch hinzufügen, daß man ihm auch dieses kleine Entgegenkommen mit einem, nach westdeutscher Währung sechsstelligen Betrag honorieren wird. Bitte reden Sie mit ihm darüber. Meinen Auftraggebern wäre es lieb, ich könnte ihnen noch heute eine positive Antwort überbringen.«

Er und seine Auftraggeber waren wirklich das Letzte. Als ich Jochen erzählte, worum es ging, hörte er mir jedoch mit unbewegtem Gesicht zu. Dann bat er mich, Belloni zu fragen, ob er schon mal davon gehört habe, daß Pele, als er vor einigen Jahren vom FC Santos zu Cosmos überwechselte, nach westdeutschem Geld 12 Millionen dafür kassiert hatte und ob er Pele einen höheren Marktwert einräume als ihm. Obwohl ich keine Ahnung hatte, wer dieser für Cosmos so kostspielige ›Pele‹ war, gab ich die Frage an Belloni weiter. Er setzte wieder sein dünnes Lächeln auf: »Das war in Amerika und nicht in Europa. Wenn Signor Schimazek mit Millionenbeträgen liebäugelt, hätte er eben nach Amerika gehen sollen. Ich hoffe, seine Frage nicht so verstehen zu müssen, daß er an unserem Angebot kein Interesse hat.«

»Und wenn es so wäre?« fragte ich kühl.

Belloni stand auf. Er ging zur Tür, öffnete sie und ließ zwei Männer herein, die offensichtlich auf dem Flur gewartet hatten. Sie erinnerten mich ein wenig an die obligatorischen Bösewichte aus amerikanischen Kriminalfilmen. Auch an den obligatorischen Pistolen fehlte es nicht. Sie brachten sie, kaum im Zimmer, zum Vorschein, und Belloni machte uns darauf aufmerksam, daß sie mit Schalldämpfern ausgestattet und die beiden Männer deshalb in der Lage seien, uns völlig geräuschlos aus der Welt zu pusten. Sie nötigten Jochen in einen Sessel. Mich forderte Belloni auf, meine Kleider abzulegen. Er erklärte diesen Wunsch mit dem Bedürfnis seiner Begleiter, sich zu vergewissern, ob ich wirklich so aufregend gebaut sei, wie ihnen das, seit sie mich zum erstenmal auf einem Bildschirm gesehen hätten, vorschwebte. Und meiner abschlägigen Antwort um den Bruchteil einer Sekunde zuvorkommend, fügte er hinzu, daß sie im Falle meiner Weigerung sonst auf den Gedanken kommen könnten, Jochens ›goldene Hände‹ – hier setzte er wieder sein dünnes Lächeln auf – für längere Zeit unbrauchbar zu machen. Ein Blick in die Gesichter seiner Komplizen beseitigte in mir auch den letzen Zweifel an der Ernsthaftigkeit der Drohung. Sie waren beide kaum älter als fünfundzwanzig; der Größere von ihnen trug einen Oberlippenbart. Als ich den Reißverschluß meines Kleides aufzog, fragte Jochen laut: »Was wollen sie von dir? Tu das nicht!«

»Wenn ich es nicht tue«, erwiderte ich, »tun sie dir etwas. Ich glaube, sie versuchen nur, uns einzuschüchtern. Vielleicht hat es sich inzwischen sogar bis in ihre Kreise herumgesprochen, wie eifersüchtig du bist.«

»Ich bringe sie um«, murmelte er mit käsigem Gesicht.

Mir wäre es auch lieber gewesen, er hätte sie auf der Stelle umbringen können, aber mit unfrommen Wünschen allein war uns im Augenblick nicht geholfen. Merkwürdigerweise hatte ich überhaupt keine Angst; ich war nur wütend. Es machte mir auch nichts aus, zuerst das Kleid und dann, als ihnen das nicht genügte, noch den Rest abzulegen. Die Genugtuung, zu sehen, wie hingerissen sie mich mit ihren Blicken verschlangen, ließ ein Gefühl von Scham oder Peinlichkeit gar nicht erst aufkommen. Vor allem Belloni schien von meinem Anblick förmlich überwältigt zu sein. Sein hageres Gesicht unter dem dichten, krausen Haar trug, während er mich anschaute, einen Ausdruck fast andächtiger Bewunderung. Ich fragte: »War das alles?«

Hätte es allein an ihm gelegen, so wäre es sicher nicht alles gewesen. Mein Eindruck, daß es ihnen mit ihrem Wunsch, sich meiner Reize zu vergewissern, in erster Linie darum ging, Jochen einen nachhaltigen Schock zu versetzen, indem sie ihm an einem praktischen Beispiel vorführten, was mir, falls er sich dem Verlangen ihrer Auftraggeber widersetzte, alles widerfahren könnte, hatte mich nicht getäuscht. Belloni nickte. Seine Stimme klang plötzlich belegt: »Für den Augenblick, Signorina. Sie können sich wieder anziehen. Sollten wir allerdings gezwungen sein, Sie noch einmal zu besuchen, so werden wir Signor Schimazek Gelegenheit geben, mitanzusehen, wie wir uns etwas näher mit Ihnen beschäftigen. Sie erhalten morgen vormittag einen Anruf von uns. Wir werden dann Zeit und Ort unserer nächsten Begegnung vereinbaren und uns dort mit Signor Schimazek über die weitere Zusammenarbeit verständigen. Selbstverständlich setzen wir voraus, daß Sie unseren Besuch vertraulich behandeln. Das Gegenteil läge weder in unserem noch in Ihrem Interesse. Wir hätten Sie auch bitten können, uns zu begleiten, Signorina, aber unsere Auftraggeber sind vorläufig noch der Meinung, daß wir Ihnen Gelegenheit geben sollen, auch über diese Möglichkeit in aller Ruhe nachzudenken.«

Er wandte sich der Tür zu, öffnete sie und blieb, bis seine Begleiter das Zimmer verlassen hatten, neben der Tür stehen. Bevor auch er ging, sagte er noch: »Es wäre zwecklos, wenn Sie das Hotel wechselten. Wir finden Sie überall.«

Eine gute Nacht wünschte er uns nicht. In meinem Bemühen, mich auf seine verschiedenen Drohungen und Empfehlungen zu konzentrieren, hatte ich es ganz versäumt, von der Möglichkeit, mich wieder anzuziehen, Gebrauch zu machen. Ich schloß die Tür hinter ihm ab und setzte mich, weil Jochen reglos im Sessel verharrte, auf seinen Schoß. Ich legte den Arm um seine Schultern, wischte ihm mit dem Handrücken über die feuchte Stirn und fragte: »Weshalb schwitzt du so?«

»Ich hatte Angst um dich«, murmelte er. »Wenn sie versucht hätten, dir etwas zu tun: Es wäre mir egal gewesen, was aus mir wird. Der Gedanke, daß dich einer von ihnen auch nur anfassen könnte . . .«

»Das hast du mir schon einmal in einem anderen Zusammenhang erzählt«, unterbrach ich ihn. »Wie ich es sehe, haben wir nur zwei Möglichkeiten, Jochen: Entweder wir lassen uns auf das Geschäft, das sie uns vorschlagen, ein, oder wir verschwinden noch heute nacht auf dem schnellsten Weg aus Italien. Wenn wir uns nicht darauf einlassen und trotzdem hierbleiben, werden wir keine Minute mehr sicher vor ihnen sein.«

Es hatte den Anschein, als sähe er das genauso wie ich; nach einer kleinen Pause sagte er mit jetzt gefaßt klingender Stimme: »Erzähle mir, worüber er sonst noch mit dir gesprochen hat.«

»Vor allem über mich«, sagte ich. »Sie rufen morgen vormittag hier an und wollen mit uns verabreden, wo und wann wir uns mit ihnen treffen. Er machte mich auch darauf aufmerksam, daß sie mich, wenn sie es nur wollten, dazu zwingen könnten, mit ihnen zu kommen. Das stimmt, Jochen. Weder du noch ich hätten sie daran zu hindern vermocht. Und weder du noch ich können sie daran hindern, es, wenn wir auf ihre Wünsche nicht eingehen, bei der ersten sich bietenden Gelegenheit nachzuholen. Falls es jetzt noch deine Absicht ist, in Italien zu bleiben, müssen wir künftig mit ihnen rechnen. Ich damit, daß sie mich kidnappen und dann Gott weiß was mit mir anstellen, und du damit, daß sie dir, wenn du auf ihre Wünsche nicht eingehst, die Hände kaputtmachen. Damit hat er schon gedroht, als sie hereinkamen.«

Er hob den Kopf und sah mich an. »Du glaubst doch nicht im Ernst, ich könnte, wenn sie dich in die Finger bekämen, nur einen einzigen Augenblick lang mit diesem Gedanken leben? Als ich vorhin mitansehen mußte, wie sie dich mit ihren geilen Blicken anstarrten, wäre ich vor Haß beinahe erstickt.«

Ich wischte ihm wieder den Schweiß von der Stirn. »Ardigo begehrt mich ja auch, und wenn er es tut, regst du dich genauso darüber auf wie über diese Ganoven. Warum hören wir uns ihr Angebot nicht wenigstens einmal an? Eine sechsstellige Zahl, das können ebensogut hunderttausend wie auch neunhunderttausend sein. Und das gleich zweimal: Einmal dafür, daß du dich für keine italienische Mannschaft aufstellen, noch einmal dasselbe, wenn du dir . . .«

»Zwei Tore verpassen läßt«, fiel er mir ins Wort. »Wenn es das ist, was du noch sagen wolltest: Niemals, verstehst du? Nicht für hundert Millionen Mark. Nicht mal für mein Leben.«

Ich nickte: »Das habe ich befürchtet. Jetzt kann uns nur noch Ardigo raten, was wir tun sollen.« – Ich stand von seinem Schoß auf und ging zum Telefon. Als hätte er meinen Anruf erwartet, meldete sich Ardigo sofort. Unser Gespräch dauerte etwa zehn Minuten. Ich sagte zu Jochen: »Er empfiehlt uns, das Hotel sofort zu verlassen. In einer Viertelstunde will er uns den Schlüssel für sein Landhaus bringen und uns dort morgen abend besuchen. Er befürchtet, daß es sich bei Bellonis Auftraggebern um illegale Buchmacher handelt, die dich in ihre krummen Machenschaften einbeziehen wollen.«

»Aber was soll dann dieser blöde Wunsch nach den zwei Toren, die ich freiwillig einstecken soll?«

»Das ist kein blöder Wunsch, sondern vielleicht ein besonders guter Einfall von ihnen«, klärte ich ihn auf. »Ardigo meint, sie wollten sicher Wetten auf dein Zusammentreffen mit dem besten Torschützen Italiens annehmen. Verlierst du, dann machen sie, weil alle Kunden auf dich gesetzt haben, ein Millionengeschäft. Im übrigen will er sich bis morgen abend überlegen, wie wir uns am besten gegen sie schützen können. Von einer Abreise aus Italien rät er uns vorläufig ab. Er meint, wir seien vor diesen Leuten ebensowenig sicher wie hier. Was hältst du davon? Vielleicht täuscht er sich und wir täten besser daran, doch nicht in Italien zu bleiben.«

Ich hatte vom Bett aus telefoniert. Er kam zu mir, blieb vor mir stehen und legte die Hände auf meine Schultern. »Es gibt für mich einen guten Grund, in Italien zu bleiben, Marianne. Wenn wir jetzt von hier weggehen, war alles umsonst, was wir bisher erreicht haben. Wir müßten in einem anderen Land völlig neu anfangen. Das fällt mir nicht ein.«

»Dann viel Glück«, nickte ich. »Wenn sie mich erst einmal dort haben, wo sie sich ungestört mit mir befassen können, werde ich mich gerne daran erinnern, wie tief es dich getroffen hat, daß sie heute abend meine Möse sehen konnten.«

»Deine Möse?« Er runzelte die Stirn. »Was ist das?«

Für moderne Literatur aus dem Westen schien er in seinem Trainingslager ebensowenig Zeit gefunden zu haben wie für moderne Musik.

Auf Ardigos Namen stieß Feuerstein nach seinem abendlichen Erlebnis mit Belloni bereits am nächsten Vormittag anläßlich eines längeren Gesprächs mit dem Zimmerkellner. Von ihm erfuhr er auch Ardigos Adresse. Er ließ sich auf einem Stadtplan Mailands, den er sich an der Rezeption besorgt hatte, die Straße zeigen. Eine halbe Stunde später machten er und Wieland sich auf den Weg dorthin. Ihr Hotelzimmer hatten sie nach den spätabendlichen Ereignissen des gestrigen Tages vorsorglich aufgegeben. Während sie durch die Stadt fuhren, unterhielten sie sich über Ardigo; Feuerstein sagte: »Wenn es zutrifft, daß er es war, der Schimazek für den italienischen Fußball entdeckt hat, dann hält dieser sich vielleicht bei ihm auf. Oder Ardigo weiß, wo er sich aufhält.«

»Darauf werden andere schon vor uns gekommen sein«, brummte Wieland. »Dieser Belloni sicher auch. Vielleicht hat er Ardigo bereits einen ähnlichen Besuch abgestattet wie uns.«

Feuerstein schüttelte den Kopf. »Das glaube ich nicht. An ihn werden sie sich nicht ’rantrauen. Dazu ist er in Italien ein zu bekannter Mann. Der Kellner erzählte mir, Ardigo sei der einzige italienische Trainer, der sich über neun Jahre lang beim gleichen Club gehalten hat. Sein Verein wurde in dieser Zeit viermal hintereinander italienischer Meister, vor zwei Jahren Gewinner des Europapokals der Pokalsieger, und wenn er die beiden nächsten Spiele gewinnt, hat er auch dieses Jahr wieder die italienische Meisterschaft. Bei uns daheim verlieren Trainer ihre Vereine noch rascher als die Haare auf dem Kopf. Vielleicht liegt es am rauheren Klima. Du machst dir nichts aus Fußball?«

Wieland grinste: »Ich habe nicht die Geduld dafür. Dauert mir immer zu lange, bis ein Tor fällt. Aber wenn es stimmt, was sie über Schimazek schreiben, ist das eine Sache, die auch mich interessiert. In Neapel soll er innerhalb von fünfzig Minuten über zweihundert Bälle gehalten haben, und das gegen die besten Spieler zweier Spitzenmannschaften. Ich frage mich, ob das überhaupt noch mit rechten Dingen zugeht.«

In diesem Falle war Feuerstein einer Meinung mit ihm: »Ich versteh es auch nicht. Als du im Badezimmer warst, habe ich rasch daheim angerufen. Dort haben sie gestern abend Ausschnitte aus dem italienischen Fernsehen von Schimazeks Spiel in Neapel gebracht. Heute morgen berichteten sämtliche Zeitungen darüber. Es greift auch bei uns daheim schon wie ein Fieber um sich. Endlich haben sie wieder einen, zu dem sie auf beiden Seiten der Mauer aufblicken können. Dazu diesmal sogar zu einem Deutschen und nicht einem Österreicher. Der war ja in unserer jüngeren Geschichte vorläufig der letzte, für den sie sich damals noch gemeinsam begeistern konnten.«

Ardigos Haus stand an der südlichen Peripherie Mailands in einem gepflegten Villenviertel, ein zweistöckiges, repräsentatives Gebäude mit einem großen Garten.

Sie fuhren langsam daran vorbei. Feuerstein sagte: »Ich schätze, er verdient zweihunderttausend im Jahr, zuzüglich Prämien und was sie sonst noch alles kassieren, wenn ihre Mannschaft erfolgreich ist. Hast du eine Idee?«

Wieland betrachtete die in tiefräumigen Parks versteckten Villen beiderseits der Straße. »Scheint sich durchweg um Hautevolee zu handeln. Wenn du hier als Fremder, dazu noch mit deutschem Kennzeichen am Auto, längere Zeit stehenbleibst, werden sie sicher mißtrauisch. Warum kein va banque? Mehr als abblitzen können wir nicht.«

»Gemacht.« Feuerstein fuhr noch bis zur nächsten Straßenkreuzung, wendete dort und brachte den Wagen wenig später vor Ardigos Haus zum Stehen. Die Gartenpforte war nicht verschlossen. Als sie an der Haustür läuteten, wurde ihnen von einem jungen Mädchen mit weißer Schürze geöffnet. »Die Hausmieze«, meinte Feuerstein auf deutsch. Zu dem Mädchen sagte er: »Wir kommen vom Deutschen Fußballbund, Signorina. Ist Signor Ardigo zu sprechen?«

Das Mädchen lächelte bedauernd: »Nein, Signore. Er ist gestern abend ganz plötzlich in sein Landhaus gefahren und noch nicht zurückgekommen. Ich weiß auch nicht, wann er zurückkommt. Er hat es nicht gesagt.«

»Das ist aber dumm.« Feuerstein kratzte sich mit dem Daumen am Kinn. »Was wir mit ihm zu besprechen haben, ist sehr wichtig. Er hat mir gegenüber am Telefon zwar erwähnt, daß er zu seinem Landhaus nach Arenzano fahren möchte, aber . . .«

»Nicht nach Arenzano«, korrigierte das Mädchen rasch. »Das Haus steht in Riomaggiore.«

Feuerstein schlug sich mit der flachen Hand gegen die Stirn: »Natürlich, Riomaggiore; ich habe den Namen verwechselt. Ich hatte Signor Ardigo am Telefon auch so verstanden, daß er erst morgen nach Riomaggiore fahren wollte. Dann bleibt uns eben nichts anderes übrig, als es heute abend noch einmal zu versuchen. Vorsichtshalber werden wir aber vorher vom Hotel aus anrufen.«

Das Mädchen lächelte wieder. »Das würde ich Ihnen auch empfehlen, Signore. Ich weiß wirklich nicht, ob Signor Ardigo bis heute abend hier sein wird. Kann ich etwas ausrichten?«

»Ja«, sagte Feuerstein. »Daß wir vom Hotel aus anrufen.«

Er kehrte mit Wieland zum Wagen zurück und sagte: »Riomaggiore: Ich habe den Namen noch nie gehört. Du vielleicht?«

»Tut mir leid. Wie kamst du auf Arenzano?«

»War mit meiner Frau mal dort«, erzählte Feuerstein und schloß die Wagentür auf. »Kann ich auch dir für den nächsten Urlaub empfehlen. Gute Hotels, gute Küche und hübscher Strand. Meine Frau hat ein Faible für die italienische Riviera. Was wir jetzt brauchen, ist ein guter Reiseführer durch Italien.«

Sie bekamen ihn in einer Buchhandlung in der Via della Moscova. Feuerstein ließ sich noch eine Autokarte geben und sagte, nach kurzem Studium: »Wir haben Glück: Autobahn bis La Spezia. Von dort aus ist es nur ein Katzensprung. Scheint ein guter Tag zu werden.«

»Dein Wort in Gottes Ohr«, brummte Wieland.

Die Fahrt nach La Spezia genossen sie beide. »Ich mag dieses Land«, sagte Feuerstein. »Aber in Arenzano hatte ich dauernd Schwierigkeiten, meinen Wunsch, unseren Urlaub unbeschwert zu genießen, gegen die Armut abzuschotten, mit der du auch an der Riviera ständig konfrontiert wirst. Ich gehöre nun mal nicht zu denen, die das ohne schlechtes Gewissen durchstehen, und ein schlechtes Gewissen kann dir auch den schönsten Urlaub vermasseln.«

»Bist eben bei der falschen Partei«, grinste Wieland.

Gegen Mittag, als sie bereits auf der Autobahn von Parma nach La Spezia fuhren, kehrten sie in einer Autobahnraststätte ein. Wieland sagte: »Kann natürlich sein, daß wir das Haus leer vorfinden. Was dann?«

»Glaube ich nicht.« Feuerstein wischte sich mit dem Zeigefinger Bierschaum von den Lippen. »Ist dir nichts aufgefallen?«

»Kann Zufall sein«, gab Wieland zu bedenken. »Okay, Schimazek und die Neumann haben vorgestern abend ganz plötzlich ihr Hotel verlassen, und Ardigo ist gestern abend ganz plötzlich zu seinem Landhaus gefahren. Ergo schließt du daraus, daß ein Zusammenhang besteht und wir das Haus nicht leer vorfinden.«

»Ich habe ein gutes Gefühl«, versicherte Feuerstein. Wieland hatte es vorläufig nicht. Nach einer ausgedehnten Mahlzeit, für die sich Feuerstein eine Quittung geben ließ, beendeten sie ihre Mittagspause und kamen eine Stunde später nach La Spezia mit seinem berühmten Golf. Der Anblick des blauen Meeres und der palmengesäumten Küste belebte sie beide. Aus ihrem Reiseführer entnahmen sie, daß es sich bei dem Golfo della Spezia um einen der größten Naturhäfen des Mittelmeeres handle. Trotz dieser beeindruckenden Information hielten sie sich jedoch keinen Augenblick zu lang auf, sondern setzten ihre Fahrt zu dem nur noch acht Kilometer entfernten Riomaggiore fort. Die schmale, kurvenreiche Straße führte zuerst durch einen Olivenhain und etwas später durch Ginsterfelder und Pinienwald zum Kamm eines Gebirges hinauf und dann, jenseits des Kamms, wieder durch Olivenwald und gleich darauf zwischen Rebstöcken und Zitronenplantagen nach Riomaggiore hinab. Der Ort war nicht groß. Unmittelbar an der Steilküste gelegen, bot er mit seiner südlichen Flora einen rundum erfreulichen Anblick. Bei einer alten Frau, die mühselig einen leeren, zweirädrigen Karren über die Uferstraße schob, erkundigten sie sich nach Ardigos Haus. Sie erfuhren, daß es außerhalb des Ortes in Richtung Manarola zu finden war, und sie entdeckten es dann hoch oberhalb der Küste auf einem igelförmigen, den Bergen vorgelagerten und mit einem Olivenhain bewachsenen Hügel. Weil es sich bei der einzigen Zufahrt, einer sehr schmalen, jedoch geteerten Straße, um einen Privatweg handelte, der in mehreren Serpentinen zuerst durch Weinberge und dann zum Haus hinaufführte, stellten sie den Wagen auf einem kleinen, an der Küstenstraße gelegenen Parkplatz ab und besprachen sich über ihr weiteres Vorgehen. Als nicht ungünstig für ihr Vorhaben erwies es sich, daß der Olivenhain nicht nur den Hügel, sondern auch Teile der nachfolgenden Gebirgslandschaft bedeckte, so daß es möglich sein müßte, sich dem Haus unbemerkt von hinten zu nähern. Soweit es sich von ihrem Platz aus beurteilen ließ, handelte es sich um ein zweistöckiges Gebäude mit einem breiten, über die gesamte Frontseite des Obergeschosses hinwegreichendend Balkon. Der Baustil mit dem spitzwinkligen, über den Balkon vorgezogenen Dach, vermittelte den Eindruck eines Hauses älteren Jahrgangs.

Feuerstein sagte: »Für ein Versteck hätten sie sich kein besseres aussuchen können. Hier wird sie kaum einer vermuten. Was meinst du, ob es noch eine andere Zufahrt gibt? Wenn ich mich nicht sehr täusche, zweigte, als wir herunterfuhren, in einer Spitzkehre ein Waldweg ab, der parallel zur Küstenstraße in diese Richtung führte.«

»Wäre mir auch lieber, als von hier aus hinaufzuklettern«, brummte Wieland. »Warum fahren wir dann nicht einfach zurück und sehen ihn uns an?«

»Ja, warum nicht?« sagte Feuerstein und startete den Motor.

Er hatte sich nicht getäuscht. Der Weg führte zwar viel weiter oben von der Straße ab, als er es in Erinnerung hatte, aber es gab ihn. Er wurde jedoch schon bald so schmal und schlecht, daß sie den Wagen stehenlassen und zu Fuß weitergehen mußten. Als sich nach einiger Zeit auf der meerwärts gelegenen Seite der Olivenhain lichtete, sahen sie in einer Entfernung von weniger als dreihundert Metern halblinks unter sich den Hügel liegen. Und noch weiter unten die Küste, die Häuser von Riomaggiore und das Meer. Nur Ardigos Haus sahen sie von hier aus nicht; es wurde von dem dahinter stehenden Wald verdeckt.

Sie verloren kein Wort darüber und folgten dem grasbewachsenen Weg so weit, bis sie sich etwa auf der Höhe des Hauses befanden. Dann verließen sie ihn und stiegen quer durch den Wald in die Tiefe.

Bereits nach einigen hundert Schritten stießen sie auf eine flache Mulde. Danach hob sich der Boden wieder ein größeres Stück weit steil an, und als sie die Steigung erklommen hatten, sahen sie zwischen den Bäumen die Rückseite des Hauses vor sich auftauchen. Weil es bis dorthin noch immer etwa fünfzig Meter waren und die tief herabreichenden Zweige der Oliven sie vor einer Entdeckung schützten, riskierten sie es, sich dem Haus so weit zu nähern, daß sie einen Garagenplatz und zwei parkende Wagen sehen konnten. Dann erst blieben sie stehen; Feuerstein fragte leise: »Erinnert dich die dunkle Limousine nicht an Bellonis Wagen gestern vor dem Hotel?«

»Könnte sein«, antwortete Wieland. »Obwohl bei Nacht alle Katzen grau sind.«

»Aber nicht jede Katze sieht bei Nacht wie ein Fiat aus«, meinte Feuerstein. »Der Pininfarina könnte Ardigo oder Schimazek gehören. Ich kann mir nicht helfen, aber diesmal habe ich kein gutes Gefühl, Franz.«

Wieland nickte. »Ich auch nicht. Aber selbst wenn es so ist, wie du befürchtest: Falls wir es tatsächlich mit Belloni zu tun haben, ist er sicher nicht allein hier.«

»Du bist ja auch nicht allein hier«, erinnerte Feuerstein ihn. »Vielleicht rührt sich bald etwas.« Er sah sich prüfend um. Bei dem Olivenhain handelte es sich durchweg um uralte, zum Teil hohlstämmige Bäume, deren knorriges, oft weit aus dem Boden ragendes Wurzelwerk einen guten Schutz bot. Wie immer brauchte er sich mit Wieland nicht erst abzustimmen. Sie zogen sich etwa zwanzig Schritte weit hinter einen Baum zurück, der ihnen genügend Deckung bot. Den Parkplatz konnten sie von hier aus zwar nicht mehr sehen. Dafür jedoch den hinteren Hauseingang. Feuerstein hockte sich auf den Boden, nahm das Zigarrenetui aus der Tasche und zündete sich eine an. In seiner Abteilung genoß er den Ruf, keine Nerven zu haben. Obwohl auch Wieland kein ängstlicher Mensch war, bewunderte er ihn manchmal dafür. Er kauerte sich neben ihn nieder und fragte: »Wie lange willst du warten?«

»Wenn es sein muß, bis nach Einbruch der Dunkelheit«, antwortete Feuerstein. »Unsere Chancen, unbemerkt an und in das Haus zu kommen, sind dann bedeutend besser als bei Tag. Ich hoffe, du bist einverstanden?«

Wieland grinste: »Ich habe mir gerade überlegt, wieviel, in Lösegeld umgesetzt, Schimazek für gewisse Leute wert sein mag.«

»Ist eine gute Überlegung«, stimmte Feuerstein ihm zu. »Es muß sich ja nicht unbedingt um Lösegeld handeln. Auch ein Importauftrag aus der DDR würde nicht schlecht honoriert werden. Vielleicht per Luftfracht und als Diplomatengepäck deklariert. Wäre kein Problem, wenn man ihn erst einmal in einem Koffer hätte. Belloni ist nur der Handlanger. Man müßte seine Hintermänner kennen. Da kannst du dir praktisch alles und jeden darunter vorstellen.«

»Stimmt«, knurrte Wieland.

Ihre Geduld wurde auf eine harte Probe gestellt. Als sie die beiden Männer mit der Frau aus dem Haus kommen sahen, war über eine

Stunde vergangen. Sie führten sie in der Mitte und verschwanden mit ihr, noch ehe Feuerstein ihr Gesicht sehen konnte.

5

Zu diesem Zeitpunkt war es auch allerhöchste Zeit, daß er aufstand, denn die Situation, in der sich die Neumann gerade befand, war alles andere als angenehm; ich jedenfalls hätte keinesfalls mit ihr tauschen mögen. Allerdings löste ihre Schilderung gerade dieser Erlebnisse nicht nur bei ihr, sondern auch bei mir zwiespältige Gefühle aus. Offensichtlich hatte sie es bei Belloni mit einem Mann zu tun bekommen, bei dem sich ihre bisherigen Erfahrungen im Umgang mit Männern als wenig hilfreich erwiesen. Daß eine Frau sich von einem Mann ebenso angezogen wie abgestoßen fühlen konnte, gehörte eben mit zu jenen Ungereimtheiten der weiblichen Psyche, für die eine plausible Erklärung zu finden selbst manchen Psychotherapeuten Probleme bereitete. Was jedenfalls die Neumann zu all dem zu sagen hatte, das las sich in ihrem Manuskript so:

Die Lage des Hauses, seine nähere Umgebung, der einmalig schöne Blick auf die Küste und das Meer, all das begeisterte mich vom ersten Moment an. Jochen sicher auch, aber weil es Ardigos Haus war, wollte er es sich nicht anmerken lassen. Ich genoß unsere Ankunft um so mehr, als es uns trotz einer guten Wegebeschreibung durch Ardigo in der Dunkelheit doch einige Mühe bereitet hatte, das Haus zu finden. Immerhin war es bereits drei Uhr früh, als wir endlich nach Riomaggiore kamen, und von dort bis hinauf zu Ardigos Haus war ich auf der schmalen Straße mit ihren engen Serpentinen noch ein paarmal ins Schwitzen gekommen. Jochen gehörte zu jenen Beifahrern, die man neben sich vergessen konnte. Nicht nur, daß er vom Autofahren keinen Schimmer hatte, er zeigte sich auch als unfähig, auf Verkehrshinweise zu achten. Vermutlich deshalb, weil sie ihn gar nicht erst interessierten und er in Gedanken ständig von irgendwelchen Leuten umringt wurde, die vor ihm knien und ihm die ›goldenen Hände‹ küssen wollten. Schon der geliehene Mercedes, mit dem ich ihn zu beeindrucken hoffte, hatte ihm kein Wort entlocken können. Auch der geschenkte Pininfarina nicht. Als der Chauffeur ihn uns vor den Hoteleingang stellte, wollte Jochen es zuerst mir überlassen, hinunterzugehen und ihn wenigstens einmal anzusehen. Daß er dann auch mit hinunterging, war allein dem Wunsch der Werksleitung nach einem Pressefoto der Übergabe zuzuschreiben. Ganz umsonst bekam eben auch ein Schimazek nichts geschenkt.

Wegen der hinter mir liegenden anstrengenden Fahrt war ich dann so überdreht, daß ich trotz meiner Müdigkeit nicht einschlafen konnte. Jochen hatte keine Probleme. Er schlief schon längst, als ich wieder aufstand, in den Wohraum ging und mir am Fenster eine Zigarette anzündete. Der Mond hatte uns schon auf der Fahrt hierher begleitet.

Jetzt stand er tief am Horizont und schüttete sein gelbes Licht über das Meer aus. Ich ertappte mich dabei, daß ich an Frankfurt denken mußte. Egon hatte ich in den vergangenen vierzehn Tagen zweimal angerufen und ihm erzählt, daß ich Aussichten hätte, in Mailand eine gutbezahlte Stellung als Dolmetscherin zu erhalten und daß er sich meinetwegen keine Sorgen machen solle. Ein Anruf bei Manfred war mir ungleich schwerer gefallen. Sicher hatte ich ihn nur deshalb so lange vor mir hergeschoben und mich erst vorgestern dazu aufgerafft, als Jochen einmal nicht im Zimmer war. Hätte ich allerdings Manfreds Reaktion vorausgesehen: Ich wär lieber aus dem Fenster gesprungen, als mir diese Enttäuschung zuzufügen. Nicht etwa, daß er mich mit Vorwürfen überschüttet hätte. Im Gegenteil: Er erzählte mir sofort, mich zusammen mit Schimazek anläßlich eines Fernsehinterviews gesehen und sich aufrichtig darüber gefreut zu haben. Seine anschließende Frage nach der Art meiner Zusammenarbeit mit Jochen beantwortete ich damit, daß ich nicht nur seine Managerin, sondern auch sein Geliebte sei, worauf er mir hörbar begeistert vorschlug, mich schon am nächsten Tag im Auftrag seiner Zeitung für ein Exklusivinterview zu besuchen. Etwas Schlimmeres hätte er mir gar nicht antun können. Was mich schon immer an ihm gestört hatte, war seine Unfähigkeit, sich von einer nachträglich als falsch erkannten Beurteilung, wenn er sie erst einmal in seiner Zeitung publiziert hatte, öffentlich zu distanzieren. Auch diesmal hatte er kein einziges Wort des Bedauerns darüber verloren, wie falsch seine Einschätzung Jochens in Frankfurt war. Er war wirklich eine große Enttäuschung für mich. Ich vergoß seinetwegen, während ich so am Fenster stand, eine Zigarette rauchte und das mondbeschienene Meer betrachtete, sogar ein paar Tränen des Ärgers.

Bis zum Eintreffen Ardigos am Abend des nächsten Tages unternahmen wir nicht viel. Seit ich nicht mehr für Gremmelmaier arbeitete, nützte ich es wieder aus, morgens lange zu schlafen. Allerdings hatte ich bei ihm nicht so früh aufstehen müssen wie in der Stellung davor, wo ich mindestens zweimal in der Woche zu spät an meinen Arbeitsplatz gekommen war, woraus sich dann mit schöner Regelmäßigkeit meine Kontroversen mit damaligen Vorgesetzten entwickelt hatten. Ich muß hier allerdings zu meiner Entlastung hinzufügen, daß mein Zuspätkommen niemals beabsichtigt, sondern immer nur die Folge meines Problems war, morgens zeitig aus dem Bett und pünktlich zum Bahnhof zu kommen. Denn in beiden Fällen bedurfte es einer über einstündigen Bahnfahrt, um an meinen Arbeitsplatz zu gelangen. Was es für eine Frau bedeutet, besonders zur Winterszeit morgens um fünf aufzustehen, kann nur nachempfinden, wer es unter den gleichen Bedingungen schon einmal getan hat oder beinahe täglich tun muß.

Zum Mittagessen fuhren wir zu einem unmittelbar am Meer gelegenen Restaurant. Obwohl nicht viele Gäste anwesend waren, mußte Jochen sofort erkannt worden sein. An den Nebentischen tauschten sie plötzlich vielsagende Blicke aus; wenig später kam der Wirt an unseren Tisch und bat Jochen, sich in das Gästebuch einzutragen. Ein Touristenehepaar aus Nürnberg wollte ein Foto von uns machen, eine ältere Signorina mit einem Minipudel auf dem Arm wünschte ein Autogramm. Als auch noch der Koch aus seiner Küche trat und in wortloser Ergriffenheit darüber, daß es der große Schimazek war, der sein Huhn am Spieß verzehrt hatte, die dicken Hände über dem Bauch faltete, verging mir der Appetit auf ein Dessert. Seit ich auf Schritt und Tritt befürchten mußte, von mir wildfremden Menschen erkannt und angesprochen zu werden, machte es mir keinen Spaß mehr, erkannt und angesprochen zu werden.

Glücklicherweise erfüllte sich dann wenigstens meine Befürchtung nicht, der Wirt könnte uns in Ardigos Haus vermuten und uns sämtliche Fußballfans Riomaggiores auf den Hals schicken. Wir verbrachten einen ungestörten Nachmittag, zuerst auf dem Balkon, wo ich mich in einem Liegestuhl von der Sonne bräunen ließ, dann im Bett, um den versäumten Schlaf der vergangenen Nacht nachzuholen. Dazu kam es allerdings nicht, weil Jochen sofort wieder zärtlich wurde und mich hinterher mit seinem neuesten Lieblingsthema nervte, ihn möglichst noch heute, spätestens jedoch am nächsten Tag zu heiraten. Ein Gedanke, für den ich mich diesmal noch weniger erwärmen konnte als bei seinem ersten, mich völlig überraschenden Antrag. Als ich ihn kennenlernte, hatte er mir zwar auf den ersten Blick gefallen: Mein Typ, auf den ich wartete, war er jedoch nicht. Wenn ich überhaupt einen hatte, dann kam Ardigo ihm am nächsten.

Damit wir in einem anderen Restaurant nicht auch wieder erkannt wurden, fuhren wir am späten Nachmittag noch einmal nach Riomaggiore hinunter und kauften für das Abendessen ein. Wir hätten uns auch aus Ardigos reichsortiertem Kühlschrank bedienen können, aber Jochen war dagegen. »Es genügt, daß wir in seinem Haus wohnen«, meinte er. Es war ein Haus mit einem Sechzig-Quadratmeter-Wohnraum, drei Bädern und vier Schlafzimmern. Zwei Türen im Ergeschoß waren abgeschlossen, so daß sich nicht feststellen ließ, welchem Zweck die Räume dienten. Auch die Einrichtung gefiel mir, sie war sehr großzügig, auf der halbrunden Couch hätte Ardigos komplette Elf Platz gehabt, und die tiefen Sessel luden zum Schlafen ein. Warum Jochen, als wir die Liebe hinter uns hatten, dauernd durch das ganze Haus lief, wußte er selbst nicht. Angeblich fühlte er eine starke Unruhe in sich. Die legte sich erst, als am späten Abend Ardigo bei uns eintraf und wir uns im Wohnzimmer bei einem Glas Wein unterhielten. Auch Jochen nippte an einem Glas Wein; vielleicht wollte er meine Verstörung darüber gutmachen, daß er gestern sogar zum Pollo allo Spiedo ein Cola bevorzugt hatte. Für sein spätes Eintreffen führte Ardigo einleuchtende Gründe an, er kam direkt aus Rom, wo er an einer wichtigen Sitzung des Vorstandes teilgenommen hatte. Meine Vermutung, es könnte sich dabei um den Vorstand des Fußballverbandes handeln, bestätigte er ein wenig später, als er, wie beiläufig, einfließen ließ, daß bei dieser Gelegenheit auch über Jochen gesprochen worden sei. Zuerst aber mußten wir ihm unser abendliches Erlebnis mit Belloni noch einmal in allen Einzelheiten schildern. »Daß sie Waffen mit Schalldämpfern trugen«, meinte er dann, »läßt auf Profis schließen. Ich habe den bedauerlichen Vorfall in Rom zur Sprache gebracht. Man ist bis zur Klärung unseres gemeinsamen Problems bereit, sich um Ihre Sicherheit zu kümmern. Es gibt in Italien Firmen, die das ebenso zuverlässig wie diskret erledigen. Sie werden sich in keiner Weise belästigt fühlen.«

Ich fragte befremdet: »Sie reden doch nicht etwa von Leibwächtern? Dann könnten wir uns ja gleich an die Polizei wenden.«

»Die wird Ihnen nicht helfen können«, erwiderte Ardigo ernst. »Was glauben Sie wohl, wie viele Leute in Italien täglich um Polizeischutz bitten? Hier in meinem Haus sind Sie vorläufig sicher. Übrigens hat man sich beim Verband bereit erklärt, es Ihrem Freund mit einer Ausnahmegenehmigung zu ermöglichen, für eine italienische Mannschaft zu spielen, die ihn dann auch an andere Vereine ausleihen kann.«

»Aber das ist doch prima«, entfuhr es mir. Ardigo schüttelte bedauernd den Kopf. »Leider nicht, Signorina. Es gibt da einige Probleme. Dem Verband liegen bereits über ein Dutzend Einsprüche gegen eine Mitwirkung Ihres Freundes bei den Spielen um die italienische Meisterschaft vor. Man befürchtet, daß es zu Wettbewerbsverzerrungen kommen wird, die mit den Satzungen der UEFA und der FIFA unvereinbar sind. Schließlich soll immer nur der beste Verein und kein anderer gewinnen, wenn Sie verstehen, was ich damit meine.«

Das war nicht schwer zu verstehen; ich sagte: »Dann sehen Sie keine Möglichkeit für meinen Freund, für eine italienische Mannschaft zu spielen?«

Ardigo lächelte. »Doch, in unserer Nationalelf. Dort könnte er bereits zu den derzeitigen Qualifikationsspielen für die Europameisterschaft aufgestellt werden. Aber auch das setzt voraus, daß er sich vorher für mindestens eine Saison für einen bestimmten Verein verpflichtet.«

»Und an welchen bestimmten Verein denken Sie? Vielleicht an den Ihren?«

Er sah mich, sein Lächeln beibehaltend, wortlos an. Ich sprach mit Jochen darüber. Zu meiner Verwunderung reagierte er eher zurückhaltend: »Das muß ich mir erst noch überlegen.«

»Aber es ist doch, wenn du in Italien spielen willst, deine einzige Möglichkeit«, machte ich ihn aufmerksam. »Was gefällt dir an seinem Vorschlag nicht?«

»Daß nicht viel dabei herausspringt. Ich bin hier, um Geld zu verdienen, und zwar einiges mehr als das, was sie mir als Torhüter ihrer Nationalmannschaft bezahlen werden und können. Es sei denn, sie kaufen mich für die nächste Spielsaison so groß ein, daß sich die Sache auch lohnt.«

Ich richtete das Wort an Ardigo: »Er denkt gerade darüber nach, wieviel Ihrem Verband die Europameisterschaft wert sein könnte. Nach seinen Schätzungen sind fünf Millionen nicht zu hoch gegriffen. Natürlich steuerfreies Geld.«

»Fünf Millionen Lire?« vergewisserte sich Ardigo erwartungsvoll.

Ich lächelte. »Mein lieber Signore, Sie haben es hier nicht mit Stuhlfauth oder mit Sepp Maier, sondern mit Schimazek zu tun, und einen Schimazek gibt es in tausend Jahren nur einmal auf der Welt. Für einen Mann wie ihn können Ihr Verein oder Ihr Verband als sein Arbeitgeber ruhig auch die Steuern übernehmen, sonst bleibt uns von den fünf

Millionen nicht viel übrig. Oder wollen Sie auf Schimazek verzichten?«

»Wenn Sie von fünf Millionen reden, muß ich es wohl oder übel tun«, zuckte Ardigo zurück. »Fünf Millionen steuerfrei! Du großer Himmel. Soll ich Ihnen mal verraten, Signorina, was in Italien ein alter Rembrandt oder ein guter Picasso kostet oder wie hoch unsere italienischen Vereine heute schon verschuldet sind?«

Ich sah da eigentlich keinen rechten Zusammenhang, denn daß sie nur deshalb so hoch verschuldet sein könnten, weil es zu ihren Gepflogenheiten gehörte, alte Rembrandts und gute Picassos aufzukaufen, konnte ich mir nicht recht vorstellen. Aber vermutlich wollte er damit nur zum Ausdruck bringen, was man sich in Italien sonst noch alles, außer einem Torhüter wie Schimazek, für fünf Millionen zulegen könnte. Ich antwortete. »Lieber nicht. Und wenn, dann kommt es auf fünf Millionen mehr oder weniger auch nicht an. Ich weiß nicht mehr, ob ich es von Ihnen oder von meinem Freund erfahren habe. Angeblich sollen Ihre Vereine doch in Aktiengesellschaften umgewandelt worden sein, und wo mit Aktien gehandelt wird, da fließt normalerweise auch Geld. Was glauben Sie wohl, wie Ihre Aktien steigen werden, wenn mein Freund erst einmal in einem italienischen Tor steht? Bestimmt genauso hoch wie die von Mercedes-Benz.«

»Aber das ist doch kein zutreffender Vergleich«, widersprach er entschieden. »Ganz abgesehen davon, daß noch nicht einmal ganz sicher ist, ob Ihr Freund überhaupt in unserer Nationalelf mitspielen kann. Darüber habe nicht ich, sondern Galilei zu entscheiden.«

»Ist das auch ein Fußballer?« fragte ich. Er schüttelte, sichtlich betroffen über meine Unwissenheit, den Kopf: »Galilei ist Trainer unserer Nationalmannschaft, Signorina. Von ihm müßten Sie doch schon gehört haben.«

»Tut mir leid«, bedauerte ich. »Jedenfalls weigert sich mein Freund, für weniger als für fünf Millionen anzutreten. In den USA würde man ihm das Doppelte bezahlen.«

Ardigo blickte mich schnell an: »Sie haben bereits ein Angebot?«

»Nicht nur eins«, sagte ich. »Wieviel, schätzen Sie wohl, würde Cosmos für ihn auf den Tisch blättern?«

Er schwieg. Jochen fragte: »Cosmos? Wieso redet ihr über Cosmos?«

»Wir reden im Augenblick über alles Mögliche«, antwortete ich. »Einschließlich Picasso und Rembrandt. Überlaß ihn noch ein paar Minuten mir, dann ist er mürbe. Ich habe ihm erklärt, daß unter fünf Millionen bei dir nichts läuft.«

»Unter fünf . . .« Er brach verwundert ab. Zu Ardigo sagte ich: »Sie haben es ja eben mitgehört: Unter fünf ist bei ihm einfach nichts zu wollen. Wenn wir nach Amerika gingen, hätte das auch den Vorteil, daß wir uns wegen Belloni keine Gedanken mehr zu machen brauchten. Das allein ist schon fünf Millionen wert.«

Ich gähnte. »Entschuldigen Sie mich, Signor Ardigo, aber dies war ein anstrengender Tag für uns. Sie werden sicher auch müde sein. Schlafen Sie heute nacht hier?«

Er nickte wie geistesabwesend. Dann stand er rasch auf. »Es ist möglich, daß ich morgen nach Rom fahren muß. Dann habe ich es von

hier aus viel näher als von Mailand. Wann pflegen Sie aufzustehen?«
»Sehr spät. Jedenfalls nicht vor zehn. Mein Freund wird allerdings schon etwas früher wach.«
»Ich werde mich dem anpassen«, versprach Ardigo und beugte sich über meine Hand. Er wünschte auch Jochen eine gute Nacht. Meine Annahme, er zöge sich in eines der Schlafzimmer im Obergeschoß zurück, erwies sich als unrichtig. Ich konnte hören, wie er draußen in der Diele eine der beiden Türen öffnete, die wir verschlossen gefunden hatten. Jochen fragte: »Wie kommst du ausgerechnet auf fünf Millionen?«
»Für dich sind es ja nur zweieinhalb«, erinnerte ich ihn. »Da wir alles teilen, müssen wir das bei künftigen Verhandlungen gleich berücksichtigen. Du wirst doch zugeben, daß sie dich mit zweieinhalb Millionen relativ billig einkaufen?«
»Da ist was Wahres dran«, nickte er.
Später, als er schon im Bett lag und ich ins Badezimmer gehen wollte, hielt er mich zurück, küßte mich und sagte: »Ohne dich wäre ich hier völlig verloren, Marianne. Du bist nicht nur unheimlich schön, du bist auch unheimlich clever.«
In seinem Vokabular hatte er sich schon in der DDR der westdeutschen Umgangssprache angepaßt. Ich konnte es bereits nicht mehr mitanhören, wenn er etwas unheimlich stark, unheimlich wichtig, unheimlich schick oder unheimlich gut fand. Vielleicht lag es daran, daß dem Deutschunterricht in manchen Schulen heute weniger Bedeutung beigemessen wurde als politischer Indoktrination.
Bei meiner Rückkehr aus dem Bad traf ich Jochen schlafend an. Mir selbst ging noch so vieles durch den Kopf, daß ich auch diesmal nicht einschlafen konnte. Irgendwann stand ich auf und stieg, um Jochen nicht zu wecken, die Treppe hinunter. Im Wohnzimmer legte ich mich auf die große, halbrunde Couch, schob mir ein Kissen unter den Nacken und zündete mir eine Zigarette an. Obwohl ich darauf verzichtet hatte, eine Lampe einzuschalten, war es nicht dunkel. Der Mond stand am Himmel und leuchtete mit seinem gelblichen Licht auch noch den letzten Winkel des großen Zimmers aus. Im Haus war es sehr warm; ich hatte zum Schlafen nur einen Slip angezogen, und in der sicheren Annahme, auch Ardigo habe sich bereits zur Ruhe gelegt, vor dem Heruntergehen keinen Morgenrock übergestreift. Um so überraschter war ich, als ich aus einem seitlich stehenden Sessel plötzlich Ardigos Stimme vernahm; er sagte: »Sie sind sehr schön, Signorina. Konnten Sie nicht einschlafen?«
Wenn er ähnliche Probleme hatte wie ich, dann hätte er sich wenigstens etwas früher bemerkbar machen können. Ich faßte mich jedoch rasch und sagte: »Sie offensichtlich auch nicht. Oder was tun Sie hier?«
Er gab keine Antwort. Ich konnte jedoch hören, wie er aufstand und zu mir kam. Gleich darauf saß er neben mir. Ich fühlte seine Hand an meiner Schläfe und dann auch im Gesicht. Er berührte meine Augen, meine Wangen und meinen Mund. Und jetzt erst sagte er: »Ich wußte, daß Sie noch einmal herunterkämen, Marianne. Ich hatte auf Sie gewartet.«

Seine Unterstellung ebenso wie sein offenherziges Geständnis verschlugen mir nun doch für ein paar Augenblicke lang die Sprache. Auch wenn ich ihm hin und wieder durch meine Art, ihn anzusehen oder anzulächeln, Anlaß gegeben hatte, sich meines Wohlgefallens sicher zu sein, so berechtigte ihn das noch lange nicht zu der Annahme, ich suchte nur noch nach einer günstigen Gelegenheit, um mich ihm hinzugeben. Ich nahm seine Hand von meinem Mund und fragte: »Wirklich?«

»Großer Gott, sind Sie schön«, murmelte er und beugte sich über mich. Er suchte mit dem Mund nach meinen Lippen, öffnete sie mit der Zunge und berührte gleichzeitig meine Brust. Daß er nur einen Hausmantel trug, hatte ich inzwischen festgestellt. Die Zigarette behinderte mich. Ich entzog mich durch eine Kopfbewegung seinen leidenschaftlichen Küssen, tastete nach dem Aschenbecher, warf die Zigarette hinein und fragte: »Sie finden sich wohl sehr unwiderstehlich, Guido?«

Er hörte auf, mit der Zunge an meinem Mund zu fummeln, und fragte erfreut: »Sie kennen meinen Vornamen, Marianne?«

»Sie kennen ja auch den meinen«, sagte ich. Seine überaus sanfte Art, meine Brust zu streicheln, war nicht ohne Reiz, und weil ich ihn nicht daran hinderte, fühlte er sich dazu ermutigt, mit seinen Liebkosungen immer kühner zu werden. Als er mir aber den Slip herunterziehen versuchte, fragte ich: »Sie erwarten doch nicht etwa im Ernst, daß ich mit Ihnen schlafe?«

Vielleicht lag es mehr noch an meinem Ton als an der Frage selbst, daß er stutzte. »Ich dachte . . .« Er sprach nicht weiter und blickte unschlüssig auf mich nieder.

»Sie dachten, weil ich mich nicht widersetze, können Sie es ja mal bei mir versuchen«, führte ich seinen Satz zu Ende. »Ich wollte Ihnen lediglich Zeit lassen, von allein zur Vernunft zu kommen. Oder muß ich erst meinen Freund rufen?«

Er richtete sich, offensichtlich stark ernüchtert, aus seiner gebeugten Haltung auf. »Was sind Sie nur für eine Frau«, murmelte er. Ich lächelte: »Was sind Sie nur für ein Mann, Guido? Oder waren die Frauen, mit denen Sie es bisher zu tun hatten, immer so bereitwillig, daß Sie meinten, auch bei mir keine größeren Probleme voraussetzen zu müssen? Das allein schon wäre für mich Grund genug, meinen Freund zu überreden, das Angebot aus New York anzunehmen.«

»Nein.« Er griff hastig nach meiner Hand, führte sie an die Lippen und küßte sie heftig. »Tun Sie das nicht, Signorina. Bitte nicht. Ich habe nach unserem Gespräch von meinem Zimmer aus mit Rom telefoniert. Man ist im Prinzip mit Ihrer Forderung einverstanden.«

»Was heißt das, im Prinzip?«

Er zögerte mit der Antwort. »Man muß erst noch die Zustimmung von Signor Galilei abwarten; als Trainer der Nationalmannschaft hat er das letzte Wort. Ich bin gut mit ihm befreundet. Wenn ich mit ihm rede, wird er sicher einverstanden sein.«

Ich blickte prüfend in sein Gesicht: »Was ist das? Ein Angebot für ein Kompensationsgeschäft?«

»Nein, nein!« Er wehrte erschrocken ab. »So wollte ich das nicht verstanden wissen, Signorina. Ich habe Ihnen nur zu erklären versucht . . .«

»Daß es letztlich von Ihrem guten Willen abhängt«, fiel ich ihm ins Wort. »Damit das klar ist: Ich bin auch nicht für fünf Millionen zu kaufen, Signor Ardigo. Wenn ich es einem Mann erlaube, zärtlich zu werden, dann nur, wenn ich mir das auch von ihm wünsche. Bei Ihnen bin ich mir da vorläufig noch nicht so sicher. Würden Sie mich jetzt bitte allein lassen?«

Er stand rasch auf. »Sie strafen mich hart, aber ich habe es nicht anders verdient.«

Ich auch nicht. Denn als ich dann allein auf der Couch lag, war mir heiß geworden. Dieses Spiel mit dem Feuer bereitete mir jedesmal ebensoviel Vergnügen wie hinterher die Probleme. Ich kehrte zu Jochen zurück, rüttelte ihn an der Schulter wach und sagte: »Ich kann nicht einschlafen. Tu etwas dagegen.«

»Wie spät ist es?« murmelte er schlaftrunken.

Ich legte mich zu ihm. »Für die Liebe ist es nie zu spät.«

Am nächsten Morgen wachte ich erst gegen elf auf. Ich blieb noch eine Weile liegen und vertrödelte anschließend eine volle Stunde im Bad. Als Jochen nach mir schauen kam, saß ich noch in der Wanne; er küßte mich und fragte: »Hast du gut geschlafen?«

»Und du?« fragte ich. Er lächelte: »Ich habe dich noch nie so zärtlich erlebt wie in dieser Nacht. Signor Ardigo und ich haben bereits gefrühstückt; er hat sich um alles gekümmert.«

»Ist er noch hier?«

»Er wollte nicht wegfahren, ohne sich von dir zu verabschieden. Eigentlich ist er ganz nett. Ich sehe ein, daß ich ihm unrecht getan habe. Ich versteh mich jetzt ganz gut mit ihm.«

Ich wandte ihm das Gesicht zu. »Und wie hast du feststellen können, daß du dich jetzt ganz gut mit ihm verstehst?«

»Er spricht, genau wie ich, auch etwas Englisch. Als wir es beide probierten, konnten wir uns einigermaßen verständigen.«

»Dann brauchst du mich ja bald nicht mehr«, sagte ich. Er küßte mich wieder und sagte: »Dich brauche ich, solange ich lebe. Ich werde nie aufhören, dich zu brauchen.«

Als Ardigo mir eine halbe Stunde später wieder die Hand küßte, fragte ich: »Trotzdem gut geschlafen?«

Er sah rasch Jochen an, der mit ahnungslosem Gesicht neben uns stand.

»Überhaupt nicht. Kaum mehr als eine Stunde.«

»Das war aber Ihre eigene Schuld«, sagte ich. »Ich hatte Sie nicht dazu aufgefordert, mir so nahe zu kommen.«

»Aber mich auch nicht daran gehindert«, sagte er, mit einem jähen Leuchten in den Augen. »Sie haben einen wunderbaren Körper, Signorina. Ich bin wie berauscht von ihm. Ich möchte ihn immerzu streicheln und küssen.« – »Aber doch nur, bis Sie einmal mit mir geschlafen haben«, schränkte ich seinen Enthusiasmus ein. Jochen fragte: »Worüber unterhaltet ihr euch?«

»Nein, dann erst recht«, widersprach Ardigo lebhaft. »Ich liebe Sie, Signorina. Ich hätte es Ihnen gestern abend schon sagen sollen. Ich hätte es Ihnen sagen sollen, bevor ich mich zu Ihnen setzte und Ihr schönes Gesicht und Ihren wunderbaren Körper berührt habe. Aber ich konnte plötzlich nicht mehr anders, als ihn zu berühren. Ich war wie von Sinnen. Können Sie mir verzeihen?«

»Ausnahmsweise. Aber nur, wenn Sie mir versprechen, es nie wieder zu versuchen.«

»Das kann ich nicht«, erwiderte er. »Verlangen Sie alles von mir, nur das nicht.«

Jede andere Antwort hätte mich bei ihm auch sehr enttäuscht. Jochen sagte: »Versuch es doch einmal auf englisch mit ihm. Vielleicht kann ich dann auch etwas verstehen.«

»Wenn du es willst«, sagte ich auf englisch. »Ich habe Signor Ardigo gefragt, ob er noch zum Mittagessen hierbleiben kann. Wenn ja, fahre ich rasch zum Einkaufen in den Ort. Ich habe heute keine Lust, auszugehen.«

»Das habe ich leider nicht verstanden«, lächelte er verlegen. »Du sprichst zu schnell.«

»Ich habe Sie verstanden, Signorina«, sagte Ardigo auf italienisch. »Sie brauchen zum Einkaufen nicht wegzufahren. Im Tiefkühlfach und in der Küche finden Sie alles, was Sie für das Mittagessen brauchen. Leider kann ich Ihre freundliche Einladung nicht annehmen, man erwartet mich schon in Rom. Ich habe mich schon sehr verspätet.«

»Und das nur, weil Sie nicht weggehen wollten, ohne sich von mir zu verabschieden?«

»Nicht nur deshalb. Ich wollte sicher sein, daß Sie mir nicht böse sind. Es steht mir nicht zu, Sie danach zu fragen, Signorina, aber ich muß es wissen. Lieben Sie Ihren Freund?«

»Er liebt mich, und so lange das so ist, bleibe ich ihm treu.«

Er lächelte. »Das kann sich bei einem so berühmten Mann, wie er heute einer ist, sehr bald ändern, Signorina.«

»Diese Sorge habe ich nicht. Und wenn, dann können wir uns ja noch einmal darüber unterhalten.«

»Ich werde mir erlauben, Sie daran zu erinnern«, sagte er und küßte mir, mit der Zungenspitze leicht meine Haut berührend, zum Abschied die Hand.

»Diese Handküsserei«, meinte Jochen, als Ardigo sich auch von ihm verabschiedet und das Haus verlasssen hatte, »ist doch völlig altmodisch. Oder macht man das in Italien noch heute so?«

»Nicht nur in Italien«, klärte ich ihn auf. »Daß es bei deinen Genossen nicht mehr üblich ist, spricht nicht unbedingt dagegen.«

»Das stimmt«, räumte er ein. »Ich habe dir ja auch schon die Hand geküßt.«

»Das ist aber schon lange her«, übertrieb ich und beobachtete aus dem Fenster, wie Ardigo in einem dunkelblauen Sportwagen den Serpentinenweg nach Riomaggiore hinabfuhr. Dem Motorengeräusch nach zu schließen mußte es sich um einen jener italienischen Exoten handeln, die auch in der Bundesrepublik manches Autofahrerherz höher schlagen lassen. Daß ich mich dabei ertappte, wie auch mein eigenes Herz höher schlug, stimmte mich weder schuldbewußt noch unbedingt heiter. Ich hatte einfach zur Kenntnis zu nehmen, daß es mir bei Ardigo schon höher schlug, wenn er mich nur ansah. Bei Jochen bedurfte es dazu schon einiges mehr. Das schloß nicht aus, daß ich mir, was ein mögliches Verhältnis mit Ardigo betraf, im Hinblick auf seine Familie keinen Illusionen hingab, aber ihn einmal in meinen Armen zu erleben, das hätte mich schon reizen können. Es reizte mich sogar mehr, als ich es mir selbst gegenüber in den vergangenen Wochen einzuräumen bereit war. Manfred hatte einmal behauptet, ich sei so scharf wie eine entsicherte Handgranate. Ich sah darin keine Diskriminierung meiner Person. Eher eine Art von Kompliment.

Im Gefrierfach des Kühlschranks entdeckte ich neben Fleich auch Fisch. Für das Mittagessen waren wir also ausreichend versorgt. Kochen gehörte zwar nicht zu meinen Lieblingsbeschäftigungen, aber wenn ich auf etwas Appetit hatte, war mir keine Arbeit zu viel, und auf Seezungenfilet stand ich heute besonders. Ich vergaß bei den Vorbereitungen sogar, daß ich noch nicht gefrühstückt hatte; Jochen stellte mir einen aufgewärmten Kaffee und vier Brötchen auf den Tisch, die von seinem gemeinsamen Frühstück mit Ardigo übriggeblieben waren. Dieser hatte sie am Morgen bei einem Bäcker besorgt. Nach dem Frühstück setzte ich meine Arbeit in der Küche fort. Dabei wurde mir am Herd so warm, daß ich das Kleid auszog. Jochen erbot sich, es im Schlafzimmer über einen Bügel zu hängen. Als ich ihn hinter meinem Rücken wieder in die Küche kommen hörte, sagte ich, ohne mich nach ihm umzudrehen: »Schau mir beim Kochen nicht ständig zu; das macht mich nur nervös. Warte so lange im Wohnzimmer.«

»Da kommen wir ja gerade recht«, meinte er, weil es aber nicht seine Stimme war und die Antwort auf italienisch erfolgte, drehte ich mich verwundert um. Wie ich es schon, als ich die Stimme hinter mir vernahm, nicht anders erwartet hatte, war es nicht Jochen, der in die Küche gekommen war. Mit Belloni hatte ich allerdings auch nicht gerechnet. Diesmal packte mich bei seinem Anblick das nackte Entsetzen. Er kam langsam näher und blickte über meine Schulter hinweg in die verschiedenen Töpfe und Bratpfannen. »Sieht gar nicht übel aus«, meinte er. »Darauf haben meine Freunde sicher auch Appetit.«

Ob er damit den Inhalt der Pfannen und Töpfe meinte, war insofern unklar, weil er eine Hand an meiner Brust hatte. Er sagte: »Lassen Sie sich durch mich nicht stören. Ist das alles, was an Fisch im Haus ist?«

»Im Kühlschrank ist noch mehr«, antwortete ich mit belegter Stimme. »Er muß aber erst noch aufgetaut werden.«

»Das macht nichts«, sagte er. »Wir haben Zeit. Wir hätten schon etwas früher kommen können, zogen es dann aber vor, noch zu warten, bis unser schöner Ardigo weggefahren war. Ich mache Ihnen einen Vorschlag, Signorina. Meine Freunde und ich sind durch das lange Warten hungrig geworden. Was Sie hier in der Pfanne haben, servieren Sie, wenn es fertig ist, uns. Danach können Sie noch einmal für sich und Ihren Freund eine Mahlzeit zubereiten. Wir sind keine Unmenschen.«

Indessen hatte ich mich so weit gefangen, daß ich auf seine Hand reagieren konnte. Er griff jedoch, kaum daß ich sie berührte, so hart zu, daß ich vor Schmerz aufstöhnte. »Tut mir leid«, sagte er. »Wenn sich etwas so gut anfühlt wie das, lasse ich es mir nur ungern wegnehmen. Muß das Filet nicht wieder gewendet werden?«

Wenn ich es nicht anbrennen lassen wollte, wurde es sogar höchste Zeit, es zu wenden. Während ich damit beschäftigt war, fühlte ich seine Hand am Magen und gleich darauf am Schoß. Er schob die Hand in meinen Slip und fing an, mich zu streicheln.

»Ich kann so nicht arbeiten«, sagte ich. »Bitte lassen Sie das.«

»Warum können Sie so nicht arbeiten?« fragte er. »Ich tu Ihnen doch nicht weh. Oder empfinden Sie das als unangenehm?«

Als unangenehm empfand ich es nicht. Seine Art, mich zu streicheln, ließ eher darauf schließen, daß er darum bemüht war, mich zu verführen. Ich blickte an seinem Kopf vorbei zur Tür. Er sagte: »Ihr Freund wird nicht sehen, daß es Ihnen gefällt, wenn ich Sie ein wenig streichle. Wir haben ihn vorläufig in den Keller gesperrt. Es gefällt Ihnen doch? Oder etwa nicht?«

Ich drehte mich so rasch nach ihm um, daß er ins Taumeln geriet und mit dem Rücken gegen den Kühlschrank prallte. Mit einer Hand nach der Bratpfanne greifend, sagte ich: »Wenn Sie mich noch einmal anfassen, bekommen Sie den Fisch ins Gesicht.«

Er verlor auch jetzt nicht sein dünnes Lächeln: »Das würde ich Ihnen nicht empfehlen, Signorina. Allein schon mit Rücksicht auf Ihren Freund nicht. Wenn Sie keine Schwierigkeiten machen, geschieht ihm nichts.« Ich blickte ihn eine Weile wortlos an. Dann stellte ich die Pfanne auf den Herd zurück und fragte so ruhig wie möglich: »Was wollen Sie?«

»Das, was Sie auch wollen«, antwortete er und drängte mich vom Herd weg gegen die Wand.

Vielleicht gehörte er zu jenen Italienern, die davon überzeugt waren, deutsche Frauen kämen nur deshalb in ihr Land. Mit geschlossenen Augen fühlte ich, wie er mir den Slip hinabstreifte und mich wieder zu streicheln anfing. Er verfuhr dabei mit einer Zärtlichkeit, die mich überraschte, weil ich auf Schlimmeres gefaßt gewesen war. Auch seine Küsse, mit denen er mein Gesicht, meinen Hals und meine Brüste bedeckte, waren kaum dazu angetan, unangenehme Empfindungen in mir auszulösen, im Gegenteil, ich ertappte mich dabei, daß ich von irgendwann an Gefallen daran fand und nicht einmal mehr versuchte, seinen Lippen, wenn sie meinen Mund suchten, auszuweichen. Als hätte ich jede Kontrolle über mich und meinen Körper verloren, lag ich wie willenlos in seinen Armen. Sein andauerndes Streicheln meines Schoßes, meiner Brüste und meines Pos, seine leidenschaftlichen Küsse und seine überaus sanfte Art, mich seinen Liebkosungen gänzlich zu erschließen, versetzten mich, so sehr ich mich innerlich auch noch dagegen sträubte, in einen Zustand wachsender Erregung. Ich kam so plötzlich, daß ich selbst davon überrumpelt wurde und für ein paar Augenblicke lang am ganzen Körper bebend mit dem Gesicht an seiner Schulter lag. Aber auch dann hörte er nicht damit auf, mich zu streicheln und zu küssen. Erst viel später nahm er mein Gesicht in die Hände, berührte mit dem Mund meine Augen und sagte leise: »Ich wußte, daß es Ihnen gefallen würde, Signorina. Kümmern Sie sich jetzt wieder um das Essen. Ich muß nur rasch nach Ihrem Freund sehen und bin gleich wieder hier.«

Mich hatte noch kein Mann so sehr gedemütigt wie er. Ich öffnete die Augen und beobachtete, wie er mir den Rücken zudrehte und die Küche verließ. Als ich mich nach meinem Slip bückte und gleich darauf an den Herd trat, konnte ich vor Haß kaum mehr atmen. Er blieb nicht länger als fünf Minuten weg. Bei seiner Rückkehr fragte er: »Ist das Essen fertig?« Ich blickte ihn schweigend an. Er sagte: »Sie haben keinen Grund, mich so anzusehen, Signorina. Vielleicht gestehen Sie mir zu, daß ich Ihre Situation nicht ausgenutzt habe.«

»Wie würden Sie das sonst nennen?« fragte ich kalt.

Er lächelte. »Es war nicht meine Absicht, Ihnen so nahe zu treten. Als ich Sie aber so leicht bekleidet am Herd stehen sah, konnte ich dem Wunsch, Sie in meinen Armen zu halten, nicht widerstehen. Wenn Sie wollen, können Sie sich jetzt etwas frischmachen.«

Ich wandte mich der Tür zu. In der Diele stieg ich die Treppe zum Schlafzimmer hinauf. Ich legte mich auf das Bett und zündete mir eine Zigarette an. Belloni war mir nachgekommen; er sagte: »Sie können einstweilen hierbleiben. Wir nehmen Sie später mit.«

»Wohin?«

»An einen Ort, wo Sie sicher untergebracht sein werden und es Ihnen an nichts fehlen wird. Sobald Ihr Freund getan hat, was meine Auftraggeber von ihm verlangen, schicken wir Sie zu ihm zurück. Er hat sich bereits damit einverstanden erklärt.«

»Man wird mich vermissen«, sagte ich. Er setzte sich zu mir auf das Bett. »Falls Sie von Ardigo reden: Ihr Freund wird ihm erzählen, daß Sie in einer dringenden Familienangelegenheit kurzfristig nach Hause reisen mußten. Überlassen Sie das alles uns. Wir haben nichts übersehen und auch an dieses Problem gedacht.« Er legte eine Hand auf mein Knie. »Sie sind sehr schön, Signorina. Ich hoffe, Sie sehen mir nach, daß ich der Versuchung nicht widerstehen konnte. Werden Sie Ihrem Freund davon erzählen?«

Ich stieß ihm, ohne seine Frage zu beantworten, den Rauch meiner Zigarette ins Gesicht.

»Es liegt allein an Ihnen, wie wir Sie in den nächsten Tagen behandeln«, sagte er. »Sollten Sie auf den Gedanken kommen, später dumme Geschichten zu erzählen oder sich an die Polizei zu wenden, so haben wir uns auf diese Möglichkeit auch schon vorbereitet. Sie läge weder in Ihrem eigenen, noch im Interesse Ihres Freundes. Wir werden Sie finden, wo immer auch Sie sich aufhalten. Vergessen Sie das nicht, Signorina.« Er stand auf. »Sobald wir mit dem Essen fertig sind, holen wir Sie. Wir haben jetzt schon so viel Zeit verloren, daß ich Sie bitten muß, mit Ihrem eigenen Essen zu warten, bis wir Sie in Ihr neues Quartier gebracht haben. Sie werden dort alles vorfinden, was Sie brauchen.« Er verließ das Zimmer; die Tür schloß er hinter sich ab.

Von irgendwoher drangen Stimmen an mein Ohr. Ich ging zum

Fenster. Es befand sich an der Rückseite des Hauses. Als ich mich hinausbeugte, sah ich neben meinem Pininfarina einen Mann stehen. Er hatte die Hände in den Hosentaschen und betrachtete unausgesetzt den nahen Olivenhain. Da er mir den Rücken zukehrte, konnte ich sein Gesicht nicht sehen. Gleich darauf hörte ich das Geräusch eines anrollenden Wagens. Als der Mann sich umdrehte und zu mir heraufblickte, trat ich rasch vom Fenster weg. Obwohl ich sein Gesicht nur ganz flüchtig gesehen hatte, war ich mir sicher, daß er auch schon in Mailand mit dabei gewesen war. Ich vermutete, daß sie, um nicht aufzufallen, zu Fuß heraufgekommen waren und daß der dritte Mann nun ihren Wagen geholt hatte. Bis sie mit dem Essen fertig waren, würde eine Weile vergehen; ich hatte also noch Zeit.

Im Bad stellte ich mich unter die Dusche. Die Erinnerung an mein jüngstes Erlebnis mit Belloni peinigte mich unausgesetzt. Diesen Triumph, mich gegen meinen Willen verführt zu haben, nahm ich ihm mehr übel als alles andere. Denn daß er, von meinem Anblick in der Küche überwältigt, nicht mehr anders konnte, als diese günstige Gelegenheit zu nutzen, ließ sich, bei etwas Selbstverleugnung, sogar mit Nachsicht beurteilen. Vielleicht deshalb, weil ich es schon immer als gottgegeben hingenommen hatte, wenn Männer meinetwegen den Kopf verloren.

Bis Belloni mich holen kam, verging doch noch über eine Stunde. In der Diele wurden wir bereits von seinen beiden Kumpanen erwartet. Wenigstens hielten sie heute keine Pistolen in der Hand. Während Belloni sich einer Treppe zuwandte, die in einem dunklen Winkel des Flurs in den Keller führte, nahmen sie mich in die Mitte und brachten mich, ohne ein Wort mit mir zu reden, durch den Hinterausgang ins Freie. Dort sah ich auch ihren Wagen stehen. Einer von ihnen, es war jener mit dem Oberlippenbart, hielt mich am Arm fest, der andere öffnete die hintere Wagentür. Dann spielte sich alles so schnell ab, daß ich es überhaupt nicht begriff. Denn plötzlich waren es nicht mehr zwei, sondern vier Männer, und die neu Hinzugekommenen hielten Pistolen in den Händen. Ihr Auftauchen schien für meine beiden Begleiter ebenso überraschend zu kommen wie für mich, sie blieben wie angewurzelt stehen und hoben, ohne daß auch jetzt ein einziges Wort gesprochen wurde, die Arme in die Höhe. Ob ich mein weiteres Verhalten meiner Geistesgegenwart oder einfach nur meiner Angst zuzuschreiben hatte, wird mir ewig unerfindlich bleiben. Jedenfalls rannte ich im gleichen Augenblick, als mein Arm losgelassen wurde, vom Wagen weg hinter die beiden bewaffneten Männer und klammerte mich, seinen Körper wie einen Schild benützend, an dem einen fest. Dann hörte ich Bellonis Stimme; er sagte: »Wenn ihr schießt, leg' ich ihn um.«

Zuerst verstand ich nicht, wen er umlegen wollte. Erst als ich an der Schulter des Mannes, den ich umklammert hielt, vorbeischaute und Jochen, dicht gefolgt von Belloni, aus dem Haus kommen sah, wurde es mir ersichtlich. Er stieß Jochen vor sich her zum Wagen, blieb hinter dem Wagen stehen und forderte seine beiden Kumpane auf, einzusteigen. Anscheinend trauten sie der Sache nicht recht, denn sie bewegten sich so langsam, als hätten sie Blei in den Hosen. Ich sagte zu dem Mann, den ich umklammert hielt: »Schießen Sie um Gottes willen nicht. Er ist mein Freund. Wenn Sie nicht schießen, tun sie ihm nichts.«

»Woher wollen Sie das wissen?« fragte er. Mir fiel erst jetzt auf, daß er rothaarig und sehr groß war; ich antwortete: »Das ist Schimazek, verstehen Sie? Schiiimaaaazek.«

»Ist in Ordnung«, sagte mein rothaariger Beschützer. Zu Belloni sagte er: »Wir sind nicht an dir, wir sind an ihm interessiert. Schick ihn her zu uns, dann könnt ihr losfahren.«

»Nur wenn die Signora hinter deinem Rücken hervorkommt«, antwortete Belloni. »Sobald sie vor dir steht, schick ich ihn los.«

»Kein Geschäft für uns«, sagte mein Rothaariger kalt.

Mir wurde klar, daß nur ich Jochen aus dieser prekären Situation befreien konnte. Ehe der Rothaarige begriff, was ich vorhatte, stand ich nicht mehr hinter, sondern vor ihm. Und jetzt erst sah ich die Pistole in Bellonis Hand, und ihr Lauf war genau auf mich gerichtet. Der Mann hinter mir sagte: »Sind Sie lebensmüde, Sie einfältige Person?«

Er sprach plötzlich deutsch. Daß er kein Italiener war, hatte ich schon an seiner Aussprache gemerkt, und die ›einfältige Person‹ nahm ich ihm übel. Ich sagte: »Sie haben doch überhaupt keine Ahnung, worum es hier geht. Sie hatten es nicht auf ihn, sondern auf mich abgesehen.« Zu Belloni sagte ich: »Schicken Sie ihn her. Sie sehen doch, daß Sie nichts mehr gewinnen können.«

»Wir schicken ihn«, sagte Belloni. »Aber erst, wenn wir unten an der Straße sind. Keine Minute früher.«

»Der blufft doch nur«, sagte der Mann hinter mir.

»Er blufft nicht«, erwiderte ich gereizt. »Verflucht noch mal, hören Sie endlich auf mit Ihrer Besserwisserei.« Ich richtete das Wort an Jochen: »Sie wollen dich nur bis zur Straße mitnehmen. Sie tun dir nichts. Steig in den Wagen.«

Er nickte blaßhäutig. Während er und die drei Männer in den Wagen stiegen, meldete sich auch der zweite Pistolenmann zu Wort; er fragte mich: »Sind Sie auch ganz sicher, daß sie ihn laufen lassen? Jetzt könnten wir noch etwas tun.«

Er war jünger als der andere; ein nicht unsympathischer Typ. Ich schüttelte ungeduldig den Kopf: »Was wollen Sie denn tun? Sobald Sie anfangen zu schießen, lassen Sie Ihnen doch gar keine andere Wahl, als zurückzuschießen. Sie sind alle drei bewaffnet.« Ich beobachtete, wie der Wagen anfuhr. Als er hinter der Hausecke verschwand, drehte ich mich nach dem Rothaarigen um und sagte: »Sie haben uns sehr geholfen, aber sagen Sie nicht mehr einfältige Person zu mir. Wer hat Sie hergeschickt? Ardigo?«

»Vielleicht«, sagte er. Ich erinnerte mich, wie erleichtert ich war, als ich seinen Rücken vor mir hatte. Außerdem fand ich ihn nun, da ich zum erstenmal sein Gesicht sah, nicht weniger sympathisch als den anderen; er war der Typ von Mann, bei dem man sich als Frau geborgen fühlen konnte. Ich sagte: »Er hat uns erzählt, daß man zu unserem Schutz Leute schicken wird. Ich war allerdings auf keine Deutschen, sondern auf Italiener gefaßt. Sie müssen doch auch aus der Gegend von Frankfurt sein?«

»Aus der Nähe«, nickte er. Mir fiel plötzlich etwas ein. Ich rannte ins Haus. Die Autoschlüssel steckten in meiner Handtasche. Augenblicke später saß ich im Pininfarina und sagte zu meinen Befreiern: »Ich fahr ihm ein Stück entgegen, damit er nicht den ganzen Weg herauflaufen muß. Er hatte ja nicht einmal Schuhe an.«

»Das ist zu gefährlich«, meinte der Rothaarige noch, aber da fuhr ich schon los. Ich begegnete Jochen auf halbem Weg zur Straße; er kam im Laufschritt angespurtet. Er umarmte mich wie ein Ertrinkender seinen Lebensretter, küßte mich wie bei einem Wiederbelebungsversuch und fragte mit erstickt klingender Stimme: »Haben sie dir etwas getan, Marianne? Sag mir: Haben sie dir etwas getan?«

»Nicht die Spur«, beruhigte ich ihn. »Belloni war sogar ausgesprochen nett zu mir. Haben sie dir etwas getan?« Er schüttelte, mich noch immer heftig umarmend und küssend, den Kopf. »Ich hatte nur unheimliche Angst um dich, Marianne. Aber sie hatten mich wieder mit ihren Pistolen bedroht. Der mit dem Bärtchen schlug mir, als ich dich warnen wollte, sogar mit der Pistole auf den Kopf. Sie standen schon vor der Tür, als ich mit deinem Kleid aus der Küche kam. Der Schlag auf den Kopf hat mich halb betäubt. Sie schleppten mich in den Keller und banden mich an einem Eisenrohr fest. Sogar den Mund haben sie mir zugebunden.«

»Das muß ja schrecklich gewesen sein«, murmelte ich, mitfühlend seinen Kopf betastend; eine Beule konnte ich nirgendwo feststellen. »Die beiden Männer oben hat uns der Verband aus Rom zu unserem Schutz geschickt.«

Er horchte auf: »Welcher Verband?«

»Der italienische Fußballverband natürlich«, sagte ich. »Wo haben sie dich aus dem Wagen gelassen? Erst unten an der Straße?«

»Schon ein Stück weit vorher. Der mit dem Bärtchen spricht etwas Deutsch. Von ihm erfuhr ich auch, was sie vorhatten. Sie wollten dich als Geisel mitnehmen, damit ich . . .«

»Ja, ja«, fiel ich ihm dazwischen. »Das weiß ich schon alles. Jetzt, wo unsere beiden Beschützer hier sind, werden sie sich nicht mehr getrauen, es noch einmal zu versuchen.«

Da ich auf dem schmalen Weg nicht wenden konnte, fuhr ich noch bis zur Straße hinunter und vergewisserte mich dort, daß die Luft rein war. Auf der Rückfahrt schlug ich Jochen vor, unsere beiden Retter zum Abendessen einzuladen. »Stell dir vor, es sind Deutsche«, sagte ich. »Sogar aus meiner Gegend. Das muß eine besondere Art von Fremdenlegionären sein, wenn sie für italienische Bewachungsfirmen, oder wie man die nennt, arbeiten. Ich finde sie ganz nett. Du auch.«

»Ich weiß nicht«, zögerte er.

Seine Eifersucht war wirklich schon krankhaft.

Die beiden Männer erwarteten uns dort, wo ich sie zurückgelassen hatte. Sie saßen auf einer Treppenstufe vor der Haustür; der Rothaarige hatte sich eine Zigarre angezündet. Bei unserem Eintreffen standen sie sichtlich erleichtert auf; der Rothaarige sagte: »Da haben Sie ja

Glück gehabt, Fräulein Neumann. Ich heiße übrigens Feuerstein, mein Freund Wieland. Weshalb waren Sie sich so sicher, daß man ihn laufen lassen wird?«

»Das habe ich Ihnen bereits erklärt«, antwortete ich. »Mein Freund sollte bei einer krummen Fußballgeschichte mitmachen, wollte aber nicht. Um ihn dazu zu zwingen, hatten sie vor, mich als Geisel zu benutzen.«

»Das erklärt manches«, nickte der Mann, der Feuerstein hieß. »Darf man erfahren, um was für eine krumme Sache es sich dabei handelt?«

Ich erzählte es ihnen im Wohnzimmer und fragte dann, ob sie Hunger hätten. »Für ein Restaurant ist es jetzt zu spät«, setzte ich hinzu. »Falls Ihnen aber Ravioli genügen: In der Küche stehen Konservendosen.«

Sie waren damit einverstanden. Während ich mich darum kümmerte, hatte ich dauernd das Bild vor Augen, wie ich mit dem Rücken an der Wand gelehnt und Bellonis einfühlsame Zärtlichkeiten mit wachsendem Wohlgefallen erlebt hatte. Dafür, daß selbst die Erinnerung daran auch jetzt noch kleine Hitzeschauer auf meiner Haut auslöste, haßte ich ihn nur um so mehr.

Als ich ins Zimmer kam, unterhielten sich Feuerstein und Wieland mit Jochen. Wieland erzählte ihm, daß er auch in der Bundesrepublik schon überall bekannt sei und daß kein Mensch sich dort richtig erklären könne, welchen Eigenschaften er sein ungewöhnliches Können verdanke. »Vielleicht haben Sie eine Erklärung dafür«, sagte Feuerstein zu mir.

Ich lächelte. »Sicher. Ich stelle es mir so vor, daß er die Bälle an sich zieht wie ein Magnet ein Stück Eisen. Sie fliegen ihm sozusagen von allein in die Hände. Er braucht sie dann nur noch festzuhalten.«

»So wie die Männer Ihnen in die Hände fliegen?« fragte Feuerstein, ohne mich dabei anzusehen.«

Etwas an der Art, wie er das sagte, gefiel mir nicht. Ich fragte: »Woher wissen Sie, daß sie es tun?«

»Man braucht Sie nur anzuschauen, um es zu wissen«, sagte er. »Mich interessieren ganz andere Dinge. Beispielsweise, warum Sie in Gießen und Koblenz Ihre gutbezahlten Stellungen als Fremdsprachenkorrespondentin verloren und wie Sie Herrn Schimazek kennengelernt haben.«

Ich setzte mich in einen Sessel und blickte prüfend in sein Gesicht. »Wo ich gearbeitet und daß ich meine Stellungen verloren habe, können Sie wohl kaum in Rom erfahren haben.«

Er schnippte die Asche von der Zigarre. »Wir sind nicht die, für die Sie uns halten, Fräulein Neumann. Wir arbeiten für eine westdeutsche Behörde. Mein Kollege und ich hatten den Auftrag, Herrn Schimazek nach seinem Überschreiten der Zonengrenze in Empfang zu nehmen. Das klappte dann aber nicht, weil Sie uns zuvorkamen.«

Trotz meiner Überraschung war mir sofort klar, daß ich bei allem, was ich jetzt noch sagte, auf der Hut sein müßte. Ehe ich jedoch Zeit fand, mir meine nächsten Worte zu überlegen, platzte Jochen dazwischen: »Dann waren Sie das also, die in einem Auto auf uns gewartet haben! Was hatten Sie mit mir vor?«

»Sie in Sicherheit zu bringen«, antwortete Feuerstein. »Da spielten noch einige andere Dinge eine Rolle, von denen vielleicht Fräulein Neumann etwas weiß.«

Allmählich hatte ich von seinen paradoxen Andeutungen die Nase voll: »Ich weiß gar nichts. Ich habe Jochen . . . Herrn Schimazek in Genua . . .« Feuerstein schnitt meine Rede mit einer ungeduldigen Handbewegung ab: »Diese Story ist uns bekannt. Wir wissen, daß sie nicht stimmt. Sie haben meine erste Frage noch nicht beantwortet.«

Die zweite würde ich ihm ebensowenig beantworten; wenn ich mich nicht an unsere bisherige Version hielt, riskierte ich es am Ende noch, wegen Beihilfe zum illegalen Grenzübertritt von ihm verhaftet zu werden. Ich fragte so kühl wie möglich: »Wie wollen Sie beweisen, daß sie nicht stimmt?«

Er blickte mich schweigend an. Ich stand auf, kehrte in die Küche zurück und kümmerte mich um die Ravioli. Offensichtlich gab es bei Jochens Flucht in den Westen Konspirationen von ungleich größerem Ausmaß, als wir es bisher angenommen hatten. Etwas mehr darüber zu erfahren, könnte weder für Jochen, noch für mich von Schaden sein.

Die Ravioli servierte ich im Wohnzimmer. Bis dahin hatte ich mich entschlossen, Feuersteins erste Frage zu beantworten. Ich sagte: »Sie wollen also wissen, weshalb ich meine Stellungen verloren habe. Warum wollen Sie das wissen?«

»Es interessiert mich«, antwortete er.

»Mich interessiert auch etwas«, sagte ich. »Aber zuerst zu Ihrer Frage: Ich kam morgens ein paarmal zu spät zur Arbeit. In Gießen meinte mein damaliger Chef, mich deshalb vor dem gesamten Personal fertigmachen zu müssen. Ich ließ mir das nicht gefallen. In Koblenz war es ähnlich. Dort kam noch hinzu, daß ich es auch mit fiesen Kollegen zu tun hatte.«

»Davon hast du mir nie etwas erzählt«, warf Jochen betroffen ein.

»Ich fand es nicht erzählenswert«, sagte ich und blickte Feuerstein an. »Ihrer zweiten Frage habe ich dem, was ich bereits gesagt habe, nichts hinzuzufügen. Wenn Sie mir nicht glauben, ist das Ihr Problem. Und nun sind Sie an der Reihe. Mit wem auf der anderen Seite hatten Sie Herrn Schimazeks Flucht vereinbart?«

»Ich hoffte, Sie könnten mir das sagen«, antwortete er. »Erwarten Sie nicht noch einen Besucher hier?«

Ich mußte nämlich unwillkürlich lachen. »Vielleicht Herrn Honecker persönlich? Oder wer wäre Ihnen denn noch lieber?«

Auch diesmal zog er es vor, mir keine Antwort zu geben.

Nach dem Essen zündete ich mir eine Zigarette an und fragte: »Wie haben Sie uns gefunden?«

»Routine«, sagte Feuerstein. »Sie erlauben?« Er zog eine Zigarre aus der Brusttasche. Ich fragte: »Was werden Sie jetzt tun? Zu Ihrer ominösen Behörde zurückfahren?«

Er musterte mich flüchtig. »Wollen Sie das?«

»Eigentlich nicht. Ob die Männer, die man zu unserem Schutz herschicken will, so gut sind wie Sie, steht vorläufig in den Sternen. Ich hätte nichts dagegen, wenn Sie noch ein paar Tage in unserer Nähe blieben. Belloni wird so rasch nicht aufgeben. Er hat uns schon in Mailand einmal besucht. Damals allerdings mehr zu einem ersten Sichkennenlernen.«

»Erzählen Sie«, sagte Feuerstein. Ich richtete das Wort an Jochen: »Mach du auch mal den Mund auf. Ich habe heute abend schon genug reden müssen.«

Während er erzählte, meinen Striptease jedoch taktvollerweise unerwähnt ließ, räumte ich das Gschirr ab. In der Küche sah es schlimm aus; Belloni und seine Kumpane hatten zwar mit offensichtlich gutem Appetit das Seezungenfilet verspeist, dann aber alles stehen- und liegenlassen. Da ich schon einmal dabei war, machte ich mich gleich daran, Ordnung zu schaffen. Wenig später kam Feuerstein in die Küche. Er drückte die Tür hinter sich ins Schloß, lehnte sich mit dem Rücken dagegen und sah mir, hin und wieder an seiner Zigarre ziehend, schweigend zu. Ich fragte über die Schulter hinweg: »Ist noch was?«

»Wie und wo sind Sie Schimazek zum erstenmal begegnet?« fragte er.

Ich lächelte: »Sie wiederholen sich. Ich schlage Ihnen ein Geschäft vor: Sie erzählen mir, was Sie wissen, und ich erzähle Ihnen, was ich weiß.«

»Damit Sie es Ihren Leuten drüben berichten?«

Ich drehte mich nach ihm um. »Ich glaube, wir können Sie noch brauchen. Warum sollte ich also Ihren Wissensdurst zu unserem eigenen Nachteil stillen?«

Er runzelte die Stirn. »Was wollen Sie damit sagen?«

»Daß es für mich und meinen Freund besser ist, Sie bleiben weiterhin neugierig und in unserer Nähe als nicht mehr neugierig und nicht in unserer Nähe. Oder sehe ich das falsch?«

Er blickte mich durch seinen Zigarrenrauch hindurch nachdenklich an. Ich trocknete mir die Hände ab, ging zu ihm hin und küßte ihn auf die Wange. »Anders kann ich mich bei Ihnen wohl kaum bedanken. Sie haben meinem Freund und mir sehr geholfen. Werden Sie hierbleiben?«

»Das weiß ich noch nicht«, sagte er. Seine Stimme klang pötzlich belegt. Ich lächelte wieder. »Dann gehören Sie also zu den wenigen Männern die nicht auf mich fliegen. Das tut mir aber leid. Sie gefallen mir nämlich.«

Er blickte mich wieder ein paar Sekunden lang wortlos an, dann verließ er die Küche. Er gefiel mir tatsächlich, aber mein Typ war auch er nicht. Als ich zehn Minuten später ins Wohnzimmer kam, waren sie alle drei nicht mehr da. Bevor ich jedoch Zeit fand, mich darüber zu wundern, kam Jochen herein; er sagte: »Sie hatten es plötzlich eilig und lassen sich entschuldigen. Ob sie jetzt heimfahren?«

»Das glaube ich nicht«, sagte ich.

Daß sie ihn anfangs als nicht unsympathisch, ja sogar als einen Mann beschrieb, bei dem eine Frau sich geborgen fühlen könnte, schien Feuerstein ernstlich zu irritieren. Seine Verlegenheit, als ich ihn darauf ansprach, währte jedoch nur kurz. Er äußerte sich dahingehend, daß auch das nur Taktik von ihr sei, damit sie im weiteren Verlauf ihres Geschreibsels ihre angebliche Enttäuschung über seine Person um so breiter auswalzen könne. Was sich vor seinem und Wielands Eintreffen in dem Haus alles abgespielt hatte, schien er von ihr nicht erfahren zu haben, obwohl er ihr im Laufe der Zeit genauso nahegekommen war wie Ardigo und Belloni. So nahe, daß er sich an ihr verbrannte. So wie auch die beiden anderen sich an ihr verbrannt hatten. Mit dem Herzen und mit dem Verstand. Als ich ihn eines Abends, zufällig in der Nähe seiner Wohnung vorbeikommend, unangemeldet besuchte, traf ich ihn betrunken an; in seinem Zimmer roch es nach Wein und Zigarrenrauch. Er erzählte mir, ohne daß ich selbst das Gespräch auf sie brachte, von seiner Frau und daß sie ihm von Tag zu Tag mehr fehle. Auf das, was die Neumann in unserer neuesten Ausgabe über ihn schrieb, ging er auch diesmal mit keinem Wort ein, obwohl er uns ursprünglich eine in wesentlichen Punkten stark abweichende Schilderung der Ereignisse gegeben hatte, die mehr oder weniger darauf hinauslief, seine spätere Abhängigkeit von ihr damit zu rechtfertigen, daß sie ihn, als er noch völlig benommen auf ihrem Bett lag, nicht nur eigenhändig entkleidet, sondern auch in recht eindeutiger Weise berührt habe.

Dies allein sei der Grund dafür gewesen, weshalb es zwischen ihr und ihm so weit gekommen sei.

Im Falle der Geschehnisse anläßlich seiner zweiten Begegnung mit ihr waren die Meinungen innerhalb der Redaktion allerdings geteilt. Während die männlichen Redaktionsmitglieder der Neumann zutrauten, eine so günstige Gelegenheit, auch bei Feuerstein ihre sexuelle Neugierde zu befriedigen, nicht ungenutzt gelassen zu haben, vertraten die weiblichen fast einhellig die Ansicht, daß Feuersteins Schilderung nur als Alibi für seine eigene Verhaltensweise dienen solle. Es fehlte sogar nicht an Stimmen, die es für möglich hielten, seine angebliche Bewußtlosigkeit sei, als er merkte, welche Annehmlichkeiten sie ihm einbrachte, nur simuliert gewesen.

Ich hielt mich dann an diesem Abend auch nicht lange bei ihm auf. Was wir über seine sonstigen Erlebnisse mit der Neumann von ihm wissen wollten, hatten wir zu diesem Zeitpunkt schon alles erfahren. Ich hatte mir vor einer Woche noch einmal die sechsseitige Farbreportage aus dem Archiv holen lassen, die auch unser Blatt von der Neumann gebracht hatte, als sie sich mit Schimazek in Rom aufhielt. Sie war für die Neumann sehr schmeichelhaft ausgefallen, und vielleicht hatten wir es nur diesem Umstand zu verdanken, daß die Abdruckrechte für den deutschsprachigen Raum von ihrem Anwalt zuerst uns angeboten worden waren. Daß von der Neumann eine starke erotische Ausstrahlung ausging, ließ sich sogar aus den Fotos ersehen. Sie trug schon damals mit Vorliebe hautenge Kleider, die Zweifel an ihrer makellosen Figur gar nicht erst aufkommen ließen. Auf mich wirkte sie mit ihrem kurzgeschnittenen, pechschwarzen Haar, den großen, unergründlichen Augen, die ihr Gesicht völlig beherrschten, auf eine undefinierbare Art animalisch. Auf einem der Fotos lag sie, mit angewinkeltem Arm den Kopf aufstützend, in einem schwarzen Seidenkleid lässig hingestreckt auf einem Sofa älteren Jahrgangs. Immer, wenn ich das Bild betrachtete, erinnerte sie mich unwillkürlich an die geschmeidige

Schönheit eines schwarzen Panthers. Unser Fotograf, der die Aufnahmen gemacht hatte, erzählte hinterher, ihm sei jedesmal, wenn sie ihn nur angesehen habe, der Schweiß auf die Stirn getreten. Sicher hatte er damit übertrieben, aber ebenso sicher war, daß sie eine geradezu suggestive, deren Willen lähmende Wirkung auf Männer ausübte und sie sich, ohne es immer zu wollen, fast ausnahmslos unterwerfen konnte. Bei Feuerstein hatte sie es, vielleicht mehr aus taktischen Überlegungen, so gewollt. Bei Ardigo, wenngleich aus weniger taktischen, ebenso, und bei Belloni war sie wohl selbst ein wenig von dem Ergebnis ihrer erotischen Ausstrahlung überrascht worden. Je länger ich mich mit ihr und mit ihrer Story beschäftigte, desto verständlicher wurde mir auch, weshalb Feuerstein ihretwegen nicht nur seine damalige Stellung, sondern auch seine Ehe aufs Spiel gesetzt hatte. Ein hoher Preis für einen etwas zu tiefgeratenen Blick in ihre unergründlichen Augen.

Seinem etwas überstürzten mittäglichen Aufbruch, als er sich in der Küche von der Neumann abwandte und zusammen mit Wieland das Haus verließ, war wohl die Erkenntnis vorausgegangen, daß er bereits auf dem besten Wege war, ein sehr persönliches Engagement einzugehen, das sich mit dem Auftrag, der ihn hierher geführt hatte, kaum mehr in Einklang bringen ließ. Zu Wieland, für den der plötzliche Aufbruch ebenso überraschend kam wie für Feuerstein selbst, sagte er, während sie Seite an Seite zuerst durch den Olivenhain und dann den steilen Berg zu ihrem Auto hinaufstapften: »Ich bin jetzt beinahe sicher, daß sie genau wußte, von wem ich sprach, als ich sie fragte, ob sie noch einen Besucher erwarte.«

Wieland vermochte seine Sicherheit nicht zu teilen: »Den Eindruck hatte ich eigentlich nicht, Rudolf. Ich glaube, daß sie uns die Wahrheit gesagt hat.«

»Und warum wollte sie uns nicht erzählen, wo und wie sie Schimazek wirklich kennenlernte?«

Darauf wußte Wieland allerdings auch keine Antwort. Feuerstein legte ihm im Gehen die große Hand auf die Schulter. »Laß dich bloß nicht durch ihre schönen Augen um den Verstand bringen, alter Freund. Die hat es faustdick hinter den Ohren. Ich hatte in der Küche ein kleines Gespräch mit ihr, das mir sehr zu denken gab. Wir sehen uns jetzt nach einem Hotel um. Von dort aus rufen wir den Chef an. Vergiß nicht, daß wir nebenbei auch den Auftrag haben, um Schimazeks Sicherheit besorgt zu sein. Wie nötig das ist, hast du vorhin ja selbst mitbekommen.«

Wieland schüttelte den Kopf. »Bei diesem Auftrag geht es doch um ganz andere Leute. Jedenfalls nicht um illegale Buchmacher, die ihre schmutzigen Geschäfte mit Schimazek machen wollen.«

»Gefällt es dir hier nicht?« fragte Feuerstein. Wieland nickte. »Ich halte es in Italien noch ein volles Jahr aus, wenn es sein muß. Wenn die in Wiesbaden aber hören, daß der Mann, mit dem sie rechneten, noch gar nicht eingetroffen ist, pfeifen sie uns zurück. Schimazek auch noch gegen die Ganoven illegaler Buchmacher zu schützen, ist in unserem Auftrag nicht drin. Es geht unseren Leuten doch auch gar nicht um Schimazek. Für sie ist er nur der Köder, durch den sie unseren anonymen Mann vom STASI zu fassen hoffen. Sobald du ihnen erzählst, daß wir hier wegen professioneller Killer, die sich an Schimazeks Geld bereichern wollen, die Rübe riskiert haben, hast du die Rückfahrkarte in der Tasche.«

Feuerstein schwieg. Er griff das Thema erst wieder auf, als sie den Wagen erreicht hatten und, weil sie auf dem schmalen Weg nicht wenden konnten, im Rückwärtsgang zur Straße fuhren: »Stimme ich mit dir überein. Die Frage ist nur, ob wir ihnen überhaupt erzählen müssen, für wen Belloni und seine Leute arbeiten. Wenn wir das einmal in der Schwebe halten, war es ein Entführungsversuch, den wir verhindert haben. Nicht mehr und nicht weniger. Von wem er angezettelt wurde, brauchen wir, wenigstens vorläufig, ja gar nicht zu wissen. Könnten ja genausogut auch ein paar Kameraden aus der DDR gewesen sein. Außerdem erzählte ich dir schon, daß mir mein Gespräch mit ihr in der Küche zu denken gab. Sie machte dort ein paar unklare Andeutungen. Mir genügen sie, um dem Chef zu sagen, daß sich das Warten voraussichtlich lohnen wird.«

Wieland blickte von der Seite in sein Gesicht: »Du bist dir hoffentlich im klaren darüber, worauf du dich da einlassen willst?«

»Absolut«, bestätigte Feuerstein. »Und du bist dir hoffentlich im klaren darüber, daß sie uns, wenn wir uns auf die vorläufigen Fakten beschränken, noch heute zurückrufen. Wer, außer deinem leeren Bett, erwartet dich daheim?«

Sie hatten jetzt die Straße erreicht und fuhren, das Meer und die palmengesäumte Küste vor Augen, nach Riomaggiore hinunter. Ein Hotel fanden sie rasch. Es stand unmittelbar am Strand. Das Zimmer hatte einen Balkon zum Meer. Im warmen Seewind wiegten sich Palmen und Zypressen; der Himmel war blau, so weit das Auge reichte.

»Also nach Hause?« fragte Feuerstein, zum Telefon greifend.

Wieland ließ sich auf das Bett fallen. »Du bist der Dienstältere.«

»Hat manchmal auch seine Vorteile«, brummte Feuerstein und nahm den Hörer ab. Die Herstellung der Verbindung dauerte doppelt so lange wie sein Gespräch. Er beendete es mit einem zufriedenen Lächeln und trat, sich eine Zigarette anzündend, auf den Balkon hinaus. »Gute Luft«, meinte er. »Ganz anders als daheim.«

»Was sagst du?« fragte Wieland, der ihn, auf dem Bett liegend, nicht verstanden hatte. Feuerstein drehte sich nach ihm um: »Der Chef wollte uns noch ein paar Leute schicken. Hat ihm imponiert, daß wir sie vorläufig nicht brauchen. Eine Hypothese hat er auch schon: Unser anonymer Freund aus der DDR sei bereits in Italien; Belloni handle in seinem Auftrag und solle Schimazek zu ihm bringen. Je länger sie in Wiesbaden an diesen Furz glauben, desto länger können wir hierbleiben. Einen solchen Job kriegst du nur alle hundert Jahre einmal.« Er öffnete seinen Koffer und nahm zwei Funksprechgeräte heraus. »Wir lösen uns gegenseitig ab«, sagte er. »Heute nacht ich, morgen nacht du. Wenn ich dich brauchen sollte, kommst du mit dem Wagen hinauf, aber diesmal auf dem direkten Weg. Damit du notfalls die Straße blockieren kannst.« Wieland gähnte. »Und wie kommst du hinauf?«

»Auch mit dem Wagen. So, wie wir herunterkamen. Du lädst mich oben ab und fährst zurück. Und jetzt muß ich etwas auf Vorrat schlafen.«

»Ich auch«, sagte Wieland. »Für den Fall, daß du mich brauchst. Ich glaube ja nicht daran, daß sie es heute nacht schon wieder probieren.«

Feuerstein nickte. »Ich auch nicht, aber wenn doch und ich wäre nicht dabei, dann müßte ich mir den Rest meines Lebens vor Ärger in den Hintern beißen.«

Sie schliefen den ganzen Nachmittag. Zum Abendessen gingen sie in das Hotelrestaurant. Feuerstein trank hinterher noch drei Espresso. »Das hält warm«, meinte er. Trotzdem nahm er vorsorglich zwei Wolldecken mit. »Nur für alle Fälle«, sagte er. »Scheint ja wieder eine milde, mondhelle Nacht zu werden.«

Tatsächlich stand der Mond schon am Himmel, als er sich auf dem Waldweg von Wieland verabschiedete und ihn daran erinnerte, das Funkgerät einzuschalten. »Sobald ich das Haus erreicht habe, machen wir eine Verständigungsprobe. Wenn du das Gerät neben deinem Kopf auf den Nachttisch stellst, wachst du mit Sicherheit auf, wenn ich nach dir rufe.«

»Dann gute Nacht«, sagte Wieland und legte den Rückwärtsgang ein.

Der Marsch durch den Wald verlief für Feuerstein, trotz Wolldecken und Funkgerät, ohne Probleme. Unter den Bäumen wurde es bereits dämmerig. Er durchquerte die Mulde und stieg dann das steil ansteigende Stück zum Haus empor. Von Baum zu Baum huschend näherte er sich ihm so weit, bis er den roten Pininfarina stehen sah. Er zog sich bis zu dem Baum mit dem breiten Wurzelwerk zurück, der ihnen schon heute nachmittag so nützlich war. Dort richtete er sich, den Umständen entsprechend, so häuslich wie möglich ein. Mit Zigarren hatte er sich ausreichend versorgt. Er zündete sich eine an. Zwischen den Ästen und Blättern der Bäume schimmerten die ersten Sterne am Himmel; ein warmer Wind strich vom Meer her durch den Olivenhain; im Gras zirpten die Grillen. Er schaltete das Funkgerät ein und nahm Verbindung mit Wieland auf. Die Verständigung war ausgezeichnet; Feuerstein meldete keine besonderen Vorkommnisse. Bei Wieland gab es auch keine. »Dann stör ich dich jetzt ohne besonderen Grund nicht mehr«, versprach Feuerstein und schaltete das Gerät aus. Fast im gleichen Augenblick wurde er von hinten am Hals gepackt, mit dem Oberkörper nach vorne gestoßen, und dann prasselte ein Hagel erbarmungsloser Schläge auf ihn nieder, so daß ihm Hören und Sehen verging. Jemand trat ihm sogar mehrmals zwischen die Beine. Eine Stimme sagte auf italienisch: »Das reicht. Seht nach, ob er eine Waffe bei sich hat und schafft ihn ins Haus.« Fäuste rissen ihn auf die Beine, er ging jedoch, weil sie ihn nicht mehr trugen, sofort wieder in die Knie. Er fühlte, wie seine Pistole aus dem Halfter gezogen wurde, und die gleiche Stimme sagte: »Das ist ja ein richtiger Profi. Da wird sich die Signorina aber freuen.«

Mehr hörte er nicht mehr, weil ihm wegen eines Schlags, der ihn gleich danach an die Schläfe traf, das Bewußtsein verlorenging.

6

Was mir bei Feuersteins Schilderung nicht einleuchtete, war der Schlag gegen seine Schläfe zu einem Zeitpunkt, als er schon schwer mißhandelt am Boden lag und nicht einmal mehr die Kraft hatte, sich auf den Beinen zu halten. Dies stand auch im Widerspruch zu der von ihm kurz zuvor vernommenen Stimme, die den Schlägen Einhalt gebot und den Befehl erteilte, ihn ins Haus zu schaffen. Ein Kollege aus der Redaktion vertrat die Meinung, daß zu den vielfältigen Ausbildungen, die Feuerstein hinter sich hatte, vielleicht auch die Übung gehörte, sich in kritischen Situationen wie ein Hase totzustellen. Nach den Auslassungen der Neumann hatte sich diese zweite Begegnung tatsächlich unter den von Feuerstein geschilderten besonderen Umständen in ihrem Schlafzimmer zugetragen. Vorangegangen war eine überraschend frühe Rückkehr Ardigos aus Rom, der drei Männer mitbrachte, die im Auftrag und auf Kosten des Verbandes die künftige Sicherheit der Neumann und des Schimazek gewährleisten sollten. Er konnte ihnen nicht nur die erfreuliche Mitteilung machen, daß Schimazek bereits für den nächsten Mittwoch von einem römischen Verein zu einer ähnlichen Galavorstellung wie in Neapel und Turin eingeladen worden sei, er überbrachte ihnen auch die grundsätzliche Bereitschaft des Verbandes, unter gewissen Bedingungen auf ihre Forderung einzugehen. Zu diesen Bedingungen gehörten ein sofortiger, möglichst rückdatierter Vertrag mit dem AC Mailand und Schimazeks persönliche Anwesenheit in Rom, die bereits für den nächsten Tag eingeplant war. Die von Ardigo vorgelegten Vertragsentwürfe mit dem AC Mailand einerseits und Schimazeks Aufstellung für die Nationalmannschaft andererseits waren in einigen Punkten so unklar gehalten, daß die Neumann auf einer vorherigen Prüfung durch ihren und Schimazeks Notar in Mailand bestand. Weil die Zeit drängte, setzte sie sich telefonisch mit ihm in Verbindung. Obwohl er keine grundsätzlichen Bedenken hatte, hielt er es doch für empfehlenswert, die Verträge persönlich einzusehen. Er erklärte sich, als sie ihm die Dringlichkeit der Angelegenheit schilderte, sogar bereit, es noch am gleichen Abend zu tun, wenn ihm die Verträge bis spätestens 20 Uhr vorlägen. Da Ardigo bei den für morgen vorgesehenen Gesprächen mit dem Verband ebenfalls anwesend sein sollte, erbot er sich, die Neumann umgehend nach Mailand und anschließend zurückzubringen, zumal er ohnedies zu einem kurzen Gespräch mit dem Vorstand seines Vereins verabredet war. Die Komplikationen, die hierbei entstanden, schildert die Neumann folgendermaßen:

Natürlich bestand auch Jochen sofort darauf, mitzufahren. Dagegen erhob Ardigo jedoch Bedenken. Er nahm mich etwas auf die Seite und flüsterte: »Ich halte die drei Männer, die ich zu Ihrem Schutz mitgebracht habe, zwar für absolut vertrauenswürdig, aber der Gedanke, daß sie in unserer Abwesenheit Gelegenheit fänden, sich unbehindert in meinem ganzen Haus umzusehen, wäre mir nicht sehr angenehm. Es wäre mir daher lieb, Ihr Freund bliebe hier und hätte ein Auge auf sie.« Sein Argument leuchtete mir ein. Ich sprach mit Jochen darüber, aber auch dieser Vorschlag stieß bei ihm auf Widerspruch: »Damit er dich auf der ganzen Fahrt allein neben sich im Auto sitzen hat? Das kommt überhaupt nicht in Frage.«

Ich hatte gehofft, sein zuletzt angeblich gutes Einvernehmen mit Ardigo habe sich auch auf seine eifersüchtigen Regungen besänftigend ausgewirkt; leider war dies aber offensichtlich nicht der Fall. Andererseits hatte mich Ardigo, als er mir seinen Vorschlag unterbreitete, auf eine Weise angesehen, die es mir geraten erscheinen ließ, nicht mit ihm zu fahren. Ich machte Jochen daher den Vorschlag, ihn an meiner Stelle nach Mailand zu begleiten und den Notar zu bitten, mich nach Studium der Verträge in seiner, Jochens, Anwesenheit umgehend anzurufen. In dieser Zeit könnte Ardigo seine Gespräche mit dem Vorstand führen und ihn, Jochen, anschließend beim Notar abholen.

Wie ich es nicht anders erwartet hatte, ging er augenblicklich und mit sichtlicher Erleichterung auf meinen Vorschlag ein. Ein Empfinden, das Ardigo nicht zu teilen schien, denn als er sich von mir verabschiedete, murmelte er enttäuscht: »Ich hatte mich schon so sehr darauf gefreut, Signorina.«

»Sie kennen ja meinen Standpunkt«, erwiderte ich. »Und falls ich mich nicht deutlich genug ausgedrückt habe: Solange Schimazek mich braucht und für andere Frauen kein Auge hat, werde ich ihm keinen Anlaß zur Eifersucht geben. Machen Sie sich also keine Hoffnungen, Guido.«

»Sie selbst sind es, die mich hoffen läßt«, meinte er und beugte sich über meine Hand. Von Bellonis Besuch hatte ich ihm nach vorheriger Absprache mit Jochen nichts erzählt. Zum einen, weil wir überhaupt noch keine Zeit dafür gefunden hatten, und zum anderen, weil ich mir nicht sicher war, ob das große Interesse der westdeutschen Behörden an Jochen und mir unseren weiteren Plänen für Italien sich als abträglich erweisen könnte. Da sich Feuerstein und Wieland nicht mehr gemeldet hatten, sah ich auch keinen unmittelbaren Anlaß, sie ins Gespräch zu bringen. Um so weniger, als wir mit Beschützern jetzt ausreichend versorgt waren. Im Augenblick saßen sie in der Küche und verzehrten ihr mitgebrachtes Abendbrot. Sie waren mit einem eigenen Wagen gekommen, hatten ihn jedoch auf einem Parkplatz in Riomaggiore stehenlassen und den Rest des Weges in Ardigos Auto zurückgelegt.

Das Telefon in Ardigos Schlafzimmer ließ sich umstecken. Es stand jetzt in meinem eigenen, so daß ich den vorgesehenen Anruf aus Mailand dort in Empfang nehmen konnte. Ich wartete noch, bis Ardigo und Jochen weggefahren waren, dann ging ich zu unseren drei Beschützern in die Küche und vergewisserte mich, daß sie mit allem versorgt waren. Einen sehr zuverlässigen Eindruck machten sie mir allerdings nicht. Sie sahen alle ein wenig wie Frührentner aus und erinnerten mich an die Nachtwächter in Koblenz und Gießen, die von meinen damaligen Arbeitgebern zum Schutze der Werksanlagen beschäftigt wurden. Nur der Jüngste von ihnen, der auch das Sagen zu haben schien, sah nicht ganz ungefährlich aus. Besonders dann nicht, wenn er, was er beim Reden manchmal tat, die Zähne bleckte und die Ohren bewegte. Er hieß Pellico und stand auf mich; ich merkte es an der Art, wie er mich jedesmal anhimmelte. Das taten die beiden anderen zwar auch, aber nicht ganz so ungeniert wie er. Ich empfahl ihnen, ihr Augenmerk besonders auf den Olivenhain hinter dem Haus zu richten. Zu meiner Beruhigung konnte Pellico mir mitteilen, daß sie gedächten, dort ihr Nachtlager aufzuschlagen. Um von ihnen nicht gestört zu werden, verzichtete ich auf ein größeres Abendessen und nahm mir zu einer Flasche Bier nur ein Wurst- und ein Käsebrot auf. Meine Gedanken beschäftigten sich noch immer mit dem mittäglichen Geschehen. Je öfter ich Gelegenheit hatte, darüber nachzudenken, desto unbegreiflicher wurde mir meine eigene Verhaltensweise. Daß ich mich so weit hatte hinreißen lassen, an Bellonis Küssen und Zärtlichkeiten Gefallen zu finden, mich von ihnen erregen und ihn das auch noch fühlen zu lassen. Vielleicht deshalb, weil er mir seit seinem ersten Besuch in unserem Mailänder Hotel kaum einen Tag lang aus dem Kopf gegangen war. Ardigos Faszination auf mich konnte ich noch verstehen. Sicher hatte sie in seinem Fall nicht allein nur damit zu tun, daß er meinem Typ so nahe kam und daß es mich reizte, ihn einmal zu erfahren. Ungleich schwerer, und darüber war ich mir inzwischen schlüssig geworden, trug Jochens wachsende Eifersucht dazu bei. Allein schon der Umstand, daß ich über meine Person nicht mehr frei verfügen konnte, reichte bei mir aus, um mich einem anderen Mann zuzuwenden. Als Manfred eine engere Bindung anstrebte, hatte er mich im gleichen Augenblick verloren, auch wenn ich, in Ermangelung einer besseren Gelegenheit, noch mit ihm geschlafen habe. Über meinen ganzen Körper zu verfügen, betrachtete ich als meine private Angelegenheit, und niemand, nicht einmal ein Jahrhundertgenie wie Jochen, würde jemals etwas daran ändern. In Zwängen zu leben, war unvorstellbar für mich, und wenn ich es, wie im Falle meiner früheren Arbeitsplätze, doch einmal tun mußte, ging es mit Sicherheit irgendwann schief. Ähnlich verhielt es sich auch mit Männern. Solange meine Möglichkeiten, mich ihrer zu bedienen, nicht eingeschränkt waren, konnte ich wählerisch und sogar desinteressiert sein. Es genügte mir, zu wissen, daß ich von ihnen begehrt wurde. Als ich Jochen kennenlernte, war ich Manfreds Liebe bereits überdrüssig geworden. Auch der Selbstverständlichkeit, mit der er über mich verfügte. Was es bedeutete, die Liebe auch wieder einmal mit einem anderen Mann zu erleben, für den mein Körper noch neu und die Liebe mehr war als nur ein gelegentlicher Zeitvertreib, das hatte ich erstmals wieder bei Jochen in dieser Heftigkeit erfahren. Heute, da ich endlich die reale Möglichkeit sah, mich von der Willkür eines Mannes auch wirtschaftlich unabhängig zu machen, gab es erst recht keinen Grund, meine Wünsche und Bedürfnisse denen eines anderen unterzuordnen.

Wenigstens in diesem Punkt konnte ich an diesem Abend noch mit mir selbst übereinstimmen. Daß meine Gedanken, als ich schon längst im Bett lag, immer wieder zu Belloni zurückkehrten, fand meine Zustimmung nicht. Auch nicht meine zunehmende Erkenntnis, daß der zwiespältige Eindruck, den er schon in Mailand auf mich hinterlassen hatte, durch mein heutiges Erlebnis eher noch gefördert worden war. Ich ertappte mich sogar dabei, daß die Erinnerung an seine Küsse und Liebkosungen mich ungleich stärker beschäftigte als die Demütigung, die er mir zugefügt hatte. Sie erregte mich auch jetzt wieder, so daß ich mich zu fragen begann, ob ich für ein Leben wie dieses überhaupt die hierfür erforderliche sittliche Reife mitbrachte. Denn anscheinend bekamen mir das süße Nichtstun und die Gewißheit materieller Sicherheit nicht so gut, wie ich es erwartet hatte. Und daß es ausgerechnet einem Mann wie Belloni gelungen war, mich nicht nur gegen seinen Willen gefügig zu machen, sondern darüber hinaus mein Blut auch noch nachträglich zu erhitzen, war wohl das Letzte, was ich meiner Selbstachtung zumuten konnte.

Glücklicherweise wurde ich dann durch äußere Ereignisse abgelenkt. Sie setzten damit ein, daß ich von lauten Stimmen aufgeschreckt wurde, die von irgendwoher in mein Bewußtsein drangen und die erotischen Bilder meiner Phantasie wie Seifenblasen zerplatzen ließen. Ich sprang rasch aus dem Bett und warf einen Morgenrock über. Als ich gleich darauf die Treppe hinabstieg, sah ich Feuerstein wie tot in der Diele liegen. Pellico erzählte mir mit vor Stolz gerötetem Gesicht, daß sie den Burschen dabei erwischt hätten, wie er hinter einem Baum mit einem Funkgerät ein Gespräch geführt habe. Eine Pistole habe er auch bei sich getragen. Sie wollten ihm jetzt zuerst einmal gründlich die Taschen durchsuchen, um festzustellen, welches Früchtchen ihnen da ins Garn gegangen sei. Daß ich vor Entsetzen nicht in Ohnmacht fiel, hatte ich sicher nur meinen guten Nerven zu verdanken. Ich lief vollends zu ihm hinunter, beugte mich über Feuerstein und fragte mit versagender Stimme: »Ist er tot?«

Pellico beruhigte mich: »Nur ein bißchen weggetreten, Signorina. Der kommt gleich wieder zu sich. Braucht nur noch mal eine kleine Abreibung, dann steht er von allein auf.«

Die spärliche Beleuchtung in der Diele reichte nicht aus, um mir über Feuersteins Zustand ein Bild zu machen. Ich richtete mich rasch hoch. »Tragen Sie ihn in mein Zimmer hinauf. Ich kenne diesen Mann.«

Sie starrten mich alle drei zutiefst betroffen an. Zum Glück hatte ich einen Einfall: »Er ist Privatdetektiv. Als wir ihn engagierten, wußten wir noch nicht, daß Signor Ardigo Sie und Ihre Freunde zu unserem Schutz kommen lassen würde. Ich hatte vergessen, Sie auf seine Anwesenheit vorzubereiten. Ich hoffe, er ist nicht ernsthaft verletzt. Was haben Sie mit ihm gemacht?«

Pellico wechselte einen betretenen Blick mit den anderen. »Nichts Besonderes, Signorina. Wir haben ihn nur überwältigt. Kann sein, daß wir ihn dabei etwas unglücklich am Kopf getroffen haben. Wir hatten ja keine Ahnung . . .«

Ich fiel ihm ins Wort: »Ich mache Ihnen auch keinen Vorwurf daraus; die Schuld liegt bei mir. Es ist aber besser, Sie erzählen Signor Schimazek und auch Signor Ardigo nichts davon. Bringen Sie ihn jetzt in mein Zimmer; ich kümmere mich um ihn. Und halten Sie draußen ihre Augen offen, für den Fall, daß sich noch einer dem Haus nähert.«

Ihre Erleichterung darüber, daß ich nicht strenger mit ihnen ins Gericht ging, schien so groß zu sein, daß sie bei Feuersteins Transport mit einer Sorgfalt verfuhren, als hinge ihr eigenes Leben davon ab. Ein gelegentliches Stöhnen, das sich seinem Mund entrang, ließ mich einerseits Schlimmes befürchten, zerstreute andererseits meine Sorge, das Schlimmste könnte bereits geschehen sein. Sie legten ihn auf meine Anweisung hin auf das Bett, wobei er erneut ein Stöhnen von sich gab. Beim Bücken fiel einem von ihnen ein zusammengeklapptes Messer aus der Hosentasche.

Ich fragte verstört: »Sie haben ihn doch nicht etwa mit dem Messer verletzt?«

Er legte beschwörend eine Hand aufs Herz: »Nein, Signorina. Wir haben nur die Fäuste und Schlagringe benutzt.«

»Was für Schlagringe?«

Er griff in die andere Hosentasche und ließ mich einen sehen. »Das sind ja die reinsten Mordwerkzeuge«, entfuhr es mir. »Ziehen Sie ihn aus; ich möchte mich davon vergewissern, daß er wirklich keine Stichwunde hat. Ich hole ein Glas Wasser für ihn.«

Der Schreck steckte mir noch dermaßen in den Gliedern, daß ich bei der Rückkehr aus dem Bad die Hälfte des Wassers verschüttete. Beinahe hätte ich, als ich wieder ins Zimmer trat, auch noch den Rest folgen lassen. In ihrem Bemühen, ihren Fehler wettzumachen, hatten die drei meine Aufforderung, Feuerstein auszuziehen, so wörtlich genommen, daß ihm nicht einmal mehr der Slip verblieben war. Pellico sagte: »Er hat nur blaue Flecken abbekommen, Signorina. Sicher wird er gleich wieder wach werden. Sein Puls schlägt noch; Sie können sich selbst davon überzeugen.«

Tatsächlich konnte ich außer den blauen Flecken, von denen er sprach und bei denen es sich offensichtlich um Blutergüsse handelte, keine Verletzungen an Feuersteins Körper feststellen, die auf einen Messerstich schließen ließen, aber so genau wollte ich in Anwesenheit der drei Männer gar nicht hinschauen. Als Pellico mich fragte, ob sie noch etwas für ihn tun könnten, schüttelte ich den Kopf. »Decken Sie ihn zu. Ich bleibe bei ihm, bis er zu sich kommt. Sollten wir einen Arzt brauchen, rufe ich Sie.«

Er zog rasch ein Laken über Feuersteins Körper. Danach verließen sie, offensichtlich erleichtert darüber, sich mit dem Opfer der Wachsamkeit nicht länger mehr befassen zu müssen, beinahe fluchtartig das Zimmer. An Feuersteins Gesicht waren, abgesehen von einer rasch anschwellenden Beule am rechten Backenknochen, keine Verletzungen zu erkennen. Also mußten die Schmerzen, die ein Stöhnen beim Transport hervorgerufen hatten, von den Blutergüssen herrühren, die allerdings, soweit ich das auf den ersten, flüchtigen Blick hatte feststellen können, nicht nur über den ganzen Oberkörper verteilt waren. Vielleicht hatte sein Stöhnen mit einer gebrochenen Rippe zu tun. Seit ich den Schlagring gesehen hatte, schienen mir auch innere Verletzungen denkbar. Zu der Prüfung für meinen Führerschein hatte ein Kursus für Erste Hilfe gehört. Ich stellte das Glas auf den Nachttisch, zog das Laken von Feuersteins Brust und betastete, während ich sein Gesicht im Auge behielt, seine Rippen, konnte jedoch außer den Blutergüssen nichts Beunruhigendes feststellen. Vielleicht hatten aber auch sein Magen oder andere empfindliche Körperteile etwas abbekommen. Obwohl ich mich wegen der Anwesenheit der drei Männer vorhin zurückgehalten hatte, war mir eine Verfärbung der Genitalien aufgefallen. Daß eine Quetschung oder gar eine Verletzung dort eine besonders schmerzhafte Angelegenheit war, wußte ich nur von Manfred. Ich zog das Laken auch von seinem Unterkörper und stellte sofort fest, daß ich mich nicht getäuscht hatte. In meiner Sorge, vielleicht doch einen Arzt zu brauchen, betastete ich ihn, auf eine Schmerzensäußerung gefaßt, mit der gebotenen Behutsamkeit auch dort, und als er plötzlich die Augen aufschlug und mich fragte: »Was treiben Sie da?«, war mir sofort klar, daß er meine Sorge in schamloser Weise ausgenutzt hatte. Ich nahm die Hand zurück und sagte: »Sie waren gar nicht bewußtlos.«

»Vielleicht nicht lange genug für Sie«, erwiderte er und griff so rasch nach meinem Arm, daß ich keine Zeit fand, ihm auszuweichen. Ehe ich es recht begriff, lag ich mit dem Oberkörper auf ihm. »Sie haben wohl gedacht, ich merke nichts davon«, sagte er. »Was hatten Sie da unten zu suchen?«

Ich war so empört, daß ich keinen Laut herausbrachte. »Ein bißchen neugierig gewesen?« fragte er. Und jetzt erst fand ich die Sprache wieder: »Wenn Sie mich nicht augenblicklich loslassen, rufe ich nach den Männern.«

»Welchen Männern?«

Vielleicht war er doch ohne Bewußtsein gewesen und erst aufgewacht, als ich mich mit seinen Verletzungen beschäftigte. Ich antwortete: »Nach denen, die Ihnen eine Tracht Prügel verabreicht haben. Falls sie Ihnen nicht genügte, können Sie noch mehr davon haben.«

Er starrte mir grimmig in die Augen. »Was tun diese Kerls hier?«

»Der italienische Fußballverband hat sie uns zu unserem Schutz geschickt. Da sie nichts von Ihnen wußten, mußten sie annehmen, daß Sie böse Absichten hätten. Lassen Sie mich endlich los. Sie tun mir weh. Oder ist es Ihre Art, anderer Leute Dankbarkeit auszunutzen?«

Er grinste: »Und war das vorhin Ihre Art, Dankbarkeit zu zeigen?«

»Sie sind ein Idiot«, ärgerte ich mich. »Schauen Sie sich doch selbst einmal an. Es hätte ja sein können, daß Sie einen Arzt brauchen.«

»Ich habe noch nie einen Arzt gebraucht«, erwiderte er und richtete sich, beide Hände an die Schläfen pressend, ächzend auf. »Die Burschen haben mir eins auf die Birne gegeben; ich war tatsächlich weggetreten. Bin erst zu mir gekommen, als Sie mir an der Brust herumfummelten.«

»Aber da schlugen Sie die Augen noch nicht auf«, sagte ich. Er grinste wieder. »Ihre Hände waren so schön kühl. Wie sieht es denn hier aus?« Er befühlte sich auch unten und sagte: »Scheint zum Glück nur oberflächlich zu sein. Kann ich mal unter die Dusche?«

»Dazu würde ich Ihnen nicht raten«, sagte ich. »Wasser könnte es vielleicht noch schlimmer machen. Im Badezimmer hängt ein Schränkchen mit Arzneimitteln. Vielleicht finden Sie etwas gegen die Blutergüsse.«

»Wo ist das?« fragte er und stand auf. Ich ging mit ihm ins Bad und beobachtete, wie er das Schränkchen öffnete und seinen Inhalt betrachtete. »Ist alles da, was wir brauchen«, sagte er. »Wie sieht mein Rücken aus?«

»Nicht ganz so schlimm wie die Brust.«

Er drückte mir eine Tube in die Hand. »Dann seien Sie mal so nett, Schwester. An Ihre kalten Hände habe ich mich inzwischen schon gewöhnt.«

»Bei mir hat sich bisher noch keiner über kalte Hände beklagt«, sagte ich. »Wenn Sie sich wieder aufs Bett legen, geht's einfacher.«

Er blickte in mein Gesicht. »Man merkt, daß Sie es schon öfter mit nackten Männern zu tun hatten.«

»Was erwarten Sie von mir?« ärgerte ich mich. »Daß ich erröte?«

Er kehrte grinsend ins Zimmer zurück und legte sich bäuchlings auf das Bett. Am Rücken hatte er neben drei großen auch noch mehrere kleine Blutergüsse; ich rieb sie ein und fragte: »Sieht das bei Schlagringen immer so schlimm aus?«

Er blickte mich, den Kopf drehend, mit einem Auge an. »Wie kommen Sie auf Schlagringe?«

»Sie haben welche benutzt. Die Brust können Sie sich selbst einreiben.«

»Es wäre mir aber lieber, Sie täten es«, sagte er und wälzte sich auf den Rücken. Während ich seine Brust einrieb, fragte ich: »Was hatten Sie überhaupt da draußen zu suchen?«

»Dreimal dürfen Sie raten.«

»Und da haben Sie sich von diesen klapprigen Männern so ohne weiteres überraschen lassen? Ihnen hätte ich etwas mehr zugetraut.«

Er nickte: »Wundert mich nachträglich auch. Ich hatte sie nicht kommen hören, sprach gerade über Funk mit Wieland. Haben Sie mich ausgezogen?«

»Das waren die Männer. Wir fahren morgen nach Rom. Werden Sie uns folgen oder haben Sie jetzt die Nase voll?«

»Wollen Sie, daß wir Ihnen folgen?«

»Belloni wird es jedenfalls tun; dessen bin ich mir sicher. Ich wäre ruhiger, wenn ich Sie und Ihren Freund in der Nähe wüßte.«

»Sie haben jetzt doch drei Männer in Ihrer Nähe.«

Ich hatte ihm auch die Brust eingerieben und legte ihm die Tube mit der Salbe auf den Bauch. »Das sind nur Amateure von einer Privatfirma für Personenschutz. Ihnen traue ich nicht zu, daß sie mit Belloni und seinen Leuten fertigwerden.«

»Warum hören Sie auf, mich einzureiben?« fragte er. »Hat Ihr Mut Sie plötzlich verlassen?«

Ich sagte kühl: »Es ist nicht meine Absicht, mit Ihnen zu schlafen.«

»Habe ich Sie darum gebeten?«

»Worauf liefe das sonst hinaus?«

»In diesem Zustand? Das befürchten Sie doch nicht im Ernst? Wenn Sie wollen, daß ich Ihnen auch nach Rom folge, müssen Sie schon etwas mehr dafür tun.«

»Kein Geschäft für mich«, sagte ich. Dann fiel mir etwas ein. »Wenn

Sie mir helfen, mit Belloni eine persönliche Rechnung zu begleichen, lasse ich vielleicht mit mir reden.«

»Vielleicht genügt mir nicht«, sagte er. »Wie stellen Sie sich diese Begleichung vor?«

»Sie haben doch eine Pistole.«

Er grinste. »Muß aber eine große Rechnung sein, Schwester. Wie ist es nun? Muß ich mich selbst einreiben? Bis Ihr Belloni mir vor die Kanone kommt, brauche ich Ihre Hilfe nicht mehr.«

»Versprochen?« fragte ich. Er nickte. Während ich ihn vollends einrieb, betrachtete er meine Hände und fragte: »Wann fahren Sie nach Rom?«

»Voraussichtlich morgen vormittag. Sind Sie telefonisch zu erreichen?«

»Ja. Wissen Sie schon, wo Sie in Rom wohnen werden?«

»Deshalb frage ich Sie ja, ob Sie telefonisch zu erreichen sind. Ardigo wird uns irgendwo unterbringen.«

Er hielt meine Hände fest. »Das genügt. Ich wollte mich nur vergewissern, ob noch alles in Ordnung ist.«

Dies schien tatsächlich der Fall zu sein; ich sagte, nicht ohne leise Genugtuung: »Vielleicht, mein Bester, hatten Sie sich auch nur überschätzt.«

»Bei Berücksichtigung meiner augenblicklichen Verfassung müßten Sie eigentlich zu einer anderen Schlußfolgerung kommen.«

Es war nicht das erste Mal, daß ich Anlaß hatte, ihn zu bewundern; er mußte eine eiserne Konstitution haben. Auch sein Körper gefiel mir; er war schmalhüftig, muskulös und fühlte sich sehnig an. Ich schraubte die Tube zu, griff nach meinen Zigaretten auf dem Nachttisch und sagte: »Sie haben mich noch nicht gefragt, wo mein Freund ist.«

»Sicher werden Sie es mir noch verraten«, antwortete er trocken. Ich erzählte es ihm in kurzen Worten und schloß: »Ich erwarte seinen Anruf. Anschließend wird er zusammen mit Ardigo zurückkommen. Übrigens habe ich, sobald wir in Rom eintreffen, auch genügend Geld. Wenn Sie mir Belloni vom Halse schaffen, lasse ich auch darüber mit mir reden.«

»Über den Preis haben wir uns bereits verständigt«, sagte er und stieg aus dem Bett. Seine Kleider lagen auf einem Stuhl. Ich beobachtete, wie er sich anzog. Obwohl er starke Schmerzen haben mußte, war seinen Bewegungen nichts davon anzumerken. Das Jackett zog er nicht an. Er entnahm ihm ein großes, schwarzes Etui und fragte: »Stört es Sie, wenn ich eine Zigarre rauche?«

Ich schüttelte den Kopf. »Wollen Sie etwas trinken? Unten ist Wein.«

»Nicht in Ihrem Schlafzimmer. Ich vermisse meine Pistole und das Funkgerät. Außerdem müssen hinter dem Haus unter den Bäumen noch zwei Wolldecken von mir liegen.«

»Ich kümmere mich darum«, sagte ich.

Pellico traf ich in der Küche an. Auf dem Tisch lagen die Wolldecken, das Funkgerät und die Pistole. Sie steckte in einem umschnallbaren Lederhalfter; ich sagte: »Wir brauchen keinen Arzt. Wo sind Ihre Freunde?«

»Draußen auf dem Posten.« Pellico lächelte erleichtert. »Ich bin sehr froh, daß der Signore keinen Arzt braucht. Ich gehe jetzt zu meinen Kollegen hinaus. Wir haben uns Schlafsäcke mitgebracht. Signor Ardigo wünschte, daß Sie im Haus nicht gestört werden. Einer von uns wird immer auf Posten sein. Sie können also unbesorgt schlafen.«

»Das werde ich auch tun«, sagte ich. Trotzdem schloß ich vorsorglich die Haustür hinter ihm ab. Der Wein stand in einer kleinen Vorratskammer hinter der Küche. Ich suchte eine Flasche heraus und trug sie zusammen mit zwei Gläsern und einem Korkenzieher ins Wohnzimmer, wo ich bereits von Feuerstein erwartet wurde. Ich sagte: »Ihre Sachen liegen in der Küche. Machen Sie die Flasche auf?«

Ich setzte mich auf die Couch und sah zu, wie er die Flasche öffnete. Er sagte: »Sie haben mir noch immer nicht verraten, wie und wo Sie Schimazek getroffen haben.«

»Ich werde es Ihnen auch jetzt nicht verraten.«

»Und warum nicht?«

»Weil ich mich noch nie von einem Mann abhängig gemacht habe.«

»Das ist ein gesunder Standpunkt«, nickte er und goß die Gläser voll.

Mir fiel siedendheiß etwas ein. Ich sprang auf die Beine: »Wir können nicht hierbleiben; das Telefon steht im Schlafzimmer. Ich weiß nicht, ob das Zimmer hier einen Anschluß hat.«

»Dann trinken wir den Wein eben doch in Ihrem Schlafzimmer«, sagte Feuerstein. »Ist der Anruf so wichtig?«

Ich rannte, ohne ihm zu antworten, aus dem Zimmer und die Treppe hinauf. Als er mir mit den Gläsern und dem Wein nachkam, saß ich rauchend auf dem Bett. »Etwas nervös?« fragte er.

Ich war tatsächlich nervös. Er stellte mein Glas auf den Nachttisch, ging um das Bett herum und zog die Schuhe aus. Dann legte er sich neben mich, verschränkte die Hände im Nacken und sah mich unausgesetzt an.

»Wenn es sich mit Geld erledigen ließe, wäre es mir lieber«, sagte ich. »Ich gebe Ihnen, was Sie verlangen. Es ist nicht so persönlich, wie es sich vorhin vielleicht anhörte. Mir geht es dabei ausschließlich um Schimazek.«

Er zündete sich wieder eine Zigarette an, legte das Streichholz in den Aschenbecher und sagte: »Wenn es nichts Persönliches ist, schlagen Sie sich's besser aus dem Kopf. Selbst wenn Sie es schaffen sollten, Belloni auszuschalten, haben Sie damit nichts gewonnen. Seine Auftraggeber werden dann eben einen anderen schicken.«

»Das ist mir egal«, sagte ich. »Mir geht es nur um Belloni.«

»Also doch etwas Persönliches?«

»Nehmen Sie an, was Sie wollen.«

»Zu meiner Todfeindin wollte ich Sie jedenfalls nicht haben«, meinte er.

»Tut mir leid, Schwester. Für diesen Job müssen Sie sich einen Berufskiller besorgen. Ist nicht mein Metier.«

»Geld reizt Sie also nicht?«

»Nicht in diesem Zusammenhang.«

Ich blickte in sein Gesicht. »Vielleicht fühlen Sie sich bis dahin schon wieder besser. Dann könnten wir auch über das andere reden. Daß ich dazu bereit bin, habe ich Ihnen vorhin bewiesen. Oder haben Sie meine Gutgläubigkeit nur mißbraucht?«

»Ziehen Sie Ihren Morgenrock aus«, sagte er. »Wenn ich schon Geschäfte mache, dann will ich vorher wenigstens sehen, was ich mir da einhandle.«

»Ihre Vorauszahlung haben Sie bereits bekommen.«

»Ich bin nicht allein hier. Wieland läßt sich da nicht mithineinziehen.«

»Mit ihm möchte ich auch kein Geschäft machen«, sagte ich.

Er grinste. »Sie sind so eiskalt wie Ihre Hände.«

»Ich wünschte, ich wäre es«, sagte ich. »Wo kann ich Sie telefonisch erreichen.«

Er griff nach seinem Jackett, nahm die Brieftasche heraus und kritzelte mit einem Kugelschreiber die Nummer auf einen Zettel. »Das Hotel steht unten am Strand. Wir bleiben dort wohnen, bis Sie uns anrufen.« Er legte den Zettel auf meinen Schoß und fragte: »Noch immer kalt?«

»Was erwarten Sie unter diesen Umständen von mir? Außerdem kann jeden Augenblick das Telefon läuten.«

»Dann laß ich Sie jetzt allein«, sagte er und trank sein Glas leer. Ich beobachtete, wie er aufstand, die Schuhe und das Jackett anzog und wie suchend an die Hüfte griff. »Ihre Pistole liegt in der Küche«, sagte ich. »Sind Sie jetzt sehr enttäuscht von mir?«

»Darüber haben wir uns bereits unterhalten«, sagte er. »Aber vielleicht verraten Sie mir endlich den Namen des Mannes, mit dem Sie hier verabredet sind.«

Ich lächelte. »Sie halten mich also noch immer für eine Ostagentin?«

»Es könnte sich für uns beide als nützlich erweisen«, nickte er.

»Na schön«, sagte ich. »Er heißt Zschernitz und erwarten tu ich ihn innerhalb der nächsten sechs Monate.«

Er grinste wieder. »Wie kommen Sie gerade auf Zschernitz?«

»Ich weiß nicht; der Name ist mir nur so eingefallen. Ich komme nicht mit hinunter. Wegen des Telefons. Der Hausschlüssel steckt im Schloß.«

»Okay.« Er wandte sich der Tür zu. Bevor er sie erreicht hatte, stand ich neben ihm. Ich küßte ihn und sagte: »Wenn Sie mir Belloni vom Halse schaffen, tue ich alles für Sie.«

Zu den Überraschungen, die Ardigo in Rom für uns bereithielt, gehörte auch unser neues Quartier. Das Haus stand nicht in Rom, sondern etwa 25 Kilometer nordwestlich davon zwischen dem Lago di Bracciano und dem Meer an einem Südhang der Berge mit einem noch herrlicheren Blick auf das Meer und die Küste, als wir ihn schon in Riomaggiore erlebt hatten. Auch hier führte ein geteerter Fahrweg von einer Straße, die Bracciano mit der Küste verband, etwa dreihundert Meter weit durch einen Pinienwald zu dem Haus. Im Gegensatz zu unserem letzten Quartier fanden wir diesmal einen sehr modernen, rechtwinklig erbauten Bungalow mit einer großen Terrasse und einem beinahe ebenso großen beheizten Schwimmbecken vor. Der Inhaber des Hauses, ein

Spitzenfunktionär des italienischen Fußballverbandes, hatte es uns für die Dauer unseres Aufenthalts zur Verfügung gestellt. Etwa fünfzig Meter vom Haus entfernt und unter Pinien versteckt stand noch ein kleines Gästehaus. Dort waren Pellico und seine Minitruppe untergebracht. Sozusagen das Tüpfelchen auf dem i war jedoch das Hausmädchen Piera, eine wohlgestaltete, langgliedrige Schönheit, deren glutvoller Blick selbst mir einen leisen Schauer auf der Haut auslösen konnte. Weshalb sie trotz ihres betörenden Äußeren gezwungen war, ihren Lebensunterhalt auf die profane Art eines Hausmädchen zu bestreiten, erläuterte Ardigo mir unter vier Augen damit, daß sie in Wirklichkeit gar nicht das Hausmädchen, sondern die zweitälteste Tochter des Hausbesitzers und ganz versessen darauf sei, uns ihre Dienste anzubieten. Sie könne nicht nur vorzüglich kochen, waschen, Hemden bügeln und andere Hausarbeiten verrichten, sie sei darüber hinaus, wenngleich zum Leidwesen ihrer Eltern, ein ungemein progressiv denkendes, allen Freuden des Daseins aufgeschlossenes Mädchen, dessen derzeitige Liebhaber allesamt aus den besten römischen Familien kämen und ihre Freundinnen ebenso häufig wechselten wie die Freundinnen ihre Liebhaber. Er fügte noch hinzu, daß ihr persönliches Interesse an Jochen allein schon durch die verschiedenen Fernsehreportagen geweckt worden und ein Mann wie er eine ungewöhnliche Bereicherung in der Palette ihrer übrigen Eroberungen sei. Mir fiel auch sofort auf, daß sie, als sie uns begrüßte, Jochen auf die Wange küßte, während sie mich nur mit einem Händedruck bedachte.

Jochens Besuch bei unserem Notar in Mailand war zu meiner vollen Zufriedenheit verlaufen. Die Verträge enthielten trotz einiger mir unklar gewesenen Formulierungen keine für uns nachteiligen Klauseln oder Bedingungen, die wir nicht hätten akzeptieren können. Auch unsere Gespräche in Rom, die wir noch am Tag unseres Eintreffens mit Signor Galilei und drei Herren des Vorstandes im Anschluß an ein opulentes Diner zuerst im luxuriösen ›Domus Aurea‹ und eine Stunde später in Gegenwart zweier Anwälte zwecks Vertragsunterzeichnung in der Viale Aventino in den beinahe ebenso luxuriös ausgestatteten Clubräumen des Verbandes geführt hatten, waren ohne Komplikationen vonstatten gegangen. Signor Galileis Frage, ob wir das Geld auf unser Konto in Mailand überwiesen haben wollten, beantwortete ich entsprechend meiner vorangegangenen Übereinkunft mit Ardigo zustimmend. Bei dem derzeitigen Kurs der Lira handelte es sich um einen so astronomisch hohen Betrag, daß ich ihn noch gar nicht richtig in meinem Kopf untergebracht hatte. Ardigo machte mich darauf aufmerksam, daß es sich bei den Beträgen, die wir für Jochens sonstige Gastspiele erhielten, um unversteuertes Geld handle.

Jochens Galavorstellung im Stadion des AS Rom sollte anläßlich dessen Heimspiels gegen eine Mannschaft aus Palermo stattfinden, wofür uns, wiederum nach deutschem Geld, etwa 80 000 Mark überwiesen werden sollten. Ich fand das für einen ersten Besuch in Rom nicht schlecht, und Jochen auch nicht. Am darauffolgenden Samstag trat dann die italienische Nationalelf zum zweiten Gruppenspiel der Europameisterschaft gegen die Spanier in Neapel an, wo Jochen sein Debüt als Torhüter geben sollte. Im Büro des Verbandes lernten wir noch einige andere wichtige Leute kennen, den Trainer des AS Rom, der Jochen wegen seines geplanten Auftritts am Samstag freundschaftlich umarmte, den Präsidenten des Verbandes, der mir Blumen und Jochen eine italienische Fußballmedaille überreichte. Auch vom Vorstand des AC Mailand, mit dem wir, um keine Zeit zu verlieren, den um vier Wochen rückdatierten Vertrag über Jochens Vereinszugehörigkeit gleich mitunterzeichneten, war eine Abordnung erschienen, und weil zum besonderen Anlaß später auch noch das Fernsehen und einige Dutzend Presseleute römischer und auswärtiger Zeitungen hinzugezogen wurden, die ein Interview haben wollten, wurde die Situation immer unübersichtlicher. Jedenfalls standen dauernd irgendwelche Leute um uns herum, die auf uns einredeten, uns die Hände schüttelten, auf die Schultern klopften oder andere Wünsche hatten. Für Jochen war dies umso anstrengender, als er kaum ein Wort verstand, und für mich, die ich ihm alles übersetzen mußte, erst recht. Im Grunde waren es immer die gleichen Fragen, die gestellt wurden, welche weiterreichenden Pläne wir hätten, warum sich Jochen gerade für den AC Mailand entschieden, ob er noch Kontakt zu seiner Familie in der DDR habe, mich fragte einer, der mindestens zwanzig Aufnahmen von mir gemacht hatte, ob ich noch zu haben oder mit Jochen verheiratet sei. Ganz zum Schluß ließ sich auch der hohe Funktionär, dem wir unser Quartier verdankten, weil geschäftlich anderweitig stark in Anspruch genommen, ganz kurz bei uns sehen und wünschte uns einen angenehmen Aufenthalt. Er war etwa Fünfzig, sehr nett und kooperativ. Wie Ardigo mir ins Ohr flüsterte, war er nebenher auch noch Generalimporteur mehrerer großer Automobilmarken aus den USA und mit einer steinreichen Mazzini aus uraltem italienischem Adelsgeschlecht verheiratet, die uns auch gerne einmal kennenlernen wolle. Zum Abendessen lud Galilei uns, die Abordnung aus Mailand, Ardigo und noch einige andere Leute, deren Namen ich nicht behalten habe, in die Osteria dell'Orso in der Via Monte ein. Dort wurden wir schon an der Tür vom Geschäftsführer empfangen, und die bereits anwesenden Gäste standen bei Jochens Anblick von ihren Plätzen auf und klatschten Beifall. Als peinlich empfand ich es, daß die Herren alle in dunklen Anzügen und die Damen in festlicher Abendrobe versammelt waren, während wir, in Unkenntnis dessen, was uns in Rom erwartete, nur unsere Nachmittags-Ausgeh-Garderobe angezogen hatten. In Mailand hatten wir uns in den vergangenen Wochen zwar mit allem Nötigen versorgt, aber für so festliche Begebenheiten waren wir noch immer nicht ausreichend gerüstet. Galilei, der etwa zehn Jahre älter als Ardigo und, wie ich bei Tisch feststellen konnte, ein sehr gebildeter Mann war, versuchte mich damit zu trösten, daß Jochen und ich hier sogar willkommen wären, wenn er nur seine Torhütergarderobe trüge. Als Mann verstand er eben das Problem nicht, zumal ich, vor allem von den anwesenden Damen, mit besonderer Aufmerksamkeit gemustert wurde. Das Essen dauerte dann eine Ewigkeit. Als wir schließlich zu schon fast mitternächtlicher Stunde in Ardigos Wagen zu unserem Quartier fuhren, war ich völlig erledigt. Ardigo machte mich im Vorbeifahren auf verschiedene Sehenswürdigkeiten aufmerksam. Weil in seinem Maserati nur für zwei Personen Platz war, hatte er aus Mailand einen Mercedes mitgebracht, der sonst von seiner Familie benutzt wurde; ich konnte es mir daher auf der Rückbank bequem machen. Jochen, der beim Essen kaum ein Wort gesprochen und zumeist einen geistesabwesenden Eindruck gemacht hatte, schien neben Ardigo eingeschlafen zu sein; ich hörte ihn plötzlich schnarchen. Ardigo sagte: »Er ist sicher ein Torhüter, wie es vor ihm noch keinen gegeben hat und nach ihm auch nie mehr einen geben wird, aber wie kann er nach einem solchen Tag im Auto einschlafen? Zumal dies sein erster Besuch in Rom ist. Gefällt ihm die Stadt nicht?«

»Er macht sich nichts aus Städten«, antwortete ich. »Die Welt, in der er lebt, ist von anderer Beschaffenheit als die unsrige. War Ihnen bekannt, was uns hier bevorstand?«

»Nein. Sonst hätte ich Sie darauf vorbereitet, Signorina. Mir sagte man nur, daß die Verträge unterzeichnet werden sollen. Ich war auf diesen Rummel ebensowenig eingestellt wie Sie. Schnarcht Ihr Freund auch im Bett so laut?«

Dort hatte ich Jochen noch nie schnarchen hören. »Sicher liegt es nur an seiner unbequemen Haltung. Ist Ihnen aufgefallen, daß er für all die hübschen Signoras und Signorinas im Restaurant keinen einzigen Blick hatte?«

»Nein. Warum erwähnen Sie es?«

Ich lächelte. »Sie haben sich redlich Mühe gegeben, aber Piera wird es auch nicht schaffen, ihn von mir abzulenken. Für ihn ist sie nur ein Mädchen wie all jene, die er vor mir kannte. Ließen *Sie* sich durch eine Piera von mir ablenken?«

Er lachte leise. »Dazu habe ich schon zu viele Pieras kennengelernt. Eine Frau wie Sie noch nie.«

»Das sagen Sie jetzt noch. Ich nehme an, Sie müssen morgen nach Mailand zurück?«

Er nickte. »Leider. Da Ihr Freund so müde ist, wird er Sie heute Nacht sicher nicht vermissen. Darf ich auf Sie warten, Marianne?«

»Wir haben eine Abmachung getroffen. Sie sollten sie nicht ständig ignorieren.«

»Dann geben Sie mir wenigstens eine Chance. Überlassen Sie Ihren Freund für eine Stunde Piera. Solange Sie ihr keine Gelegenheit geben, allein mit ihm zu sein, ist unsere Abmachung für mich ohne Sinn.«

»Und wie stellen Sie sich das vor?«

»Sehr einfach. Sobald er schläft, verlassen Sie das Zimmer.«

»Und lege mich in Ihr Bett?«

»Wir treffen uns im Wohnraum. Dort könnten wir noch ein Glas Wein trinken. Falls Sie nicht zu müde dafür sind.«

»Das weiß ich jetzt noch nicht.«

Wir hatten inzwischen die Stadt hinter uns gelassen und fuhren auf einer kurvenreichen Straße in die Berge. Weil sonst kein Verkehr mehr herrschte, fiel mir ein Wagen auf, der uns in immer gleichbleibendem Abstand folgte. »Das ist Pellico«, erklärte Ardigo, als ich ihn daraufhin ansprach. »Er und seine Kollegen haben im Parkhaus auf uns gewartet.

Jetzt, wo man so viel Geld für Ihren Freund bezahlt hat, will man erst recht kein Risiko mehr eingehen. Für die illegalen Buchmacher wäre es natürlich ein Riesengeschäft, wenn Ihr Freund am Mittwoch ein Tor hinnähme. Die Wetten für ihn stehen angeblich jetzt schon hundert zu eins.« – Ich fragte schockiert: »Wieso nehmen sie auch für den Mittwoch Wetten an? Ich hatte Belloni in Mailand so verstanden, daß man ein Zusammentreffen mit dem angeblich besten Torschützen Italiens arrangieren wolle.«

»Die Kunden verlangen es«, antwortete er achselzuckend. »Sie können sie nicht abweisen, ohne sie zu verärgern, und verärgerte Kunden sind für illegale Buchmacher eine Existenzbedrohung. Natürlich wird es, nach Lage der Dinge, keine Gewinnauszahlungen geben. Die wären nur möglich, wenn ein gewisser Prozentsatz der Spieler eine Wette gegen Ihren Freund abschlösse. So aber werden sie bestenfalls ihren Einsatz zurückbekommen. Auch die Buchmacher verdienen nichts. Im Gegenteil: Sie haben die Arbeit und hinterher das Nachsehen. Fiele jedoch nur ein Tor, so wäre dies das größte Geschäft ihres Lebens; sie und ihre dunklen Hintermänner, die Belloni auf Sie angesetzt haben, könnten das gesamte von ihren Kunden eingesetzte Geld in die eigene Tasche stecken. Es gab bei uns vor einigen Jahren in einem ganz ähnlichen Zusammenhang eine schlimme Affäre. Ich weiß nicht, ob Sie davon gehört haben.«

»Ich erinnere mich nicht«, sagte ich und beobachtete durch das Heckfenster ein zweites Scheinwerferpaar, das plötzlich hinter Pellicos Wagen aufgetaucht war. Ardigo sagte: »Damals haben Spieler von uns in Zusammenarbeit mit den illegalen Buchmachern Spielresultate manipuliert; mit anderen Worten: Sie haben sich von den Buchmachern bestechen lassen, um Einfluß auf den Fußballtoto zu nehmen oder um private Wetten auf einzelne Spieler mit Sicherheit zu gewinnen.«

»Dann verstehe ich eines nicht«, sagte ich. »Warum man gegen diese illegalen Buchmacher nicht energischer vorgeht.«

Ardigo blickte mich im Rückspiegel an. »Das ist ein weites Feld, Signorina. Sie sind hier in einem besonderen Teil Europas.«

Diesen Eindruck hatte ich inzwischen auch. Und als weiterer Eindruck kam hinzu, daß das Scheinwerferpaar von Pellicos Wagen ganz unvermittelt auf der Straße zu tanzen anfing, bis es ebenso unvermittelt von der Straße verschwand und jetzt nur noch das Scheinwerferpaar des zweiten Wagens zu sehen war, der sich rasch näherte. Ich wollte meine Beobachtung gerade Ardigo mitteilen, als ich auch Pellicos Scheinwerfer wieder sah, diesmal hinter dem zweiten Wagen, und weil dieser in ihr Licht geriet, glaubte ich in seinem Inneren vier oder fünf Männer zu erkennen. Dann waren Pellicos Scheinwerfer plötzlich neben jenen des vor ihm fahrenden Wagens, dessen Scheinwerfer plötzlich auch zu tanzen anfingen. Ich hatte den Eindruck, daß Pellicos Wagen ihn zum rechten Straßenrand drängte. Mehr konnte ich jedoch nicht sehen, weil wir im gleichen Moment eine Kurve durchfuhren. Dann fiel mir auf, daß Ardigo das Tempo ruckartig beschleunigt hatte, und als ich nach vorne sah, blickte er starr in den Rückspiegel. »Sie haben es auch beobachtet?« fragte ich.

»Ja, Signorina, da ist irgendwas passiert, aber wir sind jetzt gleich in Ihrem Quartier. Das Haus ist gegen ungebetene Besucher gesichert. Ich nehme an, Pellico und seine Männer werden uns bald nachkommen. Es sah so aus, als hätte der andere Wagen ihn von der Straße gedrängt.«

»So habe ich es auch beobachtet«, stimmte ich ihm zu. »Aber dann tauchte er wieder hinter dem anderen Wagen auf und drängte diesen auf die Seite. Ich verstehe nicht, was da passiert ist.«

»Wir werden es bald wissen, Signorina. Hier ist auch schon unsere Abzweigung.«

Er fuhr so rasch in die Kurve, daß Jochen mit der Schulter gegen ihn prallte und wach wurde. »Wo sind wir?« fragte er schlaftrunken.

Trotz Ardigos beruhigender Worte war ich alles andere als beruhigt, und als wir kurze Zeit später vor dem Grundstückstor hielten, sprang ich sofort aus dem Wagen und blickte zurück, aber außer den schwarzen Silhouetten der pinienbewachsenen Berge, die sich gut sichtbar vom Sternenhimmel abhoben, war nichts zu sehen. Piera hatte uns vorfahren hören, sie öffnete das Tor und hieß uns willkommen. Trotz meiner Aufregung entging mir nicht, daß ihr Tangahöschen und das trägerlose Nichts von Oberteil noch feucht waren. Meine fürsorglich geäußerte Befürchtung, sie könnte sich in der kühlen Bergluft erkälten, entkräftete sie mit der lächelnd vorgebrachten Erwiderung, erstens sehr abgehärtet und zweitens im beheizten Schwimmbecken gewesen zu sein. Von Ardigo war sie vor unserer Abfahrt aus Rom über unser spätes Eintreffen telefonisch unterrichtet worden. Er berichtete ihr jetzt von unseren Beobachtungen und empfahl ihr, das Tor zu schließen und bis zu Pellicos Eintreffen die Alarmanlage einzuschalten. Als ich ihn fragte, wie sie funktioniere, erklärte er mir, daß die fast zwei Meter hohe, das gesamte Grundstück umfassende, weißgekalkte Bruchsteinmauer mit Lichtschranken gesichert sei und daß die Auslösung eines Alarms ein automatisches Schließen sämtlicher einbruchssicheren Rolläden zur Folge habe. Gleichzeitig schalte sich eine Sirene ein. Eine Vorsichtsmaßnahme, die er mit der Furcht des Hausherrn vor Kidnappern erklärte, weil seine Familie zu den begütertsten ganz Roms zähle. Dies sei auch der Grund, weshalb er sich in letzter Zeit nur noch selten hier aufhalte und das Haus zumeist Freunden oder Verwandten zur Verfügung stelle, während er und seine Familie es neuerdings vorzögen, das Wochenende und die heiße Jahreszeit auf Kreuzfahrten im Mittelmeer zu verbringen. Daß dies nicht mit einem Ruderboot geschah, bedurfte keiner besonderen Erwähnung.

Das vorläufig ungeklärte Schicksal Pellicos und seiner Kollegen beunruhigte auch Ardigo so sehr, daß er sich sogar mit dem Gedanken trug, die Carabinieri zu verständigen. Weil wir in diesem Fall so bald nicht zur Ruhe kämen, zog ich mich, um mich etwas frischzumachen, in mein und Jochens Schlafzimmer zurück. Es war genauso rustikal eingerichtet wie das ganze Haus. Weil dieses nur sporadisch und dann zumeist von Gästen bewohnt wurde, hatte man auf kostbares Mobiliar verzichtet, aber die Betten waren breit und bequem, das Bad komfortabel, und das bis zum Boden reichende große Fenster ermöglichte einen ungehinderten Blick über die sich zur Küste abflachenden Berge hinweg auf das Meer. Vom Zimmer aus führte eine direkte Tür auf die Terrasse mit dem großen Schwimmbecken. Das mit blühenden Sträuchern bewachsene Gelände hinter der Terrasse fiel dort steil ab und wurde erst weiter unten von der Grundstücksmauer begrenzt, so daß auch sie dem Auge meerwärts nicht im Wege war. Eine zweite Tür führte auf die Diele. Die beiderseits an das unsere angrenzenden Zimmer waren ebenfalls als Schlafzimmer eingerichtet und wurden von Ardigo und Piera benutzt, während der große Wohnraum mit dem offenen Kamin sowie die Küche im anderen Teil des Bungalows lagen.

Ich hielt mich etwas länger als vorgesehen im Bad auf. Als Jochen, der bei Ardigo und Piera im Wohnraum geblieben war, zu mir kam, war eine gute Viertelstunde vergangen. Er überbrachte mir die erfreuliche Nachricht, daß Pellico und seine Kollegen soeben wohlbehalten eingetroffen seien. Über ihre Erlebnisse konnte er mir nichts berichten, weil er von ihrem Gespräch mit Ardigo und Piera kaum ein Wort verstanden hatte. Mir genügte es für den Augenblick, daß sie wieder hier waren, und weil ich seit über fünfzehn Stunden keine Gelegenheit mehr gehabt hatte, mit Jochen allein zu sein, zog ich ihn an der Hand neben mich auf das Bett, küßte ihn und fragte: »Wie fühlst du dich als neugebackener Millionär?«

»Das war erst der Anfang«, winkte er ab. »Ich bin überzeugt, sie hätten auch zehn Millionen bezahlt, wenn du darauf bestanden hättest.«

Ich rückte etwas von ihm weg. »Soll das ein Vorwurf sein?«

»Das nicht«, sagte er. »Ich meine eben nur, daß sie auch zehn Millionen bezahlt hätten. Wenn du wieder mal über Geld verhandelst, möchte ich auch mitreden.«

Schon beim Mittag- und erst recht beim Abendessen hatte er notgedrungenermaßen auf sein Cola verzichten und Wein trinken müssen; vielleicht war er ihm zu Kopf gestiegen. Ich stand auf und ließ ihn, ohne noch ein Wort zu sagen, mit seinem neugewonnenen Selbstbewußtsein allein. Im Wohnzimmer traf ich nur noch Ardigo und Piera an. Sie trug jetzt eine enganliegende, bis knapp zu den Knien reichende Hose und trug ein recht freizügiges T-Shirt für besondere Anlässe. Ardigo erzählte mir sofort, daß er die drei Männer in ihr Quartier geschickt habe, damit sie sich vor ihrer Nachtwache noch etwas ausruhen können. Über ihre Erlebnisse berichtete er mir bei einem Glas Campari-Soda, das uns von Piera serviert wurde. Demnach war ihr Wagen plötzlich ins Schleudern geraten und von der Straße abgekommen. Zum Glück war das Gelände dort nicht sehr steil abgefallen, so daß Pellico den Wagen nach etwas dreißig Metern an einem Baum zum Stehen brachte. Sie stellten dann fest, daß der rechte hintere Reifen völlig zerfetzt war. Ihn auszuwechseln und den Wagen wieder auf die Straße zu bringen, hätte in der Dunkelheit so viel Zeit beansprucht, daß sie es vorzogen, ihn stehenzulassen und den Rest des Weges zu Fuß zurückzulegen, wobei sie nicht die Straße, sondern eine Abkürzung quer durch das Gelände benutzt hatten. Ardigos Frage, ob sie keinen fremden Wagen bemerkt hätten, beantworteten sie damit, daß ihnen kurz vor dem Unfall zwar einer sehr dicht gefolgt sei, daß sie ihn aber, als ihr eigener ausbrach, aus den Augen verloren und später auch nicht mehr gesehen hätten. »Und das war alles?« fragte ich verständnislos.

Ardigo zuckte mit den Schultern. »Die gleiche Frage habe ich ihnen auch gestellt, aber sie wissen wirklich nicht mehr als das, was sie mir gesagt haben. Übrigens erzählte Piera mir eben, daß am Nachmittag für Sie angerufen wurde.«

»Von wem?« Ich blickte Piera an. Sie saß, die schlanken Beine lässig übereinandergeschlagen, in einem Sessel, rauchte eine Zigarette und sagte: »Es war ein Mann; er wollte mit Ihnen sprechen. Ich sagte ihm, daß Sie erst am späten Abend aus Rom zurückkämen. Seinen Namen hat er nicht genannt. Er sprach Italienisch, aber er war kein Italiener.«

»Sonst haben Sie ihm nichts erzählt?«

Sie zögerte. »Vielleicht hätte ich ihm das nicht sagen sollen, aber er wollte noch wissen, ob Sie mit Ihrem Pininfarina nach Rom gefahren seien. Ich antwortete: Nein, mit einem Mercedes. Er bedankte sich und beendete das Gespräch. Hatten Sie einen Anruf erwartet?«

Ehe ich Zeit zu einer Antwort hatte, fragte Jochen dazwischen: »Was erzählt sie dir?«

Ich hatte gar nicht bemerkt, daß er mir nachgekommen und in der Tür stehengeblieben war. »Das erkläre ich dir später«, antwortete ich ungeduldig. »Unterbrich uns jetzt nicht.«

»Dann gute Nacht«, sagte er steif und wandte mir den Rücken zu.

Ardigo fragte besorgt: »Was hat er? Er ist so merkwürdig.«

»Er ist nur müde und will sich schlafen legen.«

»Vielleicht sollte Piera ihn fragen, ob er vorher noch einen Wunsch hat«, schlug Ardigo mit einem kleinen Lächeln vor. Ich sagte, ohne es eigentlich zu wollen: »Wenn es ihr Spaß macht.«

Piera drückte ihre Zigarette in einem Aschenbecher aus und fragte, mich merkwürdig ansehend: »Wollen Sie das wirklich, Signorina?«

Ich wußte, daß ich es nicht wollte. Trotzdem hörte ich mich antworten: »Fragen Sie doch ihn, ob er es will.«

Ihre merkwürdige Art, mich anzusehen, hatte vielleicht damit zu tun, daß sie noch keine einleuchtende Erklärung dafür gefunden hatte, weshalb ich ausgerechnet einen Mann wie Jochen als Liebhaber loszuwerden wünschte. Vielleicht war es ihr von Ardigo eingeredet worden. Sie stand wortlos auf und verließ das Zimmer. Ardigo griff rasch nach meiner Hand. »Verzeihen Sie mir, daß ich an Ihren Worten gezweifelt habe, Marianne. Ich dachte, Sie trieben nur ein Spiel mit mir.«

»Ist es denn keins?« fragte ich. Statt mir zu antworten, führte er meine Hand zum Mund und küßte sie. Ich sagte: »Da stimmt doch etwas nicht. Wenn es so ist, wie Pellico erzählte, dann muß noch ein dritter Wagen dagewesen sein. Wieso haben er und seine Kollegen ihn nicht bemerkt?« – Mit ihm sachlich zu reden, wenn er meine Hand küßte, war offenbar nicht zu realisieren. Ich zog sie, ganz unvermittelt gereizt, zurück: »Es muß ein dritter Wagen im Spiel gewesen . . .« Ich brach ab. Gegen zehn Uhr waren wir von Riomaggiore kommend hier eingetroffen. Wenig später hatte ich, während Jochen das Schwimmbecken ausprobieren ging, Feuerstein angerufen und ihm unsere neue Adresse und Telefonnummer mitgeteilt.

Ich blickte Ardigo an und lächelte. Er sagte, mit erleichtert klingender Stimme: »Es freut mich, daß Sie wieder lächeln, Marianne. Ich hatte schon Sorge, Ihren Unmut erregt zu haben. Ich habe Ihre Frage verstanden. Aber bitte versuchen Sie, sich vorzustellen, wie sehr Pellico und seine Begleiter, als ihr Wagen die Böschung hinabrollte, mit sich selbst beschäftigt waren. Da hatten sie kein Auge mehr darauf, ob noch ein zweiter Wagen auf der Straße vorbeifuhr.«

Ich nickte. »So wird es gewesen sein.«

»Es geht mich ja nichts an, Marianne«, sagte er, meine Hand festhaltend. »Aber ich hatte vorhin das Gefühl, daß Sie sich über Ihren Freund geärgert haben.«

Geärgert hatte ich mich nicht; ich war nur wieder mal enttäuscht von ihm. Daß ihn kein anderes Thema außer Fußball interessierte, damit hatte ich mich inzwischen abgefunden. Ich fand jedoch, daß er sich in diesen wenigen Wochen zu seinem Nachteil verändert hatte. Hatte ich anfangs seine Gelassenheit auf den plötzlichen Ruhm noch bewundert, so gewann ich immer mehr den Eindruck, daß es nicht, wie ich ursprünglich angenommen hatte, Gleichgültigkeit, sondern Überheblichkeit war, die darin zum Ausdruck kam. Vielleicht auch Geringschätzung. Er fühlte sich seinen Mitmenschen gegenüber turmhoch überlegen, und was ich vorhin mit ihm erlebt hatte, ließ mich darauf schließen, daß er damit anfing, auch mich in seine Überheblichkeit einzubeziehen. Ich war nicht gewillt, es dahin kommen zu lassen.

Ich antwortete: »Es ist nicht immer einfach für ihn, sich bei unseren Gesprächen nur darauf beschränken zu müssen, zuzuhören: Er versteht ja auch kein Wort davon.«

»Zum Glück«, murmelte Ardigo und preßte die Lippen auf meine Hand. Ich entzog sie ihm. »Seien Sie Ihrer Sache nicht zu sicher. Piera wird sich eine Abfuhr holen.«

Er wurde ernst. »Sie haben das nicht gesehen, weil Sie in Ihrem Zimmer waren, Marianne. Als er heute vormittag nach unserem Eintreffen hier zu ihr ins Schwimmbecken sprang, hatte ich nicht den Eindruck, daß sie viel Mühe mit ihm haben würde.«

»Sie war mit ihm im Schwimmbecken?« vergewisserte ich mich.

»Hat er Ihnen das nicht erzählt?

»Vielleicht erschien es ihm nicht wichtig genug.«

»Oder er wollte es Ihnen nicht erzählen. Er hätte Ihnen sonst vielleicht auch erzählen müssen, daß sie ohne Bikini im Wasser war.«

Piera ohne Bikini konnte ich mir sehr lebhaft vorstellen. Ich nahm einen Schluck aus meinem Glas. »War das zwischen ihr und Ihnen so verabredet?«

»Ich habe ihr lediglich gesagt, daß Sie mit Signor Schimazek weder verlobt noch verheiratet und auch nicht dagegen seien, wenn er auch einmal eine andere Frau kennenlernt. Als ich von Galilei erfuhr, daß Sie hier wohnen werden, habe ich mich mit Pieras Eltern in Verbindung gesetzt. Sie war bei diesem Gespräch anwesend und erbot sich von selbst, für Ihr Wohlergehen zu sorgen.« Er lächelte. »Vielleicht sind Sie sich Ihrer Sache jetzt doch nicht mehr ganz so sicher, Marianne. Piera hat schon sehr viele Erfahrungen mit Männern.«

Ich sagte: »Trotzdem gehe ich jede Wette mit Ihnen ein, daß sie jetzt nicht bei Schimazek, sondern bereits in ihrem eigenen Zimmer ist.«

»Wir werden sehen«, sagte er und stand auf. Ich beobachtete, wie er zur Tür ging. Kurze Zeit später kam er zurück und sagte: »Die Wette hätten Sie gewonnen, Marianne. Ich bin mir nur nicht sicher, ob das auch in Ihrem Sinne gewesen wäre. Pieras Tür war von innen verschlossen. Ich hörte jedoch ihre Stimme.«

»Sie hat mit Ihnen gesprochen?«

Er setzte sich auf die Lehne meines Sessels und legte einen Arm um meine Schultern. »Nicht mit mir. Das war auch kein Sprechen, Marianne.« – Ich hob den Kopf und blickte eine Weile schweigend in sein Gesicht. Dann nahm ich seinen Arm von meiner Schulter und sagte: »Ich bin müde. Wir sprechen ein andermal weiter.«

»Ich hatte es befürchtet«, antwortete er ruhig. »Sie sind nicht die Frau, die so etwas leicht verwindet.«

»Ich weiß nicht, wovon Sie reden«, erwiderte ich und verließ das Zimmer. Ich fühlte mich elend; mir war nach frischer Luft zumute. Ich verließ auch das Haus und betrachtete mit in den Nacken gelegtem Kopf eine Weile die Sterne. Zum erstenmal, seit ich in Italien war, fühlte ich mich hier sehr allein und jetzt auch noch vom Himmel verlassen. Als ich plötzlich angesprochen wurde: »Ist alles in Ordnung Signorina?«, fuhr ich zusammen. Es war aber nur Pellico; ich sah, daß er ein Gewehr in den Händen hielt. »Was wollen Sie mit dem Gewehr?« fragte ich. Er ließ mich im Mondlicht seine Zähne sehen: »Signor Ardigo wünschte es so. Wir haben die Gewehre heute aus Rom mitgebracht. Kann ich etwas für Sie tun, Signorina?«

Mein Blick fiel auf das Tor. Ich hatte das sichere Gefühl, daß irgendwo da draußen Feuerstein auf mich wartete. »Ich möchte noch einen kleinen Spaziergang machen. Ist das Tor verschlossen?«

»Ja, aber ich kann es Ihnen öffnen. Sie sollten sich aber nicht zu weit vom Haus entfernen, Signorina. Vielleicht ist es besser, ich komme mit Ihnen.«

»Das ist nicht nötig. Warten Sie vor dem Tor auf mich.«

Er ging mit mir zum Tor und schloß es auf. In der mondhellen Nacht war die geteerte Zufahrtsstraße gut zu erkennen. Ich folgte ihr etwa hundert Schritte weit, dann wurde ich wieder angesprochen: »Haben Sie gewußt, daß ich hier auf Sie warte?«

»Ich hatte es gehofft«, sagte ich. Feuerstein zog mich von der Straße weg ein paar Schritte unter die Bäume und sagte: »Es gab einen Toten, Schwester. Ihr Belloni ist es aber nicht.«

»Wieland?« fragte ich verstört. Er schüttelte den Kopf. »Er ist nach Rom zurückgefahren und holt mich morgen früh hier ab. Ist Ihnen in dem dünnen Kleid nicht kalt.«

Mir war sogar saukalt; ich zitterte am ganzen Körper, und nicht nur wegen des dünnen Kleids. Er sagte: »Ich habe Wolldecken hier. Wenn Sie . . .«

»Nein«, fiel ich ihm dazwischen. »Kommen Sie mit. Wir unterhalten uns in meinem Zimmer.«

Pellico erwartete uns vor dem Tor; ich sagte: »Das ist wieder der Privatdetektiv. Ich nehme ihn mit ins Haus. Er wird es erst morgen früh verlassen.« Die Begegnung schien ihm unangenehm zu sein; er murmelte ein paar unverständliche Worte und öffnete uns das Tor. In meinem Zimmer zog ich die Vorhänge zu und fragte: »Wollen Sie etwas trinken?«

»Ein Cognac wäre genau das, was ich jetzt brauche«, antwortete Feuerstein. »Wo ist Schimazek?«

»Er schläft heute bei einer anderen. Ich bin gleich wieder hier.«

Im Wohnzimmer war es dunkel; auch Ardigo schien schlafen gegangen zu sein. Die Getränke standen in einer Vitrine neben dem offenen Kamin. Ich nahm eine Cognacflasche und zwei Gläser heraus und kehrte zu Feuerstein zurück. Er lag auf dem Bett und rauchte eine Zigarre. Er beobachtete mit unbewegtem Gesicht, wie ich die Tür hinter mir abschloß, die Gläser auf den Nachttisch stellte und eingoß. Ich gab ihm eins und sagte: »Erzählen Sie.«

»Noch immer eiskalt«, sagte er. »Hatten Sie von dem, was hinter Ihnen passierte, überhaupt etwas mitbekommen?«

»Ich sah, wie Sie den Wagen, der uns verfolgte, mit Ihrem eigenen von der Straße abdrängten. Hätten Sie es nicht getan, wo wäre ich jetzt bei Belloni. Ist es so?«

Er nickte: »Die Wahrscheinlichkeit spricht dafür. Die Burschen hatten diesmal sogar Maschinenpistolen im Wagen. Wir schleppten ihn mit unserem eigenen auf die Straße zurück und fuhren ihn zur Küstenstraße hinunter. Den Toten ließen wir im Wagen sitzen. Für die Carabinieri wird es so aussehen, als hätte sich die Sache dort unten abgespielt.«

»Wer ist er?« fragte ich, so ruhig wie möglich.

»Der Fahrer des Wagens. Wieland hat ihn beim Überholen mit einem Schuß in die Schläfe erwischt. War nicht vorgesehen, er zielte auf seine Schulter. Bei dem Tempo, das wir draufhatten, kann so eine Panne schon mal passieren. Ein Ganove weniger, was soll's.« Er griff nach seinem Glas und kippte den Cognac hinunter. Auch ich mußte einen Schluck trinken. Dann legte ich mich zu ihm auf das Bett und den Kopf an seine Schulter. »Erzählen Sie weiter. Was wurde aus den anderen?«

»Als sie merkten, daß sie den Wagen aus eigener Kraft nicht die Böschung hinaufbrachten, rannten sie Hals über Kopf davon. Immerhin mußten sie damit rechnen, daß Sie inzwischen die Carabinieri verständigt haben. Das Auto war noch fahrbereit. Als wir es auf der Straße hatten, übernahm ich das Steuer. Haben Sie die Carabinieri verständigt?«

»Wozu?« fragte ich. »Wir hatten ja keine Ahnung, was hinter uns los war. Die Männer, die uns begleiteten, auch nicht. Sie hatten einen Reifenschaden. Deshalb kam ihr Wagen von der Straße ab. Sie haben ihn stehenlassen und kamen zu Fuß hierher.«

»Das ist gut«, sagte Feuerstein. »Die müssen Bohnen in den Ohren gehabt haben, als die Schüsse fielen.«

»Ich offensichtlich auch«, sagte ich. »Von welchen Schüssen reden Sie?«

»Kann natürlich auch sein, daß sie Schalldämpfer benutzten«, überlegte er laut. »Wir konnten beobachten, wie der Beifahrer ihrer Verfolger mehrmals aus dem Fenster schoß. Er muß den Reifen erwischt haben.«

»Ach so«, sagte ich und dann eine ganze Weile nichts mehr. Feuerstein sagte: »Da ist jemand an der Tür.«

Auch ich hatte das Geräusch vernommen. Gleich darauf hörte ich Jochen fragen: »Bist du da drinnen, Marianne.«

»Ich möchte dich nicht sehen«, antwortete ich, ohne den Kopf von Feuersteins Schulter zu nehmen. Als er trotzdem nicht aufhörte, an der Klinke zu rütteln, richtete ich mich auf und sagte mit erhobener Stimme: »Du sollst mich in Ruhe lassen, verdammt.« Daraufhin wurde es an der Tür still. Ich bettete den Kopf wieder an Feuersteins Schulter und fragte: »Wieso haben die nicht gemerkt, daß Sie hinter ihnen herfuhren?«

»Weil wir es ohne Licht taten. Ich schaltete es erst ein, als ich zum Überholen ansetzte. Außerdem waren sie ganz auf die vor ihnen fahrenden Wagen fixiert.«

»Kapiert«, sagte ich. Auch den noch verbleibenden Rest zu kapieren, bereitete mir keine Schwierigkeiten. Er und Wieland hatten nach seinem Anruf bei Piera mit ihrem Wagen einen Platz an der Straße bezogen, von wo aus sie die vorüberfahrenden Autos beobachten konnten. Als unser Mercedes vorbeikam und von zwei Wagen verfolgt wurde, schöpften sie sofort Verdacht.

Ich sagte: »Auf Sie kann man sich eben verlassen. Was machen Ihre Wunden? Muß ich sie wieder einreiben? Die Salbe habe ich vorsorglich mitgebracht.«

»Nicht heute«, sagte er. Ich hob den Blick in sein Gesicht. »Wegen der Wunden?«

Er berührte mit der Handfläche meine Wange. »Ich bin nur ungern Nutznießer eines Familienkrachs. Wenn Sie ihm etwas heimzuzahlen haben, dann erledigen Sie es auf andere Weise.«

»Denken Sie noch einmal darüber nach, bevor Sie sich endgültig darauf festlegen«, sagte ich und ging ins Bad. Als ich zehn Minuten später zurückkam, hatte er sich ausgezogen. Er sagte: »Mit Nachdenken allein schaffe ich dieses Problem nicht aus der Welt, Schwester.«

Ich erschrak; sein ganzer Körper schien sich grün und blau verfärbt zu haben. Und dort, wo ihn die Tritte zwischen die Beine getroffen hatten, sah er besonders schlimm aus. Daß er trotzdem heute hier war und mich zum zweitenmal vor Belloni bewahrt hatte, war mehr, als ich nach meiner Riesenenttäuschung mit Jochen im Augenblick vertrug. Ich legte das Gesicht auf seine Brust und kühlte seine Wunden mit ein paar Tränen. Er streichelte meinen Nacken und sagte: »Es sieht schlimmer aus, als es ist. Nur dort, worauf es mir am meisten ankäme, ist es genauso schlimm, wie es aussieht. Ich habe sogar schon beim Pinkeln Probleme.«

Ich hörte auf, Tränen zu vergießen. »Sie sollten zu einem Arzt gehen. Ich heiße übrigens nicht Schwester, sondern Mariannne. Wie heißen Sie?«

»Rudolf«, sagte er. »Ich sah in meinem Leben schon ein paarmal so aus und bin jedesmal ohne Arzt damit fertig geworden. Gegen Ihre sanfte Art, mich einzureiben, habe ich jetzt allerdings nichts mehr einzuwenden. Ich habe mir Ihren freundschaftlichen Rat, noch einmal darüber nachzudenken, zu Herzen genommen.«

»Gutgemeinte Ratschläge soll man auch nie in den Wind schlagen«, sagte ich und holte die Salbe aus dem Koffer. Daß es ihm heute schlechterging als gestern abend, wurde mir rasch offenkundig. Er reagierte auf meine Berührungen schmerzhaft, und dort, wo ich gestern noch eine kleine Hoffnung hatte wecken können, überhaupt nicht. Ich fragte: »Wann kommt Wieland Sie abholen?«

»Sobald es hell wird. Es gibt da noch ein paar andere Probleme, Schwest . . .« Er brach ab, grinste und fuhr dann fort: »Marianne. Wieland ist ein sturer Preuße. Er spielt nur so lange mit, wie ich ihm einreden kann, daß Sie einen Zschernitz erwarten. Daß er den Fahrer des Wagens erwischt hat, war eine Reflexsache, die ihm bereits leid tut. Er stand, als es passierte, genau wie ich unter Hochspannung. Wir dürfen hier nicht herumballern; das könnte zu Komplikationen führen und unsere Zusammenarbeit mit unseren italienischen Kollegen unabsehbar belasten. Um so wichtiger ist es, daß er an Ihren Zschernitz glaubt. Ich habe ihm erzählt, was gestern abend passiert ist und daß wir uns in Ihrem Schlafzimmer etwas nähergekommen seien.«

Ich beugte mich über ihn und küßte ihn. »Sind! Das sind wir uns doch auch. Sie tragen keinen Ring?«

»Er stört mich bei der Arbeit. Sie haben nicht vor, mich zu heiraten.«

»Nein«, sagte ich.

Er gab mir meinen Kuß zurück. »Dann lassen wir dieses Thema am besten im Keller ruhen. Und was Wieland betrifft: Sie wollten sich mir gegenüber nicht selbst belasten, also packten Sie über Ihre früheren Tätigkeiten nichts aus. Sie hatten lediglich den Auftrag, Schimazek in Empfang zu nehmen, ihn nach Italien zu schaffen und ihn, bis Zschernitz auftaucht, nicht aus den Augen zu lassen. Ich habe Ihnen mein Wort gegeben, daß es dabei bleibt und daß Ihnen keine Nachteile daraus entstehen.«

»Klingt einleuchtend«, nickte ich.

»Und wie haben Sie ihn nun tatsächlich nach Italien gebracht? Er hatte doch keine Papiere bei sich.«

»Auch das gehört zu jenen Dingen, mit denen ich mich nicht selbst belasten möchte«, sagte ich und legte die Hand auf seine Brust. »Wie lange kann das noch dauern?«

»Bis die Schwellung zurückgeht?«

»Die Schwellung allein stört mich nicht.«

Er lächelte. »Ich bin noch nie einem Menschen mit so kalten Händen begegnet wie Ihnen. Hat das mit Ihrem Blutdruck zu tun?«

»Ich kenne ihn nicht«, sagte ich. »Ihre Hände sind vom langen Warten im Wald vielleicht auch ganz kalt geworden.«

»Darüber wollte ich gerade mit dir reden«, sagte er.

Ob Wieland ihm die Geschichte mit Zschernitz geglaubt hatte, war von Feuerstein in einem unserer Gespräche angezweifelt worden, aber zu diesem Zeitpunkt hatte Wieland wohl schon selbst so viel Gefallen an ihrem gemeinsamen Italienaufenthalt gefunden, daß er nur allzu gerne bereit war, sich auf Gutgläubigkeit zu versteifen. Dies dürfte ihm um so leichter gefallen sein, als Feuerstein für ihr gemeinsames Tun die alleinige Verantwortung trug. Von mir auf die Tränen der Neumann angesprochen, die sie an seiner Brust vergossen haben wollte, setzte er nur ein grimmiges Lächeln auf. In der Redaktion hielt man es dagegen für durchaus möglich, daß sie tatsächlich welche vergossen hatte, wobei die Meinungen wieder einmal darüber auseinandergingen, ob sie allein ihrer Enttäuschung über Jochens Verhalten zuzuschreiben oder auch Ausdruck ihrer Dankbarkeit waren, die man ihr gegenüber Feuerstein zu diesem Zeitpunkt noch zubilligen konnte. Mein persönlicher Eindruck war der, daß sie Feuerstein an diesem Abend zwar dazu benutzte, um mit ihrer Enttäuschung fertig zu werden, daß sie gleichzeitig auch auch eine Zuneigung für ihn empfand. Am frühen Morgen, als die anderen noch schliefen, begleitete sie ihn bis vor das Tor, wo jetzt einer von Pellicos Kollegen auf Posten stand. Ihm schien diese Begegnung ebenso unangenehm wie Pellico zu sein, denn auch er vermied es, Feuerstein anzusehen. Nachdem er sich von der Neumann verabschiedet hatte, suchte er den ursprünglich als Nachtlager vorgesehenen Rastplatz unter den Bäumen auf, wo noch die Wolldecken und das Funkgerät lagen. Er klemmte sie sich unter den Arm und folgte, ohne einem Menschen zu begegnen, dem Weg zur Straße. Dort wurde er bereits ungeduldig von Wieland erwartet. Er sagte zu ihm: »Tut mir leid, ich bin gegen Morgen eingeschlafen. Ist dir unterwegs etwas Verdächtiges aufgefallen?«

Dies war nicht der Fall. Lediglich das Auto mit dem zerfetzten Hinterreifen stand noch immer an der gleichen Stelle, wo es schon gestern abend gestanden hatte. Während sie dann nach Rom zurückfuhren, erzählte Feuerstein, daß es ihm gelungen sei, mit der Neumann, als sie einmal aus dem Haus kam, unter vier Augen eine paar Worte zu wechseln. Er sagte: »Ich habe ihr unsere Rufnummer gegeben. Sie wird das Haus, solange sie und Schimazek hier wohnen, nicht mehr verlassen. Da sie gut bewacht wird, brauchen wir uns ihretwegen vorläufig nicht mehr die Nächte um die Ohren zu schlagen. Sobald Zschernitz auftaucht, gibt sie uns Nachricht.«

»Wenn er überhaupt auftaucht«, sagte Wieland und blickte von der Seite in Feuersteins Gesicht. »Du hast wirklich nur ein paar Worte mit ihr gewechselt?« Feuerstein grinste. »Was tut man nicht alles für seinen Job.«

»Ich glaube nicht, daß du es nur deshalb tust«, sagte Wieland. »Ist ein Klasseweib.«

Feuerstein nickte. »Für solche Aufgaben verwenden sie immer nur Klasseweiber. Sie läßt sich übrigens auch bei dir für unsere Hilfe bedanken. Daß sie auf mich steht, kann uns allen nur von Nutzen sein.«

»Von deiner Frau mal abgesehen«, bemerkte Wieland.

Damit berührte er bei Feuerstein einen mehr inneren wunden Punkt;

er antwortete: »Läuft unter Berufsrisiko. Falls du dich benachteiligt fühlst, kann ich ja mal mit ihr reden.«

Wieland winkte ab: »Ich kenne, um so zu bleiben, wie ich bin, zum Glück meine Grenzen.«

»Meine sind vorläufig leider auch noch sehr eng abgesteckt«, seufzte Feuerstein und griff sich in die Hose.

Ihr Hotel stand in der Via della Lungaretta. Das Zimmer war nicht so komfortabel wie ihr letztes in Riomaggiore, aber vom Fenster aus hatten sie einen schönen Blick auf den Tiber und auf die Isola Tiberina mit ihrer alten romanischen Kirche inmitten des Flusses. Weil sie immer eines Anrufs der Neumann gewärtig sein mußten, verließen sie ihr im zweiten Stock gelegenes Zimmer in den darauffolgenden Tagen nie gemeinsam und Feuerstein auch nie länger als für eine Stunde. Bis zum Auftritt Schimazeks im Stadion des AS Rom erwartete er zwar keine besonderen Ereignisse; er hielt es dennoch für geraten, für die Neumann jederzeit präsent zu sein. Obwohl er und Wieland sich täglich mit Zeitungen versorgten, entdeckten sie in keiner einen Hinweis auf den von ihnen an der Küstenstraße zwischen Guardapasso und Lido die Ostia abgestellten Wagen mit dem Toten am Steuer.

Der Anruf der Neumann erfolgte dann erst am Mittwochvormittag und ausgerechnet zu einem Zeitpunkt, als Feuerstein zu einem kurzen Spaziergang das Hotel verlassen und Wieland die Telefonwache übernommen hatte. Er erfuhr von diesem, daß sie ihn gegen vierzehn Uhr in ihrem Bungalow erwartete.

»Wieso gerade heute?« sagte Feuerstein. »Heute nachmittag ist doch das Spiel in Rom, zu dem auch Schimazek erscheinen soll.«

Wieland nickte. »Habe mich auch gewundert, aber vielleicht will sie ungestört mit dir sein und läßt Schimazek allein nach Rom fahren. Mich hat sie jedenfalls nicht eingeladen. Sie wollte nur wissen, wie es dir geht. Wenn wir uns beeilen, können wir noch zusammen essen gehen.«

Feuerstein war einverstanden. Sofort nach dem Essen, das sie in einem kleinen Restaurant am Tiberufer zu sich nahmen, machte sich Feuerstein auf den Weg. Auf der Straße in die Berge herrschte zu dieser Tageszeit reger Verkehr, zumeist von Touristen, die an den Lago di Bracciano fuhren. Die Straße führte in Sichtweite des Sees an seinem Südufer vorbei und dann über Manziana nach Tolfa, aber so weit brauchte Feuerstein nicht zu fahren. Schon wenige Kilometer hinter Manziana zweigte der zum Haus führende Weg ab. Entgegen seiner Erwartung, auf der Fahrt hierher einem Wagen mit Schimazek zu begegnen, war dies nicht geschehen. Er beruhigte sich damit, daß er vielleicht schon etwas früher weggefahren sei oder daß der Fahrer eine andere Route gewählt habe. Von Manziana aus führte eine direkte Straße zu der parallel zur Küste nach Rom verlaufenden Autobahn. Sie war auch von Feuerstein schon benutzt worden, als er zusammen mit Wieland Bellonis Wagen mit dem toten Fahrer zur Küstenstraße hinuntergebracht hatte.

Für den Fall, daß Schimazek und seine Begleiter früher als von Marianne angenommen zurückkämen, fuhr er seinen Dienstwagen, einen Opel Senator, schon vor der Abzweigung auf einen schmalen Waldweg und ließ ihn dort stehen. Weil der Weg parallel zu der Zufahrtsstraße etwa in der gleichen Richtung verlief, entschloß er sich, ihn ein Stück weit zu benutzen und dann quer durch den Wald zu gehen. In dem lichten, unterholzfreien Pinienwald bereitete ihm das keine Mühe. Er verließ den Weg an einer Stelle, wo er nach links abbog, und kletterte einen steilen Hang zu einer flachen Kuppe hinauf. Als er sie erreichte, sah er zwischen den Bäumen halb rechts unter sich das Haus und die schmale Zufahrtstraße. Auf der Straße, etwa fünfzig Meter vom Haus entfernt, standen hintereinander zwei Wagen. Sich mit dem Gesäß lässig gegen den Kühler des ersten lehnend, beobachtete ein Mann das Haus; über der rechten Schulter hatte er eine Maschinenpistole hängen. Was sich beim Haus abspielte, konnte Feuerstein wegen der Bäume nicht genau erkennen. Er meinte aber, neben und vor dem Tor einige Männer zu sehen, die wie unschlüssig umherstanden oder hin- und herliefen. Während er sich sein weiteres Vorgehen noch überlegte, vernahm er das Heulen einer Sirene. Gleichzeitig sah er, wie sich der Mann am Kühler des Wagens einige Schritte von ihm entfernte, die Maschinenpistole von der Schulter nahm und, in leicht gekrümmter Haltung verharrend, zum Haus spähte. Weil er ihm noch immer den Rücken zukehrte und das Heulen der Sirene jedes andere Geräusch überdeckte, verlor Feuerstein keine Zeit mehr. Er lief, die entsicherte Pistole in der Hand, den auf dieser Seite weniger steilen Hang hinunter. Der Mann bemerkte ihn erst, als Feuerstein schon unmittelbar hinter ihm stand und ihm den Lauf seiner Waffe in den Nacken drückte. Vom Haus her drohte ihm, wie er mit einem raschen Blick feststellte, noch keine Gefahr. Weil die Straße kurz vor dem Tor in einer Krümmung verlief, konnte er von seinem jetzigen Standort aus die Männer nicht mehr sehen. Er vermutete, daß sie beim Versuch, die Mauer zu überklettern, eine Alarmanlage ausgelöst hatten. Er nahm dem mit erhobenen Armen reglos vor ihm verharrenden Mann die Maschinenpistole aus der Hand und sagte: »Dreh dich nicht um. Du läufst jetzt zu Belloni und erzählst ihm, daß in spätestens zehn Minuten die Carabinieri hier sein werden. Lauf, sonst mach ich dir Beine.«

Er beobachtete, wie der Mann sich in Bewegung setzte, zuerst noch zögernd und wie unschlüssig, dann aber, als Feuerstein die Maschinenpistole auf die Räder der beiden Autos richtete und sämtliche Reifen zerschoß, in einem jähen Spurt. Auch Feuerstein hatte hier, außer seinem Leben, nichts mehr zu verlieren. Er rannte, die Maschinenpistole mit sich nehmend, zwischen den Bäumen den Hang hinauf. Er blieb erst wieder stehen, als er die Kuppe erreicht hatte. In seiner Erwartung, daß seine Schüsse auch von Belloni und den anderen gehört worden seien, sah er sich gleich darauf bestätigt. Vom Haus her kamen auf der schmalen Zufahrtsstraße sieben oder acht Männer angestürmt; fast alle waren mit Maschinenpistolen bewaffnet. Er trat rasch hinter einen Baum und beobachtete, wie sie sich den Wagen näherten, beim Anblick der zerschossenen Reifen stehenblieben und nach allen Seiten Umschau hielten. Ob auch Belloni bei ihnen war, konnte er wegen der Bäume, die seine Sicht auf die Straße behinderten, nicht feststellen. Glücklicherweise schienen sie es jetzt so eilig zu haben, daß sie ihr Augenmerk nicht länger mehr in den Wald richteten, er konnte hören, wie kurz hintereinander beide Motoren ansprangen, dann rollten die Wagen auf ihren plattgeschossenen Reifen und, weil sie auf der schmalen Straße nicht wenden konnten, im Rückwärtsgang aus seinem Blickfeld. Etwa im gleichen Moment verstummte auch die Sirene. Im nächstgelegenen Ort würde man sie wegen der gebirgigen Beschaffenheit des Geländes und wegen der Entfernung bis dorthin wohl kaum gehört haben. Ihr Nutzen beschränkte sich auf einen eher psychologischen Effekt. Feuerstein betrachtete die Maschinenpistole, es war eine Bergmann 32 mit aufgestecktem Magazin; während seiner Ausbildung hatte er sich auch mit ihr befassen müssen.

Er wartete noch, bis er das Motorengeräusch der beiden Wagen nicht mehr hören konnte. Viel weiter als bis zur Straße würden sie es mit den kaputten Reifen nicht schaffen. Er ging davon aus, daß sie die Wagen irgendwo im Wald stehenließen, sich trennten und die paar Kilometer nach Manziana zu Fuß fortsetzten. Mir ihrer baldigen Rückkehr rechnete er selbst dann nicht, wenn es ihnen gelingen sollte, sich neue Reifen oder andere Autos zu beschaffen. Weil sie diesmal aber in so großer Besetzung erschienen waren, mußte man davon ausgehen, daß ihre Auftraggeber erste Anzeichen von Ungeduld verrieten, und sie würden sich auch mit dem heutigen Fehlschlag nicht abfinden.

Der Gedanke, Belloni und seine Kumpane könnten auf der Suche nach einem vorläufigen Versteck für ihre Autos unglücklicherweise auf sein eigenes stoßen, überfiel ihn, während er, mit der gebotenen Vorsicht, wieder zur Straße hinabstieg. Obwohl er ihn stark beunruhigte, galt seine noch größere Sorge den Hausbewohnern und in ganz besonderem Maße Marianne. Sie wurde nicht geringer, als er, bereits auf der Straße gehend, feststellte, daß die parallel verlaufende Telefonleitung kurz vor dem Hause lose von den Masten baumelte. Hingegen ließ das Auslösen der Alarmanlage darauf schließen, daß wenigstens die Stromversorgung nicht unterbrochen war. Möglicherweise erfolgte sie wegen der einsamen Lage des Hauses über ein Notaggregat.

Er fing an zu laufen.

7

Eines hatte die Neumann mit dem bisherigen Abdruck ihrer Memoiren, ob nun beabsichtigt oder unbeabsichtigt, auch bei den Damen unserer Redaktion erreicht: Waren sie nach den ersten Folgen noch bis in ihre Schlafgemächer hinein von Schimazek hingerissen gewesen, so löste sein rasches Eingehen auf Piera gerade bei ihnen eine starke Ernüchterung aus. Nicht wenige, darunter auch meine Sekretärin, kamen in Übereinstimmung mit der Neumann auch in seiner sonstigen Bewertung zu dem Ergebnis, daß er es eben doch mehr in den Beinen beziehungsweise in den Händen, als sonstwo habe. Diese neue Einschätzung von Schimazeks Person stand in einem krassen Widerspruch zu den

Emotionen, die er, wiederum vor allem bei unseren Damen, bis vor zwei Jahren, ehe er und die Neumann so plötzlich von der Bildfläche verschwanden, ausgelöst hatte. Einige von ihnen, die sich auch als Frauen dem Fußball stark verbunden fühlten, gingen in ihrem Enthusiasmus für Schimazek nicht selten so weit, daß sogar ihr Verhältnis zu ihren Ehemännern oder Freunden darunter litt. Verwunderlich war das insofern nicht, als er nicht nur von Anhängern des Fußballsports verdächtigt wurde, vielleicht gar kein Irdischer, sondern ein Wesen von einem anderen Stern zu sein, aber seit die Menschen mit ihren Problemen und Ängsten nicht mehr selbst zurechtkommen, fühlen sie sich ohnehin immer mehr geneigt, ihre Erwartungen und Hoffnungen auf unbekannte Galaxien zu richten. Da mußte ein Mann wie Schimazek, dessen fast schon mirakulöse Torhütereigenschaften nicht nur der Naturwissenschaft Dissertationsstoff für die nächsten hundert Jahre gegeben hatte, allen weniger um eine geistige Bewältigung des Schimazekschen Phänomens Bemühten wie die Inkarnation eines Übermenschen erscheinen, der sie ihre eigene Unzulänglichkeit zeitweilig vergessen und verträumen ließ. Einem Kometen gleich, der für ein paar Erdenwochen lang ihr kleines Dasein miterhellte und dessen Widerschein in ihren Herzen noch weiterleuchtete, als er in ihren Augen schon längst erloschen war. Genauso, wie er auch im Herzen der Neumann weiterlebte, als ihre Liebe für Schimazek oder das, was sie für Liebe gehalten hatte, schon längst erloschen war. Auch über sie gingen die Meinungen in der Redaktion unverändert weit auseinander. Sicher scheint mir zu sein, daß sie in ihren Enttäuschungen im Umgang mit Männern ebenso unversöhnlich sein konnte wie in ihrer Konsequenz, intellektuelle und auch physische Folgerungen aus augenblicklichen Neigungen, Empfindungen und Bedürfnissen zu ziehen und sie, ohne Rücksicht auf das eigene Erscheinungsbild, augenblicklich in die Tat umzusetzen. So genügte eine einzige Fehleinschätzung ihrer wirklichen Absichten oder Gefühle durch einen ihr nahestehenden Menschen, um sie völlig gleichgültig für seine eigenen Empfindungen werden zu lassen. Sie reagierte dann wirklich so eiskalt, wie Feuerstein sie mir bei vielen Gelegenheiten darzustellen versuchte. Andererseits konnte sie immer dann von sensibler Rücksichtnahme sein, wenn man es am wenigsten von ihr erwartete.

Daß Ardigo im gleichen Augenblick für sie gestorben war, als er sie von Schimazeks leichter Verführbarkeit durch eine andere Frau überzeugte, hatte bei ihr vielleicht weniger mit verletztem weiblichem Stolz, als mit ihrer Eigenart zu tun, sich ebenso plötzlich für einen Mann erwärmen, wie ihn auch wieder aus ihrem Kopf und aus ihrem Herzen verdrängen zu können. Letztlich wird es wohl so gewesen sein, daß das Zusammentreffen zweier wichtiger Erlebnisse, nämlich ihre Enttäuschung über Schimazek und ihre sich rasch entwickelnde Zuneigung für Feuerstein ihre bisherigen Empfindungen für Ardigo ins Belanglose abgleiten ließen, wobei noch eine gewisse Rolle gespielt haben mag, daß sie es nachträglich bereute, sich auf diese Konspiration mit ihm eingelassen zu haben. Tatsächlich läßt sie über diese inneren Zusammenhänge in ihren Memoiren nichts verlauten, sie setzt sie vielmehr mit der Schilderung der Ereignisse am Mittwochnachmittag fort, ohne Ardigos Abreise oder das, was sie vor seiner Abreise noch mit ihm gesprochen hatte, auch nur mit einem einzigen Wort zu erwähnen. Ebenso unerwähnt läßt sie ihr morgendliches Zusammentreffen mit Schimazek nach seinem nächtlichen Sündenfall und das gewiß nicht unproblematische Zusammensein mit ihm und Piera in den darauffolgenden Tagen. Sie beginnt den neuen Absatz einfach damit, daß sie ihre nächste Begegnung mit Feuerstein schildert, was ein sicheres Indiz dafür ist, wie wichtig er zu diesem Zeitpunkt für sie geworden war. Sie schreibt:

Mein Entschluß, nicht nach Rom zu fahren, sondern mich an diesem Nachmittag mit Feuerstein zu treffen, hatte nicht nur mit meiner Enttäuschung über Jochen zu tun. Ich wäre auch ohnedies nicht mitgefahren. In Rom hätte ich nur wieder unzählige Interviews geben müssen, und danach stand mir in diesen Tagen einfach nicht der Sinn.

Am Vormittag hatte ich Pellico nach Bracciano geschickt und von ihm zu einer Tasse Kaffee, die ich mit Feuerstein trinken wollten, süßes Gebäck besorgen lassen. Er erwies sich mir gegenüber von Tag zu Tag als diensteifriger; ganz offensichtlich hatte ich es ihm so sehr angetan, daß er mir jeden Wunsch von den Augen abzulesen versuchte. Auch auf seine Verschwiegenheit konnte ich mich verlassen, er hatte weder Ardigo noch Piera von Feuersteins nächtlichem Besuch in meinem Zimmer erzählt, und seit ich auch seinen Kollegen hin und wieder einen größeren Lireschein zusteckte, konnte ich mir ihrer Verschwiegenheit gleichfalls sicher sein. Pellico kam aus Neapel, er war kein redseliger Mann, aber in einer schwachen Stunde, als ich ihn wieder einmal aus meiner Reisekasse mit einem Fünftausend-Lire-Schein versorgte, erzählte er mir einiges aus seinem Leben. Es hörte sich, angefangen von seiner Frau, die mit seinem besten Freund durchgebrannt war, bis zu seinen bei der Großmutter lebenden Kindern alles so traurig an, daß ich seinen Schmerz gleich noch einmal mit einem Fünftausend-Lire-Schein zu lindern versuchte.

Während ich dann auf Feuerstein wartete, versuchte ich mir darüber schlüssig zu werden, ob ich ihm schon vor oder erst nach dem Kaffee Gelegenheit geben sollte, nachzuholen, worauf wir wegen der besonderen Umstände bei seinem abendlichen Besuch aus naheliegenden Gründen hatten verzichten müssen. Die Erinnerung daran, wie angenehm unser nächtliches Zusammensein dann trotzdem verlaufen war, hatte mich in den vergangenen Tagen auf seinen nächsten Besuch richtig ungeduldig werden lassen. Ihm diese Ungeduld nicht zu verraten, war der einzige Grund gewesen, weshalb ich erst heute vormittag bei ihm angerufen hatte.

Die Wartezeit bis zu seinem Eintreffen verbrachte ich zuerst vor dem Bildschirm. Piera hatte mir vor dem Weggehen den Kanal eingestellt, so daß ich mir die Übertragung aus dem Stadion des AS Rom gegebenenfalls ansehen könnte. Als aber die Zuschauer bei Jochens Erscheinen auf dem Spielfeld in tosende Beifallsstürme ausbrachen, in

Sprechchören seinen Namen riefen und er, lässig beide Arme in die Luft hebend, zum Tor schritt, schaltete ich das Gerät ab. Ähnlich mußte es wohl gewesen sein, als sie vor über vierzig Jahren dem Duce zujubelten.

Pellico hatte von mir den Auftrag erhalten, Feuerstein sofort in das Haus zu lassen. Der Einfall, daß es den Ablauf unseres gemeinsamen Nachmittags sogleich in die richtigen Bahnen lenkte, wenn er mich im Schwimmbecken anträfe, kam mir kurz danach. Der Bikini, den ich mir bereits in Mailand zugelegt hatte, war nicht ganz so knapp bemessen wie der von Piera; er entkleidete mich jedoch in sehr gefälliger Weise. Ich hätte ihn auch weglassen können, aber erfahrungsgemäß finden Männer einen Bikini mitunter erotischer als das, was sich noch darunter verbarg. Piera schien hier allerdings anderer Meinung zu sein. Seit Tagen nervte sie mich am und im Swimmingpool demonstrativ damit, mir unverhüllt vorzuführen, woran Jochen neuerdings seine Freude hatte.

Die Sirene hörte ich, als ich bereits im Wasser war. Im Augenblick dachte ich an einen Probealarm, wie ich ihn in Frankfurt schon des öfteren erlebt hatte, aber ich war nicht in Frankfurt, und das war auch kein Probealarm. Ich erinnerte mich an das, was Ardigo mir über Kidnapping und über die im Haus eingebaute Alarmanlage erzählt hatte. Mein Schreck war so groß, daß ich mich eine Weile überhaupt nicht rühren konnte und mit dem Kopf beinahe unter das Wasser geraten wäre. Irgendwann besann ich mich wieder auf mich selbst und kraulte zum Beckenrand. Als ich aber aus dem Wasser kam, waren sämtliche Fenster und Türen mit in der Sonne metallisch glänzenden Rolläden verschlossen, und die Sirene fing an, mir in den Ohren zu schmerzen. Vielleicht war wenigstens die Tür zum Heizraum des Swimmingpools offen. Von ihm aus führte eine zweite Tür in den Keller des Hauses und von dort eine Treppe in die Tiefe, so daß man sich, wenn man sie hinter sich hatte, unterhalb des Beckens befand. Zu meiner unsäglichen Erleichterung war sie nicht verschlossen. Ich schaltete das Licht ein, zog die Tür hinter mir ins Schloß und rannte an einer Ölfeuerungsanlage vorbei zu der zweiten Tür. Dort erlebte ich jedoch eine schlimme Enttäuschung: Sie ließ sich nicht öffnen, aber wenigstens war die Sirene hier unten kaum mehr zu hören. Und jetzt erst erinnerte ich mich auch an Pellico, den ich in meiner Panik, als die Sirene einsetzte, völlig vergessen hatte. Irgendwann hatte ich den Eindruck, daß die Sirene still geworden war. Ich kehrte ins Freie zurück und blieb unterhalb des Schwimmbeckens lauschend stehen. Weil jedoch auch nach längerem Warten kein verdächtiges Geräusch meine Ohren erreichte, stieg ich langsam die Treppe hinauf und sah mich nach allen Seiten um. Zu sehen war nichts. Und als ich dann eine Stimme hörte, die meinen Namen rief, kam sie mir sofort ungemein vertraut vor. Ich rannte über die Terrasse und um das Haus herum. Auch an seiner Vorderseite waren Türen und Fenster mit stählernen Rolläden verschlossen. Die Stimme aber, die ich gehört hatte, kam von dem großen Eingangstor in der Mauer, und als ich etwas genauer hinschaute, sah ich einen Mann neben dem Tor über die Mauer kommen, während gleichzeitig die Sirene erneut zu toben anfing. Da ich in dem Mann jedoch auf den ersten Blick Feuerstein erkannte, hielt mein Entsetzen sich diesmal in Grenzen. Ich rannte ihm entgegen und fragte atemlos: »Haben Sie den Alarm ausgelöst?«

Er wischte sich die Ärmel seines Jacketts ab und fragte etwas zurück; ich konnte jedoch wegen der Sirene kein Wort verstehen. Er faßte mich bei der Hand und zog mich zur Vorderseite des Hauses auf die Terrasse. Dort beklopfte er mit dem Knöchel des Zeigefingers die verschiedenen Rolläden. Er war gerade damit fertig geworden, sie zu beklopfen, als die Sirene wieder an ihrem eigenen Geheul erstickte. Ich fragte, noch immer atemlos und mich wiederholend: »Haben Sie den Alarm ausgelöst?«

Statt mir zu antworten, nahm er mich in die Arme und küßte mich. Sein Kuß erinnerte mich daran, daß wir uns seit fünf Tagen duzten. Er fragte dann auch: »Du bist wohl ein bißchen durcheinander?«

»Kunststück«, sagte ich perplex. »Bei dem Schrecken, den du mir eingejagt hast. War das Tor denn nicht offen?« Ehe er mir jedoch antworten konnte, wurde ich schon wieder erschreckt. An einer Terrassentüre wurde von innen heftig gegen den Rolladen geklopft.
Eine Stimme rief: »Hallo! Hallo!«, und immer wieder: »Hallo!«

»Das ist Pellico«, sagte ich perplex. »Wie kommt der denn in das Haus?« Dann fiel mir auf, daß Feuerstein seine Pistole gezogen hatte; er steckte sie jedoch bei meinen Worten sofort wieder ein und sagte: »Er wird dich gesucht haben, als die Sirene anfing. Wo hast du da gesteckt?«

»Im Swimmingpool«, antwortete ich mechanisch. Dann wurde ich unvermittelt ärgerlich: »Was ist das nur für eine Drecksanlage? Wenn man draußen ist, wird man aus-, und wenn man drinnen ist, eingesperrt.«

Er grinste. »Dann hat man es eben versäumt, dich darauf hinzuweisen, beim Auslösen der Sirene sofort ins Haus zu gehen. Sicher gibt es zwischen ihrem Einsatz und dem Verschließen der Fenster und Türen eine Verzögerungsphase. Rede du mit Pellico; deine Stimme kennt er. Irgendwo im Haus, vermutlich im Keller, muß ein Schalter sein, der die Läden öffnet.«

Die Verständigung mit Pellico klappte dann auch sofort; er versprach mir, den Schalter zu suchen; seine Stimme klang erleichtert. Auch ich fühlte mich jetzt sehr erleichtert, ich sagte zu Feuerstein: »Jetzt erzähl mir endlich . . .«

»Nein, erzähl du mir«, fiel er mir ins Wort. »Wo hast du dich aufgehalten, als die Sirene losging? Im Schwimmbecken? Du bist ja noch ganz naß.«

»Natürlich war ich im Schwimmbecken«, antwortete ich. »Als ich dann sah, daß schon sämtliche Türen und Fenster verschlossen waren, bin ich in den Keller gerannt. Ich hatte ja keine Ahnung, daß du es warst, der . . .«

»In welchen Keller?« fragte er inzwischen.

Seine Pedanterie erboste mich. »Wieso ist das so wichtig?«

»Zeig mir, wo er ist«, sagte er ruhig.

Ich stieg mit ihm die Treppe hinunter, zeigte ihm den Keller und fragte: »Bist du endlich zufrieden?«

Er nickte, nahm mich wieder in die Arme, küßte mich lange und murmelte: »Du bist mir vielleicht eine.«

Sein mir rätselhaftes Verhalten ließ mich erstmals die Möglichkeit ins Auge fassen, daß vielleicht gar nicht er es gewesen war, der den Alarm ausgelöst hatte. Weil jedoch, als wir wieder auf die Terrasse kamen, im gleichen Moment die Rolläden hochgingen, stellte ich diese Frage vorläufig zurück. Ihre Lösung wurde mir dann aber durch Pellico offenkundig, der, sein Gewehr in der Hand, aus einer Tür stürzte, bei Feuersteins Anblick stutzte und daran anschließend wilde Blicke um sich schickte: »Wo sind die Kerle?« fragte er. Jetzt war es an mir, zu stutzen: »Will mir endlich einmal einer erklären, was hier eigentlich gespielt wurde?« Und weil Feuerstein, statt mir die gewünschte Auskunft zu geben, sich eine Zigarre anzündete, richtete ich das Wort direkt an Pellico: »Was ist geschehen?«

»Ich war im Gästehaus, als die Sirene anfing«, erzählte er. »Ich rannte sofort ins Freie und sah ein paar bewaffnete Männer über die Mauer klettern. Ich wollte Sie warnen, Signorina, und lief in den Bungalow, aber dort waren Sie nicht. Als sich dann plötzlich die Läden schlossen, kam ich nicht mehr hinaus.«

Ich konnte ihn nur betroffen anschauen. An meiner Stelle fragte Feuerstein: »Haben Sie die Männer gesehen?«

Pellico nickte. »Ich glaube schon, Signore. Aber sie brauchten ihre Hände, um sich an der Mauer festzuhalten, sonst hätten sie sicher nach mir geschossen. Als sich die Läden geschlossen hatten, hörte ich die Männer um das Haus laufen und laut miteinander reden. Wurden Sie von ihnen nicht gesehen, Signorina?«

Ich antwortete auch diesmal nicht. Erst etwas später fragte ich Feuerstein: »War Belloni auch dabei?«

»Ich nehme es an; gesehen habe ich ihn nicht.«

»Und wie viele Männer waren es?«

»Sie sind weg. Denk nicht mehr an sie.« Er richtete das Wort an Pellico: »Vor der Mauer liegt eine leergeschossene Maschinenpistole. Holen Sie sie herein. Haben Sie einen Schlüssel für das Tor?«

Was Pellico antwortete, konnte ich nicht mehr hören, weil ich mich bereits dem Haus zugewandt hatte. Als Feuerstein mich suchen kam, stand ich im Schlafzimmer und warf meine Kleider in einen Koffer. »Wie ist das Hotel, wo du wohnst?« fragte ich. Er verstand sofort, was ich beabsichtigte. »Nicht besonders komfortabel. Vielleicht haben sie auch kein Zimmer mehr frei; es ist mehr ein Hotel für Vertreter.«

»Dann suchen wir uns eben ein anderes«, sagte ich. »Wo hast du deinen Wagen?«

»Ich bin mir nicht sicher, ob er noch dort ist, wo ich ihn stehen ließ. Hat Schimazek deinen Pininfarina mit nach Rom genommen?«

»Nein; er steht in der Garage hinter dem Gästehaus. Brauchen wir ihn?«

»Das weiß ich noch nicht«, sagte Feuerstein. »Es kann etwa zehn Minuten dauern, bis ich zurück bin. Beunruhige dich deshalb nicht.«

Ich beunruhigte mich trotzdem, aber weil ich jetzt Pellico mit seinem Gewehr vor meinem Fenster stehen und wieder wilde Blicke um sich werfen sah, nahm ich mich zusammen. Ich legte die Hände auf Feuersteins Schultern und sagte so ruhig wie möglich: »Ich möchte, daß du künftig ständig in meiner Nähe bist, Rudolf. Dein Freund natürlich auch; euer Hotelzimmer bezahle ich. Läßt sich das so einrichten?«

»Wenn du es willst«, sagte er. »Ich beeile mich.«

Es dauerte dann nicht einmal zehn Minuten, bis er mit seinem Wagen angefahren kam. Pellico trug meine Koffer hinaus; ich sagte: »Es ist mir hier zu unsicher geworden, Pellico. Ich nehme mir in Rom ein Hotelzimmer; Signor Feuerstein wird mich hinfahren. Es ist auch für Signor Schimazek besser, er bleibt nicht hier. Sagen Sie ihm, daß ich von einem Hotel aus hier anrufen . . .«

»Die Leitung ist gestört, Signorina«, unterbrach er mich. »Als ich im Haus eingeschlossen war, versuchte ich vergeblich, die Carabinieri anzurufen.«

Ich dachte kurz nach. »Kennen Sie ein gutes, aber nicht zu teures Hotel in Rom? Möglichst an einer breiten Straße mit viel Betrieb.«

Er nannte mir drei Namen und setzte hinzu: »Ich bin nicht aus Rom, Signorina, aber ich glaube, das ›Excelsior‹ in der Via del Corso soll ein gutes Hotel sein und nicht so teuer. Ich hatte es einmal zufällig gehört, als sich zwei Signore in einem Restaurant am Nebentisch darüber unterhielten. Die Via del Corso ist eine der belebtesten Geschäftsstraßen Roms.«

»Dann werden wir es uns einmal ansehen«, sagte ich. »Vielleicht finden sich dort auch noch Zimmer für Sie und Ihre Kollegen. Das müssen jedoch die Leute entscheiden, die euch bezahlen. Vorsorglich lasse ich Ihnen den Schlüssel für den Pininfarina hier, falls sie ihn brauchen sollten.« Zu Feuerstein, der neben uns stand und uns zuhörte, sagte ich: »Kann er hierbleiben, bis Schimazek und die anderen zurückkommen, oder ist das zu gefährlich?«

»Bis dahin wohl kaum. Er soll sich solange im Haus einschließen. Diese Läden lassen sich gewaltsam nur mit Dynamit öffnen.«

Pellico war einverstanden. Trotzdem wirkte sein Gesicht, als ich mich von ihm verabschiedete, bekümmert.

Während wir dann zur Straße fuhren, fragte ich: »Wie hast du sie vertrieben, Rudolf?«

»Ich hatte einen brauchbaren Einfall, das war alles. Reden wir nicht mehr davon.«

»Aber ich will davon reden«, sagte ich. »Du hast jetzt zum drittenmal dein Leben für mich riskiert. Denkst du, das läßt mich gleichgültig?«

»Es war ein Fehler, euch in diesem abgelegenen Haus unterzubringen. Wem gehört es?«

Ich erzählte es ihm und fuhr fort: »Ardigo meinte, es sei wegen der Alarmanlage sicherer als ein Haus in Rom oder ein Hotel. Ich glaube nicht, daß die Leute, von denen Belloni seine Informationen bekommt, in Rom sitzen. Auf die Alarmanlage war er offensichtlich nicht vorbereitet.«

»Kann sein.«

»Und sonst willst du mir nichts erzählen?«

»Es würde dich nur unnötig aufregen«, sagte er. »Schau dir lieber die hübsche Landschaft hier an; in Frankfurt siehst du so etwas nicht.«

Ich blickte von der Seite in sein Gesicht. »Ich habe mir etwas überlegt. Solange ich mit Schimazek zusammen bin, wird das nie aufhören. Er wird sich immer mehr Feinde schaffen. Wenn er am kommenden Wochenende für die italienische Nationalelf gegen Spanien antritt, darf er sich hinterher sein Leben lang in Spanien nicht sehen lassen.«

»Warum nicht?«

»Du hast dir die Situation anscheinend noch nicht klargemacht; ich habe es in den vergangen Tagen mehr als einmal getan. Wenn Schimazek im Tor steht, haben die Spanier doch überhaupt keine Chance, das Spiel zu gewinnen. Ardigo sagte, es sei genauso, als müßten sie gegen ein Tor anspielen, das mit Brettern vernagelt ist. Und das gilt nicht nur für die Spanier. Mit Schimazek im Tor ist die Europameisterschaft schon heute für die Italiener entschieden, und die nächste Weltmeisterschaft auch. In spätestens vier Wochen hat sich das bei sämtlichen Nationalelfs, die sich an den Qualifikationsspielen beteiligen, herumgesprochen. Warum sollten sie dann überhaupt noch mitmachen? Nur um auf dem zweiten oder dritten Platz zu landen?«

Er lachte überrascht auf: »Merkwürdig, daß ich daran noch nicht gedacht habe.«

»Andere haben vielleicht auch noch nicht daran gedacht, sie werden es aber bestimmt noch tun. Mir ist keine andere Sportart bekannt, die bei den Zuschauern ähnlich nationale Leidenschaften entfesselt wie gerade der Fußball. Manfred, ein früherer Freund von mir, sagte einmal, Fußball sei im Grunde nichts anderes als ein Ersatzkrieg, nur daß es da eben noch nicht ganz so blutig zugehe wie bei einem richtigen.«

»Warum hast du dich von ihm getrennt? Wegen Schimazek?«

»Nicht nur. Er hatte es mir auch zuviel mit dem Sport. Für andere Dinge interessierte er sich kaum. Was ich sagen will, ist, daß wir es sicher auch noch mit anderen Leuten als Belloni und seinen Hintermännern zu tun bekommen werden. Wie lange, schätzt du, wird deine Dienststelle dir die Geschichte von Zschernitz noch abnehmen?«

Er warf den Zigarrenstummel aus dem Fenster. »Schwer zu sagen. Kommt auch auf Wieland an.«

Wir hatten uns Rom jetzt auf Sichtweite genähert, die Straße führte steil in die Tiefe. Die Stadt und die sie umgebenden Hügel waren von einer Dunstglocke überwölbt und nur unklar zu erkennen. Fragmente des Tibers blitzten mir hin und wieder silbrig in die Augen. »Wie gefällt dir Rom?« fragte Feuerstein. Ich zuckte mit den Schultern. »Genauso, wie es in allen Reiseführern geschildert wird. Seine Sehenswürdigkeiten interessieren mich, aber ständig wohnen wollte ich hier nicht. Es verhält sich dabei wie mit seinen Palästen. Sie sehen von außen prächtig aus, und drinnen holt man sich im Winter einen Blasenkatarrh nach dem anderen.«

Er grinste.

Die Via del Corso mit ihren zahlreichen Palästen entsprach ebenso meinen Erwartungen wie das Hotel, das seinem Namen gerecht wurde.

Es sah sehr alt und feierlich aus. Drinnen fühlte ich mich ein wenig in Omas gute Plüschstube versetzt. Der Service jedoch war vorbildlich. Als ich an der Rezeption sagte, daß ich für den Augenblick zwei Doppelzimmer, für heute abend mit großer Wahrscheinlichkeit ein drittes, möglicherweise sogar ein viertes und fünftes benötigte, bekam ich es gleich mit mehreren dienstbaren Geistern zu tun; vielleicht hielten sie mich und Feuerstein für das Vorauskommando eines Dollarmillionärs. Weil ich damit rechnen mußte, daß sich mein Gesicht dem einen oder anderen vom Fernsehen her eingepägt hatte, nahm ich auch in der Hotelhalle die Sonnenbrille nicht ab und betupfte mir mit einem Taschentuch ständig die Nase. Mehr als einen kleinen Zeitgewinn konnte ich mir jedoch kaum davon erhoffen, denn sobald Jochen hier auftauchte, nutzten mir auch die Sonnenbrille und das Taschentuch nichts mehr. Meine kleine Konversation mit dem Personal, die Feuerstein ausschließlich mir überließ, wurde mehrfach durch lautes Reden und Gelächter einiger im Vestibül anwesender Gäste gestört; ein blaßhäutiger Geschäftsführer mit ölig glänzendem Haar erzählte mir entschuldigend, daß es im ›Excelsior‹ nicht immer so laut zugehe, aber die Herrschaften seien noch ganz begeistert von einer Fernsehübertragung aus dem Fußballstadion des AS Rom. »Sicher Schimazek«, sagte ich. Er lächelte erfreut: »Gnädige Frau haben die Übertragung gesehen?«

»Nur davon gehört«, sagte ich. »Hat er wieder alle Bälle gehalten?«

Der Ölhaarige küßte hingerissen seine Fingerspitzen: »Er ist ein Zauberer, Signora, ein Ballkünstler, wie es ihn noch nie gegeben hat. Es ist uns schrecklich, aber wir müssen allen unseren Gästen, die für das Spiel unserer Nationalmannschaft gegen Spanien am kommenden Wochenende in Neapel noch Karten haben wollen, leider mitteilen, daß das Stadion schon seit Tagen ausverkauft ist. Die meisten gehen gar nicht wegen des Spiels, sondern wegen Schimazek hin. Er tritt in Neapel zum erstenmal für unsere Nationalmannschaft an. Vielleicht haben Sie schon davon gehört?«

»Flüchtig«, sagte ich. »Wo sind die Zimmer?«

Zwei davon lagen Tür an Tür. Die anderen stellte man mir ein Stockwerk tiefer in Aussicht. Daß es zwischen den beiden nebeneinander liegenden Zimmern eine Verbindungstür gab, versöhnte mich augenblicklich mit dem auch hier vorherrschenden Plüsch. Ich sagte zu Feuerstein: »Solche Türen findest du eben nur noch in diesen alten Hotels; damals wußten die Gäste wenigstens noch den Schein zu wahren. Den Schlüssel kriegst du. Ich kann ja schlecht zu dir 'rüberkommen, wenn Wieland neben dir im Bett liegt.«

»Und ich nicht zu dir, wenn Schimazek neben dir liegt«, sagte er. Ich trat auf den kleinen Balkon hinaus und betrachtete die prächtige Rokokofassade eines schräg gegenüberstehenden Gebäudes. »Muß ein berühmter Palazzo sein«, sagte ich zu Feuerstein, der mir nachgekommen war. »Übrigens lag Schimazek seit vergangenen Freitag nicht mehr neben mir im Bett. Ich habe nicht die Absicht, hier etwas daran zu ändern.«

Ich kehrte ins Zimmer zurück und befühlte die beiden Betten. »Eigentlich brauchen wir Wieland vorläufig doch gar nicht«, sagte ich über die Schulter hinweg. »Wenn wir ihn brauchen, genügt ja ein Anruf bei ihm. Oder ist er dann eingeschnappt?«

»Dieses Risiko nehme ich auf mich«, sagte Feuerstein vom Balkon her. Er kam zu mir, nahm mein Kinn zwischen Daumen und Zeigefinger und sagte: »Du kannst wohl sehr nachtragend sein?«

»Falls du von Schimazek redest«, antwortete ich, »so hat das nichts mit Nachtragen zu tun. Diese Doppelrolle als seine Managerin und Geliebte hatte keine Aussicht auf Beständigkeit. Ich kam mir am Schluß vor wie eine, die sich dafür bezahlen läßt. Die Dienste, für die er mich bezahlt, sind ganz anderer Natur. Vielleicht tut es ihm heute schon leid, mich damit betraut zu haben, aber Vertrag ist Vertrag. Wenn ich es grob überschlage, hat es mir bis heute fast drei Millionen eingebracht, und ihm auch.«

»Drei Millionen Lire?«

Ich nahm seine Hand von meinem Kinn. »Wenn ich so etwas schon anfange, dann nicht für drei Millionen Lire. Ich rede von drei Millionen D-Mark.«

Er spitzte, ohne zu pfeifen, die Lippen. Dann fragte er: »Warum erzählst du mir das?«

»Weil ich, um dich in meiner Nähe zu haben, mir nicht länger mehr den Kopf darüber zerbrechen will, ob deine Dienststelle dich schon morgen oder erst in vier Wochen zurückrufen wird. Was verdienst du?«

Er setzte sich in einen Sessel und zündete sich wieder eine Zigarette an. »Du willst, wenn ich dich richtig verstanden habe, Geld und Bett nicht miteinander verquicken. Anscheinend kannst du dir nicht vorstellen, daß ich genauso darüber denke.«

»Das kannst du haben«, sagte ich und nahm auf seinem Schoß Platz. »Entweder Geld und keine Liebe oder Liebe und kein Geld. Da du aber, wenn du für mich deine Stellung aufgibst, ohne Geld nicht auskommst, müssen wir die Liebe eben notgedrungenermaßen eben ausklammern.«

»Meinen Beruf gibt man nicht so ohne weiteres auf«, sagte er. Ich blickte ein paar Sekunden lang in sein Gesicht. Dann sagte ich: »Vielleicht liegt dein Problem auch woanders, aber wenn es ein Problem ist, dann müssen wir darüber reden und können es nicht, wie du es vorgeschlagen hast, im Keller ruhen lassen. Habt ihr Kinder?«

»Nein. Mit dieser Sache würde ich fertigwerden. Das ist nicht unser Problem.«

Ich stand von seinem Schoß auf. »Vor morgen werden sie dich ja nicht zurückrufen. Du hast also Zeit, es dir zu überlegen. Vielleicht denkt Wieland über seinen Beruf anders als du?«

Er lächelte: »Also beliebig austauschbar?«

»Du bist ein Dummkopf, wenn auch ein lieber. Wann kannst du hier sein?«

»In einer Stunde.« Er stand auf. »Du verlangst ein recht einseitiges Risiko von mir.«

»Als ich wegen Schimazek alle Brücken hinter mir abbrach, war es nicht weniger einseitig. Was willst du? Auch einen Vertrag?«

»Dich. Und das nicht nur auf Zeit.«

»Das kann ich dir nicht versprechen«, sagte ich. »Das habe ich noch keinem versprochen. Ich könnte nicht damit leben, mich festgelegt zu haben. Wenigstens heute noch nicht.«

»Dann reden wir eben morgen noch einmal darüber.«

Ich ging ihm die Tür öffnen. »Nicht morgen und auch nicht übermorgen, Rudolf. Wenn du das willst, ist es besser, du vergißt mich.«

»Ich wünschte, ich könnte es«, sagte er und verließ, ohne sich zu verabschieden, das Zimmer. Ich drückte die Tür hinter ihm ins Schloß und legte mich, die Hände im Nacken verschränkend, auf das Bett. Vielleicht würde ich es eines Tages von allein wissen. Im Augenblick wußte ich es jedenfalls noch nicht, und ich dachte auch nicht daran, mich von ihm unter Druck setzen zu lassen. Bei ihm mußte ich achtgeben, die Dankbarkeit, die ich für ihn empfand, nicht mit weiterreichenden Gefühlen zu verwechseln.

Der Gedanke, er könnte es sich vielleicht doch noch anders überlegen und meine Aufforderung, mich zu vergessen, beherzigt haben, beunruhigte mich nicht länger als ein paar Atemzüge lang. So schnell verlor mich keiner aus dem Sinn, auch Jochen nicht. Sein in den letzten Tagen mehrfach geäußerter Wunsch nach einer Aussprache, den ich jedesmal mit einem Achselzucken oder mit der Bemerkung abtat, nicht zu sehen, worüber wir uns auszusprechen hätten, bestätigte mich in der Überzeugung, daß sein rasches Eingehen auf Piera nur eine Trotzreaktion auf die vorangegangenen Wortwechsel mit mir waren.

Als Pellico an die Tür klopfte und ich ihm aufmachte, waren seit Feuersteins Weggehen kaum mehr als zehn Minuten vergangen; sein verstörtes Gesicht verhieß mir gleich nichts Gutes; er sagte: »Ich bin mit Ihrem Wagen hier, Signorina. Sie hatten mir erlaubt, ihn zu benutzen. Ein Mann hat eine Nachricht für Sie abgegeben. Er sagte, sie sei persönlich und nur Sie dürften sie lesen. Ich habe ihn nicht gesehen. Als es am Tor läutete, meldete ich mich an der Sprechanlage. Er sagte, er hätte die Nachricht für Sie in den Briefkasten geworfen. Dort fand ich diesen Brief. Ich hätte Sie sofort angerufen, aber das Telefon ist noch immer gestört.«

Sein plötzlicher Besuch hatte mich so überrascht, daß ich gar nicht auf den Gedanken gekommen war, ihn in das Zimmer zu bitten. Ich holte es nach, bevor ich den blauen, zerknittert aussehenden Umschlag aufriß, einen weißen Zettel mit kaum leserlicher Handschrift herausnahm und zu entziffern versuchte. Als ich es schließlich geschafft hatte, ließ ich mich auf das Bett fallen und wußte eine Weile nicht mehr, was tun. Irgendwann wußte ich es dann doch; ich sagte zu Pellico, der mich mit besorgter Miene beobachtete: »Es ist nichts Besonderes. Jemand, der Signor Schimazek sprechen möchte und mich bittet, ihm eine Begegnung zu ermöglichen. Haben Sie schon etwas von ihm oder von Ihren Kollegen gehört?«

Er schüttelte, sichtlich erleichtert darüber, daß der Brief nichts Schlimmeres enthielt, heftig den Kopf. »Noch nicht, Signorina, aber vielleicht sind sie inzwischen beim Bungalow eingetroffen. Wenn ich hier nichts für Sie tun kann, fahre ich sofort wieder zurück.«

»Das wird am besten sein«, sagte ich. »Ich brauche aber meinen

Wagen, Pellico. Nehmen Sie für die Rückfahrt ein Taxi; hier haben Sie Geld.«

Er gab mir, verlegen lächelnd, die Wagenschlüssel. »Es tut mir leid, Signorina, daß nichts Wichtigeres im Brief stand. Hätte ich es gewußt, so wäre ich nicht extra hierher gefahren. Ihr Wagen steht vor dem Hotel. Sie brauchen sich seinetwegen keine Sorgen zu machen; ich habe ihn schonend gefahren.« Wenn ich keine größeren Sorgen gehabt hätte, wäre mir leichter ums Herz gewesen; ich verabschiedete ihn an der Tür. Feuersteins Rufnummer hatte ich in meinem Notizbuch stehen; mir zitterten, als ich es aufblätterte, die Hände. Wie ich es befürchtet hatte, war er noch nicht im Hotel eingetroffen; Wieland meldete sich. Ich sagte: »Feuerstein ist auf dem Weg zu Ihnen, Herr Wieland. Ich habe eben eine schlimme Nachricht erhalten. Man hat Schimazek entführt und will ihn gegen mich austauschen. Ich soll mit niemand darüber reden und mit meinem Wagen auf der Autobahn in Richtung Avezzano . . .«

»Wo sind Sie?« fragte Wieland dazwischen. »Noch in dem Bungalow bei Manziana?«

»Nein, ich rufe aus einem Hotel in Rom an; Feuerstein wird es Ihnen erklären. Haben Sie eine Autokarte?«

»Einen Augenblick.«

Ich konnte hören, wie er vom Telefon wegrannte und gleich darauf wieder zurückkam. »Ich breite die Karte nur rasch auf dem Bett aus«, sagte er. »Wo sollen Sie hinfahren? Auf der Autobahn in Richtung Avezzano?«

»Ja. Ich muß sie aber bereits bei Arsoli verlassen und über Cervara di Roma nach Subiaco weiterfahren. Dort will man sich irgendwo mit mir in Verbindung setzen. Ferner heißt es, daß mir kein anderer Wagen folgen dürfe. Sie würden das sofort bemerken. Ich mache mir Sorgen, ob ich die angegebene Strecke überhaupt finde. Wo führt sie hin?«

»Mitten in die Abruzzen hinein«, antwortete Wieland. »Sie haben doch nicht etwa vor, der Aufforderung zu folgen? Tun Sie das auf keinen Fall.« Etwas an der Art, wie er das sagte, regte mich auf; ich antwortete: »Was soll ich sonst tun? Mich ins Bett legen und mir ein Laken über den Kopf ziehen? Ich bin sicher, die Kerls meinen es mit ihrer Drohung ernst, Schimazek, wenn ich nicht komme, die Hände kaputtzuschlagen. Außerdem habe ich jetzt keine Zeit mehr für lange Diskussionen. Die Nachricht wurde noch zum Bungalow geschickt. Diese Leute wissen also noch nicht, daß ich in Rom bin. Wäre ich noch im Bungalow gewesen, als der Brief dort eintraf, so könnte ich jetzt schon seit fast einer Stunde unterwegs nach Arsoli sein. Sagen Sie Feuerstein Bescheid; ich kann mich nicht länger aufhalten.«

Ohne seine Antwort abzuwarten, legte ich den Hörer auf. Mir war beim Telefonieren eingefallen, wie ich die Strecke am einfachsten und ohne langes Suchen finden könnte. Als ich fünf Minuten später an der Rezeption ein Taxi verlangte und die beiden Zimmer mit einem Scheck der Mailänder Bank für eine Woche im voraus bezahlte, trug ich in einem Koffer meine wichtigsten Sachen bei mir. Ich erklärte dem Ölhaarigen meine plötzliche Abreise mit unvorhergesehenen Terminumstellungen und sicherte ihm meine Rückkehr für einen der nächsten Tage zu. Ebenso das Eintreffen meiner noch ausstehenden Begleiter.

Mein Wunsch an den Taxifahrer, dem Pininfarina vorauszufahren und mich nach Arsoli und von dort auf die Straße nach Subiaco zu bringen, fand freudiges Gehör. Er kannte die Route und konnte mir auch sofort sagen, was die Fahrt kostete. Ich drückte ihm den doppelten Betrag in die Hand und sagte: »Sobald ich Ihnen bei Arsoli mit der Lichthupe ein Zeichen gebe, brauchen Sie sich nicht länger um mich zu kümmern und können sofort zurückfahren. Schalten Sie immer rechtzeitig den Blinker ein, wenn wir an einer Kreuzung abbiegen müssen. Ich fahre nicht so sicher wie Sie.«

»Ich werde gut aufpassen«, versprach er mir.

Er hielt dann an den Verkehrsampeln immer ein wachsames Auge auf mich gerichtet, und auf der Autostrada fuhr er so betulich, daß ich mich ein paarmal versucht fühlte, ihn zu überholen. Kurz vor Arsoli, als bereits die Dämmerung einsetzte, fiel mir ein, daß ich nicht einmal mehr zu Abend gegessen hatte. Den immer höher werdenden Bergen beiderseits der Autobahn vermochte ich auch keinen Reiz abzugewinnen; ich war ziemlich fertig und wütend dazu. Als uns wieder einmal ein Wagen überholte, wurde das Fenster des Beifahrers geöffnet, und ich blickte direkt in das lächelnde Gesicht Bellonis. Er hatte sogar die Stirn, mir freundlich zuzuwinken. Außer ihm und dem Fahrer saßen noch zwei Männer im Wagen. Soweit ich es beurteilen konnte, handelte es sich um einen Citroën. Er fiel dann aber wieder zurück; ich sah ihn nur noch im Rückspiegel. Offenbar hatten sie bereits mitbekommen, daß ich den Taxifahrer als Lotsen benutzte. Ihre Anwesenheit ließ sich mit Zufall allein kaum erklären. Ich hielt es eher für möglich, daß sie uns schon vom Hotel aus gefolgt waren, und wie sie mich dort gefunden hatten, konnte ich mir bei Pellicos schonender Fahrweise meines Pininfarina vom Bungalow zum Hotel auch in etwa zusammenreimen. Sobald man es mit diesen Typen, wie Belloni einer war, über einige Zeit hinweg zu tun bekam, lernte man es, ob man es wollte oder nicht, ihre schmutzigen Tricks gedanklich nachzuvollziehen.

Von Arsoli sah ich wegen der rasch einsetzenden Dunkelheit nichts. Wir verließen irgendwo die Autobahn und bogen auf eine Straße ein, die nicht viel breiter als ein Omnibus war. Hier gab ich dem Taxifahrer das vereinbarte Lichtzeichen. Gleich darauf hatte ich Belloni neben mir am Fenster stehen; er fragte: »Wozu haben Sie das Taxi mitgebracht?«

»Um den Weg zu finden«, antwortete ich. »Ich kenne mich in Italien nicht so gut aus wie Sie.«

Er äußerte sich nicht dazu und beobachtete, neben meinem Fenster stehenbleibend, wie einer seiner drei Begleiter zu dem Taxi ging und mit dem Fahrer sprach. Dann kam er zu uns und sagte: »Es sitzt sonst niemand im Wagen.«

»Dann steigen Sie jetzt aus«, sagte Belloni zu mir. »Mein Freund wird Ihren Wagen übernehmen; Sie fahren mit uns.«

»Ich habe auch Gepäck«, sagte ich. »Soll ich es mitnehmen?«

»Das ist nicht nötig.« Er öffnete mir die Tür. Wenig später saß ich neben ihm im Fond des Citroëns und zündete mir, nach all den Aufregungen, eine Zigarette an. In dem Mann vor mir auf dem Beifahrersitz erkannte ich den Träger des kleinen Oberlippenbarts wieder; er drehte sich nach mir um und sagte lächelnd: »Buona sera, Signorina. Wie geht es Ihnen?«

»Mit Ihrem Humor könnten Sie es zu einer Zirkusnummer bringen«, antwortete ich. Daß die beiden Wagen dann auf der Straße wendeten, erregte mein Befremden. Auch der Taxifahrer schien nicht recht zu wissen, woran er mit uns war. Er hatte die Scheibe heruntergekurbelt und sah uns, den Kopf aus dem Fenster steckend, verwundert nach. Ich war jedoch viel zu sehr mit mir selber beschäftigt, um irgendwelche Hoffnungen oder Erwartungen daraus abzuleiten. Vor allem beschäftigte mich der Umstand, daß es mir, seit ich neben Belloni saß, Mühe bereitete, meinen Haß, den ich nach unserem letzten Zusammentreffen für ihn empfunden hatte, nachzuvollziehen. Vielleicht lag das aber auch nur daran, daß meine Furcht vor dem, was mir jetzt wieder alles bevorstünde, noch größer war als mein Haß. Allerdings war mir so arg furchtsam eigentlich gar nicht zumute. Jedenfalls ungleich weniger, als es meiner derzeitigen Situation angemessen gewesen wäre. Seit ich wußte, mit welcher Leidenschaft er mich begehrte, fühlte ich mich ihm sogar in einer gewissen Weise überlegen, und ich war mir ziemlich sicher, daß seine Begehrlichkeit nach seinem ersten Erlebnis mit mir eher noch zu- als abgenommen hatte. Einen bemüht sachlichen Ton anschlagend, fragte ich: »Ist das nicht die Straße nach Subiaco?«

»Nach Subiaco schon«, antwortete Belloni. »Da wir aber annehmen müssen, daß Ihre tüchtigen Freunde, die Sie vor Ihrer Abfahrt sicher noch verständigt haben, nach Subiaco fahren werden, ziehen wir eine andere Route vor. Leider müssen wir Ihnen später die Augen verbinden. Ich sage es Ihnen jetzt schon, damit es Sie nicht überrascht.«

»Bei Ihnen überrascht mich schon lange nichts mehr«, erwiderte ich. »Wo ist Schimazek?«

»Sie werden ihn kurz sehen. Wir haben mit ihm verabredet, daß er Sie schon am Sonntag wieder in die Arme schließen kann.«

»Das Spiel Italien gegen Spanien«, nickte ich. »Ich verstehe nicht, wie Sie als Italiener dazu beitragen können, daß Ihre eigene Mannschaft verliert.«

»Ich mache mir nichts aus Fußball. Es ist mir vollkommen egal, wer die Europameisterschaft gewinnt.«

»Und wieviele Bälle muß er passieren lassen?«

Er lächelte. »Immer einen mehr als der spanische Torwart. Diesmal geht es um noch mehr Geld als es bei unserem letzten Besuch vorgesehen war. Ihre freundliche Mitwirkung wird einige Leute sehr reich machen.«

»Sie auch?«

»Leider nicht.«

»Ich könnte Sie reich machen«, sagte ich. »Sie müßten nur auf das richtige Pferd setzen.«

»Auf dieses?« fragte er und legte die Hand auf meine Schenkel.

Ich blickte zu seinen beiden Begleitern vor. »Was ist mit ihnen? In

Riomaggiore waren Sie noch daran interessiert, mit mir allein zu sein.«

»Das galt nur für dort. Inzwischen bin ich mit ihnen übereingekommen, daß wir uns das Vergnügen, Sie einige Tage bei uns zu Gast zu haben, teilen werden.«

Obwohl seine Worte einen Schock in mir auslösten, fragte ich so ruhig wie möglich: »Ist das auch im Sinne Ihrer Auftraggeber?«

»Kennen Sie sie?«

Mir wurde klar, daß ich, als ich Wielands Warnung in den Wind schlug, einen schrecklichen Fehler begangen hatte. Ich sagte: »Wenn Sie das tun, werde ich keine Ruhe geben, bis man Sie erwischt hat, Belloni. Ich schwöre es Ihnen.«

Er griff nach meiner Handtasche, öffnete sie und fragte: »Wieviel Geld haben Sie bei sich?«

»Nicht mehr viel. Ich könnte Ihnen aber einen Barscheck einer Bank in Mailand geben. Sie müßten Ihn dort einlösen.«

Er gab mir die Handtasche zurück. »Zehn Millionen Lire für jeden von ihnen?«

Ich schöpfte wieder Hoffnung. »Das ginge. Und für Sie zwanzig?«

»Ich möchte kein Geld von Ihnen. Aber sagen wir fünfzig Millionen insgesamt. Da ist noch die Witwe eines Mannes, den Ihre Freunde erschossen haben. Für sie sind zwanzig Millionen jetzt viel Geld. Ich selbst begnüge mich damit, von Ihnen den gegenwärtigen Aufenthaltsort Ihrer Freunde zu erfahren.«

»Ich weiß nicht, wovon Sie reden«, sagte ich mit belegter Stimme.

Er erwiderte bestimmt: »Das ist nicht Ihr letztes Wort, Signorina. Wir sind leider nicht in der Lage, Ihnen hier ein so bequemes Quartier anzubieten, wie wir das in Riomaggiore noch vorgesehen hatten. Sie und Ihre Freunde haben uns seitdem viele Probleme bereitet. Welche Probleme Sie haben werden, das können Sie ab sofort selbst bestimmen.«

»Vielleicht ist es dann besser, Sie töten mich«, sagte ich.

»Das sagt man so, Signorina«, lächelte er.

Das Quartier war noch viel schrecklicher, als ich es mir in meinen schlimmsten Befürchtungen ausgemalt hatte: ein Raum, nicht viel größer als eine Abstellkammer und nur mit einer am Boden liegenden Matratze, einem wackligen Stuhl und einem ebenso wackligen Tisch ausgestattet. Die Wände aus unbehauenen Feldsteinen fühlten sich feucht an, das kleine Fensterloch nahe der Decke, das ich nur vom Tisch aus hätte erreichen können, so er bei seiner Beschaffenheit unter meinem Gewicht nicht zusammengebrochen wäre, war mit einem völlig verrosteten Eisengitter gesichert. Die Beleuchtung bestand aus einer rußenden Petroleumlampe auf dem Tisch, deren zuckende Flamme dauernd um das eigene Leben zu kämpfen schien. Vor der Tür war ein enger, fensterloser Flur, von dem eine andere Tür in ein Klosett führte, das sich mir aus einem rauhen Brett mit einem ausgesägten Loch darbot. Auch hier lag das unverglaste Fenster viel zu hoch, um einen Blick hinauszuwerfen. Es war nicht vergittert, jedoch so klein, daß ich mich gar nicht hätte hindurchzwängen können.

Wie mir von Belloni angekündigt worden war, hatte ich Jochen nur ganz kurz gesehen. Wir begegneten uns draußen auf dem engen Flur, als man mir die Binde von den Augen nahm und sie Jochen anlegte. Ich fand nicht einmal Gelegenheit, ein paar Worte mit ihm zu wechseln, weil Belloni mich sofort in den Käfig schob, dem Jochen soeben auf meine Kosten entronnen war. Daß er noch rasch nach meiner Hand gefaßt und: ›Verzeih mir bitte‹ gemurmelt hatte, war mir auch kein rechter Trost. Was hätte ich ihm auch schon verzeihen sollen? Daß er nur ein paar Stunden in diesem Loch hatte verbringen müssen, während ich es vier Nächte und drei Tage hier aushalten sollte? Oder daß er sich jetzt schon zum zweitenmal hatte erwischen lassen? Nur war diesmal eben kein Feuerstein in der Nähe gewesen, der ihn im letzten Augenblick davor bewahrt hätte.

Den Scheck über die fünfzig Millionen Lire hatte ich noch am selben Abend auf dem wackligen Tisch ausgestellt und ihn Belloni mit dem Angebot des gleichen oder auch des doppelten Betrages überreicht, wenn ich nicht in diesem schrecklichen Loch zu schlafen brauchte. Er ließ sich jedoch mit keinem Wort darauf ein und erkundigte sich wieder nach Feuersteins und Wielands derzeitigem Aufenthaltsort. Als ich ihm antwortete, ihn nicht zu wissen, mußte ich zur Strafe hungrig auf die Matratze. Die zwei Wolldecken wärmten mich kaum, ich wachte immer wieder auf und fragte mich zum ungezählten Male, was ich hier eigentlich zu suchen hatte und weshalb ich mir nichts Besseres hatte einfallen lassen, als mich Hals über Kopf in diese Unbequemlichkeiten zu stürzen. Immerhin bewahrte ich mir noch so viel Verstand, daß ich mir jedesmal eine mich selbst überzeugende Antwort zu geben wußte, denn Jochens körperliche Unversehrtheit lag mir genauso am Herzen wie meine eigene, und die fünfzig Millionen Lire hörten sich zwar nach schrecklich viel Geld an, ließen sich jedoch gemessen an den, grob gerechnet, fünfzehnhundert Millionen, die ich noch immer mein eigen nennen konnte, leicht verschmerzen, zumal ich fest entschlossen war, Jochens Konto mit der Hälfte der Summe zu belasten. Der Möglichkeit, daß die Enttäuschung, die er am kommenden Samstag nicht nur der italienischen Nationalelf, sondern auch der gesamten italienischen Nation zu bescheren gezwungen war, sich auf seinen derzeitigen Börsenkurs und damit auch auf unsere künftigen Einnahmen unvorteilhaft auswirken könnte, maß ich insofern weniger Bedeutung bei, als sein Licht, wenn er dann beim nächsten Spiel zur gewohnten Form zurückkehrte, um so heller erstrahlte. Mein wirkliches Problem war Bellonis Interesse an Feuerstein und Wieland. Zu erraten, welche Absichten sich dahinter verbargen, bereitete mir ausnahmsweise kein Kopfzerbrechen. Aber auch noch andere Sorgen bedrückten mich. So zum Beispiel das Schicksal von Pellicos Minitruppe, die Jochen auf der Fahrt nach Rom begleitet hatte. Oder die Ungewißheit darüber, ob ich mich mit den fünfzig Millionen Lire auch von Bellonis Gelüsten und nicht nur von denen seiner Kumpane freigekauft hatte. Es waren nicht allein nur die Kälte, mein knurrender Magen und die unwirtliche Umgebung, die mich keinen rechten Schlaf finden ließen, und als ich mitten in der Nacht wieder einmal wach wurde, sah ich meine schlimmsten Befürchtungen bestätigt, denn es war Belloni, der mich aufgeweckt hatte. Er lag neben mir, hatte einen Arm um mich geschlungen und berührte mit den Lippen meine Wange. Seine Anwesenheit versetzte mir einen solchen Schock, daß ich keinen Ton hervorbrachte. Erst als ich fühlte, wie er den Reißverschluß meines Kleides aufzog, öffnete ich den Mund und fragte mit einer mir selbst fremd klingenden Stimme: »Was wollen Sie?«

»Ihnen Gesellschaft leisten«, antwortete er. »Ich machte mir Sorgen, ob es Ihnen hier nicht etwas zu kühl geworden ist. Ihr Körper fühlt sich eiskalt an. Ich möchte nicht, daß Sie sich erkälten.«

Unter anderen Umständen hätte mich seine Fürsorge vielleicht rühren können. Mir wurde erst jetzt bewußt, daß er nur noch mit einem Slip bekleidet war. Ich sagte, mich mühsam zur Ruhe zwingend: »Sie machen einen großen Fehler. Auch wenn ich nicht weiß, wer Ihre Auftraggeber sind, so werde ich dennoch einen Weg finden, damit sie erfahren, was Sie mit mir getan haben.«

»Daß ich mich für Sie aufgeopfert und Sie vielleicht vor einer schlimmen Erkältung bewahrt habe?« fragte er. »Dafür werden Sie mir sogar noch dankbar sein. Wenn Sie das Kleid ausziehen, kann ich Sie noch besser wärmen. Oder soll ich es tun?«

Mir war klar, daß ich ihn nicht daran würde hindern können, und gehorchte. Als ich mich wieder zu ihm legte, sagte ich: »Wenn Sie versuchen, mit mir zu schlafen, bringe ich Sie um.«

»Und das nur mit Ihren zarten Händen?« fragte er und zog mich an sich. Er küßte mich und fragte: »Ist Ihnen nicht schon viel wärmer?«

Ich gab keine Antwort. Erst als ich fühlte, wie er mich wieder zu streicheln anfing, sagte ich: »Trotzdem werden Sie es eines Tages noch bereuen. Ich werde keine Ruhe geben, bis man Sie erwischt hat, Belloni. Ich schwöre es Ihnen.«

»Das ist mir diese Sache wert«, sagte er. »Eine Frau wie Sie hätte mich unter anderen Unständen nicht einmal eines Blicks gewürdigt. Ist es so?«

Ich zog es vor, auch diesmal nicht zu antworten. Er küßte mich wieder und murmelte: »Seit ich Sie in Riomaggiore zum erstenmal sah, mußte ich immerzu an Sie denken. Ich habe nicht vor, mit Ihnen zu schlafen. Ich möchte Sie nur in meinen Armen halten und Ihren Körper fühlen. Was ist so schlimm daran?«

Falls es ihm ernst damit war, hatte ich schon Schlimmeres erlebt, und weil er sich vorläufig damit begnügte, nur meinen Rücken und mein Gesicht zu streicheln, fand ich rasch zu mir selbst zurück. Ich fragte: »Und wie ist das mit Ihren Freunden?«

»Sie sind nur an Ihrem Geld interessiert. Keiner von ihnen wird Sie belästigen.« Merkwürdigerweise hatte ich sofort das Gefühl, daß er die Wahrheit sagte, und weil ich die Wärme seines Körpers nun doch als sehr angenehm empfand, sagte ich: »Na gut, dann haben Sie mich eben ›reingelegt‹. Und was die beiden Männer betrifft, nach denen Sie mich gestern abend gefragt haben, so weiß ich wirklich nicht, wo sie sich aufhalten. Sie sind auch keine Freunde von mir. Sie handeln wahrscheinlich im Auftrag irgendwelcher Leute, über die sie nicht reden wollen. Genau wie Sie auch. Weder Schimazek noch ich haben sie vorher jemals gesehen.«

»In Mailand gab der eine sich als ein Verwandter von Ihnen aus.«

Ich zuckte mit den Schultern. »Vielleicht wollte er sich nur wichtig tun. Ich weiß nicht einmal, wie er heißt.«

»Wir finden ihn auch so«, sagte er. »Ich hoffe, Ihr Scheck ist in Ordnung. Er wird heute früh bei der Bank in Mailand eingelöst.«

»Warum sollte er nicht in Ordnung sein?«

Statt mir zu antworten, schob er die Hand in meinen Slip. Ich hielt sie fest und fragte: »Was bezahlt man Ihnen dafür, daß Sie mich hierhergebracht haben? Wenn es Ihnen nur um Geld geht, so könnten Sie auch mit mir darüber reden. Vielleicht ist es für Sie aber auch eine Frage des Überlebens. Wie teuer käme das?«

»Ich habe eine Familie«, sagte er. »Eine Frau und drei Kinder; Italien ist ihre Heimat. Reden Sie auch von deren Überleben?«

Ich schwieg. Nicht etwa, weil mir keine Antwort mehr einfiel, aber die Nähe seines Körpers und seine Berührung meines Schoßes ließen es mir immer schwerer werden, mich auf ein sachliches Gespräch zu konzentrieren. Ich ließ seine Hand los und fragte: »Was haben Sie davon, wenn Sie mich nur streicheln wollen?«

»Das würden Sie nicht verstehen«, murmelte er. »Nehmen Sie an, es genügt mir, Sie glücklich zu machen.«

Ich hatte schon von solchen Männern gehört, und wenn es mich nicht mehr kostete, als ihm auf diese Weise noch einmal gefällig zu sein, dann würde ich mich auch jetzt dazu überwinden können. In Riomaggiore hatte es mich nur in den ersten fünf Minuten Überwindung gekostet. Diesmal bereitete es ihm sogar noch weniger Mühe, mich mit seinen Küssen und Liebkosungen zu erregen, und auch meine Reaktion fiel ungleich heftiger aus, so daß ich mich für ein paar Augenblicke lang dazu hinreißen ließ, seine leidenschaftlichen Küsse zu erwidern und mir erst hinterher, als ich meine Sinne wieder beisammen hatte, dessen bewußt wurde. Aber auch jetzt hörte er nicht damit auf, meinen Körper mit Küssen und Liebkosungen zu überschütten.

Meine Zigaretten lagen neben der Matratze am Boden. Ich richtete den Oberkörper auf, zündete mir eine an und wandte das Gesicht dann Belloni zu. Rein äußerlich gesehen gehörte er tatsächlich zu jenen Männern, denen ich, wenn sie mir auf der Straße begegneten, kaum einen Blick schenkte. Sein hageres Gesicht mit den stark hervortretenden Backenknochen, den dünnen Lippen und dunklen Augen wirkte im schummerigen Licht der Petroleumlampe eher furchteinflößend als anziehend. Was mich dennoch an ihm fesselte, hätte ich auch jetzt, da ich erstmals Gelegenheit hatte, ihn mir in Ruhe anzusehen, ebensowenig zu sagen vermocht wie schon bei meiner ersten Begegnung mit ihm. Ganz ähnlich verhielt es sich auch mit der erotischen Faszination, die er auf mich ausübte. Mehr noch als Ardigo und mehr als jeder andere Mann vor ihm. Sicher hatte das weniger mit seiner Person als mit mir selbst zu tun, aber woran es lag, ob nur daran, daß ich einem Mann wie ihm vorher noch nie begegnet war, blieb mir auch jetzt genauso unbegreiflich wie meine rasche Verführbarkeit in seinen Armen. Er war der erste Mann, dem ich mich, obwohl ich mir seiner wahren Empfindungen und Wünsche nun völlig sicher sein konnte, auch jetzt nicht überlegen fühlte. Vielleicht deshalb nicht, weil es mir nach all meinen Erfahrungen, die ich in meinem bisherigen Leben mit Männern gesammelt hatte, unverständlich blieb, weshalb er sich trotz meiner Willfährigkeit und seiner Erregung mit dem bisher Erreichten begnügte und auch jetzt keinen Versuch machte, Versäumtes nachzuholen. Statt dessen war er noch immer damit beschäftigt, seine Blicke an meinen Brüsten und Schenkeln zu weiden, meinen Schoß zu streicheln und meinen Hals und Nacken mit Küssen zu bedecken. Wenn er noch eine Weile damit fortfuhr, würde ich selbst einen Punkt erreicht haben, wo mir seine Zärtlichkeiten allein vielleicht nicht mehr genügten. Bevor es jedoch dazu kam, richtete er sich plötzlich auf, nahm mir die Zigarette aus der Hand und zog daran. Er sagte: »Ich nehme an, Sie haben keine sehr gute Meinung von mir, Signorina.«

Was immer auch meine Meinung über ihn war: Unter den gegebenen Umständen hielt ich es für klüger, sie ihm nicht zu offenbaren. Ich fragte nur: »Welche Meinung erwarten Sie denn von mir? Ich nehme doch an, daß es Ihnen Spaß macht, Frauen zu entführen, an denen Sie sich dann vergnügen können?«

Er blickte mich mit seinen dunklen Augen ruhig an. »Ich habe Ihnen schon in Riomaggiore gesagt, daß dies nicht meine Absicht war. Sie sind die erste Frau, bei der mir das passiert.«

»Und warum gerade bei mir?«

Er gab keine Antwort. Ich klopfte die Asche von der Zigarette und sagte: »Ich verstehe nicht, wie ein Mann wie Sie sich dafür hergeben kann, für solche Leute zu arbeiten. Vielleicht können Sie mir wenigstens dafür eine Erklärung geben. Haben Sie keinen Beruf erlernt?«

Er nickte. »Bis vor vier Jahren arbeitete ich als Lastwagenfahrer für eine Textilienfirma, die zu einem großen Konzern gehörte. Ich verlor meine Stellung, weil ich beim Beladen des Wagens dabei erwischt wurde, wie ich einen Karton mit Herren-Nylonhemden zusätzlich auflud. Ich verdiente damals nicht viel, hatte kurz zuvor geheiratet und für unsere Wohnung Schulden machen müssen. Einer meiner Kollegen gab mir eine Adresse. Dort wurden Männer für den Werkschutz großer Firmen ausgebildet und an sie vermittelt. Sie dienten aber nur zur Tarnung. Sie hatten keine Ahnung davon, daß ihre Ausbilder noch zu anderen Aufgaben herangezogen wurden. Das sind alles Männer, die polizeilich zwar nicht aktenkundig sind, die aber trotzdem keine andere Stellung gefunden hätten. Das war auch der Grund dafür, weshalb sie mich genommen haben.«

Ich konnte ihm nicht ganz folgen. »Hätten Sie nicht versuchen können, bei einer anderen Firma wieder als Lastwagenfahrer Arbeit zu finden?«

Er lächelte nachsichtig. »Sie kennen Italien nicht, Signorina. Ich habe mit neunzehn Jahren meinen ersten Lastwagen gefahren und nichts anderes gelernt. Wer als Lastwagenfahrer beim Diebstahl von Firmeneigentum erwischt wird, kann seinen Beruf vergessen. Keine andere Firma wird ihm noch einmal Arbeit geben.« Er stand auf, griff nach Hemd und Hose und sagte: »Ich lasse Sie jetzt wieder allein. Wenn Sie einen Wunsch haben, klopfen Sie gegen die Tür. Ich hoffe, Sie können noch einmal einschlafen.«

Ich sah ihm nach, wie er zur Tür ging und mein Gefängnis verließ. Diesmal war ich mir nicht mehr sicher, ob ich mich nun gedemütigt fühlen sollte oder nicht. Ob ich ihn noch haßte oder nicht. Ich wußte nur, daß ich es meinem Stolz und meiner Selbstachtung schuldig war, sein Rollenverständnis mir gegenüber zu korrigieren. Egal, was es mich auch kostete.

Ich rauchte die Zigarette zu Ende, kroch unter die Decke und schlief innerhalb weniger Minuten ein. Ich wachte erst auf, als ich Bellonis Stimme wieder hörte. Er saß neben meinem Lager auf einem Stuhl und blickte mich unverwandt an. Mir fiel ein, daß ich es versäumt hatte, nach seinem nächtlichen Besuch das Kleid anzuziehen. Gefroren hatte ich aber nicht mehr. Ich richtete mich langsam auf und fragte: »Wie spät ist es?«

»Kurz nach zehn«, antwortete er. »Sie haben lange geschlafen. Ihr Frühstück ist fertig. Ziehen Sie sich an.«

Daß er mir dabei zuschaute, störte mich schon nicht mehr. Ich fühlte mich viel zu müde und von dem ungewohnten Lager wie gerädert, um auch noch anderer Empfindungen fähig zu sein. Ich konnte mich nicht einmal dazu aufraffen, mir wenigstens die Haare aus dem Gesicht zu kämmen. Als Belloni aufstand und zur Tür ging, folgte ich ihm gleichgültig in den engen Flur. Daß es hier noch eine weitere Tür gab, hatte ich gestern abend beim trüben Licht einer zweiten, an einem Mauerhaken hängenden Petroleumlampe nicht gesehen. Der Raum dahinter war kaum größer als der andere, auch das vergitterte Fenster fehlte nicht. Was ihn jedoch von jenem unterschied, war ein recht ordentlich aussehendes Bett mit weißen Kissenbezügen. Der Tisch und die beiden kleinen Sessel sahen zwar alt, jedoch noch brauchbar aus. Den größten Teil des Steinbodens bedeckte ein roter Haargarnteppich. Auf dem Tisch standen ein Tablett mit Kaffeegeschirr und ein kleiner Korb mit Brötchen. Auch Marmelade, Honig und Butter fehlten nicht.

Ich fragte: »Ist das Ihr Zimmer?«

»Es ist für Sie bestimmt«, antwortete er. »Die Zeit reichte gestern nicht mehr aus, um die Möbel herbeizuschaffen. Wir konnten sie erst heute früh besorgen. Sobald Sie gefrühstückt haben, können Sie baden. Das Wasser ist bereits heiß.«

Wo ich in diesem Haus baden könnte, erschien mir vorläufig schleierhaft. Ich verschob dieses Problem auf später und fragte: »Wo sind Ihre Freunde?«

»Unterwegs. Zwei in Mailand, Ihren Scheck einlösen. Der dritte kümmert sich um Einkäufe für das Mittagessen. Er besaß früher ein Restaurant. Fangen Sie mit dem Frühstück an, sonst wird der Kaffee kalt.«

Ich nahm in einem der Sessel Platz. Der Kaffee war noch heiß; ich verbrannte mir fast den Mund. Belloni setzte sich in den zweiten Sessel und sah mir beim Frühstück zu. Mir fiel auf, daß er blaß und übernächtig aussah. Die Genugtuung darüber, daß er offensichtlich noch weniger geschlafen hatte als ich, ließ ein Gefühl von Befangenheit gar nicht erst in mir aufkommen. Auch meine Stimme klang völlig normal, als ich fragte:

»Was ist aus den beiden Männern geworden, die mit Schimazek im Wagen saßen?«

Sein dünnes Lächeln hatte mit seinem lippenlosen Mund zu tun; bisher war mir das nicht so aufgefallen. Er sagte: »Wir haben sie lediglich darum gebeten, im Interesse Ihres Freundes die Carabinieri aus dem Spiel zu lassen. Auch sicherten wir ihnen zu, ihn spätestens heute wohlbehalten abzuliefern.«

»Und das haben sie Ihnen geglaubt?«

»Sie hatten keine andere Wahl. Schmeckt es Ihnen?«

»Ja«, sagte ich wahrheitsgemäß. »Es schmeckt mir sogar vorzüglich.«

Der heiße Kaffee tat mir gut. Ich fühlte mich gleich sehr viel besser, und weil Belloni mich wieder unverwandt anschaute, fragte ich: »Was brüten Sie jetzt schon wieder in Ihrem Kopf aus?«

»Sie sind eine ungewöhnlich Frau«, sagte er. »Wenn es nur an mir läge, wären Sie nicht hier.«

Ich leckte etwas Marmelade von den Fingern und sagte, ohne ihn dabei anzusehen: »Dann lassen Sic mich doch einfach laufen. Ich werde Sie so gut bezahlen, daß Sie sich und Ihre Familie in Sicherheit bringen können.«

»Wohin?« fragte er.

Darauf wußte ich allerdings auch keine Antwort. »Ich möchte genauso überleben wie Sie und Ihre Familie. Sobald ich wieder in meinem Hotel bin, packe ich meine Koffer und verlasse Italien.«

Er sagte ruhig: »Solange Sie bei Schimazek bleiben, nützt Ihnen das nichts.«

»Warum nicht?«

»Er ist heute schon zu bekannt. Es gibt seinetwegen bereits die größten Probleme. Unter seinen gestrigen Zuschauern befanden sich auch der Trainer der spanischen Nationalelf und einige Spitzenfunktionäre der FIFA und der UEFA aus Zürich und Basel. Wenn es zutrifft, was man sich in Rom erzählt, sollen sich die Spanier weigern, am Samstag gegen unsere Mannschaft in Neapel anzutreten, wenn Schimazek im Tor steht.«

»Das ist nicht mein Problem.«

»Vielleicht doch. Was Sie und Ihr Freund im Augenblick in Italien erleben, ist erst der Anfang. Sportfunktionäre sind keine guten Geschäftsleute. Meine Auftraggeber sind es, sie haben eine Nase dafür, womit sehr schnell viel Geld zu machen ist. Sie haben in Ihren Freund schon investiert, als die Fußballfunktionäre noch ungläubig den Kopf über ihn schüttelten. Und da meinen Sie, daß das nicht auch Ihr Problem sei?«

Obwohl manches von dem, was er sagte, meine eigenen Befürchtungen waren, hatte er mir mit seinen Worten vollends den Appetit verdorben. Ich warf ein zweites Brötchen, das ich eben aus dem Korb genommen hatte, dorthin zurück, und sagte: »Ich will nicht mehr als das, was Ihre tüchtigen Geschäftsleute auch wollen: Möglichst schnell möglichst viel Geld verdienen. Sobald ich genug davon habe, steige ich aus. Eines würde mich interessieren: Ob Schimazek nach dem Spiel gegen Spanien für Ihre Auftraggeber uninteressant geworden ist?«

Er gab keine Antwort.

»Dann müssen sie, um bei ihm noch etwas zu erreichen, künftig einen anderen Hebel ansetzen als mich«, sagte ich. »Vielleicht die Tochter unseres Gastgebers, dessen Haus Sie doch gestern besuchen wollten.«

Er blickte mich prüfend an. »Was ist mir ihr?«

»Fragen Sie sie selbst. Sie sagten vorhin, ich könnte nach dem Frühstück baden. Wo denn?«

»Dort, wo sie geschlafen haben. Wir haben Ihnen eine Badewanne besorgt. Keine sehr komfortable, aber Sie können sich darin ausstrekken. Ich werde mir erlauben, Ihnen beim Waschen behilflich zu sein.«

Das hatte Manfred, wenigstens in der ersten Zeit, auch immer gerne getan. Ich fragte: »Haben Sie deshalb Ihre Freunde weggeschickt?«

»Nur deshalb«, nickte er.

Wenn es mir dabei half, ihn von Feuerstein abzulenken und noch etwas Genaueres über die weiteren Absichten und die Identität seiner Auftraggeber zu erfahren, würde ich mich auch dazu überwinden. Sicher waren die Auskünfte, die er mir bisher über sie gegeben hatte, ebensowenig in ihrem Sinne wie das, was schon in Riomaggiore und auch in der vergangenen Nacht zwischen uns geschehen war. Ich fragte: »Was haben Sie denn mit mir vor, wenn Sie mich dazu erst noch waschen müssen?«

»Nichts Schlimmes«, lächelte er. »Es wird Ihnen sicher gefallen.«

Ich ertappte mich dabei, daß mich der Gedanke, von ihm gewaschen zu werden, eher neugierig als besorgt stimmte. Trotzdem sagte ich: »Und wie ich selbst darüber denke, das kümmert Sie wohl nicht?«

»Doch«, sagte er und beugte sich zu mir herüber. Er berührte mit der flachen Hand meine Wange und sagte: »Ich möchte, daß Sie sich immer gerne an mich erinnern, Signorina.«

Davon war ich lange nicht so überzeugt wie er. Ich beobachtete, wie er aufstand und zur Tür ging. Er schien sich meiner jetzt so sicher zu sein, daß er sie nicht einmal hinter sich abschloß. Ich hatte bereits beim Hereinkommen festgestellt, daß sie, im Gegensatz zur Tür meines nächtlichen Gefängnisses, nicht mit einem Riegel, sondern mit einem Schloß abzusperren war. Gleich darauf hörte ich von draußen ein schepperndes Geräusch. Ich lief zur Tür und zog sie einen Spaltbreit auf. Belloni mühte sich mit der Wanne ab. Er trug sie auf dem Rücken; sie war aus verzinktem Eisenblech und wirklich nicht komfortabel. Ich streifte die Schuhe von den Füßen und beobachtete, wie er mit der Wanne in dem anderen Raum verschwand. Augenblicke später hatte ich die Tür hinter ihm zugeschlagen und den Riegel vorgeschoben; es schien mir charakteristisch für ihn zu sein, daß er keinen Laut von sich gab. Vielleicht war er aber auch nur zu überrascht, um etwas zu sagen. Die Tür war aus dem gleichen Holz gefertigt wie das dicke Brett im Klo. Sie ohne Werkzeug aufzubrechen, war schlechterdings unvorstellbar.

Das rasche Bedürfnis, ihm durch die Tür hindurch noch eine Empfehlung zu geben, wie er seine feuchten Gelüste anderweitig befriedigen könne, unterdrückte ich. Auch hatte ich jetzt Wichtigeres zu tun, denn wenn die Haustür abgeschlossen war, hatte ich nichts Gutes mehr zu erwarten. Der enge, dunkle Flur verlief in einem rechten Winkel, an seinem Ende war eine dritte Tür, die sich nach außen öffnen ließ. Dahinter befand sich ein rechteckiger, völlig kahler Raum mit noch mehr Türen; eine davon stand offen, ich sah, daß es eine Küche war. Das schmale, aber hohe Fenster war mit Brettern vernagelt, durch ihre breiten Fugen fiel genügend Tageslicht in den Raum, um Einzelheiten zu erkennen. Auf einem großen, gemauerten Herd standen vier Eimer mit kochendem Wasser; daneben war Brennholz aufgeschichtet. Unter dem Fenster lagen aneinandergerückt drei Matratzen mit einigen Wolldecken. An einem klobigen Tisch standen vier Stühle und auf dem Tisch schmutziges Eßgeschirr, Gläser, halbleere Bier- und Weinflaschen. Daß von hier aus in der vergangenen Nacht kein Geräusch an meine Ohren gedrungen war, wunderte mich beim Anblick des dicken Mauerwerks, der stabilen Türen und des rechtwinklig verlaufenden Flurs jetzt nicht mehr. Eine erfreulichere Entdeckung als die beiden Maschinenpistolen, die an ihren Riemen über den Stühlen hingen, hatte ich meiner Neugierde auf eine dritte Waffe zu verdanken, die inmitten des Geschirrs auf dem Tisch lag. Es handelte sich um eine Pistole; vielleicht gehörte sie Belloni. Als ich sie in die Hand nahm, fiel mein Blick auf meine Autoschlüsssel, die unter der Pistole gelegen hatten. Ich steckte sie zusammen mit der Pistole, die sich sehr schwer anfühlte, in die Handtasche, und kehrte in den rechteckigen Raum zurück. An einer der Türen steckte ein Schlüssel. Als ich sie aufschloß und öffnete, blickte ich auf ein wüstes, den ganzen Horizont ausfüllendes Felsengebirge. Ich stieg eine steinerne Treppe mit sechs ausgetretenen Stufen hinab und sah mich um. Das einstöckige Haus mit seinen verwitterten Schindeln schien früher ein Bauernhof gewesen zu sein, es stand auf einem sanft ansteigenden, grasbewachsenen Hang, der unmittelbar in den azurblauen Himmel zu führen schien. Hinter dem Haus, neben einem steinernen Brunnentrog, stand eine Bretterhütte mit schrägen Wänden, vielleicht der ehemalige Stall. Auch die beiden Flügel seines morschen Holztors hingen schräg in den Angeln. Dort endete auch der steinige, schmale Weg, der in mehreren Serpentinen aus einem Tal heraufführte, dessen Sohle ich von hier aus nicht sehen konnte. Und jenseits des Tals bot sich mir wieder der Blick auf das Felsengebirge, das ich schon beim Öffnen der Haustür gesehen hatte. Den Pininfarina entdeckte ich, als ich das Tor des Stalles aufmachte. Meine Furcht, der Motor könnte, aus welchen Gründen auch immer, nicht anspringen, erwies sich als unbegründet. Ich ließ den Wagen langsam auf den steinigen Weg rollen und betrachtete noch einmal das Haus. Es schien so alt zu sein wie die Landschaft selbst; die meisten der schmalen und kleinen Fensterlöcher waren vergittert. Vielleicht hatten sie die ehemaligen Bewohner vor Räubern und sonstigem Gesindel schützen müssen. Als ich Bellonis Gesicht hinter einem der Gitter sah, trat ich unwillkürlich auf die Bremse. Er hatte sich mit den Händen an zwei der rostigen Eisenstäbe festgeklammert und starrte mich mit seinen dunklen Augen unverwandt an. Ich konnte plötzlich nicht anders, als aus dem Wagen zu steigen und zu ihm hinzugehen. Ich sagte: »Falls Sie Ihre Freunde erst morgen zurückerwarten, reiche ich Ihnen gerne etwas zu essen und zu trinken durchs Fenster.«

Er gab keine Antwort; sein Blick ließ mich in der heißen Sonne frösteln. Ich sagte: »Es geht mir nicht darum, Sie um Ihr kleines Vergnügen zu bringen, Belloni. Es geht mir allein um Schimazek. Ich möchte nicht dafür verantwortlich sein, daß er meinetwegen eine Niederlage hinnehmen muß. Wenn uns der liebe Gott einen wie ihn schon auf die Welt schickt, dann darf man ihm nicht ins Handwerk pfuschen, aber das werden Sie sicher nicht verstehen. Oder etwa doch?«

Er gab wieder keine Antwort.

»Vielleicht sollte ich Sie erschießen, um endlich Ruhe von Ihnen zu haben«, sagte ich. »Soll ich Sie erschießen?«

»Tun Sie es doch«, sagte er leise.

Ich nahm die Pistole aus der Handtasche und richtete den Lauf mitten in sein Gesicht. »Wollen Sie das wirklich?«

»Sie haben sie nicht entsichert«, sagte er. »Schieben Sie den kleinen, schwarzen Hebel an der linken Seite mit dem Daumen nach oben und drücken Sie ab.«

Ich schob den Hebel nach oben und fragte: »Sie wollen also sterben?«

»Ja«, sagte er. »Drücken Sie endlich ab.«

»Weil es sonst Ihre Auftraggeber für mich tun werden?«

»Nicht nur deshalb.«

»Weshalb sonst noch?«

»Das wissen Sie so gut wie ich.«

Daß die Italiener, wenn sie bei einer Frau nicht erreichen, womit sie ihre Träume inspirieren, immer gleich sterben wollen, gehörte auch zu ihren, in meinen Augen liebenswerten Eigenschaften, und selbst Männer wie Belloni tanzten, was dies betraf, nicht aus der Reihe. Ich steckte die Pistole in die Handtasche zurück. »Ich habe nichts gegen solche Reinlichkeitsspiele, wie Sie eins vorhatten. Ich möchte Zeitpunkt, Ort und Ablauf aber selbst bestimmen. Rufen Sie mich doch gelegentlich mal an. Sie wissen ja stets, wo ich wohne. Wenn Sie mir verraten, wer Sie immer so gut informiert, werde ich mich dafür erkenntlich zeigen. Verraten Sie es mir?«

»Das kann ich nicht«, sagte er.

»Mein Angebot gilt auch morgen noch«, sagte ich und wandte ihm den Rücken zu. Ich setzte mich in den Wagen und fuhr los. Der steinige Weg, die engen Kurven und das schwindelerregend steil abfallende Gelände erforderten meine ganze Aufmerksamkeit. Hinzu kamen meine Furcht, Bellonis Kumpane könnten vielleicht früher als von ihm vorgesehen zurückkommen und mir begegnen, ehe ich die Möglichkeit hätte, ihnen auszuweichen. Um so erleichterter fühlte ich mich, als ich endlich die Talsohle erreichte und der Weg in eine Straße einmündete, die zwar nicht wesentlich breiter als der Weg, dafür jedoch in einem guten Zustand war. Die Entscheidung darüber, ob ich ihr nach links oder nach rechts folgen solle, fiel mir insofern leicht, als sie nach rechts anstieg und nach links in die Tiefe führte, und weil es mein Bestreben war, die Berge so rasch wie möglich hinter mir zu lassen, schlug ich das Lenkrad automatisch nach links ein. Völlig beruhigt fühlte ich mich aber erst, als mir die ersten Autos entgegenkamen und ich feststellte, daß es sich zumeist um ausländische Touristen handelte. Ein Hamburger Kennzeichen trieb mir vor Erleichterung beinahe Tränen in die Augen.

Die Straße verlief sehr kurvenreich an immer neuen imposanten Berggipfeln und Felswänden vorbei, bis sich vor meinen Augen ein anderes, viel breiteres Tal auftat und ich in ein Gebirgsstädtchen namens Tagliacozzo kam. Der Anblick der Häuser und der vielen, ihren friedlichen Beschäftigungen nachgehenden Bewohner rührte mich zum zweiten Male beinahe zu Tränen, und als ich am Ende der kleinen Stadt auf eine sehr stark befahrene Straße kam und sie bereits zu jenen Straßen gehörte, die angeblich alle nach Rom führten, zündete ich mir eine Zigarette an. Bis zur Autobahn nach Rom brauchte ich dann nur noch zehn Minuten und bis in die Stadt hinein kaum mehr als eine knappe Stunde. So nahe war ich ihr gewesen und doch so unendlich fern.

Das Hotel zu finden bereitete mir schon deshalb keine Mühe, weil die Via del Corso zu jenen Straßen zählte, auf die man, wenn man durch Rom fuhr, früher oder später wie von allein stieß. Man brauchte nur den Monte Palatino ins Auge zu fassen, ihn einmal zu umfahren und schon war man an der Piazza Venezia, und wer an der Piazza Venezia war, der fand die Via del Corso beinahe mit verbundenen Augen. Eine Parklücke vor dem Hotel suchte ich heute allerdings vergeblich, es standen mehr Autos da als gestern, aber der aufmerksame Portier hatte mich kommen sehen, und den Rest erledigte ein diensteifriger Hausdiener. Überhaupt war mein Eindruck der, daß an diesem Tag noch mehr gedienert wurde, der Portier war jetzt nicht mehr allein, der ölhaarige Geschäftsführer hatte sich ihm zugesellt und geleitete mich durch ein Feuerwerk von Blitzlichtern zur Rezeption. Bei den mich blitzenden Menschen mußte es sich wohl um die Eigentümer der Autos handeln, die mir die Parkplatzsuche so ungebührlich erschwert hatten, ein Fernsehteam wünschte ein Interview, mir fiel wieder einmal auf, daß beim italienischen Fernsehen mehr von Frauen als von Männern interviewt wurde, diesmal handelte es sich um eine attraktive Brünette, die mich auf eine Weise anlächelte, daß mir der Verdacht kam, sie lächelte nicht nur Männer an. Ich hatte bereits Sorge, ihre Anwesenheit hätte mit meiner Entführung zu tun. Dies schien jedoch zum Glück nicht der Fall zu sein, ihr und der sonst noch anwesenden Journalisten Wissensdurst konzentrierte sich hauptsächlich auf die Frage, ob wir, abgesehen von Jochens Einsatz am kommenden Wochenende gegen die Spanier, für die nächste Zeit ähnliche Demonstrationen beabsichtigten wie gestern in Rom. Auch schienen sie von meiner plötzlichen Reise erfahren zu haben, die Brünette wollte wissen, ob es sich um eine geschäftliche oder um eine private gehandelt habe. Irgendwie schien ihr dann aber aufzufallen, daß ich mir seit gestern die Zähne nicht geputzt, die Haare nicht gekämmt und mich auch nicht gewaschen hatte, sie meinte lächelnd, daß es vielleicht doch eher eine private als eine geschäftliche Reise gewesen sei. Auch der Kameramann lächelte mich an, der Beleuchter oder wie man ihn nennt, warf mir Blicke zu, neben denen sich die Tausend-Watt-Lampe in seiner Hand wie eine der Petroleumfunzeln in Bellonis Bergfeste ausnahm. Einige der etwa zwei Dutzend anwesenden Journalisten stenographierten eifrig Neuigkeiten mit, die ich gar nicht von mir gab, die Abordnung einer großen deutschen Zeitschrift wünschte einige persönlichere Fotos von mir in meinem Hotelzimmer; ich vereinbarte für den Nachmittag einen Termin mit ihr. Zwischendurch fand ich auch kurz Gelegenheit, mir das Bedauern des Ölhaarigen darüber anzuhören, mich gestern nicht erkannt zu haben. Als Jochen die breite Marmortreppe mit dem roten Samtteppich heruntergelaufen kam – was mich sofort wunderte, weil das Hotel einen zwar nicht eben schnellen, so doch funktionierenden Aufzug hatte –, fing die Blitzerei von neuem an. Ich sagte, noch ehe er ganz bei mir war: »Komm mir nicht zu nahe; ich möchte nicht, daß wir zusammen gefilmt oder fotografiert werden.«

Die Erleichterung in seinem Gesicht wich tiefer Betroffenheit. Weil sich auch das Fernsehmädchen sofort ihm zuwandte, nutzte ich die günstige Gelegenheit und verdrückte mich rasch zum Aufzug. Der Ölhaarige kam mir nachgelaufen, um mir noch etwas Wichtiges mitzuteilen. Bevor er jedoch dazu kam, fragte ich ihn nach Feuerstein. Er bedauerte, ihn seit gestern nicht mehr gesehen zu haben. Sicher suchte er mich jetzt schon seit über achtzehn Stunden in den Abruzzen wie die berühmte Stecknadel im Heuhaufen. Die Mitteilung des Ölhaarigen betraf einen Besucher, der in meinem Zimmer auf mich wartete. Meine Frage, wie er dazu käme, ihm Eintritt in mein Zimmer zu verschaffen, beantwortete er verlegen damit, daß sich der Besucher mittels eines Fotos, das mich zusammen mit ihm an einem Badestrand zeige, als guter Freund von mir ausgewiesen habe. Von früher her gab es einige Fotos, die an Badestränden aufgenommen worden waren. Daß meine Vergangenheit mich nun mit ihnen einzuholen begann, paßte mir überhaupt nicht, zumal ich sofort an Manfred denken mußte. Ich sagte: »Schicken Sie Besucher, die ein Foto von mir vorzeigen können, künftig in das Zimmer von Signor Feuerstein.«

»Das gehört nicht mehr ihm«, bedauerte der Geschäftsführer. »Signor Schimazek hat es für sich haben wollen. Die beiden im unteren Stockwerk für Sie reservierten Zimmer wurden gestern abend von einem Signor Pellico und zwei . . .«

»Für die waren sie auch bestimmt«, fiel ich ihm ins Wort. »Ich möchte ein anderes Zimmer haben. Möglichst ein kleines Appartment mit einem getrennten Schlafraum.«

Zu meiner Erleichterung konnte er mir sogar zwei Appartements zur Auswahl stellen. Er ging die Schlüssel holen und fuhr mit mir in das oberste Stockwerk. Die Zimmer gefielen mir, sie waren zwar nicht groß und hatten auch keinen Balkon. Dafür reichten ihre schönen Bogenfenster von einer Wand zur anderen und von der Decke bis zum Boden. Im Wohnraum gab es neben einer bequemen Sitzgruppe, von der aus man auf die Via del Corso hinabschauen konnte, noch ein breites Sofa. Auch das Schlafzimmer und das Bad waren ordentlich. Das zweite, unmittelbar angrenzende Appartement war genauso eingerichtet; mir fiel sofort auf, daß es auch hier eine Verbindungstür zwischen beiden Appartements gab. Der Geschäftsführer erklärte es mir damit, daß die Appartements oft von größeren Familien oder von Gästen mit eigenem Personal verlangt würden; ich sagte: »Dann nehme ich beide; eines für Signor Feuerstein. Signor Schimazek wird vielleicht auch Wert auf ein zweites Zimmer legen. Geben Sie ihm mein bisheriges noch dazu.«

Obwohl mein Wunsch ihn überraschen mußte, ließ er sich nichts davon anmerken. Ich bat ihn noch, mein Gepäck heraufholen zu lassen und dem wartenden Besucher auszurichten, daß ich ihn in einer halben Stunde hier oben empfangen werde. Als das Mädchen meine Sachen brachte, saß ich bereits in der Badewanne. Sie erinnerte mich ein wenig an Piera, und weil sie mich so andächtig anschaute, ließ ich mir von ihr den Rücken einseifen und plauderte mit ihr. Zum Glück hatte ich gestern keine unersetzlichen Dinge mit auf die Fahrt in die Berge genommen. Das meiste davon konnte ich entbehren. Eine Haarbürste und andere Toilettensachen wollte mir das Mädchen durch einen Hausdiener besorgen lassen.

Ich war gerade ins Schlafzimmer gegangen, um mich anzuziehen, als Jochen hereinstürzte, die Tür hinter sich zuschlug und laut fragte: »Was soll das? Warum hast du dein bisheriges Zimmer nicht behalten?«

»Weil ich vorläufig genug von dir habe«, antwortete ich. »Du kannst nicht über Zimmer verfügen, die für andere bestellt sind. Daß ich schon hier bin, scheint dich weniger aufzuregen als die Zimmer. Was bist du eigentlich für ein Mensch?«

Er blieb ein paar Augenblicke lang wie unschlüssig stehen, dann griff er nach meiner Hand, zog mich neben sich auf das Bett und sagte: »Tut mir leid, Marianne, aber ich bin dermaßen durcheinander, daß ich . . .«

»Ich auch«, fiel ich ihm dazwischen. »Ich habe die Nase jetzt allmählich voll. Da Pellico und seine Männer offensichtlich unfähig sind, Belloni daran zu hindern, uns das eine Mal aus dem Auto und dann wieder aus einem Haus oder aus einem Hotelzimmer zu holen, überlasse ich es künftig Feuerstein, ein Auge auf mich zu haben. Wie ist es überhaupt dazu gekommen, daß sie dich erwischten?«

Er knetete sich verdrossen die langen Hände. »Das war ganz einfach für sie. Als wir von Rom nach Manziana zurückfuhren, standen hinter einer Kurve vor einem die Straße blockierenden Wagen plötzlich vier Männer, drei mit Maschinenpistolen. Hätten wir uns umbringen lassen sollen?«

»Ein Grund mehr, noch besser auf uns aufzupassen als bisher«, sagte ich, etwas ruhiger. »Wer, außer uns und Pellico, weiß von dieser Sache?«

»Niemand. Ich wollte dich doch nicht gefährden. Pellico und seine Männer sahen es genauso. Wir haben zu keinem Menschen darüber gesprochen.«

»Dabei werden wir es auch belassen. Wenn Ardigo oder Galilei davon erfahren, schalten sie vielleicht die Carabinieri ein. Damit zögen wir uns erst recht den Haß von Belloni und seinen Hintermännern zu. Selbst wenn man einen von ihnen erwischte, blieben noch genug andere übrig, die sich an uns rächen könnten. Ich bin nicht lebensmüde.«

»Du hast mir noch nicht erzählt . . .«, sagte er. Ich ließ ihn auch diesmal nicht ausreden: »Da gibt es nicht viel zu erzählen. Ich habe mich von Belloni für fünfzig Millionen Lire freigekauft. Für seine Kumpane sah es so aus, als wäre ich ihm entwischt. Ich nehme an, er hat den Scheck heute vormittag in Mailand eingelöst. Hätte ich ihm das Geld nicht gegeben, so säße ich jetzt noch in diesem Haus fest und müßte mir ihre Zudringlichkeiten gefallen lasssen.«

Er wurde blaß. »Sie haben dir doch nichts getan?«

»Dazu ist es nicht mehr gekommen. Die 50 Millionen setze ich auf unser gemeinsames Spesenkonto. Das ist dir doch recht?«

Statt mir zu antworten, griff er nach meiner Hand und preßte sie an den Mund. »Wo ist Piera?« fragte ich. »In deinem Zimmer?«

»Nein. Sie hatte etwas vor und will erst heute abend zu mir kommen. Ich muß endlich mit dir über sie reden, Marianne. Ich habe an jenem Abend, als sie plötzlich zu mir ins Zimmer kam und sich auf mein Bett legte, einen Fehler gemacht; ich weiß es. Mir wäre auch lieber, sie käme nicht mehr zu mir. Sie spricht etwas Deutsch und Englisch. Wenn ich sie einfach wegschicke, ist sie vielleicht tödlich beleidigt und . . .«

»Du brauchst sie nicht wegzuschicken«, warf ich ein. »Es ist mir sogar lieb, sie geht bei dir ein und aus. Wenn Bellonis Hintermänner mitbekommen, daß nicht mehr ich, sondern sie dein Herz betört, werden sie sich künftig vielleicht mehr auf sie konzentrieren.«

Er legte den Arm um meine Taille und berührte meine Brust. »Ich werde dir nie vergessen, was du für mich getan hast, Marianne. Nie, solange ich lebe.«

»Du hast schon ganz andere Dinge vergessen«, erinnerte ich ihn und griff, weil das Telefon läutete, zum Hörer. Es war der Empfangschef; er sagte: »Der Signore, der in Ihrem bisherigen Zimmer auf Sie wartet . . .«

»Haben Sie ihn nach seinem Namen gefragt?« fiel ich ihm dazwischen.

»Ja, Signorina, ein Signor Manfred Weber aus . . .«

»Ich habe vorläufig keine Zeit für ihn«, sagte ich rasch. »Er soll sich heute nachmittag noch einmal melden.«

»Wer war das?« fragte Jochen.

Ich legte den Hörer auf. »Manfred. Ich habe jetzt keine Lust, ihn zu sehen. Wenn ich ihm nur noch zu einer guten Story für seine Zeitung wichtig bin, soll er warten. Nimm bitte die Hand da weg. Ich habe nicht den geringsten Nachholbedarf.«

»Aber ich bei dir.«

»Genügt dir Piera nicht?«

»Sie ist nicht wie du.«

»Darüber kannst du doch froh sein«, sagte ich und nahm, weil er es nicht selbst tat, seine Hand weg. »Erzähl mir lieber, wie es gestern im Fußballstadion war. Haben sie dich wieder ordentlich gefeiert?«

Er hob gleichgültig die Schultern. »Ohne Hilfe der Polizei wäre ich gar nicht mehr aus dem Stadion herausgekommen; sie mußte mich auf die Schultern nehmen und hinaustragen.«

»Und das anschließende Spiel, wie ging das aus?«

»Dafür habe ich mich nicht interessiert. Ich weiß nicht einmal mehr, wer überhaupt gegen wen gespielt hat.«

»AS Rom gegen Palermo«, sagte ich. »Du interessierst dich nur für dich selbst und sonst für nichts auf der Welt. Nicht einmal dafür, womit du so unverschämt viel Geld verdienst.«

»Du verdienst ja auch nicht schlecht daran«, sagte er. »Fünfzig Millionen Lire, wieviel ist das nach westdeutschem Geld?«

Ich wollte aufstehen, er hielt mich jedoch rasch fest und sagte: »So war das nicht gemeint, Marianne. Ich hätte unser ganzes Geld dafür hergegeben, um dir dieses schlimme Erlebnis zu ersparen. Wo steckt übrigens Feuerstein? Ich habe nach meiner Rückkehr erst gestern davon erfahren, was beim Bungalow passiert ist. Das muß doch kurz nach meiner Abfahrt nach Rom passiert sein?«

Ich nickte. »Sicher haben sie irgendwo im Wald deine Wegfahrt abgewartet. Als es dann im Bungalow nicht klappte, haben sie eben dich geschnappt. Ich weiß nicht, wo Feuerstein ist. Ich nehme an, er und Wieland sind in die Berge gefahren, um mich zu suchen. Ich habe das Appartement nebenan für sie reservieren lassen. Ich bin mir jetzt auch nicht mehr sicher, ob es richtig war, die Verträge abzuschließen. Die Spanier werden . . .«

»Die Spanier können mich mal«, unterbrach er mich. »Galilei hat mir bereits erzählt, daß sie gegen meine Aufstellung als Torhüter der italienischen Nationalelf beim Europäischen Fußballverband Sturm laufen. Daran ändern können sie aber nichts. Wenn sie sich weigern, gegen die Italiener anzutreten, disqualifizieren sie sich für alle weiteren Spiele der jetzigen Europameisterschaft. Ich habe mir da etwas überlegt, Marianne. Die Verträge, die wir abgeschlossen haben, laufen doch für die ganze nächste Spielsaison. Was hindert uns eigentlich daran, aus Italien wegzugehen? Vielleicht nach Paris. Wenn ich für ein Spiel gebraucht werde, setze ich mich in ein Flugzeug und fliege rasch hin. Ist das nicht eine großartige Idee?«

Seine großartige Idee war mir schon lange vor ihm gekommen. Ich hatte allerdings ein anderes Reiseziel vor Augen als er. »Nizza hat auch einen großen Flughafen«, sagte ich. »Von dort bist du schneller in Italien als von Paris aus.«

»Du lieber Gott«, murmelte ich.

»Ich kann nicht alles wissen«, sagte er und küßte mich. Ehe ich seine Absicht durchschaute, lag ich auf dem Rücken und fühlte seine Hand am Schoß. Ich stieß ihn von mir, stand rasch auf und sagte ruhig: »Versuch das nicht bei mir, Jochen. Ich werde sonst künftig in einem anderen Hotel wohnen. Würdest du mich jetzt bitte allein lassen?«

Er kam wortlos auf die Beine, ging zur Tür und drehte sich dort noch einmal nach mir um. »Warum machst du das mit mir, Marianne? Nur wegen Piera?«

»Nein«, sagte ich. »Eines Tages werde ich mit dir darüber reden.«

»Über Feuerstein?«

Ich ging zu ihm hin, küßte ihn und sagte: »Ich weiß es noch nicht, Jochen. Ich habe in der vergangenen Nacht kaum geschlafen und bin schrecklich müde.«

»Das bist du immer, wenn ich zu dir komme«, sagte er und ging hinaus. Ich schloß die Tür hinter ihm ab, setzte mich auf das Bett und zündete mir eine Zigarette an. Es war nicht mehr Feuerstein und auch nicht mehr Ardigo. Ich mußte den Verstand verloren haben.

8

Daß Feuerstein vom ersten Augenblick an von der Aussichtslosigkeit einer Suche überzeugt gewesen war und dennoch sofort nach seinem Eintreffen im Hotel, wo er von Wieland über den Anruf der Neumann unterrichtet worden war, gemeinsam mit diesem nach Subiaco fuhr, ließ darauf schließen, wie tief ihn diese Nachricht getroffen hatte. Mir erzählte er, daß Wieland sich anfänglich geweigert habe, ihn bei diesem sinnlosen Unterfangen zu begleiten und erst aus dem Hotel gelaufen kam, als er, Feuerstein, bereits im Wagen saß. Genau wie die Neumann auch, benutzten sie bis nach Arsoli die Autobahn und von dort aus eine der beiden parallel verlaufenden schmalen Straßen, die in südöstliche Richtung in die Berge führten. Zu diesem Zeitpunkt war es bereits dunkel geworden, und als sie nach Subiaco, einem kleinen, inmitten hoher Berge gelegenen Dorf kamen, waren dort schon alle Lichter ausgegangen. Zum nächsten in ihrer bisherigen Fahrtrichtung gelegenen größeren Ort, wo sie mit einem Hotel rechnen konnten, waren es noch etwa fünfzig Kilometer. Sie hatten vor ihrer Abfahrt nichts mehr gegessen, und für Feuerstein war dies ohnehin ein anstrengender Tag gewesen. In Anagni, einem mittelalterlich anmutenden Städtchen, fanden sie noch ein offenes Restaurant und zum Schlafen ein Hotel.

Am nächsten Morgen entschlossen sie sich, die gleiche Strecke über Subiaco zurückzufahren und an den wenigen Tankstellen nach dem roten Pininfarina zu fragen, aber niemand hatte ihn gesehen oder wollte ihn gesehen haben. Als sie in Subiaco wieder vor einer Tankstelle hielten, sagte Wieland: »Man wird die Neumann bei Arsoli irgendwo abgefangen und in eine ganz andere Gegend als nach Subiaco gebracht haben. Belloni konnte sich an den zehn Fingern ausrechnen, daß sie uns, bevor sie das Hotel verließ, von dem Brief verständigte. Oder bist du anderer Meinung?«

Feuerstein schüttelte den Kopf. »Ich hätte es trotzdem nicht ausgehalten, untätig im Hotel zu hocken. Warte hier.« Er stieg aus dem Wagen. Wieland beobachtete, wie er mit dem Tankwart sprach. Dann verschwand er für eine Weile in dessen Büro. Beim Herauskommen drückte er dem Tankwart einen Geldschein in die Hand. Er setzte sich wieder ans Lenkrad, ließ den Motor anspringen und fuhr los. »Schimazek hat die Nacht im Hotel verbracht«, sagte er.

Wieland blickte ihn wortlos an.

»Das ist aber noch nicht alles«, sagte Feuerstein. »Auch unsere

Neumann ist wieder im Hotel eingetroffen. Ich konnte nicht mit ihr reden, weil sie nicht in ihrem Zimmer war. Vielleicht ist es besser, ich unterhalte mich zuerst einmal allein mit ihr. Ich setze dich vor dem Hotel ab und fahre weiter zum ›Excelsior‹. Du hörst dann von mir.«

Wieland sagte auch jetzt nichts.

»Tut mir leid«, sagte Feuerstein. »Aber dieses Anagni war doch ein ganz nettes Städtchen. Ohne mich hättest du es niemals kennengelernt.«

»Ich verstehe das nicht«, sagte Wieland, Feuerstein nickte. »Ich auch nicht. Wenn man vorhatte, Schimazek gegen sie auszutauschen, muß etwas schiefgelaufen sein. Warten wir es ab. In zwei Stunden wissen wir mehr.«

Sie sprachen dann auf der ganzen Rückfahrt kein einziges Wort mehr. Erst als sie schon vor ihrem Hotel angelangt waren, brach Feuerstein das Schweigen: »Du hättest ja nicht mitzufahren brauchen.«

»Darum geht es nicht«, sagte Wieland und stieg aus.

Worum es ihm sonst ging, gehörte mit zu den vielen Ungewißheiten, über die sich Feuerstein bis zum ›Excelsior‹ vergeblich den Kopf zerbrach. Vor dem Hoteleingang staute sich eine große Gruppe neugieriger Menschen, auch Frauen und Kinder waren darunter. Vom Portier erfuhr Feuerstein, daß sich Schimazeks Anwesenheit im ›Excelsior‹ bereits in der ganzen Stadt herumgesprochen habe. »Die Leute lassen sich von mir nicht mehr wegschicken«, setzte er hinzu. »Sie behindern unsere Gäste. Wenn es noch schlimmer wird, müssen wir die Carabinieri verständigen.«

Auch im Vestibül herrschte ungewohnter Betrieb, zumeist von Reportern und Fotografen, die noch auf ein Interview oder auf eine Gelegenheit für ein Foto warteten. An der Rezeption hörte Feuerstein, daß er ein anderes Zimmer bekommen habe. Er fuhr mit dem Lift hinauf.

Im Flur stieß er auf Pellico, der offensichtlich damit beschäftigt war, Mariannes Zimmertür zu bewachen. Er erfuhr von ihm, daß sie sich schlafen gelegt habe und keinesfalls gestört werden wolle.

»Auch von mir nicht?« fragte Feuerstein. Pellico schüttelte bedauernd den Kopf. »Von keinem Menschen, Signore. Sie muß heute nachmittag Leute von der Presse empfangen und will bis dahin noch einige Stunden schlafen.«

»Hat sie Ihnen erzählt, wie es ihr gelungen ist, schon wieder hier zu sein?«

»Die Signorina nicht«, antwortete Pellico. »Ich habe es von Signor Schimazek erfahren.«

»Das möchte ich genau wissen«, sagte Feuerstein und öffnete die Tür zu seinem Appartement. Er sah sich flüchtig um und forderte Pellico, der ihm gefolgt war, auf, Platz zu nehmen. Zehn Minuten später kehrte er zu seinem Wagen zurück und fuhr zu Wieland. Dieser erwartete ihn im Hotelfoyer bei einem Glas Whisky. »Ich habe versucht, dich im ›Excelsior‹ zu erreichen«, sagte er. »Der Chef hat angerufen; wollte dich persönlich sprechen. Es kam mir so vor, als brauchten sie uns anderswo nötiger als hier.«

Feuerstein ließ sich in einen Sessel fallen und griff nach einer Zigarre. »Sie war nicht zu sprechen, hatte sich schlafen gelegt. Angeblich hat sie Belloni mit fünfzig Millionen Lire dazu gebracht, sie laufen zu lassen; Pellico hat es mir erzählt. Er wußte es von Schimazek. Kann sein, kann auch nicht sein.«

Wieland blickte ihn forschend an. »Fünfzig Millionen Lire sind eine Menge Geld.«

»Nicht für einen Mann wie Belloni. Es sei denn, sein Leben sei ihm nicht mehr als fünfzig Millionen Lire wert. Wenn sich das herumspricht, weiß es bis heute abend die halbe Stadt und Bellonis Auftraggeber auch. Von Pellico habe ich auch erfahren, wie sie Schimazek erwischt haben, als er aus Rom zurückkam. War ein Kinderspiel für sie. Diese Sache scheint immer brenzliger zu werden. Ich finde nicht, daß wir anderswo nötiger gebraucht werden könnten als hier.«

»Zumal jetzt auch noch Zschernitz eingetroffen ist«, sagte Wieland und griff nach seinem Glas. Er nahm einen großen Schluck und blickte in das unbewegliche Gesicht Feuersteins. »Regel Numero sieben«, sagte er. »Laß dir nie anmerken, was in dir vorgeht. So gut wie du beherrsche ich sie noch nicht. War eine Eingebung, Rudolf. Als ich vorhin nach dir verlangte und hörte, daß du dich in deinem Zimmer nicht meldest, kam mir die Idee, nach Zschernitz zu fragen. Ein Zschernitz ist heute vormittag zusammen mit drei Begleitern im ›Excelsior‹ abgestiegen. Zimmer 74 und 75 im zweiten Stock. Wie ist das im ›Excelsior‹ mit einem Zimmer für uns? Haben wir eins?«

Feuerstein stand auf. »Hol das Gepäck herunter. Ich kümmere mich um die Rechnung.«

Auch auf der Fahrt zum ›Excelsior‹ verhielten sie sich schweigsam. Wieland, weil er merkte, daß Feuerstein nicht reden wollte, und Feuerstein aus Sorge, etwas zu sagen, was ihm hinterher vielleicht leid täte. Er brauchte Zeit, um Ordnung in seinem Kopf zu schaffen. Im Augenblick sah es so aus, als habe er sich von der Neumann wie ein grüner Junge düpieren lassen.

Das Gedränge vor dem Hotel war jetzt noch größer geworden. Der Geschäftsführer sagte zu Feuerstein: »Ich habe die Carabinieri angerufen. Unsere Gäste finden nicht einmal mehr in der Bar einen leeren Stuhl. Ihr Gepäck wird hinaufgebracht. Da Sie zur Begleitung von Signor Schimazek gehören, brauchen Sie keine Anmeldung auszufüllen.«

Feuerstein bedankte sich.

Das Appartement fand auch Wielands Zustimmung. Er betrachtete zuerst das Schlafzimmer und trat dann im Wohnraum ans Fenster. »Vier Wochen halte ich es hier aus«, meinte er.

»In Nizza auch?« fragte Feuerstein. Wieland drehte sich rasch nach ihm um. »Wie kommst du auf Nizza?«

»Pellico sprach davon. Anscheinend ist auch Schimazek das Pflaster hier zu heiß geworden. Er und die Neumann wollen sich übermorgen nach Nizza absetzen.« Er ging zum Telefon und meldete ein Ferngespräch an. Wieland sagte: »Wenn sie hören, daß Zschernitz eingetroffen ist, haben sie sicher nichts dagegen, daß wir sie und Schimazek nach Nizza begleiten.«

»Vorausgesetzt, auch Zschernitz fährt mit«, sagte Feuerstein. »Bellonis Auftraggeber werden sich jetzt auch beeilen müssen. Bis zum Spiel in Neapel verbleiben ihnen kaum mehr als achtundvierzig Stunden.«

Wieland ließ sich in einen tiefen Sessel fallen. »Wenn Zschernitz mit drei Männern hier eingetroffen ist, dann bestimmt nicht zu einer Audienz im Vatikan. Da kommt einiges zusammen, Rudolf.«

Das Telefon läutete; die ›Reblaus‹ war in der Leitung. Feuersteins Gespräch zog sich diesmal in die Länge und wurde durch eine Pause von mehreren Minuten unterbrochen, während der er nichts sprach und nur den Hörer ans Ohr hielt. Zu Wieland sagte er: »Sie überprüfen ihn.« Dann legte er unvermittelt auf und sagte: »Grünes Licht für Nizza. Ich konnte sie überzeugen.«

»Unter Vorwegnahme unbewiesener Fakten«, sagte Wieland. »Weder steht, wie du es ihnen eben erzählt hast, vorläufig fest, daß Zschernitz tatsächlich unser Mann ist, noch ist sicher, daß er, wenn er es doch sein sollte, ihr und Schimazek nach Nizza folgt. Unser Auftrag gilt, wenn ich das richtig mitbekommen habe, ab sofort nicht mehr ihr, sondern ihm.« Feuerstein wandte ihm das Gesicht zu. »Wir werden ihm, bevor wir nach Nizza fahren, über die Rezeption eine Nachricht zuspielen, wo er Schimazek finden kann. Übrigens haben sie in Wiesbaden keinen Zschernitz im Computer. Sie wollen recherchieren, welche Rolle er drüben spielt. Das kann Tage dauern. Wenn erforderlich, schicken sie uns Verstärkung nach Nizza und chartern dort ein Boot. Sie brauchen ein Foto von ihm. Erledigst du das?«

»Falls sich eine Gelegenheit dazu ergibt«, sagte Wieland und betrachtete die Verbindungstür. »Wohnt sie nebenan?«

»Ja. Wenn sie vor uns etwas zu verbergen hätte, wären wir nicht hier. Entweder sie hat vor, uns Zschernitz ans Messer zu liefern oder sie weiß noch nicht, daß er eingetroffen ist.«

»Worauf tippst du?«

»Vorläufig auf beides«, sagte Feuerstein. »Wir überlassen die Antwort ihr.« Er blickte auf die Armbanduhr. »Zeit zum Mittagessen. Sieh dich im Speisesaal um. Ich esse hier oben, für den Fall, daß mein Typ gefragt ist. Falls es hier nicht üblich ist, das Mittagessen auf die Zimmer zu bringen, wendest du dich an den Geschäftsführer. Sag ihm, die Neumann wünschte, daß ich wegen der vielen Journalisten in ihrer Nähe bleibe. Worauf ich Appetit habe, weißt du ja. Vor allem auf ein Bier. Vergiß die Kamera nicht.« Wieland nahm sie aus dem Gepäck. Sie war nicht größer als ein Feuerzeug und sah auch so aus.

Bis das Essen eintraf, rauchte Feuerstein, auf dem Bett liegend, noch eine Zigarre. Das Essen wurde von einem Kellner serviert. Hinterher beobachtete er vom Fenster aus den starken Verkehr auf der Straße. Wieland kam ohne Ergebnis aus dem Speisesaal zurück. Weder Zschernitz noch seine Begleiter hatten sich dort sehen lassen. Sie waren aber auch nicht in ihren Zimmern. Wieland hatte an beide Türen geklopft, ohne daß sich jemand meldete. Feuerstein sagte: »Das war leichtsinnig.«

»War es nicht«, erwiderte Wieland. »Ich konnte mich jedesmal, wenn ich angeklopft hatte, um eine nahe Ecke verdrücken. Von dort aus hätte ich hören müssen, ob eine der Türen geöffnet wurde. Hat die Neumann sich schon bei dir gemeldet?«

»Bis jetzt nicht«, antwortete Feuerstein.

Wieland grinste: »Sie hat eine dreiköpfige Leibwache vor der Tür stehen. Scheinen keine Profis zu sein.«

»Sonst hätten sie sich Schimazek auch nicht aus dem Wagen holen lassen«, sagte Feuerstein. »Falls du etwas Besseres vorhast: Ich lege mich eine Weile hin. Wenn sie aufwacht und erfährt, daß ich hier bin, wird sie sich sicher bei mir melden.«

Wieland war einverstanden. »Für den Fall, daß wir übermorgen abreisen, möchte ich mir noch einiges anschauen. Das Kolosseum und den Tempel der Venus habe ich noch nicht gesehen.«

»Dann grüß' die Venus von mir«, sagte Feuerstein und legte die Krawatte ab. Es machte ihm nicht viel aus, notfalls zwei oder drei Tage ohne Schlaf auszukommen. Dafür konnte er, wenn er ein Bett und seine Ruhe hatte, auch tagsüber stundenlang schlafen. Er wachte auch diesmal erst wieder auf, als Wieland zurückkam. Er sagte: »Jetzt stehen nur noch zwei vor ihrer Tür. Der dritte wird zum Essen gegangen sein. Sicher lösen sie sich auch heute nacht gegenseitig ab. Hast du sie inzwischen besucht?«

»Ich habe bis eben geschlafen«, antwortete Feuerstein. »Schick mir zum Abendessen eine kalte Platte herauf. Vielleicht hast du heute abend im Speisesaal mehr Glück.«

»Ich tue, was ich kann«, sagte Wieland und zog für den Speisesaal einen dunklen Anzug an.

Die kalte Platte mit verschiedenen Wurstsorten, Eiersalat und Fischfilet fand Feuersteins Zustimmung. Er trank zwei Flaschen Bier dazu und klopfte, als er mit dem Essen fertig war, an die Verbindungstür zu Mariannes Appartement. Sie meldete sich jedoch nicht, und als er auf die Klinke drückte, fand er sie verschlossen vor.

Er trat rasch auf den Flur hinaus und stellte erleichtert fest, daß Pellico und ein zweiter Mann vor ihrer Tür standen. Er wechselte einige Worte mit ihm und erfuhr, daß Marianne sich bereits schlafen gelegt habe; Pellico sagte: »Sie hat den ganzen Nachmittag Besucher empfangen; jetzt will sie nicht mehr gestört werden. Nicht einmal von Signor Schimazek. Wir durften ihn nicht zu ihr hineinlassen; er war sehr wütend.«

»Das wäre ich an seiner Stelle auch gewesen«, sagte Feuerstein. »Bleiben Sie die ganze Nacht hier stehen?«

»Nur bis es dunkel wird. Die Signorina meinte, weil Sie neben ihr wohnen, sei es nicht nötig, daß wir die ganze Nacht hierbleiben. Wir sollen unseren Posten dann erst wieder bei Hellwerden beziehen.«

»Dann weiß sie also, daß ich hier bin«, sagte Feuerstein. Pellico nickte. »Ich habe es ihr gesagt.«

»Dann gute Nacht«, sagte Feuerstein und wandte ihnen den Rücken zu. An der Tür fiel ihm noch etwas ein. Er fragte: »Ist Ihnen bekannt, ob auch ein Signor Zschernitz bei ihr war?«

Pellico griff in die Tasche seines Jacketts und brachte ein Stück

Papier zum Vorschein. Er betrachtete es und sagte: »Ein Signor Zschernitz war nicht dabei. Die Signorina hat uns die Namen der Leute, die sie empfangen wollte, aufgeschrieben. Sie können die Liste selbst sehen.« Er gab Feuerstein das Papier. Von den etwa fünfzehn Namen, die dort aufgeführt waren, war ihm keiner bekannt. Er gab Pellico den Zettel zurück und ging wieder in sein Zimmer. Bis zu Wielands Eintreffen verging noch eine gute Stunde. Er warf ein paar Zeitungen auf den Tisch und sagte: »Fehlanzeige. Zschernitz und seine Leute waren auch heute abend nicht im Speisesaal. Sie müssen irgendwo außerhalb des Hotels essen. Schon mal was von Prenzlau gehört?«

Feuerstein runzelte die Stirn. »DDR?«

»Ja. Liegt in der Gegend von Stettin. Dort kommen sie angeblich her. Ich habe den Geschäftsführer nach ihnen gefragt. Langsam fange sogar ich an, an Zschernitz zu glauben.«

»Hier oben war er jedenfalls noch nicht«, sagte Feuerstein. »Kann natürlich sein, daß er mit ihr telefoniert hat.«

»Kann nicht sein«, sagte Wieland. »Sie nimmt schon seit Stunden keine Gespräche mehr entgegen. Hast du was dagegen, wenn ich mich schlafen lege? War ein langer Tag.«

»Ich schlafe hier auf dem Sofa«, sagte Feuerstein. »Für den Fall, daß sich in ihrem Zimmer etwas rührt. Vielleicht hat sie, als ich schlief, mal an die Tür geklopft. Trotzdem verstehe ich nicht, weshalb sie mich nicht geweckt hat.«

Wieland grinste. »Sie wird nicht gewußt haben, ob du allein bist oder nicht. Falls sie noch bei dir auftaucht: Ich störe euch nicht. Die Zeitungen laß ich dir hier. Stehen wieder voll mit Artikeln über Schimazek. Sind auch ein paar hübsche Fotos von der Neumann dabei. Vielleicht ziehst du sie aber in natura vor. Wann hast du zuletzt deine Frau angerufen?«

»Frag mich nicht danach«, seufzte Feuerstein und schob ihn aus dem Wohnraum zurück. In den nächsten zwei Stunden blätterte er die Zeitungen durch. Die Berichte über Schimazeks Auftreten im Stadion des AS Rom nahmen überall doppelt soviel Platz ein wie das nachfolgende Spiel gegen Palermo. Die Verfasser überboten sich gegenseitig in Superlativen; einer nannte ihn den Fußballgott schlechthin. Bei zwei der Zeitungen handelte es sich um Abendausgaben. Sie brachten Fotos von Marianne heute nachmittag in der Hotelhalle. Feuerstein betrachtete sie lange. Sie steckte voller Widersprüche, und je besser er sie zu kennen meinte, desto undurchsichtiger wurde sie für ihn. Es war schon spät geworden, als er die Lektüre der Zeitungen beendete. Er richtete auf dem Sofa ein Lager hin, löschte das Licht aus und versuchte, einzuschlafen. Da er jedoch den ganzen Nachmittag nichts anderes getan hatte, wollte es ihm nicht recht gelingen. Die meiste Zeit döste er in einer Art von Halbschlaf vor sich hin. Irgendwann war es ihm, als hörte er Stimmen. Er richtete den Oberkörper auf und lauschte mit angehaltenem Atem in die Dunkelheit. Jetzt vernahm er dic Stimmen wieder; sie schienen aus Mariannes Zimmer zu kommen. Sein erster Gedanke galt Schimazek. Vielleicht hatte sie sich doch dazu erweichen lassen, ihm Einlaß zu gewähren. Er stieg vom Sofa und tastete sich im Dunkeln zum Lichtschalter. Weil es in den unmittelbar unter dem Hoteldach gelegenen Appartements auch am Abend kaum kühler geworden war, hatte er nur eine Pyjamahose angezogen. Er ging zu der Verbindungstür und versuchte, einen Blick durch das Schlüsselloch zu werfen, konnte jedoch nichts erkennen. Auch die Stimmen waren jetzt verstummt. Da es sich bei dem angrenzenden Zimmer, genau wie bei seinem eigenen Appartement, um den Wohnraum und nicht um das Schlafzimmer handelte, hatte er auch nichts anderes erwartet. Die Vorstellung, sie triebe es jetzt mit Schimazek, löste kleine Hitzewellen in ihm aus, aber vorläufig konnte er nur vermuten, daß es sich bei ihrem Besucher um keinen anderen handelte. Er blickte auf die Armbanduhr und stellte fest, daß es bereits nach Mitternacht war. Eine etwas ungewöhnliche Zeit, um einen Besucher zu empfangen, auch wenn dieser Schimazek hieß. Sein Mißtrauen wurde wieder hellwach. Er ging zu seinem Koffer und nahm die Pistole heraus. Dann zog er einen Sessel neben die Flurtür, öffnete sie einen Spalt breit und schaltete das Licht im Zimmer aus. Der Flur lag leer, nichts rührte sich. Außer den beiden Appartements gab es hier oben nur noch Personalräume.

Seine Geduld wurde auf eine harte Probe gestellt. Es verging über eine Stunde, bis er wieder Stimmen hörte, diesmal eindeutig aus dem nebenliegenden Appartement. Gleich darauf vernahm er Schritte auf dem Flur. Als er rasch die Tür öffnete und hinaustrat, sah er einen Mann aus Mariannes Zimmer kommen und sich dem Lift zuwenden. Obwohl er nur seinen Rücken sehen konnte, erkannte er ihn sofort. Er richtete die Pistole auf ihn und sagte nicht lauter, als es unbedingt erforderlich war: »Bleiben Sie stehen, Belloni.«

9

Zu den wenigen Enttäuschungen, die uns das Manuskript der Neumann hin und wieder bereitet hatte, gehörte auch ihre gelegentliche Eigenart, den Leser interessierende Geschehnisse auszusparen. So ließ sie es beispielsweise völlig offen, ob sie ihren früheren Freund, Manfred Weber, in Rom noch empfangen hatte oder nicht. Ich hielt es für durchaus denkbar, daß sie ihn mehrmals an der Rezeption vorsprechen, ihn jedoch, um ihn zu demütigen, nicht zu sich heraufkommen ließ. Denn auch dies gehörte zu ihrem Wesen: Einem Mann, der ihre Trennung von ihm so leicht verschmerzt zu haben schien wie er, eine solche Kränkung nicht zu verzeihen. Um so bezeichnender war ihre Verhaltensweise gegenüber Belloni, als dieser am späten Abend zu ihr ins Hotel kam. Denn immerhin waren ihr von diesem ungleich größere Kränkungen zugefügt worden als durch ihren früheren Freund, aber für einen Mann, der sie bis zur Selbstpreisgabe begehrte, war ihre Nachsicht – oder wie immer auch man das bei ihr nennen mag – offenbar so groß, daß sie sogar bereit war, ihm jede Demütigung zu verzeihen. Sicher hatte diese Eigenart nicht zuletzt auch mit ihrer Selbsteinschätzung zu tun.

Über ihre Schilderung der dritten persönlichen Begegnung mit Belloni gab es innerhalb der Redaktion auch diesmal gegensätzliche Meinungen. Während die einen ihr unterstellten, sie habe seit ihrer zweiten Begegnung mit ihm nichts anderes mehr im Sinn gehabt, als sich für die ihr aufgenötigten Liebesspiele an ihm schadlos zu halten und es zugleich mit einem persönlichen Vergnügen zu verbinden, neigten ich und nicht wenige andere der Ansicht zu, daß sie von den Geschehnissen in ihrem Hotelzimmer selbst überrumpelt und Opfer ihrer Absicht geworden war, ihn zu quälen, indem sie ihn zuerst erotisch provozierte und dann des Zimmers verwies. Daß es nicht dazu kam, führte ich auf ihre rasche Nachgiebigkeit gegenüber Männern zurück, die sie so leidenschaftlich begehrten wie Belloni, wobei in seinem Falle noch die von ihr mehrfach erwähnte erotische Faszination seiner Person eine Rolle gespielt haben mochte. Meine Sekretärin war davon überzeugt, daß sie sich schon bei ihrer ersten Begegnung mit Belloni, ohne daß es ihr überhaupt bewußt geworden sei, in ihn verliebt habe. Als sicher konnte man voraussetzen, daß es einer Frau von ihrem Format nicht leichtgefallen war, sich zu einer sexuellen Faszination bei einem Mann zu bekennen, der weder äußerlich attraktiv war, noch ihr intellektuell das Wasser reichen konnte.

Wenn ich mich allerdings in meinem Bekanntenkreis umschaute, so gab es auch dort genügend Beispiele dafür, wie wenig die Kriterien, nach denen Frauen sich oft in einen Mann verliebten, für den Außenstehenden intellektuell nachvollziehbar waren. Immerhin waren auch die kritischen Leser der Neumann von der Ehrlichkeit beeindruckt, mit der sie diese Begegnung wie folgt schilderte:

Ich hatte mich bereits ausgezogen und blätterte im Bett noch in einer deutschen Zeitschrift, die ich mir an der Rezeption besorgt hatte, als ich hörte, wie nebenan im Wohnraum an die Tür geklopft wurde. Da ich mir nicht sicher war, ob das Klopfen von der Verbindungstür zu Feuersteins Appartement oder von der Flurtür kam, stand ich auf, um nachzusehen. Das Klopfen kam jedoch von der Flurtür. In der Annahme, daß Jochen die nächtliche Abwesenheit von Pellico und seinen Kollegen vielleicht zu einem neuen Versuch nutzen wollte, sich mit mir auszusöhnen, öffnete ich rasch die Tür. Bei Bellonis Anblick blieb mir beinahe das Herz stehen. Er schob mich sanft, aber entschieden zur Seite, trat in das Zimmer, schloß die Tür hinter sich ab und sagte leise: »Ich muß mit Ihnen reden, Signorina. Haben Sie keine Angst; ich bin diesmal privat und nicht im Auftrag irgendwelcher Leute hier, die Sie wieder als Geisel benutzen wollen. Ich habe Schwierigkeiten, die mit Ihrer Person zu tun haben. Außer Ihnen kenn ich auch keinen Menschen, an den ich mich wenden könnte. Bitte, hören Sie mich an.«

Seine Worte, mehr aber noch der Gedanke, daß ich nur nach Feuerstein zu rufen brauchte, ließen mich meinen ersten Schrecken augenblicklich vergessen. Er trug auch heute abend wieder den grauen Anzug und die unauffällig gestreifte blaue Krawatte; mir fiel jedoch sofort auf, daß sein Gesicht noch blasser und eingefallener aussah als bei unserem zuletzt geführten morgendlichen Gespräch.

Die Genugtuung, ihm nun einmal in vertauschten Rollen gegenüberzustehen, verdrängte jedes andere Empfinden in mir. Die Schwierigkeiten, von denen er sprach, konnte ich mir denken. Schließlich hatte er sich bei seinen verschiedenen Initiativen, mich in seine Gewalt zu bekommen, nicht unbedingt mit Ruhm bekleckert, und seine Auftraggeber würden das wohl kaum anders sehen als ich. Weil ich nicht wollte, daß unser Gespräch Feuerstein oder Wieland aufweckte, drehte ich mich um, ging ins Schlafzimmer und setzte mich auf das Bett. Belloni war mir nachgekommen; er fragte: »Darf ich mich auch hinsetzen, Signorina?«

Ich erinnerte mich, wie ich mich in unserem Hotelzimmer in Mailand vor seinen und vor den Augen seiner Kumpanen hatte ausziehen müssen und wie er mich in Riomaggiore, als ich seine Hand von meiner Brust nehmen wollte, so brutal angefaßt hatte. Ich sagte: »Nein. Ich möchte auch nicht, daß Sie lange bleiben. Was haben Sie mir zu sagen?«

Er bewegte unruhig die Hände. »Ich bin nicht meinetwegen hier. Sehen Sie, Signorina, man hat von mir verlangt, daß ich nach Neapel komme und dort eine Erklärung dafür abgebe, wie es möglich war, daß ich Sie habe entkommen lassen. Jemand scheint erzählt zu haben, ich hätte Geld von Ihnen angenommen. Wäre ich nach Neapel gefahren, so lebte ich jetzt vielleicht nicht mehr. Statt dessen habe ich meine Familie geholt und sie zu meiner Schwägerin nach Genua gebracht. Man hätte sich sonst ihrer bedient, um meiner habhaft zu werden. Das konnte ich nicht riskieren. Es ist nur so: In Genua können meine Frau und meine Kinder nicht längere Zeit bleiben. Meine Schwägerin hat selbst eine große Familie und nur eine ganz kleine Wohnung. Wenn Sie mir nicht helfen, Signorina, weiß ich nicht mehr, was ich tun soll.«

»Als ich Ihnen zuletzt Geld angeboten habe«, sagte ich, »haben Sie es noch zurückgewiesen. Oder haben Sie von den fünfzig Millionen doch etwas in die eigene Tasche gesteckt?«

»Nein, Signorina; ich schwöre es Ihnen. Ich wollte von Ihnen kein Geld haben.«

»Was sonst?«

Er schwieg. Mir fiel auf, daß er unverwandt meine Beine betrachtete, als hätte ihr Anblick ihn vergessen lassen, warum er eigentlich bei mir war. Daß er selbst in dieser Situation noch Gefallen an ihnen fand, überraschte mich nun doch. Damit er sie noch besser sehen könnte, hob ich das kurze Nachthemd vom Schoß und fragte: »Das hier?«

Er schwieg weiter, aber ich sah, wie seine sonst immer ausdruckslosen Augen im Licht der Deckenbeleuchtung zu glänzen anfingen. Ich fragte: »Können Sie mir einen einzigen Grund nennen, warum ich Ihnen helfen sollte?«

»Nein, Signorina«, sagte er und sank in die Knie. Er griff nach meinen Füßen, zog sie an den Mund und bedeckte sie mit Küssen. Meine Füße wurden feucht von seinen zahllosen Küssen. Dann merkte ich, daß die Feuchtigkeit nicht nur von seinen Küssen, sondern auch aus seinen Augen kam. Ich hatte mit Männern schon einiges erlebt;

daß sie aber in Tränen ausbrachen, noch nicht. Ich sagte mühsam: »Lassen Sie das.«

Statt auf mich zu hören, kroch er mir auf den Knien noch näher und fing an, meine Schenkel zu küssen. Als er auch meinen Schoß zu küssen anfing, stieß ich ihn mit dem Fuß von mir, so daß er rücklings zu Boden fiel. Seine Küsse und der Anblick seiner Tränen hatten mich völlig verwirrt. Ich stand auf und trat an den kleinen Damensekretär neben der Balkontür. Ich nahm das Scheckheft aus der Handtasche und fragte: »Wieviel brauchen Sie?« Dann bemerkte ich, daß er noch immer am Boden lag. Er kam auf dem Bauch zu mir gekrochen, küßte wieder meine Füße, umklammerte meine Beine, zog sich an meinen Beinen hoch und preßte den Mund an meinen Schoß. Seine besessene Art, mich zu begehren, mich seine durstigen Küsse und Lippen fühlen zu lassen, ließ mich fast schwindlig werden. Ich sagte: »Wenn Sie nicht sofort vernünftig werden, bekommen Sie keine einzige Lira von mir.«

»Dann töten Sie mich«, murmelte er. »Töten Sie mich oder erlauben Sie mir, Sie zu streicheln und zu küssen. Ich habe Ihretwegen seit Tagen nichts mehr essen und auch nicht mehr schlafen können.«

Er lag noch immer bäuchlings am Boden, das Gesicht in den Teppich gepreßt und mit den Händen jetzt meine Fesseln umklammernd.

Mir war heiß. Ich hatte Schweiß auf der Haut, ich fühlte, wie er in kleinen Tropfen zwischen meine Brüste rann und von meinen Hüften über die Schenkel. Als Belloni sich plötzlich auf den Rücken warf, meinen rechten Fuß an seinen Schoß zog und ihn, mit geschlossenen Augen, fest an sich preßte, hatte ich bereits keine Kraft mehr, mich ihm zu widersetzen. Ich ließ es zu, daß er seinen Gürtel öffnete, meinen Fuß in die Hose schob und ihn dort festhielt. Ich sagte zu mir: Tu es nicht, und ich tat es doch. Ich hatte keinen Einfluß mehr darauf, was ich tat. Mein Fuß tat es wie von selbst, als hätte er sich von meinem Willen gelöst, er bewegte sich, streichelte, schuf sich streichelnd Bahn, räumte weg, was ihn behinderte, was meinen Blick behinderte, meine Neugierde, legte bloß, wonach ihn gelüstete, ließ mich sehen, mich fühlen, meine Zehen verwandelten sich in klebrige Schnecken, krochen über haariges Gestrüpp, über muskulöses Fleisch, saugten sich fest, krümmten und streckten sich, mir brannte Schweiß im Gesicht, in den Augen, meine Augen wurden blind, ich konnte nur noch fühlen, Feuchtigkeit, Nässe, es war meine eigene Nässe; ich kam diesmal so plötzlich, daß ich es nicht mehr zurückhalten konnte.

Die Augen geschlossen, den Körper verkrümmt, ließ ich meine Zehen noch eine Weile nachempfingen und nacherleben. Dann streifte ich das Nachthemd von den Schultern und sagte: »Ziehen Sie sich aus und kommen Sie mir nach.« Ich ging ins Bad und stellte mich unter die Dusche. Als er zu mir kam, sah ich, daß nicht nur seine Brust, seine Arme und seine Schultern dicht behaart waren. Sein Körper war genauso hager wie sein Gesicht, seine Taille schmal wie die eines Mädchens. Ich drückte ihm ein Stück Seife in die Hand und sagte: »Waschen Sie mich.« Und während er mich wusch, erlaubte ich auch meinen Händen, was ich zuvor nur mit den Zehen vollzogen hatte. Als meine Erregung zurückkehrte, ging ich, ohne mich abzutrocknen, wieder ins Zimmer. Ich legte mich, die Füße am Boden aufstützend, auf das Bett, schob mir ein Kopfkissen in den Rücken und sagte zu Belloni, der mir sofort gefolgt war: »Küssen Sie mich.«

Ich beobachtete, wie er in die Knie ging, die Hände auf meine Schenkel legte und den Nacken beugte. Erst jetzt war ich willens, ihm vollends zu verzeihen. Zum erstenmal, seit ich ihn kannte, fühlte ich mich auch ihm überlegen. Ich streichelte mit den Fingerspitzen seine behaarten Schultern, seinen gebeugten Nacken, und als mir seine Küsse nicht mehr genügten, griff ich unter seine Arme und zog ihn auf mich. Ich war noch nie so versessen darauf, einen Mann zu erfahren, ihm zu gehören, ihn zu umfangen, mich seinen Wünschen zu fügen und ihn meine eigenen, geheimsten Wünsche, die ich vor ihm noch keinem anderen preisgegeben hatte, wissen zu lassen. Und vor ihm hatte ich auch noch nie einen Mann mit solcher Ausdauer erlebt. Ich war schon wie tot, als ich ihn noch immer in mir fühlte und seine Zähne in meinen Brüsten oder in meinem Nacken. Irgendwann fühlte ich ihn dann nicht mehr in mir, und als ich die Augen öffnete, lag er mit dem Gesicht reglos in meinem Schoß.

Ich verstand nicht, wie es dazu hatte kommen können. Wie ich mich dazu hatte hinreißen lassen, seine Begehrlichkeit nicht nur zu dulden, sondern sie auch mit der gleichen Begierde zu erwidern, und während ich noch nach einer Erklärung suchte, wurde mir bewußt, daß ich mir nichts mehr wünschte, als es wieder und wieder zu erleben. Ich hörte mich sagen: »Sie können nicht länger bleiben, und Sie dürfen auch nicht hierher kommen. Lassen Sie mich aufstehen.«

Er gehorchte auch diesmal sofort. »Mein Nachthemd«, sagte ich. Er hob es vom Boden auf, streifte es mir über den Kopf und legte den Mund auf meinen Nacken. »Vielleicht kann ich Sie noch gebrauchen«, sagte ich und setzte mich an den Sekretär. Ich stellte einen Scheck über zwei Millionen Lire aus und drehte mich dann nach Belloni um. Er mühte sich damit ab, seine Krawatte zu binden. Ich sagte: »Kommen Sie her.«

Er kam zu mir. Ich band ihm die Krawatte und blickte prüfend in sein Gesicht. Leider gab es dort zu meiner Rettung nichts zu entdecken, was auf Selbstzufriedenheit oder Genugtuung hätte schließen lassen und mir Anlaß gegeben hätte, ihn besser nicht mehr sehen zu wollen. Sein Ausdruck erinnerte mich eher ein wenig an die Besucher der Akropolis. Ich sagte: »Den Scheck müssen Sie wieder in Mailand einlösen. Wie lange kommen Sie damit aus?«

Er griff nach dem Scheck und blickte eine Weile darauf nieder. Dann sagte er: »Ich wünschte, ich müßte ihn nicht ausgerechnet jetzt von Ihnen annehmen. Damit können meine Familie und ich zwei Monate gut leben.«

Seine Antwort befriedigte mich; ich sagte: »Wir bleiben nicht mehr lange in Rom. Wären Sie und Ihre Familie in Nizza vorläufig in Sicherheit?« – »Sie fahren nach Nizza?« fragte er, sichtlich erleichtert. Ich nickte. »Spätestens übermorgen. Sie könnten dort mit Ihrer Familie in einer Pension oder in einem kleinen Hotel absteigen. Ich überlege mir bis dahin, was ich sonst noch für Sie tun kann.«

»Und wo finde ich Sie?«

Ich dachte kurz nach. »Wir werden auch in Nizza in einem guten Hotel wohnen. Sie müssen sich eben umhören. Rufen Sie mich an, wenn Sie meine Adresse haben. Sie dürfen mich aber nicht im Hotel besuchen. Geben Sie her.« Ich nahm ihm den Scheck aus der Hand, zerriß ihn und füllte einen neuen über zehn Millionen Lire aus. »Quartieren Sie Ihre Familie in einem Hotel ein und für sich mieten Sie ein kleines Ferienappartement. Ich möchte Sie dort jederzeit erreichen können. Läßt sich das einrichten?«

Statt mir zu antworten, kniete er wieder vor mir nieder und bedeckte meine Schenkel mit Küssen. Ich fragte: »Von wem haben Sie gehört, daß Sie mich für Geld hätten entkommen lassen?«

Er hörte auf, mich zu küssen. »Von einem meiner Kollegen, die bei mir waren, als Sie gestern abend zu uns in den Wagen stiegen. Er war es aber auch, der mir heute mittag die Tür aufgeschlossen hat. Für ihn und die beiden anderen ist das genauso schlimm wie für mich, weil sie, statt Sie zu bewachen, sich von mir haben wegschicken lassen. Wenn man in Neapel herausbekäme, daß zwei von ihnen in Mailand waren, um Ihren Scheck einzulösen, würde man sie genauso umbringen, wie man mich umbringen wird, wenn ich in ihre Hände falle. Ich weiß nicht, wie es dazu gekommen ist, daß man von dem Geld erfahren hat. Ich versteh es nicht, Signorina.«

Ich verstand es selbst nicht. Außer Jochen hatte ich niemanden diese Geschichte erzählt. Ich stand rasch auf und sagte: »Sie können nicht länger hierbleiben. Warten Sie.«

Weil ich nicht wollte, daß er aus meiner Schlafzimmertür kam, ging ich ins Wohnzimmer und schickte von dort aus einen Blick auf den Flur. »Sie können gehen.«

Er kam zu mir und zog meine Hand an den Mund. »Ich könnte für Sie sterben«, murmelte er.

Im Vergleich zu Ardigo war er mit seiner hageren Gestalt und den schmalen Schultern wirklich kein attraktiver Mann. Ich blickte ihm nach, wie er zum Lift ging. Als ich Feuersteins Stimme hörte, stand er, nur mit einer Pyjamahose bekleidet, mitten auf dem Flur und hielt eine Pistole auf Belloni gerichtet.

Zum erstenmal, seit ich ihn kannte, empfand ich seine Anwesenheit als lästig. Ich fragte: »Bist du für eine Ganovenjagd nicht etwas zu leicht angezogen?« Ohne seine Antwort abzuwarten, sagte ich zu Belloni, der mit erhobenen Händen stehengeblieben war: »Gehen Sie weiter. Er wird nicht auf Sie schießen.«

Ich wartete noch, bis er im Lift verschwunden war. Dann kehrte ich in mein Zimmer zurück, setzte mich in einen Sessel und zündete mir eine Zigarette an.

Als Feuerstein hereinkam, drückte er die Tür hinter sich ins Schloß, lehnte sich mit dem Rücken dagegen und fragte leise: »Was für ein beschissenes Spiel treibst du da eigentlich?«

»Er holte sich bei mir das Geld dafür ab, daß er mich heute morgen entkommen ließ«, sagte ich. »Ich hatte gestern nicht so viel bei mir.«

»Fünfzig Millionen Lire?«

Ich blickte ihn rasch an. »Woher weißt du das? Von Schimazek?«

»Von Pellico.« Er kam zu mir, nahm mir gegenüber in einem Sessel Platz, und fragte: »Wo hatten sie dich hingebracht?«

»In ein verlassenes Haus in den Bergen. Das ist jetzt auch unwichtig, Rudolf. Ohne Bellonis Hilfe wäre ich nicht freigekommen, und Schimazek hätte tun müssen, was seine Auftraggeber von ihm verlangten. Sie sind jetzt hinter Belloni her, weil er sich von mir hat kaufen lassen. Ich habe ihm dazu geraten, sich und seine Familie nach Nizza in Sicherheit zu bringen.«

»Und da empfängst du ihn ausgerechnet in diesem Scheißding?« fragte er. Tatsächlich trug ich noch immer das Kurznachthemd, das schon Bellonis Wohlgefallen gefunden hatte. Ich sagte: »Er war nicht lange bei mir.«

»Er war mindestens eine Stunde bei dir«, erwiderte Feuerstein. »Ich habe ihn schon kommen hören, als du ihm die Tür geöffnet hast.«

Damit hatte ich allerdings nicht gerechnet; ich zwang mich zur Ruhe. »Dann war er eben eine Stunde bei mir. Muß ich mich dafür bei dir entschuldigen?«

Er stand auf und ging zur Tür. Dort drehte er sich noch einmal nach mir um und sagte: »Da ist übrigens noch etwas. Du hast mir auch nicht erzählt, daß Zschernitz heute vormittag mit drei Begleitern hier im Hotel abgestiegen ist.« Mir blieb wieder einmal fast das Herz stehen: »Ein Mann, der Zschernitz heißt?«

»Ja. Sie kommen alle vier aus der DDR. Wußtest du, daß er hier ist?«

Ich starrte ihn eine Weile wortlos an. Dann stand ich rasch auf und sagte: »Ich möchte von hier weg. Bringst du mich nach Nizza oder muß ich allein hinfahren?«

»Doch nicht jetzt mitten in der Nacht?«

Ich nickte. »Auf der Stelle, Rudolf. Wir fahren in deinem Wagen.«

Er kam zu mir zurück, legte die Hände auf die Schultern und sagte: »Dann hast du mich die ganze Zeit über belogen?«

»Nein«, sagte ich. »Aber darüber kann ich nicht sprechen.«

Er blickte mich schweigend an. Dann fragte er: »Was ist mit Schimazek?« Kommt er auch mit?«

»Nein. Ich rufe ihn heute vormittag von Nizza aus an. Ich muß noch rasch packen. Entscheide dich, sonst nehme ich den Pininfarina.«

»Ich muß genauso verrückt sein wie du«, sagte er und verließ das Zimmer. Mir war übel. Von allen Menschen, die ich jemals kennengelernt hatte, war Zschernitz der letzte, dem noch einmal zu begegnen ich mir gewünscht hätte.

Ihre Schilderung der Ereignisse in Nizza setzt mit ihren ersten Eindrükken von der Stadt ein, auf die wir, ebenso wie auf ihre Schilderungen von Rom, wegen ihrer Ausführlichkeit und weil sie für ihre Erlebnisse ohne Belang waren, beim Abdruck ihrer Memoiren verzichten mußten. Wir griffen sie statt dessen dort wieder auf, wo sie die Gründe schildert, weshalb sie es vorzog, nicht länger im ›Westminster Concorde‹ wohnen zu bleiben. Sie schreibt:

Obwohl das Hotel mir gefiel und ich vom Balkon aus auf das Meer blicken konnte, war ich schon am zweiten Tag des Lärms auf der unmittelbar vor dem Hotel vorbeiführenden ›Promenade des Anglais‹ mit ihren zum Teil sechs Fahrspuren überdrüssig geworden, zumal er oft bis tief in die Nacht hinein anhielt. Ganz abgesehen von dem Gestank der Autoabgase, der besonders dann unerträglich wurde, wenn der Wind umschlug und vom Meer her über die Küste strich. Da mich auch der zumeist von sonnenhungrigen Badegästen überfüllte schmale Sandstrand längs der Promenade wenig dazu reizte, es ihnen gleichzutun, bat ich Feuerstein nach dem Mittagessen, das wir zusammen mit Wieland im Speisesaal zu uns nahmen, sich nach einem anderen Quartier für uns umzusehen. Mein Wunsch schien ihm schon deshalb nicht ungelegen zu kommen, weil sein und Wielands Zimmer ein Stockwerk höher lag als das meine. Das Hotel war bei unserem Eintreffen so gut belegt gewesen, daß wir im gleichen Stockwerk keine zwei Zimmer bekamen. Feuerstein kannte das Hotel von einem früheren Besuch her. Ob er allerdings privat oder beruflich gewesen war, hatte er mir nicht verraten. Ich schloß daraus, daß es eher ein privater war. Vielleicht zusammen mit seiner Frau in den Flitterwochen.

Während er und Wieland sich auf die Suche machten, vertrieb ich mir auf dem Bett liegend die Zeit mit der Lektüre des Sportteils einiger lokaler und überregionaler Zeitungen. Feuerstein hatte sie mir mit der Bemerkung überreicht, daß Schimazeks Aufstellung als Torhüter der italienischen Mannschaft im morgigen Spiel gegen Spanien mehr Platz eingeräumt werde als allen anderen Nachrichten. Tatsächlich fand ich überall sein Bild, in zwei Blättern sogar halbseitig vor, und die Kommentatoren befaßten sich eingehend mit der Frage, ob er auch in dem vier Tage später stattfindenden Spiel gegen die französische Nationalmannschaft von Galilei aufgestellt werde. Einige der Verfasser beklagten es, daß in Frankreich der Handel mit Fußballspielern verboten sei. Andere wiederum sahen in Schimazek eine Inkarnation des materiellen Ungeistes, der, besonders im Fußball, zu Praktiken geführt habe, die mit Fußball nichts mehr gemein hätten. Einig jedoch war man sich in der Meinung, daß eine Spielentscheidung in Neapel, die ausschließlich der Aufstellung von Schimazek zuzuschreiben sei, die Frage aufwerfe, welchen Sinn solche Spiele dann überhaupt noch haben könnten. Zwar sparten auch die kritisch eingestellten Autoren nicht mit Superlativen, die Schimazek als Fußballphänomen der Fußballgeschichte schlechthin bezeichneten, doch klangen sie nicht ganz so vorbehaltlos wie in den italienischen Zeitungen. Es gab gerade bei ihnen starke Bedenken. Einer der Verfasser machte sich sogar Gedanken darüber, ob die FIFA bei Schimazek nicht ähnliche Maßstäbe anlegen müsse wie es von der IAAF im Falle einiger russischer Teilnehmerinnen unbestimmbaren Geschlechts an den jährlichen Leichtathletikwettkämpfen mancherorts bereits geschehen sei. Ich merkte auch an diesen Artikeln wieder einmal mehr, mit welcher Hilflosigkeit selbst alte Hasen unter den Sportredakteuren auf ein Phänomen wie Jochen reagierten. Sein für morgen abend vorgesehenes Eintreffen in Nizza würde auch hier wieder die halbe Stadt auf den Kopf stellen. Schon deshalb wäre ein weiterer Aufenthalt in diesem Hotel für mich indiskutabel gewesen; ich hatte noch genug von dem, was ich in Rom alles erlebt hatte. Daß ich im Hotel noch nicht erkannt worden war, hatte ich allein Feuersteins Fürsorge zu verdanken, mir jeden Gang an die Rezeption zu ersparen. Mein Name allein weckte noch keine schlafenden Hunde.

Weil es im Zimmer sehr warm und mir von all den Problemen, die mich im Augenblick beschäftigten, noch wärmer geworden war, ging ich in das Badezimmer und stellte mich unter die Dusche. An der Brust und am Hals waren noch immer die Spuren von Bellonis Unersättlichkeit zu sehen. Sicher hatten auch sie in meinem Unterbewußtsein zu meiner neuerlichen Zurückhaltung gegenüber Feuerstein in den letzten Tagen beigetragen.

Noch während ich duschte, läutete das Telefon. Weil ich sofort an Belloni dachte, schlang ich mir rasch das Frottiertuch um die Hüften, lief ins Zimmer und nahm ab. Eine Männerstimme fragte: »Fräulein Neumann?«

»Ja«, sagte ich. »Wer spricht?«

Statt mir eine Antwort zu geben, beendete der Anrufer das Gespräch. Daß er Deutsch gesprochen hatte, war mir keine Beruhigung; im Gegenteil. Ich rannte zur Tür und vergewisserte mich davon, daß sie verschlossen war. Dann nahm ich den Hörer ab und erkundigte mich bei der Rezeption, ob Monsieur Zschernitz eingetroffen sei. Die Mademoiselle, mit der ich sprach, bestätigte es mir: »Bereits gestern abend. Wollen Sie ihn sprechen, Madame?«

»Nein«, antwortete ich mechanisch. »Ich wollte es nur wissen.«

In der nächsten halben Stunde rauchte ich auf dem Bett eine Zigarette nach der anderen. Das Schlimme daran war, daß ich in diesem Fall auch mit Feuerstein nicht offen reden konnte. Ich wäre eher daran erstickt. Andererseits brauchte ich seine Hilfe jetzt nötiger denn je. Der Teufel mußte mich geritten haben, als ich mir auf seine Frage nach meinem östlichen Konspiranten ausgerechnet den Namen Zschernitz hatte einfallen lassen, aber die Assoziation war so weit hergeholt nicht gewesen. Ein schlechtes Gewissen konnte unangenehme Erinnerungen zwar zeitweilig ins Unterbewußtsein verdrängen, sie dort jedoch nicht auslöschen.

Während ich darüber nachdachte, wurde mir klar, daß ich Feuerstein, wenn ich ihm zumutete, mir blind vertrauend auch noch gegen Zschernitz beizustehen, nicht länger mehr würde hinhalten können. Daß ich mich gestern und vorgestern abend mit Kopfschmerzen und Müdigkeit entschuldigt hatte, mochte er mir nach all meinen Erlebnissen in Rom vielleicht noch geglaubt haben; er gehörte nicht zu jenen Männern, für die es keine Rolle spielte, ob die Frau, mit der sie schlafen wollen, gerade in Stimmung dafür war oder nicht. Wenn ich mein Problem bei ihm zu analysieren versuchte, so stieß ich jedesmal auf eine mir selbst unerklärliche plötzliche Abneigung, nur deshalb mit ihm ins Bett zu gehen, weil ich nicht mehr anders konnte, als die Erwartungen, die ich in ihm geweckt hatte, auch zu erfüllen. In Riomaggiore und Rom hätte sich das unter den damaligen Umständen wie von allein ergeben. Jetzt war dies anders, denn Feuerstein gehörte nicht nur zu den rücksichtsvollen, er gehörte auch zu jenen Männern, die man als Frau ungleich schwerer loswerden konnte als sie zu erobern. Dieses Risiko sah ich bei Belloni nicht. Er würde meinetwegen weder seine Familie aufgeben noch mir nach Deutschland oder in ein anderes, von seiner Heimat weit entferntes Land nachreisen wollen. Auch hatten meine verschiedenen Gespräche mit Feuerstein mir bewußt werden lassen, daß er mehr von mir erwartete als das, womit Belloni sich begnügte, daß es auch nicht sein Bestreben war, auf meine Kosten ein angenehmes Leben zu führen. Und wenn er meinetwegen seinen Beruf aufgäbe und sich von seiner Frau trennte, ginge ich eine moralische Verpflichtung ein, die sich mit Geld allein nicht aus der Welt schaffen ließe.

Wie immer, wenn ich einmal nicht mehr weiter wußte, wandte ich meine Gedanken angenehmeren Dingen zu, und meine letzte Begegnung mit Belloni gehörte mit zu jenen Erlebnissen, die mich auch noch nachträglich so stark beschäftigen, daß ich darüber alles andere aus meinem Kopf verdrängen konnte. Sogar Zschernitz konnte ich zeitweilig darüber vergessen, aber eben nur zeitweilig, denn als er mir plötzlich wieder einfiel, war mein Entsetzen über seine Anwesenheit in diesem Hotel sogar noch größer geworden, so daß mir Feuersteins Eintreffen, trotz der mit seiner Person verknüpften neuen Probleme, sehr gelegen kam. Er stand ohne Wieland vor der Tür; ich öffnete ihm erst, als ich seine Stimme erkannte. Er fragte verwundert: »Warum bist du so vorsichtig?«

»Weil Zschernitz hier ist«, antwortete ich. »Er ist gestern abend in unserem Hotel abgestiegen. Ich erhielt vor einer halben Stunde einen Anruf.«

Er nahm in einem leeren Sessel Platz. »Was für einen Anruf?«

Daß Zschernitz hier war, schien ihn überhaupt nicht zu überraschen. Ich setzte mich auf eine Armlehne seines Sessels und erzählte ihm, wie es war und weshalb ich auf den Einfall kam, mich nach ihm zu erkundigen. Ich fügte hinzu: »Damit du dir nichts einredest: Zschernitz hat mit dem, was du ursprünglich angenommen hast, nicht das Geringste zu tun. Mir ist damals in der Eile kein anderer Namen eingefallen. Ich lernte ihn erst in Italien kennen. Es ist mir aber unmöglich, darüber zu reden, wie und wo.«

»Das mußt du aber«, erwiderte er ruhig. »Wenn ich nicht weiß, was er von dir will . . .«

Ich fiel ihm ins Wort: »Es muß dir genügen, zu wissen, daß ich ihm nicht mehr begegnen möchte. Wenn du ihn mir nicht vom Halse halten kannst oder willst, lasse ich auf meine Kosten Pellico und seine Männer hierherkommen. Ich verstehe nicht, wie er herausgefunden hat, wohin wir gefahren sind. Ich habe Schimazek am Telefon ausdrücklich darum gebeten, es geheim zu halten.«

»Aber doch nur, bis auch er in Nizza eingetroffen ist.«

»Bis dahin hätten wir schon nicht mehr hier gewohnt. Habt ihr ein Quartier für uns gefunden?«

Er nickte. »Allerdings nicht in Nizza. Um diese Jahreszeit findest du, wenn es kein Hotel sein soll, in der ganzen Stadt kaum mehr etwas,

was deinen und Schimazeks Ansprüchen genügt. Wir waren bei verschiedenen Immobilienmaklern. In Tourette, das liegt in der Gegend von Grasse und nicht weiter als eine knappe Autostunde von Nizza entfernt, steht noch ein Ferienhaus mit drei übereinanderliegenden Wohnungen leer. Wieland und ich waren dort. Das Haus ist, wie die anderen Häuser auch, schon sehr alt, wurde innen aber völlig renoviert. Die Wohnungen haben je zwei Schlafzimmer, ein Wohnzimmer und ein Bad. Die Einrichtung ist einfach, aber solide. Du hättest dort allerdings kein Telefon.«

»Das ist mir sogar recht. Habt ihr das Haus schon gemietet?«

»Wir wollten vorher deine Meinung dazu hören. Wir wußten auch nicht, ab wann du es haben willst.«

Auf keinen Fall, bevor Belloni sich bei mir gemeldet hatte; ich antwortete: »Vielleicht ab nächste Woche, wenn Schimazek hier ist. Wir können es aber schon vorbestellen. Laß es den Makler wissen.«

»Er hat es vorsorglich für uns reserviert«, sagte Feuerstein. »Wer hat dir das hinterlassen? Belloni?«

Als ich ihn verständnislos anschaute, öffnete er mit dem Daumen den Schalkragen meines Hausmantels und berührte meine Brust. Es war mein Fehler. Als ich mich neben ihn auf die Armlehne setzte, hätte ich daran denken müssen, daß ich es mir noch nicht leisten konnte, ihm nur halb bekleidet verräterische Einblicke zu ermöglichen. Ich fragte: »Warum ausgerechnet Belloni?«

»Weil er der letzte war, der Gelegenheit hatte, dich an dieser Stelle die Zähne spüren zu lassen. Oder hast du auch dem Zimmerkellner schon deine Gunst geschenkt?«

Ich stand auf, ging zur Tür und öffnete sie. Er nickte. »Sofort. Was ist mit Zschernitz?«

»Ich rufe jetzt Schimazek an«, sagte ich. »Wenn Pellico und die anderen ein Flugzeug nehmen, können sie spätestens in zwei Stunden hier sein.«

»Dann viel Spaß mit ihnen«, sagte er und verließ das Zimmer. Ich setzte mich vor den Frisierspiegel und betrachtete die rötliche Verfärbung neben meiner Warze. Nach einem Biß sah sie nicht mehr aus, eher wie eine kleine Schwellung.

Eine Weile wußte ich nicht, was tun. Ließ ich Pellico tatsächlich kommen, so riskierte ich es, daß Feuerstein darin eine Aufforderung sah, sich nicht länger um mich zu kümmern. Daran konnte ich, mit Zschernitz unter einem Dach wohnend, erst recht kein Interesse haben. Aber unser Gespräch und sein Ausgang zeigten mir wieder einmal mehr, in welche Abhängigkeit ich mich bereits begeben und wie sehr ich meine Handlungsfreiheit auch bei Feuerstein schon eingebüßt hatte. Ich war nicht bereit, noch mehr davon einzubüßen. Selbst auf die Gefahr hin, daß ich es mir endgültig bei ihm verscherzte; ich fühlte mich einfach nicht dazu imstande, mir seine weitere Hilfe im Bett zu erkaufen. Als ich eine halbe Stunde später das Hotel verließ, tat ich es nur, um an die frische Luft zu kommen. Im Zimmer war es mir zu eng geworden. Ich setzte mich in ein Taxi und bat den Fahrer, mich nach Monte Carlo zu bringen. Mir gefiel die Stadt, weil mir ihre Geschäfte, ihre Boulevards und ihre Menschen gefielen. Auch den Hafen fand ich sehenswert. Dort stieg ich aus und sah mich, weil ich Appetit auf ein Eis bekommen hatte, nach einem Café um. Am Boulevard Albert entdeckte ich gleich zwei. Auf dem Weg dorthin wurde ich von einem Mann angesprochen; er sagte: »Fein, dich auch einmal solo anzutreffen. Mein Wagen steht gleich da hinten. Komm mit.«

Seit meinen römischen Erlebnissen fuhr ich nicht mehr ahnungslos durch die Welt. Auf der Fahrt hierher hatte ich ständig auf verdächtige Autos geachtet, die meinem Taxi folgen könnten. Aufgefallen war mir keins. Merkwürdigerweise reagierte ich auf die unvermittelte Anwesenheit von Zschernitz viel ruhiger, als ich das vor einer Stunde noch für möglich gehalten hätte.

Ich blieb stehen und blickte in sein Gesicht. Eigentlich hatte ich kaum mehr gewußt, wie er aussah. Es war schon dunkel gewesen, als ich ihn am Hafen ansprach. Auch im Mercedes war es dunkel, und das Hotel, wohin er mich später brachte, gehörte zu jenen, wo sich das meiste ohnehin im Dunkeln abspielte. Mir war nur in Erinnerung geblieben, daß er groß, schlank und blond war. Sein Dutzendgesicht hatte sich mir nicht eingeprägt.

Ich fragte: »Wie haben Sie mich gefunden?«

»Jemand scheint es nicht gut mir dir zu meinen«, antwortete er. »Wir erhielten in Rom eine anonyme Nachricht, daß du nach Nizza gefahren seist und im ›Westminster‹ wohnen sollst.«

Einige Schritte von uns entfernt stand eine Sitzbank. Ich ging hin, nahm Platz und holte mein Scheckbuch und einen Kugelschreiber aus der Handtasche. »Ich kann es Ihnen nur in Lire zurückgeben«, sagte ich. »Bei einer Million Lire sind etwa fünfzehn Prozent Zinsen berücksichtigt. Für die vier oder fünf Wochen, für die ich mir das Geld bei Ihnen ausgeliehen habe, dürfte das angemessen sein.«

Er setzte sich zu mir: »Ich bin nicht wegen des Geldes hier. Warum bist du so förmlich? In Genua warst du es nicht.«

»Aus anderen Gründen als du dachtest.«

Er nickte: »Alles für deinen Freund Schimazek. Seit ich dich zusammen mit ihm auf einem Foto sah, ist mir manches verständlicher geworden. Ich bin nicht allein; im Auto warten einige Männer auf dich.«

Da er den Wagen schon einmal erwähnt hatte, blickte ich in die Richtung, aus der er gekommen sein mußte. Dort stand, kaum zwanzig Meter entfernt am Straßenrand, eine dunkelblaue Limousine mit französischem Kennzeichen. Soweit ich es beurteilen konnte, war sie mit drei Männern besetzt.

Zschernitz sagte: »Ich habe sie mir nicht ausgesucht; sie sind vom Staatssicherheitsdienst und wollen mit dir reden.«

Ich fragte so ruhig wie möglich: »Über Schimazek?«

»Über den auch. Mich interessiert in diesem Zusammenhang nur eins: Wer von unserer Schiffsbesatzung ihn in Wismar auf die ›Rostock‹ geschmuggelt und bis Genua versteckt gehalten hat. Seit du das der Presse erzählt hast, sitzt die ganze Mannschaft im Knast. Sie wird nicht eher freigelassen, als bis man den Betreffenden herausgefunden hat. Ich saß auch drinnen. Vor etwa acht Tagen zeigten sie mir ein Pressefoto von dir und Schimazek und wollten von mir wissen, ob ich dich schon einmal gesehen hätte. Ich erzählte ihnen, was zwischen uns war. Mein Offizierspatent bin ich trotzdem los. Das Fraternisieren mit Westdeutschen ist unseren Schiffsbesatzungen verboten. Für Schiffsoffiziere, die mit gutem Beispiel vorangehen sollen, gilt das erst recht. Du hast mich mit deiner Geschichte ganz schön in die Scheiße geritten. War er tatsächlich auf unserem Schiff?«

Daß er sich, obwohl wir von den drei SSD-Männern erwartet wurden, so lange mit mir darüber unterhielt, weckte einen Verdacht in mir; ich sagte: »Vielleicht dürfen Schiffsoffiziere aus der DDR auch keine fünfzehnhundert D-Mark bei sich tragen?«

Er nickte wieder. »Da ich das Geld aber nicht zurückhaben will, liegt für dich kein Grund vor, es ihnen zu erzählen. Wenigstens weiß ich inzwischen, wofür du es wirklich gebraucht und warum du es mir am übernächsten Tag nicht zurückgegeben hast. Ich habe im Hotel den ganzen Abend und die halbe Nacht auf dich gewartet.«

Mir war diese Sache ja auch unangenehm. Sogar so unangenehm, daß ich mich, hätte Jochen oder ein anderer, einschließlich Feuerstein, jemals davon erfahren, vor Scham in die Erde verkrochen hätte. Wenn ich mich recht erinnerte, hatte ich Zschernitz sogar mein Ehrenwort gegeben, das Geld nur für zwei Tage zu brauchen, bis eine Überweisung meines Vaters einträfe. Begründet hatte ich meine finanziellen Probleme damit, in Genua bestohlen worden zu sein. Nie in meinem Leben hatte ich mich hinterher so erbärmlich gefühlt wie in jener Nacht, als ich mit Jochen und den fünfzehnhundert Mark in der Handtasche nach Mailand gefahren war, aber ohne sie hätten wir nicht einmal mehr das Hotelzimmer in Genua bezahlen können. Allerdings war es mir, als ich mich mit Zschernitz einließ, nicht nur um das Geld gegangen. Eine Auskunft darüber, wo und wann die ›Rostock‹ mit welcher Ladung in der DDR den Anker gelichtet hatte, war für die Geschichte, die wir später auf dem Konsulat erzählten, genauso wichtig gewesen. Von der Hafenverwaltung waren mir lediglich der Name des Schiffes und der Ankerplatz genannt worden. Glücklicherweise schien wenigstens meine Befürchtung, Zschernitz könnte mich wegen des Geldes in Genua angezeigt haben, unbegründet zu sein, obwohl ich ihn, als er es mir gab, meinen Reisepaß hatte sehen lassen. An die Möglichkeit, daß ihm – und damit auch Jochen und mir – wegen der erfundenen Geschichte über die ›Rostock‹ Probleme entstehen könnten, hatte ich keinen Augenblick lang gedacht. Ich sagte: »Es war unfair, ich weiß es, aber allein dafür, daß ich mit dir in das Hotel gegangen bin, hättest du mir das Geld sicher nicht gegeben?«

»Vielleicht doch«, antwortete er lächelnd. »Für dich wären mir nicht einmal dreitausend Mark zuviel gewesen, wenn ich sie gehabt hätte. Daß du aber so kaltblütig schwindeln kannst, hätte ich dir an jenem Abend keinesfalls zugetraut.«

»Ich war in einer schwierigen Lage«, sagte ich. »Ich werde deinen Begleitern auch nichts von diesem Geld erzählen. Ich werde ihnen überhaupt nichts erzählen. Wenn sie unschuldige Leute einsperren, so ist das allein ihr Problem.«

»Sie sehen das leider anders«, sagte Zschernitz. »Sie sind hier, um mit dir zu reden, und sie werden es tun, ob du es willst oder nicht. Versuche jetzt nicht, wegzulaufen. Sie verstehen keinen Spaß.«

Diesen Eindruck hatte ich, wenn ich die Männer in der dunkelblauen Limousine taxierte, allerdings auch. Sie schauten zu mir her, als wäre ich nicht Zschernitz, sondern ihnen die fünfzehnhundert Mark schuldig geblieben. Den Gedanken, einfach aufzustehen und davonzulaufen, ließ ich sofort wieder fallen. Ich hatte schon zu oft davon gehört, daß Menschen auf offener Straße verschleppt werden, ohne daß sich die Augenzeugen des Geschehens bemüßigt fühlten, es zu verhindern.

Während ich mir noch den Kopf nach einem Ausweg zerbrach, fiel mir ein, was Wieland mir gestern beim gemeinsamen Mittagessen über Feuersteins geniale Idee erzählt hatte, als dieser Belloni und seine sieben Helfershelfer bei ihrem Versuch, bei Manziana den Bungalow zu stürmen, in die Flucht schlug. Ich hatte Wieland danach gefragt, weil Feuerstein es in seiner stolzen Bescheidenheit als nicht erwähnenswert gefunden hatte.

Ich sagte: »Wenn es so ist, werde ich mich eben einmal mit ihnen unterhalten.« – Zschernitz stand sichtlich erleichtert auf. »Sie wollen nur den Namen des Mannes wissen; sonst nichts.«

Daran glaubte ich nicht. Sie würden auch die Namen jener Personen wissen wollen, die Schimazeks Flucht inspiriert hatten. Als wir zu dem Wagen kamen, stieg einer der Männer aus und sagte: »Guten Tag, Fräulein Neumann. Mein Name ist Dreher. Wir werden Sie nicht lange aufhalten.«

Ich schätzte ihn auf Fünfunddreißig, ein unangenehmer Kerl mit einem stechenden Blick, fast haarlosen Augenbrauen und einer schlecht verheilten Narbe am Kinn. Was mir sofort auffiel, waren seine großen, fleischigen Hände. Die beiden anderen waren jünger als er, sie starrten mich in blauäugiger Feindseligkeit unverwandt an. Ich fragte: »Wohin wollen Sie mich denn bringen, Herr Dreher?«

»Wir haben in Nizza am Hafen ein Boot liegen«, antwortete er. »Dort können wir uns ungestört unterhalten. Steigen Sie ein.«

Daran, was auf dem Boot mit mir alles geschehen könnte, versuchte ich gar nicht erst zu denken. Ich sagte: »Einen Augenblick noch«, und ging an ihm vorbei zum Heck des Wagens. Dort öffnete ich die Handtasche, schob, bevor ich Bellonis Pistole herausnahm, den Sicherungsflügel nach oben, setzte den Lauf an den linken Reifen und drückte ab. Der Knall war viel lauter, als ich es erwartet hatte. Ich verlor jedoch keine Zeit damit, mich darüber zu wundern, sondern schoß, bevor Dreher bei mir war, auch den rechten Hinterreifen kaputt. Das Geräusch der entweichenden Luft hielt noch an, als ich die Pistole bereits auf Dreher gerichtet hatte. Mir war klar, daß ich die gelungene Imitation von Feuersteins italienischem Coup weniger meiner Kaltblütigkeit als der Überraschung zuzuschreiben hatte, mit der Dreher und seine Begleiter auf meine ihnen völlig unerwartet kommende Initiative reagierten. Man konnte davon ausgehen, daß sie auf eine Pistole in meiner Handtasche ebensowenig gefaßt waren, wie auf meinen Einfall, ihren Wagen fahruntauglich zu machen.

Auch mußte bei ihrer anschließenden Verhaltensweise, die sich darauf beschränkte, in regloser Unschlüssigkeit zu verharren, noch berücksichtigt werden, daß sich diese Ereignisse schließlich nicht irgendwo im Wilden Westen oder auf einer einsamen Gebirgsstraße der Abruzzen, sondern auf dem Boulevard Albert in Monte Carlo abspielten, und wer ihn kennt, der weiß, was auch außerhalb des Formel-1-Rennens an Verkehr hier geboten ist.

Ob es der laute Knall der Pistole oder auch nur ihr Anblick in meiner Hand war, der einige der vorüberfahrenden Autobesitzer stutzig werden ließ, hätte ich nicht zu sagen gewußt. Jedenfalls traten mehrere fast gleichzeitig auf die Bremse, und weil dies nicht ohne Auswirkung auf die hinter ihnen Herfahrenden blieb, standen, ehe ich's recht gewahr wurde, mehr Autos still, als ich mit einem Blick erfassen konnte. Von Dreher hätte ich zu diesem Zeitpunkt auch ohne meine Pistole schon nichts mehr zu befürchten gehabt. Seine Hand steckte zwar noch immer dort, wo sie bereits gesteckt hatte, als er nach meinem ersten Schuß zum Wagenheck gerannt kam, und daß sie nicht deshalb dort steckte, weil er sich ihrer plumpen Beschaffenheit genierte, wußte ich seit einigen Wochen nicht nur mehr aus Kriminalfilmen. Er macht jedoch keinen Versuch, sie zutage zu befördern, wozu meine auf ihn gerichtete Pistole ebenso beitragen mochte wie die indessen ihren Autos entstiegenen und sich uns rasch nähernden Fahrbahnbenutzer des Boulevard Albert. Offensichtlich waren sie sich noch nicht ganz darüber schlüssig geworden, ob es sich nur um die Dreharbeiten zu einem bisher noch nicht gedrehten Krimi oder um einen echten Überfall einer bewaffneten weiblichen Person auf vier wehrlose Männer handelte, von denen noch immer zwei diskret in der mit ihrem Heck jetzt sehr tiefliegenden dunkelblauen Limousine ausharrten, während die beiden anderen reglos ihre Stehplätze behaupteten. Sie machten jedenfalls einen etwas unsicheren Eindruck auf mich. Ich hielt es daher für an der Zeit, die Pistole in die Handtasche zurückzustecken. Als ich mich dem Halbkreis der bereits versammelten und sich noch hinzugesellenden Zaungäste zuwandte, öffnete sich dieser wie von allein. Ich bedankte mich mit einem freundlichen Lächeln, das von überallher erwidert wurde, und überquerte, wegen der alleingelassenen Autos zu kleineren Unwegen gezwungen, den Boulevard Albert. Auf der anderen Seite folgte ich ihm zum Casino hinauf, und bis dahin war auch der Verkehr wieder in Fluß gekommen. Offenbar waren einige der ausgestiegenen Autofahrer indessen zu dem Schluß gelangt, daß sich das Aussteigen und der damit verbundene Zeitverlust am Ende doch nicht recht gelohnt habe, und die anderen mochten sich dieser Meinung wohl oder übel angeschlossen haben.

Ich mußte jetzt nur aufpassen, daß meine verhinderten Gastgeber mir nicht zu Fuß nachkamen, aber so oft ich mich auch umdrehte: Ich konnte keinen von ihnen entdecken. Beim Casino fand ich dann auch gleich ein Taxi. Seit die Pistole in meinem Besitz war, steckte ich sie selbst dann in meine Handtasche, wenn ich nur zum Essen in den Speisesaal des Hotels ging. Ich nahm sie aus der Tasche, streichelte sie mit den Fingerspitzen und roch an ihrer Mündung.

Weil ich feststellte, daß sie dort sehr unangenehm roch, schraubte ich mein Parfümfläschchen auf und verpaßte ihr zwei oder drei Tropfen in den Lauf. Jetzt roch sie jedenfalls besser. Etwa im gleichen Moment fiel mir auf, daß mich der Taxifahrer, ein schon älterer Mann, im Rückspiegel mit weit geöffneten Augen anstarrte. Mir kam der Gedanke, er könnte sich durch die Pistole vielleicht bedroht fühlen; ich sagte: »Es ist nur eine Gaspistole; als Frau, die so gut aussieht wie ich, kann man sich heutzutage nicht mehr unbewaffnet auf die Straße begeben.«

»Mon Dieu«, sagte er mit erleichtert klingender Stimme. »Ich dachte schon, sie sei echt. Sie sieht so echt aus.«

»Deshalb habe ich sie auch gekauft.«

Er rückte an seinem Rückspiegel und musterte mich etwas eingehender.

»Sie sind wirklich eine sehr gut aussehende Frau, Madame«, sagte er, »aber meine Frau, die lange nicht so gut aussieht wie Sie, wurde auf der Straße auch schon mehrmals belästigt.«

»Frau ist eben Frau«, nickte ich.

10

Während Feuerstein im Gegensatz zu seinen anfänglich oft sehr bissigen und nicht immer sachlichen Kommentaren, mit denen er die ersten Folgen der Neumann-Memoiren begleitet hatte, bei den späteren immer wortkarger geworden war, reagierte er auf die Schilderung ihrer Liebesspiele mit Belloni ausgesprochen sauer. Ich hatte ihn, um seine Meinung darüber zu erkunden, zu Hause angerufen. Noch ehe ich ihn jedoch danach fragen konnte, kam er von selbst darauf zu sprechen und meinte, wenn es noch eines Beweises dafür bedurft hätte, welche Sorte von Frau sie in Wirklichkeit sei, so dürfte sich dieser nach ihren neuesten Geständnissen von selbst eingestellt haben. Meinen Einwand, daß ich bisher nicht den Eindruck hatte, er sei gegen Liebesspiele voreingenommen, beantwortete er unwirsch damit, daß sich das, was zwischen ihm und der Neumann geschehen sei, gemessen an jenem, was sie sich bei Belloni alles geleistet habe, wie ein harmloser Mundraub neben einem Kapitalverbrechen ausnehme. Ich fand dies ein wenig übertrieben, wenngleich die Frage, ob die Neumann in ihren sexuellen Bedürfnissen ein Sonderfall oder nur eine jener nicht gerade häufig anzutreffenden Frauen war, die sich offen zu ihnen bekannten, auch in einer Diskussion innerhalb der Redaktion schon deshalb nicht beantwortet werden konnte, weil sich die anwesenden Damen gerade bei diesem Thema einer sonst bei ihnen ungewohnten Zurückhaltung befleißigten. Sicher war nur, daß Feuersteins Entdeckung der intimen Beziehungen zwischen der Neumann und Belloni zu jener Zeit eine solche Enttäuschung für ihn waren, daß er ernstlich mit dem Gedanken spielte, jede weitere Verbindung mit ihr abzubrechen und seinen dienstlichen Auftrag, soweit er ihre Person betraf, als erledigt zu betrachten. Warum er es dann doch nicht tat, mag eben mit jenem unerforschlichen ›Mysterium Weib‹ zu tun gehabt haben, das Männer zu Handlungsweisen und Widersprüchlichkeiten beflügelt, über die nur sie selbst nicht den Kopf zu schütteln vermögen. Mir gegenüber begründete Feuerstein sein weiteres Ausharren an ihrer Seite mit seiner damaligen Berufsethik, für die persönliche Empfindungen keine Priorität vor beruflichen Erfordernissen haben dürften. Immerhin geht aus seinen Darstellungen hervor, daß er seinem Kollegen Wieland diese persönliche Enttäuschung ebenso verheimlicht hatte wie Bellonis Anwesenheit im Schlafzimmer der Neumann. Als Motiv erschient mir am wahrscheinlichsten zu sein, daß er trotz seiner Niederlage gegenüber dem verhaßten Nebenbuhler nicht mehr von ihr losgekommen und noch immer der Hoffnung gewesen war, sie hätte, als sie sich mit Belloni einließ, irgendwelchen ihm noch unbekannten Zwängen und keinem persönlichen Interesse nachgegeben. Den Nebenbuhler auszuschalten und sich die verlorengegangene Position bei ihr zurückzuerobern, dürfte die eigentliche Triebfeder für sein weiteres Verbleiben in Nizza gewesen sein.

Über das Eintreffen von Zschernitz war er noch am gleichen Abend von einem kooperativen Zimmerkellner unterrichtet worden. Entgegen der Darstellung, die er der Neumann gegeben hatte, war er weder bei einem Immobilienmakler, noch in Tourette gewesen, sondern hatte es Wieland überlassen, sich darum zu kümmern. Er selbst hatte es sich für den Fall, daß die Neumann das Hotel verlassen sollte, in einem Liegestuhl auf dem Balkon bequem gemacht und von dort aus, weil es ein Stockwerk höher gelegen war als das ihre, nicht nur den Hoteleingang, sondern auch ihren Balkon im Auge behalten können. Sie war jedoch kein einziges Mal aus ihrem Zimmer gekommen. Nach Wielands Rückkehr informierte er die Neumann über das Ergebnis von dessen Bemühungen und hatte die von ihr geschilderte Auseinandersetzung über ihr angebliches Verhältnis mit dem Zimmerkellner. Die Art, wie sie ihn anschließend aus dem Zimmer gewiesen hatte, verstimmte ihn so sehr, daß er Wieland nur kurz über den anonymen Anruf bei ihr unterrichtete und sich dann, Müdigkeit vorschützend, eine Weile zur Ruhe legte, während Wieland an seiner Stelle Posten auf dem Balkon bezog. Einschlafen konnte Feuerstein jedoch nicht, und als Wieland seinen Namen rief, war er sofort auf den Beinen. Er lief zu ihm auf den Balkon und konnte gerade noch sehen, wie die Neumann in ein Taxi stieg und davonfuhr. Ob sie von einem anderen Auto verfolgt wurde, ließ sich bei dem starken Verkehr auf der Straße nicht mit Sicherheit feststellen. Wieland sagte: »Du warst doch bei ihr. Wieso hat sie dir nicht erzählt, daß sie vorhatte, wegzugehen?«

»Das kann ich sie erst fragen, wenn sie wieder hier ist«, antwortete Feuerstein. »Ich verstehe sie immer weniger. Auf der einen Seite wird sie, wenn sie den Namen Zschernitz nur hört, beinahe hysterisch. Und jetzt, wo sie weiß, daß er hier eingetroffen ist, setzt sie sich in ein Taxi und kutschiert seelenruhig durch die Gegend. Es sei denn . . .«

Er brach ab. Der Gedanke, sie könnte sich zu einem heimlichen Rendezvous mit Belloni verabredet haben, lag zwar nahe, aber er hätte sich trotzdem nicht zu der Unachtsamkeit hinreißen lassen dürfen, ihn in Wielands Gegenwart beinahe zu äußern; er sagte: »Vielleicht hat sie sich, ohne unser Wissen, bereits mit Zschernitz arrangiert. Es wird höchste Zeit, daß wir über ihn Bescheid erhalten. Vorläufig können wir nur vermuten, daß er unser Mann von drüben ist.«

Wieland schüttelte den Kopf. »Für mich gibt es da gar keinen Zweifel mehr, Rudolf. Er kommt aus der DDR, das ist sicher. Und daß er hauptsächlich an der Neumann interessiert ist, das ist jetzt auch sicher. Er hätte sonst nicht so rasch auf deine Nachricht, die du ihm in Rom zugespielt hast, reagiert. Ich habe Appetit auf eine Tasse Kaffee. Du auch?«

Feuerstein nickte. »Ich bestelle zwei Kännchen.« Er ging vom Balkon ins Zimmer und telefonierte. Beim Zurückkommen sagte er: »Sobald sie wieder hier ist, beziehen wir abwechselnd Posten; diesmal aber unten im Wagen. Eine Panne wie eben darf uns nicht mehr passieren. Mir fiel da übrigens noch etwas auf. Als sie in Rom erfuhr, daß Zschernitz im gleichen Hotel wohnt, wollte sie noch in der Nacht hierher fahren. Vorhin wußte sie es auch. Trotzdem war sie nicht daran interessiert, das Haus in Tourette sofort zu beziehen. Sie will bis nächste Woche damit warten. Etwas scheint sie vorläufig hier festzuhalten. Wenn wir wüßten, was, wären wir vielleicht klüger.«

»Das ist allerdings merkwürdig«, pflichtete Wieland ihm bei.

Der Zimmerkellner brachte den Kaffee. Feuerstein unterhielt sich noch kurz vor der Tür mit ihm und drückte ihm einen Geldschein in die Hand. Zu Wieland sagte er: »Hat sich doch nichts geändert. Seit Zschernitz heute morgen das Hotel verlassen hat, ist er noch nicht zurückgekommen. Als er bei der Neumann anrief, wollte er nur erfahren, ob sie in ihrem Zimmer ist. Das Warten wird ihm zu lange gedauert haben. Ich habe den Kellner übrigens gebeten, zu veranlassen, daß die Rezeption uns von ihrer Rückkehr verständigt. So brauchen wir nicht dauernd auf dem Balkon nach ihr Ausschau zu halten.«

Wie immer, wenn sie auf die Neumann warteten, wurde ihre Geduld auf die Probe gestellt. Es vergingen über zwei Stunden, bis die Rezeption ihr Eintreffen meldete. Feuerstein sagte: »Ich rede mit ihr. Erkundige du dich, ob auch Zschernitz eingetroffen ist. Wenn nicht, warte in der Hotelhalle, bis ich komme. Vergiß den Fotoapparat nicht.«

Für das eine Stockwerk tiefer benutzte er die Treppe. Er mußte jedoch mehrmals an Mariannes Tür klopfen, bis er ihre Stimme hörte. Offenbar hatte sie die Kränkung von heute vormittag jedoch noch nicht vergessen, denn als er sich zu erkennen gab, wurde die Tür von innen abgeschlossen. Er fuhr mit dem Lift zu Wieland hinunter, der ihn bereits in der Hotelhalle erwartete. Er saß an einem kleinen Rauchtisch und trank einen Whisky. »Hast du sie angetroffen?« fragte er. Feuerstein setzte sich zu ihm. »Angeblich hat sie Kopfschmerzen und möchte sich hinlegen. Vielleicht hat sie heute abend noch etwas vor. Ich setze mich schon in den Wagen. Wenn du gegessen hast, bestellst du eine kalte Platte mit Wurst und Käse aufs Zimmer und bringst sie mir herunter.

»Eine Flasche Bier?« fragte Wieland. Feuerstein nickte. Er kehrte in das Zimmer zurück. Als er fünf Minuten später das Hotel verließ, hatte er sich mit allem versorgt, was für eine längere Wartezeit und für denkbare Ereignisse unerläßlich war. Gegenüber vom Hotel gab es zwischen der ersten und der zweiten Fahrbahn der Promenade des Anglais einen schmalen, von Palmen beschatteten Parkstreifen. Den Parkplatz für den Opel hatte Feuerstein so gewählt, daß man vom Wageninneren aus unauffällig den Hoteleingang beobachten konnte. Er setzte sich ans Lenkrad und vergewisserte sich davon, daß die breitfächrigen Blätter der Palmen ihn nicht nur gegen die Sonne, sondern auch gegen neugierige Blicke aus den Hotelfenstern und von den Balkonen aus abschirmten. Er zündete sich eine Zigarre an und wartete auf sein Abendessen. Wieland brachte eine Reisetasche mit und sagte: »Dauerte etwas länger. Zuerst mußte ich auf mein, und dann auf dein Essen warten. Ich habe dir die Butter gleich aufs Brot geschmiert.« Er setzte sich zu ihm in den Wagen, öffnete die Tasche und nahm einen Teller mit Wurst, Schinken und Käse heraus. Auf einem kleineren Teller lagen vier Scheiben Brot. Auch die Flasche Bier hatte er nicht vergessen; Feuerstein öffnete sie und nahm einen großen Schluck. Er wischte sich mit dem Handrücken den Mund ab und sagte: »Wir warten, bis es dunkel ist. Hat sie sich dann noch nicht sehen lassen, legen wir uns schlafen.«

»Dann viel Spaß«, sagte Wieland und machte es sich neben ihm bequem. »Wie geht es deiner Frau? So lange warst du noch nie von ihr weg.«

Feuerstein hatte sie nach dem Frühstück kurz angerufen. »Sie wußte ja, was für eine Sorte von Beamten sie heiratete«, sagte er. »Im Augenblick hält sie sich an dem schadlos, was über Schimazek in den Zeitungen steht. Sie erzählte mir, daß es bereits zu massiven Angriffen gegen den DFB kommt. Man wirft ihm vor, nichts unternommen zu haben, um Schimazek für einen deutschen Verein und für die Nationalelf zu gewinnen.«

»Für fünf Millionen?« fragte Wieland. Feuerstein zuckte mit den Schultern. »Sie hätten ja die Sammelbüchse herumgehen lassen können. Bei über vier Millionen Mitgliedern wäre das ein Pappenstiel gewesen. In den Zeitungen schreiben sie, daß wir über hundertdreiundzwanzigtausend Fußballmannschaften in achtzehntausend Vereinen, aber nicht das Geld haben, einen Schimazek einzukaufen. Daß es so viele sind, wußte ich nicht.«

»Ich auch nicht«, sagte Wieland überrascht.

Wegen der Sommerzeit wurde es fast zehn Uhr, bis die Dunkelheit einbrach. Am Hoteleingang war Ruhe eingekehrt; auch der Portier hatte sich zurückgezogen. Feuerstein war bereits am Überlegen, ob es einen Sinn habe, noch länger zu warten, als er Marianne aus dem Hotel kommen sah. Sie trug ein Kostüm mit hüftlanger Jacke und einem so engen Rock, daß sie nur kleine Schritte machen konnte. Sie machte allerdings auch mit weniger engen Röcken kleine Schritte. Feuerstein fand auch jetzt wieder, daß allein schon ihre Art, sich zu bewegen, die Blicke der Männer auf sich zog. Wieland, der sie ebenfalls gesehen hatte, knurrte: »Am besten ist, man schaut gar nicht erst hin. Ein Taxi hat sie sich jedenfalls nicht bestellt. Wenn sie hier vorbeikommt, kann sie uns sehen.«

»Nicht, wenn du dich einen Kopf kleiner machst«, sagte Feuerstein.

Das brauchten sie jedoch nicht zu tun; Marianne schlug die entgegengesetzte Richtung ein. Feuerstein sagte: »Versuche du, ihr mit dem Wagen zu folgen und auch mich im Auge zu behalten. Vielleicht brauchen wir ihn noch.«

Er stieg aus, ging zur nächsten Fußgängerampel und überquerte dort die sechsspurige Fahrbahn. Auf der Uferpromenade war es leer geworden. Er konnte seine Schritte beschleunigen, ohne Aufsehen zu erregen. Die Entfernung zu Marianne, die sich noch immer auf der von Hotels, hell beleuchteten, mit Schaufenstern und Restaurants gesäumten gegenüberliegenden Straßenseite hielt, betrug etwa hundert Meter. Er verkürzte sie noch etwas und paßte seinen Schritt dem ihren an. Ihm fiel auf, daß sie öfter vor den Auslagen der Geschäfte stehenblieb und dann jedesmal einen Blick zurückschickte. Daß sie auf mögliche Verfolger achtete, war Feuerstein schon aufgefallen, als sie eine Straße überquerte, die, vom Stadtzentrum kommend, in die Promenade des Anglais einmündete. Dort hatte sie sich an einer Verkehrsampel gleich mehrmals umgesehen. Als sie bald darauf wieder eine Straße überquerte, war plötzlich ein Mann an ihrer Seite. Trotz der Entfernung und der am jenseitigen Straßenrand parkenden Autos erkannte Feuerstein auf den ersten Blick Belloni. Da sie ihn über ihre Absichten mit ihm schon am letzten Abend in Rom nicht im unklaren gelassen und ihm sogar gesagt hatte, daß sie Belloni mit Geld ausgestattet und nach Nizza geschickt habe, kam ihre Begegnung mit ihm für Feuerstein nicht unerwartet. Er war jetzt auch davon überzeugt, daß sie sich bereits heute nachmittag mit ihm getroffen hatte. Und obwohl er das alles gewußt oder geahnt hatte, empfand er Bellonis Anblick an ihrer Seite auch diesmal wieder wie einen Schlag vor den Kopf. Er beobachtete, wie sie nebeneinander in die Seitenstraße gingen. Dort verlor er sie aus den Augen. Er sah sie erst wieder, als er die Promenade des Anglais überquert und sich ihnen bis auf etwa fünfzig Schritte genähert hatte. Weil er bei ihrer Verfolgung ständig darauf bedacht sein mußte, auf der sonst menschenleeren, sehr schmalen Einbahnstraße, die nur von wenigen Laternen beleuchtet wurde, nicht bemerkt zu werden, benutzte er das gegenüberliegende Trottoir, wobei ihm die auf dieser Seite parkenden Autos noch zustatten kamen. Wie in den meisten französischen Städten war das Parken auch hier nach geraden und ungeraden Wochentagen nur wechselseitig erlaubt. Die meisten Fenster der mehrstöckigen Häuser mit ihren altersgrauen Fassaden lagen bereits im Dunkeln. Dann sah er, daß Marianne und Belloni vor einem der Häuser stehengeblieben waren. Er trat hinter eines der parkenden Autos und beobachtete über sein Dach hinweg, wie Belloni, nach oben deutend, Marianne auf etwas aufmerksam machte. Als sie das Haus gleich darauf betraten, hielt ein mit mehreren Personen besetzter Wagen vor der Tür. Feuerstein hatte ihn zwar an sich vorbeifahren hören, ihm jedoch, weil sein Augenmerk ausschließlich auf die beiden gerichtet war, keine Beachtung geschenkt. Auch den dunkelroten Citroën hörte er an sich vorbeifahren. Er kam etwa im gleichen Moment hinter dem ersten Wagen zum Halten, als diesem drei Männer entstiegen und sich dem Haus zuwandten. Erst jetzt wurde Feuerstein bewußt, daß beide Wagen in verbotener Fahrtrichtung in die Einbahnstraße eingebogen waren. Dann ging alles sehr schnell. Einer der drei Männer drehte sich, bereits an der Haustür stehend, plötzlich um und richtete eine Pistole auf den Citroën. Feuerstein vernahm das Geräusch splitternden Glases. Auch seine Begleiter hielten jetzt Pistolen in den Händen. Einer fiel kopfüber auf das Trottoir. Fast gleichzeitig setzte sich der Citroën in Bewegung, schleuderte zur Straßenmitte und fuhr mit durchdrehenden Rädern davon. Die beiden Männer stellten das Feuer ein, zerrten den am Boden Liegenden zum Wagen und warfen ihn hinein. Sekunden später konnte Feuerstein nur noch seine Rückleuchten sehen, bis auch sie in einer Querstraße verschwanden.

Dies alles hatte sich in kaum mehr als einer halben Minute abgespielt. Das Gräusch des splitternden Glases und der durchdrehenden Räder hatte einige der Anwohner an die Fenster gelockt. Weil es jedoch auf der Straße nichts Ungewöhnliches mehr zu sehen gab, zogen sie sich wieder zurück. Der dritte Wagen, den Feuerstein kurz danach zu sehen und zu hören bekam, war sein eigener. Er kam aus der entgegengesetzten Fahrtrichtung. Wieland kurbelte das Fenster herunter und fragte: »Ist sie dir entwischt?«

»Warte hier auf mich«, sagte Feuerstein und ging dorthin, wo der Mann mit dem Gesicht auf dem Trottoir gelegen hatte. Er betrachtete den dunklen Fleck am Boden und vergewisserte sich, daß es sich um frisches Blut handelte. So, wie der Mann umgefallen war und dagelegen hatte, mußte er sofort tot gewesen sein. Er legte den Kopf in den Nacken und betrachtete das Haus. Nur im Dachgeschoß brannte hinter einem kleinen Fenster noch Licht. Er kehrte zu Wieland zurück, setzte sich neben ihn und sagte: »Sie ist in einem dieser Häuser verschwunden. Es hat keinen Sinn, hier auf sie zu warten. Fahr zum Hotel zurück. Wo hast du so lange gesteckt?«

»Ich bin hinter dir hergefahren«, erzählte Wieland. »Als du plötzlich die Straße überquertest, konnte ich dir nicht folgen. Das hier ist eine Einbahnstraße, die nächste auch. Die ganze Stadt besteht nur aus Einbahnstraßen. Es ist fast ein Wunder, daß ich dann von der anderen Seite die richtige erwischt habe. Beinahe hätte es noch gebumst; da fuhr ein Citroën bei Rotlicht über die Kreuzung.«

»Hier hat es auch gebumst«, sagte Feuerstein. Er erzählte ihm, während sie zum Hotel fuhren, was vorgefallen war; Belloni erwähnte er nicht.

»Waren Profis«, sagte er abschließend. »Sie benutzten Schalldämpfer. Ich stelle es mir so vor, daß die drei, die im ersten Wagen saßen, sich die Neumann schnappen wollten. Als dann der Citroën hinter ihnen anhielt, fühlten sie sich sofort bedroht und ballerten drauflos. Da er, genau wie sie auch, falsch in die Einbahnstraße eingebogen war, konnten sie nichts Gutes von ihm erwarten. Bei dem Feuerzauber, den sie hinlegten, muß es auch im zweiten Wagen Tote oder Verletzte gegeben haben. Unklar ist nur, worauf seine Insassen es abgesehen hatten: Auch auf die Neumann oder auf die drei Männer im Wagen vor ihnen.«

»Mir ist da noch viel mehr unklar«, sagte Wieland.

Feuerstein nickte. »Mir auch. Beide Wagen müssen ihr schon vom Hotel aus gefolgt sein. Also haben sie in der gleichen Parkreihe gestanden wie wir. Mit anderen Worten: Sie müssen hinter dir hergefahren sein, und während du dann geradeaus weiterfuhrst, weil du dich an einer Einbahnstraße störtest, nahmen sie keinen Anstoß an ihr. Aufgefallen sind sie dir natürlich nicht?«

»Wenn das ein Vorwurf sein soll«, sagte Wieland, »habe ich ihn nicht gehört.«

Sie hatten jetzt das Hotel erreicht. Ihr Parkplatz war noch frei. Wieland steuerte den Wagen rückwärts hinein, stieg aus und betrachtete vom gegenüberliegenden Trottoir aus die parkende Wagenreihe vor dem Hotel. Es mochten etwa vierzig Autos sein. Fünf Parkplätze waren leer. Zu Feuerstein, der ihm nachgekommen war, sagte er: »Ich war so sehr damit beschäftigt, dich und die Neumann nicht aus den Augen zu verlieren, daß ich es vielleicht versäumt habe, in den Rückspiegel zu schauen. Wenn sie aber tatsächlich hinter mir herfuhren, dann sicher in so großem Abstand, daß sie mir auch im Rückspiegel nicht aufgefallen wären. Auf den drei Fahrspuren rollen so viele Autos hinter, vor und neben dir, daß du gar nicht mehr mitbekommst, wer und was da alles rollt. Außerdem frage ich mich, was geschehen wäre, wenn auch ich falsch in die Einbahnstraße eingebogen wäre und dann neben dir angehalten hätte. Mit den zwei Autos voll von Ballermännern hinter mir.«

»Das ist sogar eine sehr gute Frage«, sagte Feuerstein. »Ist vielleicht besser, sie sind dir nicht aufgefallen.« Er zog ein Notizbuch aus der Tasche, schlug es auf und kritzelte etwas hinein. »Das Kennzeichen des zweiten Wagens konnte ich mir merken«, sagte er. »Wird uns aber nicht viel helfen. Beide Fahrzeuge sind in Frankreich zugelassen. Im ersten saßen drei Männer. Bei Zschernitz müssen wir von vier ausgehen, aber vielleicht hatten sie einen im Hotel zurückgelassen. Vom Typ her könnten sie vom STASI gewesen sein.«

»Wer saß in dem Citroën?«

Feuerstein klappte das Notizbuch zu. »Er hatte dunkelgetönte Scheiben; es war bei der Beleuchtung unmöglich, etwas zu erkennen. Ich stand auf der anderen Straßenseite und konnte nicht beobachten, wie sie das Feuer erwiderten. Komm.«

Sie gingen ins Hotel. Der Nachtportier gab ihnen die Schlüssel. Im Lift sagte Feuerstein: »Zschernitz ist jedenfalls in seinem Zimmer. Nur der Schlüssel für das zweite Zimmer fehlt. Der Zimmerkellner wird uns morgen früh sagen können, ob sie noch alle vier hier sind.«

»Ein Thema hast du bis jetzt ausgespart«, sagte Wieland. »Oder hast du dir deshalb auch gleich noch den Schlüssel der Neumann geben lassen?« – Feuerstein verschob die Antwort, bis sie in ihrem Zimmer waren. Dort sagte er: »Sie muß jetzt auspacken. Ich warte in Ihrem Zimmer auf sie. Wahrscheinlich hat sie von dem, was sich in ihrem Rücken abspielte, überhaupt nichts mitbekommen. Sie muß schon auf der Treppe gewesen sein, als die Ballerei losging. Entweder ich weiß bis morgen früh, wer Zschernitz ist und was sie mit ihm hat, oder ich rühre keinen Finger mehr für sie.«

»Das wollte ich dir gerade auch vorschlagen«, sagte Wieland. Er beobachtete, wie Feuerstein das Jackett auszog und das Halfter mit der Pistole auf den Tisch legte. Er verschwand für ein paar Minuten im Bad und sagte beim Zurückkommen: »Auch wenn sie ihre Karten auf den Tisch legt, wird es für uns jetzt nicht einfacher. Ich nehme an, man hat ihr aus Rom eine neue Mannschaft nachgeschickt. Wir haben es also künftig mit dieser und auch noch mit Zschernitz zu tun.«

Wieland ließ sich in einen Sessel fallen. »Wozu eine neue Mannschaft?«

»Weil sie bestimmt an den fünfzig Millionen beteiligt waren, die Belloni von der Neumann eingesteckt hat. Vielleicht haben sie sich mit dem Geld nach Frankreich abgesetzt. In Italien hätten sie von seiten ihrer Auftraggeber nichts Gutes mehr zu erwarten gehabt. Daß wir es bei denen nicht mit der Heilsarmee zu tun haben, weißt du inzwischen so gut wie ich. Falls es dir also zu brenzlig wird . . .«

»Das hast du mir schon einmal erzählt«, warf Wieland ein. »Eine andere Frage ist, ob wir es uns leisten können, uns schlafen zu legen, solange die Neumann noch in dem Haus ist. Niemand garantiert uns, daß die Burschen heute nacht nicht noch einmal dorthin zurückkommen.«

Feuerstein grinste unfroh. »Nach dem Fiasko? Zuerst einmal müssen sie ihre Leichen versorgen. So sicher wie heute nacht war die Neumann schon lange nicht mehr.«

»Besonders, wenn sie dich in ihrem Bett antrifft«, sagte Wieland.

»Brauchst du mich noch?« – »Du hast es erraten.«

Sie benutzten die Treppe. Feuerstein öffnete die Tür zu Mariannes Zimmer und gab den Schlüssel Wieland. »Schließ von außen zu und gib ihn wieder an der Rezeption ab. Sie darf nicht merken, daß sie in ihrem Zimmer erwartet wird.«

»Dann gute Nacht«, sagte Wieland.

Feuerstein blieb noch ein paar Augenblicke lang bei der Tür stehen. Dann zog er das Jackett aus und machte sich an eine Durchsuchung von Mariannes Gepäck; er verfuhr dabei eben so rasch wie gründlich. In ihren Koffern und zwischen ihrer Wäsche im Schrank fand er nichts, was ihn interessiert hätte. Einen braunen Aktenkoffer, den er verschlossen hinter ihren Kleidern entdeckte, öffnete er mit einem Spezialschlüssel und blätterte am Tisch seinen Inhalt durch. Es waren Verträge und Bankquittungen. Als er die Papiere eine halbe Stunde später in den Koffer zurücklegte, ihn abschloß und wieder in den Schrank stellte, wußte er über Mariannes finanzielle Situation ebensogut Bescheid wie über den Inhalt ihrer Vereinbarung, die sie bei einem Mailänder Notar mit Schimazek getroffen hatte. Sie war zweisprachig in Deutsch und Italienisch abgefaßt. Er fand sie noch bemerkenswerter als die übrigen Verträge. Anschließend beseitigte er sämtliche Spuren seiner Arbeit, setzte sich in einen Sessel und zündete sich eine Zigarre an. Im Zimmer roch es nach Mariannes Parfüm. Er versuchte, nicht an Belloni zu denken, aber seine Gedanken kamen nicht von ihm los. Er empfand keinen Schmerz und auch keine Verzweiflung. Es war nur noch blanker Haß, der ihn beherrschte.

11

Was sich anläßlich des Spiels für die Vorentscheidung in der Europameisterschaft zwischen der Nationalelf von Italien und Spanien im Stadion von Neapel zugetragen hatte, gehörte auch zu jenen Ereignissen, die von der Neumann relativ flüchtig erwähnt werden. Vielleicht weil sie davon ausgegangen war, daß darüber schon genug geschrieben worden sei. Auch unsere Zeitschrift hatte damals unseren Lesern ausführlich davon berichtet. In Neapel war es geschehen, daß eine den Italienern weit überlegene spanische Gastmannschaft trotz zahlloser Torchancen an Schimazek gescheitert und nach fünfzigminütiger Spielzeit so demoralisiert war, daß es zwischen beiden Mannschaften zu wüsten Szenen, vielen Fouls und mehrfachen Platzverweisen kam. Letztere wiederum führten auch unter den aufgebrachten Zuschauern zu schweren Ausschreitungen, wozu vor allem die etwa zehntausend aus Spanien angereisten Schlachtenbummler beigetragen hatten. Trotz des Einsatzes starker Ordnungskräfte konnten diese nicht verhindern, daß sich die italienischen und spanischen Zuschauer nach dem Spiel noch innerhalb des Stadions ein sich wie eine Flutwelle ausbreitendes Handgemenge lieferten, wobei es zu einer großen Anzahl von Opfern gekommen war. Ein Umstand, der in der italienischen Presse zu der Vermutung Anlaß gab, die blutigen Ereignisse in Neapel seien von interessierten Hintermännern bewußt provoziert und durch bezahlte Kreaturen ausgelöst worden. Ein schlüssiger Beweis hierfür konnte jedoch in keinem Fall erbracht werden. Vielmehr führten die Ermittlungen der Polizei zu dem Ergebnis, daß ein überwiegender Teil der angereisten spanischen Schlachtenbummler ihren Unmut über die Weigerung der UEFA zum Ausdruck hatte bringen wollen, dem Drängen des spanischen Fußballverbandes nachzugeben und sich dafür einzusetzen, daß Schimazeks Aufstellung als Torhüter der italienischen Mannschaft rückgängig gemacht werde. Erst dem Einsatz starker Polizeikräfte, die, wie einige Zeitungen berichteten, mit äußerster Brutalität vorgingen, gelang es schließlich, das Stadion zu räumen, wobei allein der dort entstandene Sachschaden sich auf Hunderte von Millionen Lire belief. Einer der wenigen, die dieses unrühmliche Sportereignis ohne die kleinste Schramme überstanden hatten, war ausgerechnet Schimazek gewesen, der von seinen Fans noch rechtzeitig in Sicherheit hatte gebracht werden können. Die Vorfälle in Neapel hatten eine in ungewöhnlich scharfem Ton gehaltene Demarche der italienischen Regierung an den spanischen Fußballverband mit der Ankündigung zur Folge, bei einer Wiederholung künftig sämtliche italienischen Fußballstadien für spanische Zuschauer zu sperren.

Trotz der bereits erwähnten Flüchtigkeit, mit der die Neumann in ihrem Memoiren diese Vorgänge behandelt, scheint sie von ihnen doch nicht unberührt geblieben zu sein. Zumindest fällt es auf, daß ihre schon zuvor vorhandene Abneigung gegen alle öffentlichen Auftritte in ihrer Eigenschaft als Schimazeks Managerin sich nach diesem Spiel nur noch verstärkt zu haben schien. Wie sehr sie schon in Rom jeglicher Publicity um ihre Person bereits überdrüssig geworden war, wird auch aus ihrem Wunsch ersichtlich, in Nizza nicht länger mehr in einem Hotel zu wohnen. Ihrer spätabendlichen Begegnung mit Belloni war sein Telefonanruf vorangegangen. Sie erfuhr von ihm, daß er im Laufe des Nachmittags schon mehrfach versucht hatte, sie telefonisch zu erreichen. Also in der Zeit, die sie in Monaco verbracht hatte. Da der Ort ihrer Begegnung und ihr gemeinsamer Gang zu seiner Wohnung durch Feuersteins Bericht bereits vorweggenommen worden war, verzichteten wir auf ihre eigene Darstellung und griffen sie erst dort wieder auf, wo sie dem Leser Einblick in ihre Empfindungen gibt, die sie bei diesem Wiedersehen bewegten:

Obwohl ich seit seinem Besuch in meinem Hotelzimmer achtundvierzig Stunden Zeit gehabt hatte, mich auf dieses Zusammentreffen einzustellen, konnte ich mich anfangs kein einziges Mal dazu überwinden, seinen Blick offen zu erwidern. Ich fühlte mich ihm gegenüber auf eine mir bisher unbekannte Weise befangen, und der Anblick der kleinen Dachwohnung mit den schrägen Wänden und dem billigen Mobiliar verstärkte meine Befangenheit noch, zumal auch er offensichtlich nicht recht wußte, was er sagen und wie er sich verhalten sollte. Meine Frage, ob er nicht ein etwas besseres Quartier hätte finden können, beantwortete er damit, daß er sich für dieses entschieden habe, weil es nicht nur billig, sondern auch nicht weit von meinem Hotel entfernt sei. Die Einrichtung mit den zwei altmodischen Sesseln, dem einfachen Bett unter dem schrägen Dachfenster und dem abgetretenen Haargarnteppich erinnerte mich ein wenig an mein unfreiwilliges Quartier in den Abruzzen; ich vermutete, daß der geschäftstüchtige Hausbesitzer sie auf einem Flohmarkt erworben hatte. Immerhin hatte er sich dazu überwunden, für seine Feriengäste noch eine Kochnische und einen Duschraum mit WC einzurichten, und durch das Dachfenster hatte man einen ungehinderten Blick, wenn auch nicht auf Nizza, so doch auf das Lichtermeer der Sterne. Wenn man sich auf einen Stuhl stellte, das Fenster öffnete und den Kopf weit hinaussteckte, sollte man tagsüber sogar das Mittelmeer sehen können. Ich empfand diesen von Belloni mit ernsthafter Miene vorgetragenen weiteren Vorzug der Wohnung als so komisch, daß ich zum erstenmal an diesem Abend meine Befangenheit vergaß und lachen mußte. Ein Glas Rotwein, das er mir anbot, schlug ich nicht aus. Weil es in der kleinen Dachwohnung sehr warm war, legte ich meine Kostümjacke ab. Während Belloni die Flasche öffnete und zwei Gläser vollgoß, erkundigte ich mich nach seiner Familie. Er erzählte mir, daß er sie nahe der Grenze in Menton in einer Mietwohnung untergebracht habe. Bei dieser Gelegenheit erfuhr ich auch, daß seine Kinder noch nicht schulpflichtig waren. Das jüngste, ein Junge, war erst acht Wochen, und die beiden Mädchen drei und vier Jahre alt. Seine Frau erwähnte er nur beiläufig; ich hatte den Eindruck, daß seine Kinder ihm mehr bedeuteten als sie, obwohl er, wenn man davon ausging, daß die Italiener sehr kinderfreundlich sind, kaum länger als fünf Jahre mit ihm verheiratet sein konnte. Auf die Sprachprobleme angesprochen, die sie in Menton haben würden, erzählte er mir, daß sein Schwiegervater Matrose und gebürtiger Franzose sei und sich erst niedergelassen habe, als er dort seine Frau kennenlernte. Ich sagte: »Sie werden dieses Zimmer aufgeben. Kennen Sie Tourette?«

»Nein, Signorina. Wo liegt das?«

»Eine knappe Autostunde von Nizza entfernt in den Bergen. Erkundigen Sie sich morgen danach. Suchen Sie in der Nähe ein kleines Haus. Es gibt dort sicher noch mehr Orte, wo man Ferienwohnungen und Häuser mieten kann. Achten Sie darauf, daß es gut eingerichtet ist und ein Badezimmer hat. Sobald Sie eins gefunden haben, rufen Sie mich im Hotel an. Das muß aber spätestens bis Sonntag geschehen. Ich bleibe nicht in Nizza; wir haben in Tourette ein Haus gemietet. Wie haben Sie herausgefunden, wo ich wohne?«

»Ich habe vom Postamt aus alle größeren Hotels angerufen und nach Ihnen gefragt. Ein Haus wird aber teurer sein als diese Wohnung.«

»Es darf kosten, was es will. Sind Sie mit dem Auto hier?«

»Nein, ich mußte es zurücklassen; es gehörte nicht mir. Meine Familie und ich sind gestern mit der Bahn in Menton eingetroffen.«

»Dann werden Sie sich ein gebrauchtes Auto kaufen«, sagte ich. »Ich erwarte in den nächsten Tagen eine Geldüberweisung aus Mailand. Bis dahin mieten Sie sich eins. Da ist noch etwas. Ich möchte zu meinem Schutz Ihre Pistole behalten. Könne Sie mir Munition dafür besorgen?«

Er zögerte mit der Antwort. »Hier nicht, Signorina. Ich kenne aber in Turin einen Mann; der kann mir welche beschaffen.«

»Dann kümmern Sie sich morgen zuerst um den Mietwagen, dann um das Haus und anschließend um die Munition. Was ist das für eine Wohnung, in der sie Ihre Familie untergebracht haben? Ist sie groß genug?«

»Da sie nicht teuer sein sollte . . .«

Ich schnitt ihm das Wort ab. »Überlassen Sie die Kostenfrage mir. Ich wünsche, daß auch Ihre Familie gut untergebracht ist. Sie bekommen nachher Geld von mir; es sind allerdings Lire. Sie müssen sie eben bei einer Bank umtauschen. Vorher möchte ich aber von Ihnen erfahren, wer Sie damit beauftragt hatte, mich zu entführen.«

»Das weiß ich nicht.«

Ich blickte ihn scharf an. »Was soll das heißen, Sie wissen es nicht?«

»Daß ich ihm nie persönlich begegnet bin«, sagte er. »Sie müssen das so sehen, Signorina: Wir erhalten nur unsere Aufträge. Von wem sie kommen, das können wir höchstens vermuten. Mit Sicherheit weiß es keiner. Darf ich Ihnen nachgießen?«

»Ja«, sagte ich. »Das ist ein sehr guter Wein.« Ich beobachtete, wie er zuerst mein und dann sein Glas füllte und sich wieder hinsetzte. »Wenn ich Sie richtig verstanden habe«, sagte ich, »dann ist die Firma, für die Sie zuletzt arbeiteten, eine Art von Mördersyndikat. Wieviele Menschen haben Sie in ihrem Auftrag schon umgebracht?«

Er fragte ruhig: »Wollen Sie das wirklich hören?«

»Nein«, sagte ich. »Waren es sehr viele?«

»Das war im allgemeinen nicht unsere Aufgabe. Es gab zwei Fälle, an denen ich, allerdings nur mittelbar, als Fahrer eines Wagens beteiligt war.«

»Und was ist im allgemeinen Ihre Aufgabe? Frauen zu entführen?«

Er nahm einen Schluck aus seinem Glas und blickte mich an. »Würden Sie mich deshalb verachten?«

»Beantworten Sie meine Frage.«

»Nicht nur Frauen. Unsere Auftraggeber sind keine Leute, denen es um ein Lösegeld geht. Sie sind fast immer nur am Abschluß eines Geschäftes interessiert. Beispielsweise am Kauf von Grundstücken, weil sie, lange vor ihren Besitzern, von ihren Verbindungsmännern bei den Behörden erfahren haben, daß sie in einigen Jahren für eine neue Straße, eine neue Eisenbahnlinie, eine neue Fabrik oder für große private Projekte gebraucht und die Grundstücke dann ein Vielfaches dessen wert sein werden, was sie den Eigentümern dafür anbieten. Wenn diese nicht verkaufen wollen, leiht man sich eben vorübergehend ihre Frau oder eine andere Person ihrer Familie aus und schickt sie, sobald der Kaufvertrag unterzeichnet ist, wieder unversehrt zurück. Natürlich gibt es keinen Beweis dafür, wer sie sich ausgeliehen hat und auch keine Drohungen, die mit den Kaufverträgen in Verbindung gebracht werden könnten. Die betroffenen Grundstückseigentümer wissen auch so Bescheid. Sie unterschrieben den Vertrag, und ihre Angehörigen kehren zurück. Für unsere Auftraggeber ist das die einfachste Sache der Welt. Sie brauchen sich weder die Finger schmutzig zu machen, noch ein Risiko einzugehen. Ihre Aufträge erfolgen nur telefonisch, und das Honorar wird in einem . . .«

»Aber Sie wußten doch, daß in meinem Fall die illegalen Buchmacher dahintersteckten«, warf ich ein.

Er schüttelte den Kopf. »Wissen tut man so etwas nie, Signorina. Man kann es sich aber an den zehn Fingern ausrechnen. Es sind auch nicht die Buchmacher selbst, sondern deren Hintermänner. Das können hohe Politiker, Fußballfunktionäre oder auch andere einflußreiche Leute sein. Wir haben es oft mit illegalen Buchmachern zu tun, wenn einer von ihnen aussteigen will, weil er kalte Füße bekommen hat. Oder wenn er versucht, mehr Geld in die eigene Tasche zu stecken als ihm von oben her zugestanden wird. Dann kann es ihm passieren, daß er wochenlang in einem Krankenhaus verbringen muß oder daß in seinem Geschäft ein Feuer ausbricht. Es gibt da noch andere Möglichkeiten. Das trifft aber auch auf uns selbst zu. Wenn es mit der Ausführung eines Auftrags einmal nicht klappt, hat das für den Verantwortlichen fast immer schlimme Folgen, und in Ihrem Fall war eben ich verantwortlich. Ich war in unserer Organisation zuletzt das, was man beim Militär einen Zugs- oder Gruppenführer nennen würde. Es gibt noch einen Kompanieführer, von dem wir für die verschiedenen Aufgaben eingeteilt werden. Er wiederum kennt den Bataillonsführer, den wir nicht kennen. Wer sonst noch dahintersteckt, weiß vielleicht nicht einmal der Bataillonsführer genau. Er ist ebenso nur ein Angestellter wie der Kompanieführer und wie wir alle.«

Ich dachte eine Weile darüber nach. Dann sagte ich: »Wenn das so einflußreiche Leute sind, werden Sie und Ihre Familie auch in Frankreich nicht sicher sein.«

»Vorläufig schon; sie wissen ja nicht, wo ich mich aufhalte. Sie werden mich in Italien suchen. Das ist eine große Organisation, Signorina. Sie arbeitet für Leute, die gut an ihr verdienen. Normalerweise kommt es auch zu keinen grenzüberschreitenden Aufträgen. Ich war Ihretwegen sehr erleichtert, als ich hörte, daß Sie nicht länger in Italien bleiben wollen.«

»Ich werde auch nicht für immer in Frankreich bleiben«, sagte ich. »Was tun Sie dann?«

Er erwiderte ruhig meinen Blick. »Darüber bestimmen Sie, Signorina.« Der Wein war schwer; ich spürte ihn im Kopf. Ich öffnete meine Handtasche und legte, was ich an Geld bei mir hatte, auf den Tisch. »Für den Mietwagen und für die Anzahlung für das Haus dürfte das genügen. Rufen Sie mich an, sobald Sie eins gefunden haben. Sollte ich nicht in meinem Zimmer sein, dann hinterlassen Sie die Adresse.« Ich stand auf. Er fragte bestürzt: »Sie wollen schon gehen, Signorina?«

»Wir haben über alles gesprochen. Wozu sollte ich noch bleiben?«

Er blickte mich wortlos an.

»Oder gibt es da noch etwas, worüber Sie mit mir reden wollen?« fragte ich. Und als er auch jetzt keine Antwort gab, setzte ich mich wieder hin, schlug die Beine übereinander und zündete mir eine Zigarette an. Meine anfängliche Befangenheit war jetzt völlig weg. »Wenn ich noch etwas bleiben soll, müssen Sie mir schon einen stichhaltigen Grund nennen«, sagte ich. »Vielleicht wollen Sie sich für das, was Sie in Mailand, Riomaggiore und in diesem alten Bauernhaus mit mir angestellt haben, noch entschuldigen. War es Ihre Idee, daß ich mich in Mailand vor Ihnen und Ihren Freunden ausziehen mußte?«

»Es tut mir leid«, murmelte er.

»Das ist keine Antwort«, sagte ich. »Ich möchte von Ihnen wissen, ob es Ihr Einfall oder der Einfall Ihrer Auftraggeber war.«

»Es war mein Einfall, Signorina. Er kam mir erst, als ich Sie sah. Unser Auftrag lautete nur, Sie einzuschüchtern.«

»Dann wollten Sie mich in Riomaggiore auch nur einschüchtern? Oder war das schon etwas mehr?«

Er stand auf, kam zu mir und kniete sich vor mir nieder. Er legte das Gesicht auf meinen Schoß und murmelte: »Verzeihen Sie mir, Signorina. In Riomaggiore wußte ich noch nicht, wie sehr ich Sie liebe.«

»Trotzdem verdienen Sie eine Strafe«, sagte ich. »Vielleicht können Sie sich gar nicht vorstellen, wie demütigend es für mich war, als ich mich in Mailand vor Ihnen und vor Ihren Begleitern völlig ausziehen mußte. Ich überlegte mir gerade, was ich mir für Sie einfallen lassen könnte. Vielleicht dasselbe wie Sie? Das wäre zwar nicht sehr originell, käme aber einer angemessenen Strafe am nächsten.«

Er nahm das Gesicht von meinem Schoß und blickte mich unsicher an. »Sie wünschen, daß ich mich ausziehe?«

»Wünschen Sie es nicht« fragte ich.

Er stand wortlos auf. Ich beobachtete, wie er seine Kleider ablegte und sich dann, den Blick in mein Gesicht heftend, mir zuwandte. In seinen Augen war jetzt wieder das gleiche Glänzen, das ich schon mehrfach bei ihm wahrgenommen hatte. Ich drückte die Zigarette aus, griff nach seiner Hand und zog ihn näher an mich heran. »Eigentlich haben Sie das gar nicht verdient«, sagte ich. »Wenn ich daran denke, wie Sie mich in Riomaggiore behandelt haben, müßte ich mir noch etwas viel Schlimmeres für Sie einfallen lassen.«

»Es tut mir leid, Signorina«, sagte er wieder. »Es war nicht meine Absicht, Sie zu kränken oder Ihnen wehzutun.«

»Sie haben mich aber gekränkt und mir in Riomaggiore auch sehr wehgetan«, sagte ich. »Tut das auch weh?«

Er lächelte. »Nicht sehr, Signorina. Darf ich Sie auch streicheln?«

»Ich streichle Sie nicht, ich bestrafe Sie«, erwiderte ich und behielt, während ich ihn weiter bestrafte und er sich zu mir niederbeugte und den Mund auf meine Lippen legte, sein Gesicht im Auge. Erst als ich den Eindruck hatte, daß er nahe daran war, es nachträglich nicht mehr als Bestrafung empfinden zu müssen, schob ich ihn von mir, stand auf und griff nach meiner Handtasche. Er war jedoch vor mir an der Tür, faßte hart nach meinem Arm und sagte mit heiser klingender Stimme: »Das können Sie nicht mit mir tun, Signorina.«

»Warum nicht?«

Er gab keine Antwort. Ich sagte: »Lassen Sie meinen Arm los. Oder wollen Sie, daß dies mein letzter Besuch bei Ihnen war?«

»Nein, Signorina«, murmelte er. Ich nahm seine Hand von meinem Arm. »Dann werden Sie immer nur das tun, was ich Ihnen erlaube. Erledigen Sie, was ich Ihnen aufgetragen habe. Dann können wir uns auch wieder über andere Dinge unterhalten.«

»Wie Sie es wünschen, Signorina«, sagte er. »Warten Sie bitte noch einen Augenblick. Ich ziehe mich nur rasch an.«

»Ich finde den Weg allein«, sagte ich und öffnete die Tür. Dann drehte ich mich noch einmal nach ihm um, legte die Hände auf seine Schultern und küßte ihn. Als er mir heute abend unten auf der Promenade des Anglais begegnet war, hatte mir das Herz bis zum Halse geklopft. Ich fühlte es auch jetzt wieder klopfen. Hätte er mich, statt mich erst lange danach zu fragen, ob auch er mich streicheln dürfe, vorhin einfach in die Arme genommen: Ich wäre unfähig gewesen, ihm auch nur noch einen Augenblick lang zu widerstehen. Ich sagte: »In Rom haben Sie es viel besser angefangen, Belloni. Vielleicht denken Sie bis zu meinem nächsten Besuch darüber nach.«

»Das werde ich tun«, sagte er und griff rasch nach meiner Hand. Er preßte sie an seine Brust und murmelte: »Ich liebe Sie wirklich, Signorina. Ich liebe Sie mehr als mein Leben.«

»Ich mag Sie auch«, sagte ich und machte mich rasch von ihm los.

Als ich wenig später auf die Straße trat, klebte mir das Kleid am Körper. Solange ich mich auch selbst damit bestrafte, würde ich es mir ein zweites Mal noch weniger zumuten als ihm.

Es war schon nach Mitternacht, als ich im Hotel meine Zimmertür aufschloß. Bei Feuersteins Anblick, der rauchend in einem Sessel saß, blieb ich unwillkürlich stehen. Dann drückte ich die Tür hinter mir ins Schloß und fragte: »Wie kamst du herein.«

»Mit dem Schlüssel«, antwortete er. »Du warst zwei Stunden weg.«

Ich legte die Handtasche auf den Tisch. »Dann hast du mich weggehen sehen?«

»Ich sah dich schon weggehen, als du angeblich nach Monaco fuhrst«, sagte er und stand auf. Er kam zu mir, nahm mir den Schlüssel aus der Hand, ging zur Tür und schloß sie ab. Ich fragte: »Was versprichst du dir davon?«

»Daß wir nicht gestört werden.«

»Du willst also mit mir schlafen?« fragte ich.

»Das auch«, sagte er. »Du hast mich jetzt lange genug hingehalten.«

Ich blickte ein paar Sekunden lang wortlos in sein Gesicht. Dann drehte ich mich um und ging ins Bad. Als ich zehn Minuten später zu ihm zurückkam lag er ausgezogen auf dem Bett. Ich legte mich zu ihm und sagte: »Ich habe es mir genauso gewünscht wie du, aber nicht jetzt und auch nicht auf diese Art.«

»Weiß Belloni eine bessere?« fragte er. Ich erwiderte wortlos seinen Blick. Er berührte mit dem Handrücken meine Wange. »Du warst schon heute nachmittag bei ihm. Ich habe dich wegfahren sehen. In Riomaggiore wolltest du noch, daß ich ihn dir vom Halse schaffe.«

»Du hast es nicht getan«, sagte ich.

»Dafür ergab sich bis zu dem Abend, als er in Rom aus deinem Zimmer kam, auch keine Gelegenheit. Und da hattest du es dir bereits wieder anders überlegt. Wenn er mir das nächste Mal über den Weg läuft, wirst du mich nicht mehr daran hindern, zu tun, was du dir in Riomaggiore noch gewünscht hast.«

»Das wirst du nicht tun«, sagte ich. »Wenn du ihm auch nur ein Haar krümmst, dann nimm dich vor mir in acht, Rudolf. Ich bin müde und möchte schlafen. Falls du nur hier bist, um dich mit mir über Belloni zu unterhalten, kannst du dich wieder anziehen. Oder brauchst du erst noch eine Starthilfe?«

»Wenn du so mit mir redest, kannst du es auch anders haben«, sagte er und kam zu mir herüber. Mit geschlossenen Augen fühlte ich, wie er sich auf mich legte und wenig später in mich eindrang. Obwohl ich nur noch von dem Wunsch beherrscht war, es so rasch wie möglich hinter mich zu bringen, konnte ich nicht verhindern, daß seine wütenden Stöße mich zu erregen begannen. Ich kam sogar vor ihm, und ich haßte ihn dafür beinahe genauso, wie ich in Riomaggiore noch Belloni gehaßt hatte. Als er mich zu küssen versuchte, drehte ich rasch das Gesicht zur Seite. Er fragte: »Was soll das?«

Ich öffnete die Augen und blickte in sein stark gerötetes Gesicht.»Ich habe mich in dir getäuscht«, sagte ich. »Du bist auch nur ein Mann zum Wegwerfen.«

Er runzelte die Stirn. »Was heißt das, zum Wegwerfen?«

»Wie eines dieser Papiertücher«, sagte ich. »Man benutzt sie nur einmal.«

»Und mich hast du jetzt auch benutzt?«

»Benutzt und weggeworfen«, nickte ich. »Du kannst gehen.«

Er stand auf, trat zu seinen Kleidern und zündete sich eine Zigarette an. Dann kam er zurück, legte sich wieder neben mich und sagte: »Du kannst mich nicht wie einen Hund behandeln. Wenn du es trotzdem tust, hast du dir meine Reaktion selbst zuzuschreiben. Ich denke nicht daran, dich aufzugeben. Nicht wegen eines Bellonis. Den richtigen Zeitpunkt, mich so billig loszuwerden, hast du verpaßt.«

»Dieses Problem sehe ich nicht«, sagte ich. »Ich werde dir keine Gelegenheit mehr dazu geben.«

»Dann verschaffe ich sie mir selbst. Du wirst eines Tages noch froh darüber sein, mich in deiner Nähe zu haben. Daß du heute abend nicht erwischt wurdest, hast du nur deiner Ungeduld zu verdanken, mit Belloni ins Bett zu kommen.«

Ich richtete mich schnell auf. »Wovon redest du?«

»Von den beiden Autos, die im gleichen Augenblick vor dem Haus hielten, als du mit Belloni hinter der Tür verschwandest. Du hattest Glück, daß sich die Burschen nicht darüber einig werden konnten, für wen von ihnen du wichtiger bist. Es kam zu einer Schießerei. Ich nehme an, im ersten Wagen saß Zschernitz, und im zweiten Bellonis Nachfolger.«

Ich fühlte, wie mir das Blut aus dem Herzen wich; mir wurde beinahe schlecht. »Du lügst«, sagte ich.

Er griff zum Telefon, hielt mir den Hörer vor die Nase und sagte: »Frag Wieland; wir waren beide hinter dir her. Belloni hat dich auf der Straße angesprochen. Anschließend bist du mit ihm in dieses Haus gegangen. Wer ist Zschernitz?«

Ich blickte ihn ein paar Sekunden lang geistesabwesend an. Als ich aus dem Bett steigen wollte, hielt er mich am Arm fest und sagte: »Sie hatten es auf dich und nicht auf Belloni abgesehen. Wenn du unbedingt meinst, ihn warnen zu müssen, so hat das noch Zeit. Heute nacht sind sie viel zu sehr mit sich selbst beschäftigt. Ich frage dich noch einmal: Wer ist Zschernitz?«

Ich wandte ihm das Gesicht zu. »Dann verdanke ich es also wieder einmal dir, daß sie mich nicht erwischt haben.«

»Ich war nur Zaungast.«

»Wie bei Manziana auch. Es tut mir leid, was ich dir eben gesagt habe, Rudolf. Zschernitz war Kapitän der ›Rostock‹. Die Besatzung wurde in der DDR in Haft genommen. Man will den Mann haben, der Schimazek auf ihr versteckt und nach Genua gebracht hat. Ich habe Zschernitz kennengelernt, als ich den Heimathafen der ›Rostock‹, ihre Ladung und den Tag ihres Auslaufens herausfinden mußte. Es wäre sonst nicht möglich gewesen, auf dem deutschen Konsulat eine für Schimazek und für mich unverfängliche Erklärung dafür zu geben, wie er nach Italien kam.«

»Und wie ist er wirklich nach Italien gekommen?«

»Im Kofferraum meines Wagens. Ich las ihn im Odenwald in der Gegend von Michelstadt von der Straße auf; ich hatte geschäftlich in der Gegend zu tun. Bis Michelstadt war er in der Nacht davor per Anhalter gekommen.«

Feuerstein nickte. »So einfach ist das alles.«

»Der Rest war genauso einfach«, sagte ich. »Er wollte sich bei keiner deutschen Stelle melden, sondern sofort nach Italien. Er hatte Angst vor den vier Männern, die mit ihm über die Grenze kamen. Und ich hatte Angst, mich strafbar zu machen, wenn sich herausstellt, daß ich ihn illegal über zwei Grenzen gebracht habe. Außerdem wäre es schwierig gewesen, dem deutschen Konsulatsbeamten eine Erklärung dafür zu geben, warum Schimazek nicht in der Bundesrepublik bleiben wollte. Das hätte nur zu Rückfragen und anderen Komplikationen geführt. Schimazek war nicht dabei, als ich in Genua zum Hafen fuhr. Ich wartete in der Nähe der ›Rostock‹, bis ein Mann in Seeuniform über den Bootssteg an Land kam. Als er mich allein im Wagen sitzen sah, blieb er stehen. Ihm war aufgefallen, daß der Mercedes in Westdeutschland zugelassen war. Er fragte mich, ob ich etwas suche. Ich sagte ihm, ich wollte mir nur die Schiffe anschauen. Gegen meine Einladung, ihn in die Stadt mitzunehmen, hatte er nichts einzuwenden. Anfangs hatte ich noch gehofft, ihm schon im Wagen ein paar mich interessierende Details über sein Schiff entlocken zu können, aber jedesmal, wenn ich auf die ›Rostock‹ zu sprechen kam, gab er ausweichende Antworten. Konkret wurde er erst im Hotel.«

»Das wundert mich«, sagte Feuerstein. »Was er von dir wollte, hättest du ihm auch schon im Auto besorgen können.«

»Es gab noch einen anderen Grund, seine Einladung anzunehmen.«

»Vielleicht gefiel er dir.«

»Für das eine Mal war er nicht schlecht«, sagte ich.

Feuerstein grinste. »Also auch nur ein Mann zum Wegwerfen. Okay. Wer sind die drei anderen? Auch Besatzungsmitglieder?«

Ich zögerte ein paar Augenblicke lang. Dann erzählte ich ihm mein Erlebnis in Monte Carlo. Er hörte mir schweigend zu. Erst als er alles wußte, schüttelte er den Kopf. »Was bist du nur für eine Frau!«

»Ich weiß es selbst nicht«, sagte ich. »Aber mit dir werde ich nicht mehr schlafen. Es ist besser für uns beide, du stellst dich darauf ein.«

Er drückte die Zigarre aus. »Für wann hast du dich wieder mit Belloni verabredet?«

»Für gleich«, sagte ich und stieg aus dem Bett. Ich ging ins Bad, duschte mich und traf Feuerstein, als ich wieder ins Zimmer kam, bereits angezogen an. Er sagte: »Ich lasse dich jetzt nicht allein auf die Straße. Willst du heute nacht bei ihm bleiben oder ihn nur warnen?«

»Er muß das Haus sofort verlassen. Er hielt es für unwahrscheinlich, daß sie mir auch über die Grenze nachkämen. Vielleicht wurde er von ihnen erkannt. Sie sind hinter ihm genauso her wie hinter mir. Wenn er schon sein Leben für mich riskiert hat, dann fühle ich mich auch für ihn verantwortlich.«

Er beobachtete, wie ich mich anzog. »Was sind das für Leute, für die er arbeitete?«

»Er hat es mir nicht gesagt; er meinte, es sei besser, ich wüßte es nicht.«

»Hast du Bellonis Pistole noch?«

»Sie steckt in meiner Handtasche.«

Er ging zum Tisch, öffnete die Tasche und nahm die Pistole in die Hand. Ich beobachtete, wie er das Magazin herauszog, und trat zu ihm. »Wie hast du das gemacht? Ich habe es vergeblich versucht.« Er erklärte es mir. Bevor er sie in die Tasche zurücksteckte, roch er an ihr. »Hast du eine undichte Parfümflasche in der Tasche?«

»Sie riecht nur so, weil ich, um den Pulvergestank wegzukriegen, ein paar Tropfen Parfüm hineingeschüttet habe.«

»Doch nicht etwa in den Lauf?«

»Hätte ich das nicht tun sollen?«

»Du bist wirklich verrückt«, sagte er. »Wenn sich Rost ansetzt, bleibt dir die nächste Kugel im Lauf stecken. Überlasse sie bis morgen früh mir; der Lauf muß gereinigt werden.«

»Aber nur bis morgen früh«, sagte ich. »Ich habe nichts dagegen, wenn du jetzt mitkommst. Aber nur bis zu seiner Haustür.«

»Mir liegt nichts daran, ihm in deiner Gegenwart zu begegnen«, sagte er. Ich blickte prüfend in sein Gesicht. »Du wirst ihm überhaupt nicht mehr begegnen, Rudolf. Mir war es mit dem, was ich dir vorhin gesagt habe, todernst.«

Er nickte. »Es hörte sich auch so an.«

Von den Ereignissen in Neapel erfuhr ich erst am späten Nachmittag. Den Vormittag hatte ich verschlafen. Nach dem Mittagessen, das ich zusammen mit Feuerstein und Wieland im Speisesaal des Hotels zu mir nahm, fuhr ich mit ihnen nach Tourette und sah mir das Haus an. Es gefiel mir ebenso wie der malerisch gelegene Ort selbst. Nach unserer Rückkehr fand ich im Hotel ein Telegramm von Jochen vor; er teilte mir mit, daß er, direkt von Neapel kommend, gegen 20 Uhr mit einer Linienmaschine in Nizza eintreffen werde. Ich bat Feuerstein, sich im Hotel um ein Zimmer für ihn zu kümmern. Wegen Zschernitz brauchte ich mir für den Augenblick keine Gedanken zu machen, weil Feuerstein mir schon auf der Fahrt nach Tourette mitteilte, daß er und seine Bewacher nicht mehr im Hotel wohnten. Sie hatten es bereits am frühen Morgen mit unbekanntem Ziel verlassen. Feuerstein war jedoch davon überzeugt, daß sie sich noch in Nizza aufhielten. Auch um Bellonis Sicherheit brauchte ich, wenigstens kurzfristig gesehen, nicht länger besorgt zu sein. Ich war heute nacht so mit ihm verblieben, daß er sich umgehend in ein Taxi setzten und nach Menton zu seiner Familie fahren sollte. Wenn alles so klappte, wie ich es mit ihm besprochen hatte, würde er sich dort einen Mietwagen nehmen, sich in der näheren Umgebung von Tourette nach einem Ferienhaus umsehen und mich im Laufe des morgigen Abends wieder im Hotel anrufen.

Weil ich mich nach all den Aufregungen der vergangenen Nacht noch immer abgespannt fühlte, zog ich mich nach unserem Eintreffen im Hotel sofort in mein Zimmer zurück, um mich vor dem Abendessen und vor Jochens Ankunft noch eine Stunde hinzulegen. Daraus wurde jedoch nichts, denn kaum daß ich mich ausgezogen hatte, wurde mir von der Rezeption ein Besucher angemeldet, der mich dringend zu sprechen wünsche. Dabei wurde mir wieder einmal bewußt, mit welcher Gründlichkeit ich es jedesmal schaffte, Menschen aus meinem Bewußtsein zu verdrängen, die in meiner Erinnerung mit einem schlechten Gewissen assoziiert waren, denn ich brauchte tatsächlich einige Sekunden, bis mir wieder einfiel, mit wem ich es zu tun hatte. Ich ließ ihn heraufkommen, warf mir rasch einen Morgenmantel über und öffnete ihm, als er anklopfte, die Tür. Er küßte mir die Hand und sagte: »Sie haben mir sehr gefehlt, Marianne,«

Er mir eigentlich nicht; trotzdem sagte ich: »Ich habe auch schon an Sie gedacht, Guido. Kommen Sie aus Mailand?«

»Aus Neapel«, antwortete er. »Ich habe mir dort das Spiel unserer Nationalelf gegen Spanien angesehen. Es war so schrecklich, daß ich sein Ende gar nicht abgewartet, mir ein Taxi zum Flughafen genommen habe und hierher geflogen bin. Sie wissen sicher schon darüber Bescheid, was in Neapel passiert ist?«

Mein erster Gedanke war, daß Bellonis Hintermänner es vielleicht doch noch auf irgendwelche Weise fertiggebracht hätten, Jochen unter Druck zu setzen. Ich sagte beunruhigt: »Ich weiß gar nichts. Ich war den ganzen Nachmittag mit anderen Dingen beschäftigt. Ging das Spiel für Italien verloren?«

»Im Gegenteil; wir haben es mit 7:0 haushoch gewonnen. Die Spanier waren schon in der ersten Spielhälfte so außer Tritt geraten, daß auch ihre Verteidigung völlig zusammenbrach.«

Ich lächelte erleichtert. »Aber das ist doch großartig. Ich verstehe zwar nicht viel von den Europameisterschaften, aber mit diesem Ergebnis ist Ihre Nationalelf doch schon so gut wie im Halbfinale?«

Er ließ sich unaufgefordert in einen Sessel fallen. »Sie haben ja keine Ahnung, was passiert ist, Marianne. Es kam im Anschluß an das Spiel zwischen italienischen und spanischen Zuschauern zu schweren tätlichen Auseinandersetzungen. Ich hörte erst während des Flugs im Radio davon. Es kam schon während des Spiels zu Ausschreitungen gegen den Schiedsrichter, aber das allein ist nicht der Grund, weshalb ich hier bin. Ich wollte mit Ihnen reden, bevor Signor Schimazek hier eintrifft. Es gibt seinetwegen Probleme innerhalb der Nationalelf. Galilei hat sich schon vor dem Spiel mit mir darüber unterhalten und mich darum ersucht, Sie zu bitten, Ihren Einfluß auf Signor Schimazek geltend zu machen. Man wirft ihm von seiner Mannschaft Unkameradschaftlichkeit und Überheblichkeit vor. Ich weiß nicht, ob Ihnen bekannt ist, daß er sich noch kein einziges Mal mit einem von ihnen unterhalten hat. Galilei befürchtet, daß sein Verhalten sich negativ auf den Kampfgeist und auf die Moral unserer Nationalelf auswirken wird. Für heute abend war vorgesehen, daß die Mannschaft von Galilei und dem Verband zu einer kleinen Siegesfeier mit anschließendem Essen eingeladen ist. Signor Schimazek ließ Galilei jedoch schon vor dem Spiel wissen, daß er weder an der Siegesfeier noch an dem gemeinsamen Abendessen teilnehmen, sondern im Anschluß an das Spiel sofort zu Ihnen nach Nizza fliegen wird. Wann erwarten Sie ihn?«

Ich nahm ihm gegenüber Platz und blickte auf die Armbanduhr. »Er will gegen 20 Uhr in Nizza eintreffen, also in etwa eineinhalb Stunden. Das ist wirklich schrecklich, was Sie mir da erzählen, Guido. Ich meine, daß es zu Ausschreitungen gekommen ist, aber was das andere betrifft: ich glaube nicht, daß Schimazek sich in seiner Verhaltensweise gegenüber seinen Mannschaftskameraden von mir beeinflussen läßt. Er ist nicht nur in dieser Beziehung ein Einzelgänger. Für ihn sind der Fußball, ebenso wie die Mannschaft, für die er spielt, nur Mittel zum Zweck. Ich vermute, er hatte von den Zwängen, denen er in der DDR ausgesetzt war, so die Nase voll, daß er sich vorgenommen hat, sich hier im Westen keinen neuen zu unterwerfen. Sicher haben Sie auch selbst zu dieser seiner Einstellung beigetragen.«

Er blickte mich betroffen an. »Wieso ich?«

Ich zuckte mit den Schultern. »Er weiß ja gar nicht richtig, wohin er eigentlich gehört. Dem Papier nach zwar zum AC Mailand, also zu Ihrem Verein, aber für den darf er nur spielen, wenn er gegen eine ausländische Mannschaft antritt, und das war bisher noch nicht der Fall. Mit Ihrer Nationalelf ist er heute zum erstenmal zusammengetroffen. Mir leuchtet auch nicht ein, daß seine Mannschaftskameraden sich durch ihn in ihrem Kampfgeist und in ihrer Moral beeinträchtigt fühlen könnten. Der Gedanke, daß hinter ihnen ein Mann im Tor steht, der keinen Ball durchgehen läßt, kann ihrer Moral und ihrem Kampfgeist doch nur dienlich sein.«

Ardigo nickte. »Das hatten wir ursprünglich auch angenommen, aber Sie dürfen nicht übersehen, Marianne, daß es sich bei unseren Spielern der Nationalelf auch um keine Anfänger, sondern durchweg um erstklassige Profis handelt, deren Namen in der halben Welt bekannt sind. Wenn Sie es so wollen, ist jeder einzelne von ihnen eine Art von Diva und mit der gleichen Empfindlichkeit und dem gleichen Selbstbewußtsein ausgestattet wie Signor Schimazek. Niemand erwartet von ihm, daß er sich die Mühe macht, unsere Sprache zu lernen. Wir haben Spieler in der Nationalelf, die sprechen etwas Englisch, Französisch und Deutsch. Aber nicht einmal mit ihnen unterhält er sich.«

»Na gut«, sagte ich. »Ich kann mich ja einmal mit ihm darüber unterhalten. Hat Galilei ihn auch für das bevorstehende Spiel gegen Frankreich aufgestellt?«

»Natürlich. Das ist sogar ein ganz wichtiges Spiel für uns. Da ist übrigens etwas, Marianne. Ich weiß nicht, ob Ihnen bekannt ist, daß Piera, seit Sie nach Nizza gefahren sind, keine Minute mehr von seiner Seite weicht. Auch im Hotel nicht. Wenn Sie verstehen, was ich damit meine.« So schwer war das nicht zu verstehen; auch nicht, warum er es mir erzählte. Ich erwiderte achselzuckend: »Je enger er sich an sie anschließt, desto uninteressanter werde ich für die Leute, die es in Mailand, Riomaggiore und Rom auf mich abgesehen hatten. Vielleicht haben Sie schon davon erfahren, was in Rom passiert ist?«

Er nickte ernst. »Von Pellico, aber leider erst nachträglich. Man hat es auch beim Verband bedauert, daß Sie ihn nicht umgehend von diesen Ereignissen unterrichtet haben. Pellico behauptet, Sie hätten ihm verboten, darüber zu reden. Ist das richtig?«

»Ich wollte verhindern, daß Sie oder der Verband die Carabinieri einschalten. Es ist ja auch so alles gut abgelaufen.«

»Aber doch nur, weil es Ihnen gelungen ist, einen Ihrer Entführer mit einem hohen Geldbetrag zu bestechen; ich weiß es von Signor Schimazek. Auch in Rom ist es schon überall bekannt. Man wird ab sofort die Sicherheitsvorkehrungen für Sie und Signor Schimazek verstärken. Haben Sie vor, länger in Nizza zu bleiben?« – »Das weiß ich noch nicht. Es kommt ganz darauf an, ob wie hier ähnliche Dinge erleben wie in Italien. Mit dem Flugzeug könnte Schimazek auch von England oder von jedem anderen Land aus rechtzeitig zu den vorgesehenen Spielen erscheinen. Oder gefällt es Ihnen nicht, daß wir uns aus Italien abgesetzt haben?«

Meine Frage schien ihm unangenehm zu sein; er scheuerte sich mit dem Handrücken nervös das Kinn. »Auch darüber soll ich mit Ihnen reden. Sie müssen das richtig sehen, Marianne: Für den Verband wäre es natürlich einfacher, nun, da ihm Ihre Probleme in vollem Umfang bekannt sind, Ihre Sicherheit nicht in Frankreich, sondern in Italien zu gewährleisten. Man könnte dort den am besten hierfür geeigneten Ort auswählen . . .«

Ich fiel ihm ungeduldig dazwischen: »Um meine Sicherheit braucht sich der Verband keine Gedanken mehr zu machen; darum habe ich mich inzwischen selbst gekümmert. Ich habe mich auch bereits nach einem anderen Quartier außerhalb von Nizza umgesehen. Übermorgen ziehe ich nach Tourette um.«

Meine Antwort schien ihn zu erleichtern; er sagte lebhaft: »Damit wird man beim Verband sicher einverstanden sein. Ich kenne Tourette, ein sehr hübscher, alter Ort. Es dürfte Pellico keine Probleme bereiten, auch für sich und seine Männer dort eine Unterkunft zu finden. Ich hoffe, daß auch Signor Schimazek sich Ihrer Entscheidung anschließt. Darf ich fragen, in welcher Weise Sie sich selbst um Ihre Sicherheit gekümmert haben?«

»Ich habe mir zwei zuverlässige Leibwächter zugelegt. Was sind Ihre eigenen Pläne? Fliegen Sie heute noch nach Mailand weiter?«

»Nur wenn Sie das wünschen.«

»Davon sollten Sie es nicht abhängig machen, Guido. Ich fürchte, ich muß Sie enttäuschen. Was ich in Riomaggiore zu Ihnen sagte, das galt nur für dort. Ich habe es mir inzwischen anders überlegt.«

Er fragte ruhig: »Habe ich etwas falsch gemacht?«

»Nein. Die Schuld liegt allein bei mir. Ich war mir in Riomaggiore meiner Empfindungen doch nicht so sicher, wie ich mir das dort noch einredete. Inzwischen hatte ich Zeit, darüber nachzudenken.«

»Und Sie erwarten von mir, daß ich mich einfach damit abfinde?« fragte er, unverändert ruhig.

»Ich bitte Sie darum«, sagte ich. Er blickte mich eine Weile schweigend an. Dann stand er auf, kam zu mir und legte mir die Hände auf die Schultern. »Wen, glauben Sie wohl, haben Sie vor sich, Marianne? Einen dummen Jungen, mit dem Sie ein kleines Spiel treiben können?«

Ich erwiderte wortlos seinen Blick.

Er sagte: »Ich kann mich Ihretwegen nicht mehr auf meine Arbeit konzentrieren. Ich vernachlässige meine Aufgaben als Trainer eines berühmten Vereins. Wohin ich auch gehe, habe ich Ihr Bild vor Augen. Ich höre noch immer, was Sie mir in Riomaggiore gesagt und auch versprochen haben. Was Sie und Schimazek heute in Italien sind, verdanken Sie hauptsächlich mir. Was glauben Sie wohl, welche Mühe es mich gekostet hat, den Verband davon zu überzeugen, daß Schimazek das Geld wert ist, das Sie von uns verlangt haben? Ich habe mich mit meiner eigenen Person für ihn und auch für Sie verbürgt. Ich habe mich für ihn um eine Ausnahmegenehmigung für die Spielerlaubnis bemüht, mir damit sämtliche Trainerkollegen der italienischen Spitzenvereine zu Feinden gemacht, weil sie es mir neiden, daß ich es war, der Schimazek für unsere Nationalelf und für meine eigene Mannschaft entdeckt hat. Nach den heutigen Vorfällen in Neapel werden sie erst recht über mich herfallen. Sie werden mich nicht nur für die vielen Opfer, sie werden mich auch dafür verantwortlich machen, daß im Stadion von Neapel kaum mehr ein Stuhl oder eine Sitzbank heilgeblieben ist. Als ich vorhin im Flughafen eintraf, habe ich noch rasch mit Galilei telefoniert. Das Stadion ist auf Wochen hinaus nicht mehr benutzbar, und was das gerade für Neapel bedeutet, wo die meisten Platzkarten in ganz Italien verkauft werden, das werden Sie nicht ermessen können. Und da kommen Sie mir jetzt daher und erzählen mir so ganz einfach, daß Sie sich in Riomaggiore Ihrer Empfindungen noch nicht sicher gewesen seien und daß Sie es sich inzwischen anders überlegt hätten. Ist das wirklich Ihr Ernst?«

Es war alles noch viel schlimmer, als ich es mir jemals hätte träumen lassen, und für eine kleine Weile wußte ich nicht mehr, was ich noch tun und noch sagen könnte. Ich wußte es auch noch nicht, als er mit einer Hand den Gürtel meines Hausmantels aufzog, den Mantel öffnete und die Hand zwischen meine Schenkel legte. Erst als ich fühlte, wie er meinen Schoß zu streicheln anfing, raffte ich mich zu einem Entschluß auf. Ich sagte: »Vielleicht habe ich einen Fehler gemacht, und für seine Fehler muß man auch bezahlen. Was erwarten Sie von mir? Daß ich mit Ihnen schlafe?«

»Sie haben es mir versprochen.«

»Versprochen habe ich Ihnen gar nichts. Ich habe es Ihnen bestenfalls unter einer bestimmten Voraussetzung in Aussicht gestellt.«

»Diese Voraussetzung ist inzwischen eingetreten.«

»Na gut«, sagte ich. »Wenn Sie sich mit dem einen Mal begnügen, bin ich damit einverstanden. Ich warne Sie aber, Guido. Falls Sie sich mehr davon versprechen, werden Sie eine Enttäuschung erleben.«

»Ich verspreche mir nicht mehr davon«, sagte er. »Es genügt mir, wenn ich heute nacht bei Ihnen bleiben darf.«

»Das geht nicht. Wenn Schimazek Sie hier antrifft, weiß ich nicht, wie er darauf reagieren wird. Er wäre vielleicht dazu imstande, es zum Anlaß zu nehmen, Ihnen die Handschuhe hinzuwerfen. Entweder wir erledigen es jetzt gleich oder überhaupt nicht.«

»Und wieviel Zeit geben Sie mir?«

»Eine halbe Stunde. Mehr haben wir auch nicht.«

Ich stand auf, ließ den Morgenrock fallen und ging zum Bett. Meine Zigaretten nahm ich mit. Ich zündete mir eine an und beobachtete, wie er sich rasch auszog. Mir fiel auf, daß er von den Schultern bis zu den Zehen genauso braungebrannt war wie im Gesicht. Er fragte: »Willst du die Zigarette vorher noch zu Ende rauchen?«

»Ja«, sagte ich. »Ich werde Sie nur enttäuschen, Guido.«

»Das glaube ich nicht«, sagte er und beugte sich über mich. Meine

Hoffnung, ihm durch meine nüchterne Art vielleicht Probleme bereitet zu haben, die seinen Tatendrang lähmten, erfüllte sich bei ihm ebensowenig wie bei Feuerstein. Man erlebte sie als Frau eben immer nur dann, wenn man sie am wenigsten brauchen konnte, und weil Ardigo sich ungleich mehr Zeit ließ als Feuerstein, nützte mir auch meine Zigarette nichts, zumal ich sehr bald feststellen mußte, daß er seinen Höhepunkt vor mir hatte, war mir diesmal auch keine Genugtuung. Er küßte mich leidenschaftlich und flüsterte: »Du hast eben nur mal dem richtigen Mann begegnen müssen.« Sicher redete er sich jetzt ein, mein Hauptproblem bei Jochen bestünde darin, daß meine Liebe mit ihm ohne solche Höhepunkte geblieben sei. Und weil er mich noch immer beinahe totdrückte, sagte ich: »Ich kriege keine Luft mehr.«

Er nahm mein Gesicht in die Hände, küßte mich wieder und wieder und murmelte: »Du bist schön, du bist unsagbar schön, unsagbar, Marianne.«

»Aber Sie sagten es eben doch«, erwiderte ich. »Ich kriege keine Luft mehr, Guido. Wollen Sie mich umbringen?«

»Ja«, sagte er. »Ich will dich umbringen und mit dir sterben.«

Zum Glück ließ er dann wenigstens mit seinem Körper von mir ab. Nur den Blick wandte er nicht von mir. Ich sagte: »Sie müssen jetzt gehen. Schimazek kann jeden Augenblick eintreffen. Vielleicht ist im Hotel noch ein Zimmer für Sie frei.«

»Ich bleibe hier«, sagte er. »Wenn er mit Piera schläft, dann kann er auch nichts dagegen haben, daß ich mit dir schlafe. Du gehörst jetzt mir und nicht mehr ihm. Ich muß erst übermorgen wieder in Mailand sein.«

»Und bis dahin wollen Sie hierbleiben?« vergewisserte ich mich.

Er nickte. »Niemand wird mich daran hindern. Auch du nicht. Ich werde mich von meiner Frau trennen und dich heiraten. Das stand für mich schon fest, als ich dich in Mailand zum erstenmal sah. Du liebst mich auch; ich fühle es.«

Sein Gesicht wirkte ruhig und entschlossen. Mir wurde klar, daß ich ihn unterschätzt hatte. Ich blickte ihn ein paar Sekunden lang schweigend an. Dann griff ich zum Telefon und verlangte Feuerstein; er meldete sich sofort. »Ich habe ein Problem«, sagte ich. »Würdest du bitte zu mir kommen?«

Er legte auf, ohne eine Antwort zu geben. Ardigo fragte: »Mit wem hast du telefoniert?«

»Sie kennen ihn nicht«, sagte ich. »Es tut mir leid, Guido, aber Sie lassen mir keine andere Wahl.« Ich stieg vom Bett herunter, ging zur Tür und schloß sie auf. Den Schlüssel schob ich, als ich mich wieder zu Ardigo legte, unter das Kopfkissen. »Er wird gleich hier sein«, sagte ich. »Wollen Sie sich vorher nicht wenigstens anziehen?«

»Nein«, sagte er. »Er soll mich so neben dir liegen sehen.«

Als Feuerstein hereinkam, war seit meinem Anruf nicht einmal eine Minute vergangen. Er blieb ein paar Augenblicke lang in der Tür stehen. Dann drückte er sie hinter sich ins Schloß und fragte mit unbewegtem Gesicht: »Ist das dein Problem?«

»Ja«, sagte ich. »Ich hatte auch an ihn eine Schuld abzutragen. Wir waren uns vorher darüber einig, daß es dabei bleiben wird. Jetzt will er nichts mehr davon wissen und mich heiraten. Dem Namen nach wirst du ihn sicher kennen; er heißt Ardigo.«

»Der Fußballtrainer?«

»Ja. Als er es nach Riomaggiore zum erstenmal bei mir versuchte, kannte ich dich noch nicht.«

»Belloni sicher auch noch nicht«, sagte Feuerstein und kam ans Bett. Er packte Ardigo bei den Beinen, zog ihn mit einem Ruck vom Bett herunter, so daß er mit den Schultern hart am Boden aufschlug, und schleifte ihn dann, rückwärts gehend, zur Tür. Noch ehe er sie ganz erreicht hatte, war ich bei ihm und schrie: »Tu das nicht, Rudolf. Um Gottes willen, tu das nicht.« Er gab Ardigos Beine frei und fragte: »Willst du ihn loswerden oder nicht?«

»Nicht auf diese . . .« Ich brach ab und beobachtete, wie Ardigo sich aufrichtete und mit erhobenen Fäusten auf Feuerstein losging. Dieser schlug, ohne sich von der Stelle zu bewegen, zweimal zu. Ich sah noch, wie Ardigo in die Knie ging und die Hände gegen das Gesicht preßte. Dann wurde mir schlecht. Ich rannte ins Bad, beugte mich über das WC und erbrach mich. Mir war so übel, daß ich meinte, zu sterben.

Als Feuerstein zu mir kam, stand ich noch über das Klo gebeugt. Er führte mich zum Waschbecken, griff nach einem Handtuch und wusch mir den Mund und das Gesicht ab. »Du schaffst dir nichts als Probleme«, sagte er.

»Ich weiß«, murmelte ich und hockte mich, weil meine Beine mich nicht mehr trugen, aufs Klo. Feuerstein streichelte mein Haar und sagte: »Jetzt brauchst du nur noch mich durch Belloni abservieren zu lassen, dann bist du deine größten Probleme los. Oder gibt es sonst noch einen Mann?«

»Nein«, sagte ich. »Hilf mir auf die Beine. Ich habe überhaupt keine Kraft mehr.«

Er beugte sich zu mir nieder, nahm mich auf die Arme und trug mich ins Zimmer zurück. Dort setzte er mich auf das Bett und sah sich suchend um. »Meine Wäsche liegt auf einem der Sessel«, sagte ich. Er ging sie holen und fragte: »Kein BH?«

»Nein«, sagte ich und streckte, als er mir das Unterhemd über den Kopf streifte, die Arme hoch. Dann bückte er sich, steckte zuerst mein linkes und dann mein rechtes Bein in den Slip und streifte ihn zu meinen Schenkeln hinauf. Er hob mich etwas an, zog ihn auch über meinen Po und fragte: »Strümpfe?«

»Nein«, sagte ich. »Nur ein Kleid. Das Schwarzseidene. Es hängt, glaube ich, im Schrank rechts. Nein, warte noch.«

Ich versuchte, aufzustehen. Diesmal kam ich auf die Beine. Ich ging zum Frisierspiegel und machte mich zurecht. Während der ganzen Zeit stand Feuerstein hinter mir; das Schwarzseidene hielt er in der Hand. »Wo ist er?« fragte ich. Er zuckte mit den Schultern. »Hat sich angezogen und ist verschwunden. War ich zu grob mit ihm?«

Allein schon der Gedanke, er könnte Belloni in die Finger bekommen und in ähnlicher Weise mit ihm verfahren, ließ mir beinahe zum zweiten Male schlecht werden. Ich sagte: »Ich wollte nicht, daß du ihm wehtust. Er wird mir das nie verzeihen. Laß mich jetzt allein, Rudolf. Ich bin wieder okay. Sobald Schimazek hier ist, rufe ich dich an; wir treffen uns dann im Speisesaal. Ardigo sagte mir, daß er von Pellico und sechs Männern begleitet wird. Der Verband schickt sie zu Jochens Schutz mit.«

»Hast du ihm erzählt, daß sie auch hier schon hinter ihm her sind?«

»Nein. Ich hätte ihm sonst auch von Zschernitz erzählen müssen.« Ich drehte mich nach ihm um und blickte in sein Gesicht. »Es ist nicht so, daß Ardigo mir gleichgültig wäre.«

»Sonst hättest du auch nicht mit ihm geschlafen.«

»Und auch nichts dabei empfunden«, sagte ich. »Du verschwendest deine Zeit für eine Frau, die mit jedem, der ihr gefällt, schlafen kann. Wäre ich mit dir verheiratet: Ich würde dich mindestens zweimal in der Woche betrügen.«

»Bleibt immer noch genug für mich übrig«, sagte er. »Ich sehe nach, ob die Luft rein ist.« Er legte das Kleid auf den Frisiertisch und ging zur Tür. Als er zurückkam, sagte er: »Trotzdem ist es besser, du schließt hinter mir ab.« Ich stand auf und ging mit ihm zur Tür. Er blickte auf meine Brust nieder und sagte: »Leuchtet mir ein, daß du keinen BH brauchst. Falls du wieder mal ein Problem neben dir im Bett liegen hast, ruf mich ruhig an.«

Ich blieb stehen, legte die Hände auf seine Schultern und das Gesicht an seine Brust. »Ich wollte das alles nicht.«

»Ich wollte auch dich nicht«, sagte er und küßte mich. Er nahm meine Hände von den Schultern und ging hinaus. Ich schloß die Tür hinter ihm ab, zog das Kleid an und legte mich mit geschlossenen Augen auf das Bett. So lag ich noch, als Jochen an die Tür klopfte. Ich öffnete ihm und schob ihn, als er mich in die Arme nehmen wollte, von mir. »Nicht jetzt Jochen. Mir ist nicht gut.«

»Was fehlt dir?«

»Vielleicht habe ich mir den Magen verdorben. Wo ist Piera?«

Er ging zu einem Sessel und ließ sich hineinfallen. Auch sein Gesicht sah blaß und abgespannt aus. »In meinem Zimmer. Ich habe ihr in Neapel erklärt, daß es so nicht weitergeht und daß ich heute nacht bei dir schlafen werde. Sie ist trotzdem mitgekommen.«

Ich setzte mich ihm gegenüber. »Du kannst sie jetzt nicht einfach wegschicken. Wenn sie ernsthaft in dich verliebt ist, stellt sie vielleicht Gott weiß was an.«

Er nickte düster. »Das hat sie mir vorhin auch gesagt. Aber was soll ich sonst tun?«

»Sie vorläufig noch bei dir behalten«, sagte ich. »Irgendwann werden wir einen besseren Weg finden, um sie loszuwerden. In Neapel soll es so schlimm zugegangen sein? Ein Glück, daß dir nichts passiert ist.«

Er winkte müde ab. »Die Leute sind verrückt. Ich verachte sie jeden Tag mehr. Einen wie mich haben sie gar nicht verdient. Sobald wir genügend Geld haben, höre ich damit auf.«

»Und wieviel ist das: Genügend?«

»Zwanzig Millionen. Für dich zehn und für mich auch. Zehn Millionen gut angelegt, das bringt im Jahr über eine Million an Zinsen ein. Damit läßt sich nicht nur irgendwo ein schönes Haus kaufen, sondern auch gut davon leben. Ich habe mir das alles schon ausgerechnet. Marianne!« Er beugte sich nach mir herüber, griff nach meiner Hand und sagte bittend: »Versuch es doch noch einmal mit mir. Ich muß immer wieder daran denken, wie es war, als wir in dem Hotel im Odenwald waren. Damals warst du noch ganz anders.«

»Ich war nie anders als heute. Du selbst hast dich verändert, nicht ich. Ardigo war heute abend bei mir und hat sich über dich beschwert. Du schaffst dir mit deiner Art, deine Mannschaftskameraden zu behandeln . . .«

Er unterbrach mich schroff: »Wenn ihnen meine Art nicht paßt, sollen sie auf mich verzichten. Sie haben meine Hände und nicht meine Kameradschaft gekauft. Ich habe es satt, mir ihr Gerede, von dem ich ohnehin kaum ein Wort verstehe, noch länger mitanzuhören. Mir braucht keiner zu sagen, wie gut ich bin; das weiß ich selbst am besten. Hör zu, Marianne, das ist keine Kritik an dir, aber vielleicht war es doch falsch, die Verträge zu unterschreiben. Die fünf Millionen hören sich zwar nach viel an, sind aber gemessen daran, daß ich mich für eine ganze Spielsaison festlegen mußte, eben doch nicht viel. Vielleicht findet sich irgendwie eine Möglichkeit, aus den Verträgen auszusteigen. Wenn sich das, was heute in Neapel passiert ist, auch im Spiel gegen Frankreich wiederholt, bezahlen sie vielleicht noch einmal fünf Millionen, nur um mich wieder loszuwerden.«

»Wo findet das Spiel statt?«

»In Marseille. Das ist ja mit dem Flugzeug nicht weit von hier. Kommst du mit?«

»Wenn du es willst und wenn Piera nicht auch mitkommt«, sagte ich. »Ich habe keine Lust, mich mit ihr . . .« Ich verstummte und betrachtete die zwei Männer, die plötzlich in der Tür standen und Pistolen auf uns gerichtet hielten. »Es tut mir leid, Mademoiselle Neumann«, sagte der eine. »Wir müssen Sie bitten, uns zu folgen. Falls uns draußen Gäste begegnen, so verhalten Sie sich in Ihrem eigenen Interesse unauffällig.« Ich schätzte ihn auf etwa Dreißig. Was mir an seinem nicht unsympathischen Gesicht sofort auffiel, waren seine ungewöhnlich hellblauen Augen, und daß er Französisch und nicht Italienisch sprach, überraschte mich kaum weniger als seine Anwesenheit. Der andere war einen halben Kopf kleiner als er und von seinem Äußeren her ein typischer Südfranzose: schwarzes, krauses Haar und dunkelhäutig. Jochen fragte mit käsigem Gesicht: »Was wollen Sie von uns?«

»Was wohl!« seufzte ich. »Dieses Theater nimmt und nimmt einfach kein Ende. Wo hast du Pellico gelassen?«

»Der ist mit den anderen bei Piera in meinem Zimmer geblieben.«

»Dort sind sie ja auch bestens aufgehoben«, sagte ich und stand auf. Ich fragte auf französisch: »Darf ich meine Handtasche mitnehmen?«

Der Blauäugige nickte. »Dagegen haben wir nichts einzuwenden. Spricht Monsieur Schimazek auch Französisch?«

»Nein; nur Deutsch.«

»Dann sagen Sie ihm bitte, daß auch er sich unauffällig verhalten soll.«

»Was meint er?« fragte Jochen heiser.

»Du sollst dich, wenn wir mit ihnen hinausgehen, unauffällig verhalten«, antwortete ich. »Spiele um Gottes willen jetzt nicht den Helden, Jochen. Wie konnte ich auch nur so dumm sein, die Tür nicht abzuschließen.«

Im Flur begegneten wir keinem Menschen; auch nicht im Lift. Mir fiel ein, daß die meisten Gäste jetzt bereits zum Abendessen im Speisesaal versammelt waren. Die beiden Männer hielten sich immer dicht neben oder hinter uns. Ihre Pistolen hatten sie mit den Händen in die Taschen ihres Jacketts gesteckt. Auch in der Hotelhalle herrschte kaum mehr Betrieb. Ein blondes Mädchen und ein dunkelgekleideter Jüngling waren an der Rezeption mit vier neu eingetroffenen Gästen beschäftigt. Meine Hoffnung, Feuerstein könnte wieder einmal wie ein rettender Engel in Erscheinung treten, ging leider nicht in Erfüllung, und als wir wenig später in eines der parkenden Autos vor dem Hotel stiegen, saß dort bereits ein dritter Mann am Lenkrad; auch bei ihm handelte es sich um einen typischen Südfranzosen. Jochen mußte sich neben ihn setzen, während ich zwischen dem Kraushaarigen und dem Blauäugigen im Fond untergebracht wurde. Entsprechend eng ging es auch zu. Vorsorglich zog ich das Schwarzseidene bis weit über die Knie hinunter. Die Fahrt führte zunächst auf der Promenade des Anglais zum Hafen und dann an einer Kreuzung auf einer platanengesäumten Straße stadteinwärts.

Jochen drehte sich nach mir um und sagte mit noch immer käsigem Gesicht: »Den Großen habe ich gesehen, als ich zu dir kam. Mir fiel noch auf, daß er in einer Tür stand und mir nachschaute.«

»Im gleichen Flur?«

»Ja. Nur zwei oder drei Zimmer neben dem deinen.«

»Wenn er dir aufgefallen ist,«, sagte ich, »hättest du es mir erzählen sollen. Ich hätte die Tür dann bestimmt abgeschlossen.«

»Ob sie uns umbringen wollen?«

Mir fiel auf, daß er Schweiß auf der Stirn hatte. Meine Mahnung von vorhin, nicht den Helden zu spielen, war überflüssig gewesen. Ich wußte schon seit Riomaggiore, daß ihn nichts mehr erschrecken konnte, als der Anblick einer Pistole. Ich fand sie, seit ich selbst eine besaß, recht nützlich. Mit einem Taschentuch ihm den Schweiß von der Stirn tupfend, sagte ich: »Bestimmt nicht; dafür bist du ihnen auch viel zu wertvoll. Ich verstehe auch gar nicht, wozu sie dich überhaupt brauchen. Es genügt doch, daß sie mich haben. Ich kann sie ja mal fragen, was sie mit uns vorhaben.« Zu dem links von mir sitzenden Blauäugigen sagte ich mit gespielter Forschheit: »Wohin soll's denn gehen, Monsieur? Vielleicht in die Berge?«

Er lächelte. »Ich habe schon viel von Ihnen gehört. Sie sind wirklich so, wie man Sie uns geschildert hat.«

»Das müssen aber nette Leute gewesen sein«, sagte ich. »Mir wäre aber trotzdem wohler, Sie könnten uns ein wenig beruhigen. Oder haben Sie sehr schlimme Absichten mit uns?«

»Das hängt von Monsieur Schimazek ab«, sagte er. Ich nickte. »Wie gehabt. Wann soll er sich denn die Tore schießen lassen? Im Spiel Italien gegen Frankreich?«

»Sie haben es erraten«, lächelte er.

»Das war kein Kunststück«, sagte ich. »Ich hatte nur gehofft, ihr Franzosen ließet euch zur Abwechslung einmal etwas Originelleres einfallen. Wenn Sie aber auch ihn kidnappen, dann kann er weder Bälle halten noch welche fahren lassen.«

»Er darf bald aussteigen«, beruhigte er mich. »Es war nicht unsere Absicht, auch ihn mitzunehmen. Sein Aufenthalt bei Ihnen zog sich aber so in die Länge, daß uns nichts anderes übrigblieb, als auch ihn zu einer kleinen Spazierfahrt einzuladen.«

»Das leuchtet mir ein«, nickte ich. »Am besten wird sein, er erzählt nach seiner Rückkehr, er hätte mich gar nicht mehr angetroffen.«

Er lächelte wieder. »Das wollten wir Ihnen gerade vorschlagen. Damit erspart er nicht nur uns, sondern auch Ihnen viele Unannehmlichkeiten. Im übrigen sind wir nicht versessen darauf, daß seine Mannschaft das Spiel in Marseille verliert. Wir geben uns mit einem Treffer in seinem Tor zufrieden.«

»Das ist ja mal etwas ganz Neues«, wunderte ich mich. »Was versprechen Sie sich davon?«

»Darüber werden wir uns noch etwas ausführlicher mit Ihnen unterhalten. Erklären Sie jetzt bitte Monsieur Schimazek, was wir von ihm wünschen.«

»Er hat eine neue Freundin«, sagte ich. »Was geschieht, wenn er sich nicht darauf einläßt?«

Er griff nach meiner Hand, betrachtete sie, und sagte: »Dann werden wir ihm eines dieser kleinen, entzückenden Fingerchen zuschicken, und beim nächsten Spiel wieder eins. Jedesmal per Einschreiben, damit sie auch zuverlässig in seinen Besitz gelangen.«

Mir wurde an diesem Tag beinahe zum dritten Male übel. »Das würden Sie wirklich tun?«

»Ja«, sagte er. »So schwer es mir auch fiele.«

»Bestimmt nicht schwerer als mir«, sagte ich, nach Fassung ringend. Ich richtete das Wort an Jochen: »Es genügt ihnen, wenn du dir im Spiel gegen Frankreich nur ein Tor verpassen läßt. Tust du es nicht, dann wollen sie mir einen Finger abschneiden und ihn dir schicken.«

Er wandte mir entsetzt das Gesicht zu. »Hat er das gesagt?«

»Warum sollte ich so etwas erfinden? Sie wollen dich nachher laufen lassen. Wenn du wieder im Hotel bist, rede mit Feuerstein. Sag ihm, er soll nichts unternehmen; er wohnt ein Stockwerk über mir. Pellico erzählst du, du hättest mich im Zimmer nicht angetroffen. Ich will nicht, daß die Gendarmerie eingeschaltet wird. Vielleicht schneiden sie mir sonst sogar zwei Finger ab. Kann ich mich auf dich verlassen?«

Er konnte nur nicken.

Mir fiel auf, daß der Blauäugige noch immer meine Hand festhielt. Ich sagte zu ihm: »Er ist einverstanden. Aber wenn Sie schon so klug sind, mich mit einem abgeschnittenen Finger zu erschrecken, dann müßten Sie eigentlich auch klug genug sein, um zu wissen, daß das von Ihnen gewünschte Tor in den Augen all jener, die von meinem Verschwinden aus dem Hotel erfahren, nicht zählen wird.«

»Das schadet nichts«, beruhigte er mich wieder. »Sie haben übrigens sehr schöne Hände.«

»Sie auch«, sagte ich. »Sind Sie Chirurg?«

Er lachte leise. »Für so kleine Amputationen braucht man kein Chirurg zu sein. Man braucht nur eine Metallsäge, und für den Finger eine feste Unterlage.«

»Dann viel Vergnügen«, sagte ich und biß mir auf die plötzlich gefühllos gewordenen Lippen.

An einer Bushaltestelle mit einem gläsernen Wartehäuschen brachte der Fahrer den Wagen zum Stehen. Der Blauäugige wechselte auf arabisch einige für mich unverständliche Worte mit ihm und wandte sich dann wieder an mich: »Sagen sie Monsieur Schimazek, daß er mit dem Bus zurückfahren soll. Er braucht nur nach dem Hotel zu fragen.«

Ich sprach mit Jochen; er sagte: »Ich habe kein französisches Geld. Außerdem möchte ich dich nicht allein lassen.«

»Sei nicht kindisch«, sagte ich. »Wenn du tust, was sie verlangen, wird mir nichts passieren.« Ich entriegelte den Verschluß meiner Handtasche. Sie war ein Weihnachtsgeschenk von Egon und von der Art, wie seine Mutter sie noch getragen hatte. Ich fand sie jedoch praktisch, weil man eine Menge darin unterbringen konnte. Eine Pistole eingeschlossen. Feuerstein hatte sie mir auf der Fahrt nach Tourette mit gereinigtem Lauf zurückgegeben. Mir fiel sie gerade noch rechtzeitig ein, bevor ich ich Tasche ganz öffnete. Ich riegelte den Verschluß rasch wieder zu und sagte zu dem Blauäugigen: »Er hat kein französisches Geld für den Bus. Können Sie ihm welches geben?«

Er griff in die Tasche und gab mir einen Zehn-Francs-Schein. Ich reichte ihn an Jochen weiter; er sagte: »Ich komme mir wie ein Schwein vor, Marianne, aber was soll ich tun?«

»Nichts«, sagte ich und küßte ihn auf die Wange. »Ich bin sicher wieder bald bei dir. Mach dir keine Sorgen.«

Er öffnete die Wagentür und stieg wortlos aus. Der Citroën fuhr schon an, bevor er die Tür hinter sich schließen konnte; sie fiel von allein zu. Der Blauäugige sagte: »Wir wissen, daß er eine neue Freundin hat, aber Sie sind noch immer seine Managerin.«

»Was wissen Sie sonst noch?«

»Daß er ohne Ihre Unterschrift keine Verträge abschließen kann.«

»Das kann er schon«, sagte ich. »Er braucht nur darauf zu warten, bis ich tot bin. Wenn Sie mir unsachgemäß einen Finger absägen, wird das nicht lange dauern.«

Er griff wieder nach meiner Hand. »Ihre Hände sind viel zu hübsch, um sie zu verstümmeln. Das war nur für ihn gedacht. Wir werden Sie so lange bei uns behalten, bis er tut, was wir von ihm verlangen.«

Wir hatten jetzt den Stadtrand erreicht. Ich betrachtete die rasch näherrückenden rostfarbenen Vorberge der Seealpen und fragte: »Dann waren Sie es also, der mich schon gestern abend entführen wollte?«

Er blickte mich schnell an. »Wer wollte Sie entführen?«

»Einige Männer. Sie wurden aber durch andere daran gehindert; es kam sogar zu einem Feuergefecht.«

Er wechselte wieder auf arabisch ein paar Worte mit seinen Begleitern und fragte dann: »Wo war das?«

»Nicht weit vom Hotel entfernt in einer dunklen Seitenstraße; ich weiß nicht, wie sie heißt. Dann waren Sie das also nicht?«

Er ließ meine Hand los. »Nein. Wir haben aber davon gehört, daß Sie in Italien schon ähnliche Erlebnisse hatten. Bei uns können Sie völlig unbesorgt sein. Wir gehören nicht zu jenen, die an Schimazek verdienen wollen. Wir sind nur daran interessiert, diesem Spuk ein Ende zu bereiten, damit die Spiele für die Europameisterschaft wieder einen normalen Verlauf nehmen. Was in Neapel geschehen ist, darf sich in Marseille nicht wiederholen. In Marseille nicht und anderswo auch nicht.«

Ich brauchte etwas Zeit, um mir über die Bedeutung seiner Worte schlüssig zu werden. »Wenn ich das richtig verstehe, geht es Ihnen nicht nur um das bevorstehende Spiel in Marseille?«

»Nein. Sie werden sich wohl oder übel auf einen längeren Aufenthalt bei uns einstellen müssen. Wir werden aber versuchen, ihn so erträglich wie möglich für Sie zu machen.«

Ein großer Trost war mir das nicht, aber seit ich wußte, daß ich meine Finger behalten würde, war ich wieder etwas zuversichtlicher gestimmt. Ich blickte von der Seite in sein Gesicht. Er sah nicht wie ein Ganove und auch nicht wie ein Franzose aus. Etwas an ihm erinnerte mich an Ardigo; vielleicht weil er ein ähnlich sportlicher Typ war wie er, mit einem sonnengebräunten Gesicht, kurzgeschnittenen braunen Haaren und einem tiefen Grübchen unter dem kräftigen Kinn. Ich erinnerte mich an seine Pistole; sie war viel kleiner als die in meiner Handtasche. Auch die Pistole des Kraushaarigen war viel kleiner; beinahe wie eine Kinderpistole. Und während ich ihn unentwegt anschaute, fiel mir nachträglich noch etwas auf. Ich sagte: »Sie sind gar kein Franzose.«

»Was sonst?«

Wenn er das war, was ich vermutete, hatte er sicher auch verstanden, was ich vorhin mit Jochen gesprochen hatte. Ich sagte: »Vielleicht werden Sie es mir noch verraten.«

12

Zu den Fragen, die uns bis zum Schluß Kopfzerbrechen bereitet hatten und die wir nie mit letzter Sicherheit beantworten konnten, gehörte auch jene nach Wielands Identität. Mir gegenüber erwähnte Feuerstein einmal, daß er mit Rücksicht darauf, daß Wieland noch immer für die gleiche Dienststelle tätig sei, nichts Näheres über ihn verlauten lassen wolle. Sobald ich auf ihn zu sprechen kam, wurde Feuerstein wortkarg. Dies war um so erstaunlicher, als wir bei seiner Darstellung der damaligen Geschehnisse den Eindruck gewonnen hatten, daß es zwischen den beiden eine echte Männerfreundschaft gab, die nicht nur auf gemeinsame berufliche Interessen beschränkt war. Einige der von Feuerstein wiedergegebenen Gespräche zwischen ihm und Wieland, in deren Verlauf letzterer sich mehrfach nach seiner Frau erkundigte, lassen sogar darauf schließen, daß es vor den Ereignissen um die Neumann auch schon private Kontakte zwischen ihnen gegeben hatte. Damit waren innerhalb der Redaktion natürlich allen Spekulationen Tür und Tor geöffnet. Ob jedoch jene zutrafen, die von der Annahme ausgingen, seine Erlebnisse mit der Neumann hätten erst nach seiner Rückkehr anläßlich einer Aussprache zwischen ihm und seiner Frau zu einem Zerwürfnis geführt oder die anderen, die Wieland unterstellten, sich schon in Rom hinter Feuersteins Rücken mit dessen Frau in Verbindung gesetzt und sie über seine Beziehungen zu der Neumann unterrichtet zu haben, blieb ebenso ungeklärt wie die Identität von Wieland selbst. Tatsache war nur, daß Feuerstein ebenso wie die Neumann persönliche Gründe dafür hatten, nicht alle Karten vor uns aufzudecken. Er hatte sie auch schon Wieland gegenüber nicht alle aufgedeckt. Die Gründe hierfür lagen allerdings auf der Hand, denn weder Wieland noch Feuersteins Dienststelle wären noch länger an einem Mann interessiert gewesen, der mit der Neumann eine so rein persönliche Rechnung zu begleichen hatte, wie das bei Zschernitz der Fall war.

Ardigos Anwesenheit im Hotel hatte Feuerstein nicht erst durch die Neumann erfahren, weil er zur gleichen Zeit, als dieser mit einem Taxi vom Flughafen kommend vor dem Hotel eintraf, auf dem Parkplatz in seinem Opel gesessen und gemeinsam mit Wieland den Hoteleingang beobachtet hatte. Während Wieland im Wagen sitzen blieb, vergewisserte sich Feuerstein davon, daß Ardigo mit dem Lift zu der Neumann hinauffuhr. Warum er dann nicht mehr zu Wieland zurückgekehrt, sondern in sein Zimmer gegangen war, erklärte er uns damit, daß er sich mit der Absicht getragen habe, die Neumann, falls sich Ardigos Besuch bei ihr in die Länge ziehen sollte, von seinem Zimmer aus vorsorglich anzurufen. Dazu kam es jedoch nicht, weil sie ihn selbst anrief. Was sich bei seinem Eintreffen in ihrem Zimmer abgespielt hatte, gehörte ebenfalls zu jenen persönlichen Erfahrungen mit ihr, die er Wieland verschwiegen hatte. Er erzählte ihm nur, daß Ardigo bei der Neumann zudringlich geworden und, auf ihren Wunsch hin, von ihm aus dem Zimmer gewiesen worden sei. Weil es dann bereits auf den Abend zuging und er nach seinem Besuch bei ihr mit keinen weiteren Vorfällen mehr rechnete, hatte er Wieland zu sich heraufgerufen. Sie verbrachten die nächste Stunde damit, sich vor dem gemeinsamen Abendessen mit der Neumann noch etwas auszuruhen und frischzumachen. Von ihrer neuerlichen Entführung wurden sie erst durch Schimazek unterrichtet, der völlig verstört in ihr Zimmer kam. Die Nachricht löste bei Feuerstein ebenso wie bei Wieland ein sekundenlang andauerndes Schweigen aus. Danach erkundigte Feuerstein sich mit völlig ruhig klingender Stimme nach Einzelheiten und verließ für eine Weile das Zimmer. Bei seiner Rückkehr sagte er zu Wieland: »Die beiden Entführer trafen erst vor zwei Stunden hier ein. An der Rezeption erzählten sie, auf der Durchreise nach Spanien zu sein und das Zimmer nur benutzen zu wollen, um eine Pause einzulegen. Sie haben das Zimmer für eine ganze Nacht vorausbezahlt und sich seitdem an der Rezeption nicht mehr sehen lassen.«

»Dann haben sie natürlich auch keine Anmeldung ausgefüllt«, sagte Wieland. Feuerstein nickte. »Das ist in solchen Fällen nicht üblich. Sie müssen aber schon bei ihrem Eintreffen gewußt haben, in welchem Stockwerk die Neumann wohnte. Dort waren am Nachmittag zwei Zimmer freigeworden.« Er richtete das Wort an Schimazek, der mit hängendem Kopf in einem Sessel saß und vor sich hinbrütete: »Haben Sie sich das amtliche Kennzeichen des Wages gemerkt?«

Schimazek hob bestürzt den Kopf. »Daran habe ich gar nicht gedacht. Ich war so durcheinander, daß ich nicht einmal mehr weiß, welche Farbe der Wagen hatte.«

»Auch nicht, um welches Fabrikat es sich handelte?«

»Dafür kenne ich mich in Automarken zu wenig aus. Wenn es ein Mercedes oder ein Volkswagen gewesen wäre, wüßte ich es allerdings.«

Feuerstein setzte sich ihm gegenüber auf einen Stuhl und starrte ihn ein paar Augenblicke lang mit ausdruckslosem Gesicht an. Dann sagte er: »Und wie die drei Burschen aussahen, das wissen Sie auch nicht mehr.«

»So genau habe ich sie mir nicht angesehen«, sagte Schimazek. »Es waren eben Franzosen. Für mich sehen alle Franzosen gleich aus. Genau wie die Italiener auch. Der eine war größer als die andere; das weiß ich noch.«

»Das ist für einen Mann wie Sie, der so turmhoch über seinen Mitmenschen thront, sogar eine ganze Menge«, sagte Feuerstein. Schimazek stand auf. »Ich habe keinen Sinn für Ihren Sarkasmus«, sagte er mit gerötetem Gesicht. »Wo waren Sie, als es passierte? Etwa da, wo Sie hätten sein sollen?«

Wieland schaltete sich ein: »Wir wußten, daß Sie bei Fräulein Neumann waren. Wir sahen Sie und das Mädchen Piera vom Balkon aus mit dem Taxi vorfahren. Da wir uns auf ein längeres Gespräch zwischen Ihnen und Fräulein Neumann eingestellt hatten, wollten wir nicht stören. Sie hat uns eine Stunde zuvor wissen lassen, daß sie sich zum Abendessen telefonisch bei uns melden werde. Im übrigen sind wir nicht ausschließlich dazu hier, um für sie die Gorillas zu spielen.«

»Mir ist noch immer nicht klar geworden, warum Sie überhaupt hier sind«, erwiderte Schimazek mit gereizt klingender Stimme. »Sie schnüffeln jetzt schon seit Riomaggiore hinter uns her.«

Wieland erwiderte kühl: »Wenn ich mich recht entsinne, sind Sie bisher nicht schlecht dabei gefahren. Wenn Sie Fräulein Neumann schon besuchten, hätte es an Ihnen gelegen, für Ihre Sicherheit zu sorgen. Schließlich haben Sie nicht nur Ihre Begleiterin, sondern auch noch Pellico und sechs weitere Beschützer mitgebracht. Es hätte genügt, wenn Sie zwei oder drei vor ihrer Tür postiert hätten, während Sie bei ihr waren.«

»Ich konnte ja nicht wissen, daß Sie das mir überlassen wollen«, sagte Schimazek. Dann schien er selbst zu merken, daß seine Vorwürfe haltlos waren. Er ließ sich in den Sessel zurückfallen und sagte mürrisch: »Sie warten in meinem Zimmer, bis ich zurückkomme. Wenn ich ihnen erzähle, was passiert ist, werden sie sich umgehend mit Rom in Verbindung setzen, aber Marianne will nicht, daß die französische Polizei eingeschaltet wird. Wenn ihre Entführer es mitbekommen . . .«

Feuerstein schnitt ihm das Wort ab: »Sie dürfen Pellico und den anderen nichts davon erzählen. Sagen sie ihnen, Fräulein Neumann hätte aus persönlichen Gründen überraschend nach Frankfurt abreisen müssen und käme erst nächste Woche zurück. Im übrigen tun Sie das, was man von Ihnen verlangt. Es wird Ihnen kein Zacken aus Ihrer Krone fallen, wenn Sie einen Ball mal nicht halten. Pellico und seine Männer sollen versuchen, im gleichen Stockwerk wie Sie unterzukommen, damit wenigstens Ihre Sicherheit gewährleistet ist. Mehr können wir im Augenblick nicht tun.«

»Sie wollen also nichts unternehmen, um Marianne zu befreien?«

»Sicher werden wir etwas unternehmen. Sie brauchen uns vorher nur noch zu sagen, welche Farbe das Auto hatte, welches Kennzeichen, um welches Fabrikat es sich handelte und wie die drei Männer aussahen. Sobald wir das alles wissen, machen wir uns umgehend auf den Weg, um sie irgendwo in Frankreich oder Italien aufzustöbern.«

Schimazek stand wieder auf; seine Stimme klang jetzt ruhig: »Es war eine dumme Frage von mir; entschuldigen Sie. Ich bin sicher, daß Marianne nichts zustoßen und daß sie nach dem Spiel zurückkommen wird. Ich gehe jetzt zu Fräulein Piera. Ich werde sie und Pellico in Ihrem Sinne unterrichten. Ich hoffe, sie glauben mir. Ich habe sie über eineinhalb Stunden allein gelassen.«

»Dann erzählen Sie ihnen eben eine Geschichte, die glaubhaft klingt«, sagte Feuerstein. »Sie können Fräulein Neumann ja auf der Treppe begegnet sein, als sie auf dem Weg zum Flughafen war, und selbstverständlich haben Sie sie dorthin begleitet.«

Schimazek nickte: »Ja, das klingt glaubhaft. Ich habe einen anstrengenden Tag hinter mir und lege mich schlafen. Gute Nacht.«

Er verließ das Zimmer.

Feuerstein trat auf den Balkon hinaus und betrachtete das in der Abendsonne glänzende Meer. Als Wieland zu ihm kam, sagte er: »Wäre ich nur bei ihr geblieben. Es ist völlig sinnlos, irgendwas zu tun. Ich wüßte nicht einmal, was.«

»Ich auch nicht«, sagte Wieland. »Wir haben getan, was wir konnten, Rudolf. Daß es ausgerechnet passierte, als Schimazek bei ihr war: Darauf brauchten wir nicht gefaßt sein. Es klingt vielleicht verrückt, aber mich stört irgendwie, daß sie eine Stunde zuvor auch noch Besuch von Ardigo hatte. Eines ist doch klar, Rudolf: Niemand außer den Leuten, mit denen Schimazek in Rom zusammenkam, wußte davon, wohin sie gefahren ist und wo sie sich hier aufhielt, und Ardigo gehörte auch zu jenen, die es von ihm gehört haben.«

Feuerstein grinste unfroh: »Zschernitz wußte schließlich auch davon, aber vielleicht hast du recht. Vielleicht stinkt der Fisch auch schon am Kopf und nicht nur am Schwanz. Wenn es aber der Kopf ist, dann kannst du diese ganze Scheiße jetzt schon zu den ungeklärten Fällen ablegen. Und da wir schon mal beim Spekulieren sind: Ich schließe jetzt keinen mehr aus, nicht mal Schimazek. Er will sich angeblich nicht mehr daran erinnern, wie das Auto aussah, nicht daran, wie die drei Männer aussahen . . .«

»Vielleicht verdächtigst du am Ende auch noch mich«, warf Wieland grinsend ein. »Ausgerechnet Schimazek! Du lieber Gott.«

Feuerstein wandte ihm das große Gesicht zu. »Ich hatte Zeit, mich in ihrem Zimmer umzusehen. Ihr Vertrag mit ihm sieht in etwa so aus, daß er, bevor er einen Furz läßt, ihre Unterschrift dafür braucht. Gehen wir essen. Mit leerem Magen fällt mir erst recht nichts ein.«

Ihm fiel auch am nächsten Tag nichts ein und in den beiden darauffolgenden auch nicht, aber je länger er zu untätigem Warten verurteilt war, desto mehr verschlechterte sich seine Laune. Die meiste Zeit verbrachte er damit, in französischen und deutschen Zeitungen nachzulesen, was dort über das zurückliegende Spiel in Neapel und über das bevorstehende in Marseille geschrieben stand, wobei Schimazeks Foto ebensowenig fehlte wie das der Neumann. Ihr plötzliches Verschwinden aus Rom löste bei einigen der Verfasser Spekulationen darüber aus, ob sie bereits wieder in neuen Verhandlungen mit anderen Verbänden für die Zeit nach Schimazeks einjährigem Engagement in Italien stünde. Auch über ihren derzeitigen Aufenthaltsort wurde ebenso spekuliert wie über die Hintergründe für Schimazeks Fehlen bei der Siegesfeier der italienischen Nationalelf im Anschluß an das Spiel gegen Spanien. Der Sportjournalist einer in Marseille erscheinenden Tageszeitung äußerte die Ansicht, Schimazek habe damit jene Pietät bewiesen, welche den Initiatoren der Siegesfeier wohl zu Gesicht gestanden hätte, wären sie nach den tragischen Vorfällen, die dieses Spiel überschattet hatte, anschließend nach Hause statt zu einer Siegesfeier gefahren. Während von den Artikelschreibern im allgemeinen vermutet wurde, Schimazek habe sich nach dem Spiel an den noch unbekannten Aufenthaltsort seiner attraktiven Managerin abgesetzt, gab es jedoch auch schon die ersten genüßlichen Hinweise auf eine reizvolle, junge Italienerin, die neuerdings Schimazek auf allen seinen Wegen begleitete und die nun ebenso spurlos verschwunden sei wie er und wie die Neumann. Vielleicht hätte das Rätselraten darüber, wohin sie alle drei so spurlos verschwunden sein könnten, noch bis zum nächsten Qualifikationsspiel zwischen Italien und Frankreich in Marseille angehalten, wären die Zeitungen, die mit neuestem Fotomaterial darüber berichteten, nicht auch vom Hotelpersonal des ›Westminster Concorde‹ gelesen worden, so daß Schimazeks Inkognito nicht länger mehr aufrechtzuerhalten war. Waren es am zweiten Tag seines Aufenthalts im ›Westminster‹ nur etwa hundertfünfzig Journalisten, Fotoreporter und Mitarbeiter eines Fernsehteams, die seine Meinung über die Vorfälle in Neapel und über das für übermorgen vorgesehene Spiel in Marseille zu erfahren trachteten, so erhöhte sich ihre Anzahl bereits am dritten Tag auf gut das Doppelte, so daß nicht nur im weiten Umkreis des Hotels kein einziger freier Parkplatz zu finden, sondern auch im Hotel selbst kein Zimmer mehr zu bekommen war. Noch schlimmer jedoch wurde es am vierten Tag, als er sich anschickte, für das nachmittägliche Spiel in Marseille das Hotel zu verlassen und mit einem Taxi zum Flughafen zu fahren. Obwohl Pellico und seine Männer mit Leibeskräften darum bemüht waren, ihm und Piera zuerst einen Weg durch die überfüllte Hotelhalle und von dort auf die Straße zu dem wartenden Taxi zu bahnen, benötigte er für die etwa fünfzig Meter vom Lift zum Taxi beinahe eine halbe Stunde. Es fiel Feuerstein, der gemeinsam mit Wieland vom Balkon aus die tumultartigen Vorgänge auf der Straße beobachtete, jedoch auf, daß sich unter den Menschen, die ihn umdrängten, kaum welche befanden, die in Erwartung eines Autogramms hier waren, während in Italien die Zahl der Autogrammsüchtigen jene der Journalisten noch überwogen hatte. Er unterhielt sich später, als das Taxi endlich losgefahren und der Lärm vor dem Hotel verstummt war, mit Wieland darüber. Wieland meinte: »Die Franzosen haben ihn schließlich zum Gegner und nicht zum Verbündeten wie die Italiener. Daß er dazu noch ein Deutscher ist, macht ihn hier auch nicht beliebter. Vielleicht ist es ganz gut, wenn die Franzosen in Marseille zu einem Tor kommen. Dadurch wird bei den Zuschauern so viel Dampf abgelassen, daß uns Szenen, wie sie sich in Neapel abspielten, vielleicht erspart bleiben.«

Er legte Feuerstein die Hand auf die Schulter. »Ich kann dir nachfühlen, wie dir in den vergangenen Tagen zumute war, Rudolf. Mich läßt diese Geschichte auch nicht gleichgültig. Bis spätestens morgen abend sehen wir weiter.«

»Oder auch nicht«, sagte Feuerstein und zündete sich eine Zigarre an. »Ich habe seit Sonntag beinahe ununterbrochen darüber nachgedacht. Diesmal geht es nicht um illegale Buchmacher, die ihr Geschäft mit ihm machen wollen. Diesmal steckt mehr dahinter. Vielleicht die Absicht, seinen Nimbus zu zerstören, aber mit nur einem Spiel und mit nur einem Tor ist das nicht zu schaffen.«

»Du befürchtest . . .« Wieland brach ab.

Feuerstein nickte. »Genau das befürchte ich. Wenn die Leute, die dahinterstecken, sehen, wie gut das heute funktioniert, werden sie ihre Forderungen beim nächsten Spiel sicher etwas höher schrauben, aber das können sie nur, solange sie über die Neumann Druck auf ihn ausüben. Ich glaube nicht daran, daß man sie nach dem Spiel in Marseille laufen lassen wird.«

Wieland schwieg. Er trat wieder auf den Balkon hinaus und betrachtete über die Palmen der Promenade des Anglais hinweg eine Weile das blaufarbene Meer und die im Wind treibenden weißen Segel. Erst dann sagte er über die Schulter: »Wenn es wirklich so ist, sollten wir vielleicht doch besser die Gendarmerie einschalten. Eines leuchtet mir allerdings nicht ein. Angenommen, du hast recht, dann wäre es doch viel einfacher für sie, sie schaffen Schimazek gleich aus der Welt. Damit wären sie ihr Problem mit ihm gleich endgültig und für alle Zeiten los.«

Feuerstein nickte wieder. »Daran habe ich auch schon gedacht. Aber das sind keine Killer, Franz. Das sind ehrenwerte Leute mit einem ausgeprägten Sportethos. Die lassen keinen umlegen. Schon gar nicht einen Mann wie Schimazek. Trotz der Probleme, die er ihnen bereitet, ist er für sie physisch genauso unantastbar wie für einen Katholiken der Papst. Wenn es allein nach ihren und nicht auch nach Schimazeks Wünschen ginge, würden sie ihm vielleicht am liebsten einen Tempel bauen, ihn auf dem Altar in einem gläsernen Kasten einsperren und den Tempel zum Wallfahrtsort einiger hundert Millionen Fußballfans aus der ganzen Welt machen. Ihn einfach beseitigen zu lassen, daran sind sie genausowenig interessiert wie die illegalen Buchmacher in Italien. Nur ihre Motive sind nicht dieselben.«

»Dann werden sie auch die Neumann nicht beseitigen lassen«, sagte Wieland. »Ich finde, wir sollten wirklich die Gendarmerie einschalten. Vorausgesetzt, deine Hypothese ist richtig, dann hat man sie nicht nach Italien zurückgebracht, sondern hält sie irgendwo in den Seealpen fest. Ich schlage vor, wir warten bis morgen abend. Ist sie bis dahin noch nicht eingetroffen, dann unternehmen wir etwas. Ich habe das untätige Warten genauso satt wie du. Was hältst du davon?«

»Es gibt noch eine andere Möglichkeit«, sagte Feuerstein. Wieland kam vom Balkon zurück und setzte sich zu ihm. »Laß sie hören.«

»Wir legen ihn selbst um«, sagte Feuerstein. »Dann brauchen sie ihm weder einen Tempel zu bauen, noch die Neumann länger festzuhalten.«

Wieland blickte ein paar Sekunden lang wortlos in sein unbewegtes Gesicht. Schließlich fragte er: »Soll das ein Witz sein?«

»Hörte es sich so an?«

»Du hast dich in den letzten Wochen sehr verändert«, sagte Wieland. »Wenn du meine Meinung dazu hören willst, dann wird es höchste Zeit für dich, daß du nach Hause kommst. Diese Frau bringt dich sonst noch vollends um den Verstand. Mit der würde ich nicht einmal bumsen wollen, wenn sie sich nackt vor mir auf einen Tisch legt.«

»Tut dir wohl leid, daß sie es noch nicht getan hat?«

»Leck mich am Arsch«, sagte Wieland und stand auf. Er ging zur Tür. Dort drehte er sich noch einmal um und sagte: »Damit kein Mißverständnis zwischen uns aufkommt, Rudolf: Wenn es dir mit dem, was du eben über Schimazek gesagt hast, ernst sein sollte, dann liefere ich dich persönlich in Wiesbaden ab.«

»Ist ein weiter Weg bis dahin.«

»Nicht, wenn sie vorher über dich Bescheid wissen. Es ist Zeit zum Mittagessen. Kommst du mit?«

»Mit einem, der mich verpfeifen will, setz' ich mich nicht mehr an einen Tisch«, sagte Feuerstein. »Scher dich zum Teufel.«

»Wie du willst«, sagte Wieland und verließ das Zimmer.

Feuerstein rauchte noch seine Zigarre zu Ende. Dann zog er das Jackett aus, legte sich auf das Bett und schlief augenblicklich ein. Als Wieland ihn weckte, waren über vier Stunden vergangen. »Komm zu dir«, sagte er. »Da ist eine verdammte Scheiße passiert, Rudolf. Schimazek hat uns und die Neumann aufs Kreuz gelegt.«

»Moment mal«, sagte Feuerstein. Er richtete den Oberkörper auf, fuhr sich mit den Händen zweimal rasch über das Gesicht und blickte dann Wieland an. »Was heißt das?«

»Daß er sämtliche Bälle gehalten hat«, sagte Wieland. »Die Italiener haben neun Tore geschossen; die Franzosen keins. Es kam wieder zu Tumulten und zu Schlägereien mit italienischen Zuschauern. Sie hatten aber in Marseille so starke Sicherheitskräfte zusammengezogen, daß es im Stadion nur ein paar Leichtverletzte gab. Ich habe es mir jetzt auch überlegt. Vielleicht trifft es tatsächlich zu, daß Schimazek bei ihrer jetzigen Entführung die Hände mit im Spiel hatte. Anders kann ich mir seine schäbige Verhaltensweise nicht erklären. Was machen wir nun?«

Feuerstein schwieg. Er saß, die Hände flach auf die Knie gelegt, eine halbe Minute lang reglos da. Dann stieg er vom Bett, zog das Jackett an und verließ wortlos das Zimmer. Er blieb über eine Stunde weg. Als er wieder zurückkam, sagte er: »Mir war nach frischer Luft zumute. Woher wußtest du das alles?«

»Ich habe mir das Spiel unten im Fernsehraum angesehen«, antwortete Wieland. »Ich kann es mir selbst nicht erklären, Rudolf. Die Fanzosen hatten eine großartige Mannschaft; in der ersten halben Stunde machten sie das Spiel praktisch allein, mit sieben oder acht Eckbällen. Sie hatten jedesmal die komplette Mannschaft vorne. Einmal rannten sie, drei Mann hoch und ohne italienischen Abwehrspieler dazwischen, auf Schimazek los. Es kam zu einer so wüsten Karambolage, daß man meinte, er würde nie wieder aufstehen. Sie haben ihn förmlich überrannt und mit den Stiefeln auf ihm herumgetrampelt. Es war einwandfreies Foul; er lag verkrümmt am Boden, aber den Ball hielt er an den Bauch gepreßt. Eine Minute später stand er wieder auf den Beinen. Die drei, die auf ihm herumtrampelten, bekamen vom Schiedsrichter die gelbe Karte gezeigt. Von da an lief das Spiel nur noch für die Italiener. Es war genauso wie in Neapel. Ihr vergebliches Anrennen gegen das italienische Tor muß die französische Elf moralisch so zermürbt haben, daß nichts mehr bei ihnen klappte. Sie rannte nur noch wie eine Herde aufgescheuchter Hühner über das Spielfeld. Hätte ich es nicht selbst mitangesehen: Ich würde es nicht glauben. Das hat nichts mehr mit Sport und auch nichts mehr mit Artistik zu tun. Dieser Bursche ist mir heute direkt unheimlich geworden.«

Feuerstein zog das Jackett aus und warf es auf das Bett. »Ist er schon wieder im Hotel?«

»Als ich den Fernsehraum verließ, um es dir zu erzählen, wurde er auf dem Spielfeld von einigen hundert Menschen umdrängt. Vielleicht waren es auch einige tausend. Es herrschte ein Gebrüll, daß sich sogar die Stimme des Fernsehreporters nicht mehr dagegen durchsetzen konnte. Denn hörtest du nur noch irgendwo im Hintergrund stammeln: ›Es ist ein Wunder, ein Wunder, meine lieben Zuschauer.‹ Ich habe noch nie in meinem Leben so viele Verrückte auf einem Haufen beisammen stehen sehen. Vor der nächsten Stunde brauchst du jedenfalls nicht mit ihm zu rechnen.«

»Trotzdem möchte ich unterrichtet werden, wann er eintrifft«, sagte Feuerstein. Er telefonierte mit der Rezeption und sagte, als er den Hörer auflegte: »Seit sie wissen, wer er ist, fällt etwas von seinem Glanz auch auf uns ab. Wir werden uns unter vier beziehungsweise unter sechs Augen mit ihm unterhalten. Wenn er uns keine stichhaltige Erklärung dafür geben kann, weshalb er die Neumann hat aufsitzen lassen, sorge ich persönlich dafür, daß er mindestens acht Wochen keinen Ball mehr halten kann.«

Wieland nickte. »Dagegen habe ich nichts einzuwenden, obwohl du auch damit in Teufels Küche kommen kannst. Aber das ist deine Entscheidung; ich rede dir da nichts hinein. Was du heute mittag angedeutet hast, ging mir zu sehr ins Persönliche. Wenn du die Neumann lieber wieder in Frankreich als in Rom oder Nizza wissen möchtest, dann nicht auf eine Weise, die sie dir ohnehin nie verzeihen würde.«

»Daran habe ich schon selbst gedacht«, sagte Feuerstein. Er stand auf und trat wieder auf den Balkon hinaus.

Wieland beobachtete, wie er, die Zigarre in den Mundwinkel geklemmt, die großen Hände auf das Balkongeländer legte und auf die Straße hinabschaute. Etwas an seiner Haltung ließ ihn stutzig werden. Er ging rasch zu ihm hin und fragte: »Was ist los? Ist Schimazek schon eingetroffen?«

Feuerstein nahm die Zigarre aus dem Mundwinkel und wandte ihm langsam das Gesicht zu. »Sie stieg eben aus einem Taxi.«

»Von wem redest du, Menschenskind?«

»Von der Neumann«, sagte Feuerstein. »Und diesmal habe ich es nicht geträumt.«

13

Was sich für Feuerstein, wenigstens im ersten Augenblick, als er die Neumann mit einem Taxi vorfahren und gleich darauf im Hotel verschwinden sah, beinahe wie ein Traumerlebnis dargestellt hatte, war schon deshalb keins, weil sie die Tage seit ihrer Entführung in ungleich reizvollerer Gesellschaft verbracht hatte als in der ihrer Kidnapper. Eines war mir bereits bei der Neumannschen Schilderung ihrer Entführung offenkundig geworden, nämlich ihr rasch zurückkehrendes Selbstvertrauen in ihre Möglichkeiten, auch das Herz eines Kidnappers zu erobern, worin sich zu üben sie bei Belloni schon ausreichend Gelegenheit hatte. Denn daß der Blauäugige, wie sie ihn vorstellte, allein schon bei der Berührung ihrer Hand von angenehmen Empfindungen überwältigt wurde, wird bei allem Understatement, mit dem sie diese Szene schildert, selbst für solche Leser ihrer Memoiren ersichtlich, die in der Regel erst dann hellhörig werden, wenn ein Mann einer Frau ›I love you‹ ins Öhrchen flüstert. Das Interesse des Blauäugigen an ihrer Person mußte ihr bereits während der gemeinsamen Fahrt in die Seealpen so deutlich geworden sein, daß sie über Angstgefühle, die für eine Frau in ihrer Situation durchaus angebracht gewesen wären, in ihren Memoiren kein Wort mehr verliert und sich statt dessen auf die Schilderung ihrer ersten Eindrücke von ihrer neuen Unterkunft beschränkte. Ich gestehe, daß ich und alle meine Kollegen aus der Redaktion diesen Teil ihrer Memoiren mit besonderem Vergnügen gelesen haben. Entgegen ihrer Erwartung, ähnlich wie in den Abruzzen in einem unkomfortablen, halb zerfallenen Gehöft untergebracht zu werden, endete die Reise nach etwa eineinhalbstündiger Fahrt auf einsamen Hochgebirgsstraßen, die nur gelegentlich von ausländischen Touristen benutzt wurden, auf einer blumenbedeckten Wiese inmitten hochragender Tannen vor einem weißlackierten Wohnwagen, der sich von jenen, welche der Neumann vom Anblick überfüllter Campingplätze her in etwa bekannt waren, vor allem durch seine Größe und seine luxuriöse Innenausstattung unterschied. Neben dem Wohnwagen stand ein kleiner, rotlackierter Renault, der jedoch kaum dazu gedient haben konnte, den riesigen Wohnwagen auf einem kurvenreichen, steil ansteigenden und holprigen Waldweg auf diese weltfern gelegene, von einem silbrigen Bächlein belebte Märchenwiese zu schleppen. Jedenfalls war sie von der Landschaft, die einem Bildband aus dem Schwarzwald hätte entnommen sein können, so angetan, daß sie sich auf über zwei Manuskriptseiten über sie und den überraschenden Anblick des Wohnwagend in farbigen Schilderungen erging und dann fortfuhr:

Hätte ich nicht ständig an Jochen und an das bevorstehende Spiel seiner Mannschaft in Marseille denken müssen, so wäre ich vielleicht sogar dazu imstande gewesen, dem Blauäugigen ein Wort des Dankes für all die Mühe zu sagen, die er meinetwegen nicht gescheut hatte. Denn auch der Wohnwagen genügte allen Anforderungen, die ein verwöhnter Mitteleuropäer an ein Ferienquartier stellen konnte. Nicht nur hatten seine Hersteller neben der mit verschiebbaren Glaswänden ausgestatteten Duschkabine ein WC berücksichtigt, bei dem es nicht an zusätzlichem Waschbecken fehlte, sie waren in ihrer Einfühlsamkeit für die Bedürfnisse ihrer Kundschaft sogar so weit gegangen, mittels eines von einem Dieselmotor gespeisten Stromaggregats in kühlen Nächten für Licht und Wärme, und an heißen Tagen für eine sich selbständig regulierende Klimatisierung um ihr Wohlbefinden besorgt zu sein. Ein großzügig dimensionierter Wassertank, der jederzeit aus dem vorbeisprudelnden Bächlein nachgefüllt werden konnte, beseitigte auch meine letzten Befürchtungen über eventuell noch vorhandene Versorgungsmängel, die mir den Aufenthalt hätten vergällen können. Der wohlsortierte, geräumige Kühlschrank in Verbindung mit einer ebenfalls randvollen Tiefkühltruhe ließen es mir als einigermaßen wahrscheinlich erscheinen, die Zeit meines unfreiwilligen Aufenthalts ohne nennenswerte Einbußen an Gewicht und Kondition zu überstehen, zumal mir der Blauäugige noch zusicherte, mich täglich aus einem nur zwanzig Kilometer entfernten Ort mit frischem Obst, frischem Brot und, wenn mich danach gelüstete, noch mit anderen frischen Lebensmitteln versorgen zu wollen. Besonders rührend empfand ich es, daß meine Gastgeber auch der Körperhygiene ausreichend Rechnung getragen und es nicht einmal versäumt hatten, mir außer einer luftigen Freizeitgarderobe noch einige Dessous in den Kleiderschrank zu legen, die an aufgeklärter Gesinnung nichts zu wünschen übrigließen. Die Aufteilung des Wohnwagens in einen Tages- und Schlafraum mit einer separat eingebauten Kochnische neben der Dusche und dem WC hätte ausgeklügelter nicht sein können. Im Wohnraum gab es zwischen den großen Fenstern eine gemütliche Eßecke mit gepolsterten Sitzbänken. Trotzdem reichte der Platz noch für eine Sitzgruppe mit kleinen Polstermöbeln und einem Rauchtisch aus.

Zu meiner Überraschung ließen mich meine neuen Gastgeber, kaum daß ich mich mit meinem Quartier ein wenig vertraut gemacht hatte, sehr bald allein. Sie sperrten mich in den Wohnwagen ein und fuhren, nachdem mich der Blauäugige noch darauf aufmerksam gemacht hatte, daß die Fenster aus bruchsicherem Glas seien und auch die Tür sich ohne Schlüssel weder öffnen noch aufbrechen ließe, mit beiden Autos auf dem holprigen Waldweg davon.

Die nächsten Minuten verbrachte ich damit, mich davon zu vergewissern, daß die Fenster sich auch von innen nicht öffnen ließen. Anscheinend war dies von dem Hersteller des Wohnwagens gar nicht vorgesehen. Die Frischluftzufuhr erfolgte über einen auf dem Dach sitzenden Ventilator. Mit der Tür legte ich mich gar nicht erst an. Sie machte einen so grundsoliden Eindruck, daß ich es für reine Zeitverschwendung betrachtete, meine Kräfte mit ihr zu messen. Offensichtlich war man bei der Konstruktion des Wohnwagens nicht nur auf eine komfortable Ausstattung, sondern auch auf die Sicherheit der Insassen bedacht gewesen.

Meine Pistole fiel mir ein. Aus manchen Kino- und Fernsehfilmen war mir bekannt, daß es dort mitunter zu Situationen kam, in denen mittels Pistolenschüssen Türschlösser geöffnet wurden. Da ich mir jedoch nicht sicher war, ob dies auch in meinem Fall funktionierte, hielt ich es für klüger, die sechs Patronen, die ich noch im Magazin hatte, nicht leichtfertig zu vergeuden, zumal ich auch wenig Lust verspürte, in der nun sicher bald einsetzenden Dunkelheit zu Fuß durch eine mir unbekannte Landschaft zu irren. Die Pistole noch länger in meiner Handtasche zu behalten, wollte ich nicht riskieren. Ich verbrachte einige Zeit damit, mich nach einem geeigneten Versteck für sie umzusehen. Hinter dem Küchengeschirr im Wandschrank der Kochnische schien sie mir am sichersten aufgehoben zu sein. Im Schloß der Schiebetür zum Schlafabteil steckte ein Schlüssel. Da er jedoch nicht innen, sondern außen steckte, sollte er vielleicht weniger dazu dienen, mich vor ungebetenen Besuchern zu schützen, als mich im Schlafraum einzuschließen. Solange diese Frage ungeklärt war, hielt ich es für besser, ihn vorläufig mit der Pistole im Geschirrschrank aufzubewahren.

Nachdem ich mir über die vorläufige Aussichtslosigkeit eines Fluchtversuchs klar geworden war, wandte ich mein Augenmerk meinem knurrenden Magen zu. Der Himmel über den hohen Tannenspitzen verfärbte sich bereits rosa, und ich hatte seit dem Mittagsmahl nichts mehr gegessen. Da es zuviel Zeit gekostet hätte, mich eines der eingefrorenen Fisch- oder Fleischgerichte aus der Tiefkühltruhe zu bedienen, beließ ich es für diesmal bei einer Mahlzeit aus einer Konservendose und spülte sie mit einer Flasche Bier hinunter. Danach fühlte ich mich gleich viel besser. Auf einer der gepolsterten Fensterbänke sitzend, rauchte ich eine Zigarette und sah zu, wie die Dunkelheit aus dem Wald gekrochen kam und sich auch der kleinen Wiese bemächtigte. Außer dem gedämpften Tuckern des Dieselmotors für das Stromaggregat drang kein anderes Geräusch an meine Ohren; ich kam mir ziemlich verlassen vor, aber für Tränen des Selbstmitleids war ich noch immer viel zu aufgebracht und zu wütend. Nicht nur über mich selbst und meine Dummheit, hinter Jochen die Tür nicht abgeschlossen zu haben. Ich war auch wütend auf Feuerstein, weil er nun schon zum zweitenmal nicht zur Stelle war, als ich ihn dringend gebraucht hätte. Hinzu kam, daß mir die Erinnerung daran, wie er Ardigo behandelt hatte, je länger ich Zeit fand, mich gedanklich damit zu beschäftigen, wachsendes Unbehagen bereitete. Schließlich hätte er auch etwas sanfter mit ihm umspringen können und nicht gleich mit dieser unnachsichtigen Brutalität. Hätte ich vorher gewußt, was ich damit anrichtete, so wäre ich lieber willens gewesen, Ardigo bis zum nächsten Morgen zu ertragen, obwohl mir das, nach den absurden Besitzansprüchen, die er plötzlich anmeldete, auch nicht leichtgefallen wäre. Der Gedanke, für mein Entgegenkommen solcherart bestraft zu werden, daß er mich als vierte treusorgende Mutter seiner ungebärdigen Kinder heranziehen wollte, ließen mir den Haß, den er jetzt vielleicht nicht nur für Feuerstein, sondern auch für mich empfand, beinahe als das kleinere Übel erscheinen.

Weil es draußen jetzt fast unvermittelt Nacht wurde, schaltete ich die Tischbeleuchtung ein, zog die Gardinen vor und überlegte, ob ich mich sofort hinlegen oder noch eine Weile auf die Rückkehr des Blauäugigen und seiner Begleiter warten sollte. Ein eingebautes Radio neben der Sitzgruppe schien nicht zu funktionieren, ich versuchte vergeblich, es einzuschalten. Während es in der Duschkabine weder an einem Badetuch noch an einer Bademütze fehlte und ich in den Wäschefächern des Kleiderschranks sogar einen mir passenden Pyjama entdeckte, hatten meine selbstberufenen Gastgeber ein Bedürfnis nach etwas Lesbarem nicht berücksichtigt. Ich war bereits entschlossen, nicht mehr länger zu warten und mich schlafen zu legen, als ich draußen ein Auto vorfahren hörte. Gleich darauf wurde die Tür aufgeschlossen und der Blauäugige kam herein. »Sie hätten nicht auf mich zu warten brauchen«, sagte er. »Oder sind Sie noch nicht müde?«

»Das Radio funktioniert nicht«, sagte ich. »Ich wollte noch etwas Musik hören.« Er schloß die Tür hinter sich ab und schob den Schlüssel in eine Tasche seines Jacketts. Ich beobachtete, wie er das Jackett auszog, es unmittelbar neben mir über die Lehne eines Stuhls hängte und sich dem Radio zuwandte. Die kurze Zeit, in der er mir den Rücken zukehrte, reichte mir aus, um in sein Jackett zu greifen und den Schlüssel an mich zu nehmen. Wozu dies nützlich sein könnte, war mir vorläufig unklar; ich tat es mehr intuitiv als überlegt. Er war nicht größer als ein Autoschlüssel. Ich schob ihn rasch in den schmalen Schlitz zwischen dem Rücken- und dem Sitzpolster meiner Bank und sah zu, wie der Blauäugige sich an den Knöpfen des Radios zu schaffen machte. Gleich darauf erklang von der Decke her aus zwei dort eingebauten Lautsprechern Musik. Der Blauäugige sagte: »Ich hatte noch keine Zeit, das Radio auszuprobieren. Vielleicht haben Sie nur den Tuner und nicht auch den Verstärker eingeschaltet.«

»Dann gehört der Wohnwagen nicht Ihnen?«

Er kam zu mir und setzte sich mir gegenüber auf die zweite Bank der Eßecke. »Er ist nur ausgeliehen. Haben Sie sonst alles gefunden, was Sie brauchen?«

»Bis auf einige Bücher oder Zeitschriften.«
»Die besorge ich Ihnen morgen.«
Ich blickte zur Tür. »Wo bleiben Ihre Freunde?«
»Die werden Sie nur hin und wieder zu sehen bekommen. Sie sind beide berufstätig und konnten nicht länger hierbleiben.«
»Und Sie sind nicht berufstätig?«
»Ich habe mir Urlaub genommen.«
»Ach so«, sagte ich. »Ich dachte schon, Frauen zu entführen sei Ihr Hauptberuf.«
Er lächelte. »Normalerweise nicht. Ich möchte auch nicht, daß Sie unsere Einladung als Entführung betrachten. Wir sahen uns aufgrund besonderer Umstände lediglich dazu gezwungen, Sie zu bitten, für einige Zeit unser Gast zu sein.«
»Eine etwas ungewöhnliche Art, jemanden einzuladen«, sagte ich. »Was hätten Sie denn getan, wenn ich mich geweigert oder auf dem Weg zu Ihrem Wagen versucht hätte, zu fliehen? Mich erschossen?«
Er griff in die Tasche seines Jacketts und zeigte mir seine Pistole. »Es ist nur eine Tränengaspistole. Wäre es zu den von Ihnen genannten Komplikationen gekommen, so hätten wir versucht, ohne Sie den Wagen zu erreichen. Daß wir dabei ein nicht unbedeutendes Risiko eingingen, war uns nicht bewußt, aber das war uns die Sache wert. Ich nehme ja auch hier ein Risiko auf mich.«
»Weil wir entdeckt werden könnten?«
Er schüttelte den Kopf. »Davon rede ich nicht. Die Wiese und der unmittelbar angrenzende Wald gehören zu einem Privatgrundstück. Wir haben es für angebliche Campingzwecke für ein halbes Jahr von seinem Besitzer gemietet. Das Risiko, von dem ich rede, beschränkt sich vor allem darauf, daß wir Sie gegen Ihren Willen hier festhalten und Sie vielleicht versuchen werden, zu fliehen. Wir muten Ihnen nicht zu, daß Sie die Zeit ausschließlich im Wohnwagen verbringen. Sie werden Gelegenheit haben, sich auch außerhalb aufzuhalten und, wenn Sie das wünschen, in meiner Begleitung größere oder kleinere Spaziergänge zu machen. Wenn Sie sie zu keinem Fluchtversuch benutzen, werden Sie mich, so hoffe ich, in angenehmer Erinnerung behalten.«
Ich dachte ein paar Augenblicke darüber nach, dann sagte ich: »Was ich nicht begreife, ist, welchen Sinn das alles haben soll. Selbst wenn es Ihnen mit Hilfe Ihrer ›Einladung‹ gelingt, den nächsten Spielen um die Europameisterschaft zu einem normalen Ablauf zu verhelfen, so haben Sie damit doch nur für den Augenblick etwas gewonnen.«
»Das genügt uns vollkommen. Was wir brauchen, ist ein kleiner Zeitgewinn, um einige Voraussetzungen dafür zu schaffen, daß sich Ereignisse in Neapel nicht wiederholen.«
»Wer ist wir?«
»Einige Privatleute, denen der Fußballsport zu sehr am Herzen liegt, als daß sie ihn durch Ihren Freund ins Abseits führen ließen. Ich ginge dieses persönliche Risiko nicht ein, wenn ich nicht davon überzeugt wäre, daß es sein muß. Ich bin mir beinahe sicher, Sie sehen die Probleme, die dem Fußball durch Schimazek entstanden sind, genauso wie wir. Uns ist bekannt, mit welcher Härte Sie Ihre Forderungen in

Italien durchgesetzt haben. Ihre nächsten fielen mit Sicherheit noch höher aus. Wir sehen auch die Gefahr einer zunehmenden Politisierung des Fußballs. Dahin darf es aber auf keinen Fall kommen.«

»Und dafür wären Sie sogar bereit, notfalls ins Gefängnis zu gehen?« fragte ich. Er erwiderte meinen Blick. »Wenn es sich nicht vermeiden ließe: Ja. Wenn es um so wichtige Dinge geht, nehme ich auch dieses Risiko auf mich. Ich glaube aber nicht, daß es dazu kommen wird.«

Ich zündete mir eine Zigarette an. »Seien Sie sich da nicht so sicher. Für mich steht genausoviel auf dem Spiel wie für Sie. Ich nehme an, Sie sind hauptberuflich für den Fußballsport tätig und . . .«

»Das habe ich nicht gesagt«, unterbrach er mich rasch. »Ich habe kein Wort davon gesagt, daß ich in irgendeiner Weise für den Fußball tätig sei.«

Ich lächelte. »Einer, der für den Fußball notfalls ins Gefängnis ginge, der lebt auch von ihm. Läge mir nicht so viel daran, daß Schimazek in den Augen seiner Fans auch nach dem Spiel in Marseille noch der gleiche ist, der er vorher war, so könnte ich mir für Sie etwas mehr Zeit nehmen und Sie davon zu überzeugen versuchen, daß Sie auf diese Weise nichts erreichen. Ich weiß gar nicht, wie Sie sich das überhaupt vorstellen. Sie können mich weder daran hindern, nach meiner Rückkehr vor der Presse eine Erklärung darüber abzugeben, daß Schimazek und ich erpreßt wurden, noch wird er, sobald er merkt, daß es Ihnen nicht nur um das nächste, sondern auch noch um weitere Spiele der Meisterschaft geht, Ihre Bedingungen länger akzeptieren. Er ist viel zu sehr von seinem Sendungsbewußtsein erfüllt, als daß ihn Ihre Drohung, ihm meine Finger zu schicken, auf die Dauer davon abhalten könnte, zu tun, was ihm vom lieben Gott persönlich aufgetragen wurde. Sie haben ja auch so etwas wie ein Sendungsbewußtsein. Wozu würden Sie sonst den Fußball noch höher einschätzen als das Risiko, wegen Menschenraubs ins Gefängnis zu kommen?«

Er blickte mich eine Weile schweigend an. Dann fragte er: »Warum erzählen Sie mir das alles?«

»Weil ich das Gefühl habe, Sie sind selbst nicht recht vom Sinn dessen überzeugt, was Sie hier tun. Auch wenn Sie bisher Glück damit hatten, war meine Entführung doch so dilettantisch angelegt, daß Ihre Rechnung am Ende nicht aufgehen wird. Wenn Sie mich morgen nach Nizza zurückbringen, bin ich bereit, diese Kinderei zu vergessen. Ich wäre sogar bereit, mich dort mit Ihnen über eine Möglichkeit zu unterhalten, die Ihre Interessen ebenso berücksichtigt wie die meinen.«

Er schüttelte den Kopf. »Das kann ich nicht. Jedenfalls nicht vor dem Spiel in Marseille.«

»Bis dahin gilt mein Angebot nicht mehr«, sagte ich und drückte die Zigarette mitten auf dem weißen Tischtuch aus. Eines war mir inzwischen klar geworden: Daß ich mich nicht dazu würde überwinden können, Bellonis Pistole auf ihn zu richten. Wenn er sich durch ihren Anblick nicht einschüchtern ließe, würde ich entweder abdrücken oder sie mir von ihm wegnehmen lassen müssen. Ich war noch nicht so weit, alles auf eine Karte zu setzen. Jedenfalls im Augenblick noch nicht.

Ich stand auf. Die Handtasche nahm ich mit in das Schlafabteil und legte sie auf einen Stuhl. Ich deckte das Bett auf und nahm den Pyjama aus dem Kleiderschrank. Als ich mich umdrehte, stand der Blauäugige hinter mir und sagte: »Geben Sie mir den Schlüssel zurück.«

»Von welchem Schlüssel reden Sie?«

Er blickte mich ein paar Sekunden lang wortlos an. Dann griff er nach meiner Handtasche und durchsuchte sie. Als er ihn dort nicht fand, durchsuchte er auch den Kleiderschrank und warf alles, was ihm in die Finger geriet, zu Boden. Er ging zum Bett, durchwühlte es mit beiden Händen und hob auch die Matratze hoch. Ich sagte: »Vielleicht können Sie mir verraten, um welchen Schlüssel es sich handelt.«

Statt mir zu antworten, kam er zu mir und sagte: »Lassen Sie mich Ihre Hände sehen.« Ich zeigte ihm die Hände und fragte: »Wollen Sie sonst noch etwas sehen?«

»Ja«, sagte er. »Ziehen Sie sich aus. Ich möchte auch Ihre Wäsche kontrollieren.«

»Und wenn ich mich weigere?«

Er fragte kalt: »Ist es Ihnen denn lieber, wenn ich Sie ausziehe?«

Ich wandte mich der Tür zu. Er vertrat mir jedoch rasch den Weg und sagte: »Bleiben Sie hier. Ich lasse Ihnen eine Minute Zeit.«

»Dann muß ich mich aber beeilen«, sagte ich und zog den Reißverschluß auf. Ich ließ das Kleid fallen und fragte: »Genügt Ihnen das?«

»Den Slip auch«, sagte er. Ich lächelte. »Ach jetzt verstehe ich erst richtig, wo Sie nachsehen wollen. Haben Sie vielleicht auch schon einmal für den Schweizer Zoll gearbeitet?«

»Halten Sie den Mund«, sagte er. »Sie haben sich das alles selbst zuzuschreiben. Ich möchte den Schlüssel haben, und wenn ich Sie dafür auseinandernehmen müßte.«

»Da bin ich aber neugierig, wie Sie das machen«, sagte ich und zog auch den Slip aus. Ich legte ihn mit Daumen und Zeigefinger auf seine linke Schulter und fragte: »Ist es nicht bequemer für Sie, wenn ich mich dazu auf dem Bett ausstrecke?«

Er starrte mich wieder ein paar Sekunden lang wortlos und mit zuckenden Mundwinkeln an. Dann drehte er sich um, verließ den Schlafraum und zog die Tür hinter sich zu. Er kam jedoch sofort wieder herein und sagte mit belegt klingender Stimme: »Der Schlüssel für diese Tür fehlt auch. Wo ist er?«

»Suchen Sie ihn doch«, sagte ich. »Vielleicht steckt er zusammen mit dem anderen dort, wo Sie ihn vermuten. Wollten Sie nicht nachschauen?«

Er ging wieder hinaus. Bevor ich jedoch Zeit fand, mir über mein weiteres Taktieren schlüssig zu werden, kehrte er mit zwei braunen Kordeln zurück und sagte: »Es tut mir leid, aber Sie zwingen mich dazu. Legen Sie sich auf das Bett.«

Ich betrachtete die Kordeln in seiner Hand etwas näher; vorhin hatte ich sie noch an den Gardinen hängen sehen. »Sie wollen mich doch nicht etwa fesseln?«

Er nickte. »Sie sind mir zu unberechenbar. Ich habe einen langen Tag hinter mir und brauche meinen Schlaf.« – »Dann schlafen Sie doch im Auto«, sagte ich. »Oder ist Ihnen das zu unbequem?«

»Wenn Sie mir den Schlüssel geben, nicht«, antwortete er. »Tun Sie, was ich Ihnen gesagt habe.«

Ich ging zum Bett und fragte: »Wie hätten Sie es denn gerne? Es ist das erstemal, daß ich gefesselt werde; ich habe überhaupt keine Erfahrung darin, wie man sich dabei anstellen muß. Vielleicht so?« Ich legte mich, die Füße am Boden lassend, auf den Rücken und verschränkte die Hände über dem Schoß. »Ist es so gut?« fragte ich.

»Sie können vorher etwas anziehen«, sagte er, mit wieder belegt klingender Stimme. »Den Pyjama, wenn Sie wollen.«

»Und wenn ich ihn nicht anziehen will?« fragte ich. Er kam langsam zu mir, blieb vor mir stehen und sagte: »Damit erreichen Sie bei mir nichts. Ich gehöre nicht zu dieser Sorte von Männern. Hinterher würden Sie erzählen, ich hätte Ihnen Gewalt angetan.«

Seine Art, es zu formulieren, erheiterte mich, zumal ich feststellte, daß ich schon mehr bei ihm erreicht hatte, als er mir noch verbergen konnte. Ich sagte: »Das könnte ich auch erzählen, wenn Sie es nicht tun. Was ist nun? Wollen Sie mich fesseln oder nicht?«

»Nehmen Sie die Hände etwas hoch«, sagte er.

»Nehmen Sie sie doch selbst hoch«, sagte ich. »Sie erwarten doch nicht ernsthaft von mir, daß ich Ihnen dabei auch noch behilflich bin?«

Er griff nach meinen Händen und versuchte, sie von meinem Schoß zu ziehen. Weil ich sie dort aber mit aller Kraft anpreßte, schaffte er es nicht. Erst als er die Finger mit einer Kordel zwischen meine Hände und meinen Schoß schob, hob ich sie etwas an und sagte: »Sie hätten das vorher mit Ihrer Frau oder mit Ihrer Freundin üben sollen. So, wie Sie es anfangen, sind Sie noch morgen früh damit beschäftigt. Wenn ich Ihnen zu unberechenbar bin, könnten Sie mich ja etwas berechenbarer für Sie machen.«

Er hörte auf, mit seinen Fingern und mit der Kordel zwischen meinen Händen und meinem Schoß zu fummeln, und fragte: »Wie meinen Sie das?«

»Sie haben doch sicher vor, neben mir zu schlafen?«

»Das hatte ich überhaupt nicht vor«, sagte er, überflüssig laut.

»Dann tun Sie es eben in Gottes Namen«, sagte ich. »Wenn Sie neben mir schlafen und unsere Hände zusammenbinden, kann ich nicht aufstehen, ohne Sie dabei zu wecken.«

»Sie könnten sich heimlich losbinden.«

»Mit einer Hand? Wenn Sie den Knoten fest anziehen, schaffe ich das nicht, ohne mir die Nägel dabei abzubrechen. So etwas von Umständlichkeit ist mir vor Ihnen noch nie begegnet. Sind Sie verheiratet?«

Statt mir zu antworten, blickte er noch immer wortlos auf mich nieder. Ich richtete den Oberkörper auf, griff nach seiner Hand und zog ihn neben mich auf das Bett. »In Italien hatte ich es immer nur mit Profis zu tun. Wie heißen Sie mit Vornamen?«

»Emilio«, sagte er.

»Also ein italienischer Vorname«, sagte ich. »Wenn ein Franzose einen italienischen Vornamen hat und französisch mit dem gleichen Akzent spricht wie Sie, dann kommt er meistens aus der Schweiz. Sie kommen doch aus der Schweiz? Oder etwa nicht?«

Er gab auch diesmal keine Antwort. Ich nahm ihm die beiden Kordeln aus der Hand und betrachtete ihre abgeschnittenen Enden. »Wollen Sie mir auch die Füße zusammenbinden?«

»Wie könnte ich Sie sonst am Weglaufen hindern? Sie haben den Schlüssel doch nur deshalb aus dem Jackett genommen, weil Sie heute nacht, wenn ich eingeschlafen wäre, weglaufen wollten.«

»Natürlich«, sagte ich. »Oder bilden Sie sich etwa ein, ich ließe mich von Ihnen ein paar Wochen oder gar ein paar Monate lang hier festhalten?«

Er stand rasch auf. »Ich werde Sie festhalten, ob Sie es wollen oder nicht. Es geht hier nicht um mich und auch nicht um Sie. Es geht um wichtigere Dinge. Drehen Sie sich auf den Bauch. Ich werde Ihnen die Hände auf dem Rücken zusammenbinden; das ist sicherer.«

»Auf dem Rücken? Sie sind ja verrückt. Wie soll ich da schlafen?«

»Sie haben morgen den ganzen Tag Zeit, sich auszuschlafen.«

»Dann müssen Sie mich schon selbst herumdrehen«, sagte ich. »Freiwillig tu ich das nicht.«

Er beugte sich zu mir nieder, schob mir die Hände unter den Po und den Rücken und versuchte, mich auf den Bauch zu wälzen. Weil ich mich aber so schwer wie möglich machte und er offensichtlich darum bemüht war, mir nicht wehzutun, gelang es ihm nicht. Seine Bemühungen arteten immer mehr zu einem kleinen Ringkampf zwischen uns aus, in dessen Verlauf ich ihm ein Knie zwischen die Beine schob. Damit er sich nicht mehr aufrichten und mich dann auf den Bauch werfen könnte, klammerte ich mich mit beiden Armen an seinem Rükken fest, während ich seine Hände einmal am Po und dann wieder zwischen den Schenkeln spürte. Trotzdem, und obwohl ich seine Erregung jetzt mit dem Knie fühlen konnte, machte er keinen einzigen Versuch, die Gelegenheit zu einer erotischen Berührung auszunutzen. Es war uns beiden mit dem, was jeder von uns meinte, so ernst, daß wir innerhalb kurzer Zeit völlig außer Atem gerieten, und irgendwann, als meine Kräfte bereits nachließen, gab er mich frei, richtete sich mit hochrotem Kopf auf, drehte mir den Rücken zu und ließ mich allein. Ich blieb noch eine Weile liegen, bis mein Herz sich beruhigt hatte. Dann stand ich auf, zog den Pyjama an und ging nach ihm schauen. Er hatte wieder in der Eßecke Platz genommen, die Ellbogen auf den Tisch gestützt und das Gesicht in den Händen vergraben. Als er mich kommen hörte, ließ er die Hände sinken und wandte mir langsam das Gesicht zu. Ich setzte mich ihm gegenüber und sagte: »Sie haben gar keine andere Wahl, als mich laufen zu lassen. Wenn ich hierbleibe, werde ich Sie früher oder später dazu bringen, etwas zu tun, was Ihnen hinterher leid täte. Sie sind wirklich nicht der Typ für so etwas. Wenn sie vernünftig sind, bringen Sie mich morgen nach Nizza zurück. Woher wußten Sie, daß ich mich dort aufhalte und im ›Westminster‹ wohne?«

»Das darf ich Ihnen nicht sagen.«

»Ich kann es mir denken. In Rom gibt es auch Leute, die mich und Schimazek gerne aus dem Verkehr ziehen möchten. Ich kann ja verstehen, daß es Ihnen schwerfällt, sich damit abzufinden, daß Ihre ganze Mühe umsonst gewesen sein soll, aber es ist besser, Sie sehen es schon jetzt und nicht erst dann ein, wenn Ihnen Ihre Einsicht nichts mehr nützt. Sie können diesen ›Privatleuten‹, die Sie damit beauftragt haben . . .«

Er ließ mich nicht aussprechen: »Mich hat niemand beauftragt.«

»Das mag sein. Man hat sich damit begnügt, Ihnen einen längeren Urlaub zu geben. Vielleicht kam die Idee, mich zu entführen, von Ihnen. Man wollte sie einerseits nicht einfach verwerfen, weil man keine bessere hatte, sich andererseits, wenn bei ihrer Ausführung etwas schiefginge, aber auch nicht die Finger daran verbrennen. Ich mache Ihnen einen Vorschlag, Emilio. Ich möchte selbst gerne einmal erleben, wie es ist, wenn Schimazek ein Tor hinnehmen muß. Wenn Sie mich morgen nach Nizza bringen, bleibt das völlig unter uns. Ich melde mich erst nach dem Spiel bei ihm und . . .«

»Er wird erfahren, daß Sie wieder im Hotel sind.«

»Ich werde erst nach dem Spiel dorthin zurückkehren. Bis dahin halte ich mich bei einem Bekannten auf, der von Ihrer ›Einladung‹ nichts weiß. Wäre das ein Angebot, das Sie akzeptieren könnten?«

Er sagte abweisend: »Selbst wenn ich es könnte, hätte ich keine Garantie dafür, daß es Ihnen auch ernst damit ist.«

Ich hatte den Eindruck, daß es sich bei seinem Einwand nur noch um ein Rückzugsgefecht handelte, und sagte: »Entweder Sie vertrauen mir oder wir brauchen dieses Gespräch nicht länger fortzusetzen. Dieser Bekannte, von dem ich sprach, wohnt auch gar nicht in Nizza. Es genügt, wenn Sie mich zum nächsten Postamt fahren, damit ich mit ihm telefonieren kann. Sind Sie einverstanden?«

»Es geht wirklich nicht«, sagte er. »Selbst, wenn ich es wollte. Ich kann nicht einfach zurückkommen und erzählen, Sie hätten mich dazu überredet, Sie laufen zu lassen. Wie stellen Sie sich das vor?«

»Vielleicht so«, sagte ich und stand auf. Ich holte die Pistole aus dem Geschirrschrank, richtete sie auf die Tür und drückte ab. Der Knall war in dem relativ engen Raum so laut, daß mir die Ohren zufielen. Ich überzeugte mich davon, daß die Kugel das Holz der Tür glatt durchschlagen hatte, und blickte dann Emilio an, der mit kreideweißem Gesicht reglos auf seinem Platz saß. »Damit haben Sie ein überzeugendes Argument«, sagte ich. »Ich habe Sie mit einer Pistole bedroht und auf Sie geschossen. Sie konnten der Kugel nur ausweichen, indem Sie sich, bevor ich abdrückte, zur Seite warfen. Erst dann öffneten Sie mir die Tür und ließen mich hinaus. Was Sie sich sonst noch dazu einfallen lassen, ist Ihre Sache.«

»Woher haben Sie die Waffe?« fragte er mit rauher Stimme. Ich setzte mich wieder ihm gegenüber, legte die Pistole auf den Tisch und sagte: »Seit ich in Rom schon einmal entführt wurde, trage ich sie immer bei mir. Ich bin nicht darauf angewiesen, mich mit Ihnen zu verständigen. Ich könnte jetzt den Autoschlüssel von Ihnen verlangen und davonfahren. Sie haben mich gewaltsam entführt. Wenn ich Sie erschieße, ist es Notwehr. Das leuchtet Ihnen doch ein?«

Er blickte mich schweigend an.

»Ich lasse Ihnen etwas Zeit, damit Sie sich alles noch einmal durch den Kopf gehen lassen können«, sagte ich. »Sind Sie damit einverstanden, dann kommen Sie zu mir herein und sagen es mir. Damit Sie sehen, daß ich es ehrlich meine, lasse ich die Pistole hier auf dem Tisch liegen. Überlegen Sie es sich aber nicht zu lange.«

Ich stand auf und kehrte in den Schlafraum zurück. Die Tür ließ ich hinter mir offen. Mit dem Rücken an die Wand gelehnt und die Knie an die Brust gezogen setzte ich mich auf das Bett und wartete auf ihn. Als ich in Monaco die Pistole auf Zschernitz gerichtet hatte, war ich fest entschlossen gewesen, sie notfalls auch zu benutzen. Bei Emilio könnte ich es nicht, und deshalb spielte es auch keine Rolle, ob ich ihn jetzt falsch einschätzte oder nicht. Gemessen an dem Risiko, das ich mit der Pistole eingegangen wäre, wog dieses schon deshalb nicht so schwer, weil ich nach meinen jüngsten Eindrücken, die ich gewonnen hatte, davon überzeugt war, ihn auch auf andere Weise überreden zu können.«

Es dauerte dann auch nicht einmal fünf Minuten, bis er zu mir hereinkam. Er legte die Pistole auf ein leeres Regal und sagte: »Man hatte ohnehin vor, mit Ihnen zu verhandeln. Es sollte aber nicht zu teuer werden.«

»Viel billiger wäre es auch nach einigen Toren nicht geworden, zu denen Sie Schimazek vielleicht hätten erpressen können«, sagte ich. »Werden wir es bei diesen Verhandlungen mit Ihnen zu tun haben?«

Er schüttelte den Kopf. »Da er mich jetzt kennt, ist das unmöglich.«

»Warten Sie noch«, sagte ich, weil er sich anschickte, hinauszugehen. »Setzen Sie sich zu mir.«

»Sie sind mir nichts schuldig.«

Ich lächelte. »Sie haben mir schon einmal gesagt, daß Sie nicht zu dieser Sorte von Männern gehören. Erzählen Sie mir noch ein bißchen mehr. Ich werde es ebensowenig verraten wie alles andere. Ich bin nur neugierig.«

»Was wollen Sie wissen?«

»Erst, wenn Sie sich hingesetzt haben«, sagte ich. »Es stört mich, wenn ich zu Ihnen aufblicken muß.«

Er setzte sich, wenn auch zögernd, neben mich.

Ich sagte: »Ihre beiden Begleiter von heute nachmittag: Gehören sie auch zu Ihrem ›Verein‹?«

»Nein. Sie waren zufällig bei uns, als wir uns über Sie und Schimazek unterhielten. Es ging ihnen aber auch um ihn und darum, ob es irgendwelche Möglichkeiten gibt, nach den Vorfällen in Neapel das Spiel in Marseille auszusetzen.«

»Und gibt es welche?«

»Eben nicht. Obwohl auch schon andere Verbände deshalb an uns herangetreten sind. Uns ist bekannt, daß im Augenblick Bestrebungen im Gange sind, die Trainer aller an den diesjährigen Qualifikationsspielen für die Europameisterschaft beteiligten Vereine an einen Tisch zu bringen und sie dort über einen Boykott der weiteren Spiele abstimmen zu lassen, falls Schimazek nicht ausgeschlossen wird. Wenn es dazu kommt, erleben wir das größte Fiasko in der bisherigen Fußballgeschichte. Ich weiß nicht, ob Sie sich vorstellen können, was das bedeutet.«

Ich nickte. »Dazu bedarf es keiner großen Phantasie. Ich nehme an, der Besitzer des Grundstückes hier gehört auch irgendwie zu einem ›Verein‹. Sie mußten doch damit rechnen, daß man ihn, sobald ich wieder auf freiem Fuß bin, verhören und nach Ihnen ausfragen wird.«

»Das haben wir natürlich einkalkuliert. Die Absprache über die Vermietung erfolgte telefonisch. Das Geld für die Miete wurde ihm pro forma mit der Post überwiesen. Er hatte keinen persönlichen Kontakt mit uns. Wir erhielten seine Adresse von den beiden Männern, die bei dieser Sache mitgeholfen haben.«

Ich dachte darüber nach und sagte dann: »Mir fiel auf, daß Sie sich ein paarmal auf arabisch mit ihnen unterhielten.«

»Sie stammen aus Marokko, leben aber schon seit vielen Jahren in Marseille. Ich spreche etwas arabisch, weil ich hin und wieder mit Vereinen aus diesen Ländern verhandeln muß.« Er blickte mich an. »Sie wissen, daß ich Ihnen das alles gar nicht erzählen dürfte.«

»Und warum tun Sie es trotzdem?«

Er schwieg wieder. Ich griff nach seiner Hand und sagte: »Ich könnte in der Schweiz einen guten Freund gebrauchen, der mich laufend darüber informiert, was man dort gegen Schimazek und mich im Schilde führt. Könnten Sie ein solcher Freund sein, Emilio?«

Er schüttelte den Kopf. »Das ist unmöglich.«

»Es erfährt ja keiner davon«, sagte ich. »Ich kann mir ohnehin denken, für wen Sie dort arbeiten. Schließlich begehen diese Leute auch einen Vertrauensbruch an den Millionen Fußballfans, die ihnen solche krummen Dinge, wie sie hier geplant waren, niemals zutrauen würden. Das hat doch nichts mehr mit Fußball zu tun. Diese Leute sind auch nicht besser als jene, die Schimazek schon in Italien aus dem Weg räumen wollten. Oder sehe ich das falsch?«

Er gab keine Antwort. Ich legte die Hand auf sein Knie und sagte: »Sie gefallen mir, Emilio. Ich weiß, daß Sie keiner von diesen Männern sind, von denen Sie vorhin gesprochen haben. Mir liegt sehr viel daran, Sie als Freund zu gewinnen, aber vorher sollten wir uns vielleicht noch einmal über die beiden Schlüssel unterhalten, die Sie vermissen. Hatten Sie nicht einen bestimmten Verdacht, wo ich sie so gut versteckt haben könnte?«

»Den habe ich auch jetzt noch«, murmelte er.

»Dann sehen Sie doch einfach einmal dort nach«, sagte ich. »Vielleicht haben Sie Glück.«

»Und wenn ich kein Glück habe?« fragte er, mit den Lippen meinen Hals berührend.

Ich lächelte. »Etwas werden Sie schon finden, Emilio.«

Das Haus stand etwa fünf Kilometer von Tourette entfernt in Gourdon, einem kleinen, sehr romantisch oberhalb Grasse gelegenen Ort inmitten von Blumenfeldern und Weinbergen. Mit seinen zwei Stockwerken war es für die Zwecke, die ich ihm zugedacht hatte, weder zu groß noch zu klein, und die Einrichtung mit den unzähligen antiquierten Kommoden, Schränken, Tischen, Polstersesseln und was sonst noch alles an Mobilar umherstand, stammte vermutlich noch aus der Zeit, als der ehemalige Besitzer vor vierzig oder fünfzig Jahren seine Frau ehelichte. Vor zwei Jahren war er verstorben und seine Witwe hatte die Einladung ihrer Tochter angenommen, bei ihr und dem Schwiegersohn in Cannes zu wohnen. Verkaufen wollte sie das Haus jedoch nicht, sondern es, wenn diese erst einmal erwachsen waren, ihren Enkeln schenken, und damit es bis dahin nicht leerstünde, hatte sie es einem Immobilienmakler zur Vermietung anvertraut. Daß es trotz seiner schönen Lage zu dieser Jahreszeit noch nicht vermietet war, führte ich neben dem Umstand, daß Feriengäste, die ihren Urlaub an der französischen Riviera verbrachten, im allgemeinen ein Quartier nah dem Meer vorzogen, auch auf die fünfzehnhundert Francs Wochenmiete zurück. Sie waren der Grund dafür, weshalb Belloni das Haus vorsorglich nur für eine Woche gemietet hatte. Da es jedoch vor noch nicht allzu langer Zeit mit zwei modernen Badezimmern ausgestattet worden war und einen großen Garten hatte, dessen hochgewachsene Palmen und Zypressen es gegen neugierige Blicke aus der Nachbarschaft abschirmten, fand ich den Preis nicht überhöht und forderte Belloni auf, den Mietvertrag vorerst einmal auf vier Wochen zu verlängern und sich eine Option für vier weitere Wochen offenzuhalten. Das Schlafzimmer im Obergeschoß mit seinem Südbalkon und dem direkten Zugang zum angrenzenden Bad gefiel mir sofort, zumal es von hier aus auch noch eine Tür zu einem kleinen Wohnraum gab, der zwar ebenfalls mit antiquiertem Mobiliar ausgestattet war, sich jedoch wegen seiner breiten Couch als Schlafgemach für Belloni als ausreichend erwies, so daß ich ihn einerseits immer in meiner Nähe und doch nicht dauernd zu nahe hatte. Ihm leuchtete jedenfalls sofort ein, daß ich wegen meiner ungestörten Nachtruhe auf getrennten Schlafzimmern bestand. Im Erdgeschoß waren neben dem großen Wohnraum auch noch ein zweites Schlafzimmer, ein etwas kleineres Gästezimmer, ein Badezimmer und die Küche untergebracht. Eigentlich war es ein Haus für Ferien, die man fast ausschließlich im Bett oder auf dem Sonnenbalkon verbrachte. Mir erschien diese Vorstellung nach all den hinter mir liegenden Aufregungen sogar so reizvoll, daß ich sie bereits ernsthaft in Erwägung zog, noch ehe ich das Haus und den mit mancherlei Blumen und Sträuchern bewachsenen Garten gänzlich besichtigt hatte. Eine gegenüber Belloni gemachte diesbezügliche Bemerkung wurde von diesem sofort richtig verstanden, denn er schlug mir vor, mir das Frühstück eigenhändig ans Bett zu bringen. »Nur mit den übrigen Mahlzeiten«, sagte er entschuldigend, »wird es schwierig werden. Meine Frau kann zwar sehr gut kochen; ich leider nicht.«

An dieses Problem hatte ich noch gar nicht gedacht, denn ihn täglich in ein Restaurant auszuführen oder mich selbst an den Küchenherd zu stellen und für uns beide zu kochen, wäre auf die Dauer auch keine optimale Lösung gewesen. Ich setzte mich auf eine neben der Haustür im Garten stehende Bank, forderte ihn auf, neben mir Platz zu nehmen und betrachtete durch die Wipfel der schlanken Zypressen und breitfächrigen Palmen hindurch den blauen Himmel. Auch der Blick über den Garten hinweg auf die sich zum Meer hin verflachenden Hügel en farbenprächtigen Blumenplantagen war nicht ohne Reiz; ich zu dem Schluß, daß es sich hier wohnen und leben ließe, und gte Belloni, der heute keinen grauen Anzug, sonderen eine blaue Hose und ein weißes Hemd ohne Krawatte trug: »Vielleicht miete ich das Haus auch noch für länger. Weiß Ihre Frau eigentlich von mir?«

»Aber natürlich, Signorina«, sagte er. »Ich habe ihr alles erzählt. Wie hätte ich ihr sonst erklären sollen . . .«

»Was heißt: alles?« fiel ich ihm dazwischen. »Daß Sie sie hier mit mir betrügen wollen?«

Er lächelte. »Das sieht sie nicht so, Signorina. lch habe ihr erzählt, was wir Ihnen verdanken. Solange sie und die Kinder genug zu essen und auch ein Dach über dem Kopf haben, ist sie mit allem einverstanden. Sie würde nicht einmal Anstoß daran nehmen, wenn sie mit Ihnen hier im Haus wohnte.«

Ich nahm die Sonnenbrille ab und blickte prüfend in sein Gesicht. »Sind Sie sich da ganz sicher?«

»Aber ja, Signorina. Erst gestern sagte sie wieder zu mir, daß sie Sie für ihr Leben gerne kennenlernen wolle, um Ihnen auch einmal persönlich danken zu können.« Er griff nach meiner Hand, küßte sie und murmelte: »Ich bin so froh, daß Sie hier sind, Signorina.«

Die blaue Hose und das weiße Hemd ließen ihn um einige Jahre jünger erscheinen. Ich fragte: »Haben Sie sich schon nach einer größeren Wohnung für sie umgesehen?«

»Dafür hatte ich noch keine Zeit. Ich war gestern fast den ganzen Tag unterwegs, bis ich dieses Haus gefunden habe. Ich hoffe, es gefällt Ihnen. Nach Tourette brauchen Sie mit dem Auto von hier aus nur zehn Minuten. Soll ich Sie hinfahren?«

»Vorläufig nicht. Wenn Ihre Kinder nicht allzuviel Lärm machen, können Sie Ihre Familie hierher holen.«

Er starrte mich ungläubig an. »In dieses Haus?«

Der Einfall war mir so plötzlich gekommen, daß ich ihn erst nachträglich auf seine Tauglichkeit hin überdenken konnte, aber während ich es dann tat, fand ich ihn so übel nicht. Ich sagte: »Das wäre doch die beste Lösung. Ich werde nur sporadisch hier sein. Ihre Frau könnte sich um das Haus und auch um Sie kümmern. Oder gefällt Ihnen das nicht?«

Offensichtlich gefiel ihm mein Einfall, denn er zog jetzt meine beiden Hände an seinen Mund und bedeckte sie mit Küssen. Ich fragte: »Dieser alte Renault vor dem Haus: Ist das der Mietwagen?«

Er gab meine Hände frei. »Ja, Signorina. Er kostet nur hundert Francs am Tag.« – »Mehr ist er auch nicht wert. Ich fahre morgen mit einem Taxi nach Nizza und erkundige mich, ob meine Geldüberweisung schon eingetroffen ist. Sie können dann den Mietwagen zurückgeben und einen Gebrauchtwagen kaufen, der etwas besser aussieht als dieser. Ich benötige auch meinen Pininfarina wieder; er steht noch immer in der Hotelgarage in Rom. Könnten Sie das für mich erledigen oder ist das zu gefährlich für Sie?«

Er schüttelte den Kopf. »Wenn Sie mir die Papiere und den Autoschlüssel geben, werde ich gleich morgen mit der Bahn . . .«

»Morgen schaffen Sie erst ihre Familie hierher«, fiel ich ihm ins Wort. »Ich möchte nicht, daß sie meinetwegen so lange von ihr getrennt leben. Auch werden Sie nicht mit der Bahn nach Rom fahren, sondern ein Flugzeug nehmen; das geht rascher. Wo kann man hier Lebensmittel einkaufen? Ich habe keine Lust, heute abend in einem Restaurant zu essen.«

»In Grasse, Signorina. Darf ich das für Sie erledigen?«

»Meinetwegen; ich möchte mich jetzt einige Stunden hinlegen und nicht gestört werden. Kaufen Sie ein, worauf Sie selbst Appetit haben. Auch etwas für das morgige Frühstück. Haben Sie noch Geld?«

Er lächelte. »Sie haben mir in Nizza fünf Millionen Lire gegeben, Signorina. Ich war gestern bei einer Bank und habe sie umgetauscht. Wenn Sie wissen wollen, was ich davon ausgegeben habe . . .«

»Darüber können wir uns später unterhalten«, warf ich ein. »Besorgen Sie jetzt die Lebensmittel. Ich habe spät gefrühstückt und noch keinen Appetit. Sie können sich zum Mittagessen selbst etwas machen oder in ein Restaurant gehen.«

Er stand rasch auf. »Wie Sie wünschen, Signorina. Meine Frau wird sehr glücklich sein, wenn ich sie hierherholen darf, und die Kinder auch. Ich weiß nicht, wie ich Ihnen jemals dafür danken soll. Die Hose und dieses Hemd habe ich auch mit Ihrem Geld gekauft.«

»Dann kaufen Sie sich für das restliche gleich noch ein paar Anzüge«, sagte ich. »Vielleicht auch für Ihre Frau und für Ihre Kinder etwas, damit Sie morgen nicht mit leeren Händen zu ihnen kommen. Lassen Sie mich jetzt allein: ich bin müde.«

»Ja, Signorina«, sagte er und ging ins Haus. Ich blieb noch eine Weile in der Sonne sitzen und dachte darüber nach, ob es ein Fehler war, heute vormittag im Hotel anzurufen. Obwohl ich es für unwahrscheinlich hielt, daß Jochen oder Feuerstein von meinem Anruf und damit auch von meinem derzeitigen Aufenthaltsort, dessen Adresse Belloni gestern abend an der Rezeption für mich hinterlassen hatte, erfahren haben könnten, ärgerte ich mich darüber, nicht vorsorglicher gehandelt zu haben, aber schließlich war nicht unbedingt voraussehbar gewesen, daß ich zum gleichen Zeitpunkt, als er mich am Telefon zu sprechen verlangte, mein Hotelzimmer gegen einen Wohnwagen in den Seealpen eingetauscht haben würde.

Wie immer, wenn mich etwas beunruhigte, brach ich meine Überlegungen abrupt ab und ging in das Schlafzimmer hinauf. Zu den wenigen Möbeln, die für eine Vermietung des Hauses erneuert worden waren, gehörten auch die Betten. Weil das Schlafzimmer im Obergeschoß kleiner war als das im Parterre, war es sicher einmal das Mädchenzimmer der Tochter gewesen, die heute in Cannes verheiratet war. Ich erinnerte mich an mein eigenes Mädchenzimmer, an meine Mutter, die heute mit einem Speditionsunternehmer zusammenlebte. Ich hatte ihr nie verziehen, daß sie Egon und mich allein gelassen hatte. Seit über zehn Jahren hatte ich sie nicht mehr besucht und mich von ihr auch nicht mehr besuchen lassen. Mir fiel ein, daß es höchste Zeit wurde, mich auch wieder einmal bei Egon zu melden; in den letzten Tagen hatte ich ihn völlig aus dem Sinn verloren. Sicher wußte er inzwischen schon aus einer Zeitung oder aus dem Fernsehen, um welche Stellung es sich bei meiner neuen Tätigkeit in Italien handelte. Ich hätte ihm gleich die Wahrheit sagen sollen. Ich vermißte ihn ein wenig. Morgen würde ich ihn von Nizza aus anrufen.

Ich zog mich aus und legte mich auf das Bett. Die Sonne schien heiß durch die offene Balkontür. Ich fühlte sie mit geschlossenen Augen am ganzen Körper. Ich legte die Hände auf meine Brüste und erinnerte mich an Emilio und daran, daß ich die ganze Nacht an seiner Seite verbracht hatte. Nicht nur, weil sich seine Freundschaft eines Tages für mich und Jochen vielleicht als nützlich erweisen könnte, sondern weil er mir wegen seines mißglückten Vorhabens, sich um den internationalen Fußball und um die derzeitigen Europameisterschaftsspiele verdient zu machen, irgendwie leid getan hatte. So wie auch Feuerstein und Ardigo mir leid getan hatten, als ich mich wider besseres Wissen und Wollen ihren Wünschen fügte.

Ich öffnete die Augen und betrachtete meinen Körper, meine Beine, das pechschwarze Haar an meinem Schoß, das nun schon so oft von Männerhänden geteilt und erforscht worden war, daß es dort eigentlich nicht mehr viel zu erforschen geben konnte.

Ich ertappte mich dabei, daß ich lächelte. Genauso mußte ich gelächelt haben, als ich Emilio aufforderte, nach den Schlüsseln zu suchen. Ich kannte mein Lächeln ebenso wie meinen Körper, der mir ebenso nützlich wie dienstbar sein konnte. Dienstbar, um meine Lust zu befriedigen, und nützlich, wenn ich ihn auch noch für andere Zwecke einsetzte. Wie bei Emilio, der es gewußt hatte, weshalb ich ihn bei ihm einsetzte und der ihm dennoch nicht widerstehen konnte. Ich erinnerte mich an seine feuchten Augen, als ich mich heute morgen vor dem kleinen Postamt in Roquestéron von ihm verabschiedete. Vielleicht, weil es ein Abschied für immer war. Vielleicht aber auch aus Trauer darüber, an seiner selbstgestellten Aufgabe gescheitert zu sein; ich hatte ihn nicht danach gefragt. Jeder hatte seine Probleme und mußte versuchen, irgendwie damit fertig zu werden. So wie ich versuchen mußte, irgendwie mit Belloni fertig zu werden. Daß mir vorhin, als ich aus dem Taxi stieg und ihn in der Haustür stehen sah, das Herz zu hämmern anfing, war nicht normal. Es paßte nicht zu mir. Es widersprach all meiner Erfahrungen, die ich im Umgang mit Männern gesammelt hatte. Bei Belloni war alles anders. Ich brachte ihn kaum länger mehr als eine halbe Stunde aus dem Kopf. Irgendwie fühlte ich ihn immer neben oder sogar in mir. In meinem Kopf ebenso wie in meinem Herzen. In meinem Verlangen, mich ihm hinzugeben, ihm meinen Körper darzubieten und den seinen für mich in Anspruch zu nehmen. Ich war wie süchtig nach ihm. Ich war einfach verrückt.

Ich war todmüde, und ich konnte nicht einschlafen. Ich fühlte mich nach dieser langen Nacht mit Emilio übersättigt, und trotzdem ertappte ich mich dabei, daß ich auf Belloni wartete. Und je länger ich auf ihn wartete, desto ungeduldiger wurde ich. Ich brachte das Bild, wie er in Rom vor mir auf dem Boden und dann auf den Knien vor meinem Bett gelegen hatte, nicht mehr aus dem Kopf. Mein Körper war feucht, ich fühlte Schweiß in den Achselhöhlen, an meinem Hals, zwischen meinen Brüsten, an meinem Schoß. Ich schob meinen Körper mit den Ellbogen zur Bettkante, setzte die Füße auf den Boden und hörte meinen Atem gehen und mein Herz schlagen. Ich fühlte meine Hände von meinen Brüsten zu meinem Schoß gleiten, ihre Berührung, als wären es nicht mehr meine eigenen, sondern Bellonis Hände, und als ich ihn fragen hörte: »Schlafen Sie, Signorina?«, war ich tatsächlich eingeschlafen oder schon wieder an der Grenze zwischen Schlaf und Wachsein angelangt, denn ich öffnete sofort die Augen und sah ihn unmittelbar vor mir stehen. Und ich lag noch immer so, wie ich eingeschlafen war und mit den Händen an meinem Schoß. Ich richtete mich langsam auf, versuchte mich zu erinnern, was Traum und Wirklichkeit war, aber ich wußte genau, daß es Bellonis Hände und nicht meine eigenen gewesen waren. So wie ich beinahe jede Nacht von seinen Händen und von seinen Küssen träumte und mir mit diesen Träumen das Blut vergiftete und den Verstand. Ich hörte ihn mit besorgt klingender Stimme fragen: »Ist Ihnen nicht gut, Signorina?«

»Wer hat Ihnen erlaubt«, sagte ich. »Wer hat Ihnen erlaubt . . .« Dann fiel mir auf, daß ich keine Stimme hatte. Ich hob den Blick in sein Gesicht und sah ihn eine Weile unverwandt an. Dann fragte ich: »Wieso sind Sie schon wieder hier?«, und diesmal konnte ich meine Stimme hören. Er verfärbte sich; seine Stimme klang betroffen: »Ich war drei Stunden weg, Signorina. Ich wollte Sie nicht stören, nur nachsehen, ob Sie noch schlafen.«

Drei Stunden, es war unfaßbar. Mir fiel plötzlich auf, daß die Sonne nicht mehr ins Zimmer schien. Ich sagte: »Sie werden, ohne vorher an die Tür zu klopfen, nicht mehr in mein Zimmer kommen, Belloni. Haben Sie das verstanden?«

»Ja, Signorina«, sagte er leise. »Es tut mir leid.«

Ich tat mir selbst leid, aber ich konnte jetzt wenigstens wieder klar denken. »Ich brauche Sie heute nicht mehr«, sagte ich. »Lassen Sie mich jetzt allein.«

Er verließ wortlos das Zimmer. Ich wartete, bis ich seine Schritte nicht mehr hören konnte. Dann ging ich ins Bad, wickelte ein Handtuch um mein Haar und stellte mich so lange unter die kalte Dusche, bis ich am ganzen Körper zu zittern anfing. Ich trocknete mich ab und kehrte in das Zimmer zurück. Ich zog die Vorhänge vor, legte mich ins Bett, deckte mich bis zum Hals zu und schloß die Augen. Als ich sie wieder öffnete, war heller Tag. Ich stellte fest, daß ich über vierzehn Stunden geschlafen hatte; ich fühlte mich frisch und ausgeruht wie lange nicht mehr. Vor allem aber fühlte ich mich hungrig. Ich stand rasch auf und trat, die Tür öffnend, auf den Balkon hinaus. Mein Blick fiel sofort auf Belloni. Er saß mit hängendem Kopf unten neben der Haustür auf der Gartenbank; ein gebrochener Mann. Ich fragte: »Solltest du nicht schon in Menton sein und deine Familie holen?«

Er sprang auf die Beine und starrte mich ungläubig an. »Gefalle ich dir heute morgen nicht mehr?« fragte ich. »Oder warum habe ich das Frühstück noch nicht?«

Sein Lächeln verriet ebenso Erleichterung wie grenzenlose Überraschung. Er verschwand, ohne ein Wort zu verlieren, im Haus. Während ich mich im Bad aufhielt, überschlug ich in Gedanken, was ich, wenn ich mich bis zu dem übermorgen in Marseille stattfindenden Spiel hier aufhielte, alles brauchen könnte. Emilio hatte mir zwar erlaubt, mich von den im Wohnwagen vorhandenen und mir ohnehin zugedachten Toilettenartikeln mit dem Nötigsten zu versorgen. Trotzdem vermißte ich noch einiges, und da ich schlecht zum Hotel fahren und mich dort bedienen konnte, nahm ich mir vor, meinen Besuch bei der Bank in Nizza noch mit einigen Einkäufen zu verbinden. Mit dem Frühstück, das Belloni mir wenig später in dem kleinen, nebenanliegenden Wohnraum servierte, war ich sehr zufrieden. Ich erlaubte ihm, sich zu mir an den Tisch zu setzen und mir dabei zuzusehen. Sein Kaffee schmeckte vorzüglich, ich machte ihm ein Kompliment und fragte mit einem Blick auf die Couch mit dem zerwühlten Bettzeug, ob er gut geschlafen habe. Er schnitt ein unglückliches Gesicht und murmelte: »Ich habe keine Minute geschlafen; keine Sekunde.«

»Das wollte ich nicht«, sagte ich und biß in eine mit Butter und Marmelade betrichene Scheibe Weißbrot. »Hast du auch einen Vornamen?«

Die Freude darüber, daß ich ihn duzte, ließ seine Stimme heiser klingen: »Adolfo. Darf ich Marianne zu dir sagen?«

»Signorina klingt aus deinem Mund viel hübscher«, erwiderte ich. »Belassen wir es also dabei. Ich möchte auch nicht, daß du mich, wenn deine Frau hier ist, in ihrer Gegenwart duzt. Du kannst sie und die Kinder im Parterre unterbringen. Ich brauche die drei Zimmer da unten nicht. Nach dem Frühstück bringst du mich nach Nizza und holst dann deine Familie. Ich fahre mit einem Taxi zurück.«

Er schwieg und betrachtete, weil ich zum Frühstück nur einen Slip angezogen hatte, meine Brust. Ich fragte: »Oder gefällt dir das nicht?«

»Doch, Signorina«, murmelte er. Ich lächelte. »Wir müssen ja nicht sofort losfahren, Adolfo. Vielleicht kurz vor Mittag, dann kann ich in Nizza in einem Restaurant essen. Ich möchte vorher auch noch ein Bad nehmen. Läßt du mir schon das Wasser ein?«

Er stand augenblicklich auf. »Wollen Sie das Wasser sehr warm haben, Signorina?«

»Nicht zu warm«, sagte ich. »Du kannst auch gleich ein Bad nehmen. Ich komme dann zu dir.«

»Ja, Signorina«, sagte er erfreut. Ich frühstückte zu Ende, rauchte hinterher noch eine Zigarette und ging dann zu ihm ins Badezimmer. Er lag bis zum Hals im Wasser und blickte mich erwartungsvoll an. Ich sagte: »Wenn ich dich waschen soll, mußt du aber aufstehen, Adolfo. Oder willst du nicht, daß ich dich wasche?«

»Doch, Signorina«, sagte er und stand auf. »Darf ich auch Sie waschen?«

Ich küßte ihn auf den Mund, und als wir uns lange genug gegenseitig gewaschen hatten, sagte ich: »Wenn ich dir nicht zu schwer bin, darfst du mich zum Bett tragen.«

Er zögerte. »Soll ich mich vorher nicht abtrocknen?«

»Wozu denn?« fragte ich.

Er nahm mich auf die Arme, trug mich ins Schlafzimmer und legte mich auf das sonnenbeschienene Bett. Wir verbrachten über zwei Stunden dort, und jedesmal, wenn ich meinte, es sei nun endgültig genug, fing er von neuem an. Es erinnerte mich an die Riesenportionen Eis mit Schlagsahne, die ich als Kind so sehr gemocht hatte, daß ich, obwohl ich den großen Becher oft kaum mehr schaffte, trotzdem keine Ruhe gab, ehe ich Sahne und Eis nicht bis zur Neige in mich hineingelöffelt hatte. Und als ich auch diesen Becher bis zur Neige ausgekostet hatte, schlang ich die Arme um seinen Rücken, rieb meine Nase an der seinen und fragte: »Bist du glücklich, Adolfo?«

»Ja, Signorina«, murmelte er. »Ich war noch nie so glücklich wie jetzt, wo ich weiß, daß Sie mich lieben.«

»Von Liebe habe ich vorläufig aber noch gar nicht gesprochen«, sagte ich und ging wieder ins Bad. Eine halbe Stunde später fuhr ich neben ihm in dem alten Renault nach Nizza; ich stellte fest, daß er nicht nur ein vorzüglicher Liebhaber, sondern auch ein sehr sicherer Fahrer war. Ich konnte mich ihm in jeder Beziehung anvertrauen.

Der Bankkassier, bei dem ich unmittelbar nach meinem ersten Eintreffen in Nizza mit einem Verrechungsscheck der Mailänder Bank ein Konto eröffnet hatte, erkannte mich wieder und teilte mir mit einem verbindlichen Lächeln mit, daß der Gegenwert in Höhe von rund vierhunderttausend Francs meinem Konto bereits gutgeschrieben sei. Ich hob hunderttausend davon ab, ließ sie mir in großen Scheinen auszahlen und vermerkte sie umgehend in meinem Notizbuch, wo ich für Jochen und für mich eine zwar einfache, jedoch sehr gewissenhafte Buchhaltung führte. Bis zur Stunde lebten wir immer noch von jenen Geldern, die uns für seine Galavorstellungen in Mailand und anderswo überwiesen worden waren. Das Geld für seine Bestellung als Torhüter für den AC Mailand und die italienische Nationalelf hatte ich noch nicht anzuknabbern brauchen. Ich fand das sehr beruhigend. Zum Mittagessen ging ich in ein nahe der Bank gelegenes Restaurant, erledigte anschließend meine Einkäufe und fuhr dann mit einem Taxi nach Gourdon zurück. Bis zum Eintreffen Bellonis und seiner Familie nahm ich auf dem Balkon ein Sonnenbad. In das Haus hatte ich mich bereits ebenso verliebt wie in Gourdon selbst. Mit seinen kleinen Häusern, den blühenden Gärten und der sie umgebenden lieblichen Landschaft mit dem Blick auf den bläulichen Schatten des Meeres am südlichen Horizont, war es genau das, wovon ich, als ich noch in Frankfurt lebte, immer geträumt hatte. Vielleicht war dies auch der Grund dafür, weshalb ich mich, trotz meiner guten Vorsätze, auch heute wieder nicht dazu hatte überwinden können, Egon von Nizza aus anzurufen. Mein schlechtes Gewissen darüber, daß ich mir meine Träume hatte erfüllen können und er nicht, ließ mich jedesmal davor zurückschrecken. Bellonis Eintreffen enthob mich, wenigstens für den Augenblick, meines schlechten Gewissens. Ich lernte dann gleich auch noch seine Familie kennen, Paola und Veronica, die beiden schwarzhaarigen und stupsnasigen Mädchen, und den nach seinem Vater getauften und von Teresa, der Mutter fürsorglich ans Herz gebetteten Adolfo. Teresa konnte kaum älter sein als ich, in ihrem dunklen, ärmellosen Kleid, mit ihren großen, mandelförmigen Augen und dem bis zu den Schulterblättern fallenden ebenholzfarbenen Haar machte sie sofort einen sehr sympathischen Eindruck auf mich, zumal sie meinen Blick völlig unbefangen, ja beinahe neugierig erwiderte, meine Hand an den Mund führte und sie mit den Lippen berührte. Sie sagte: »Ich bin sehr glücklich, Sie kennenzulernen, Signorina. Sie haben meinem Mann, meinen Kindern und mir schon sehr viel geholfen. Wir werden Ihnen alle immer dankbar dafür sein. Dies ist ein wunderschönes Haus; ich kann noch gar nicht glauben, daß wir hier wohnen dürfen. Adolfo hat mir auf der Fahrt hierher zwar schon davon erzählt, aber so groß und schön habe ich es mir nicht vorgestellt.«

»Es freut mich, daß es Ihnen gefällt, Teresa«, antwortete ich. »Vielleicht läßt es sich einrichten, daß Sie längere Zeit hier wohnen.« Ich gab auch Paola und Veronica die Hand; sie schauten mich mit ihren schwarzen Kulleraugen an, als sei ihnen das Christkind persönlich begegnet. Sie machten einen kleinen Knicks; ich streichelte ihnen die Wange. Ihre Mutter schien sie schon sehr gut erzogen zu haben. Auch Adolfo junior ließ sich von mir die pausbäckige Wange streicheln; ich fand, daß er seinem Vater ähnlicher sah als seiner Mutter. Weil dieser noch damit beschäftigt war, das Gepäck aus dem Wagen zu holen, führte ich Teresa und die Kinder durch die Zimmer im Erdgeschoß. Sie sagte: »So schön habe ich in meinem ganzen Leben noch nicht gewohnt. Wir hatten auch noch nie ein eigenes Badezimmer. Schon meine Eltern konnten sich eine Wohnung mit Badezimmer nicht leisten. Das kostet doch sicher schrecklich viel Geld, Signorina?«

Ich stellte wieder einmal fest, daß Freude, die man anderen bereitete, das Herz mehr erwärmen konnte als selbstempfangene Freude, und Teresas Freude war so aufrichtig, daß ich die kleine Befangenheit, die ich im ersten Moment empfunden hatte, rasch vergaß. Ich sagte: »Darüber machen Sie sich keine Gedanken, Teresa. Ich lasse Sie jetzt allein, damit Sie sich in Ruhe umsehen und einrichten können. Wenn Sie damit fertig sind, kommen Sie bitte zu mir hinauf; ich möchte mich ein wenig mit Ihnen unterhalten.«

Sie griff nach meiner Hand und wollte sie wieder an die Lippen ziehen. Ich hinderte sie daran. »Sie brauchen sich bei mir nicht zu bedanken. Was ich für Sie und Ihre Kinder tue, ist selbstverständlich.«

Ich streichelte den beiden Mädchen noch einmal die Wange und ging dann in mein Zimmer hinauf. Ich legte mich auf das Bett, verschränkte die Hände im Nacken und überlegte, was ich sonst noch für sie und die Kinder tun könnte. Als gleich darauf Belloni an die Tür klopfte, ließ ich ihn hereinkommen und fragte: »Was gibt es, mein Freund?«

Er blieb wie unschlüssig an der Tür stehen. »Ich wollte nur nach Ihnen schauen, Signorina. Kann ich etwas für Sie tun?«

Sicher wollte er meinen Eindruck über seine Familie erfahren; ich sagte: »Im Augenblick nicht. Du hast eine sehr hübsche Frau und sehr nette Kinder. Ich möchte, daß du morgen noch einmal mit dem Makler redest und dich erkundigst, ob man das Haus auch für längere Zeit mieten kann. Meinetwegen gleich für ein Jahr, wenn es deiner Frau so gut gefällt.« Er kam einige Schritte näher, blieb wieder stehen und fragte: »Werden Sie noch so lange in Frankreich bleiben?«

»Das weiß ich vorläufig nicht. Das hat auch nichts mit diesem Haus zu tun. Setz dich zu mir, Adolfo.«

Er setzte sich zu mir auf das Bett. Ich sagte: »Als ich dich in Rom aufforderte, dich und deine Familie nach Frankreich in Sicherheit zu bringen, kannte ich sie noch nicht. Vielleicht habe ich deshalb nicht genügend darüber nachgedacht. Jetzt fühle ich mich auch für sie verantwortlich. Wenn ich es richtig sehe, könnt ihr für absehbare Zeit nicht mehr nach Neapel zurück. Ihr könnt aber auch nicht für immer in Frankreich bleiben. Die Kinder müssen eines Tages zur Schule. Ihr habt auch noch die meisten eurer Sachen in eurer Wohnung in Neapel. Auch Teresas Eltern leben dort. Du mußt dir doch etwas gedacht haben, als du dich damit einverstanden erklärtest, deine Familie mit nach Frankreich zu nehmen. Ich meine, wie das hier weitergehen soll mit euch.«

Er blickte mich schweigend an.

Ich richtete mich ungeduldig auf. »Mir leuchtet ein, daß du es nicht riskieren kannst, nach Neapel zurückzukehren. Deine Familie aber auch nicht, weil man sie sonst dazu benutzen könnte, deine Rückkehr zu erzwingen. Wie ist es denn mit Genua? Wenn ihr euch dort eine Wohnung nehmt . . .«

»Dazu ist es noch zu früh«, fiel er mir ins Wort. »Die Leute, für die ich gearbeitet habe, werden sich bestimmt schon dafür interessiert haben, wohin meine Frau mit den Kindern verschwunden sein könnte. Sie werden herausgefunden haben, daß in Genua eine Schwester von ihr lebt, und auch dort nach mir suchen. Vielleicht finde ich in Nizza eine Arbeit in meinem früheren Beruf als Kraftfahrer. Dann würde meine Familie auch eine Aufenthaltsgenehmigung bekommen. Ich und meine Frau würden lieber in Italien leben als hier, Signorina, aber das ist vorläufig nicht mehr möglich. Wenn Teresas Eltern sie sehen wollen, können sie sie in Frankreich besuchen. Sie werden unseren Haushalt in Neapel auflösen, die Möbel verkaufen und uns das Geld dafür hierher schicken.«

»Und wie ist das mit der eigenen Familie?«

Sein Gesicht verhärtete sich. »Es kam damals, als ich meine Stellung verloren und anschließend für diese Leute gearbeitet habe, zu einer Auseinandersetzung mit ihr. Ich habe seitdem keine Familie mehr außer der, die Sie eben kennengelernt haben. Ich möchte auch nicht viel länger von Ihrem Geld leben, Signorina. Sie haben jetzt schon mehr für mich und meine Familie getan, als ich es erhoffen durfte. Es wird allerdings nicht leicht sein, in Nizza eine Arbeit zu finden. Es gibt auch hier viele Arbeitslose. Trotzdem werde ich es versuchen. Wenn Sie es wünschen, schon morgen.« – »Morgen holst du den Pininfarina und besorgst dir ein eigenes Auto«, sagte ich. »Hier sind die Schlüssel und Papiere für meinen Wagen. Wenn du erst einmal ein eigenes Auto hast, wirst du vielleicht leichter eine Stellung finden. Ich werde dir, wenn es sein muß, auch dabei helfen, einen eigenen Lastwagen zu kaufen oder dir das erforderliche Geld dafür geben, dich an einer Speditionsfirma zu beteiligen, aber das hat noch Zeit. Es ist mir auch lieber, du schläfst heute nacht unten bei deiner Frau.«

Er fragte bestürzt: »Habe ich etwas falsch gemacht?«

»Dann hätte ich es dir gesagt. Liebst du deine Frau nicht mehr?«

»Teresa ist nicht so wie Sie, Signorina.«

»Als du geheiratet hast, war sie dir gut genug«, erwiderte ich. »Ich sagte dir schon, daß ich sie hübsch finde. Sie soll nicht schon am ersten Abend in ihrem neuen Quartier das Gefühl haben, daß du nur noch für mich da bist. Wann hast du zuletzt mit ihr geschlafen?«

Er zögerte mit der Antwort. »Das ist schon länger her.«

»Dann laß es nicht noch länger werden.«

Er lächelte verlegen. »Ich bin mir nicht sicher, ob ausgerechnet heute der richtige Zeitpunkt dafür ist, Signorina.«

»Du meinst, wegen heute vormittag? Wie ich dich kenne, ist das kein stichhaltiges Argument. Bei mir hättest du heute nacht deshalb bestimmt keine Probleme. Oder warum bist du jetzt so enttäuscht?«

»Bei Ihnen ist das doch etwas ganz anderes.«

»Im Prinzip nicht. Tu, was ich dir sage. Ich werde Teresa morgen früh danach fragen. Wenn du dich nicht um sie gekümmert hast, muß ich annehmen, daß du sie nur meinetwegen vernachlässigst. Geh jetzt und schau nach deinen Kindern. Sie wissen sonst bald nicht mehr, daß du ihr Vater bist.«

Er küßte meine Hand, stand auf und verließ das Zimmer. Zehn Minuten später klopfte Teresa an die Tür. Als sie mich auf dem Bett liegen sah, blieb auch sie wie unschlüssig stehen. Ich rief sie zur mir, griff nach ihrer Hand und zog sie neben mich auf das Bett. »Das zwischen Adolfo und mir ist nicht von Dauer«, sagte ich. »Sie werden ihn auch noch haben, wenn er mich schon längst vergessen hat.«

Sie sagte ruhig: »Er wird Sie nie vergessen, Signorina. Sie sind sehr schön.«

»Sie sind auch schön«, sagte ich. »Aber Männer sind nun mal so. Ich bin ihnen in manchen Dingen ähnlich.«

»Wie meinen Sie das, daß Sie ihnen ähnlich seien?«

»So, wie ich es sagte. Es müssen schließlich nicht immer nur die Frauen sein, die von Männern gejagt und ausgenutzt werden. Ich gehöre zu den Frauen, die den Spieß ganz gerne auch einmal umdrehen. Auch Adolfo wird eines Tages wieder ohne mich auskommen müssen. Das kann vielleicht schon in drei oder vier Tagen der Fall sein. Vielleicht auch erst viel später. Sie haben doch keine Angst, daß ich ihn Ihnen wegnehmen und heiraten könnte?«

Sie lächelte. »Nein, Signorina. Diese Angst habe ich nicht. Ich kenne seine Vorzüge und auch seine Schwächen. Als seine Frau muß ich mit allen beiden leben. Sie müssen das nicht. Ich wünsche auch nicht, daß Sie ihn sehr bald verlassen. Ich kann ihm bei seinen Problemen nicht helfen. Ohne Sie ist er verloren und ich und die Kinder mit ihm.«

»Er wird auch nicht verloren sein, wenn ich ihn verlasse«, sagte ich. »Machen Sie sich deshalb keine Sorgen. Ich werde mich auch dann noch um Sie kümmern, wenn ich nicht mehr in Frankreich sein werde. Hatte er es oft mit anderen Frauen?«

»Ich glaube schon, aber Sie sind die erste, von der er mir erzählte. Er sagte mir, daß ich mir Ihretwegen keine Gedanken zu machen brauchte, weil Sie ihn doch nicht heiraten würden. Jetzt, wo ich Sie gesehen habe, kann ich das auch verstehen. Es ist mir daher lieber, er ist bei Ihnen als bei einer anderen, von der ich nichts weiß und die ich nicht kenne.«

Ich lächelte. »Sie sind nicht nur hübsch, Sie sind auch klug, Teresa. Ich glaube, wir werden uns gut verstehen.«

»Darüber würde ich mich sehr freuen, Signorina«, sagte sie, mein Lächeln erwidernd. »Adolfo erzählte mir, daß Sie nicht gerne in einem Restaurant essen. Darf ich für Sie kochen und Ihnen das Essen heraufbringen?«

»Wenn Ihnen das nicht zuviel Mühe macht.«

»Im Gegenteil: Ich wäre sehr froh darüber, wenn Sie mir die Möglichkeit gäben, auch etwas für Sie zu tun. Essen Sie abends lieber kalt oder warm?«

»Lieber kalt«, sagte ich. »Im Kühlschrank liegen Wurst und Käse; ich habe auch frisches Brot aus Nizza mitgebracht. Wenn Sie mir noch eine Tasse Tee dazu machen, habe ich alles, was ich brauche.«

Wir unterhielten uns dann noch ein paar Minuten über andere Dinge. Was ich am liebsten aß und wann ich morgens das Frühstück haben wollte. Ich gewann den Eindruck, daß sie mich schon genauso mochte, wie ich sie, und als sie mir eine Stunde später das Essen brachte und mir eine gute Nacht wünschte, beugte sie sich zu mir nieder, berührte mit den Lippen meine Wange und verließ dann rasch das Zimmer. Ich sah sie erst am nächsten Morgen wieder, als sie mit dem Frühstück kam. Sie servierte es auf meine Bitte hin auf einem kleinen Balkontisch und erzählte mir, daß ihr Mann bereits unterwegs nach Rom sei, um meinen Pininfarina zu holen. Neben Marmelade und Honig hatte sie auch ein gekochtes Ei, Schinken und Käse mitgebracht. Weil die Sonne heiß auf den Balkon schien, zog ich nur den neugekauften Hausmantel an. Noch mit dem Frühstück beschäftigt, überraschte Teresa mich mit einer kleinen Aufmerksamkeit und stellte eine Vase mit im Garten geschnittenen Blumen auf den Tisch. Mir fiel auf, daß von den Kindern weder etwas zu sehen noch zu hören war. Meine Frage nach ihnen beantwortete sie damit, daß die Mädchen Adolfo hüteten und sich im Gästezimmer die Zeit mit Spielen vertrieben. Ich sagte: »Sie können auch im Garten spielen; mich stört das nicht. Haben für den Jungen keinen Kinderwagen?«

»Den mußten wir in Neapel zurücklassen. Wir konnten nur das Wichtigste mitnehmen. Es ging alles so schnell. Wir mußten mit der Bahn zu meiner Schwester nach Genua fahren. Wollen Sie nach dem Frühstück baden, Signorina? Dann lasse ich Ihnen schon Wasser ein.«

»Das wäre lieb von Ihnen«, sagte ich. Wenn ich berücksichtigte, daß ich mit ihrem Mann schlief, war sie sogar lieber zu mir, als ich es verdiente. Ich nahm nach dem Frühstück zweitausend Francs aus meiner Handtasche und ging zu ihr ins Badezimmer. Sie war damit beschäftigt, mit einem feuchten Tuch das Waschbecken und den Spiegel zu reinigen; die Badewanne war bereits gefüllt. Ich steckte ihr die zweitausend Francs in eine aufgesetzte Tasche ihres dunklen Kleids und sagte: »Adolfo soll morgen mit Ihnen nach Nizza oder Grasse fahren, damit

Sie sich einen Kinderwagen kaufen. Vielleicht brauchen Sie auch noch ein Kleid und für die Kinder etwas.«

»Aber dafür haben Sie Adolfo doch schon Geld gegeben«, sagte sie und nahm die Scheine aus der Tasche. Sie betrachtete sie und blickte dann mich an. »Warum tun Sie das, Signorina? Sie haben schon so viel für uns getan.«

»Offensichtlich nicht«, sagte ich. »Sonst hätten sie bereits in Menton einen Kinderwagen für Adolfo gekauft. Ich habe dieses Geld so leicht verdient, daß es mir auch leicht fällt, etwas davon herzuschenken.«

»Adolfo sagte mir, daß Sie ihm auch ein Auto schenken wollen.«

Ich lächelte. »Aber nur ein gebrauchtes; Sie sehen also, ich kann auch geizig sein.«

Das Badewasser war gerade richtig. Ich zog den Hausmantel aus und stieg in die Wanne. Teresa kam sofort zu mir, griff unaufgefordert nach einem Seifentuch und scheuerte mir den Rücken. Ich sagte: »Das ist aber nun wirklich nicht Ihre Arbeit, Teresa.«

»Lassen Sie mir auch diese Freude«, sagte sie. »Bei Ihnen tu ich das gern und nicht nur, weil ich Ihnen dankbar bin. Sie haben einen sehr schönen Körper, Signorina. Ich verstehe immer mehr, weshalb Adolfo, wenn er neben mir liegt, im Traum Ihren Namen murmelt.«

»Tat er das in der vergangenen Nacht auch?«

Sie lächelte wieder. »Das verdanke ich wohl Ihnen, Signorina?«

Ich beobachtete, wie ihre Hand über meine Schulter an meine Brust kam und mich auch dort einseifte. »Ich verstehe Sie nicht.«

»Er erzählte mir, daß Sie ihn zu mir heruntergeschickt haben. Ich glaube, es gibt keinen Wunsch, den er Ihnen abschlüge. Wenn Sie aufstehen, kann ich auch Ihre Beine waschen, Signorina. Oder wäre Ihnen das unangenehm?«

Ich mußte lachen. »Aber warum denn?«

»Ich muß jeden Morgen und jeden Abend die Kinder baden«, sagte sie. »Da bekommt man Übung in solchen Dingen.«

Vielleicht hatte sie einen Waschkomplex. Ihre Gewissenhaftigkeit, mit der sie mir nicht nur den Po einseifte, ließ auf etwas Ähnliches schließen. Die Möglichkeit, sie könnte meinen Körper vielleicht nicht nur schön, sondern auch begehrenswert finden, konnte ich bei ihr mit Gewißheit ausklammern. Dazu verfuhr sie bei aller Gründlichkeit nicht nur zu zweckbetont und sachlich, auch ihr etwas geistesabwesender Gesichtsausdruck gab eher zu der Vermutung Anlaß, daß ihre Gedanken jetzt mehr mit dem Kinderwagen für Adolfo als mit mir beschäftigt waren.

Für die Dienste einer Kammerzofe hätte ich mir kaum eine geeignetere Person denken können als sie. Glücklicherweise hatte ich Belloni bei unserem gestrigen Zusammensein vorsorglich ermahnt, auf meiner empfindlichen Haut keine neuen Spuren seiner Unersättlichkeit zu hinterlassen.

Während Teresa sich anschließend einer ebenso gründlichen Reinigung der Badewanne widmete, den Boden des Badezimmers feucht aufwischte und danach das Schlafzimmer aufräumte, nahm ich die Gelegenheit für ein Sonnenbad auf dem Balkon wahr. Daß Teresa eine vorzügliche Köchin war, stellte ich beim Mittagessen fest, sie servierte mir eine Pizza und zum Nachtisch einen frischen Obstsalat, die meinen uneingeschränkten Beifall fanden. Am Nachmittag, als Paola und Veronica einmal kurz im Garten auftauchten und dort eine welke Tulpe beerdigten, ging ich zu ihnen hinunter und beschäftigte mich eine Weile mit ihnen. Obwohl ich eigene Kinder für eine vorläufig nicht absehbare Zeit genausowenig zum Gegenstand meiner Überlegungen machte wie eine Heirat, gefielen mir die beiden von Mal zu Mal besser. Ich schenkte ihnen eine Tafel Schokolade, die ich neben anderen Süßigkeiten in Emilios Wohnwagen entdeckt und mitgenommen hatte. Bellonis Rückkehr erfolgte so spät am Abend, daß ich mir seinetwegen schon Sorgen und Vorwürfe gemacht hatte, ihn überhaupt auf diese doch nicht ganz ungefährliche Reise geschickt zu haben. Zum Glück war jedoch alles gut verlaufen. Damit der Pininfarina in der Nachbarschaft keine Neugierde erregte, ließ ich ihn von Belloni im Garten unter den alten Ölpalmen und Zypressen abstellen. Für den Kauf eines Gebrauchtwagens hatte ihm die Zeit nicht gereicht; er versprach mir, sich gleich am nächsten Vormittag darum zu kümmern. Zur Belohnung für die lange Reise, die er meinetwegen auf sich genommen hatte, erlaubte ich ihm ausnahmsweise, die ganze Nacht bei mir zu verbringen. Was mich bei ihm jedesmal wunderte, war weniger seine erstaunliche Fähigkeit, seine Manneskräfte innerhalb relativ kurzer Zeit zu reaktivieren. In dieser Beziehung war auch Jochen eine neue Erfahrung für mich gewesen. Während dieser jedoch unmittelbar nach dem Liebesvollzug entweder einschlief oder sich anderen Beschäftigungen zuwandte, schien Bellonis Interesse an mir und meinem Körper auch dann nicht zu erlahmen. Er konnte mich immerzu in seinen Armen halten oder nachts, wenn ich schlief, meinen Rücken, meinen Nacken oder meine Schultern küssen. Ich wußte es deshalb, weil ich schon mehrfach davon wachgeworden war. Mit solcher Beständigkeit geliebt und begehrt zu werden, war ein Erlebnis, das ungleich nachhaltiger in mir haften blieb als das, was ich mit anderen Männern erfahren hatte. Mir kam zum erstenmal der Gedanke, ich könnte seine Vorzüge als Liebhaber nur noch als einen Vorwand benutzen, um mir selbst gegenüber vielleicht schon tieferreichende Empfindungen zu verschleiern. Wenn dies aber so wäre, wenn ich mich tatsächlich ernsthaft in ihn verliebt haben sollte, dann hätte ich erst recht Anlaß, allmählich an meinem Verstand zu zweifeln. Da er mir in meinem Leben jedoch schon einige Male abhanden gekommen und irgendwann wieder von allein zurückgekehrt war, sah ich noch keinen Grund, an mir selbst zu verzweifeln. Wenigstens vorläufig noch nicht.

Den dritten Tag verbrachte ich hauptsächlich auf dem Balkon in der Sonne oder schlafend im Bett. Für den Kauf eines Gebrauchtwagens hatte ich Belloni am Vormittag fünfzehntausend Francs mitgegeben; fünftausend brachte er mir wieder zurück, und der viertürige, hellblaue Renault, den er erworben hatte, war erst zwei Jahre alt und fand sofort meine Zustimmung. Nachmittags schickte ich ihn mit Teresa zum Kauf eines Kinderwagens nach Grasse und spielte in der Zeit ihrer Abwesenheit Babysitter. Adolfo junior schlief friedlich im Bett seiner Mutter.

Paola und Veronica gruben die am Vortag beerdigte Tulpe wieder aus und betteten sie anderswo zur Ruhe. Von ihren Einkäufen in Grasse brachten Teresa und Belloni mir unaufgefordert einige deutsche und französische Zeitschriften und Zeitungen mit. Das morgige Spiel in Marseille war auch in den deutschen Zeitungen ausführlich erwähnt; in einer fand ich auch ein Konterfei von mir. Es mußte in einem Hotelzimmer in Rom aufgenommen worden sein. Ich betrachtete es nicht ohne Wohlgefallen. Nachdem er die letzte Nacht so ausschließlich bei mir verbracht hatte, schickte ich Belloni vor dem Schlafengehen wieder zu seiner Familie hinunter und erlaubte ihm dafür, mich am nächsten Morgen zu wecken. Er weckte mich dann allerdings viel zu früh und auch nicht viel anders als am Tag davor, so daß ich hinterher noch einmal einschlief und mir Teresas Frühstück erst zur Mittagszeit und das Mittagessen im Laufe des Nachmittages servieren ließ. Danach fand ich, daß ich mich nun genügend ausgeruht und auch sonst alles getan hatte, was mir vor meinem Eintreffen in Gourdon insgeheim vorschwebte. Von Teresa erfuhr ich, daß Belloni vor zwei Stunden mit seinem Wagen nach Grasse gefahren war, weil eine der Bremsleuchten nicht mehr funktionierte. Sein langes Ausbleiben beunruhigte sie; ich schloß mich ihrer Beunruhigung an. Sie erwies sich jedoch, wie wir bald darauf von Belloni erfuhren, als unbegründet. Seine späte Rückkehr hatte allein damit zu tun, daß er auf dem Rückweg von der Autowerkstatt in einem Restaurant einen Espresso hatte trinken wollen und wegen des dort aufgestellten Fernsehers unfreiwilliger Augenzeuge der Spielübertragung aus Marseille geworden war. Er sagte: »Ich wollte es mir eigentlich nicht anschauen, Signorina, Sie wissen, daß ich mir nichts aus Fußball mache, aber es wurde dann doch so spannend, daß ich mich nicht davon losreißen konnte. Mir war der Spielausgang wegen der anwesenden französischen Gäste so peinlich, daß ich mich gar nicht getraute, mich als Italiener erkennen zu geben.«

Unser Gespräch fand in dem kleinen Wohnraum neben meinem Schlafzimmer statt, wo Teresa mir das Abendessen serviert hatte. Als Belloni zu uns kam, war ich gerade damit fertiggeworden. Irgendwie hatte ich Probleme, ihn auch in Teresas Gegenwart zu duzen; ich sagte bemüht gleichgültig: »Wenn Sie sich aus Fußball nichts machen, dann kann es Ihnen erst recht egal sein, wie das Spiel ausgegangen ist. Oder hat Schimazek mehr als nur ein Tor hinnehmen müssen?«

Er blickte mich verständnislos an. »Wie meinen Sie das, Signorina? Unsere Mannschaft hat 9:0 gewonnen. Die französischen Zuschauer waren am Schluß so wütend, daß sie . . .«

»Moment mal«, unterbrach ich ihn. »Sagten Sie 9:0?«

Er nickte. »Ja, Signorina. Noch zwei Tore höher als gegen die Spanier. Signor Schimazek brauchte in der zweiten Hälfte überhaupt keine Bälle mehr zu halten, weil die französische Nationalelf . . .« Er brach ab und fragte besorgt: »Ist Ihnen nicht gut, Signorina? Sie sind plötzlich ganz weiß geworden.« Auch Teresa musterte mich mit besorgter Miene. Ich öffnete meine Handtasche, nahm meine Zigaretten heraus und sagte, weil sie neben der Pistole gesteckt hatten: »Sie wollten mir noch die Munition besorgen.«

»Das erledige ich morgen, Signorina«, sagte er. »Ich fahre morgen nach Turin. Von hier aus ist es nicht weit dorthin.«

»So sehr eilt es nun auch wieder nicht«, sagte ich. Und weil mir beim Anzünden der Zigarette die Hände zitterten, klappte ich das Feuerzeug rasch zu, legte die Zigarette auf den Tisch und sagte: »Ich muß noch heute mit Signor Schimazek reden. Bringen Sie mich nach Nizza; ich steige dort in ein Taxi. Den Pininfarina lasse ich hier. Auch meine anderen Sachen.«

Er fragte tief betroffen. »Jetzt gleich?«

»Ja«, sagte ich und stand auf. »Warten Sie unten auf mich. Ich möchte mich nur rasch anziehen.«

Er verließ wortlos das Zimmer. Teresa heftete den Blick ihrer mandelförmigen Augen auf mich und fragte mit ruhig klingender Stimme: »Ist dies schon der Zeitpunkt, über den Sie sich nach unserem Eintreffen mit mir unterhalten haben, Signorina?«

Ich küßte sie, mich von ihr verabschiedend, auf die Wange. »Nein; wir werden uns noch öfter sehen, Teresa. Vielleicht schon heute abend wieder. Vielleicht auch erst morgen oder übermorgen. Ich weiß es noch nicht.«

»Ich werde für Sie beten, Signorina«, sagte sie und ließ mich allein. Ich zog den Hausmantel aus und fuhr in mein Kleid. Minuten später saß ich neben Belloni im Wagen; Teresa hatte ich nicht mehr gesehen. Ich sagte: »Es ist möglich, daß ich mein Zimmer im Hotel schon morgen aufgebe und das Quartier in Tourette beziehe. Da auch Signor Schimazek und die anderen mitkommen, darfst du dich in Tourette keinesfalls sehen lassen.«

Er nickte. »Das ist mir klar, Signorina. Ich werde nicht nur Tourette, sondern auch die direkte Straße von dort nach Nizza meiden und, wenn ich in Nizza zu tun habe, lieber einen kleinen Umweg machen. Ich hatte gehofft, Sie könnten noch einige Tage in Gourdon bleiben.«

»Das war von mir nicht vorgesehen«, erwiderte ich. »Ich wollte in Gourdon das Spiel in Marseille abwarten. Nun, da es vorbei ist, werde ich wieder gebraucht. Vergiß nicht, daß ich Schimazeks Managerin bin und hin und wieder auch für ihn etwas tun muß. Ich kann nicht immer nur auf der faulen Haut liegen und mich von dir und Teresa verwöhnen lassen.«

»Haben wir das getan?« fragte er lächelnd. Ich blickte von der Seite in sein Gesicht. Seit Rom hatte ich mich bereits so sehr an ihn gewöhnt, daß es mich nicht einmal mehr störte, daß er kein Mann zum Vorzeigen war. Von den Männern, die ihre Frauen zum Essen in Frankfurt ins ›Steigenberger‹ oder in Rom ins ›Osteria dell'Orso‹ ausführten, waren auch nicht alle zum Vorzeigen, sie hatten nur das Geld dazu, sie dorthin auszuführen, aber Geld allein macht einen Mann für eine Frau auch noch nicht vorzeigewürdig, es sei denn, sie hätte ihn nur deshalb geheiratet. Wenn ich mir einige der Typen vergegenwärtigte, die heute in deutschen Massenmedien von den Personalchefs als vorzeigewürdig für eine ganze Nation befunden wurden, schnitt Belloni neben ihnen so schlecht gar nicht ab. Zumindest machte er einen gepflegten Eindruck.

Ich antwortete: »Vor allem Teresa. Deine Art, mich zu verwöhnen, war schließlich nicht ganz uneigennützig. Ich hatte den Eindruck, Teresa macht sich wegen euer Zukunft Sorgen. Ich habe mir inzwischen überlegt, daß es vielleicht doch besser ist, du versuchst, in Nizza so rasch als möglich beruflich Fuß zu fassen. Ich stelle es mir so vor, daß du ein Inserat in die Zeitung setzt, in dem du eine finanzielle Beteiligung an einem mittleren Speditionsunternehmen suchst. Wir werden dann ja sehen, was eingeht. Und vergiß nicht, dich bei dem Makler nach der Möglichkeit für einen längeren Mietvertrag zu erkundigen. Die Eigentümerin wird bestimmt nichts dagegen haben, wenn das Haus nicht nur während der Hochsaison, sondern auch in den übrigen Jahreszeiten vermietet ist. Sie und der Makler müßten dir bei der Miete dann allerdings etwas entgegenkommen. Laß dich von ihnen nicht übers Ohr hauen.«

»Daran habe ich schon selbst gedacht, Signorina. Könnte es dann aber nicht auch ein kleineres und billigeres Haus oder eine Mietwohnung . . .«

Ich ließ ihn nicht aussprechen: »Mir gefällt das Haus. Ich möchte euch in keinem anderen besuchen. Vielleicht werde ich der Besitzerin eines Tages so viel Geld dafür bieten können, daß sie es sogar an uns verkauft. Ist das schon Grasse?«

»Ja, Signorina. Kennen Sie es noch nicht?«

Mir fiel gerade noch rechtzeitig ein, daß ich nach Gourdon nicht über Grasse, sondern über das schon tief in den Seealpen liegende Roquestéron gekommen war; ich sagte: »Nur flüchtig. Du kannst mich am Flughafen von Nizza absetzen. Dort finde ich sicher ein Taxi.«

»Ich könnte Sie auch . . .« begann er. Ich fuhr ihm ungeduldig dazwischen: »Nein, das kannst du nicht, Adolfo. Ich habe meine Gründe, mit einem Taxi vorzufahren.« Und weil ich das Gefühl hatte, einen zu harschen Ton angeschlagen zu haben, legte ich die Hand auf sein Knie und setzte hinzu: »Wir werden uns bald wiedersehen, Adolfo. Besorge mir morgen die Munition. Vorher gibst du aber das Inserat auf. Und betrüge mich, so lange ich weg bin, nicht zu oft mit Teresa. Hast du verstanden?«

Statt mir zu antworten, griff er nach meiner Hand und hielt sie fest. Er ließ sie erst wieder los, als wir den Flughafen erreichten. Ich beugte mich rasch zu ihm hinüber, berührte mit den Lippen seinen Mund und stieg dann in ein Taxi um. Während ich zum Hotel fuhr, ertappte ich mich dabei, daß mir vor Zorn, Empörung und Enttäuschung Tränen in die Augen traten. Ich wischte sie mit dem Daumen weg.

Im Vestibül herrschte mehr Betrieb als sonst. Auch die Bar, deren Tür offenstand, war trotz der noch frühen Tageszeit voll besetzt. Daß es sich jedoch um keine Gäste, sondern um Journalisten und Fotoreporter handelte, merkte ich spätestens, als ich an der Rezeption meinen Zimmerschlüssel verlangte. Der dunkelgekleidete Jüngling und das blonde Mädchen hinter der Theke starrten mich mit offnem Mund an. Ich erinnerte mich, sie schon gesehen zu haben, als ich zusammen mit Jochen und den lächerlichen Gaspistolen im Rücken das Hotel verließ. Damals hatten sie mir keine Beachtung geschenkt. Dann standen plötzlich zwei Männer mit Fotoapparaten neben mir, und einer sagte: »Sie sind doch Mademoiselle Neumann?«

»Wenn Sie es schon wissen, warum fragen Sie mich dann?« gab ich gereizt zurück. Den dunkelgekleideten Jüngling, der mich noch immer mit offenem Mund anstarrte, fragte ich: »Verstehen Sie kein Französisch?«

Er erbleichte. Auch das blonde Mädchen erbleichte. Es wandte sich rasch dem Schlüsselbrett zu, gab mir den Schlüssel und flüsterte: »Pardon, Madame.«

Bis dahin standen schon ein halbes Dutzend Reporter mit Fotoapparaten neben und hinter mir und fingen an zu blitzen. Ich bahnte mir mit den Ellbogen einen Weg und lief direkt in Feuersteins Arme. »Schaff sie mir vom Hals«, sagte ich. »Ist Schimazek hier?«

»Eben nicht«, antwortete er. »Auf den warten sie ja alle.« Er stieß einen der Fotomenschen, der sich mir mitten in den Weg stellte, derb zur Seite und führte mich am Arm zum Lift. Sie blitzten, ehe sich die Tür schloß, noch auf mich ein, als ich bereits im Lift stand. Feuerstein sagte: »Ich möchte nicht mit Ihnen tauschen.«

»Ich auch nicht«, sagte ich. »Aber sie sollen sich an Schimazek halten und nicht an mich. Hast du mich denn aus dem Taxi steigen sehen?«

»Ja. Ich stand zufällig oben auf dem Balkon.« Er zog mich an sich, küßte mich und fragte: »War es sehr schlimm?«

»Nicht die Spur«, sagte ich. »Sie haben mich bis zu dem Spiel gut behandelt, und als es zu Ende war, setzten sie mich in ein Auto und brachten mich zum Flughafen. Dort ließen sie mich aussteigen und fuhren davon, ohne noch ein Wort zu sagen. Die Drohung mit den abgehackten Fingern war nur ein Bluff. Sie haben es mir schon am ersten Tag gesagt.«

»Aber Schimazek wußte nicht, daß es ein Bluff war«, sagte er ruhig.

Ich nickte. »Nein. Der wußte es nicht.«

In meinem Zimmer warf ich die Handtasche aufs Bett und fragte: »Wo ist Wieland?«

»Er wollte uns nicht stören.« Feuerstein nahm in einem Sessel Platz, zog mich auf seinen Schoß und sagte: »Erzähle. Wo warst du?«

»Keine Ahnung. Irgendwo in den Seealpen in einem komfortablen Wohnwagen. Ich hatte alles, was ich brauchte und wurde kein einziges Mal belästigt.« – »Obwohl sie mit dir in einem Wohnwagen waren?«

»Es stand noch ein zweiter dort«, log ich. »Abends schlossen sie von außen meine Tür ab und zogen sich in ihren Wagen zurück. Das ist alles, was ich dir erzählen kann.«

»Was du mir erzählen willst«, sagte er. Ich blickte in sein Gesicht. »Ich habe im Moment ganz andere Dinge im Kopf. Sie haben es eben mit mir versucht, und als es nicht funktionierte, gaben sie es auf. Das waren keine Profis, sondern Fußballfanatiker. Sie wollten verhindern, daß Schimazek ihnen ihre schönen Europameisterschaftsspiele kaputtmacht. Wie ist es nur möglich, daß die Italiener jedesmal so hoch gewinnen? Das kann doch nicht mehr mit Schimazek allein zu tun haben. Die Spanier und die Franzosen hatten ihre besten Spieler und den besten Torhüter in ihrer Nationalelf.«

Er zuckte mit den Schultern. »Ich kann es mir auch nur psychologisch erklären. Die bloße Anwesenheit Schimazeks im gegnerischen Tor muß eine Art von Lähmung bei ihnen auslösen. Sie wußten, daß sie das Spiel bestenfalls mit einem Remis hinter sich bringen konnten, aber mit dem ersten Tor, das sie einstecken mußten, war auch diese Möglichkeit vertan. Bei ihren Torhütern wird es ähnlich gewesen sein. Sie gaben sich am Schluß überhaupt keine Mühe mehr, ließen sich Bälle einfach ins Tor knallen, ohne noch einen Finger zu rühren. Vielleicht aus Protest gegen die ungleichen Wettbewerbsbedingungen oder wie sie es sonst noch empfinden. Bei den Rückspielen in Spanien und Italien wird es nicht anders sein. Der spanische Fußballverband soll sich angeblich bei der UEFA bereits darum bemühen, das Spiel nicht in Spanien, sondern im neutralen Ausland stattfinden zu lassen. Auch die Russen haben bereits angekündigt, sie würden, wenn Schimazek im Tor stünde, im Halbfinale nicht gegen Italien antreten, sondern das Spiel boykottieren.« Er blickte mich prüfend an. »Du hast also mitbekommen, was das für Leute waren, die dich diesmal entführt und in den Wohnwagen verfrachtet haben?«

»Ich kann es nur vermuten«, antwortete ich ausweichend. »Ich werde mich auch hüten, mir den Mund zu verbrennen und ihnen einen Vorwand zu liefern, Schimazek auf legale Weise loszuwerden. Wenn sie ihn schon loswerden wollen, dann sollen sie auch angemessen dafür bezahlen.«

Er grinste. »Da haben sie in dir ja einen adäquaten Gesprächspartner. Wann sollen die Verhandlungen denn stattfinden?«

Bevor ich antworten konnte, läutete das Telefon. Das blonde Mädchen von der Rezeption war am Apparat; es flüsterte: »Zwei Messieurs, die Sie unbedingt sprechen wollen, Madame; sie gehören zu unseren Hausgästen. Ein Mister Thorn und ein Mister Miller. Sie kommen Ihretwegen extra aus New York und warten schon seit zwei Tagen auf Sie.«

Ich legte die Hand auf die Sprechmuschel und sagte zu Feuerstein: »Zwei Amerikaner, die mich sprechen wollen. Ist dir etwas von ihnen bekannt? Sie sollen hier im Hotel wohnen.«

Er schüttelte den Kopf. »Vielleicht haben sie schon mit Schimazek gesprochen und er hat sie an dich verwiesen. Soll ich abhauen?«

»Nur ins Badezimmer, wenn dich das nicht stört.«

»Muß sowieso mal«, brummte er und stand auf. Ich bat das Mädchen, die Messieurs heraufzuschicken und folgte Feuerstein, weil mir im gleichen Augenblick etwas einfiel, worüber ich schon lange mit ihm reden wollte, ins Bad. Er war noch beschäftigt; ich fragte: »Hättest du nicht wenigstens die Tür hinter dir abschließen können?«

»Du wußtest ja, was ich vorhatte«, erwiderte er über die Schulter hinweg. »Hast du noch nie einen Mann pinkeln sehen?«

Ich wartete an der Tür, bis er ausgepinkelt hatte, und sagte dann: »Als ich mich in Monaco mit Zschernitz unterhielt, erzählte er mir, er sei in Rom anonym davon benachrichtigt worden, daß ich nach Nizza gefahren sei und im ›Westminster‹ wohne. Ich überlege mir schon die ganze Zeit, wer das gewesen sein könnte. Schimazek habe ich erst am nächsten Tag von Nizza aus davon verständigt. Hast du beim Nachtportier hinterlassen, wohin wir fahren?«

Er drehte sich nach mir um, zog den Reißverschluß hinauf und fragte: »Wie kommst du gerade jetzt darauf?«

»Das ist doch unwichtig. Hast du dem Nachtportier etwas davon gesagt oder nicht?«

»Natürlich nicht«, sagte er. »Aber nur um mich das zu fragen, hast du dir doch sicher nicht mitangesehen, wie ich die Blase leere?«

Bevor ich mich über seine absurden Unterstellungen ärgern konnte, wurde im Zimmer an die Tür geklopft. Ich ging sie öffnen und betrachtete die auf dem Flur stehenden Männer. Sie waren beide groß, schlank und elegant angezogen; der eine war blond und der andere schwarzhaarig. Nach Fußballern sahen sie nicht aus, obwohl es, sah man vom Anblick ihrer eher muskelstrotzenden als verführerisch wirkenden Beine einmal ab, keine spezifischen Kriterien für ihre Identifikation gab. Ich fragte: »Sie wünschen?«

Der Blondhaarige lächelte verbindlich. »Miller ist mein Name. Wir sprechen leider nicht Deutsch, aber man hat uns erzählt, daß Sie auch Englisch verstehen. Das hier ist Mr. Thorn. Dürfen wir Sie ein paar Minuten sprechen? Wir möchten Ihnen ein Angebot machen, das sicher Ihr Interesse finden wird, Miß Neumann.«

Wenn er sich so sicher war, mußte es schon ein außergewöhnlich interessantes Angebot sein. Ich ließ sie ins Zimmer kommen, bot ihnen Platz an und setzte mich, weil nur zwei Sessel im Zimmer standen, auf den kleinen Frisierstuhl. »Sie kommen aus New York?« fragte ich. Miller nickte. »Wir sind im Auftrag der North American Soccer League hier. Ich weiß nicht, ob Ihnen der Name ein Begriff ist?«

»Ist das der amerikanische Fußballverband?»

Er lächelte wieder. »So könnte man sie nennen. Sie ist die Berufsliga unserer Fußballvereine und besteht aus 24 Teams, einschließlich Cosmos New York und Vancouver Whitecaps. Ich muß jedoch hinzufügen, daß wir keine Mitarbeiter der NASL sind. Als man dort hörte, daß wir uns mit Ihnen in Verbindung setzen wollen, hat man uns gebeten, auch die Interessen der NASL wahrzunehmen. Ihnen ist sicher bekannt, daß der Fußball, wie man ihn in Europa spielt, gemessen an anderen Sportarten bei uns noch in den Kinderschuhen steckt. Wir haben in unserem großen Land zur Zeit etwa 350 000 Spieler registriert. Allein in der Bundesrepublik gibt es aber beinahe 130 000 Fußballmannschaften. Was uns fehlt, ist eine neue Motivation der Bevölkerung für den Fußball.«

»Und dazu wäre Schimazek der geeignete Mann für Sie?« frage ich. »Aber wenn Sie nicht zu dieser NASL gehören: Welches Interesse haben Sie dann an ihm?«

Er zog eine Zigarettenpackung aus der Tasche und bot mir eine an. Thorn, der sich bisher schweigsam verhalten hatte, schaltete sich ein: »Die Verhältnisse bei uns liegen etwas anders als in Europa, Miß Neumann. Mr. Miller und ich vermitteln vielversprechende Fußballtalente im Leasingverfahren an die NASL oder auch direkt an Vereine, die an ihnen interessiert sind. Wir vermitteln sie aber nicht nur, wir bauen sie mit Hilfe unserer Massenmedien, zu denen wir direkte Beziehungen haben, auch auf. Uns ist bekannt, daß Sie mit dem AC Mailand einen Jahresvertrag haben. Wir hatten gestern Gelegenheit, uns mit Mr. Ardigo, dem Trainer des Clubs, zu unterhalten. Er wäre in Übereinstimmung mit den zuständigen Herren des Vorstandes bereit, Mr. Schimazek zwischen den verschiedenen Spielen für die Europameisterschaft, wenn er für die italienische Nationalmannschaft nicht gebraucht wird, gegen eine gewisse Leasingsumme abzutreten.«

Ich traute meinen Ohren nicht. »Er will Schimazek an Sie verschachern?«

Thorn lächelte: »Das war tatsächlich seine Absicht. In unserem Vokabular klingt das allerdings nicht ganz so obszön. Ich möchte aber kein Mißverständnis aufkommen lassen, Miß Neumann. Unser Besuch bei Mr. Ardigo hatte rein informatorischen Charakter. Wir sind nicht daran interessiert, Mr. Schimazek vom AC Mailand für einige Monate zu mieten und damit das Risiko einzugehen, ihn nach Ablauf Ihres Vertrags mit dem Verein zu verlieren, weil diese ›Vermietung‹ ohne Ihre Einwilligung erfolgte. Uns schwebt eine langfristige Zusammenarbeit vor. Wir denken dabei an einen Zeitraum von vorläufig fünf Jahren. Entwickelt sich die Zusammenarbeit zur beiderseitigen Zufriedenheit, so steht einer Verlängerung unserer Vereinbarung nichts im Wege. Unsere Agentur würde in diesem Fall für die bei uns übliche Provision alle Verträge für Sie und Mr. Schimazek abschließen und . . .«

»Wie hoch ist die Provision?« warf ich ein.

Er wechselte einen raschen Blick mit Miller. »Üblicherweise dreißig Prozent, aber . . .«

Er brach ab und beobachtete verwundert, wie ich aufstand; ich sagte: »Dazu brauche ich Sie nicht, Mr. Thorn. Wenn ich Verträge in Amerika abschließen will, so kann ich das auch ohne Sie tun. Ich glaube, wir können unser Gespräch beenden.«

Miller sagte hastig: »Sie ließen Mr. Thorn nicht zu Ende reden, Miß Neumann. In Ihrem besonderen Fall wäre unsere Agentur auch mit zwanzig Prozent einverstanden.«

»Zehn«, sagte ich, stehenbleibend.

Sie tauschten wieder einen Blick; Thorn sagte: »Dafür könnte unsere Agentur nicht einmal kostendeckend arbeiten. Bitte berücksichtigen Sie, daß wir mit Mr. Ardigo . . .«

»Dann schließen Sie eben einen Vertrag mit ihm ab«, fiel ich ihm ins Wort. »Ich weiß, daß der AC Mailand berechtigt ist, Schimazek auch ›auszuleihen‹. Dies trifft aber, wenn ich mich recht entsinne, nur für andere Vereine und nicht auch für Agenturen zu.«

»Unser Gespräch mit Mr. Ardigo hatte nichts anderes zum Inhalt«, sagte Miller. »Davon, daß es nur europäische Vereine sein dürfen, steht in Ihrem Vertrag nichts geschrieben. Bitte übersehen Sie nicht, daß wir nur als Vermittler auftreten. Wir bekämen unsere Provision nicht vom AC Mailand und auch nicht vom italienischen Verband.«

»Und Sie sollten nicht übersehen, daß der AC Mailand Schimazek zwar ausleihen, jedoch nicht dafür garantieren kann, ob er während der kräftezehrenden Spiele um die Europameisterschaft gesundheitlich überhaupt dazu in der Lage ist, sich ausleihen zu lassen. Sie werden ihn wohl kaum gegen seinen Willen dazu zwingen können, sich in ein Flugzeug zu setzen und nach New York zu fliegen.«

Thorn schaltete sich wieder ein: »Sie haben die besseren Argumente, Miß Neumann. Wir sind einverstanden.«

Ich gewann immer mehr den Eindruck, daß er der Boß und Miller nur sein Mitarbeiter war. Ich setzte mich auf meinen Stuhl zurück und sagte: »Dann lassen Sie mich jetzt einmal hören, wofür Sie die zehn Prozent kassieren wollen. Für Vermittlungen an ›Cosmos‹ und andere amerikanische Vereine?«

»Nicht nur.« Miller betrachtete beim Reden meine Beine. »Wir denken auch an eine Beteiligung führender amerikanischer Firmen und Konzerne anläßlich ähnlicher Veranstaltungen, wie sie von Mr. Schimazek in Turin, Mailand und anderen italienischen Städten gegeben wurden.«

»Also an Waschmittelreklame und ähnliches?«

Er nickte lebhaft. »Natürlich mit einer großangelegten Public Relations unter Hinzuziehung von Television, Rundfunk und Presse. Wir sind auch sehr zuversichtlich, einen Produzenten zu finden, der an einer Verfilmung seiner Story interessiert ist. Seine Flucht aus der DDR, sein Zusammentreffen mit Ihnen in Genua und sein Aufstieg in Italien.«

Ich lächelte. »Da könnte ich Ihnen noch eine ganze Menge dazu erzählen. Einschließlich versuchter Erpressung, Kidnapping und was sonst noch alles in den vergangenen Wochen passiert ist.«

Sie starrten mich, offensichtlich angenehm überrascht, erwartungsvoll an. Thorn sagte: »Davon ist uns nichts bekannt.«

»Wir hatten Gründe, es bisher nicht publik zu machen. Es gibt in Italien illegale Buchmacher, die Schimazek manipulieren wollten und die mich, um Druck auf ihn auszuüben, kurzerhand entführen ließen. Vor einigen Tagen wurde ich sogar zum zweitenmal entführt, allerdings von anderen Auftraggebern als beim erstenmal. Ihnen lag mehr daran, die Spiele um die Europameisterschaft heil über die Runden zu bringen.«

»Und Sie wissen, wer dahintersteckte?« fragte Thorn mit plötzlich rauh klingender Stimme.

»Ich weiß mehr, als manchen Leuten lieb ist«, sagte ich. »Ich kenne neuerdings sogar ihre Namen, und das gilt nicht nur für Italien. Angenommen, es käme zu einer solchen Verfilmung und ich lieferte Ihnen die authentische Story dafür: Was würde für uns ungefähr dabei herausspringen? Natürlich einschließlich der Waschmittelreklame und was Sie sonst noch alles mit Schimazek vorhaben. Da Sie so umfassend über uns unterrichtet sind, dürfte Ihnen eigentlich auch bekannt sein, was der AC Mailand bezahlt hat?«

Thorn nickte. »Den gleichen Betrag könnten wir Ihnen jetzt schon mit Sicherheit garantieren.«

Ich lächelte wieder. »Und das bei einer Vertragsdauer von fünf Jahren? Haben Sie Schimazek schon einmal bei der Arbeit erlebt?«

»Wir kommen soeben aus Marseille. Vielleicht lassen Sie uns wissen, welche finanziellen Vorstellungen Sie haben, damit wir Ihre Wünsche weitergeben können. Ob man darauf eingehen wird, kann ich Ihnen natürlich nicht versprechen.«

»Das brauchen Sie auch nicht«, sagte ich. »Uns liegen schon genügend andere Angebote vor. Im Augenblick ist es wohl eher so, daß *Ich* Ihnen noch nichts versprechen kann. Wenn Sie aber einen Fünfjahresvertrag haben wollen, dann nicht unter zwanzig Millionen.«

Sein Gesicht verfärbte sich. »In D-Mark?«

»Ich denke, wir unterhalten uns über einen Vertrag für die USA«, sagte ich. »Sie haben dort, meines Wissens, eine andere Währung.«

Er blickte mich ein paar Sekunden lang schweigend an. Dann stand er auf und sagte steif: »Was Sie da verlangen, ist utopisch, Miß Neumann. Man hat mich zwar vor Ihnen gewarnt, aber ich hätte Sie doch nicht für so unrealistisch gehalten.«

»Ist Schimazek vielleicht realistisch?« fragte ich. »Wenn Sie heute in Marseille waren und ihn persönlich erlebt haben, dann müßten Sie wissen, daß es noch nie eine Story wie die seine gegeben hat und auch nie mehr eine geben wird. Und da haben Sie die Stirn, hierherzukommen und von Utopie zu reden? Sie müssen während des ganzen Spiels geschlafen haben. Anders kann ich mir Ihre Aufregung nicht erklären. Fragen Sie doch mal die verantwortlichen Manager von ›Cosmos‹, was ihnen allein schon die nächste Weltmeisterschaft wert wäre. Oder aber eine Olympiamedaille. Wie viele Medaillen hat der Verein bis heute denn schon eingeheimst? Ein Dutzend etwa oder vielleicht gar zwei?«

Ich hatte mich dermaßen in Fahrt geredet, daß ich beinahe selbst an das glaubte, was ich da alles sagte, aber immerhin blieb es auf meine beiden Besucher nicht ohne Eindruck, denn Thorn nahm wieder Platz. Er sagte: »Vielleicht können wir uns in Ruhe . . .«

»Ich bin völlig ruhig«, unterbrach ich ihn. »Ich finde auch nicht, daß eine Fortsetzung des Gesprächs sehr sinnvoll ist, solange Sie nicht wissen, ob unsere Forderung von Ihren Geschäftsfreunden akzeptiert wird. Ich kenne jetzt Ihre Vorstellungen und Sie die meinen. Den Rest müssen Ihre Auftraggeber entscheiden. Werden Sie noch länger in Nizza sein?«

Er schüttelte den Kopf. »Unsere Maschine fliegt morgen früh. Wo kann ich Sie, gegebenenfalls, telefonisch erreichen? Hier im Hotel?«

»Nein. Mir ist es hier zu ungemütlich geworden, und dort, wo ich ab morgen wohnen werde, gibt es kein Telefon. Sie können aber an der Rezeption eine Nachricht hinterlassen. Ich werde mich dann, wenn ich Zeit dafür habe, bei Ihnen melden.« Ich stand auf und lächelte. »Es war trotzdem nett von Ihnen, daß Sie unseretwegen extra nach Europa gekommen sind. Ist das eine große oder eine kleine Agentur, die Sie haben?«

Er blickte mich konsterniert an. »Entschuldigen Sie, Miß Neumann, aber Sie reden mit mir über zwanzig Millionen Dollar . . .«

»Als Garantiesumme«, warf ich ein. »Davon die Hälfte als Anzahlung bei Vertragsabschluß, der Rest bei unserer Ankunft in New York. Außerdem erwarte ich, daß man uns ein angemessenes Quartier zur Verfügung stellt und auch um unsere Sicherheit besorgt ist. Oder gibt es in Amerika keine illegalen Buchmacher?« Er stand wortlos auf. Auch Miller stand auf. Ich ging zur Tür, öffnete sie und sagte: »Falls der Filmproduzent mit der Rollenbesetzung Probleme haben sollte, lassen wir vielleicht selbst mit uns reden. Ich könnte mir vorstellen, daß es nicht leicht sein wird, für meinen Typ in Amerika die passende Schauspielerin zu finden.«

»Ich bin mir selbst noch nicht ganz schlüssig, was für ein Typ Sie sind«, sagte Thorn. Sein Händedruck fiel etwas kühl aus. Dafür drückte Miller mir die Hand um so fester und lächelte wie ein Mann, der nicht enttäuscht wurde. Gleich darauf kam Feuerstein aus dem Badezimmer; er sagte: »Beim heutigen Stand des Dollars sind das nach unserem Geld über fünfundfünfzig Millionen. Hast du da nicht etwas zu hoch gepokert?«

»Ach, ich weiß nicht«, sagte ich. »Einen Mann wie Schimazek gab es sogar in Amerika noch nie.«

Das Telefon läutete schon wieder; es war Wieland. Er sagte: »Schimazek ist soeben eingetroffen. Wie erging es Ihnen, Fräulein Neumann?«

»Ganz gut«, sagte ich. »Aber ein komfortables Hotelzimmer ist auch nicht zu verachten.«

Er lachte und beendete das Gespräch. »Es war Wieland«, sagte ich zu Feuerstein. »Schimazek ist eingetroffen. Woher weiß Wieland es?«

»Ich habe an der Rezeption darum gebeten, uns von seiner Ankunft zu verständigen. Was wirst du jetzt tun?«

Ich ließ mich in einen Sessel fallen. »Wenn er heute ein Tor hätte hinnehmen müssen, wäre er für die Amerikaner nicht einmal mehr eine Million wert.«

»Und was sind dir deine Finger wert?«

»Ich habe sie ja noch alle«, sagte ich und blickte Jochen an, der im gleichen Moment zur Tür hereinstürzte. Er kam, ohne Feuerstein eines Blicks zu würdigen, zu mir, blieb vor mir stehen und sagte mit blassem Gesicht: »Ich erfuhr an der Rezeption, daß du hier bist. Es ging nicht, Marianne. Ich habe es ein paarmal versucht, aber es ging einfach nicht. Haben sie dir etwas getan?«

Ich ließ ihn, ohne ihm zu antworten, meine Hände sehen. Er griff nach ihnen und sagte: »Ich kann es dir nicht erklären. Ich kann es mir selbst nicht erklären. Ich war jedesmal am Ball, ohne daß ich es wollte. Es war genauso, als hätte ich keinen Willen mehr über meinen Körper. Ich erwarte von dir nicht, daß du es mir glaubst, aber es war so.«

»Und was schließt du daraus?« fragte ich. »Daß es der liebe Gott persönlich war, der sich deines Körpers bemächtigt hat?«

Er sagte ruhig: »Ob der liebe Gott oder der Teufel, das interessiert mich nicht, aber ich weiß jetzt, daß es mit mir selbst gar nichts zu tun hat. Ich wußte es schon immer, aber ich wollte es nicht glauben.«

»Auch aus einem Saulus wurde einmal ein Paulus«, sagte ich. »Wenn ich das richtig verstehe, hältst du dich jetzt endgültig für ein höheres, von überirdischen Kräften gesteuertes Wesen?«

»Jedenfalls nicht von mir selbst gesteuert. Sonst wäre mir das heute nicht passiert.«

Ich blickte Feuerstein an, der, das Gesicht zu einer Grimasse verzogen, neben uns stand und uns zuhörte. »Hast du Zahnschmerzen?«

»Noch nicht«, antwortete er. »Aber ich bekomme gleich welche.«

»Du verstehst das eben nicht«, sagte ich. »Er ist tatsächlich nicht von unserer Welt, wo man noch Wert auf so läppische Kleinigkeiten wie seine zehn Finger legt.« Zu Jochen sagte ich: »Trotzdem hast du mich wahnsinnig enttäuscht. Für dich werde ich nie mehr den Kopf hinhalten; das ist sicher. Laß meine Hände los.«

Er ließ sie los und murmelte. »Du mußt mich so nehmen, wie ich bin. Ich kann nichts daran ändern.«

»Ich auch nicht«, sagte ich. »Wo ist Piera?«

»Schon in mein Zimmer vorausgegangen.«

»Dann laß sie nicht zu lange warten; sie wird doch mit dir feiern wollen. Ich ziehe übrigens morgen früh hier aus. Ich habe in Tourette ein Haus gemietet. Ein Stockwerk ist für dich vorgesehen. Du kannst aber auch hier im Hotel bleiben.«

»Ich komme selbstverständlich mit dir. Wo liegt Tourette?«

»Nicht weit von hier. Feuerstein hat das Haus entdeckt.«

»Feuerstein«, nickte er. »Immer wieder Feuerstein. Was hat er eigentlich mit dir?«

»Er steht neben dir; frag ihn doch selbst. Ich finde, du solltest nicht nach Madrid fliegen, Jochen. Wenn du es trotzdem tust, komme ich nicht mit. Melde dich bei Galilei krank. In Spanien soll es noch Leute geben, die an Hexerei glauben und die dich vielleicht steinigen werden. Ich verstehe nicht, weshalb man nach den Vorfällen in Neapel das Spiel nicht in ein anderes Land verlegt.«

»Weil das Stadion in Madrid schon seit Wochen ausverkauft ist«, sagte er. »Ein Grund mehr für mich, jetzt nicht zu kneifen. Ich habe mir etwas vorgenommen, und niemand wird mich davon abhalten.«

Er drehte sich rasch um und verließ das Zimmer. Feuerstein fragte: »Weißt du, was er sich vorgenommen hat?«

»Nein«, sagte ich. »Die Jünger wußten es ja auch noch nicht, als sie sich Christus anschlossen.«

Er schüttelte den Kopf. »Der Junge ist übergeschnappt. Was mich am meisten ärgert, ist, daß er sich mit keinem einzigen Wort dafür interessiert hat, wieso du überhaupt wieder hier bist und was du erlebt hast.«

»Er denkt eben zuerst an sich selbst. Vielleicht steht er auch schon unter Pieras Einfluß. Ich glaube, sie haßt mich, weil er ohne mich keine Verträge abschließen kann. Sicher würde sie auch als seine neue Managerin gerne an meine Stelle treten. Ich bin müde, Rudolf. Ich habe auch keinen Appetit auf ein Abendessen. Läßt du mich jetzt allein?«

»Nein. Ich denke nicht daran. Ich werde dich von nun an keine fünf Minuten mehr allein lassen.«

»Ist das dein Ernst?«

»Ja. Ich schlafe heute nacht bei dir. Ob es dir paßt oder nicht.«

Ich stand auf, ging zur Tür und drückte auf den Knopf für den Zimmerkellner. »Ich mag dich, Rudolf«, sagte ich. »Nur nicht genug, um das Bett zur Gewohnheit zwischen uns werden zu lassen. Warum zwingst du mich nur dazu, so etwas zu tun?«

»Wieland hatte recht«, sagte er blaßhäutig. »Er hat mich vor dir gewarnt. Ihm wäre das nicht passiert. Er hat dich vom ersten Augenblick an richtig eingeschätzt.«

»Wirklich?« fragte ich und griff zum Telefon. Als der Kellner an die Tür klopfte, rief ich ihn herein und bat ihn, zu warten. Zu Wieland, der sich sofort meldete, sagte ich: »Feuerstein ist auf dem Weg zu Ihnen, Franz. Es gab Streit zwischen uns. Ich möchte aber heute nacht nicht allein sein; es ist mir zu gefährlich. Wollen Sie mir Gesellschaft leisten?«

Er antwortete mit einer kleinen Verzögerung: »Sie meinen, die ganze Nacht?«

»Ja«, sagte ich. »Oder fürchten Sie sich etwa davor, mit mir in einem Bett zu schlafen?«

»Nein«, antwortete er. »Wann soll ich kommen?«

»Feuerstein wird es Ihnen sagen.« Ich legte auf und blickte Feuerstein an. »Er wollte wissen, wann er kommen soll. Hast du ihm tatsächlich zugetraut, daß er nicht auch gerne mit mir schlafen möchte?«

Statt mir zu antworten, drehte er mir abrupt den Rücken zu und verließ das Zimmer. Zu dem jungen Kellner, der an der Tür stehengeblieben war und mich unverwandt anschaute, sagte ich. »Ich habe Appetit auf eine Flasche Champagner und Kaviar mit Toast. Bringen Sie mir gleich eine doppelte Portion.«

Er verbeugte sich tief. »Jawohl, Madame. Wünschen Sie einen Dom Perignon?«

»Ja, der klingt gut«, sagte ich. »Verstehen Sie auch Deutsch?«

Er wurde rot. »Ein wenig, Madame. Wir haben oft deutsche Gäste hier.«

»Dann werde ich mich von jetzt an auf deutsch mit Ihnen unterhalten«, sagte ich. »Damit Sie es noch besser verstehen lernen.«

»Das ist sehr freundlich von Ihnen, Madame«, sagte er und verbeugte sich noch tiefer. Ich beobachtete lächelnd, wie er aus dem Zimmer retirierte. Mir war heiß geworden. Ich trat auf den Balkon hinaus und betrachtete das Meer und den fernen Horizont. Er lag so offen vor mir wie mein ganzes Leben.

Zu den Erlebnissen, die Feuerstein der Neumann nie verziehen hatte und wohl auch nie verzeihen würde, gehörte sein indirekter Hinauswurf durch den Zimmerkellner. Auch wenn er sich damals noch nicht dazu überwinden konnte, ihn zum Anlaß einer grundsätzlichen Neuorientierung seiner Beziehung zu ihr zu nehmen, so blieb dieses Erlebnis doch nicht ohne Einfluß auf eine fortan mehr von aggressiver Spontanität als von nachsichtiger Geduld geprägte Verhaltensweise ihr gegenüber, wobei er sich einerseits Wielands schon immer vorhandenen Vorbehalten zwar annäherte, sich jedoch dessen neuerdings gezogene Konsequenzen nicht zu eigen machte. Vielmehr gewann ich aus meinen Gesprächen mit ihm den Eindruck, daß er sich trotz dieser demütigenden

Behandlung erst recht darauf versteift hatte, seine Bemühungen um sie eher noch zu intensivieren. Nur so läßt sich auch sein weiteres Verhalten ihr gegenüber erklären, das letztlich nicht nur zu einem Bruch mit Wieland, sondern auch zum Verlust seines ihm liebgewordenen Berufs führte. Der Bruch mit Wieland war schon programmiert, als er ihn, von der Neumann kommend, in ihrem gemeinsamen Hotelzimmer wegen seiner schnellen Bereitwilligkeit, die Nacht in ihrem Bett zu verbringen, zur Rede stellte, ohne ihm zuvor eine Erklärung über ihre plötzliche Rückkehr zu geben. Dies wiederum hatte zur Folge, daß Wieland ihm mit hochrotem Kopf erwiderte, nach nun über vierwöchiger Enthaltsamkeit sogar mit dem erstbesten Zimmermädchen bumsen zu können. »Und überhaupt«, fügte er hinzu, »mache ich dieses Theater nicht länger mehr mit. Wenn du es nicht tust, dann erfährt der Chef von mir, daß Zschernitz seit Tagen verschwunden und jede Stunde, die wir noch länger sinnlos hier herumhocken, rausgeschmissenes Geld des Steuerzahlers ist. Wenn sie bis heute noch nicht herausbekommen haben, welche Rolle er in der DDR spielt, dann wissen sie es auch in einem Jahr noch nicht. Irgendwann wirst du ihnen endlich eine Erklärung dafür geben müssen, was dich hier eigentlich noch festhält.«

»Darüber brauchst du dir nicht den Kopf zu zerbrechen«, erwiderte Feuerstein. »Wenn du schon vom Thema ablenken willst, dann laß dir etwas Besseres dazu einfallen. Von wegen große Sprüche klopfen und nicht einmal an ihr interessiert sein, wenn sie sich nackt vor dir auf einen Tisch legt, aber wenn es dann darauf ankommt und sie nur einmal ganz behutsam bei dir anfragt . . .«

»Behutsam nennst du das!« Wieland lachte gereizt auf. »Wenn das in deinen Ohren behutsam war, dann möchte ich nicht wissen, mit welcher Behutsamkeit sie dich schon dazu eingeladen hat. Für dieses hinterhältige Frauenzimmer mache ich jedenfalls keinen Finger mehr krumm.«

Er griff nach seinem Jackett, zog es an und ging zur Tür. Noch ehe er sie hinter sich schließen konnte, rief Feuerstein ihm spöttisch nach: »Getroffene Hunde bellen, du Arsch.«

Wieland steckte noch einmal den Kopf ins Zimmer und sagte laut: »Selber Arsch. Mich siehst du so schnell nicht wieder.«

»Um so besser«, erwiderte Feuerstein. »Dann brauch ich mir heute nacht wenigstens deine . . .« Er brach ab, weil Wieland die Tür bereits zugeschlagen hatte. In der nächsten Viertelstunde rauchte er auf dem Balkon sitzend eine Zigarre. Dann fuhr er in den Speisesaal hinunter, machte jedoch, als er Schimazek und Piera an einem Tisch sitzen und von drei schwarzbefrackten Kellnern umschwänzelt sah, angewidert kehrt. An der Tür zum Speisesaal und im Vestibül standen noch immer einige Fotoreporter, denen man aus Rücksicht auf die Gäste den Zutritt zum Speisesaal verwehrt hatte. Feuerstein verließ das Hotel und folgte der Promenade des Anglais bis zur nächsten Seitenstraße. Dort stieß er schon nach wenigen Dutzend Schritten auf ein kleines Restaurant. Er ging hinein, setzte sich an einen Tisch und hatte Augenblicke später ein miniberocktes Mädchen zur Seite, das kaum älter als siebzehn oder achtzehn sein konnte. Er fand sie auf den ersten Blick recht anziehend, zumal sie sehr groß und offensichtlich auch gut gewachsen war. Ihrem Alter und ihrem Aussehen nach zu schließen konnte sie noch nicht lange in ihrem Gewerbe tätig sein. Im Restaurant saßen noch mehr Mädchen wie sie. Auch draußen auf der Straße war er schon einigen begegnet. Die Nähe der großen Luxushotels schien sie ebenso anzuziehen wie das Licht die Nachtfalter. Er gewann dann allerdings rasch den Eindruck, daß es sich bei dem Restaurant nicht nur um einen Treffpunkt von ihnen, sondern um die Kommunikationszentrale ihrer freiberuflichen Tätigkeit handelte und daß sie ebenso zum festen Personal gehörten wie die beiden jungen, ebenfalls miniberockten Serviererinnen. Weil das Mädchen an seinem Tisch ihn immerzu nur anschaute und keinen Versuch machte, ihn auch nur anzusprechen, ergriff er von selbst das Wort und fragte: »Wohnst du hier?«

»Ja, Monsieur«, antwortete sie. »Ich habe oben ein kleines Appartement. Wenn Sie es sich einmal ansehen wollen: Ich zeige es Ihnen gern.«

»Nach dem Essen«, sagte er und bestellte bei einer der jungen Kellnerinnen eine Portion Hammelkeule mit grünen Bohnen. »Hast du schon zu Abend gegessen?« fragte er. Das Mädchen schüttelte den Kopf. Er bestellte auch ihr eine Portion Hammelkeule. Sie bedankte sich und sagte: »Sie wohnen sicher in einem Hotel, Monsieur?«

Ihre Frage überraschte ihn schon deshalb nicht, weil er unter den sonst noch anwesenden Gästen zwei ihm bekannte Gesichter aus dem ›Westminster‹ entdeckt hatte. Er fragte: »Habt ihr nur Hotelkunden hier?«

»Fast nur«, antwortete sie. »Wir werden ihnen von Hotelangestellten empfohlen. Auf Wunsch kommen wir auch ins Hotel. Vielleicht ist Ihnen das lieber?«

Er betrachtete ihre langen, dünnen Oberschenkel: »In diesem Aufzug?«

Sie lächelte. »Nein, Monsieur. Dann ziehen wir uns natürlich anders an. Sie sind Deutscher?«

»Hört man das?«

»Ich höre es. Deutsche sprechen anders Französisch als Engländer und Amerikaner. Sie sehen aber nicht wie ein Deutscher aus. Ich habe Sie zuerst für einen Engländer gehalten.«

»Für einen geizigen Schotten?« fragte er. Sie nickte lächelnd.

Das Essen war gut und reichlich; Feuerstein trank ein Bier dazu. Das Mädchen zog ein Glas Rotwein vor. Nach dem Essen führte sie ihn eine steile Treppe hinauf in einen langen Flur mit einigen Türen. Ihr ›Appartement‹ erwies sich als ein kleines, jedoch nicht ungemütlich eingerichtetes Zimmer. Das breite Bett nahm beinahe ein Drittel des Raumes ein. Eine Tür führte in einen Duschraum mit Waschbecken, Klosett und Bidet. Weil das Bett ebenso wie der Duschraum einen sauberen Eindruck machten, entschloß sich Feuerstein, die ganze Nacht hier zu verbringen. Das Mädchen sagte: »Sie müssen gleich bezahlen, Monsieur. Hundertfünfzig Francs. Dafür können Sie zwei Stunden hierbleiben« Er öffnete die Brieftasche und gab ihr fünfhundert Francs. »Ich möchte bis morgen früh hierbleiben. Reicht das?«

Sie lächelte wieder. »Dafür können Sie sogar bis morgen mittag hierbleiben. Für fünfhundert Francs kommen wir auch für eine ganze Nacht in ein Hotel. Hat der Portier Sie geschickt?«

»Nicht direkt«, sagte Feuerstein und zog das Jackett aus. Er beobachtete, wie das Mädchen den Minirock fallen ließ, den dünnen Pulli über den Kopf streifte und sich auf das Bett legte. Er war jetzt eher geneigt, sie erst für vierzehn zu halten. Ihr Haar war noch dünn, ihre Brüste kaum entwickelt. Er fragte: »Seit wann arbeitest du in diesem Job?«

»Noch nicht lange, Monsieur.«

»Und er gefällt dir?«

Sie zuckte mit den Schultern. »Wo ich herkomme, gab es keine Dusche und auch kein Bidet. Nicht einmal fließendes Wasser. Im Winter fror ich mir nachts im Bett beinahe den Hintern ab. Und das war kein Bett wie dieses.«

»Also sogar ein sozialer Aufstieg«, brummte er. »Hör zu, Kleines, ich weiß nicht, ob ich zum Bumsen aufgelegt bin. Du kannst es ja mal bei mir versuchen. Ich möchte hier schlafen. Im Hotel fiel mir die Decke auf den Kopf.«

Sie nickte. »Wir haben oft solche Kunden, die sich im Hotel allein fühlen oder Probleme mit ihrer Familie haben. Wenn es aber nicht klappt, kann ich Ihnen von dem Geld nichts zurückgeben. Wir müssen den größten Teil davon abliefern.«

»Du brauchst mir nichts zurückzugeben«, sagte er und legte sich zu ihr. »Bist du nicht noch etwas zu jung für diesen Job?« Sie zuckte wieder mit den Schultern. »Für unsere Kunden können wir gar nicht jung genug sein. Da gibt es viele, die hätten am liebsten Mädchen, die nicht älter als zwölf oder dreizehn sind. Aber die läßt man in ein Hotel nicht hinein. Ich komme hinein, weil ich so groß bin. Die meisten Kunden besuche ich im Hotel. Sie verlangen jedesmal nur nach mir.«

»Das kann ich verstehen. Wie heißt du?«

»Claudine.«

»Dann zeig mal, was du kannst, Claudine«, sagte er. Sie mühte sich längere Zeit mit ihm ab und sagte dann: »Sie sollten auch etwas tun, Monsieur. Oder fassen Sie mich nicht gerne an?«

»Ich war noch nie in einem Puff«, sagte er. »Außerdem habe ich einen Dreckstag hinter mir. Mach dir nichts daraus; es liegt nicht an dir.«

»Haben Sie bei anderen Frauen auch Probleme?«

Er grinste. »Ist mir nichts davon bekannt. Bist du aus Nizza?«

»Nein, ich komme aus der Gegend von Treminis. Das ist ein kleiner Ort in den Bergen. Ich wollte schon als ganz junges Mädchen immer nach Nizza. In Treminis wäre ich gestorben.«

»Scheiße«, sagte er. Sie blickte aufmerksam in sein Gesicht. »Warum sagen Sie das?«

»Ist mein Lieblingswort. Hör auf damit. Ich möchte jetzt schlafen. Mach das Licht aus.«

Sie beugte sich zur Nachttischlampe hinüber und sagte dann: »Schade. Sie gefallen mir.«

»Du bist auch nicht übel«, sagte er und drehte ihr den Rücken zu.

Fünf Minuten später war er eingeschlafen. Als sie ihn weckte, war es kurz nach zehn. Sie sagte: »Sie haben vielleicht einen tiefen Schlaf.«

Er blickte auf die Armbanduhr, richtete sich rasch auf und stieg aus dem Bett. »Warum hast du mich nicht früher geweckt?«

»Sie haben so fest geschlafen, daß ich Sie nicht früher habe wecken wollen. Wünschen Sie ein Frühstück? Es kostet dreißig Francs.«

Bei Tageslicht sah sie eher wie Zwanzig aus. Sie hatte ein schmales, hohlwangiges Gesicht, blaue Augen und strähnig-blondes Haar. Das durchsichtige Negligé reichte ihr nur bis knapp zum Schoß und ließ ihre dünnen, langen Beine noch länger erscheinen. Er sagte: »Ist ja direkt geschenkt. Ich frühstücke im Hotel.« Er ging in den Duschraum. Als er von dort zurückkam, lag sie auf dem Bett und sagte: »Vielleicht können Sie jetzt.«

»Das ist möglich«, sagte er. »Ich habe aber keine Zeit mehr.« Er zog sich rasch an. Das Mädchen sagte: »Ich mache das erst seit ein paar Wochen. Als ich hierherkam, hatte ich noch nie etwas mit einem Mann.«

»Es hätte mich auch nicht gestört, wenn du es schon länger machst«, sagte er. »Rede dir nichts ein. Ich habe dir gestern abend erklärt, weshalb ich hier bin.« Er setzte sich zu ihr auf das Bett, dachte ein paar Augenblicke lang nach, und sagte dann: »Es ist möglich, daß ich dich noch einmal brauche, aber nicht hier. Bist du telefonisch zu erreichen?« Sie griff unter das Kopfkissen, brachte eine kleine Handtasche zum Vorschein und öffnete sie. Sie gab ihm eine Karte und sagte: »Das ist der Name und die Rufnummer des Restaurants. Verlangen Sie nach mir.« Er steckte die Karte in die Brieftasche. »Wenn ich dich brauche, nimmst du dir ein Taxi. Hast du ein anständiges Kleid?«

»Ich habe Kleider für jeden Zweck. Ich war auch schon im ›Negresco‹.«

»Ich wohne nicht im ›Negresco‹. Für wen arbeitest du? Für den Wirt?«

»Der ist nur der Geschäftsführer und dafür verantwortlich, daß wir unser Geld abliefern. Er stellt uns auch ein. Wem das Restaurant und das Haus gehören, das wissen wir nicht. Schade, daß Sie schon gehen wollen. Sie sind so ganz anders als die meisten meiner Kunden.«

»Das sieht nur so aus«, sagte er und verließ das Zimmer. Durch das Restaurant brauchte er nicht zu gehen; vom Treppenhaus führte eine Tür zur Straße. Als er kurze Zeit später das Hotel betrat, fiel ihm sofort auf, daß keine Journalisten und Fotoreporter mehr da waren. An der Rezeption erfuhr er, daß Marianne und Schimazek das Hotel bereits verlassen hatten. In seinem Zimmer stellte er fest, daß auch Wielands Gepäck verschwunden war. Er zündete sich eine Zigarre an und dachte wieder ein Weile nach. Dann ging er zum Telefon und wählte die Nummer des Restaurants. Eine Frauenstimme meldete sich; er verlangte Claudine. Sein Gespräch mit ihr war nur kurz. Er packte seine Koffer. An der Rezeption teilte man ihm mit, daß das Zimmer bereits bezahlt sei. Er trug sein Gepäck selbst zum Wagen und fuhr auf der Promenade des Anglais einige hundert Meter in Richtung zum Flughafen, bis er Claudine am Straßenrand stehen sah. In der enganliegenden, knöchellangen blauen Hose und dem rosafarbenen T-Shirt hätte er sie beinahe nicht erkannt. Er ließ sie einsteigen und fragte: »Sind das die Klamotten, in denen du von zu Hause weggelaufen bist?«

»Gefallen sie Ihnen nicht? Sie wollten doch, daß ich sie anziehe.«

Er grinste. »Wenn du nicht so groß wärst, könnte man dich in diesen Sachen für meine zwölfjährige Tochter halten. Wird höchste Zeit, daß du dir für deinen Job einen Hintern und einen Busen zulegst. Bis jetzt hast du weder das eine noch das andere.«

»Worauf es ankommt, das habe ich«, sagte sie. »Wohin fahren wir?«

»Zu einer Lady, mit der ich dich bekannt machen möchte. Erzähle ihr nicht, daß ich in der vergangenen Nacht bei dir war. Ich habe dich halb verhungert von der Straße aufgelesen. Von zu Hause bist du erst gestern weggelaufen. Du hast dich mir zum Bumsen angeboten, um zu einer warmen Mahlzeit zu kommen. Wie alt bist du wirklich?«

»Sechzehn; ich habe mich aber für älter ausgegeben, sonst hätten sie mich nicht eingestellt.«

»Und das haben sie dir geglaubt?«

»Darauf kam es nicht an. Der Geschäftsführer suchte eine, die noch so jung war wie ich.«

Er nickte. »Und noch nicht mal defloriert. Hat er das selbst besorgt?«

Sie schwieg.

»Wissen deine Eltern, wo du bist und was du treibst?«

»Von mir nicht. Es interessiert sie auch nicht. Sie sind froh, daß sie mich los sind. Ich habe noch sechs Geschwister, alle jünger als ich. Im Frühjahr, als ich aus der Schule kam, schickten sie mich nach Briancon zu einem Lebensmittelhändler in die Lehre. Ich wohnte dort in einem ungeheizten Zimmer, konnte mich nur kalt waschen und mußte zehn Stunden am Tag arbeiten. Er nützte mich nur aus. Was ich als Lehrmädchen bei ihm verdiente, behielt er für das Essen und für das Zimmer ein. Nach vier Wochen hatte ich genug von ihm und fuhr nach Nizza. Meinen Eltern schrieb ich, daß ich künftig für mich selber sorgen werde. Daheim mußte ich nur arbeiten, kochen, waschen, das Haus sauber halten. Für meine Schulaufgaben hatte ich keine Minute Zeit. Sobald ich hier genug Geld zusammengespart habe, setze ich mich nach Cannes ab. Dort kennt mich keiner.«

»Und wieviel hast du dir schon zusammengespart?«

»Ich brauchte zuerst mal Kleider. Als ich nach Nizza kam, hatte ich nur diese Sachen bei mir. Jetzt habe ich alles, was ich zum Arbeiten brauche und kann auch damit anfangen, Geld auf die Seite zu legen. In fünf Jahren bin ich einundzwanzig und habe genug verdient, um mir in Cannes ein Zimmer zu mieten. Mit einundzwanzig fangen die meisten Mädchen sonst erst damit an, auf den Strich zu gehen.«

»Und in Cannes machst du so weiter wie hier?«

»Nicht so wie hier. Dort fange ich das ganz anders an und brauche auch nichts von dem, was ich verdiene, abzuliefern. Ich weiß schon, wie ich es anstellen werde.«

»Vielleicht kann ich dir dabei helfen.«

Sie blickte ihn rasch an. »Wie?«

»Wir fahren nach Tourette«, sagte er. »Kennst du es?«

Ihre Stimme klang besorgt: »Länger als bis heute abend darf ich nicht wegbleiben.«

»Darüber unterhalten wir uns in Tourette. Wenn du Glück hast, wird dir die Lady, mit der ich dich bekannt machen möchte, so viel Geld geben, daß du in einigen Monaten deinen eigenen Puff in Cannes aufmachen kannst.«

Sie blickte ihn merkwürdig an. »Ist das so eine?«

Er grinste. »Sie hat nur ein gutes Herz. Hast du noch wichtige Sachen in diesem Restaurant? Papiere, Wertgegenstände?«

»Das nicht«, sagte sie zögernd. »Aber meine Kleider.«

»Die kannst du vergessen; sie wird dir sicher neue kaufen. Versuche nicht, zu verstehen, was hier gespielt wird. Für dich ist das eine einmalige Chance. Du brauchst keine Angst zu haben. Ich habe nicht vor, dich zu kidnappen, und eine Jungfrau bist du schließlich auch nicht mehr.«

Sie mußte lachen. Auf der Fahrt verhielt sie sich schweigsam. Als er sie einmal ansah, hatte sie mit geschlossenen Augen den Kopf in den Nacken gelegt und ließ sich die Sonne ins Gesicht scheinen.

Tourette gefiel ihr. Sie betrachtete den platanengesäumten Platz mit den alten Häusern und der Kirche und sagte: »Ich war noch nie hier, habe aber schon davon gehört. Wohnen Sie hier?«

»Vorübergehend. Warte hier auf mich.« Er stieg aus dem Wagen und betrachtete die Häuserreihe mit ihrem grob gefügten Mauerwerk und den kleinen Fenstern. Es beunruhigte ihn, daß er weder Pellico noch einen seiner Männer und auch keine Autos vor den Häusern stehen sah. Nur ein paar Katzen lagen schläfrig auf der halbhohen, den Platz umsäumenden Mauer in der Sonne. Weil er zusammen mit Wieland und der Neumann schon einmal hiergewesen war, bereitete es ihm keine Mühe, das richtige Haus zu finden. An der Tür stieß er mit Wieland zusammen.

»Ich habe sie unterwegs aufgelesen«, antwortete Feuerstein. »Ist die Neumann im Haus?«

»Sie schon, aber Schimazek und Piera haben sich ein Taxi kommen lassen und sind ins Hotel nach Nizza zurückgefahren. Da ist wieder mal eine Scheiße passiert. Einer von Pellicos neuen Männern suchte nach unserem Eintreffen die Neumann auf. Er erzählte ihr, daß er und die anderen von Pellico den Auftrag hätten, das Haus nur zum Schein zu bewachen und sich bei irgendwelchen Vorkommnissen sofort zurückzuziehen. Anscheinend war er auf Geld aus; sie gab ihm für seine Information tausend Francs und sprach dann mit mir darüber. Ich empfahl ihr, Pellico unter dem Vorwand, ihn nicht mehr zu brauchen, nach Rom zurückzuschicken. Anfangs weigerte er sich, weil er für sie und Schimazek angeblich die Verantwortung trage. Ich nehme an, er hat sich inzwischen mit Rom in Verbindung gesetzt und sich neue Instruktionen geben lassen. Den Rest kann man sich selbst zusammenreimen. Wenigstens wissen wir jetzt, woher die Burschen, die es auf die Neumann und auf Schimazek abgesehen hatten, jedesmal ihre vorzüglichen Informationen bekamen. Für mich steht fest, daß die Auftraggeber von Pellico mit Bellonis Auftraggebern identisch sind. Mit

Pellicos angeblichem Auftrag, sie zu beschützen, wurde nur ein Türke aufgebaut.«

Feuerstein dachte darüber nach. Schließlich sagte er: »Die Neumann wird sicher auch nicht länger hierbleiben wollen?«

»Eben doch, obwohl ich ihr sagte, daß sie im Hotel besser aufgehoben wäre. Anscheinend redet sie sich ein, wir spielten auch hier die Gorillas für sie. Ich denke nicht daran, noch länger die Rübe für sie hinzuhalten.«

»Warum bist du dann überhaupt mit ihr hierher gefahren?«

»Weil sie mich im Hotel darum gebeten hat. Sie wollte sich auf der Fahrt nach Tourette nicht allein nur auf Pellico verlassen. Ich dachte mir, daß du uns nachkommen wirst und habe nur noch auf dich gewartet. Ich schlage vor, wir fahren jetzt zum Hotel zurück.«

Feuerstein blickte zu Claudine hin, die sich im Wagen eine Zigarette angezündet hatte. »Und was willst du im Hotel? Für Schimazek den Gorilla spielen?«

»Du mußt mit Wiesbaden telefonieren«, sagte Wieland. »Wir haben hier nichts mehr zu suchen.«

»Was ich tun muß, bestimme ich selbst«, sagte Feuerstein. »Wenn du kalte Füße hast, dann wärme sie meinetwegen im Hotel auf.«

»Dann gib mir wenigstens den Wagen.«

»Kannst du haben«, sagte Feuerstein. »Bediene dich.« Er drehte ihm den Rücken zu und ging zum Wagen. Er öffnete den Kofferraum, nahm sein Gepäck heraus und sagte zu Claudine: »Trag die Sachen schon ins Haus; ich komme gleich nach.« Er kehrte zu Wieland zurück, gab ihm die Wagenpapiere und sagte: »Der Zündschlüssel steckt.«

Wieland blickte ihn ein paar Sekunden lang schweigend an. Dann sagte er: »Ich hoffe, du weißt, was du da tust, Rudolf.«

»Darauf kommt es jetzt nicht mehr an«, sagte Feuerstein.

14

Über die ursprünglichen Motive, die Feuerstein dazu bewogen hatten, Claudine mit nach Tourette zu nehmen, ließ sich zwar ausgiebig spekulieren: Eine letzte Gewißheit darüber haben wir in der Redaktion jedoch nicht erhalten. Möglicherweise war er sich über seine eigentlichen Beweggründe zu diesem Zeitpunkt selbst noch nicht schlüssig gewesen, wenngleich er sich mir gegenüber ausschließlich auf sein Mitleid berief. Eine innerhalb der Redaktion zirkulierende Ansicht, das Mädchen habe ihm nur dazu dienen sollen, die Neumann eifersüchtig zu machen, hielt ich schon deshalb für unwahrscheinlich, weil das Mädchen für eine solche ihr zugedachte Rolle nicht das erforderliche Format hatte. Ganz abgesehen davon, daß Feuerstein intelligent genug war, um selbst zu wissen, daß er auf diese Weise nichts bei ihr erreichte. Viel eher hielt ich es für denkbar, daß er hinter ihrem Interesse für Belloni und dessen Familie ganz ähnliche Beweggründe vermutete, wie er sie für sich selbst gegenüber Claudine in Anspruch nahm. Vielleicht in der Erwartung, ihr soziales Engagement auch noch auf andere Grenzfälle menschlichen Daseins zu lenken und es nicht mehr allein nur auf Belloni zu fixieren. Mir erschien eine solche Motivation seiner Handlungsweise um so denkbarer, als er sich mit einer sexuellen Abhängigkeit der Neumann von einem Mann wie Belloni oder einer gar noch tieferreichenden Bindung erst nach der vollständigen Lektüre ihrer Memoiren abzufinden begann. Daß es einem Mann mit seiner Selbsteinschätzung bis dahin unvorstellbar erscheinen mußte, ausgerechnet Belloni könnte bei ihr erreicht haben, was ihm selbst versagt geblieben war, ließ sich auch für einen mit der menschlichen Psychologie weniger vertrauten Leser nachvollziehen. Die Neumann jedenfalls reagierte auf die Anwesenheit des Mädchens genauso, wie ich und auch meine Redaktionskollegen und Kolleginnen es von ihr erwartet hatten. Offensichtlich war ihr Interesse an dem Mädchen sofort geweckt worden, als Claudine auf ihre Frage nach ihrer Familie ihr die gleiche Geschichte erzählte, die schon Feuerstein von ihr erfahren hatte und hinzufügte, in Nizza lieber auf der Straße verhungern als nach Treminis zurückkehren zu wollen. Sie schreibt dazu:

Ein wenig erinnerte Claudine mich an meine eigenen Probleme, die ich als junges Mädchen bei dem Gedanken an einen künftigen Beruf hatte, zumal ich mir bis zum Abitur nicht darüber hatte schlüssig werden können, welchem ich zuneigte und ob es überhaupt einen gäbe, mit dem zu leben sich für mich lohnte. Weil es im Augenblick aber wichtigere Dinge gab, die ich mit Feuerstein zu besprechen hatte, schickte ich Claudine, weil ihr und Feuersteins Besuch mich auf dem Bett liegend im Schlafzimmer überrascht hatte, in das nebenanliegende zweite Schlafzimmer. Zu Feuerstein sagte ich: »Und du hast sie nur mitgebracht, weil sie dir leid tat? Was soll ich hier mit ihr?«

Er setzte sich in einen der beiden im Schlafzimmer stehenden kleinen Sessel und zündete sich eine Zigarre an. »Sie könnte sich um deine Garderobe kümmern und das Haus hier sauber halten. Wieland erzählte mir, daß du nicht in das Hotel zurück willst. Warum nicht?«

»Das Haus und die Wohnung gefallen mir. Hat er dir auch erzählt, was hier vorgefallen ist?«

Er nickte. »Ich habe Pellico nie ganz getraut.«

»Ich schon«, sagte ich und setzte mich ihm gegenüber in den zweiten Sessel. »Mich hat noch kein Mensch so sehr enttäuscht wie er. Wie oft habe ich ihm Geld zugesteckt. Ich verstehe nicht, daß Menschen so sein können.«

»Du wirst noch öfter enttäuscht werden, und mit Geld allein kannst du nicht jeden kaufen. Was glaubst du wohl, wieviel sein Leben ihm wert ist?« Er grinste. »Eines muß man ihm aber zugestehen: Er war nicht ungeschickt. Hätte ich seinem Typ gar nicht zugetraut. Als er sich von der Alarmanlage in den Bungalow einschließen ließ, wußte er, daß du noch im Schwimmbecken warst. Es hätte mir gleich zu denken geben sollen, daß Schimazeks angebliche Beschützer, als sie mit ihm von Rom zurückkamen, keinen Versuch machten, seine Entführung zu verhindern.«

»Aber es wurde doch auch auf sie geschossen. An jenem Abend, als ihr Wagen von der Straße abkam.«

»Da wurde nicht auf sie, sondern nur auf ihren Autoreifen geschossen, und ob er tatsächlich getroffen wurde oder ob sie nur so getan und ihn nachträglich selbst zerschossen haben, ist eine andere Frage. Vielleicht erinnerst du dich noch daran, daß du keine Schüsse hörtest, und ich und Wieland auch nicht. Mit dem hast du es übrigens verdorben. War ziemlich unfair, was du gestern abend mit ihm angestellt hast.«

Ich hatte es schon selbst bereut und sagte: »Dann tut es mir leid, aber du ließest mir keine andere Wahl.«

»Wirklich keine andere?«

Ich erwiderte seinen Blick. »Mir ist zur Zeit einfach nicht danach zumute, verdammt noch mal. Verstehst du das nicht? Du, Ardigo und auch dein angeblich ach so spröder Wieland: Ihr habt doch bei mir nichts anderes mehr im Sinn, als mit mir zu schlafen. Ob ich es mir auch selbst wünsche, interessiert euch nicht.«

»Und wie ist es bei Belloni?«

Ich stand auf und trat auf die kleine Loggia hinaus. Die Wohnung lag im obersten Stockwerk. Von hier aus reichte der Blick weit über die sich nach Süden immer mehr verflachenden zahllosen Hügelketten hinweg bis zu dem fernen, dunstverhangenen Horizont. Das Haus stand unmittelbar am Rande einer etwa zehn Meter senkrecht abfallenden Felswand und bildete zusammen mit den fugenlos angebauten Nachbarhäusern eine festungsähnliche Wehr gegen die einst mit ihren Schiffen an der Küste gelandeten Piraten aus arabischen Ländern. Die Loggia war erst während des vor einigen Jahren erfolgten Umbaus des Hauses in Ferienwohnungen aus dem dicken Gemäuer gebrochen worden. Von der außerhalb herrschenden Mittagshitze war, trotz ihrer Südlage, in den Wohnungen kaum etwas zu spüren. Feuerstein war mir nachgekommen und fragte: »Wo hältst du ihn versteckt? Noch in Nizza oder schon hier in Tourette?« Ich wandte ihm das Gesicht zu. »Ich habe es dir schon einmal gesagt, Rudolf: Wenn ihm jemals etwas zustößt und du die Hände mit im Spiel hast, wirst du es mir büßen.«

»So wichtig ist er dir?«

»Nicht wichtiger als seine Familie. Ich fühle mich ihr gegenüber verantwortlich.«

Er legte die Hand auf meine Schulter. »Ich finde, es reicht, wenn einer von uns beiden verrückt spielt, Marianne. Belloni ist allein dein Problem. Ich kann es nicht dadurch lösen, daß ich ihn aus der Welt schaffe. Es gäbe übrigens eine sehr einfache Möglichkeit, dich vor den Leuten zu schützen, die es noch immer auf euch abgesehen haben. Bring ihn dazu, dir ihre Namen und ihre Adresse zu verraten. Ich gebe sie an meine Dienststelle weiter. Sie wird sich mit unseren italienischen Kollegen in Verbindung setzen und alles Weitere veranlassen.«

»Die Namen kennt er selbst nicht.«

»Ich rede auch nicht von seinen Auftraggebern, sondern von ihren Handlangern, zu denen, bevor er sich von ihnen absetzte, auch er gehörte. Wenn wir dieses Rattennest von der italienischen Polizei ausräuchern lassen, bist du wenigstens ein Problem los.«

»Ich werde mit ihm darüber reden«, sagte ich. »Wo ist Wieland?«

»Nach Nizza gefahren. Er will nicht länger mitspielen. Ich nehme an, Schimazek hatte auch die Hosen voll, als er hörte, daß Pellico für die andere Seite arbeitet.«

Tatsächlich hatten er und Piera, als ich ihnen davon erzählte, keinen Augenblick länger hierbleiben wollen. Dabei wären sie, wie ich es sah, in diesem Haus sicherer aufgehoben gewesen als in einem Hotel; ich sagte: »Mir ist lieber, er ist wieder in Nizza. Wäre er hiergeblieben, so hätten wir spätestens übermorgen wieder die Presseleute auf dem Hals.« Ich blickte von der Seite in sein Gesicht. »Dieses Mädchen: Was verspricht sie sich eigentlich von Nizza? Will sie sich dort Arbeit suchen?«

Er grinste: »Als Prostituierte. Vielleicht hoffte sie darauf, in mir ihren ersten Kunden zu finden.«

»Aber sie ist doch noch ein halbes Kind.«

»In Frankfurt gibt es welche, die sich schon mit vierzehn auf diese Weise ihr Geld verdienen.«

»Das rede ich ihr aus«, sagte ich. »Vielleicht kann ich sie, falls sie Lust hat, tatsächlich gebrauchen. Da ist noch etwas, Rudolf. Ich muß heute abend mit Belloni reden. Er wohnt nicht weit von hier. Ich habe dort auch den Pininfarina stehen; Belloni hat ihn mir aus Rom geholt. Hast du deinen Wagen hier?«

»Den hat Wieland mitgenommen.«

»Dann lassen wir uns ein Taxi kommen. Allein hinzufahren ist mir zu riskant. Kommst du mit?«

Er verzog keine Miene. »Warum erst heute abend und nicht jetzt gleich?«

»Weil er erst heute abend anzutreffen ist. Du wartest vor seinem Haus auf mich. Andernfalls fahre ich allein zu ihm.« – »Einverstanden«, sagte er mit weiterhin unbewegtem Gesicht.

»Dann unterhalte ich mich jetzt einmal mit Claudine«, sagte ich und verließ das Zimmer. Während die beiden Schlafzimmer an der Rückseite des Hauses oberhalb der Felswand lagen, befanden sich das Wohn- und das Badezimmer zur Straßenseite hin. Als ich in das zweite Schlafzimmer kam, traf ich Claudine in einem Liegestuhl in der Loggia an. Sie stand auf und sagte lächelnd: »Das ist eine sehr schöne Wohnung, Madame. Gehört sie Ihnen?«

»Nein«, sagte ich. »Ich habe sie nur gemietet. Wir unterhalten uns besser im Zimmer, Claudine. Dort ist es kühler.«

Sie folgte mir ins Schlafzimmer. Ich bot ihr einen der kleinen Sessel an, nahm ihr gegenüber Platz und sagte: »Mein Freund erzählte mir, daß du eventuell für mich arbeiten würdest. Ich könnte ein Mädchen gebrauchen, das sich um meine Garderobe und auch um das Haus ein wenig kümmert. Kannst du kochen?«

Sie zögerte mit der Antwort. »Vielleicht nicht so gut, wie Sie es gewohnt sind.« – »Ich könnte dir einiges beibringen und würde dich gut dafür bezahlen. Oder gefällt dir mein Vorschlag nicht?«

Sie erwiderte offen meinen Blick. »Ich weiß nicht, Madame. Hausmädchen habe ich daheim lange genug gespielt.«

»Für dreitausend Francs im Monat? Das Essen hättest du frei, und was du an Garderobe brauchst . . .« Ich brach ab, weil Feuerstein hereinkam. Er sagte: »Ich möchte dir im Wohnzimmer etwas zeigen.«

Daß es nichts Gutes sein konnte, merkte ich sofort seinem Gesicht an. Ich bat Claudine, auf mich zu warten und folgte ihm ins Wohnzimmer. Er trat ans Fenster, schob die Gardine zur Seite und fragte: »Sind dir die beiden Burschen da unten bekannt?«

Und ob sie mir bekannt waren; ich erkannte sie auf den ersten Blick. Sie saßen im Schatten der Platanen auf der halbhohen Mauer, die den rechteckigen Platz vor der alten Kirche und vor der Häuserreihe über der Felswand umsäumte. Sie beobachteten einige Kinder, die unter den Platanen miteinander spielten. Ihre Anwesenheit schockierte mich dermaßen, daß ich kaum reden konnte: »Der Blonde heißt Dreher. Er hat in Monaco mit mir gesprochen, als Zschernitz mich zu ihnen führte. Der andere saß zusammen mit dem dritten im Auto.«

»Fehlen also Zschernitz und der vierte. Einen von ihnen können wir abschreiben. Das sind nämlich die gleichen Knaben, die sich an jenem Abend, als du Belloni besuchtest, vor seiner Haustür mit den Insassen des zweiten Wagens das Feuergefecht lieferten.«

Ich fragte verstört: »Bist du dir da ganz sicher?«

»So ziemlich. Ich sah sie zwar nur beim Licht einer Straßenlaterne, aber ihre Gesichter habe ich nicht vergessen.«

»So ein Mist«, sagte ich. »Wie können sie mich hier nur gefunden haben?«

»Das war nicht allzu schwer. Sie brauchen dir heute vormittag nur vom Hotel aus zu folgen. Wahrscheinlich haben sie inzwischen mitbekommen, daß deine Leibgarde abgezogen wurde.«

»Dann hätte ich sie ja doch besser hierbehalten«, sagte ich, noch immer schockiert. »Ich weiß gar nicht, was die sich davon versprechen, wenn sie sich da unten auf die Mauer hocken und sich so offen zeigen.«

»Vielleicht wollen sie nur einen kleinen Nervenkrieg veranstalten und dich mit ihrer Anwesenheit daran erinnern, daß du ihnen eine Antwort schuldig geblieben bist. Warum gehst du nicht einfach zu ihnen hinunter und erzählst ihnen, wie Schimazek wirklich nach Italien gekommen ist? Solange sie dein Märchen von der ›Rostock‹ glauben, werden sie keine Ruhe geben, den Namen des Mannes zu erfahren, der ihm auf das Schiff geholfen und ihn dort versteckt haben soll. Wenn es dir lieber ist, rede ich mit ihnen.«

Ich schüttelte den Kopf. »Damit gäben sie sich bestimmt nicht zufrieden. Selbst wenn ich sie davon überzeugen könnte, daß ich Jochen nicht in Italien, sondern im Odenwald kennenlernte, würden sie an eine zufällige Begegnung nicht glauben. Sie würden vielmehr annehmen, daß ich bei seiner Flucht nicht nur mitgewirkt, sondern sie sogar mit dem Mann, den auch du hinter mir vermutet hast, vorher abgesprochen habe. Außerdem: Womit sollte ich es denn begründen, daß ausgerechnet ich, eine zufällige Bekanntschaft, ihn statt zum nächsten Polizeirevier zu schicken, illegal nach Italien gebracht habe?«

»Das hast du sogar mir noch nicht überzeugend erklären können«, sagte er grinsend. »War es Liebe auf den ersten Blick?«

»Ich habe mich noch nie auf den ersten Blick in einen Mann verliebt«, erwiderte ich. »Hätte ich auf dem kleinen Fußballplatz bei Michelstadt nicht mit eigenen Augen miterlebt, was er kann, so wäre ich niemals auf den Gedanken gekommen, seinetwegen ein solches Risiko einzugehen. Ich hatte eben einen genauso guten Riecher wie Ardigo, obwohl ich vom Fußball so gut wie nichts verstehe. Ich wußte ja nicht einmal, wieviel Geld man damit machen kann.«

»Dafür weißt du es jetzt um so besser«, nickte er und betrachtete wieder die beiden Männer. Ihre Unverfrorenheit, mich mit ihrer Anwesenheit zu entnerven oder gar erschrecken zu lassen, ließ mich mein Entsetzen über ihre Anwesenheit rasch vergessen, ich fragte: »Müssen wir uns das gefallen lassen? Sicher gibt es hier eine Gendarmeriestation.«

»Und was willst du dort sagen? Daß sie widerrechtlich auf dieser Mauer sitzen und du dich durch ihren Anblick belästigt fühlst?«

Ich biß mir verärgert auf die Lippen.

»Vielleicht können sie dir sogar von Nutzen sein«, sagte er. »Wenn ich mich noch an ihre Gesichter erinnere, dann werden die Insassen des zweiten Wagens sie erst recht nicht vergessen haben. Solange sie sich gegenseitig im Weg sind, kannst du nur davon profitieren. Obwohl du mir von deinen letzten Entführern nicht viel erzählen wolltest, gehe ich vorläufig einmal davon aus, daß sie mit den Insassen des zweiten Wagens nicht identisch sind.«

»Bestimmt nicht. Emilio hätte mir das erzählt.«

»Wer ist Emilio?«

»So hieß einer von den dreien. Ich kann mir aber auch nicht recht vorstellen, daß die Insassen des zweiten Wagens mit den gleichen Leuten zu tun haben, für die auch Belloni arbeitete. Er sagte mir, daß sie keine grenzüberschreitenden Aufträge ausführen. Davon abgesehen sehe ich auch keinen Sinn darin, Schimazek noch länger unter Druck zu setzen. Diesen Zug haben sie verpaßt. Er ist jetzt international schon viel zu bekannt, als daß man ihn noch für irgendwelche Zwecke manipulieren könnte.« Ich trat vom Fenster weg, nahm in einem Sessel Platz und dachte ein paar Sekunden lang nach. Dann schüttelte ich den Kopf und sagte: »Ich sehe da immer weniger durch, Rudolf. Nicht, was die beiden Männer da unten betrifft. Bei ihnen weiß ich wenigstens, woran ich bin. Ich habe den Eindruck, in Rom arbeiten sie, was Schimazek betrifft, nicht mit-, sondern gegeneinander. Es gibt dort neben solchen, denen die fünf Millionen für ihn nicht zuviel waren, auch noch andere, die ihn möglichst rasch loszuwerden versuchen. Zu letzteren scheint neuerdings auch Ardigo zu gehören, aber ohne Rückendeckung aus Rom könnte er sich das nicht leisten. Daß er nach der Behandlung, die du ihm hast zuteil werden lassen, gegen mich und Schimazek intrigiert und hinter unserem Rücken mit Amerikanern verhandelt, wundert mich nicht, aber damit schneidet er sich doch nur ins eigene Fleisch. Er erzählte mir zwar einmal, daß er wegen Schimazek sämtliche Trainerkollegen gegen sich aufgebracht habe, aber damit hat er doch von Anfang an rechnen müssen.«

Feuerstein kam zu mir und sagte: »Ich glaube nicht, daß er damit gerechnet hat, Marianne. Ich bin sicher, er und die Verantwortlichen im italienischen Verband sahen in Schimazek anfangs nur ein außergewöhnliches Talent, aber eben doch nicht mehr. Als sie den Vertrag mit euch abschlossen, waren sie wohl noch darauf gefaßt, daß er im Verlauf der Spiele doch das eine oder das andere Tor hinnehmen müßte. Inzwischen ist auch ihnen klar geworden, daß er eine Art von Geist aus der Flasche ist, und Ardigo, der sie gefunden hat, ergeht es jetzt nicht viel besser als dem Fischerjungen in der Fabel. Im übrigen glaube ich nicht, daß die Insassen des zweiten Wagens, die sich mit Dreher und seinen Männern an jenem Abend duellierten, nur deinetwegen aus Italien kamen. Seit Belloni sich auf deine Seite geschlagen hat, ist er für sie zu einem Sicherheitsrisiko allerersten Ranges geworden. Bestimmt gehen sie davon aus, daß du weißt, wo er sich versteckt hält.«

An diese Möglichkeit hatte ich noch gar nicht gedacht. Ich sagte: »Dann wäre es klüger gewesen, ich hätte mich gestern mit Thorn und Miller geeinigt. In Amerika wären wir sicherer als hier. Falls Dreher und seine Leute heute abend noch hier sind, ist es zu riskant, zu Belloni zu fahren.«

Er nickte. »Nicht nur ihretwegen. Ich bin mir beinahe sicher: Bellonis Verfolger treiben sich auch schon in der Nähe herum.«

»Das würde uns gerade noch fehlen«, sagte ich betroffen. »Was machen wir dann?«

»Ist etwas Eßbares im Haus?«

»Eben nicht. Ich hatte eigentlich vor, mit dir zum Mittagessen in ein Restaurant zu gehen, aber das ist jetzt wohl zu gefährlich?«

Er schüttelte den Kopf. »Nicht, wenn ich bei dir bin. Für das Mittagessen ist es ohnehin schon zu spät. Wir könnten irgendwo einen Kaffee trinken. Das Mädchen wird sicher auch hungrig sein.«

»Dann rede ich noch einmal mit ihr«, sagte ich und kehrte zu Claudine zurück. Sie gefiel mir, je länger ich Gelegenheit hatte, sie mir anzusehen, immer besser. Auch diesmal stand sie, als ich in das Zimmer trat, von ihrem Sessel auf. Weil sie eine Zigarette in den Fingern hielt, fragte ich: »Seit wann rauchst du?«

»Ich habe schon mit vierzehn damit angefangen«, antwortete sie. »In der Schule rauchten die meisten Mädchen in meiner Klasse.«

Wir setzten uns. Ich fragte: »Wie bist du überhaupt auf den Einfall gekommen, in Nizza dein Geld als Prostituierte zu verdienen?«

Sie zuckte mit den Schultern. »Das hat sich eben so ergeben, Madame. Als ich noch in dem Lebensmittelgeschäft in Briancon arbeitete, hatten wir eine Kundin, die sich ihre Einkäufe ins Haus bringen ließ. Das mußte jedesmal ich tun. Von ihr erfuhr ich, daß sie als junges Mädchen in Nizza als Prostituierte gearbeitet und viel Geld damit verdient hat. Heute ist sie gut verheiratet und wohnt in einem schönen Haus.« – »Und da erzählte sie dir, einem Lehrmädchen, daß sie früher eine Prostituierte war?« wunderte ich mich.

Sie lächelte. »Nicht gleich beim erstenmal, Madame. Sie wurde aber bald zärtlich zu mir und steckte mir, damit ich meinem Chef nichts davon erzählte, Geld zu.«

»Wie weit ging diese Zärtlichkeit?«
»Muß ich das alles erzählen?«
»Nur, wenn du es willst.«
»Vielleicht ist es besser, ich erzähle es Ihnen«, sagte sie. »Ihr Mann hatte eine Generalvertretung und war viel unterwegs. Sie lud mich manchmal ein, bei ihr zu schlafen. Ich tat es nur, weil sie mich dafür bezahlte.«
»Und es hat dir nichts ausgemacht?«
Sie zuckte wieder mit den Schultern. »Ich konnte das Geld gebrauchen. Ich hätte mir sonst nicht einmal eine Fahrkarte nach Nizza kaufen können. Heute weiß ich, daß es schlimmere Dinge gibt als mit einer Frau zu . . .« Sie brach jäh ab und biß sich auf die Lippen.
»Warum sprichst du nicht weiter?«
»Es hat doch keinen Sinn«, sagte sie. »Ich kann auch nicht für Sie arbeiten, Madame. Ihr Freund würde es Ihnen eines Tages doch erzählen, und dann jagen Sie mich bestimmt davon.«
Von Anfang an hatte ich das Gefühl gehabt, daß an Feuersteins Geschichte über sie etwas nicht stimmte. Ich griff nach ihrer Hand. »Er ist nicht mein Freund, nur ein guter Bekannter von mir, Claudine. Wo haben Sie ihn kennengelernt?«
»Werden Sie es ihm verraten, wenn ich es Ihnen sage?«
»Nein. Du kannst dich darauf verlassen.«
Sie zögerte noch immer. Ich beugte mich zu ihr hinüber, nahm ihr Kinn zwischen Daumen und Zeigefinger und fragte: »Ist es dir lieber, wenn er es mir erzählt?«
»Nein, Madame«, sagte sie. »Ich habe mir das inzwischen überlegt, aber ich weiß nicht, ob ich es Ihnen sagen darf.«
»Nur zu«, sagte ich, noch immer ihr Kinn festhaltend.
»Ich würde gerne für Sie arbeiten«, sagte sie. »Sie gefallen mir. So wie Sie werde ich nie aussehen.«
»Als ich so alt war wie du, sah ich auch nicht viel anders aus«, sagte ich. »Wo hast du meinen Bekannten kennengelernt? Auf der Straße?«
Sie schüttelte den Kopf. »Ich bin schon seit sechs Wochen in Nizza. Seitdem arbeite ich in einem Restaurant mit Appartements. Ihr Freund war gestern abend Kunde bei mir. Es ist aber nichts passiert. Er hat nur bei mir geschlafen. Als er sich heute vormittag verabschiedete, sagte er, daß er mich vielleicht noch brauchen werde. Eine halbe Stunde später rief er im Restaurant an und verabredete sich auf der Promenade des Anglais mit mir. Was ich Ihnen erzählte, hat er mir aufgetragen.«
»Auch die Geschichte von der Frau in Briancon?«
»Nein, Madame. Alles was ich Ihnen von daheim und von Briancon erzählte, ist die Wahrheit. Sind Sie jetzt sehr enttäuscht von mir?«
Ich ließ ihr Kinn los.
»Es war gut, daß du es mir gesagt hast. Er hätte es sonst in einem ihm als geeignet erscheinenden Moment selbst getan. Du wirst ihm von unserem Gespräch auch nichts sagen. Wieso ist nichts passiert, wenn er die ganze Nacht bei dir war?«
»Ich glaube, er konnte nicht.«
Ich blickte sie ein paar Sekunden lang verwundert an. Dann stand

ich auf und sagte: »Wenn du willst, kannst du dich wieder in die Loggia legen, Claudine. Hast du Hunger?«

»Nein, Madame.« Sie griff rasch nach meiner Hand. »Ich bin so froh, daß Sie mich nicht wegschicken. Für dreitausend Francs werde ich jede Arbeit für Sie tun. Sie könnten nicht auch noch ein zweites Mädchen brauchen?«

»Warum fragst du das?«

Sie zögerte wieder. »Ich kam mit einer Freundin nach Nizza. Sie hatte nicht so viel Glück wie ich. Der Mann, für den sie arbeitet, schlägt sie fast jeden Tag. Sie hat sich schon zweimal das Leben nehmen wollen.«

»Ist sie auch erst sechzehn?«

»Noch ein Jahr jünger als ich. Für mich ist das sehr schlimm. Ich habe sie nämlich dazu überredet, mit mir nach Nizza zu fahren. Daheim wurde sie von ihren Eltern auch nur geschlagen.«

Ich dachte eine kurze Weile nach. Dann sagte ich: »Im Augenblick weiß ich noch nicht, wie lange wir hierbleiben werden. Aber irgendwas wird mir auch für deine Freundin einfallen.«

Sie preßte, ehe ich sie daran hindern konnte, den Mund auf meine Hand. Ich ging nach Feuerstein schauen. Im Wohnzimmer war er nicht mehr. Ich warf einen Blick aus dem Fenster; auch Dreher und sein Begleiter waren verschwunden. Als ich in die Diele zurückkehrte, um noch im zweiten Schlafzimmer nachzusehen, wurde die Wohnungstür geöffnet und Feuerstein kam herein. Er brachte Piera mit. Ich war so wenig auf ihren Besuch gefaßt, daß ich sie nur anschauen konnte. Sie sagte: »Guten Tag, Signorina. Jochen schickt mich. Ich habe vier Signori bei mir, die mit Ihnen reden wollen. Signor Feuerstein hat ihnen die Parterrewohnung geöffnet; sie warten unten auf Sie.«

Ich fragte Feuerstein auf deutsch: »Hast du mit ihnen gesprochen?«

»Du kannst sie empfangen«, antwortete er. »Sie kommen von irgendwelchen Verbänden und wollen mit dir verhandeln. Sie sind mit zwei Taxi hier. Als sie eintrafen, haben sich Dreher und der zweite Mann verdrückt.«

»Das habe ich bereits gesehen. Ich unterhalte mich jetzt im Wohnzimmer mit Piera. Du könntest dich so lange um unsere Besucher unten kümmern.«

»Für dich tue ich beinahe alles«, sagte er.

Ich führte Piera ins Wohnzimmer und sagte: »Leider kann ich Ihnen nichts anbieten. Wir haben noch nicht eingekauft. Warum haben Sie Jochen nicht mitgebracht?«

»Er wollte, daß ich mit Ihnen rede«, sagte sie. Seit sie sich an seiner Seite vor Fotoreportern und Fernsehkameras zeigte, trug sie keine Hosen und auch keine hautengen Pullis mehr. Mit ihrem ärmellosen weißen Kleid und dem Metallgürtel in der schmalen Taille hätte sie sich auch auf einer Nachmittags-Gartenparty der Queen Elizabeth sehen lassen können. Sie hatte Platz genommen, sich eine Zigarette angezündet und die sehenswerten Beine übereinandergeschlagen. Gemocht hatte sie mich vom ersten Moment an nicht. Inzwischen schien sich ihre Abneigung in Haß verwandelt zu haben; ihre Empfindungen für mich standen ihr jedesmal in den Augen geschrieben. Ich fragte: »Sind Sie wieder im ›Westminster‹ abgestiegen?«

»Jochen wollte es so«, sagte sie. »Er schickt mich zu Ihnen, weil er Geld braucht. Er möchte, daß Sie ihm eine Vollmacht für die Bankkonten in Nizza und Mailand geben. Ich habe die Formulare mitgebracht; Sie brauchen sie nur noch zu unterschreiben.« Sie öffnete ihre kleine Krokodilleder-Handtasche und legte die Papiere auf den Tisch. Ich betrachtete sie nur flüchtig und fragte: »Wie kommen Sie zu diesen Formularen?«

»Ich habe sie vorgestern in Jochens Auftrag bei der Bank in Mailand besorgt. Ich bin deshalb extra hingeflogen.«

Ich lehnte mich in meinen Sessel zurück. »Wofür braucht er Geld? Ich habe ihm zwei Tage vor meiner Abreise aus Rom noch zwanzig Millionen Lire gegeben. Die kann er doch nicht schon verbraucht haben? Schließlich werden sämtliche Hotelrechnungen von mir bezahlt.«

»Er möchte sich einen eigenen Wagen kaufen, damit er unabhängiger ist. Es ist lästig, wenn er sich ständig ein Taxi kommen lassen muß.«

»Haben Sie ihm das eingeredet? Er hat ja nicht einmal den Führerschein. Oder will er sich auch gleich noch einen Chauffeur zulegen?« Sie sagte kühl: »Dafür hat er mich.«

»Warten Sie einen Augenblick«, sagte ich. Als ich ins Schlafzimmer kam, lag Claudine wieder in der Loggia. Ich holte meinen Aktenkoffer aus dem Kleiderschrank und kehrte, die Schlafzimmertür hinter mir schließend, zu Piera zurück. Ich setzte mich an den Tisch, nahm ein Scheckheft aus dem Koffer und sagte: »Ich gebe Ihnen einen Scheck über fünfzig Millionen Lire. Er kann sich in Nizza bei einer Bank ein Konto eröffnen. Da ich nicht wußte, wie lange wir in Frankreich bleiben, habe ich vorläufig nur einen Teilbetrag nach Nizza überweisen lassen.«

»Jochen möchte kein Geld, sondern eine Bankvollmacht«, sagte sie. »Sie wissen genau, daß er über das Geld in Mailand nicht verfügen kann, solange Sie ihm keine Vollmacht geben.«

»Eine Bankvollmacht für ihn ist in unserem Vertrag auch nicht vorgesehen«, sagte ich. »Er hat mich in Mailand notariell mit der Wahrung aller Geldgeschäfte und Vertragsabschlüsse in seinem Namen ermächtigt. Wenn er Geld benötigt, so braucht er mir das nur zu sagen. Er ist mir keine Rechenschaft schuldig, wofür er seinen Anteil ausgibt.«

»Diesen Vertrag möchte ich sehen.«

»Sie können ihn sehen, aber nur in Jochens Gegenwart. Er kann auch eine der Kopien haben. Bisher legte er keinen Wert darauf.«

»Dann geben Sie mir die Kopie mit.«

»Nur, wenn er mich persönlich dazu auffordert. Wollen Sie den Scheck nun haben oder nicht?«

»Darüber soll er sich selbst mit Ihnen unterhalten«, sagte sie und drückte die Zigarette aus. Sie stand auf, ging zur Tür und drehte sich dort noch einmal nach mir um. Sie starrte mich mit wutfunkelnden Augen an und sagte: »Er wird diesen Vertrag anfechten; er verstößt gegen die guten Sitten, weil er von einem italienischen Notar ausgestellt wurde und Jochen kein Italienisch versteht.«

»Er liegt auch in einer deutschen Ausfertigung vor. Mit Jochens Geschäftstüchtigkeit mag es zwar nicht weit her sein, aber ein Analphabet ist er deshalb nicht.«

»Sie haben seine damalige Schwäche für sich ausgenutzt«, sagte sie laut. »Im Hotel drängen sich die Leute, die mit Ihnen reden wollen. Ständig läutet das Telefon. Was tun Sie schon für Jochen, außer die Hälfte seines Geldes einzustecken?«

Ich blieb auch jetzt noch ruhig. »Darf ich fragen, was Sie für ihn tun?«

Statt mir zu antworten, öffnete sie die Tür, trat auf die Diele hinaus und schlug die Tür heftig hinter sich zu.

Ich blieb noch eine Weile am Tisch sitzen und dachte nach. Es sah so aus, als wollte Jochen mit Pieras Hilfe Druck auf mich ausüben. Es wurde Zeit, ein klärendes Wort mit ihm zu reden.

Jochen erwartete mich in seinem Hotelzimmer. Er war allein; ich fragte: »Wo ist Piera?«

»Sie wollte dich nicht sehen; ich weiß nicht, wo sie hingegangen ist.« Er nahm mich in die Arme, küßte mich und sagte: »Ich bin froh, daß du hier bist, Marianne.«

Nach allem, das ich mir von Piera hatte anhören müssen, empfand ich seine warme Begrüßung als ziemlich geschmacklos. Ich schob ihn von mir, setzte mich an den Tisch und fragte: »Du willst unseren Vertrag anfechten lassen?«

Er blickte mich rasch an. »Hat Piera das gesagt?«

»Nicht nur das. Ich habe soeben vom Postamt aus mit Ceroli in Mailand telefoniert. Wenn du eine Bankvollmacht haben willst, müssen wir einen neuen Vertrag abschließen. Das geht aber nur im beiderseitigen Einverständnis. Mein Einverständnis bekommst du nicht. Wozu brauchst du ein Auto?«

Er nahm auf der anderen Seite des Tisches Platz und lächelte verlegen. »Das war Pieras Idee. Sie möchte mir einen Ferrari einreden; ich habe keine Ahnung, was der kostet.«

»Sicher viel mehr, als cr für dich wert ist«, sagte ich. »Hör zu, Jochen: Es ist mir vollkommen egal, wie weit du dir von ihr in Dinge hineinreden läßt, die nur uns beide angehen. Ich jedenfalls lasse mir von ihr nicht hineinreden. Wenn du mich loswerden willst, mußt du noch einiges mehr verdienen als bisher.«

»Davon war nie die Rede. Daß Piera überhaupt noch hier ist, hast du allein dir selbst zuzuschreiben. So, wie du mich behandelst . . .«

Ich unterbrach ihn: »Mich stört ihre Anwesenheit nicht.«

Er schwieg verdrossen. Ich griff über den Tisch hinweg nach seiner Hand.

»Wir haben im Augenblick ganz andere Probleme. Wußtest du, wer die vier Männer waren, die Piera mit nach Tourette gebracht hat?«

Er nickte. »Ich habe ihnen erklärt, daß für solche Gespräche nur du zuständig bist. Bist du allein hier?«

»Das wäre mir zu riskant gewesen; Feuerstein hat mich begleitet; er wartet bei Wieland auf mich. Ich habe auch nicht viel Zeit.«

»Wieso hast du nicht viel Zeit? Du willst doch nicht etwa nach Tourette zurück?«

»Doch, das will ich. In der Hotelhalle sitzen schon wieder so viele Reporter, daß ich Mühe hatte, heraufzukommen. Erkläre mir eins, Jochen: Wie viele Spiele sind das noch für die Europameisterschaft? Ich habe keine Ahnung.«

Er hob die Schultern. »Sie haben ja erst richtig angefangen. Die Endspiele finden im Sommer nächsten Jahres im Wembley-Stadion in England statt. Ich schätze, für die Italiener sind es noch etwa zehn Spiele bis dahin.«

»Also dauern die Spiele etwa so lange, wie unser Vertrag mit Galilei und dem AC Mailand läuft?«

»Ja. Aber jetzt will Galilei mich auch noch für die diesjährigen Endspiele für den Europapokal in Paris einspannen. Es war gut, daß ich schon wieder im Hotel war; er hat heute mittag angerufen und mit Piera gesprochen, weil er dich nicht erreichen konnte.«

»Davon hat sie mir nichts gesagt.«

»Das sollte sie dir aber sagen; ich hatte sie ausdrücklich darum gebeten. Ich müßte dann schon am nächsten Wochenende für Florenz in Paris antreten.«

»Nicht für Ardigos Mannschaft?«

»Nein. Sie wurde am letzten Wochenende beim Endspiel um die nationale Meisterschaft von Florenz geschlagen. Hätte er mich im Tor gehabt, so wäre ihm das nicht passiert. Der Verband hat ihm aber nicht erlaubt, mich gegen Florenz aufzustellen.«

Ich nickte.

»Das war ja auch von Anfang an so vorgesehen. Er hätte sich sonst bei seinen Trainerkollegen noch unbeliebter gemacht. Du mußt vor Ardigo künftig auf der Hut sein.«

Er blickte mich überrascht an. »Warum?«

»Ich hatte eine Auseinandersetzung mit ihm; er wollte sich meinetwegen scheiden lassen.«

Jochen stand auf. Er trat auf den Balkon hinaus und blieb dort, die Hände tief in die Hosentaschen geschoben, etwa eine halbe Minute stehen. Als er zurückkam, war sein Gesicht blaß. »Wenn ich einen Dreh fände, aus den Verträgen auszusteigen, würde ich es lieber heute als morgen tun. Italien war eben doch nicht das Richtige für uns. Wir hätten gleich nach Amerika gehen sollen.«

»Dazu fehlte uns, als wir nach Italien kamen, das Geld«, erinnerte ich ihn. »Ich finde, wir haben in dieser kurzen Zeit schon viel mehr erreicht, als du es vielleicht erwartet hast. Im übrigen schließt unser Vertrag nicht aus, daß du selbst in Verhandlungen eintrittst. Wenn man dir ein Angebot macht, über das sich reden läßt, bin ich die letzte, die sich querlegt. In Mailand hast du noch so getan, als empfändest du es allein schon als eine Zumutung, dich über Verträge oder Geld zu unter . . .«

»Das will ich auch heute nicht«, unterbrach er mich. »Mich langweilt das nur, ich bin froh, wenn du es mir abnimmst.«

»Piera sagte . . .«

Er ließ mich auch diesmal nicht aussprechen: »Sie will sich für mich eben irgendwie nützlich machen. Ich habe keine Lust, mich deshalb mit ihr zu streiten. Der Einfall, nach Mailand zu fliegen, und dort die Formulare für eine Bankvollmacht zu holen, kam von ihr und nicht von mir.«

»Aber sie flog sicher auf unsere Rechnung hin«, sagte ich. »Wenn es dir Spaß macht, einen Ferrari zu fahren, dann kaufe dir einen, aber kaufe ihn für dich und nicht für sie. Ich habe schon genug für dich getan, Jochen, und ich habe nie viele Worte darüber verloren. Ich habe dir nicht erzählt, wie wir es in Genua wieder zu Geld gebracht haben, und ich habe dir bisher auch nicht erzählt, was in Monaco passiert ist und daß seit Rom auch Leute aus der DDR hinter uns her sind, weil sie von dir erfahren wollen, wer dich auf die ›Rostock‹ gebracht und dort versteckt gehalten hat. Ich wollte dich nicht damit belasten.«

Er starrte mich erschrocken an: »Aus der DDR? Warum hast du mir nichts davon erzählt?«

»Das habe ich dir eben erklärt. Außerdem interessieren dich solche Dinge doch nicht. Es hat dich ja auch nicht interessiert, wo und wie ich die vergangenen Tage verbracht habe. Für dich genügte es, daß ich mich wieder hier eingefunden habe, und hätte ich mich nicht mehr hier eingefunden, so hättest du dich eben damit getröstet, künftig ungehinderten Zugang zu dem Mailänder Konto zu haben.«

Er sprang erregt auf die Beine.

»Das ist nicht wahr, Marianne. Du weißt genau, daß das nicht wahr ist.«

»Setz dich wieder hin und beruhige dich«, sagte ich. »Ich nehme dir deine Ichbezogenheit ja auch gar nicht übel. Du bist nun mal der größte Torhüter aller Zeiten, und wenn wir beide es geschickt anstellen, wirst du in spätestens fünf oder sechs Jahren so viel Geld verdient haben, daß es dir egal sein kann, was ich und andere unwichtige Leute von dir denken.«

»Mit dir kann man einfach nicht vernünftig reden«, murmelte er und ließ sich wie erschöpft auf einen Stuhl zurückfallen. Ich lächelte. »Wir können es ja mal versuchen. Zwei der Besucher, die du mir durch Piera nach Tourette hast bringen lassen, waren nicht der Rede wert. Sie wollten dich nach Ablauf unseres italienischen Vertrags für zwei Millionen Gulden einem holländischen Verein zuspielen. Die beiden anderen waren ungleich interessanter, weil sie nicht erzählen durften, für welchen Verband sie dich für die nächsten Weltmeisterschaftsspiele gewinnen wollen. Sie heißen Renard und Limbourg und sagten, das dürfte erst unmittelbar vor Beginn der ersten Ausscheidungsspiele bekanntgegeben werden, und auch du und ich, wir dürften es vorläufig nicht wissen. Ich erklärte ihnen, daß wir für diese Spiele schon ein gutes Dutzend Angebote hätten und daß dein Preis sich zwangsläufig nach Qualität und Bedeutung der Spiele richte. Und dafür, daß wir ihre obskure Geheimniskrämerei überhaupt mitmachten und uns auf einen Vertrag mit einem Verband einließen, den wir erst kurz vor den Spielen kennenlernen sollten, müßten sie noch ein Drittel mehr bezahlen als die Amerikaner, und zwar bei Vertragsabschluß und nicht erst, wenn die Spiele beginnen. Damit waren sie sofort einverstanden. Sie wollen sogar für die Steuer aufkommen. Ich habe sie zu Ceroli nach Mailand geschickt, damit er die Vertragsbedingungen mit ihnen abklärt und sich selbst ein Bild machen kann, ob ihr Angebot ernst zu nehmen ist oder . . .«

»Moment mal!«

Jochen sprang zum zweitenmal auf die Beine. »Die Amerikaner haben uns . . .« Er führte den Satz nicht zu Ende und starrte mich ungläubig an.

Ich fragte: »Verstehst du etwas von Poker?«

Er schüttelte den Kopf.

»Ich auch nicht«, sagte ich.

»Trotzdem fange ich an, Spaß daran zu haben. Sollten übrigens ein Mr. Miller oder ein Mr. Thorn im Hotel anrufen und nach mir verlangen, so laß dir ihre Rufnummer geben und sage ihnen, daß ich mich irgendwann in den nächsten Tagen bei ihnen melden werde. Du mußt mich natürlich umgehend in Tourette von ihrem Anruf verständigen. Du bist übermorgen in Madrid?«

Er nickte. »Zum Rückspiel gegen die Spanier. Ich fliege vormittags hin und nach dem Spiel sofort wieder zurück. Kommst du mit?«

»Ich kann jetzt von hier nicht weg. Außerdem hast du ja Piera bei dir. Wenn sie unbedingt einen Ferrari haben will, dann soll sie vorher noch etwas dafür tun. Das wäre, glaube ich, für den Augenblick alles. Oder hast du noch etwas?«

Er ließ sich wieder auf seinen Stuhl zurückfallen und murmelte: »Ich habe kaum ein Wort verstanden.«

»Dafür hast du ja mich«, sagte ich.

»Wegen Belloni brauchst du dir übrigens keine Sorgen mehr zu machen. Den habe ich über Feuerstein ausschalten können. Feuerstein war uns schon sehr nützlich. Du solltest mit deiner Voreingenommenheit ihm gegenüber endlich aufhören. Trotzdem ist es wegen Zschernitz besser für dich, du bleibst hier im Hotel. Er und seine Kumpane treiben sich seit heute mittag in der Nähe unseres Quartiers in Tourette umher.«

»Ich weiß auch nicht, wer Zschernitz ist«, murmelte er.

Ich stand auf und klemmte die Handtasche unter den Arm. »Der Kapitän der ›Rostock‹. Er hat uns die DDR-Menschen auf den Hals geschickt, von denen ich dir vorhin erzählt habe, aber hier im Hotel bist du sicher vor ihm und vor ihnen.

Die Zeitungsleute, die unten auf dich warten, werden schon auf dich aufpassen.«

Ich ging zu ihm, beugte mich zu ihm nieder und küßte ihn auf die Stirn.

»Zusammen sind wir unschlagbar«, sagte ich. »Daran solltest du auch denken, wenn Piera dich auf dumme Gedanken bringt. Ciao, mein Lieber.«

Mit Feuerstein hatte ich mich nach seinem Besuch bei Wieland in der Bar verabredet. Ich traf ihn dort in Gesellschaft von einem guten Dutzend Journalisten an, die ihn über mich auszufragen suchten. Als er mich sah, stand er offensichtlich erleichtert auf und sagte: »Sie wollten sogar wissen, ob ich dein Freund sei.«

»Hast du es ihnen erzählt?« fragte ich, während ich gleichzeitig von ringsumher geknipst, mit Belichtungsmessern tangiert und von Blitzlichtern angewärmt wurde. Dann fiel mir auf, daß unter meiner Nase zwei Mikrofone nach meinem Mund gierten; ich fragte: »Also, was wollen Sie denn wissen, meine Herren?«

»Damen sind auch hier«, meldete sich eine Frauenstimme hinter mir zu Wort. Ich drehte mich um und stellte fest, daß ich es mit einem nicht übel aussehenden, in einer hautengen roten Lederhose steckenden Mädchen zu tun hatte, das ebenfalls mit einem Mikrofon bewaffnet war. »Radio Monte Carlo«, sagte sie. »Würden Sie unseren Zuhörern verraten, ob Sie mit Monsieur Schimazek verlobt sind, Mademoiselle Neumann?«

»Ich bin nur seine Managerin«, antwortete ich. »Verlobt ist er zur Zeit mit einer Mademoiselle aus Rom. Ihre Mutter ist eine steinreiche Mazzini aus uraltem italienischen Adelsgeschlecht.«

»Hat sie auch einen Vater?« wollte das Monte-Carlo-Mädchen wissen. »Natürlich«, sagte ich. »Er importiert Autos nach Amerika und hat nebenberuflich auch mit dem italienischen Fußball zu tun.«

»Aber eine Zeitlang hieß es doch überall, Sie seien mit Schimazek verlobt?« warf der Halter des zweiten Mikrofons ein. Auch das dritte Mikrofon näherte sich wieder hungrig meiner Nase. Ich sagte: »Das ist ein Gerücht. Wir haben uns ja erst vor einigen Wochen in Genua kennengelernt.«

»Aber schon in Mailand sollen Sie in einem Hotelzimmer mit ihm gewohnt haben«, sagte der gleiche Mikrofonträger. Ich nickte. »Das Zimmer hatte zwei Betten. Warum hätten wir eins davon leerstehen lassen sollen?«

Meine Worte lösten allgemeine Heiterkeit und beifälliges Lachen aus. Das Monte-Carlo-Mädchen riß das Heft wieder an sich: »Sagen Sie unseren Hörern, Mademoiselle Neumann, wie Sie es sich selbst erklären, daß Schimazek alle Bälle halten kann?«

»Ich weiß es auch nicht, aber vielleicht ist er so etwas wie die Inkarnation dessen, was von Funktionären und Trainern im Hochleistungssport heute angestrebt und von Ihnen und Ihren Kollegen auch noch beklatscht wird. Denken Sie nur an all jene, die schon im Kindesalter zu Kampfmaschinen herangezüchtet und später zu Frühinvaliden werden.«

»Reden Sie jetzt auch von Schimazek?« fragte sie verunsichert.

»Er ist ja nicht mehr im Kindesalter«, sagte ich. »Würden Sie mich jetzt bitte weitergehen lassen? Ich habe heute noch viel zu erledigen.«

Ich schob mich, den Ellbogen benutzend, an den Mikrofonen vorbei und zwischen den eifrig schreibenden Journalisten hindurch zum Ausgang der Bar. In der Hotelhalle wurde ich von Feuerstein eingeholt; er sagte: »Wir hätten uns nicht in der Bar verabreden sollen. Seit sie uns zusammen ins Hotel kommen sahen, bin sogar ich für Sie interessant geworden. Ich verstehe immer besser, weshalb du den Rummel nicht mehr mitmachen willst.«

»Mit Interviews erweise ich Jochen jetzt keinen praktischen Dienst mehr«, sagte ich. »Bei den ersten, die ich in Rom für ihn gab, war das noch anders. Damals war er noch nicht so bekannt wie heute. Was ich über ihn und auch mich selbst zu sagen habe, stand schon längst in allen Zeitungen. Hast du mit Wieland gesprochen?«

»Er wartete mit der Antwort, bis wir auf der Straße waren. Dort griff er nach meiner Hand. »Ja. Wir müssen uns wieder ein Taxi nehmen. Nicht weit von hier stehen welche.«

»Ich denke, wir fahren mit deinem Wagen?«

»Den behält Wieland. Er fährt morgen früh nach Wiesbaden zurück.« Ich blieb unwillkürlich stehen. »Hat man ihn zurückgerufen?«

»Er hat nach seinem Eintreffen im Hotel mit unserer Dienststelle telefoniert und erzählt, daß es, seiner Meinung nach, hier nichts mehr für uns zu tun gäbe. Als ich ihn vorhin über Dreher und den zweiten Kerl informierte, glaubte er mir nicht. Er redet sich ein, ich hätte die beiden nur erfunden, um die Heimreise noch einmal hinauszuzögern. Das Dumme daran ist, daß unsere Dienststelle über Zschernitz nichts herausgefunden hat. Sie hat über zwei Wochen lang ihre Verbindungen nach drüben spielen lassen, ohne auf seinen Namen zu stoßen!«

»Aber es gibt ihn doch!«

»Sicher gibt es ihn, aber nur als Kapitän eines Frachtdampfers, und für den interessieren sie sich ja nicht. Was es so beschissen machte, ist, daß weder ich noch Wieland ihn jemals gesehen haben. Für Wieland ist er jetzt ein Phantom, eine Erfindung von dir oder von mir. Mit ihm war nicht mehr zu reden. Ich habe von der Hotelhalle aus bei der Dienststelle angerufen. Man verlangt von mir, daß ich zusammen mit ihm zurückkomme.«

»Mist«, sagte ich. Er griff wieder nach meiner Hand und zog mich weiter. »Ich habe für letztes Jahr noch acht Tage Urlaub gut. Sie waren damit einverstanden, daß ich ihn mir nehme. Du wirst mich also erst nächste Woche los.«

»Es ist trotzdem Mist«, sagte ich. »Was sind schon acht Tage!«

»Für mich sind sie schon sehr viel. Wieland ist eben ein Preuße, pflichtbewußt und pingelig.«

»Daran bin auch ich schuld«, sagte ich und blieb wieder stehen. »Vielleicht sollte ich noch einmal mit ihm reden.«

»Das wäre reine Zeitverschwendung. Es sei denn, du redest im Bett mit ihm. Willst du das?«

Ich schüttelte den Kopf.

»Dann laß ihn abhauen«, sagte er und winkte einem vorüberfahrenden Taxi.

Wir kletterten hinein; Feuerstein fragte: »Wohin?«

»Zu Belloni«, sagte ich. »Ich mache es so kurz wie möglich, damit Claudine nicht zu lange auf uns warten muß. Es ist wichtig, daß ich noch heute mit ihm rede.« Ich gab dem Taxifahrer die Adresse und zündete mir mit fahrigen Händen eine Zigarette an. Feuerstein fragte: »Nervös?« Ich war nicht nur nervös. Was er mir erzählt hatte, steckte mir noch tief in den Gliedern. »Dann gibst du diesen elenden Job eben doch auf.«

»Darüber haben wir uns schon einmal unterhalten. Damals wußte ich allerdings noch nicht, daß du vorhast, dich mit Schimazek nach Amerika abzusetzen.«

»Das ist noch nicht sicher.«

Ich beobachtete durch das Fenster, wie wir auf Höhe des Flughafens die Promenade des Anglais hinter uns ließen und der nach Grasse führenden Straße folgten. Der Gedanke, Feuerstein bald zu verlieren, löste zwar Betroffenheit und Unbehagen in mir aus, aber ich wußte gleichzeitig, daß es keine Alternative dazu gab. Selbst wenn er sich noch dazu hätte entschließen können, von meinem Geld zu leben, wäre es nun zu spät dafür. Die Frage, ob ich mich für ihn oder für Belloni entscheiden sollte, stellte sich mir schon längst nicht mehr. Außerdem wurde es Zeit für ihn, auch wieder einmal an seine Frau zu denken. Er wechselte dann auch das Thema und kam wieder auf meine obskuren Besucher von heute nachmittag zu sprechen: »Eines habe ich nicht kapiert: Wenn die Amerikaner anbeißen, kannst du Schimazek doch nicht noch einmal für die Weltmeisterschaftsspiele verkaufen?«

»Ich werde eben versuchen, mit den Amerikanern so zu verbleiben, daß sie ihn für diese Spiele freigeben. Da sie wieder in Mexiko stattfinden, wäre es kein Problem für ihn, sich für die jeweiligen Spiele in ein Flugzeug zu setzen, hinzufliegen und hinterher nach New York zurückzukehren. Ich weiß nicht, wie viele Spiele das sein werden, aber bei einem Vertrag von fünf Jahren Laufzeit fallen sie zeitlich kaum ins Gewicht. Die Amerikaner haben mit Schimazek viel weiterreichende Pläne, als nur die Weltmeisterschaft zu gewinnen.«

»Vielleicht war es trotzdem etwas voreilig, die beiden Knaben von heute vormittag gleich zu eurem Notar nach Mailand zu schicken. Du glaubst doch wohl selber nicht im Ernst daran, sie würden, wenn sie hören, um welchen Betrag es sich bei den Amerikanern handelt, doch länger zu ihrem Angebot stehen, nur für die nächste Weltmeisterschaft sogar ein Drittel mehr als die Amerikaner zu bezahlen?«

Ich mußte lachen. »Der Notar meint, wenn sie sich auf einen entsprechenden Vorvertrag einließen, könnten sie keinen Rückzieher mehr machen. Sie wollen morgen noch einmal bei ihm vorsprechen und sich dann endgültig dazu äußern. Das Risiko liegt allein bei ihnen. Vielleicht komme ich ihnen, wenn sie so viel Geld nicht auftreiben können, auch etwas entgegen. Schließlich ist ihnen bekannt, welchen Betrag Schimazek von den Italienern für seine Teilnahme an der Europameisterschaft kassierte. Für die Weltmeisterschaft müssen sie noch einiges mehr auf den Tisch legen. Andernfalls wird aus der Sache eben nichts.«

Er zündete sich eine Zigarre an und warf das Streichholz aus dem Fenster. »Ich nehme an, du hast dir über sie auch schon ein paar Gedanken gemacht. Mit Strohmännern Geschäfte abzuschließen, das kann leicht ins Auge gehen.«

Ich zuckte mit den Schultern. »Thorn und Miller waren auch nichts anderes als Strohmänner. Ich würde keinen Vertrag unterschreiben, der für Schimazek mit unkalkulierbaren Risiken verknüpft ist.«

Mir fiel auf, daß er öfter aus dem Heckfenster schaute. »Ist wieder einer hinter uns her?«

»Bis jetzt noch nicht.«

»Im Grunde ist es ja ganz egal, wo ich wohne«, sagte ich. »Wenn sie mich finden wollen, dann finden sie mich immer. Ich kann mich zwar dem Presserummel entziehen, aber nicht solchen Besuchern wie heute nachmittag. Die Leute, die es auf mich abgesehen haben, brauchen ihnen nur zu folgen, und schon habe ich sie vor der Haustür stehen. Wie Dreher auch.«

»Und falls sie dir folgen, hat auch Belloni sie vor der Haustür stehen. Du hättest ihn besser nach Spanien oder sonstwohin abgeschoben, aber das wolltest du wohl nicht?«

Ich gab keine Antwort.

Es war schon Zeit fürs Abendessen, als wir nach Gourdon kamen. Zu meiner Erleichterung sah ich Bellonis hellblauen Renault vor der Haustur stehen. Ich bezahlte das Taxi, drückte Feuerstein die Schlüssel für den Pininfarina in die Hand und öffnete das Gartentor. »Fahr ihn schon auf die Straße«, sagte ich. »Ich bin gleich wieder hier.«

Er betrachtete das Haus. »Hast du es gekauft?«

»Wozu sollte ich es kaufen?«

Ich wartete seine Antwort nicht ab und läutete an der Haustür. Meine Sorge, Belloni könnte mir öffnen und von Feuerstein gesehen werden, was mir doch etwas unangenehm gewesen wäre, erwies sich als unbegründet; es war Teresa, die mir aufmachte. Ich schob mich, ohne ihre Begrüßung abzuwarten, an ihr vorbei in den Hausflur und sah Belloni in der offenen Küchentür stehen; in der Hand hielt er eine Pistole. Als er mich erkannte, steckte er sie rasch in die Hosentasche und blickte mich schweigend an.

Teresa sagte: »Wir sitzen gerade beim Abendessen, Signorina. Dürfen wir Sie dazu einladen?«

Der Anblick von Bellonis Pistole hatte mich ganz vergessen lassen, Teresa die Hand zu geben. Ich holte es nach und sagte: »Ich kann mich nur kurz aufhalten, Teresa. Ich muß Adolfo sprechen. Ich habe einen Mann mitgebracht, der meinen Pininfarina holt. Falls Sie ihn sehen oder hören, braucht Sie das nicht zu beunruhigen.« Zu Belloni sagte ich: »Kommen Sie mit in mein Zimmer hinauf.«

Er verlor auch jetzt kein Wort. Erst als ich allein mit ihm war, fragte er: »Ist etwas passiert, Signorina?«

Ich ging zu ihm hin, griff in seine Tasche und zog die Pistole heraus. Sie sah der meinen zum Verwechseln ähnlich. »Woher hast du sie?«

»Aus Turin mitgebracht, Signorina. Nur für alle Fälle, damit ich mich und meine Familie schützen kann. Ich habe auch die Munition für Sie. Sind Sie deshalb hier?«

»Nicht nur deshalb. Hast du mir etwas verschwiegen, Adolfo?«

Er fragte betroffen: »Wovon reden Sie?«

»Von Pellico und seinen Männern. Steckten sie mit euch unter einer Decke?«

Sein verständnisloser Gesichtsausdruck nahm seine Antwort vorweg. Ich griff nach seiner Hand, zog ihn neben mich auf das Bett und erzählte ihm, was in Tourette geschehen war. Er hörte mir aufmerksam zu. Dann schüttelte er den Kopf. »Glauben Sie mir, Signorina, das kann alles nicht sein. Ich kenne die Firma, für die Pellico arbeitet. Es ist ein sehr seriöses Unternehmen, das den Personenschutz vermögender Geschäftsleute und von Politikern übernimmt. Sie beschäftigt in allen größeren Städten Männer wie Pellico. Mit der Firma, für die ich arbeitete, hat sie ganz bestimmt nichts zu tun.«

Seine Antwort überraschte und beunruhigte mich. Als ich ihm von Feuersteins Verdacht erzählte, sagte er: »Ich fürchte, es war genau umgekehrt, Signorina. Dieser Mann, der Sie angeblich warnte, könnte Ihnen das auch nur gesagt haben, damit Sie Pellico wegschicken und die Verantwortung dann bei Ihnen liegt. Vielleicht gehörte er gar nicht zu seinen Männern.«

Ich blickte bestürzt in sein ernstes Gesicht. »Aber was könnte man damit denn bezwecken?«

»Das weiß ich nicht, Signorina. Vielleicht wollte man erreichen, daß Sie heute abend ohne Schutz sind. Ich würde Ihnen nicht dazu raten, in Tourette zu übernachten. Kommen Sie jetzt aus Tourette?«

»Nein, aus Nizza. Wir haben darauf geachtet, daß wir nicht verfolgt wurden. Feuerstein ist bei mir; er ist der Mann, mit dem du es schon in Riomaggiore zu tun hattest.«

Sein Gesicht wurde noch ernster. »Auf seinen Kopf ist eine Prämie ausgesetzt, Signorina. Ich wußte nicht, daß er mit Ihnen nach Frankreich gekommen ist, sonst hätte ich es Ihnen schon gesagt. Ist auch der zweite Mann noch hier, der bei ihm war?«

Ich mußte mir vor Aufregung eine Zigarette anzünden. »Der reist morgen ab. Du erzähltest mir doch einmal, daß ihr nie im Ausland arbeitet?«

»Normalerweise nicht, aber er und sein Kollege haben einen Mann von uns erschossen, und wenn so etwas passiert, dann macht man auch vor einer Grenze nicht halt. Zum Glück ist er unseren Nachfolgern nicht persönlich bekannt, aber sie werden bestimmt auf alle Männer achten, mit denen Sie öfter zusammenkommen.«

»Auf dich also auch?«

»Ja. Signorina. Mich werden sie bestimmt auch in Frankreich suchen, wenn sie mich in Italien nicht finden.«

Mir fiel ein, was Feuerstein mir vorgeschlagen hatte; ich sagte: »Dann wäre es doch besser, man unternähme etwas gegen sie. Feuerstein hat gute Verbindungen zur deutschen Polizei. Wenn du ihm die Adresse gibst, wo du gearbeitet hast . . .«

Er sagte rasch: »Das nützt jetzt nichts mehr, Signorina. Dafür ist es bereits zu spät. Man würde dort keinen Menschen mehr antreffen. Sobald sie sich nicht mehr sicher fühlen, schließen sie die Firma und verteilen die Männer auf andere Städte, wo sie ähnliche Firmen haben. Ich finde es nicht gut, daß Signor Feuerstein noch bei Ihnen ist. Darf ich Sie etwas fragen?« Ich blickte ihn geistesabwesend an.

Er sagte: »An jenem Abend, als Sie in Nizza noch einmal zu mir kamen und mich aufforderten, umgehend die Stadt zu verlassen und zu meiner Familie nach Menton zu fahren, haben Sie mir nicht gesagt, warum ich das Zimmer so plötzlich aufgeben sollte. Gab es einen bestimmten Grund dafür?«

Von den beiden Autos und von dem, was sich vor seiner Haustür abgespielt hatte, wollte ich ihm auch jetzt nichts erzählen; es hätte ihn nur unnötig beunruhigt. Ich sagte: »Das war eine reine Vorsichtsmaßnahme. Es wäre nicht gut gewesen, wenn du weiterhin so nahe beim Hotel gewohnt hättest. Hast du dich schon danach erkundigt, ob das Haus hier auch für länger zu vermieten ist?«

Er nickte. »Bevor ich nach Turin fuhr. Der Makler will mit der Eigentümerin reden, ob sie es bei einer längeren Mietzeit auch billiger hergibt. Ich soll mich in den nächsten Tagen bei ihm danach erkundigen. Das Inserat wegen einer Beteiligung an einer Speditionsfirma habe ich noch nicht aufgegeben, Signorina. Dazu fand ich heute keine Zeit. Ich werde es morgen erledigen. Wollen Sie heute nacht nicht besser hierbleiben?«

Mein Entschluß stand bereits fest. »Vielleicht. Ich muß vorher mit Feuerstein reden. Du kannst inzwischen fertig essen. Wie geht es unseren Kindern?«

Er lächelte. »Gut. Sie sind sehr glücklich und spielen den ganzen Tag im Garten. Auch meine Frau ist sehr glücklich, Signorina.«

»Du nicht?« Er griff nach meiner Hand und preßte sie an den Mund. Ich stand rasch auf. »Das hat Zeit bis nachher.«

Feuerstein hatte den Pininfarina auf die Straße gefahren. Er erwartete mich am Lenkrad sitzend und rauchte eine seiner geliebten Zigarren. Ich nahm neben ihm Platz und fragte: »Für wie lange haben wir das Haus in Tourette gemietet?«

Er öffnete die Brieftasche und holte ein Papier heraus. »Hier ist der Mietvertrag für vorläufig vier Wochen. Du kriegst von mir noch Geld zurück. Was du mir gegeben hast, hätte für acht Wochen gereicht.«

»Behalte es einstweilen und den Mietvertrag auch. Wir haben ein neues Problem, Rudolf.« Ich berichtete ihm von meinem Gespräch mit Belloni und fuhr fort: »Ich weiß zwar nicht, was gespielt wird, aber ich habe kein gutes Gefühl. Es ist auch für dich besser, du bleibst heute nacht nicht in Tourette. Wenn sie auf deinen und auf Wielands Kopf eine Prämie ausgesetzt haben, bist du in einem Hotel besser aufgehoben. Dadurch werden wir vielleicht auch Zschernitz und seine Leute los. Ich stelle es mir so vor, daß du jetzt nach Tourette fährst, Claudine und mein Gepäck abholst und sie nach Nizza in ein Hotel bringst, aber nicht ins ›Westminster‹. Du kannst zwei Doppelzimmer nehmen.«

Er blickte mich prüfend an. »Und was ist mit dir?«

»Ich bleibe über Nacht hier. Wenn du ohne mich in Tourette eintriffst, verlieren sie meine Spur. Du kannst mich morgen vormittag gegen zehn Uhr hier abholen. Nach Tourette gehen wir erst wieder, wenn wir sicher sein können, daß die Luft dort rein ist.«

»Ist dir überhaupt klar, was du mir da zumutest?«

Mir wurde es spätestens in diesem Augenblick klar; ich sagte: »Ich habe inzwischen eingesehen, daß Tourette ein Fehler war. Was dir dort vorschwebte, kannst du genausogut in einem Hotel haben. Such eins, das nicht zu nahe beim ›Westminster‹ liegt. Sei aber vorsichtig, Rudolf. Wenn es stimmt, was Belloni sagte, bist du vielleicht noch mehr gefährdet als Schimazek und ich.«

Er grinste. »Solange sie nicht einmal richtig wissen, wer ich bin und wo sie mich suchen müssen, macht mir das kein Kopfzerbrechen. Du hast hoffentlich nichts dagegen, wenn ich dich morgen daran erinnere, was du eben in so ungemein generöser Form angedeutet hast?«

»Es wird nicht nötig sein, daß du mich daran erinnerst«, sagte ich. »Erkundige dich an der Rezeption, ob Post für mich eingetroffen ist. Warte.« Ich nahm Notizbuch und Kugelschreiber aus der Handtasche, schrieb zwei Nummern auf, riß das Blatt heraus und gab es ihm. »Ruf dort an, sobald du im Hotel bist. Irgendwen wirst du erreichen, entweder Galilei oder einen vom Verband. Sag ihnen, daß du in meinem Auftrag anrufst und daß es sich, als ich Pellico wegschickte, um ein Mißverständnis gehandelt habe. Ich möchte, daß er und seine Männer sich weiterhin um Schimazek kümmern. Vielleicht ist er noch im ›Westminster‹. Du kannst dich ja, bevor du mit Rom telefonierst, davon vergewissern. Sollte er noch da sein, so redest du selbst mit ihm und kannst dir das Gespräch nach Rom ersparen.«

Er steckte den Zettel in die Tasche. »Ist das alles?«

»Nein. Sobald du ein Hotel für uns gefunden hast, setzt du dich mit dem ›Westminster‹ in Verbindung und hinterläßt an der Rezeption, unter welcher Rufnummer ich ab morgen zu erreichen bin. Ich halte es jetzt doch für besser, etwas näher am Ball zu bleiben. Hier sind die Wagenpapiere.« Ich drückte sie ihm in die Hand, küßte ihn auf die Wange und kehrte ins Haus zurück. Teresa kam mir aus der Küche entgegen; sie sagte: »Ich habe die Kinder schon schlafen gelegt, Signorina. Werden Sie hierbleiben?«

»Bis morgen. Haben Sie für mich noch etwas zu essen übrig?«

Sie führte mich in die Küche. Mir fiel auf, daß Belloni nicht zu sehen war. »Er wollte noch rasch ein Bad nehmen«, sagte Teresa. Sie lächelte. »Für mich hätte er das nicht getan, Signorina. Wollen Sie vorher auch noch baden?« – »Vor dem Essen? Oder wovon reden Sie?«

Sie behielt ihr Lächeln bei und sah mich, statt mir zu antworten, nur an. Wenn mich die rasche Hitze im Gesicht nicht täuschte, war ich unter ihrem Blick mädchenhaft errötet. Ich beobachtete, wie sie einen frischen Teller auf den Tisch stellte. Es gab Gemüsesuppe und anschließend Spaghetti bolognese. Sie ließ sich nur zum Servieren sehen. Während ich aß, ging sie diskret aus der Küche. Sie räumte dann sofort den Tisch ab. Weil ich mir eine Zigarette angezündet hatte, fragte sie mich, ob sie sich ein wenig zu mir setzen dürfe. Ich sagte: »Das ist Ihr Haus, Teresa. Sie brauchen mich so etwas nicht zu fragen.«

Sie ließ sich mir gegenüber am Tisch nieder und sagte: »Adolfo erzählte mir, was Sie noch alles für ihn tun wollen, Signorina. Wir geraten immer tiefer in Ihre Schuld. Sie müssen ihn sehr gern haben.«

»Ich habe auch Sie gern, Teresa«, sagte ich. »Sie, Paola, Veronica und den kleinen Adolfo. Sie müssen wissen, ich hatte nie eine richtige Familie. Ich fühle mich sehr wohl bei Ihnen.«

»Das muß schlimm für Sie gewesen sein«, sagte sie.

»Eigentlich nicht«, sagte ich. »Ich merke auch erst jetzt richtig, was es heißt, eine Familie zu haben. Ich hoffe, Adolfo hat Sie meinetwegen nicht vernachlässigt?«

Sie lächelte wieder. »Darüber brauchen Sie sich keine Gedanken zu machen, Signorina. Er kümmert sich jetzt sogar viel mehr um mich als vorher. Seit ich die Kinder habe, ist das, wovon Sie reden, für mich auch nicht mehr so wichtig.«

»So jung wie Sie noch sind?«

»Das ist keine Frage des Alters, Signorina. Es ist mehr eine Frage der Einstellung zum Leben. Was für einen persönlich wichtig ist und was nicht. Für mich sind heute nur noch die Kinder wichtig. Ich bin sehr glücklich mit ihnen. Ich könnte glücklicher gar nicht sein. Das verdanke ich Ihnen. Als Adolfo noch für diese Leute in Neapel arbeitete, mußte ich jeden Tag Angst ausstehen, ob ihm etwas zustoßen wird oder ob die Carabinieri kommen und ihn verhaften.«

»Sie wußten, für wen er arbeitete?«

»Darüber gesprochen hat er nie, aber ich konnte es mir denken. Er trug ja immer eine Waffe bei sich und blieb oft tage- und nächtelang weg. Seine Familie wußte mehr davon als ich; sie hat ihn deshalb verstoßen. Seine Eltern sind sehr fromm, eine Schwester von ihm ist im Kloster. Eine andere ist in Florenz mit einem Lehrer verheiratet.«

»Brüder hat er keine?«

»Nein, er war der einzige Sohn. Sein Vater arbeitet als Buchhalter in einer Fiat-Vertretung. Er wollte, daß auch sein Sohn später in einem Büro arbeiten sollte, aber Adolfo war schon als Junge mehr in große Lastwagen als in seine Schulaufgaben verliebt. Für ihn war es damals sehr schlimm, als er seine Stellung verlor. Hat er Ihnen erzählt, weshalb?« – Ich nickte.

»Er hat es nur meinetwegen getan, Signorina. Er wollte mir mit dem Geld, das er für die gestohlenen Sachen bekam, hin und wieder eine kleine Freude machen. Was er verdiente, reichte gerade zum Leben und für die Miete.« Sie stand auf. »Ich werde jetzt nach ihm schauen und sehen, ob das Bad für Sie frei ist. Sicher wartet er schon auf Sie.«

»Das schadet nichts«, sagte ich. »Man kann Männer gar nicht oft und gar nicht lange genug warten lassen.«

Sie lachte. »Das dürfen Sie ihm sagen, Signorina. Ich nicht.«

Ich rauchte noch die Zigarette zu Ende, trank mein Glas aus und stieg dann die Treppe hinauf. Teresa war im Badezimmer und ließ Wasser einfließen. Sie sagte: »Adolfo hat sich schon hingelegt. Er war sich nicht sicher, ob Sie ihn heute abend noch sprechen wollen.«

»Ich habe sogar noch einiges mit ihm zu besprechen«, sagte ich und zog den Reißverschluß auf. Teresa half mir beim Ausziehen; sie sagte: »Wenn Sie etwas zu waschen haben, können Sie es mir hierlassen, Signorina. Ist das Wasser so richtig?«

Es war richtig. Ich stieg in die Wanne, und Teresa fing wieder an, mir den Rücken einzuseifen. Danach seifte sie mich auch am ganzen Körper ein und erzählte mir, daß Adolfo junior einen leichten Husten habe, der vielleicht von der Luftveränderung herrühre. Sie sagte: »Die Luft hier ist ganz anders als in Neapel. Das kommt von den Seealpen. Mir bekommt sie sehr gut, und die Kinder werden sich auch bald daran gewöhnen. Paola und Veronica sehen hier viel gesünder aus; sie haben rote Backen bekommen. Ich dusche Sie jetzt noch ab, Signorina.

»Sie machen sich zu viel Mühe mit mir«, sagte ich. Sie lachte wieder. »Das ist keine Mühe, Signorina. Bevor ich Adolfo kennenlernte, arbeitete ich in Neapel als Pflegerin in einem Altenheim. Dort habe ich jeden Tag Leute baden müssen, die sich nicht mehr selbst waschen konnten. Sie können jetzt aus der Wanne kommen. Ich trockne Sie ab.«

Um meine Beine abzutrocknen, kniete sie sich sogar vor mir auf den Boden. Dann stand sie auf und sagte: »Ich muß jetzt das Essen für morgen vorbereiten. Werden Sie zum Mittagessen hier sein?«

»Nur zum Frühstück«, sagte ich. »Ich werde gegen zehn Uhr abgeholt.« Ich beugte mich zu ihr hinüber, küßte sie auf die Wange und sagte: »Vielen Dank, Teresa. Sie sind sehr lieb.«

»Sie auch, Signorina«, sagte sie. »Schlafen Sie gut.«

Ich wartete, bis ihre Schritte auf der Treppe verstummt waren. Dann ging ich ins Schlafzimmer und öffnete die Tür zu dem kleinen Wohnraum. Adolfo saß, noch völlig angezogen, auf der Couch und blickte mich wie unschlüssig an. Ich ging zu ihm hin und fragte: »Was soll das? Warum hast du dich noch nicht ausgezogen?«

»Ich wußte nicht, ob das auch in Ihrem Sinne gewesen wäre, Signorina«, sagte er. »Vielleicht wollten Sie nur noch mit mir sprechen.«

»Das möchte ich auch«, sagte ich und setzte mich zu ihm. Ich legte den Arm um seine Taille, das Gesicht an seine Wange und fragte: »Wie sehr liebst du mich, Adolfo?«

»Mehr als ich Ihnen sagen kann«, antwortete er. »Ich wünschte, Sie könnten mich genauso lieben wie ich Sie.«

Ich streichelte mit dem Mund seine Lippen und murmelte: »Wer sagt dir denn, daß ich es nicht tue?«

Über Feuersteins Gründe, der Neumann über sein Telefongespräch mit seiner Dienststelle nur die halbe Wahrheit zu sagen, war er sich heute selbst nicht mehr schlüssig. Tatsächlich hatte er bei diesem Gespräch den Befehl erhalten, seinen Aufenthalt in Nizza umgehend abzubrechen und gemeinsam mit Wieland heimzukehren. Bis dahin stimmte die Darstellung, die er der Neumann gegeben hatte, mit den tatsächlichen Geschehnissen überein. Was er ihr jedoch verschwiegen hatte, war die Ablehnung seines Wunsches nach einem unbezahlten Sonderurlaub. Seiner Dienststelle gegenüber begründete er ihn mit einer völlig neu entstandenen Situation, von der Wieland noch keine Kenntnis gehabt habe. Sein unmittelbarer Vorgesetzter erklärte sich mit seinem Wunsch zwar einverstanden, beharrte jedoch zum Zweck einer ausführlichen persönlichen Berichterstattung unverändert auf seiner sofortigen Rückkehr. Einer Bestätigung dieses Befehls entzog sich Feuerstein dadurch, indem er durch mehrfaches leichtes Niederdrücken der Gabel eine Leitungsstörung vortäuschte und sich dann, obwohl er die Stimme seines Vorgesetzten weiterhin deutlich verstehen konnte, den Anschein gab, ihn nicht mehr zu hören. Da es sich jedoch, nach Feuersteins eigenen Worten, bei seinem Vorgesetzten um einen Mann von überdurchschnittlicher Intelligenz handelte, gab er sich keinen Illusionen darüber hin, daß dieser sein Täuschungsmanöver durchschaut und die richtigen Schlüsse gezogen hatte. Mir gegenüber begründete Feuerstein seine damalige Verhaltensweise mit seiner Überzeugung, daß man seinem Wunsch nach einem unbezahlten Urlaub zwar entsprochen, ihn jedoch bei einer Rückkehr auf einen späteren Zeitpunkt damit vertröstet hätte. Über die Größe des Risikos, das er damit eingegangen war, mußte er sich jedenfalls im klaren gewesen sein, wenngleich er vielleicht insgeheim darauf hoffte, das hohe Ansehen, das er bei seinen Vorgesetzten genoß, könnte ihn vor dem Schlimmsten bewahren. In der Redaktion war man sich ausnahmsweise einmal darüber einig, daß die hoffnungslose Situation, in die er sich selbst manövriert hatte, zu diesem Zeitpunkt nicht mehr nur der Neumann anzulasten war. Sein Anteil daran war zumindest ebenso groß wie der ihre, denn auch für sie war durch seine Weigerung, sich mit seiner Niederlage abzufinden, eine schwierige Lage schon deshalb entstanden, weil sie sich ihm gegenüber einerseits noch immer zu Dank verpflichtet, sich gleichzeitig jedoch außerstande fühlte, seine ihre Person betreffenden Wünsche noch länger zu erwidern. Ihre Situation erschwerend kam noch hinzu, daß sie gerade nach ihren jüngsten Erlebnissen und Erkenntnissen in Feuerstein unverändert den einzigen Menschen sah, dem sie vertraute und auf dessen Hilfe sie weder verzichten wollte noch – wenigstens vorläufig nicht – verzichten konnte. Bei ihm hingegen konnte man wohl davon ausgehen, daß er bereits einen Punkt erreicht hatte, wo selbst die Einsicht über die Ausweglosigkeit seiner Bemühungen neben dem Wunsch, sich ihre Abhängigkeit noch möglichst oft zunutze zu machen, mehr und mehr an Gewicht verlor. Der Preis, den zu bezahlen er dafür bereit war, stand dabei in keiner angemessenen Relation mehr zu seinem praktischen Nutzen. Daß ihm das selbst bewußt gewesen sein mußte, konnte man bei einem Mann von seinem Intellekt als sicher voraussetzen. Seine Empfindungen für die Neumann dürften zu diesem Zeitpunkt schon eher von einer Art Haßliebe als von anderen Gefühlen geprägt gewesen sein.

Sein Eintreffen in Tourette erfolgte gegen acht Uhr abends. Als er mit dem Pininfarina auf den platanenbewachsenen Platz vor der Kirche fuhr, fielen ihm sofort drei fremde Wagen mit französischen Kennzeichen auf, die außerhalb der den Platz umsäumenden Mauer auf der Straße standen. Sie erregten schon deshalb sein Mißtrauen, weil die Bewohner der Häuser ihre Autos innerhalb der Mauer und unmittelbar vor den Häusern abzustellen pflegten. Obwohl er im Vorbeifahren feststellte, daß die drei Wagen nicht besetzt waren und sich auch keine verdächtigen Personen im näheren Umkreis aufhielten, wurde sein Mißtrauen dadurch nicht geringer. Er stieg rasch aus, schloß die Haustür auf und lief die Treppe empor. Zu seiner Erleichterung fand er auch die Wohnungstür im obersten Stockwerk noch verschlossen vor. Claudine, die sein Eintreffen gehört hatte, kam ihm in der Diele entgegen. Er tätschelte ihr flüchtig die Wange und sagte: »Tut mir leid, Mädchen, aber es dauerte eben etwas länger, als wir dachten.«

»Sie haben mich über fünf Stunden lang allein gelassen«, sagte sie mit vorwurfsvoll klingender Stimme. »Ich konnte nicht einmal aus dem Haus gehen, weil Sie die Wohnungstür abgeschlossen hatten.«

»Die Haustür auch«, sagte er und ging in das Schlafzimmer. Mariannes Koffer zu packen, bereitete ihm nicht viel Arbeit, weil sie nach ihrem morgendlichen Eintreffen nur die wichtigsten Dinge ihrem Gepäck entnommen hatte. Zu Claudine, die ihm ins Schlafzimmer gefolgt war und sein Treiben mit einem verständnislosen Gesichtsausdruck beobachtete, sagte er: »Wir müssen von hier weg. Du kannst mir helfen, die Koffer hinunterzuschaffen.«

»Ist die Madame nicht mitgekommen?« fragte sie.

»Die siehst du erst morgen vormittag wieder, wenn sie ihre Geschäfte erledigt hat. Frag jetzt nicht so viel und hilf mir.«

Sie fragte auch nichts mehr, als sie schon im Wagen saßen. Als er den Motor anließ, sah er einige Männer bei den parkenden Autos stehen und aufmerksam zu ihm herschauen. Wegen der Platanen konnte er nicht feststellen, ob es mehr als nur die vier waren, die er zählte. Sie mußten sich irgendwo in der Nähe aufgehalten und bei seinem Eintreffen ihren heimlichen Beobachtungsplatz verlassen haben. Etwas später stellte er fest, daß zwei der Wagen ihm folgten. Der erste war ein dunkelroter Citroën; er kam ihm sofort bekannt vor. Zu Claudine sagte er: »Jetzt kannst du wieder Fragen stellen. Bist du dir mit Mademoiselle Neumann bereits einig geworden?«

»Ja«, sagte sie. »Sie wünscht, daß ich für sie arbeite.«

»Wünschst du es dir auch?«

Sie wandte ihm das Gesicht zu. »Ja, sehr sogar. Ich weiß aber noch nicht einmal, wer sie überhaupt ist.«

»Schon mal was von Schimazek gehört?«

»Meinen Sie den Torhüter?«

Er grinste. »Wenn sich sein Name sogar schon bis in die Puffs herumgesprochen hat, kann er viel berühmter eigentlich nicht mehr werden. Woher kennst du ihn? Aus der Zeitung?«

Sie nickte. »Aber nicht nur. Das Spiel in Marseille konnten wir uns im Restaurant im Fernsehen anschauen. Wir bekamen in dieser Zeit keinen einzigen Kunden zu sehen. Auch auf der Straße war es ganz leer. Warum fragen Sie nach ihm?«

»Er hat eine Managerin, die Neumann heißt. Sie ist deine neue Chefin.«

»Nein!« sagte sie und behielt den Mund offen. Er beobachtete im Rückspiegel die beiden Wagen. Sie folgten in nur geringer Entfernung; auf Heimlichkeit schienen ihre Insassen jetzt keinen Wert mehr zu legen. Neben ihm sagte Claudine: »Von der habe ich auch schon irgendwo gelesen. Ich habe sogar mal ein Foto von ihr gesehen, aber da sah sie ganz anders aus.« Ihre Stimme klang vor Überraschung heiser. Feuerstein wandte ihr das Gesicht zu. »Du hast ihr doch nur das erzählt, was wir besprochen haben?«

»Warum wollen Sie nicht, daß ich ihr die Wahrheit sage?«

»Ich habe meine Gründe dafür, und du wirst sie respektieren. Vergiß nicht, daß du deine Bekanntschaft nur mir verdankst. Und jetzt sei wieder still. Ich muß über etwas nachdenken.«

Was er zu bedenken hatte, beschäftigte ihn bis Nizza. Er benutzte eine Straßenunterführung zum Flughafen und stellte den Pininfarina an einem bewachten Parkplatz ab. Seine Verfolger ließen ihre Wagen nicht weit entfernt in andere Parklücken rollen. Er zählte insgesamt sieben Männer. Dreher befand sich nicht bei ihnen. Er schloß daraus, daß es sich bei ihnen um jene handelte, die auf der Suche nach Belloni waren. Vielleicht auch auf der Suche nach ihm. Er erinnerte sich, daß Marianne ihm erzählt hatte, auf seinen Kopf sei eine Prämie ausgesetzt. Zum erstenmal, seit er sie in Tourette auf der Straße hatte stehen sehen, nahm er ihre Anwesenheit sehr ernst.

Er bezahlte die Parkgebühr für vierundzwanzig Stunden und forderte Claudine auf, mit ihm zu kommen. Während er mit ihr zum Flughafengebäude ging, stellte er fest, daß einige der Männer ausgestiegen waren und ihm folgten. Vor dem Eingang zum Flughafengebäude standen im Augenblick zwei Taxis. Er wartete, bis eines davon weggefahren war. Dann öffnete er rasch die Tür des zweiten, schob Claudine hinein und setzte sich zu ihr. »Zum ›Westminster‹«, sagte er zu dem Fahrer. Er blickte aus dem Heckfenster. Seine Verfolger waren wie unschlüssig stehengeblieben und hielten nach einem neueintreffenden Taxi Ausschau. Er hatte aber auch diesmal Glück. Solange er sie im Auge behalten konnte, fuhr kein anderes vor. Er richtete sein Augenmerk auf den Fahrer des Taxis. Offensichtlich handelte es sich um einen Marokkaner. Er war kaum älter als fünfundzwanzig und machte einen vertrauenerweckenden Eindruck. Feuerstein ließ ihn vor dem ›Westminster‹ warten. Zu Claudine sagte er: »Ich bin gleich zurück.«

Das Personal an der Rezeption erkannte ihn. Er erkundigte sich nach Wieland und Pellico und erfuhr, daß Wieland bereits abgereist und Pellico in seinem Zimmer war. Er fuhr zu ihm hinauf und traf ihn in Gesellschaft von zwei Männern an. Ohne ihm die Hand zu geben, sagte er: »Die Signorina schickt mich; sie wünscht, daß Sie hierbleiben und den Schutz von Signor Schimazek übernehmen.«

Pellico schüttelte den Kopf. »Das geht nicht, Signore. Ich habe mit unserem Chef telefoniert. Er sagte mir, unsere Auftraggeber in Rom hätten sich damit einverstanden erklärt, daß unsere Mission hier beendet ist. Wir fahren morgen nach Rom zurück.«

»Dann teilen Sie Ihrem Chef mit, daß Sie ab sofort einen neuen Auftraggeber haben, nämlich die Signorina selbst. Sie wird die Kosten übernehmen. Das Haus in Tourette wurde heute von fremden Männern observiert. Einige von ihnen verfolgten mich bis Nizza. Die Signorina hat Anlaß, zu befürchten, daß sie sich auch für Signor Schimazek interessieren. Anscheinend war ihnen noch nicht bekannt, daß er sich schon wieder im Hotel aufhält.«

Pellico wechselte einige Worte mit den beiden anderen, und fragte dann: »Wieviele Männer waren das, Signor Feuerstein?«

»Etwa ein Dutzend. Um die Signorina brauchen Sie sich im Augenblick nicht zu kümmern; ihren Schutz übernehme ich. Sie können sich auf die Person von Signor Schimazek konzentrieren. Wissen Sie, ob er in seinem Zimmer ist?«

»Vor zehn Minuten war er noch unten im Speisesaal«, sagte Pellico. Er zuckte mit den Schultern. »Wir bleiben auch gerne hier. Unser Chef wird sicher damit einverstanden sein, wenn die Signorina die Kosten übernimmt. In Tourette hatte ich den Eindruck, sie legte keinen Wert mehr auf unsere Anwesenheit.«

»Das galt nur für sie und und nicht für Schimazek. Ich hoffe, Ihre Männer haben seit Rom etwas hinzugelernt und lassen sich nicht wieder so leicht überrumpeln wie dort.«

Pellicos Gesicht färbte sich rot. »Sie haben sich nicht überrumpeln lassen, Signore. Wenn sie in der damaligen Situation versucht hätten, die Entführung von Signor Schimazek zu verhindern, so hätten sie auch sein Leben aufs Spiel gesetzt. Das konnten sie nicht riskieren.«

»Dann sorgen Sie eben dafür, daß es künftig zu einer solchen Situation gar nicht mehr erst kommt«, sagte Feuerstein. Er verabschiedete sich mit einem Kopfnicken. Als er unten an der Rezeption vorbeikam, fiel ihm etwas ein. Er erkundigte sich nach Post für Marianne. Der deutschsprechende Geschäftsführer war jetzt persönlich anwesend; er sagte: »Die eingegangene Post wurde auf seinen Wunsch hin an Herrn Schimazek ausgehändigt. Er hat auch die Telefongespräche für Fräulein Neumann entgegengenommen. Sie sind sicher ihr Sekretär, Herr Feuerstein. Dürfen wir damit rechnen, daß auch Fräulein Neumann wieder in unser Hotel zurückkommt? Ihr Zimmer haben wir noch nicht vergeben.«

Es fiel Feuerstein auf, daß sich einige der in der Hotelhalle anwesenden Gäste neugierig genähert hatten; er vermutete, daß es sich auch bei ihnen um Journalisten handelte. Er waren jedoch nicht mehr die gleichen wie heute mittag, als er mit Marianne hier war. Er antwortete: »Sie ist im Augenblick nicht in Nizza. Ich kenne ihre weiteren Pläne nicht. Verständigen Sie Herrn Schimazek davon, daß ich ihn sprechen möchte. Ich warte vor dem Hotel in einem Taxi auf ihn.«

Er kehrte zu dem Taxi zurück, notierte sich das Kennzeichen und setzte sich neben den Fahrer. Er nahm zweihundert Francs aus der Brieftasche und drückte sie ihm zusammen mit dem Flughafen-Parkschein und den Schlüssel für den Pininfarina in die Hand. »Passen Sie auf, mein Freund«, sagte er. »Ich habe vorhin auf dem Flughafen-Parkplatz einen roten Pininfarina stehenlassen. Ich möchte, daß Sie in etwa zwei Stunden hinfahren, mit diesem Schlüssel den Kofferraum öffnen, das Gepäck herausnehmen und es uns in ein Hotel bringen.« Er beschrieb ihm, wo der Wagen ungefähr stand und ließ ihn den Kraftfahrzeugschein mit dem amtlichen Kennzeichen sehen. Der Fahrer schob die zweihundert Francs, die Schlüssel und den Parkschein erfreut in die Tasche, und sagte: »Das erledige ich gerne für Sie, Monsieur. In welches Hotel soll ich Ihnen das Gepäck bringen? Hierher ins ›Westminster‹?«

»Nein, ich möchte ein anderes haben. Können Sie uns eins empfehlen? Es sollte mehr in der Stadt stehen.«

»Vielleicht das ›La Malmaison‹. Es ist ein sehr gutes Hotel«

»Dann bringen Sie mich und die Mademoiselle nachher hin«, sagte Feuerstein und gab ihm noch einmal hundert Francs. Er sagte: »Es ist möglich, daß Ihnen, wenn Sie das Gepäck holen, ein Wagen folgt. Es handelt sich um Journalisten, die herausfinden wollen, in welchem Hotel ich wohne. Trauen Sie sich zu, sie loszuwerden?«

Der Fahrer lachte. »Ich bin in Nizza aufgewachsen, Monsieur. Mir folgt keiner, den ich nicht hinter mir haben möchte. Sie können sich ganz auf mich verlassen. Für dreihundert Francs fahre ich sogar der Gendarmerie davon.«

»Mit der Gendarmerie werden Sie es bestimmt nicht zu tun bekommen«, sagte Feuerstein und öffnete, weil er Schimazek im Hoteleingang stehen sah, die Wagentür. Zu Claudine sagte er: »Setz dich nach vorne. Ich brauche den hinteren Platz für ein kleines Gespräch.«

Er ging zu Schimazek und sagte: »Wir unterhalten uns besser im Taxi, sonst haben wir wieder Ihre Verehrer am Hals.«

Schimazek folgte ihm zum Wagen. Als sie Platz genommen hatten, fragte er: »Wer ist das Mädchen?«

»Eine Bekannte von mir«, antwortete Feuerstein. »In Tourette sind heute nachmittag ein Dutzend Ganoven aufgetaucht, die nach Ihnen Ausschau hielten.«

Schimazek verfärbte sich. »Wieso nach mir?«

»Sie werden ihre Gründe dafür haben. Fräulein Neumann hielt es für besser, daß Pellico sich weiterhin um Ihren Schutz kümmert. Wir haben Grund, anzunehmen, daß die Mitteilung über seine angebliche Konspiration mit der Gegenseite nur dem Zwecke diente, Sie Ihrer Leibwache zu berauben, damit man sich um so ungestörter mit Ihnen beschäftigen könnte. Ich habe Fräulein Neumann für diese Nacht anderswo in Sicherheit gebracht. Sie wird sich morgen mit Ihnen in Verbindung setzen. Sie läßt Sie bitten, mir die Post auszuhändigen, die in den vergangenen Tagen im Hotel für sie eingetroffen ist. Warum haben Sie ihr heute nachmittag nichts davon gesagt?«

»Sie hätte ja selbst danach fragen können. Haben Sie mit Pellico schon gesprochen?«

»Ja. Er wird sich auch weiterhin um Sie kümmern. Befolgen Sie alles, was er Ihnen zum Schutz empfiehlt. Ich habe den Eindruck, daß wir es diesmal mit ganz anderen Leuten zu tun haben als in Rom und daß es um viel erstere Dinge geht als nur um eine Erpressung. Verlassen Sie das Hotel nur noch in Pellicos Begleitung und stellen Sie nachts einen Doppelposten vor Ihre Tür.«

Schimazek schwieg. Nach einer kleinen Pause sagte er: »Wenn das so ist, sollten wir am besten noch heute abend verschwinden. Vielleicht nach Spanien. Dort muß ich übermorgen sowieso hin.«

»Davon kann ich Ihnen nur abraten«, sagte Feuerstein. »Seit Neapel sind die Spanier auf Sie genauso schlecht zu sprechen wie die Franzosen. Ich glaube auch nicht daran, daß die Typen von heute nachmittag Sie in einem anderen Land unbehelligt lassen. Dafür sind Sie ihnen schon viel zu wichtig geworden. Wie ist das nun mit der Post für Fräulein Neumann? Kann ich sie mitnehmen?«

»Ich schicke sie Ihnen herunter«, sagte Schimazek und öffnete die Wagentür. Er kehrte, ohne sich zu verabschieden, in das Hotel zurück. Am Hoteleingang wurde er von einigen Reportern fotografiert.

Der Taxifahrer sagte mit beinahe andächtig klingender Stimme: »Das war doch Schimazek, der große italienische Torhüter!«

Feuerstein grinste. »Eigentlich ist er ein deutscher Torhüter. Jetzt wissen Sie auch, warum die Zeitungsleute so hinter uns her sind.« Zu Claudine sagte er: »Wie gefällt er dir?«

Sie zuckte die Schultern. »Er kam mir ziemlich eingebildet vor.«

»Das ist er nur, wenn er es mit so gewöhnlichen Sterblichen zu tun hat, wie wir es sind. Ich nehme an, er wurde von einem Ufo ausgesetzt.«

»Von einem was?«

»Von einem fremden Raumschiff. Hast du noch nie von ihnen gehört?«

Sie kicherte. »Und daran glauben Sie?«

»Ich nicht, aber ich könnte mir denken, daß die Spieler eurer Nationalmannschaft, die sich in Marseille den Kopf an seinem Tor einrannten, vielleicht daran glauben.«

Die Post wurde von Piera gebracht. Sie war mit einem Bindfaden zu einem Bündel zusammengeschnürt; Feuerstein schätzte, daß es mindestens zweihundert Briefe waren. Piera reichte sie ihm wortlos durchs Fenster. In ihrem schwarzseidenen, bis zu den Knöcheln reichenden Abendkleid mit den offenen Flügelärmeln und dem schwingenden Glockenrockteil hätte sie sich bei jeder Filmpremiere sehen lassen können. Auch sie wurde, als sie mit wiegenden Hüften das Hotel wieder betrat, mehrfach fotografiert. Claudine fragte: »Wer ist das? Seine Freundin?«

»Nur ihre derzeitige Stellvertreterin«, sagte Feuerstein. »Seine richtige Freundin hast du bereits kennengelernt. Sie ist im Augenblick nicht mehr an ihm interessiert.« Er forderte den Chauffeur auf, loszufahren. Claudine fragte: »Ist sie wegen Ihnen nicht mehr an ihm interessiert?«

»Ich wünschte, es wäre so«, sagte Feuerstein.

Das ›La Malmaison‹ machte von außen einen guten Eindruck auf ihn; er schätzte, daß es in der gleichen Preisklasse lag wie das ›Westminster‹. Er bezahlte den Chauffeur für die Fahrt vom Flughafen und für die Wartezeit vor dem ›Westminster‹ extra, ließ sich von ihm vorsorglich eine Karte seiner Firma mit der Rufnummer geben und bat ihn, das Gepäck und die Schlüssel an der Rezeption abzugeben. In der vornehm ausgestatteten Hotelhalle sagte Claudine unbehaglich: »Hier kennen sie mich aber auch schon.«

Der Empfangschef, der sie willkommen hieß, ließ sich davon nichts anmerken. Erst Feuersteins Wunsch nach zwei Doppelzimmern löste ein überraschtes Flackern seiner Augenlider aus. Er beobachtete, wie Feuerstein die Anmeldung ausfüllte, und fragte dann: »Ihr Gepäck, Monsieur?«

»Wird in etwa zwei Stunden vom Flughafen gebracht«, antwortete Feuerstein. »Lassen Sie es mir hinaufbringen, sobald es eintrifft.«

Claudine brauchte keine Anmeldung auszufüllen.

Die beiden Zimmer lagen im gleichen Stockwerk nebeneinander. Der sie begleitende Hoteldiener schloß ihnen die Türen auf. Feuerstein gab ihm ein Trinkgeld. Die Zimmer waren groß und auch mit einer Sitzgruppe ausgestattet. Ihm fiel auf, daß Claudine wie unschlüssig an der Tür stehengeblieben war; er fragte: »Was hast du?«

»Ich hätte meine Kleider doch mitnehmen sollen«, antwortete sie. »In einem solchen Aufzug war ich noch nie in einem Hotel. Haben

Sie gesehen, wie das Personal mich angeschaut hat? Mir war das direkt peinlich.«

»Wenn Sie erst einmal mitbekommen, daß du jetzt die Kammerzofe der berühmten Neumann bist, rollen sie einen roten Teppich vor dir aus. Wie oft warst du schon hier?«

»Vielleicht drei- oder viermal. Jedesmal mit einem Amerikaner.«

»So was echt Französisches wie dich haben sie ja auch in den USA nicht vorzuweisen«, sagte Feuerstein. »Sind die besser als die Europäer?«

»Mir ist nichts aufgefallen«, sagte sie. »Ich habe Hunger.«

»Ich auch.« Er ging zum Telefon, nahm den Hörer ab und fragte: »Hast du Appetit auf kalten Braten?«

»Ich habe jetzt auf alles Appetit«, sagte sie und ging ins Badezimmer. Feuerstein gab die Bestellung auf und beschäftigte sich anschließend am Tisch mit den Briefen. Es befanden sich auch einige Telegramme darunter. Die Briefe waren bereits geöffnet und offensichtlich auch gelesen worden, obwohl sie fast alle an die Neumann gerichtet waren. Soweit er es bei einer ersten flüchtigen Durchsicht feststellen konnte, handelte es sich hauptsächlich um Einladungen oder um Angebote von Fußballvereinen aus der halben Welt. Neben bekannten stieß er auch auf weniger bekannte Namen. Eines der Telegramme war in Brasilien abgeschickt worden. Als Claudine aus dem Bad zurückkam, war er noch beim Lesen. Sie setzte sich zu ihm an den Tisch und fragte: »Ist das alles Post für Sie, Monsieur?« – Er gab keine Antwort. Erst als der Zimmerkellner mit dem Essen kam, beendete er vorübergehend die Lektüre und betrachtete den kalten Braten und die appetitlich aussehenden Hühnerkeulen. Er fragte: »Einverstanden?«

Claudine nickte. Sie hatte sich wieder Rotwein gewünscht; Feuerstein trank Bier. Während sie aßen, nahm er immer wieder die Briefe in die Hand und las sie, während er sich gleichzeitig ein Stück Braten oder etwas von der Hühnerkeule in den Mund schob, flüchtig durch. Einmal fragte er: »Was, schätzt du wohl, sind diese Briefe wert?«

»Ich weiß ja nicht, wovon sie handeln«, antwortete Claudine kauend.

»Im Augenblick bin ich bei etwa siebzig Millionen«, sagte er.

Sie hörte auf zu kauen und vergewisserte sich ungläubig: »Siebzig Millionen Francs?«

»Allein zehn Millionen aus Uruguay«, sagte er. Dann blickte er auf. »Ich rede von D-Mark, du Schäfchen. Die Sache hat nur leider einen kleinen Schönheitsfehler: Um sich all dieses Geld zu verdienen, müßte er mindestens zweihundert Jahre alt werden, und das schafft nicht einmal Schimazek.«

Weil an die Tür geklopft wurde, ging er öffnen. Ein Hausdiener brachte das Gepäck; es waren vier Koffer und zwei Reisetaschen. Auch die Autoschlüssel fehlten nicht. Verärgert darüber, daß er es beim Essen versäumt hatte, darauf zu achten, ob das Taxi von einem Wagen verfolgt worden war, gab Feuerstein ihm nur ein kleines Trinkgeld. Vom Balkon aus betrachtete er die auf der Straße stehenden Wagen, konnte jedoch nichts Verdächtiges feststellen. Claudine kam zu ihm; sie fragte: »Wonach schauen Sie?«

»Du fragst zuviel«, sagte er. »Morgen vormittag muß ich mal wegfahren und deine Chefin holen. Du kannst während dieser Zeit einkaufen gehen. Kaufe dir, was du brauchst. Auch einen Koffer für deine Sachen.« Er griff nach seiner Brieftasche, nahm Geld heraus und gab es ihr. »Das wird für den Anfang reichen.«

»Ist es Geld von Ihnen?«

»Nein. Deine Chefin hat mir für die Miete des Hauses in Tourette mehr Geld gegeben, als es kostete. Sie wird damit einverstanden sein, daß du es bekommst. Du kannst dich jetzt im Zimmer nebenan schlafen legen. Wir sehen uns dann zum Frühstück wieder. Oder willst du lieber bei mir schlafen?«

»Ich weiß nicht, ob die Madame es wünscht«, sagte sie.

Er nickte. »Ich glaube nicht, daß sie es wünscht.« Er zündete sich eine Zigarre an und blickte auf die Straße hinab. Das Hotel stand an einem Boulevard mit breiten Gehwegen, auf denen zahllose, feierabendlich gestimmte Menschen flanierten oder die Auslagen der hellerleuchteten Schaufenster betrachteten. In der jetzt rasch einsetzenden Dunkelheit enthüllte der Nachthimmel seine Sterne. Feuerstein betrachtete sie nicht ohne Melancholie. Weil auch Claudine sie betrachtete, legte er den Arm um ihre schmale Taille und sagte: »Ich wünschte, ich wäre noch einmal so jung wie du.«

»Aber so alt sind Sie doch noch gar nicht«, sagte sie.

»Mit Zweiundvierzig gehörst du heute bereits zum alten Eisen«, sagte er. »Da greifst du auch nicht mehr nach den Sternen, und wenn du es trotzdem tust, verbrennst du dir die Finger dabei. Zu wissen, daß man sein Leben bereits gelebt und von ihm nichts Besonderes mehr zu erwarten hat, ist das Schlimmste, was einem Mann passieren kann.«

15

Im Gegensatz zu seiner sonstigen Zurückhaltung, der Neumann nur das zur erzählen, was zu wissen für sie unbedingt erforderlich war, gab Feuerstein ihr auf der Fahrt von Gourdon zum Hotel eine sogar überspitzt dargestellte Schilderung seiner Erlebnisse, wobei er nicht einmal davor zurückschreckte, die Anzahl der in Tourette wartenden fremden Wagen auf fünf zu erhöhen. Mir erzählte er, daß es seine Absicht gewesen sei, ihr einen ordentlichen Schrecken einzujagen. Sicher hatte er damit aber auch die Überlegung verbunden, daß sie seine Anwesenheit um so unentbehrlicher empfinden würde, je stärker sie sich bedroht fühlte. Allerdings war ihm bei seiner Spekulation auf ihr Schutzbedürfnis insofern eine Fehleinschätzung unterlaufen, als die Neumann auf physische Bedrohungen zwar genauso empfindlich reagierte wie jede andere Frau an ihrer Stelle, sich andererseits aber immer dann zu eigenen Initiativen aufraffte, wenn sie den Eindruck gewann, daß es an der Zeit war, die Dinge wieder einmal selbst in die Hand zu nehmen. Feuersteins Schilderung seiner abendlichen Beobachtungen in Tourette löste zwar auch diesmal wieder einen kleinen Schock bei ihr aus. Da sie jedoch gleichzeitig damit beschäftigt war, sich einen ersten Einblick in die Briefe zu verschaffen, die er ihr mitgebracht hatte, vergaß sie ihn sehr rasch wieder und führte nach dem gemeinsamen Eintreffen im ›La Malmaison‹ einige Telefonate, in deren Verlauf sie Schimazek von ihrem neuen Quartier verständigte und ihm für den kommenden Tag einen guten Flug nach Madrid wünschte. Ihr zweites Gespräch führte sie mit der Rezeption und hinterließ auch dort ihre neue Telefonnummer. Danach rief sie den Notar in Mailand an und erfuhr von ihm, daß ihre beiden obskuren Besucher von gestern tatsächlich noch am gleichen Tag bei ihm eingetroffen waren und er sich über die grundsätzlichen Bedingungen über einen Vorvertrag mit ihnen habe verständigen können. Über einige Bedenken, die er noch hatte, wollte er zur gegebenen Zeit anläßlich ihrer dann erforderlichen Anwesenheit in Mailand ausführlich mit ihr reden. Ihr vierter Gesprächspartner war einer der führenden Funktionäre des italienischen Fußballverbandes in Rom, dessen persönliche Bekanntschaft sie anläßlich der dort stattgefundenen Vertragsunterzeichnung gemacht hatte. Er war von ihrem Wunsch, Pellico weiterhin in Nizza zu behalten, bereits unterrichtet. Auf ihre Frage, ob der Verband auch künftig die Kosten für Schimazeks Schutz übernehmen werde, antwortete er zuerst ausweichend und dann – unter Berufung auf eine ihm zugegangene Information – mit der Gegenfrage, ob sie sich nicht selbst dazu bereit erklärt habe, künftig diese Kosten zu tragen. Sie erklärte ihm, daß dieses Angebot durch Feuerstein nur erfolgt sei, um eine Abreise Pellicos und seiner Männer zu verhindern und daß es nicht an ihr, sondern am Verband liege, Schimazeks Sicherheit zu gewährleisten. Am Ende des Gesprächs erfuhr sie noch eine Neuigkeit: Von der Mailänder Finanzbehörde lag beim Verband eine Anfrage über die Höhe jener Einkünfte Schimazeks vor, die sich aus seinen kurzen Gastspielen bei verschiedenen italienischen Vereinen ergeben hatten. In ihren Memoiren schreibt sie dazu:

Ich sprach mit Feuerstein darüber, der meine Telefonate mitgehört hatte. Er war auch der Meinung, daß eine solche Anfrage zu einem so frühen Zeitpunkt entweder auf unseren plötzlichen Wohnsitzwechsel von Italien nach Frankreich oder auf eine Denunziation bei der Mailänder Finanzbehörde zurückzuführen sei. Genauso hatte ich es mir auch gedacht; ich sagte: »Wenn es eine Denunziation war, dann steckt sicher Ardigo dahinter. Ich verstehe zwar nicht viel von steuerlichen Dingen, aber es ist doch ungewöhnlich, daß sich ein italienisches Finanzamt für die Einnahmen eines Deutschen interessiert, die erst ein paar Wochen alt sind. Schließlich haben sie für die fünf Millionen ihr Geld bereits bekommen. Das waren allein schon über zweieinhalb Millionen nach deutschem Geld.«

»Die aber nicht du bezahlt hast«, sagte Feuerstein. Ich nickte. »Ich war dumm, nicht darauf zu bestehen, daß diese Vereinbarung auch für das übrige Geld getroffen wurde. So etwas passiert mir nicht mehr.« Ich setzte mich zu ihm an den Tisch und sagte: »Ich weiß nicht, aber ich habe das Gefühl, sie wollen uns loswerden. Das könnten sie auch einfacher haben. Galilei brauchte sich nur zu weigern, Schimazek in einem der nächsten Spiele aufzustellen. Das wäre ein glatter Verstoß gegen unsere Vereinbarungen und gäbe uns die Möglichkeit, vom Vertrag zurückzutreten. Sie haben sich ausdrücklich dazu verpflichtet, Schimazek in sämtlichen Spielen der Europameisterschaft einzusetzen. Darauf hat unser Notar in Mailand bestanden.«

»Wenn sie ihn unbedingt loswerden wollen . . .«, sagte Feuerstein. Ich fiel ihm ins Wort: »Loswerden vielleicht schon, aber nicht an einen anderen Verband verlieren, der ihn dann wieder gegen ihre eigene Mannschaft einsetzen könnte. Mich widert das langsam an, Rudolf. Die Namen der gleichen Verbände und Vereine, die beim europäischen und beim Weltfußballverband gegen Schimazek Sturm laufen, stehen auch in den Angeboten der Briefe, die du mitgebracht hast. Was mir auch nicht gefällt, ist, daß sich von den Dachverbänden in der Schweiz niemand bei mir meldet. Ich hatte eigentlich nach allem, was Emilio mir sagte, erwartet, daß man uns von dort ein Angebot macht.« Ich blickte in sein Gesicht. »Ich glaube nicht, daß die fünf Autos in Tourette viel zu bedeuten haben. Das kann auch nur ein neuer Einschüchterungsversuch sein. Wozu ließen sie sich sonst so offen sehen?«

Er saß neben der offenen Balkontür in einem Sessel und zuckte mit den Achseln. »Es kann genausogut umgekehrt sein.«

Weil ich meine Gespräche von dem auf dem Nachtschränkchen stehenden Apparat aus geführt und meinen Platz noch nicht verlassen hatte, ging ich zu ihm hin, setzte mich auf die Lehne seines Sessels und legte den Arm um seine Schultern. »Wie meinst du das?«

»Daß sie dich dazu bringen wollen, sie nicht mehr ernst zu nehmen. Sie brauchen dann nur noch die ihnen am günstigsten erscheinende Gelegenheit abzuwarten. Eines würde mich mal interessieren: Dein Vertrag mit Schimazek. Wir haben uns zwar schon darüber unterhalten, aber ganz kapiert habe ich das noch immer nicht. Wieso darf er bei der Bank kein Geld abheben?«

»Daran ist er selbst schuld«, sagte ich. »Als wir uns mit dem Notar in Mailand über die beste Möglichkeit unterhielten, Jochen von allen geschäftlichen Dingen zu entlasten, schlug er uns eine italienische GmbH vor. Danach ist Schimazek sozusagen mein Angestellter. Er hat zwar Anspruch auf fünfzig Prozent der Einnahmen, aber dieses Geld bekommt er von mir und nicht von den Veranstaltern. Er war mit diesem Vorschlag sofort einverstanden und fand es sogar ungemein lustig, künftig mein Angestellter zu sein. Ich möchte mich jetzt noch einmal mit Claudine unterhalten. Du hast doch nichts dagegen, daß sie heute nacht bei mir schläft?«

Er blickte mich prüfend an. Ich nahm den Arm von seinen Schultern und stand auf. »Ich habe dir gestern abend gesagt, daß du mich nicht daran zu erinnern brauchst. Ich halte mich nicht lange bei ihr auf. Heute nacht möchte ich aber meine Ruhe haben.«

»Vielleicht hast du in der vergangenen Nacht, als du bei Belloni warst, nicht viel geschlafen«, sagte er.

»Das ist richtig«, sagte ich. »Ich habe sogar sehr wenig geschlafen.«

Claudine lag im Zimmer nebenan auf dem Bett und blätterte in einer der Zeitschriften, die ihr Feuerstein nach unserem gemeinsamen Mittagessen an der Rezeption besorgt hatte. Sie richtete sich auf und fragte: »Kann ich etwas für Sie tun, Madame?«

Ich setzte mich neben sie auf das Bett: »Im Augenblick nicht. Hast du alles, was du brauchst?«

Sie lächelte. »Für zweitausend Francs auf einmal habe ich bisher noch nie Kleider gekauft, Madame. In dem Geschäft behandelten sie mich wie eine Dame. Gefallen Ihnen die Kleider?«

Bisher hatte ich nur jenes gesehen, das sie im Speisesaal getragen hatte. Sie stand auf, öffnete den Kleiderschrank und zeigte mir auch noch die anderen. »Du hast Geschmack«, sagte ich. »Hast du ihn schon aus Treminis mitgebracht?«

»Das brauchte ich nicht, Madame. Ich bin lange genug in Nizza, um zu wissen, wie sich die Frauen hier anziehen.« Sie hängte die Kleider in den Schrank zurück und fuhr in einen roten Kimono mit halblangen Ärmeln und bestickten Taschen. Ich sagte: »Auch der ist sehr hübsch. Vielleicht ziehe ich ihn selbst einmal an. Du kannst auch meine Kleider anziehen.« Sie kam zu mir, blieb vor mir stehen und sagte, auf mich niederblickend: »Ich habe mich bisher noch nicht bei Ihnen bedankt, Madame. Darf ich es jetzt tun?«

»Wenn du es unbedingt willst«, sagte ich. Sie beugte sich zu mir nieder, legte die Lippen auf meinen Mund und blickte mir dabei unverwandt in die Augen. Ich nahm den Kopf eine Kleinigkeit zurück und sagte: »Das reicht, Claudine. Ich bin nicht so wie deine feurige Geliebte in Briancon.«

Sie wurde rot. »Das habe ich auch nicht gedacht.«

»Aber du hast mich so geküßt«, sagte ich. »Setz dich zu mir.«

Sie gehorchte. Ich griff nach ihrer Hand und sagte: »Damit keine Mißverständnisse zwischen uns aufkommen, Claudine: Ich habe dich nicht deshalb danach gefragt, ob du für mich arbeiten willst. Oder was hast du dir dabei gedacht?«

Sie zögerte mit der Antwort: »Es hätte ja sein können, daß Sie sich aus Männern nicht viel machen.«

»Wie kommst du darauf?«

»Ich weiß es nicht«, antwortete sie.

Meine für sie undurchsichtigen Beziehungen zu Feuerstein und die ganze Art, wie er sie dazu eingeladen hatte, mit ihm nach Tourette zu kommen, hatten sicher dazu beigetragen, daß sie sich über meine Person nicht recht schlüssig werden konnte. Ich sagte: »Dir mag das alles ein wenig merkwürdig vorkommen, Claudine, aber in Wirklichkeit ist es viel einfacher, als du denkst. Eines Tages wirst du es besser verstehen. Hättest du auch Lust, mit mir nach Amerika zu kommen?«

Sie starrte mich ungläubig an. »Ist das Ihr Ernst?«

»Es ist noch nicht ganz sicher«, sagte ich. »Aber wenn ich es tue, nähme ich dich gerne mit. Ich würde dir die Sprache beibringen und was du sonst noch alles lernen mußt. Hat mein Bekannter dich gut behandelt?« Sie nickte. »Aber ich bin mir jetzt nicht mehr sicher, wie ich mich ihm gegenüber verhalten soll, Madame. Erwarten Sie von mir, daß ich mit ihm schlafe?«

»Wünscht du es dir?«
»Nein, Madame. Aber wie soll ich mich verhalten, wenn er es wünscht?«
»Dann schickst du ihn einfach weg und erklärst ihm, daß du dein Geld von mir und nicht von ihm bekommst.« Ich stand auf. »Wir sehen uns zum Abendessen wieder. Wenn du Lust hast, kannst du bis dahin ausgehen und deine Freundin besuchen. Wie heißt sie?«
»Yvonne, Madame. Aber ich würde lieber hierbleiben und immer dort sein, wo auch Sie sind.«
Ich lächelte. »Dann haben wir ja schon einen gemeinsamen Wunsch, Claudine. Über deine Freundin reden wir noch.«
Feuerstein erwartete mich noch immer in dem Sessel sitzend und mit verkniffenem Gesicht. Ich ging ins Bad und zog mich aus. Als ich fünf Minuten später zurückkam, hatte er seine Haltung nicht verändert. Ich legte mich auf das Bett und fragte: »Was ist los mit dir, Rudolf? Willst du, daß ich mich wieder anziehe?«
»Du hast dich nicht für mich, sondern für Belloni ausgezogen«, erwiderte er. »Anscheinend kannst du dir nicht vorstellen, daß deine beschissene Art, dich hier für ihn aufzuopfern, nicht das ist, was ich mir bei dir wünsche.«
»Dann tut es mir leid«, sagte ich.
»Genau, wie Belloni und Claudine dir leidtun«, sagte er. »Mir tut das Mädchen auch leid, aber ich behalte trotzdem ein Gefühl dafür, wer und was sie ist.«
»Und wer und wie ist sie?«
»Das, was du in deiner Arglosigkeit sicher nicht hinter ihr vermuten würdest. Ich hoffe, es ist dir nachträglich nicht zu peinlich, mit einem Mädchen, das hier im Hotel als Nutte bekannt ist, im Speisesaal gewesen zu sein. Dir sind ja nicht einmal die Blicke der Kellner aufgefallen.«
Ich stand auf, zündete mir am Tisch eine Zigarette an und sagte: »Ich weiß schon seit gestern, wo du sie kennengelernt hast. Was wolltest du mir mit ihr beweisen? Daß ich zu gutmütig sei?«
Er verfärbte sich. »Sie ist wirklich eine Nutte.«
»Weil sie für mich genauso käuflich war wie für dich? Einen kleinen Unterschied gibt es da schon. Ich habe sie nicht nur mit Geld gekauft. Ich werde sie dazu bringen, in mir eine Freundin zu sehen. Ich werde verhindern, daß sie eines Tages dort endet, wo die meisten von ihnen enden. Du hast, ohne es zu wollen, sogar ein gutes Werk an ihr getan, Rudolf. Dafür bin ich dir dankbar.«
»Du kannst nicht für alle Nutten das Christkind spielen«, sagte er. »Was immer auch in Riomaggiore und Rom zwischen dir und mir geschehen ist: Ich habe dir keinen Augenblick etwas vorgemacht. Wir wußten beide, worum es uns ging und daß es nicht mehr sein würde.«
»Weiß Belloni das auch? Oder redest du dir ein, seine Familie mit deinem Geld abfinden zu können?«
»Im Gegenteil. Ich werde sie dazu bringen, mich genauso gern zu haben wie Claudine mich eines Tages gern haben wird. Ich denke nicht daran, seiner Frau den Mann und seinen Kindern den Vater wegzunehmen.«

Er blickte mich eine Weile schweigend an. Dann sagte er: »Du mußt verrückt sein.«

»Das war ich schon immer«, sagte ich. »Deshalb habe ich auch meine früheren Stellungen verloren und Schimazek kennengelernt. Als er euch hinter der Grenze entwischte, brauchte er einen Menschen, der ihm weiterhalf. In mir hat er ihn gefunden. Heute hat er es geschafft und braucht mich nicht mehr. Belloni und seine Familie brauchen mich; Claudine auch. Und ich brauche sie, um gebraucht zu werden. Damit kann ich etwas anfangen. Ich habe mir ausgerechnet, daß man mit fünfzehn Millionen monatlich fünfundzwanzigtausend Mark ausgeben und fünfzig Jahre davon leben kann. Ich mag Schafe gern, Hühner und Hasen. Kühe übrigens auch und Ponys. Für die zweieinhalb Millionen, die ich schon habe, werde ich ein großes Haus mit Stallungen für die Tiere und ein Stück Land kaufen, wo sie genauso glücklich sein können wie die Leute, die im Haus wohnen. Wie gefällt dir das?«

»Mir kommen gleich die Tränen.«

Ich setzte mich auf seinen Schoß, küßte ihn und sagte: »Unsere Wunschträume sind die Träume unserer Kindheit. Ist dir nie aufgefallen, daß sie sich seitdem nicht geändert haben?

»Meine schon«, sagte er. »Als Kind wollte ich Geldbriefträger werden. Vielleicht, weil meine Eltern immer auf ihn gewartet haben.«

»Wo leben sie?«

»Vergiß sie«, sagte er und stand, mich auf die Arme nehmend, von seinem Stuhl auf. Er legte mich auf das Bett und sagte: »Nicht so. Für so etwas fühle ich mich im Augenblick einfach zu überfordert.«

Ich fragte: »Du fühlst dich, wenn ich mich ausgezogen auf deinen Schoß setze, von mir überfordert?«

»Nicht von dir; von mir selbst«, sagte er. »Wenn es dich von allein kitzelt, läßt du dir etwas mehr dazu einfallen.«

Damit hatte er nicht unrecht; ich hatte mich noch nie für einen Mann so unlustig ausgezogen, wie das eben der Fall war. Ich fragte: »Was erwartest du von mir? Doch nicht etwa das, was bei Mädchen wie Claudine im Preis inbegriffen ist? Vielleicht hätte ich mir vorher von ihr noch rasch ein paar heiße Tips geben lassen sollen.«

»Ich glaube nicht, daß sie dir etwas Neues hätte erzählen können«, sagte er.

»Das war sehr charmant von dir«, sagte ich und stand vom Bett auf. Ich ging zum Tisch, drückte meine Zigarette aus und fragte über die Schulter hinweg: »Was ist mit dem Pininfarina?«

»Den laß vorläufig besser dort stehen. Bevor ich heute vormittag zu dir fuhr, war ich am Flughafen und habe die Parkgebühr gleich für eine ganze Woche bezahlt. Ich bin sicher, er wird noch immer beobachtet.«

»Um so besser«, sagte ich. »Ich habe jetzt endgültig die Nase voll von diesem albernen Versteckspiel. Bestell schon ein Taxi.«

»Was hast du vor?«

»Mit diesen Leuten reden. Vielleicht können sie mir erklären, was sie von mir wollen.«

»Du bist wirklich verrückt«, murmelte er.

»Da wir uns über diesen Punkt bereits verständigt haben«, sagte ich, »brauchen wir uns nicht weiter darüber zu unterhalten. Wenn du willst, kannst du mitkommen. Andernfalls fahre ich allein.«

Er ging zum Telefon und nahm den Hörer ab.

Auch während der Fahrt zum Flughafen saß er schweigend neben mir. Bevor wir das Zimmer verlassen hatten, war er mit seinem Pistolenhalfter kurz im Bad verschwunden. Ein paar Augenblicke lang hatte es mich in meinem Entschluß, den Pininfarina zu holen, unsicher werden lassen, aber auch nicht länger. Ich legte die Hand auf sein Knie und sagte: »Wenn es dir so wichtig ist, schläfst du heute nacht eben bei mir.«

»Es ist mir wichtig«, sagte er. »Zu wichtig, um es mir wie ein Almosen geben zu lassen.«

»In Riomaggiore hast du es noch nicht so empfunden.«

»In Riomaggiore war es auch noch kein Almosen. Dort warst du noch genauso scharf darauf wie ich.«

»Auch darüber haben wir uns bereits unterhalten«, sagte ich. »Ich bin nun mal so.«

»Bei Belloni bist du es nicht.«

Ich blickte von der Seite in sein Gesicht. »Er würde sich auch mit einem Almosen begnügen. Darin unterscheidet er sich von dir ebenso wie von Schimazek. Ich habe eure Besitzansprüche satt. Du hast mich schon sehr früh mit deinen Bedingungen vertraut gemacht.«

»Ich habe dir aber auch gesagt . . .«

»Daß du mich nicht nur auf Zeit haben möchtest«, warf ich ein. »Das habe ich noch keinem Mann versprochen. Wie ich in fünf oder zehn Jahren darüber denke, ist im Augenblick kein Problem für mich.«

Ich nahm die Hand von seinem Knie und blickte aus dem Fenster. Wir fuhren jetzt auf der Promenade des Anglais und wenig später am ›Westminster‹ vorbei. Vor dem Hoteleingang hatte sich eine größere Menschengruppe versammelt. Ich vermutete, daß es sich wieder um Journalisten handelte, die vor dem morgigen Spiel in Madrid von Jochen noch ein Interview oder Fotos haben wollten. Feuerstein sagte: »Es wird von Tag zu Tag schlimmer. Ich hoffe, du bist dir im klaren darüber, was euch erst in Amerika erwarten wird.«

Ich zuckte mit den Schultern. »Mich jedenfalls nicht mehr als hier. Im Gegenteil: In einem großen Land kannst du dich als seine Managerin noch leichter im Hintergrund halten als in Europa. Schimazek spricht etwas Englisch. Wenn es zu einem Vertrag kommen sollte, wird er vielleicht auch Piera mit nach Amerika nehmen. Er will es mir überlassen, sie loszuwerden, aber das ist allein sein Problem.«

»Weil er dich mit ihr enttäuscht hat?«

»Ich hatte mich bereits in Frankfurt auf eine solche Möglichkeit eingestellt.«

»Vielleicht ging es dir schon damals auch gar nicht so sehr um ihn, als um den Vertrag, den du jetzt in der Tasche hast.«

Ich schüttelte den Kopf. »Das ist nicht wahr, Rudolf. Sich daran zu erinnern, daß er außer einem Trainingsanzug nichts bei sich hatte, mag ihm heute, da ihm die Leute zu Füßen liegen, vielleicht schwerfallen. Als ich seinetwegen meine Stellung aufgab und für die Reise nach Italien meine letzten Ersparnisse verbrauchte, ging ich ein ungleich größeres Risiko ein als er. Ihm wäre nicht einmal was passiert, wenn man ihn an der italienischen Grenze oder an der österreichischen Grenze im Kofferraum entdeckt hätte. Mich hätten sie mit Sicherheit eingesperrt. Du kannst von mir denken, was du willst. Ich habe ihm damals geholfen, weil er einen Menschen brauchte, der ihm half. Wieviel Geld mit ihm zu machen war, das habe ich erst in Italien mitbekommen. In dieser Beziehung war ich ahnungslos wie ein neugeborenes Kind, aber ich habe schnell hinzugelernt. Was andere können, das kann ich auch.«

»Niemand macht dir einen Vorwurf daraus.«

Ich wandte ihm das Gesicht zu. »Es hörte sich aber so an. Im Grunde denkst du nicht viel anders darüber als Piera. Nur eben nicht aus den gleichen Motiven. Ich weiß wirklich nicht, was du dir zwischen uns vorgestellt hast. Daß ich mit dir nach Deutschland zurückkehre und dort auf dich warte, bis du deine Frau losgeworden bist? Ich habe dir in Rom ein Angebot gemacht . . .«

Er schnitt mir das Wort ab: »Das hast du auch schon in Riomaggiore getan, als du noch nach einem suchtest, um mit Belloni eine persönliche Rechnung zu begleichen. Inzwischen hast du das selbst erledigt und bist froh darüber, daß ich mich weder darauf noch auf deinen Wunsch eingelassen habe, deinetwegen meinen Job an den Nagel zu hängen. Oder gilt er auch heute noch?«

»Wenn es nur eine Frage des Geldes . . .«

Er ließ mich auch diesmal nicht aussprechen: »Ich scheiß' auf dein Geld. Wenn dir nichts Besseres mehr dazu einfällt, dann scheiß' ich auch auf dich.«

»Dann scheiß' eben in Gottes Namen auf mich«, sagte ich.

Mir war wieder übel. Ich zündete mir eine Zigarette an. Mein Blick traf sich im Rückspiegel mit dem des Taxifahrers; ich sah, daß er grinste. »Dummkopf«, sagte ich.

Von da an grinste er nicht mehr.

Den Rest der Fahrt legten wir schweigend zurück. Auf dem Parkplatz standen einige hundert Autos. Offenbar bereitete es Feuerstein Mühe, die richtige Parkreihe zu finden. Ich entdeckte den Pininfarina schon vor ihm. Ich ließ den Fahrer anhalten, gab ihm das Geld und sagte, ohne Feuerstein dabei anzusehen: »Ich möchte selbst fahren. Gib mir die Schlüssel.«

Er legte sie mir zusammen mit den Wagenpapieren und dem Parkschein wortlos auf den Schoß. Er saß noch immer im Taxi, als ich den Pininfarina aufschloß. Ich wartete noch eine Weile auf ihn. Dann startete ich den Motor und ließ den Wagen aus der Parkreihe rollen. In den Rückspiegel blickte ich nicht mehr. Auch später nicht, als ich bereits wieder auf der Promenade des Anglais zum Hotel fuhr. Ob der Pininfarina, wie Feuerstein es befürchtet hatte, beobachtet worden war oder nicht, interessierte mich nicht mehr. Ich hatte nur noch den Wunsch, in mein Zimmer zu kommen, mich ins Bett zu legen und mit mir allein zu sein. Nur noch die Augen zu schließen und die Menschen so sein zu lassen, wie sie waren. Einschließlich meiner eigenen Person, an der ich ebensowenig etwas zu ändern vermochte wie Feuerstein und Schimazek und wie sie sonst noch alle hießen und geheißen hatten.

Vor dem Hotel fand ich keinen freien Parkplatz. Ich stellte den Pininfarina in einer Querstraße ab und legte den Weg zu Fuß zurück. In meinem Zimmer verschloß ich die Tür hinter mir, ging ins Bad und betrachtete mich im Spiegel. Meine Augen waren gerötet. Ich betupfte sie mit einem angefeuchteten Wattebausch. Zehn Minuten später war ich auf dem Bett eingeschlafen und wachte erst durch das Läuten des Telefons wieder auf. Ich tastete nach dem Hörer. Eine Männerstimme war in der Leitung. Zuerst verstand ich in meiner Schlaftrunkenheit überhaupt nicht, worum es sich handelte, und als ich es endlich verstanden hatte, sagte ich mit einer mir selbst fremd klingenden Stimme: »Schicken Sie ihn herauf; ich werde ihn empfangen.«

Als ich mich hinlegte, hatte ich mir nicht einmal mehr Zeit genommen, mein Kleid auszuziehen. Ich rannte ins Bad, machte mich flüchtig zurecht und kehrte etwa im gleichen Augenblick ins Zimmer zurück, als an die Tür geklopft wurde. Ich öffnete sie rasch und fragte mit der mir noch immer fremd klingenden Stimme: »Ist etwas passiert, Adolfo?«

»Ja, Signorina«, antwortete er. »Vor unserem Haus steht ein Auto mit vier Männern. Ich wußte nicht mehr, was ich tun soll, ich hätte Sie sonst nicht gestört.«

Ich hatte ihn noch nie so blaß gesehen, und bestimmt sah ich in dieser Sekunde kaum weniger blaß aus als er. Mir wurde vor Schreck beinahe schwindlig. Ich zog ihn an der Hand hastig ins Zimmer, schloß die Tür hinter mir ab und fragte: »Haben sie versucht, zu euch ins Haus zu kommen?«

»Das weiß ich nicht, Signorina. Ich fuhr heute nachmittag wegen der Annonce nach Nizza. Als ich von dort zurückkam, sah ich das Auto schon von weitem vor der Haustür stehen. Es ist ein dunkelroter Citroën. Mich haben die Männer nicht bemerkt, weil ich mich ihnen mit meinem Wagen von hinten näherte und noch rechtzeitig anhalten konnte. Ich ging dann so weit zu Fuß weiter, bis ich sah, daß es vier Männer waren. Teresa hatte von mir den Auftrag, wenn es läutet keinesfalls die Tür zu öffnen, sondern zuerst vom oberen Stockwerk aus unauffällig nachzusehen, wer es ist. Bei Fremden sollten sie und die Kinder sich völlig still verhalten und sich nicht rühren, bis ich aus Nizza zurückkomme. So hat sie es wohl auch gemacht. Vielleicht wollen die Männer warten, bis es dunkel wird, um sich dann gewaltsam Zutritt zu verschaffen. Ich kann mir nicht erklären, wie sie uns gefunden haben, Signorina. Wir waren doch so vorsichtig. Vielleicht hat man Signor Feuerstein, als er Sie heute vormittag abholen kam, bis zu unserem Haus verfolgt.«

Auszuschließen war es nicht, obwohl ich Feuerstein eine solche Fahrlässigkeit nicht zutraute. Zudem hätten seine Verfolger, um ihn überhaupt verfolgen zu können, zuvor wissen müssen, in welchem Hotel er wohnte. Ich konnte jetzt aber wenigstens wieder klar denken, und als ich Augenblicke später beim ›Westminster‹ anrief und Pellico verlangte, war ich bereits wieder Herr meiner selbst, und auch meine Stimme klang mir vertraut in den Ohren. Ich hatte Glück, Pellico in seinem Zimmer anzutreffen; er sagte mir, daß er und seine Männer soeben im Begriffe stünden, den Speisesaal aufzusuchen. Für zehntausend Francs, die ich ihm in Aussicht stellte, überlegte er es sich jedoch anders. Ich verabredete mich vor dem Hotel mit ihm. Belloni brachte ich zu Claudine hinüber. Sie hatte sich bereits für das Abendessen umgezogen; ich sagte: »Daraus wird vorläufig nichts. Schließ die Tür von innen ab und öffne sie für keinen anderen außer mir. Auch für Monsieur Feuerstein nicht.« Zu Belloni sagte ich: »Du wartest hier auf mich. Um deine Familie kümmere ich mich.«

Er blickte Claudine an und Claudine ihn. Sie fragte verunsichert: »Wünschen Sie, daß ich mit ihm schlafe, Madame?«

»Untersteh' dich«, sagte ich. »Monsieur Belloni ist ein guter Freund von mir. Wenn du mit ihm schläfst, schicke ich dich in dein Restaurant und ihn nach Italien zurück. Du solltest es dir endlich angewöhnen, wie ein normales Mädchen und nicht wie . . .« Ich brach ab und sagte zu Belloni: »Sie versteht kein Italienisch. Ich habe sie als Hausmädchen angestellt. Versprich mir, das Zimmer nicht zu verlassen und hier auf mich zu warten.«

»Ich werde Sie auf keinen Fall allein zu diesen Männern . . .«

Ich ließ ihn nicht ausreden, sondern zog ihn an der Hand auf den Flur hinaus. Ich schloß die Tür hinter mir und legte ihm, weil wir ganz allein auf dem Flur waren, die Hände auf die Schultern. »Du kannst nicht mitkommen, Adolfo. Pellico kennt dich. Hast du kein Vertrauen zu mir?«

»Doch, Signorina«, sagte er leise.

Ich küßte ihn. »Wirst du es dir nicht endlich angewöhnen, Marianne zu mir zu sagen?«

Statt mir zu antworten, preßte er mich ein paar Augenblicke lang fest an sich. Ich kehrte mit ihm in das Zimmer zurück und sagte zu Claudine: »Falls es mit dem Essen zu lange dauert, laßt ihr euch etwas auf das Zimmer bringen. Ich möchte auf keinen Fall, daß Belloni und Feuerstein zusammentreffen. Ist das klar, Claudine?«

Mein Gesichtsausdruck schien sie zu erschrecken. Sie trat einen Schritt zurück und sagte: »Ja, Madame.«

Mit dem Gefühl, daß Adolfo gut bei ihr aufgehoben war, ging ich wieder in mein eigenes Zimmer, steckte, was ich noch an Bargeld hatte, in die Handtasche und gab etwas später für den Fall, daß Feuerstein während meiner Abwesenheit eintreffen sollte, den Zimmerschlüssel an der Rezeption ab. Vor dem Hotel brauchte ich kaum länger als eine halbe Minute auf Pellico zu warten. Er und seine Männer kamen mit zwei Wagen angefahren; der Beifahrersitz neben Pellico, der den ersten Wagen selbst chauffierte, war frei. Bevor ich mich zu ihm setzte, betrachtete ich die vier Männer im zweiten Wagen; ihre Gesichter waren mir unbekannt. Die im Fond von Pellicos Wagen Sitzenden kannte ich schon von Riomaggiore her. Sie grüßten mich höflich. Pellico öffnete mir die Wagentür; ich sagte: »Fahren Sie mich zur nächsten Querstraße;

ich habe dort den Pininfarina stehen. Haben Sie Ihre Waffen mitgebracht?«

»Wie Sie es gewünscht haben, Signorina«, antwortete er. »Ich mußte vorher noch Signor Schimazek davon verständigen, daß Sie uns gerufen haben. Er macht sich jetzt Ihretwegen Sorgen.«

»Wenn er sich Sorgen um mich macht, hätte er ja selbst mitkommen können«, sagte ich. »Fahren Sie los; wir haben keine Zeit mehr zu verlieren.«

Da es bis zur nächsten Querstraße nur etwa hundert Meter waren, verschob ich, was ich ihm zu sagen hatte, bis wir neben dem Pininfarina hielten. Dann sagte ich: »Ich steige jetzt in meinen Wagen um, Pellico. Fahren Sie hinter mir her. Wir müssen nach Gourdon. Es liegt in der Nähe von Tourette. Dort werde ich Ihnen alles Weitere erklären. Hier sind die zehntausend Francs.«

Ich öffnete die Handtasche und gab sie ihm. Er sagte: »Ich möchte sie eigentlich erst annehmen, wenn ich weiß, worum es sich handelt, Signorina. Unser Chef sagte uns heute nachmittag am Telefon, daß wir nur noch für Signor Schimazek verantwortlich seien. Von Ihnen war nicht mehr die Rede.«

»Traf er diese Entscheidung aus eigenem Ermessen?«

»Das hat er mir nicht gesagt, aber ich halte das für unwahrscheinlich, Signorina. Ich weiß nicht, ob Ihnen schon bekannt ist, daß ich morgen vormittag vier meiner Männer nach Rom zurückschicken muß.«

Ich blickte rasch in sein Gesicht. »Womit begründet Ihr Chef diesen Rückruf?«

»Er sagte mir nur, daß sie dringend anderweitig gebraucht werden würden und daß nun, da wir nur noch den Schutz von Signor Schimazek zu übernehmen hätten, drei Männer ausreichten. Wenn Ihnen das nicht gefällt, können Sie ja selbst einmal mit ihm reden. Ich habe zu tun, was man mir befiehlt.«

Ich mußte sofort wieder an Ardigo denken, aber wenn tatsächlich er dahintersteckte, dann hätte ich mich lieber ein drittes Mal kidnappen lassen als noch einen Versuch zu machen, Pellicos Chef umzustimmen. Ich sagte: »Ich brauche Sie nur heute abend noch einmal, Pellico. Oder haben Sie Bedenken, mit mir nach Gourdon zu fahren?«

Er zögerte: »Ich weiß nicht, Signorina. So lange dürften wir eigentlich nicht vom Hotel wegbleiben, Signorina. Genügt es nicht, wenn nur ich und meine beiden Kollegen hier mitkommen? Dann könnte ich die vier anderen zu Signor Schimazek zurückschicken.«

Vielleicht hatte er sich inzwischen ausgerechnet, daß zehntausend Francs, wenn er sie nur mit seinen beiden hinter uns sitzenden Kollegen zu teilen brauchte, ein noch besseres Geschäft für ihn wären. Mir brannte die Zeit auf den Nägeln. Ich gab ihm noch einmal zehntausend Francs und sagte: »Verteilen Sie das Geld, wie Sie es wollen, Pellico. Es ist nicht einmal sicher, ob ich Sie und Ihre Kollegen überhaupt brauchen werde, aber wenn ich Sie brauche, dann ist es auch für Sie besser, Sie nehmen sie alle mit.«

Ohne mich auf eine längere Diskussion einzulassen, stieg ich aus dem Wagen und setzte mich in den Pininfarina. Etwas später stellte ich im Rückspiegel fest, daß beide Wagen dicht hinter mir herfuhren. Um sie nicht aus den Augen zu verlieren, hielt ich mich wegen der Verkehrsampeln auf der rechten Fahrspur und beschleunigte das Tempo erst, als wir auf die Straße nach Grasse kamen. Obwohl wir bis zum Einbruch der Dunkelheit noch mindestens zwei Stunden Zeit hatten und kaum anzunehmen war, daß die vier Männer in Gourdon schon vorher einen Versuch unternahmen, in das Haus einzudringen, schwitzte ich vor Aufregung am ganzen Körper. Ich hatte vorläufig auch keine rechte Vorstellung davon, wie es, wenn wir in Gourdon eintrafen und der Citroën noch vor dem Haus stand, weitergehen sollte. Ich wußte nur, daß weder Teresa noch die Kinder in die Hände dieser Männer fallen dürften und daß ich es unter allen Umständen verhindern würde.

Nach Gourdon brauchten wir, trotz der zeitraubenden Fahrt durch Grasse, nicht viel mehr als fünfzig Minuten. Die Straße mit den kleinen Häusern und Villen lag wie verlassen in der Abendsonne. Ihre Bewohner saßen jetzt wohl alle beim Abendessen oder schon am Fernsehgerät. Weil die meisten hinter ihren Gärten eine eigene Garage hatten, standen nur wenige Autos auf der Straße, so daß ich das Heck des dunkelroten Citroëns schon sehen konnte, als wir in die Straße einbogen. Er stand jedoch nicht unmittelbar vor dem Haus, sondern etwa zehn Meter davon entfernt auf der gleichen Straßenseite. Zwischen ihm und meinem Pininfarina parkte noch ein anderer Wagen, der zu einem der Häuser gehören mußte, weil ich ihn schon ein paarmal dort hatte stehen sehen. Ob die vier Männer noch in ihrem Wagen saßen, konnte ich von da aus, wo ich den Pininfarina zum Stehen brachte, nicht feststellen. Während ich noch überlegte, was ich Pellico sagen sollte, kam er an mein Fenster und blickte mich fragend an. Ich sagte: »Vielleicht haben Sie bessere Augen als ich, Pellico. Können Sie sehen, ob in dem dunkelroten Citroën Männer sitzen?«

Er trat zwei Schritte von meinem Fenster weg zur Straßenmitte. Dann kam er wieder zu mir und sagte: »Ja, Signorina. Es müssen drei oder vier sein. Was ist mit Ihnen?«

»Sie bewachen das zweistöckige Haus mit dem roten Ziegeldach«, sagte ich. »Ich möchte dort eine Frau und drei Kinder herausholen. Es kann sein, daß die Männer mich daran zu hindern versuchen.«

Er lächelte erleichtert. »Ist das alles, Signorina?«

»Nein«, sagte ich. »Sie sind sicher bewaffnet.«

»Wir auch«, sagte er. »Warten Sie bitte einen Augenblick, Signorina.«

Ich beobachtete im Rückspiegel, wie er zu dem zweiten Wagen ging und mit seinen Männern sprach. Bei seiner Rückkehr sagte er: »Sie fahren jetzt an dem Citroën vorbei, Signorina, und stellen sich vor ihn hin. Lassen Sie aber zwischen ihm und Ihrem Wagen so viel Platz, daß auch ich noch einparken kann. Meine Kollegen im zweiten Wagen werden hinter ihm anhalten. Sobald Sie im Rückspiegel sehen, daß wir ausgestiegen sind, können auch Sie aussteigen, in das Haus gehen und die Frau und die Kinder herausholen. Wohin wollen Sie sie bringen?«

»Nach Tourette. Ich nehme an, daß die Luft dort jetzt rein ist. Es müßte aber so geschehen, daß die Männer im Citroën nicht mitbekommen, wohin wir fahren.« – »Dazu werden sie keine Gelegenheit haben«, sagte er. »Sobald ich wieder im Wagen sitze, können Sie losfahren. Vergessen Sie nicht, genügend Platz für mich zu lassen.«

Im Rückspiegel beobachtete ich wieder, wie er noch einmal mit seinen Männern im zweiten Wagen sprach, sich dann in seinen eigenen Wagen setzte und mir zunickte. Als ich wenig später an dem Citroën vorbeifuhr, sah ich die vier Männer. Ihre Gesichter waren mir zugewandt; ich war sofort davon überzeugt, daß es sich um Italiener handelte. Ich ließ den Pininfarina in der von Pellico gewünschten Entfernung vor dem Citroën ausrollen. Dann konnte ich im Rückspiegel nur noch Pellicos Wagen hinter mir sehen und gleich darauf standen er und die beiden anderen Männer neben dem Citroën und hielten Pistolen in den Händen. Ich öffnete die Wagentür und stieg mit völlig gefühllosen Beinen aus. Als ich wieder zu dem Citroën hinschaute, standen jetzt auch die vier Männer aus dem zweiten Wagen bei ihm. Zwei von ihnen waren mit Maschinenpistolen bewaffnet und hielten sie auf das Heckfenster gerichtet. Ich lief rasch auf das Haus zu. Die Tür wurde mir schon geöffnet, noch ehe ich sie ganz erreicht hatte. Teresa sagte mit kreideweißem Gesicht: »Ich habe Sie vom Fenster aus vorfahren sehen, Signorina. Was sind das für Männer?«

»Freunde von mir«, sagte ich. »Wo sind die Kinder?«

»Oben in Ihrem Schlafzimmer. Ich habe sie dort eingeschlossen.«

»Dann öffnen Sie die Tür«, sagte ich. »Sie müssen sofort das Haus verlassen, Teresa. Wir haben keine Zeit, außer den Kindern etwas mitzunehmen. Kommen Sie!«

Ich rannte an ihr vorbei die Treppe hinauf. Während sie die Zimmertür aufschloß, lief ich ins Bad und blickte vom Fenster aus auf die Straße hinab. Dort hatte sich nichts verändert. Nur Pellico hatte sich jetzt durch das Fenster auf der Fahrerseite gebeugt; ich konnte sehen, wie er die Taschen des Fahrers durchsuchte. Teresa rief nach mir. Ich traf sie mit den Kindern bereits auf der Diele an. Adolfo junior und Paola trug sie auf den Armen. Ich nahm Veronica hoch und sagte: »Geben Sie mir auch Paola, Teresa. Sie müssen eine Hand freihaben, damit Sie die Haustür abschließen können.«

Sekunden später waren wir auf der Straße. Pellico war noch immer mit dem Fahrer beschäftigt. Er blickte nur flüchtig zu uns her. Ich setzte die beiden Mädchen auf der Rückbank ab, half Teresa auf den Beifahrersitz und fuhr gleich danach los. Weil Teresa neben mir unvermittelt zu schluchzen anfing, vergaß ich, noch einen Blick in den Rückspiegel zu werfen. Ich berührte ihren Arm und sagte: »Adolfo ist bei mir, Teresa. Sie brauchen sich seinetwegen keine Sagen zu machen.«

Sie hörte sofort auf zu schluchzen, führte meine Hand an ihren Mund und benetzte sie mit ihren Tränen. Als Pellicos Wagen mich überholte, lag Gourdon schon hinter uns. Er gab mir ein Zeichen, anzuhalten, und kam an mein Fenster. Er sagte: »Ich würde mich gerne noch mit Ihnen unterhalten, Signorina. Ist es möglich, daß die Signora sich zu den Kindern auf die Rückbank setzt?«

Teresa stieg, ohne daß ich sie dazu aufforderte, sofort aus und setzte sich mit Adolfo junior, der in ihren Armen fest zu schlafen schien, zu den beiden Mädchen in den Fond. »Sie versteht italienisch?« fragte Pellico, während er neben mir Platz nahm.

Ich ließ den Wagen anrollen. »Sie ist Italienerin. Sind wir vor diesen Männern hier schon sicher?«

Er lächelte. »Wir haben ihnen die Autoschlüssel und die Waffen weggenommen, Signorina. Es sind Landsleute aus Neapel. Nicht gerade solche, auf die man als Italiener stolz sein könnte. Bei meinem kleinen Gespräch mit ihnen gewann ich den Eindruck, daß sie noch einige Freunde erwarteten. Wir konnten uns deshalb nicht länger mit ihnen beschäftigen. Ist es Ihnen recht, wenn ich bis Tourette mit Ihnen fahre?«

Darauf hatte ich mich bereits eingestellt, weil einer seiner beiden Kollegen jetzt am Lenkrad seines Wagens saß. Ich sagte: »Sie haben mir sehr geholfen, Pellico. Ich vergesse Ihnen das nicht.«

Er schüttelte den Kopf. »Das war nur eine Kleinigkeit, Signorina. Ich wünschte, wir hätten immer so leichte Aufgaben, die so gut bezahlt werden. Ich soll mich auch im Namen meiner Kollegen bei Ihnen bedanken. In Tourette waren Sie leider nicht mehr zufrieden mit uns. Wir haben das alles sehr bedauert.

Seine Worte erinnerten mich an den häßlichen Verdacht, den ich dort gegen ihn gehegt hatte. Ich sagte: »Was in Tourette geschehen ist, tut mir leid, Pellico. Jemand erzählte mir, Sie hätten gar nicht den Auftrag, Signor Schimazek und mich zu beschützen. Sie seien nur zum Schein bei uns. Er gab sich als einer Ihrer Männer aus. Das war auch der Grund, weshalb ich Sie wegschickte.«

Er blickte mich konsterniert an. »Einer von meinen Männern soll das gesagt haben?«

»Haben Sie noch einen außer denen, die Sie vorhin mitgebracht haben?«

»Nein, Signorina. Wie sah der Mann denn aus?«

»So genau habe ich ihn mir gar nicht angesehen; ich war auch viel zu aufgeregt. Er sprach jedenfalls italienisch und sah auch wie ein Landsmann von Ihnen aus. Er muß Ihnen von Nizza aus gefolgt sein. Während Sie sich in Tourette nach einem Quartier umsahen, kam er zu mir und erzählte mir diese Geschichte. Jemand scheint es gestern darauf angelegt zu haben, Sie und Ihre Männer aus Tourette loszuwerden, wobei es natürlich besser aussah, wenn ich das selbst erledigte und nicht die Leute, die sich etwas davon versprachen. Ich sah vorhin, daß Sie die Taschen des Fahrers durchsuchten. Haben Sie von ihm erfahren können, was sie vor dem Haus wollten?«

»Nicht genau, Signorina. Sie öffneten auch erst den Mund, als ich ihnen damit drohte, sie alle vier zu erschießen, wenn sie nicht redeten. Angeblich hatten sie es gar nicht auf die Frau und die Kinder, sondern auf einen Mann abgesehen. Sie waren sich allerdings nicht ganz sicher, ob es das richtige Haus war. Als sie an der Tür läuteten, wurde ihnen nicht geöffnet. Sie entschlossen sich deshalb zu warten, bis der Mann, den sie suchten, nach Hause käme.«

»Hat er Ihnen seinen Namen genannt?«

Er nickte. »Sie kennen ihn auch, Signorina. Meine Kollegen und ich vermuten, daß es der gleiche ist, der Ihnen, als Sie in Rom entführt wurden, zur Flucht verholfen hat. Eines würde mich interessieren, und das ist auch der Grund dafür, weshalb ich, bevor wir nach Tourette kommen, mit Ihnen reden wollte: Darf Signor Schimazek wissen, weshalb Sie uns zu sich kommen ließen? Er wird uns sicher danach fragen.«

»Vielleicht fällt Ihnen etwas anderes dazu ein«, sagte ich. Er lächelte. »Das ist mir auch lieber, Signorina. Es hätte ja sein können, daß sich vor Ihrem Hotel einige verdächtige Männer herumgetrieben haben, durch die Sie sich beunruhigt fühlten. Bei unserem Eintreffen waren sie aber bereits verschwunden. Wir hielten uns dann vorsichtshalber noch zwei Stunden in der Nähe Ihres Hotels auf. Für uns hätte das den Vorteil, daß wir unserem Chef nichts davon zu erzählen und das Geld nicht zu erwähnen brauchten. Wir müßten es sonst an ihn abliefern.«

»Da wären Sie ja schön dumm, Pellico«, sagte ich und sah mich nach Teresa um, die jedes unserer Worte mithörte. Ihr Gesicht war noch immer blaß; sie sagte: »Wie können wir Ihnen das je danken, Signorina.«

»Es war meine Schuld, daß man Sie gefunden hat«, erwiderte ich. »Ich weiß zwar noch nicht genau, wie es geschehen konnte, aber ein zweites Mal wird es nicht mehr dazu kommen.« Zu Pellico sagte ich: »Sie hat noch ihr ganzes Gepäck in dem Haus. Sehen Sie eine Möglichkeit, morgen zwei Ihrer Männer hinzuschicken und es holen zu lassen?«

Er schüttelte den Kopf. »Morgen nicht, Signorina. Morgen müssen wir mit Signor Schimazek nach Madrid fliegen. Wenn ich noch alle sechs Männer hierbehalten könnte, wäre das kein Problem. Vielleicht ergibt sich übermorgen eine Möglichkeit. Ich kann Ihnen das aber noch nicht versprechen. Das hängt ganz davon ab, welche Pläne Signor Schimazek für übermorgen hat. Wissen Sie schon etwas davon?«

»Da übermorgen kein Spiel stattfindet, wird er sicher im Hotel sein.«

Es war noch immer hell, als wir die ersten Häuser von Tourette erreichten. Als ich einmal durch das Heckfenster blickte, sah ich, daß uns jetzt wieder beide Wagen folgten. Ich trat auf die Bremse und sagte zu Pellico: »Vielleicht ist es besser, Sie und Ihre Kollegen vergewissern sich davon, ob die Luft rein ist.«

»Das wollte ich Ihnen auch gerade vorschlagen«, sagte er und stieg aus. Wenig später fuhren er und der zweite Wagen an uns vorbei. Teresa sagte leise: »Sie haben schon wieder ein Vermögen für uns ausgegeben, Signorina.«

Ich beugte mich nach hinten und streichelte Paola und Veronica, die mich mit großen Augen anschauten, die Wangen. Sie hatten während der ganzen Fahrt keinen Laut von sich gegeben; ich mochte sie schon so sehr, daß ich sie am liebsten auf den Schoß genommen und geküßt hätte. »Ich möchte, daß Sie und die Kinder endlich zur Ruhe kommen«, sagte ich. »Ich fürchte, die Schuld, weshalb Adolfo gesucht wird, liegt bei mir. Es scheint sich schon bis zu seinen früheren Arbeitgebern herumgesprochen zu haben, daß er mir einmal geholfen hat.«

Sie fragte rasch: »Adolfo war Ihnen behilflich, Signorina?«

»Ja«, sagte ich. »Sogar sehr. Sie haben Anlaß, stolz auf ihn zu sein,

Teresa. Würde es Sie sehr anstrengen, noch heute nacht mit ihm nach Marseille zu fahren?«

»Nein, Signorina. Je weiter weg, desto ruhiger werde ich mich fühlen. Ich habe alles verstanden, was Signor Pellico Ihnen von den vier Männern erzählt hat. Wie haben Sie erfahren, daß sie vor unserem Haus . . .«

»Das soll Adolfo Ihnen erzählen«, unterbrach ich sie. »Er wird in spätestens zwei Stunden bei Ihnen sein. Sie brauchen nicht die ganze Nacht durchzufahren, Teresa. Er soll unterwegs irgendwo haltmachen, damit Sie und auch er etwas schlafen können. Sobald Sie in Marseille ein Quartier gefunden haben, wird er mich anrufen, damit ich weiß, wo ich ihn erreichen kann. Um Ihre Sachen in Gourdon kümmere ich mich. Ich werde sie Ihnen von einem Taxi nach Marseille bringen lassen. In einer so großen Stadt werden diese Leute Sie bestimmt nicht finden. Mieten Sie sich wieder eine Wohnung oder ein . . .« Ich sprach nicht weiter, weil ich Pellicos Wagen zurückkommen sah. Gleich darauf stand Pellico wieder neben mir am Fenster und sagte: »Wir haben nichts Verdächtiges feststellen können, Signorina.«

Ich hatte es nicht anders erwartet. Trotzdem sagte ich: »Ich habe inzwischen über etwas nachgedacht, Pellico. Auf die vier Männer, die Sie morgen nach Rom zurückschicken müssen, hat Signor Schimazek doch gar keinen Anspruch mehr. Vielleicht könnten sie bei der Signora bleiben, bis ihr Mann aus Nizza hier eintrifft. Er und die Signora werden dann mit seinem Auto weiterfahren. Bis dahin könnten Ihre Kollegen noch auf sie aufpassen. Ich möchte nicht, daß sie heute nacht in Tourette bleibt. Und ob Ihre vier Kollegen zwei Stunden früher oder später ins Hotel zurückkommen, macht ihnen doch sicher nicht viel aus?«

»Da müßte ich erst einmal mit ihnen reden«, sagte Pellico. »Sie müssen morgen sehr früh losfahren. Unser Chef erwartet sie im Laufe des Nachmittags in seinem Büro.«

Ich öffnete wieder meine Handtasche, suchte zusammen, was ich noch an Geld bei mir trug, und gab es ihm. »Vielleicht können Sie sie damit überreden«, sagte ich. »Ich möchte ganz sicher sein, daß die Signora und ihr Mann gut von hier wegkommen.«

Er betrachtete das Geld und sagte: »Das sind ja noch einmal . . .«

»Es spielt keine Rolle, wieviel es ist«, sagte ich ihm dazwischen. »Falls sie hungrig sind, können Ihre Kollegen sich in einem Restaurant etwas zu essen holen. Ich müßte mich eben nur darauf verlassen können, daß die Signora und ihre Kinder keinen Augenblick lang allein im Haus sind.« Er nickte. »Sie können sich darauf verlassen, Signorina. Fahren Sie hinter mir her.«

Er kehrte zu seinem Wagen zurück. Als wir den Platz mit den alten Platanen erreichten, warteten seine Männer bereits vor der Haustür auf uns. Er führte ein kurzes Gespräch mit ihnen und kam dann wieder zu mir. »Sie sind mit allem einverstanden, Signorina. Wo, wünschen Sie, daß die Signora untergebracht wird?« – »Im obersten Stockwerk.« Ich gab ihm die Schlüssel und sagte: »Ich fahre sofort weiter, damit Ihre Kollegen nicht zu lange auf ihren Mann warten müssen. Helfen Sie der Signora und den Kindern aus dem Wagen.«

Er winkte seinen Männern. Von Teresa verabschiedete ich mich an der Haustür. Ich küßte sie auf die Wange und sagte: »Ich werde Sie in Marseille besuchen, Teresa. Es wird nicht lange dauern. Machen Sie sich keine Sorgen mehr; es wird alles gut.«

Sie legte für ein paar Augenblicke lang die Arme um mich. Dann folgte sie den Männern, die Adolfo junior und die beiden Mädchen auf ihren Armen trugen, ins Haus. Pellico sagte: »Ich und meine beiden Kollegen werden hinter Ihnen herfahren. Ich finde es nicht richtig, daß wir nur noch den Schutz von Signor Schimazek übernehmen sollen. Wenn diese Männer, mit denen wir es vorhin zu tun hatten, und die anderen, auf die sie noch warteten, unbedingt erfahren wollen, wo sie den Gesuchten finden, brauchen sie nur Sie zu fragen, Signorina.«

Das war ebenso zutreffend wie diplomatisch formuliert; ich mußte unwillkürlich lächeln. »Das ist mir durchaus klar, Pellico. Vielleicht ziehe ich mich in den nächsten Tagen auch in eine Gegend zurück, wo ich sicherer sein werde als hier. Sie waren mir eine ganz große Hilfe.«

Ich gab ihm die Hand. Er führte sie zum Mund, küßte sie und sagte: »Und mir war es eine Ehre, Ihnen helfen zu dürfen, Signorina.«

Er war nur ein einfacher Mann, genau wie Belloni auch, aber er wußte, wie man das Herz einer Frau weich stimmte.

Am Morgen wurde ich von Claudine geweckt; sie sagte: »Wenn Sie noch ein Frühstück haben wollen, müssen Sie aufstehen, Madame. Es ist elf Uhr.«

Das wunderte mich überhaupt nicht, war ich doch erst gegen vier Uhr in der Frühe eingeschlafen. Während ich im Bad war, bestellte Claudine das Frühstück aufs Zimmer. Daß sie meinetwegen so lange hatte warten müssen, tat mir leid. Ich sagte es ihr, als ich aus dem Bad zurückkam. Bis dahin war das Frühstück schon eingetroffen; sie goß mir Kaffee ein und sagte: »Ich habe auch lange geschlafen, Madame. Ich merkte, daß Sie nicht einschlafen konnten. Das hat mich beunruhigt und wachgehalten. Ich bin sogar erst nach Ihnen eingeschlafen. Das Telefon hat einmal geläutet. Ich sagte, daß Sie noch schliefen und nicht gestört werden wollten. War das richtig?«

Richtig war es nur, wenn der Anruf nicht von Belloni gewesen war. Ich hielt es jedoch für wenig wahrscheinlich, daß er und Teresa schon in Marseille eingetroffen sein könnten. Als ich mich gestern abend von ihm verabschiedet hatte, waren ihm die Tränen gekommen. Mir beinahe auch.

Von Feuerstein hatte ich bis zur Stunde weder etwas gesehen noch gehört. Claudine trug wieder den hübschen Kimono; davon, daß sie nur wenig geschlafen hatte, war ihr nichts anzumerken. Ihr Gesicht sah frisch und ausgeruht aus. Der Gedanke, daß ich sie davor bewahrt hatte, noch länger in diesem schrecklichen Milieu zu sein, erfüllte mich mit Genugtuung und Zuneigung. Ich fragte: »Hast du dich mit Monsieur Belloni gestern abend, während ich weg war, etwas unterhalten können?«

»Nur ganz wenig, Madame«, antwortete sie. »Er spricht nicht gut

Französisch und ich kein Italienisch. Er war auch viel zu unruhig. In der ganzen Zeit, wo Sie weg waren, lief er ständig im Zimmer auf und ab.«

»Er machte sich Sorgen um seine Familie«, sagte ich. »Du wirst seine Frau und seine Kinder noch kennenlernen. Sie sind alle sehr nett.«

»Ach so!« sagte sie verwundert.

Ich lächelte. »Seine Frau weiß, daß er mein Freund ist.«

»Ach so«, sagte sie wieder. »Und das macht ihr nichts aus?«

»Nein«, sagte ich. »Sie ist auch mit mir befreundet. Wir mögen uns alle sehr. Ich mag auch ihre Kinder. Du wirst sie sicher auch mögen, wenn du sie erst einmal kennst.«

Wir saßen noch beim Frühstück, als Feuerstein zur Tür hereinkam; angeklopft hatte er nicht. Mir fiel auf, daß sein Gesicht ungesund aussah. Er fragte: »Störe ich?«

»Nicht sehr«, antwortete ich. Und an Claudine gewandt: »Du hast die Tür hinter dem Zimmerkellner nicht abgeschlossen.«

»Es tut mir leid«, murmelte sie und stand auf. Ich sagte: »Bleib hier.«

Feuerstein setzte sich zu uns an den Tisch und sagte: »Ich habe nebenan geschlafen.«

»Das dachte ich mir«, sagte ich. »Als du bis Mitternacht noch nicht zurück warst, haben wir den Zimmerschlüssel an der Rezeption abgegeben. Willst du eine Tasse Kaffee?«

»Ich habe schon gefrühstückt«, sagte er.

Das Telefon läutete; ich sagte zu Claudine: »Nimm es ab und frag, wer mich sprechen will.«

Es war ein Ferngespräch aus Madrid. Vielleicht war Jochen dort schon eingetroffen. Ich nahm Claudine den Hörer aus der Hand und meldete mich. Thorn war am Apparat. Ich mußte mich erst besinnen, wer Thorn war. Dann sagte ich: »Hallo? Wie geht's?«

»Gut«, antwortete er. »Wir sehen uns hier das Spiel an und wollen anschließend zu Ihnen kommen. Sind Sie heute abend anzutreffen?«

»Ich weiß nicht«, antwortete ich. »Wir haben eigentlich schon ein anderes Angebot.«

»Aber doch keines über zwanzig Millionen Dollar?« fragte er. Ich brauchte ein paar Sekunden, um mich zu fassen. Dann sagte ich: »Es tut mir leid, Mr. Thorn, aber für die nächsten Weltmeisterschaftsspiele ist Schimazek schon vergeben. Wir hatten ein Angebot nur für diese Spiele, das noch höher liegt als Ihr Angebot für einen Fünf-Jahres-Vertrag. Da konnten wir schlecht nein sagen.«

Er antwortete nicht sofort. Dann fragte er mit sehr ruhig klingender Stimme: »Wenn ich das richtig verstehe, Miß Neumann, ist Mr. Schimazek bis nach den nächsten Weltmeisterschaftsspielen bereits vertraglich gebunden?«

»So würde ich das nicht sehen«, antwortete ich. »Er ist lediglich für die Weltmeisterschaftsspiele gebunden, muß also zu den hierfür stattfindenden Spielen anwesend sein.«

»Also nur zu den Spielen für die Weltmeisterschaft?«

»Ja. Mit dem Flugzeug ist das heute ja kein Problem mehr. Er setzt sich vormittags in eine Maschine, und fliegt abends wieder heim beziehungsweise dorthin, wo wir gerade wohnen. Ich habe mir das inzwischen überlegt, Mr. Thorn: Mit Amerika wäre es schon wegen der hohen Steuern problematisch. Ich habe mich inzwischen bei unserem Notar in Mailand erkundigt. Stimmt es, daß die Spitzensteuersätze bei Ihnen über neunzig Prozent betragen?«

»Das ist doch Unsinn«, erwiderte er. »Wenn Sie das Geld richtig anlegen, zahlen Sie bei uns so gut wie keine Steuern.«

»Wenn ich es anlege, habe ich nichts davon.«

»Natürlich haben Sie etwas davon. Was wollen Sie denn mit zwanzig Millionen Dollar sonst machen, als das Geld gewinnbringend anlegen.« Daß er noch immer von zwanzig Millionen sprach, empfand ich als ein gutes Zeichen, ich sagte: »Trotzdem. Mir ist das alles zu unsicher, Mr. Thorn. Das Angebot für Schimazeks Beteiligung an den Spielen nur für die Weltmeisterschaft liegt noch um ein Drittel höher als das Ihre. Und Sie wollen Schimazek gleich für fünf Jahre haben.«

»Das glaube ich Ihnen nicht«, sagte er, mit plötzlich kalt klingender Stimme. Ich lächelte so, daß er aus meiner Stimme mein Lächeln hören konnte, und sagte: »Sie werden es noch von anderer Stelle erfahren, Mr. Thorn. Mich hat noch keiner der Lüge überführt.«

Ich legte auf und sagte zu Feuerstein: »Was der sich herausnimmt! Mich einfach als Lügnerin hinzustellen.«

Er grinste dünn. »Du pokerst noch so lange, bis du alles verpokert hast. Das sind eiskalte Burschen. Die lassen sich von dir nicht aufs Kreuz legen.«

»Pokerst du nicht auch?« fragte ich.

Er blickte mich prüfend an. »Wie meinst du das?«

Bevor ich ihm antworten konnte, läutete das Telefon erneut. Diesmal nahm ich den Hörer selbst ab; Thorn war wieder in der Leitung. Er sagte: »Hören Sie zu, Miß Neumann . . .«

Ich ließ ihn nicht ausreden: »Nein, hören Sie zu, Mr. Thorn. Unser Anwalt und Notar, Signor Ceroli, hat sein Büro in der Via Giuditta Pasta in Mailand. Er kann Ihnen alle gewünschten Auskünfte geben. Wenn Sie mir noch etwas zu sagen haben, dann lassen Sie es mich durch ihn wissen.«

»Warten Sie noch einen Augenblick, Miß Neumann«, sagte er hastig. »Wie war diese Adresse?«

Ich wiederholte sie noch einmal etwas langsamer und beendete das Gespräch. Ich holte mein Notizbuch aus der Handtasche und wählte Cerolis Nummer. Seine Sekretärin meldete sich. Weil er gerade ein Gespräch mit einem Klienten hatte, bat ich um seinen Rückruf. Danach setzte ich meine Unterhaltung mit Feuerstein fort und sagte: »Ich mußte mich gestern abend um Belloni kümmern. Jemand hat den Leuten, die ihn suchen, seine Adresse in Gourdon zugespielt. Du hast keine Ahnung, wer das gewesen sein könnte?«

Er starrte mich mit schmalen Augen an. »Warum fragst du mich das?«

»Weil nur wir beide wußten, wo er sich aufhielt«, antwortete ich. »Es sei denn, du warst gestern vormittag, als du mich in Gourdon abholtest, unachtsam genug, dich verfolgen zu lassen. Einen solchen Fehler traue ich dir allerdings nicht zu. Er würde auch voraussetzen, daß du von hier aus verfolgt wurdest. Dann müßte ihnen bereits bekannt gewesen sein, daß ich mich im ›La Malmaison‹ aufhalte. Hast du gestern noch feststellen können, ob der Pininfarina auf dem Flughafen-Parkplatz beobachtet wurde?«

Statt mir zu antworten, fragte er: »Was ist mit Belloni?«

»Er ist in Sicherheit«, sagte ich. »Diesmal habe ich ihn und seine Familie so weit weggeschickt, daß man ihn bestimmt nicht mehr hier findet. Du hast meine Frage nicht beantwortet?«

Er stand auf und sagte eisig: »Was du mir da unterstellst, ist so absurd, daß sich jede Antwort darauf erübrigt. Wenn ich hier schon den Kopf für dich hinhalte, dann nicht unter solchen . . .«

»Gestern abend hast du ihn nicht hingehalten«, fiel ich ihm dazwischen. »Warum kamst du so spät ins Hotel zurück?«

Er drehte mir den Rücken zu, verließ das Zimmer und schlug die Tür hinter sich zu.

Ich blickte Claudine an; ihr Gesicht sah besorgt aus. Sie fragte: »Haben Sie sich meinetwegen gestritten, Madame?«

Ich schüttelte den Kopf. »Es ging um andere Dinge. Ich weiß nicht mehr, woran ich mit ihm bin. Vielleicht habe ich ihm unrecht getan. Ich muß noch auf einen Anruf warten, Claudine. Wenn du willst, kannst du bis zum Mittagessen allein ausgehen.«

»Ich warte auf Sie, Madame«, sagte sie und griff nach ihren Kleidern. Auch ich zog mich an. Cerolis Anruf erfolgte, als ich angezogen war. Er erzählte mir, noch ehe ich ihn danach fragen konnte, daß sich seine gestern geäußerten Bedenken hinsichtlich meiner beiden obskuren Besucher, Signor Limbourg und Signor Renard, insofern als gegenstandslos erwiesen hätten, als sie sich bei einem nochmaligen Gespräch bereit erklärten, im Falle eines Abschlusses alle unsere Bedingungen zu akzeptieren. Er berichtete mir ferner, daß er den Eindruck gewonnen habe, bei ihren Auftraggebern müsse es sich um ein zwar kleines, jedoch ungemein reiches Land handeln.«

»Doch nicht etwa die Schweiz?« fragte ich impulsiv. Ich hörte ihn lachen. »Nein, Signorina. Abgesehen von der voraussichtlichen Höhe der Kaufsumme könnte Ihnen der Schweizer Verband keinesfalls garantieren, daß es sich auch noch um steuerfreies Geld handeln wird. Hinter diesem Angebot steckt kein Verband und auch kein Verein. Möglicherweise eine Regierung, die nicht nur über solche Mittel verfügt, sondern sich von einer Weltmeisterschaft im Fußball noch etwas mehr verspricht als nur sportlichen Ruhm. Die beiden Signori wollen sich heute am späten Abend noch einmal mit mir in Verbindung setzen. Vielleicht sind sie nach Madrid geflogen, um sich das Spiel anzusehen.«

»Mr. Thorn auch«, sagte ich. »Er rief mich vor einer halben Stunde aus Madrid an.« Ich erzählte Ceroli von meinem Gespräch und fuhr fort: »Ich weiß nicht, ob sich das machen läßt, aber vielleicht wäre es möglich, daß man gegenüber Signor Limbourg und Signor Renard vorläufig nur die zwanzig Millionen und nicht auch den Fünf-Jahres-Vertrag erwähnt. Thorn wird sicher nichts dagegen haben, daß eine Presseveröffentlichung über den Vertrag seine Laufzeit unerwähnt läßt. Wenn Limbourg und Renard vorzeitig davon erfahren, wird ihren Auftraggebern die Weltmeisterschaft allein vielleicht doch nicht mehr ganz so viel wert sein.«

Er lachte wieder. »Korrekt ist das nicht, aber ich kann es ja mal versuchen.«

»Außerdem«, sagte ich, »habe ich, wenn es zu einem Vertrag mit Thorn kommen sollte, keine Lust, das Geld, um Steuern einzusparen, in einem förderungswürdigen Betrieb in Amerika anzulegen und es dort eines Tages, wenn er in Konkurs gehen sollte, vielleicht zu verlieren. Das ist mir alles viel zu unsicher. Dazu brauchten wir einen guten Anlageberater, und der kostet auch wieder Geld. Sagen Sie Mr. Thorn, daß ich bereit bin, mich mit fünfzehn Millionen zu begnügen, wenn die Frage der Steuern genauso geregelt wird wie in Italien.«

Diesmal ließ sich Ceroli mit der Antwort Zeit. Seine Stimme klang zweifelnd: »Ich fürchte, darauf wird er sich nicht einlassen, Signorina. Sie setzen mit einer solchen Forderung einen möglichen Erfolg unserer Verhandlungen aufs Spiel. Auch könnten Sie dann von Limbourg und Renard nicht die ins Auge gefaßten dreißig Millionen verlangen. Ihre Forderung lautet schließlich auf ein Drittel mehr, als die Amerikaner bezahlen.«

»Na gut«, sagte ich. »Dann verlangen wir eben ein Drittel mehr als fünfzehn Millionen, das sind zweiundzwanzigeinhalb. Zusammen mit den fünfzehn der Amerikaner kommen wir dann am Ende auch noch auf immerhin siebenunddreißigeinhalb Millionen Dollar. Wieviel sind das, umgerechnet beim heutigen Kurs, in D-Mark?«

»Einen Augenblick«, sagte er. Und etwas später: »Etwa hundert Millionen, Signorina.«

Ich mußte lachen. »Das hört sich doch nicht schlecht an, Signor Ceroli. Wenn Sie es dank Ihrer Verhandlungsführung schaffen, unsere Forderungen durchzusetzen, beteiligen wir Sie mit fünf Prozent Erfolgshonorar.« Seine Stimme blieb wieder eine Weile weg. Dann sagte er: »Signorina, ich möchte mich nicht um fünf Millionen D-Mark, Sie aber auch nicht um die Früchte dessen bringen, was Sie jetzt schon erreicht haben. Ich würde Ihnen ganz dringend empfehlen, es sich doch anders zu überlegen und Mr. Thorns Vorschlag, das amerikanische Honorar steuergünstig in seinem Land anzulegen, aufzugreifen. Sie müssen bedenken, daß, wenn er auf Ihre neue Forderung nicht eingeht, auch das Angebot der Signori Limbourg und Renard in dieser Höhe in Frage . . .«

Ich ließ ihn nicht aussprechen: »Das weiß ich alles. Ich habe hier auf meinem Tisch Angebote von allen möglichen Verbänden und Vereinen in Höhe von fast hundert Millionen liegen, davon allein aus Uruguay ein Angebot von zehn Millionen. Wenn mein Vorschlag Mr. Thorn nicht gefällt, dann soll er eben die Finger davon lassen. Sagen Sie ihm, Signor Schimazek ist auf keinen Fall gewillt, sich in Amerika mit steuerlichen Problemen herumzuschlagen. Mit seinem Angebot, sich auch mit fünfzehn Millionen zu begnügen, ist er ihm schon mehr entgegengekommen, als er es überhaupt nötig hätte.«

»Könnte ich diese Angebote, die Ihnen vorliegen, einmal einsehen?« fragte Ceroli nach einer kleinen Pause.

»Ich bringe sie Ihnen bei der Vertragsunterzeichnung mit«, sagte ich. »Nach dem Spiel heute nachmittag werden sicher noch mehr Angebote bei uns eintreffen. Übrigens bin ich auch nicht damit einverstanden, daß Thorn das Geld in zwei Raten bezahlt. Der Vertrag tritt erst in Kraft, wenn ich einen Scheck über den Gesamtbetrag in der Hand habe. Das gleiche gilt auch für Limbourg und Renard. Wenn Thorn damit einverstanden ist, wird Schimazek innerhalb der nächsten vierzehn Tage zu einem Antrittsbesuch nach New York kommen und sich der Presse und dem Fernsehen vorstellen.«

»Das wäre allerdings . . .« Ceroli führte den Satz nicht zu Ende. Weil mir im gleichen Augenblick noch etwas einfiel, fragte ich: »Wie ist das eigentlich im Falle von höherer Gewalt, Signor Ceroli? Beispielsweise wenn Schimazek bei einem Autounfall so schwer verletzt wird, daß er als Torhüter nicht mehr auftreten kann. Müßten wir das Geld dann zurückzahlen?«

»Soweit die Vertragssumme durch keine angemessenen Gegenleistungen Zug um Zug . . .«

Ich fiel ihm wieder ins Wort: »Aber das ist doch alles viel zu kompliziert, Signor Ceroli. Wie sollte das denn aussehen? Falls Schimazek statt der vorgesehenen fünf Jahre nur drei Jahre in Amerika auftreten könnte, müßte er zwei Fünftel der Kaufsumme zurückzahlen. Und bei den Spielen um die Weltmeisterschaft wäre es ganz ähnlich. Darauf lassen wir uns auf keinen Fall ein. Dieses Risiko müssen unsere Vertragspartner eben auf sich nehmen. Sie können sich ja dagegen versichern lassen.«

»Haben Sie eine Vorstellung davon, was das kostet?« wollte Ceroli von mir wissen. Ich schüttelte, obwohl er das nicht sehen konnte, den Kopf. »Nein, das interessiert mich auch nicht. Ich bin ohnehin noch am Überlegen, ob es nicht eine Möglichkeit gibt, auch noch das Angebot aus Uruguay über die zehn Millionen irgendwie in die Verträge . . .«

»Um Gottes willen!« Cerolis Stimme klang zum erstenmal ungehalten: »Wie stellen Sie sich das denn vor, Signorina? Auf diese Art und Weise kann man keine seriösen Verhandlungen führen. Ich halte es für wenig wahrscheinlich, daß ich Mr. Thorn dazu bewegen kann, auf Ihre Forderungen einzugehen. Trotzdem werde ich es versuchen, aber nur, wenn Sie meine Gespräche mit ihm nicht noch durch zusätzliche Wünsche belasten. Sollten Sie mit Ihren bisherigen durchkommen, so hätten Sie etwas erreicht, das meines Wissens . . .«

»Gab es Ihres Wissens schon einmal einen Torhüter wie Schimazek?« warf ich ein. »Sie tun ja so, als wollte ich einen Stuhlfauth oder einen Zamorra verkaufen. Wenn er erst einmal persönlich in Amerika war, wird ihm deshalb nicht nur die halbe, sondern die ganze Welt zu Füßen liegen. Ich wünsche jedenfalls, daß die Verträge so und nicht anders abgeschlossen werden. Andernfalls verzichte ich darauf. Sie als Notar . . .«

Er unterbrach mich: »Nicht als Notar, Signorina. Die Verhandlungen führe ich in diesem Fall nur in meiner gleichzeitigen Eigenschaft als Ihr Anwalt. Die notarielle Beglaubigung muß ich in diesem Fall einem

Kollegen überlassen. Ich kann nicht gleichzeitig als Ihr Notar und als Ihr Anwalt tätig sein. Dies verstieße gegen unsere gesetzlichen Bestimmungen.«

»Ist ja auch egal«, sagte ich. »Hauptsache, die Verträge werden so abgefaßt, daß sie nachträglich nicht angefochten werden können. Machen sie es so, wie ich es Ihnen gesagt habe. Es wird sich auch für Sie lohnen.«

Das Gespräch hatte mich angestrengt. Ich überlegte mir hinterher, ob ich etwas vergessen hatte oder noch besser hätte machen können, aber mir fiel nichts ein.

Claudine kam zu mir. Ich hatte vom Bett aus telefoniert. Sie blieb vor mir stehen und sagte: »Das war ein langes Gespräch, Madame. Das wird sicher sehr teuer werden.«

Ich mußte lächeln. »Sicher, Claudine, aber ich hoffe, weniger für mich als für andere Leute. Laß mich mal ansehen.« Ich legte die Hände auf ihre schmalen Hüften und betrachtete ihr blau-rot getupftes, weißes Jerseykleid. Ich löste den Gürtel und sagte: »Solange du so dünn bist, kannst du ihn weglassen; das Kleid steht dir noch besser, wenn es fließt. Dreh dich einmal um.« Sie ließ mich den Rücken sehen. Ich gab ihr einen Klaps auf den Po und sagte: »Doch, du siehst ganz proper aus. Dieses Kleid kannst du auch in Kalifornien tragen.«

Sie blickte mich mit großen Augen an; ihre Stimme klang beinahe andächtig: »Sie wollen nach Kalifornien, Madame?«

»Vielleicht auch auf die Bahamas oder auf die Bermudas«, sagte ich. »Würdest du nicht auch gerne irgendwo leben, wo dauernd die Sonne scheint?«

»Das wäre . . .« Sie brach ab.

»Mit dem Geld, das ich schon habe, kämen wir zwar auch hin«, sagte ich. »Wenn es aber etwas mehr ist . . .«

Sie setzte sich neben mich auf das Bett, blickte mich weiterhin mit großen Augen an, und sagte: »Ich glaube, für Sie könnte ich sterben, Madame.«

Ich erinnerte mich, daß auch Adolfo sich schon beinahe wörtlich genauso geäußert hatte, und sagte: »Davon hätte ich nichts und du erst recht nicht. Irgendwann werden wir den passenden Mann für dich finden. Dann wirst du meinetwegen bestimmt nicht mehr sterben wollen. War das Zimmermädchen schon hier?«

»Bis jetzt noch nicht, Madame.«

»Dann wird es sicher bald kommen. Ich erwarte noch einen Anruf. Wenn das Telefon läutet, sagst du es mir. Ich bin im Zimmer nebenan.«

Dort traf ich jedoch nur das Zimmermädchen an; ich sagte ihm, daß es auch mein Zimmer aufräumen könne. Zu meiner Erleichterung sah ich Feuersteins Koffer neben dem Kleiderschrank stehen. Ich kehrte zu Claudine zurück. Sie kam mir schon an der Tür entgegen und sagte: »Das Telefon, Madame.«

Ich hatte Herzklopfen, und als ich Bellonis Stimme erkannte, klopfte es noch heftiger; ich fragte mit belegt klingender Stimme: »Seid ihr gut angekommen?«

»Ja, Marianne«, antwortete er. »Ich habe Teresa und die Kinder einstweilen in einer Pension untergebracht. Es ist sehr schwer, in Marseille eine kleine Wohnung zu finden.«

»Dann nimm eben eine große«, sagte ich. »Es muß ja nicht direkt in Marseille sein. Vielleicht irgendwo im Hinterland. Dort gibt es sicher auch Ferienhäuser zu mieten. Brauchst du noch Geld?«

»Nein. Ich habe noch genug Geld.«

»Also dann spar' nicht auf meine Kosten«, sagte ich. »Sobald du etwas gefunden hast, rufst du mich wieder an und gibst mir die Adresse. Sollte ich nicht zu erreichen sein, hinterläßt du sie an der Rezeption. Sind unsere Kinder wohlauf?«

Er lachte. »Sie schlafen jetzt fest. Auch Teresa hat sich schlafen gelegt. Ich soll dich vielmals von ihr grüßen. Sie spricht nur noch von dir. Sie meint, du seist wie die Mutter Maria.«

»Ach du großer Gott«, sagte ich. Dann mußte ich lachen. Er sagte: »Du fehlst mir so, Marianne. Zu wissen, daß du so weit von mir weg bist, macht mich ganz traurig.«

»Mich auch«, sagte ich. »Aber jetzt brauche ich wenigstens keine Angst mehr um euch auszustehen. Miete das Haus oder die Wohnung nur für vier Wochen, Adolfo. Vielleicht habe ich bis dahin wieder neue Pläne. Grüß Teresa und die Kinder von mir. Wir werden uns bald wiedersehen.«

Ich legte rasch auf. Claudine hatte mein Gespräch, wenn auch nicht verstanden, so doch mitgehört. Vielleicht hatte sie auch etwas davon verstanden, denn sie fragte: »War das Monsieur Belloni, Madame?«

Ich nickte. Sie setzte sich wieder zu mir auf das Bett und sagte: »Sie müssen ihn gern haben. Ich habe es an Ihrer Stimme gemerkt.«

»Daß ich auch dich gern habe, mußt du genauso an meiner Stimme merken«, sagte ich. »Komm jetzt.« Den Pininfarina hatte ich gestern abend nach meiner Rückkehr aus Tourette wieder in die Querstraße gestellt, aber heute brauchte ich ihn nicht. Ich ließ ein Taxi vorfahren und suchte zuerst die Bank auf. Hinterher erledigte ich, wieder im Taxi sitzend, meine kleine Buchführung und trug auch die fünfundzwanzigtausend Francs ein, die ich gestern abend Pellico gegeben hatte. Weil dann Zeit zum Mittagessen war, verschob ich unsere Einkäufe auf später und ging mit Claudine in ein Restaurant. Als wir am Nachmittag ins Hotel zurückkehrten, hatte ich ihr noch einige Kleider, eine schöne Halskette und vier Paar Schuhe gekauft.

Mit dem Geschäftsführer des Hotels hatte ich es bis dahin noch nicht zu tun bekommen. Diesmal kam er uns schon am Portal entgegen, nahm uns eigenhändig unserer Einkäufe ab und reichte sie an einen Pagen weiter. Dann bat er mich an die Rezeption und sagte: »Monsieur Feuerstein hat einen Brief für Sie hinterlassen, Madame Neumann. Er mußte überraschend abreisen.«

Er gab mir den Brief zusammen mit einer Zeitung und sagte lächelnd: »Auf der dritten Seite steht ein langer Artikel über Sie. Darf ich Ihnen dieses Exemplar mit einer Empfehlung unseres Hauses überreichen? Wir haben uns erlaubt, in ihrem Zimmer ein Fernsehgerät aufzustellen. Sicher werden Sie sich das Spiel in Madrid ansehen wollen. Es wird in einer halben Stunde live übertragen.«

Mir war noch nie weniger nach einer Liveübertragung zumute gewesen als gerade jetzt. Es bereitete mir Mühe, ein Lächeln aufzusetzen. Im Zimmer öffnete ich sofort Feuersteins Brief. Er enthielt nur wenige Zeilen, in denen er mir schrieb, daß er es unter den gegebenen Umständen vorgezogen habe, morgen die Heimreise anzutreten. Aber wenn er sie erst morgen antreten wollte, dann mußte er noch in Nizza stecken. Ich nahm den Hörer ab und verlangte aufs Geratewohl die Nummer des ›Westminster‹. Von der Rezeption hörte ich, daß Feuerstein vor einer Stunde eingetroffen war. In seinem Zimmer meldete er sich jedoch nicht. Ich schlug die mir vom Geschäftsführer ausgehändigte Zeitung auf. Auf der dritten Seite fand ich ein großes Foto von mir. Es war bei meinem letzten Interview in der Hotelhalle des ›Westminster‹ aufgenommen worden. Auch das Interview mit dem Monte-Carlo-Mädchen war wörtlich wiedergegeben.

Als ich aufsah, stand Claudine mit geröteten Wangen neben mir und betrachtete über meine Schulter hinweg das Foto. Ich gab ihr die Zeitung und sagte: »Wenn es dir gefällt, kannst du es ausschneiden und auf deinem Herzen tragen. Ich muß noch einmal weg, Claudine. Ich weiß nicht, für wie lange. Falls es spät werden sollte, läßt du dir zum Abendessen etwas aufs Zimmer bringen. Ich möchte aber nicht, daß du das Zimmer verläßt.«

In der Hotelhalle nahm sich wieder der Geschäftsführer meiner an. Welchen Gedanken ihn bei Claudines Anwesenheit in meinem Zimmer bewegten, war seinem Gesicht nicht anzumerken. Er gehörte zu jenen gutaussehenden Männern, die nie ganz ohne Eindruck auf mich geblieben waren. Aber das war noch vor meiner Zeit mit Belloni.

Weil mir der Weg zum ›Westminster‹ zu Fuß zu weit war, ging ich zur nächsten Querstraße und setzte mich in den Pininfarina. Ich brauchte der Straße nur zu folgen, um auf die Promenade des Anglais zu stoßen. Vor dem ›Westminster‹ fand ich einen freien Parkplatz. Das blonde Mädchen und der junge Mann an der Rezeption erkannten mich sofort wieder. Über Feuersteins Verbleib konnten sie mir jedoch nichts sagen; sein Zimmerschlüssel hing am Brett. Zwei oder drei Dutzend Briefe, die mit der Nachmittagspost eingetroffen und an mich adressiert waren, schob ich in die Handtasche. Mir fiel auf, daß sich in der Hotelhalle keine Gäste aufhielten. Nur zwei Kellner und ein Hoteldiener führten im Hintergrund ein kleines Gespräch und blickten neugierig zu mir her. Auch die Bar, deren Tür offenstand, war leer. Normalerweise nahmen viele der Gäste zu dieser Zeit hier einen Drink oder vor dem Essen noch einen Aperitif zu sich. Dann fiel mir der neben der Bar liegende Fernsehraum ein. Noch ehe ich jedoch hingehen und die Tür öffnen konnte, sah ich Dreher aus dem Lift kommen. Bei meinem Anblick stutzte er; es hatte den Anschein, als wolle er rasch in den Lift zurücktreten. Die Tür hatte sich jedoch bereits hinter ihm geschlossen. Ich ging zu ihm hin und fragte: »Suchen Sie mich?«

Er blickte mich wortlos an. »Ich wollte mir gerade einen Aperitif bestellen«, sagte ich. »Darf ich Sie dazu einladen?«

Ohne seine Antwort abzuwarten ging ich zu einem der kleinen Rauchtische und nahm in einem Clubsessel Platz. Dreher war mir nachgekommen. Ich forderte ihn zum Sitzen auf und winkte einen der Kellner zu mir. »Was trinken Sie?« fragte ich Dreher. »Ich nehme einen Campari-Soda.«

»Ich auch«, sagte er. Der Kellner sagte: »Die meisten Gäste sitzen im Fernsehraum oder sehen sich das Spiel im Zimmer an. Wollen Sie nicht auch zuschauen, Madame?«

»Wozu?« fragte ich. »Ich weiß ja, wie es ausgeht.«

Er lachte und erzählte auf dem Weg zur Bar im Vorbeigehen seinen Kollegen, was er von mir gehört hatte. Ich blickte Dreher an. Er war mir noch genauso unsympathisch wie bei unserer ersten Begegnung. Mein Entschluß, mit ihm zu reden, war so impulsiv erfolgt, daß ich selbst noch etwas Zeit brauchte, um mich darauf einzustellen. Ich griff nach meinen Zigaretten und fragte: »Ist Zschernitz auch noch hier?«

Er gab wieder keine Antwort. Der Blick seiner wäßrig-blauen Augen unter den beinahe haarlosen Brauen war unverwandt in mein Gesicht gerichtet. Ich erinnerte mich an die spätabendlichen Ereignisse vor Bellonis Haustür in Nizza, von denen Feuerstein mir erzählt hatte, und sagte: »Wie ich hörte, hatten Sie einen Trauerfall. Es wird doch nicht etwa Zschernitz gewesen sein? Das täte mir sehr leid um ihn.«

»Dann waren das also Ihre Leute?« fragte er.

»Ich habe keine Leute, ich kenne nur welche«, sagte ich. »Sie sind jetzt seit Rom hinter mir her, Herr Dreher. Was versprechen Sie sich eigentlich davon? Daß ich Ihnen, um Sie endlich loszuwerden, freiwillig erzähle, wer Schimazek auf die ›Rostock‹ gebracht hat? Wer sagt Ihnen denn, daß ich es weiß?«

Er winkte ab. »Hören Sie doch auf damit, Fräulein Neumann. Die Geschichte von der ›Rostock‹ haben Sie in die Welt gesetzt. Ich will Ihnen mal sagen, was passiert ist. Sie haben an jenem Abend in der Dunkelheit Zschernitz mit einem Mann verwechselt, der Schimazek auf das Schiff gebracht hat. Wir nehmen an, Sie sollten ihn in Schimazeks Auftrag für seine Fluchthilfe bezahlen. Als Sie Ihren Irrtum erkannten, konnten Sie nicht mehr zurück und sind, damit Zschernitz keinen Verdacht schöpfte, mit ihm in ein Hotel gegangen. Das ist die ganze Geschichte. Sobald wir wissen, wer der Mann ist, den Sie treffen wollten, ist unsere Aufgabe hier erledigt. Schimazek muß Ihnen seinen Namen genannt haben, sonst wären sie nicht zum Hafen gefahren. Vielleicht wollte auch er sich nach Italien absetzen. Das klappte aber nicht, weil die Mannschaft in Genua keinen Landurlaub bekam.«

»Pech für ihn«, sagte ich verwundert.

Der Kellner brachte uns den Campari. Ich trank einen Schluck und fragte dann: »Wohnen Sie im ›Westminster‹?«

»Wir werden immer dort wohnen, wo auch Sie wohnen«, sagte Dreher. Ich lächelte. »Da haben Sie vielleicht noch einige größere Reisen vor sich. Eines verstehe ich nicht: Warum Sie immer nur mich fragen. Schimazek könnte Ihnen den Namen genausogut nennen wie ich. Oder gehen Sie davon aus, mich leichter einschüchtern zu können als ihn?«

»Wir wollen Sie nicht einschüchtern.«

»In Monte Carlo wollten Sie es sogar ganz massiv«, sagte ich. »Wohnt Zschernitz auch hier im Hotel?«

Er stand, ohne den Campari angerührt zu haben, von seinem Platz auf. »Zschernitz ist nicht mehr hier«, sagte er. »Wenn Sie uns etwas zu erzählen haben, dann wenden Sie sich an mich. Wir haben Schimazek nichts zu fragen. Nicht er, sondern Sie waren es, die in Italien und anderswo die Medien über seine Flucht mit der ›Rostock‹ informiert hat. Ihr angeblich zufälliges Zusammentreffen mit ihm erscheint uns ziemlich unwahrscheinlich. Sicher waren Sie schon vorher über seine Ankunft in Genua unterrichtet.«

»Und jetzt würden Sie gerne noch wissen, von wem?« fragte ich. »Aber das verrate ich Ihnen selbstverständlich nicht. In Tourette waren Sie plötzlich verschwunden. Gefiel es Ihnen dort nicht mehr?«

»Mir gefielen die Leute nicht, die dort auftauchten«, sagte er. »Es waren die gleichen, denen wir, wie Sie das nennen, unseren ›Trauerfall‹ zu verdanken haben. Anscheinend fühlen Sie sich nur noch sicher, wenn Sie sich mit Berufskillern umgeben können. Wir sind keine Berufskiller.«

»Mir erzählte man, die Schießerei sei von Ihnen eröffnet worden.«

»Wir haben uns nur zur Wehr gesetzt. Der erste Schuß kam von Ihren Leuten. Sie können ihnen sagen, daß wir bei der nächsten Begegnung mit ihnen etwas besser darauf vorbereitet sein werden.«

Er drehte mir den Rücken zu und kehrte zum Lift zurück.

Auch wenn mir das Gespräch nicht sehr viel eingebracht hatte, so doch immerhin die Gewißheit, daß die Leute, von denen er meinte, daß es meine Leute seien, nicht auch im ›Westminster‹ wohnten. Obwohl ich mir um Belloni keine Sorgen mehr zu machen brauchte, fühlte ich mich jetzt doch geneigt, ihre beinahe allgegenwärtige Anwesenheit mehr zu fürchten als Dreher und seine Helfershelfer. Wenn ein Mann wie er es in Tourette vorgezogen hatte, ihretwegen das Feld zu räumen, so hatte auch ich allen Grund, mir allmählich Gedanken darüber zu machen, wie lange ich mich der Bedrohung durch sie noch aussetzen wollte. Während ich auch Drehers Glas leertrank, faßte ich den Entschluß, meinen Aufenthalt in Nizza vorzeitig zu beenden. Nach Adolfos Abreise hielt mich hier ohnehin nichts mehr.

Ich war so tief in Gedanken versunken, daß ich Feuerstein erst bemerkte, als er bereits neben mir stand. Er fragte unfreundlich: »Was suchst du hier?« Meine erste Empfindung war Ärger, aber ich war hergekommen, um mit ihm zu reden, und ich würde mich auch durch seinen Ton nicht davon abhalten lassen. Ich stand auf und fragte: »Können wir in dein Zimmer gehen?«

»Ich wüßte nicht, wozu«, sagte er.

»Vielleicht weißt du es, wenn wir oben sind«, sagte ich und ging zum Lift. Dort wartete ich auf ihn, bis er an der Rezeption den Schlüssel geholt hatte. Während wir hinauffuhren, vermied er es, mich anzusehen. Auch in seinem Zimmer sah er mich nicht an. Ich nahm in einem Sessel Platz und sagte: »Ich fahre morgen nach Mailand. Kommst du mit?«

»Ich denke nicht daran. Was willst du in Mailand?«

»Ich habe dort noch einiges zu erledigen. Solange Jochens Vertrag läuft, bin auch ich mehr oder weniger an Italien gebunden.«

»Vielleicht ist er jetzt schon ausgelaufen.«
Ich blickte ihn rasch an. »Was soll das heißen?«
Er setzte sich mir gegenüber. »Ich habe mir im Fernsehraum die Übertragung aus Madrid angesehen. Wäre auch für dich nützlich gewesen, es zu tun. Der Schiedsrichter hat das Spiel in der zweiten Hälfte abbrechen müssen. Da stand es 16 : 0 für die Italiener.«
»Du spinnst«, platzte ich heraus. Er grinste düster. »Sie haben sich für Madrid eine neue Masche einfallen lassen. Spielten mit der kompletten Mannschaft nur noch in der gegnerischen Hälfte und überließen es Schimazek, allein mit den Spaniern fertig zu werden. Er brauchte ihnen dann nur noch über deren Köpfe hinweg einen Paß vorzulegen, und sie schossen reihenweise die Tore. Es war ein Mordsspaß.«
»Aber die spanischen Verteidiger . . .«
»Da waren keine Verteidiger mehr«, fiel er mir dazwischen. »Die bolzten gemeinsam mit dem Rest der spanischen Mannschaft im Strafraum der Italiener auf Schimazek los. Was in ihrem eigenen Strafraum passierte, das interessierte sie gar nicht mehr. In der vierzigsten Minute waren sie nur noch mit sieben Spielern am Ball. Die übrigen waren vom Schiedsrichter wegen Fouls an Schimazek vom Platz geschickt worden.«
Ich fragte bestürzt: »Er wurde verletzt?«
»Zumindest hatten sie es schon während des Spiels darauf abgesehen, ihn fertigzumachen. Als dann bei Spielabbruch einige hundert Zuschauer mit erhobenen Fäusten auf sein Tor losrannten, waren das bestimmt keine Italiener. Den Rest habe ich mir nicht mehr mitangesehen. Vorher warfen sie schon mit Flaschen und anderen Gegenständen nach ihm. Als sie auch die italienische Mannschaft und den Schiedsrichter zum Ziel nahmen, mußte er das Spiel beenden. Er hatte gar keine andere Wahl. Die Spiele um die Europameisterschaft dürften damit jedenfalls endgültig geplatzt sein.«
Wenn die Spiele geplatzt waren, dann brauchte ich mir auch keine Hoffnungen mehr auf einen Vertrag mit Thorn zu machen. Und falls Jochen verletzt worden sein sollte . . . Der Gedanke trieb mich auf die Beine. »Vielleicht läuft die Sendung noch«, sagte ich. »Ich muß unbedingt wissen, was mit Schimazek los ist. Ist dir bekannt, daß Dreher wieder hier im Hotel wohnt?«
Er starrte mich überrascht an. »Woher weißt du das?«
»Wärst du ein paar Minuten früher aus dem Fernsehraum gekommen, so hättest du ihn selbst sehen können. Ich unterhielt mich in der Hotelhalle mit ihm. Kommst du mit hinunter?«
Er stand auf. Wir kamen jedoch zu spät. Als wir die Hotelhalle betraten, öffnete sich die Tür zum Fernsehraum und einige Dutzend Hotelgäste drängten sich heraus. Mir fiel sofort auf, daß die meisten die Köpfe schüttelten oder heftig gestikulierend aufeinander einsprachen. Sie machten alle einen ziemlich verstörten Eindruck auf mich. Mein Blick fiel auf den Kellner, der mir vorhin den Campari gebracht hatte. Er stand in der Nähe des Fernsehraums und unterhielt sich mit einem Kollegen. Ich ging rasch zu ihm hin und fragte: »Ist die Sendung schon beendet?«

»Sie wurde abgebrochen, Madame«, sagte er. »Ein Gast, der etwas früher herauskam, erzählte an der Rezeption, daß es zu schweren Zusammenstößen zwischen spanischen und italienischen Zuschauern gekommen sei. Dabei seien auch einige der Fernsehkameras beschädigt worden.«

»Wußte er auch etwas von Schimazek?«

»Nicht genau, Madame. Angeblich soll er von der Guardia Civil aus dem Stadion gebracht worden sein. Der Fernsehreporter sagte noch, daß die Veranstalter trotz der schlechten Erfahrungen in Neapel keine ausreichenden Sicherheitsvorkehrungen getroffen hätten und daß sie die Verantwortung für dieses Drama trügen. Hoffentlich wurde Monsieur Schimazek nicht verletzt. Wir machen uns alle Sorgen um ihn.«

Das war gut gemeint, vergrößerte aber meine eigene Sorge nur noch.

Feuerstein, der unserem Gespräch zugehört hatte, sagte: »Wenn die Polizei ihn vom Platz geschafft hat, wird ihm schon nicht viel passiert sein. Vielleicht sagen sie im Radio etwas. Laß uns wieder hinaufgehen.«

Die Gäste hatten sich inzwischen auf die Sitzgruppen in der Hotelhalle verteilt oder die Bar aufgesucht. Der Kellner entschuldigte sich mit einem: »Pardon, Madame. Ich muß mich um sie kümmern.«

Wir fuhren wieder zu Feuersteins Zimmer hinauf. Er sagte: »Du wartest am besten hier auf ihn. Wenn er gleich eine Maschine bekommen hat, kann er in einer Stunde in Nizza sein. Sie haben für das Spiel sicher auch Chartermaschinen eingesetzt. Zu Beginn des Spiels hieß es einmal, daß die Zahl der italienischen Schlachtenbummler auf über fünfundzwanzigtausend geschätzt wird. Da sind sicher viele auch mit dem Flugzeug gekommen. Hat Dreher dir gesagt, daß er hier im Hotel wohnt?«

Ich nickte. »Er darf nicht wissen, daß ich im ›La Malmaison‹ abgestiegen bin. Sicher wird er versuchen, mir zu folgen, wenn ich zurückfahre. Ich habe den Pininfarina unten stehen.«

»Das war leichtsinnig. Was hast du mit ihm gesprochen?«

Ich erzählte es ihm in seinem Zimmer. Er schüttelte den Kopf. »Denen geht es nicht nur um die ›Rostock‹. Ich fürchte, sie dient ihnen nur als Vorwand, um ihre wirklichen Absichten zu verschleiern. Es wäre besser gewesen, du hättest ihm diesmal die Wahrheit gesagt.«

»Die hätte er mir doch nicht geglaubt. Wenn sie es aber tatsächlich auf mich abgesehen haben, dann begreife ich nicht, wofür sie diesen Zirkus aufführen. Sie können sich doch nicht im Ernst einreden, daß ich mich, wenn ich wirklich diejenige wäre, für die sie mich halten, damit einschüchtern ließe?«

Er nickte. »Ich verstehe es auch nicht. Warte hier auf mich.«

Er blieb etwa zehn Minuten weg. Als er zurückkam, sagte er: »Ich habe mit dem Geschäftsführer gesprochen. Er hat für mich im Gästebuch nachgesehen. Dreher ist mit nur einem Begleiter eingetragen. Aber gestern ist eine achtköpfige Reisegruppe aus der DDR eingetroffen. Frauen sind keine dabei, falls dir das etwas sagt.«

Es sagte mir mehr als genug. Ich fragte rauh: »Wirst du noch bei mir bleiben, Rudolf?«

»Mal sehen«, sagte er.

16

Was sich im Bernabeu-Stadion in Madrid mit seinen 135 000 Plätzen an jenem Tag abgespielt hatte, dürfte ebenso in die Annalen der Fußballgeschichte eingegangen sein wie Schimazek selbst. Unsere Zeitschrift hatte auch ausführlich darüber berichtet. In der spanischen Presse wurde einhellig die Meinung vertreten, daß ein großer Teil der fünfundzwanzigtausend italienischen Zuschauer mit der Absicht nach Madrid gekommen sei, den Spaniern die in Neapel angerichteten Verwüstungen des dortigen Stadions heimzuzahlen. Der Sachschaden, den sie im Bernabeu-Stadion hinterließen, wurde drei- bis fünfmal so hoch geschätzt wie der in Neapel. Von den Bänken und Stühlen der riesigen Zuschauertribüne sollte angeblich nur noch ein einziger Trümmerhaufen übriggeblieben sein. Ein in den Umkleidekabinen entstandenes Feuer richtete, bis es gelöscht werden konnte, allein schon einen Schaden in Millionenhöhe an, wobei von der Madrider Guardia Civil als Ursache eindeutig Brandstiftung nachgewiesen werden konnte. Über die Anzahl der Todesopfer, Verletzten und Schwerverletzten, zu denen es nicht nur bei den tätlichen Auseinandersetzungen zwischen spanischen und italienischen Zuschauern, sondern vor allem auch bei der panikartigen Flucht Zehntausender Unbeteiligter aus dem Stadion gekommen war, hatten wegen der chaotischen Verhältnisse zum Zeitpunkt des Geschehens nie genaue Zahlen vorgelegen, weil ein großer Teil der Verletzten und der später ihren Verletzungen erlegenen Zuschauer wegen Platzmangels in den überfüllten Madrider Kliniken anderweitig untergebracht werden mußten. Aber auch das, was sich später in den Straßen Madrids abspielte, wo betrunkene Horden fanatisierter Fußballfans Autos umstürzten, sie in Brand setzten und zahllose Schaufensterscheiben zu Bruch gingen, dürfte in der Geschichte des Fußballs in diesem Ausmaß einmalig gewesen sein. Der zuständige Zivilgouverneur sah sich am frühen Abend gezwungen, über die Stadt den Ausnahmezustand zu verhängen, weil die Übergriffe randalierender Schlachtenbummler aus Italien von asozialen und anarchistischen Elementen der spanischen Hauptstadt zum Anlaß genommen wurden, sich nicht nur blutige Straßenschlachten mit den Ordnungskräften zu liefern, sondern auch Geschäfte auszuplündern und kommunale Gebäude in Brand zu setzen. Erst dem massiven Einsatz starker Polizei- und Militäreinheiten gelang es, in der Stadt wieder Ruhe und Ordnung herzustellen. Auch hier soll es eine nicht genau abschätzbare Anzahl von Opfern auf beiden Seiten gegeben haben. All diese Geschehnisse hatten zur Folge, daß die spanische Regierung schon am nächsten Tag eine Verordnung erließ, nach der bis auf weiteres sämtliche Spiele gegen italienische Fußballmannschaften auf spanischem Boden untersagt wurden, worauf die italienische Regierung mit einem ähnlich lautenden Dekret für ihr eigenes Land reagierte.

Ein unrühmliches Nachspiel hatte die Affäre auch für die spanische Nationalelf, die wegen ihrer wüsten Attacken gegen Schimazek sowie wegen mehrfacher, mit drohenden und abfälligen Gesten begleiteter Beleidigung des Schiedsrichters für ein Vierteljahr von allen internationalen Turnieren ausgeschlossen wurde. Daß die Spielsperre nicht noch härter ausfiel, war wohl dem Umstand zuzuschreiben, daß man der spanischen Mannschaft beim europäischen ebenso wie beim Weltfußballverband eine außergewöhnliche Streßsituation zubilligte. In Wirklichkeit war es wohl so, daß die Sympathien der beiden Dachverbände eher bei der spanischen Nationalelf als bei Schimazek gelegen hatten. Da ihnen jedoch unverändert jede juristische Handhabe fehlte, Schimazeks Aufstellung zu verhindern, standen sie den immer dringlicheren Forderungen der ihnen angeschlossenen Verbände nach Schimazeks Ausschluß aus der italienischen Nationalelf mit wachsender Hilflosigkeit gegenüber, zumal es, vor allem aus einigen lateinamerikanischen Ländern, bereits zu ultimativ geäußerten Austrittsdrohungen gekommen war. Was sich hinter den Kulissen an schwierigen Verhandlungen zwischen den beiden Dachverbänden einerseits und dem italienischen Fußballverband andererseits zu jener Zeit abspielte, war niemals an die Öffentlichkeit gedrungen. Man darf jedoch davon ausgehen, daß dem italienischen Verband das Risiko, durch Schimazeks Anwalt wegen Nichteinhaltung der vertraglichen Vereinbarungen vielleicht zu einer Schadenersatzforderung in nicht absehbarer Höhe verklagt oder durch eine gerichtliche einstweilige Verfügung zu seiner Aufstellung gezwungen zu werden, noch gewichtiger erschien als alle auf ihn ausgeübten Pressionen. Hinzu kam, daß der Verband keine Entscheidungen gegen seine eigenen Interessen, geschweige denn gegen das Millionenheer seiner Vereinsmitglieder treffen konnte, für die Schimazek in seiner Eigenschaft als Torhüter ihrer Nationalelf zu einem Symbol nationaler Größe geworden war, mit dessen Unbesiegbarkeit sie sich identifizieren konnten. Der sie ihre persönlichen und sozialen Probleme vergessen ließ und ihnen inmitten einer von ihnen als feindlich empfundenen Umwelt zu einem neuen nationalen Selbstbewußtsein verhalf.

Nach den Unterlagen, die wir von jenen Vorgängen in unserem Archiv gesammelt hatten, war es, trotz der blutigen Geschehnisse in Madrid, in fast allen größeren Städten Italiens zu spontanen Kundgebungen gekommen, bei denen wildfremde Menschen sich in die Arme fielen oder gemeinsame Freudentänze aufführten. Der heimkehrenden Nationalelf wurde in Rom und anderswo ein Empfang zuteil, wie ihn vor ihr noch keine italienische Fußballmannschaft erlebt hatte. Selbst die Abwesenheit Schimazeks, der sich wegen der in Madrid erlittenen Blessuren entschuldigen ließ, vermochte den allgemeinen Enthusiasmus nicht zu dämpfen.

Was uns in der Redaktion beim Lesen der Neumann-Memoiren jedoch weitaus mehr beschäftigte als die damaligen Ereignisse in Madrid, die wir ohnehin schon zur Genüge kannten, war eine ganz andere Frage, die uns nur von Feuerstein in zufriedenstellender Weise hätte beantwortet werden können. Mir gegenüber wies er jeden Verdacht, Belloni bei seinen Häschern denunziert zu haben, um einen unliebsamen und verhaßten Nebenbuhler aus dem Weg zu räumen, mit Entschiedenheit zurück. Seine diesbezüglichen Beteuerungen klangen in meinen Ohren so aufrichtig, daß ich persönlich geneigt war, an eine Verkettung unglücklicher Umstände zu glauben, die zu Bellonis Entdeckung in Gourdon geführt hatten. Hingegen vertraten die meisten Redaktionskollegen die Ansicht, daß der Verdacht der Neumann begründet und Feuersteins Verhaltensweise in diesem Fall so niederträchtig gewesen sei, daß er allen Grund habe, eine persönliche Beteiligung abzustreiten. Zwar hielten auch sie es für wenig wahrscheinlich, daß er auf dem Parkplatz des Flughafens persönlich mit Bellonis Verfolgern gesprochen haben könnte, zumal er befürchten mußte, daß sie nicht nur hinter diesem, sondern auch hinter ihm selbst her waren, aber die Möglichkeit, daß er ihnen durch den Taxifahrer eine Nachricht hatte zukommen lassen, war nicht von der Hand zu weisen. Weshalb er es, als die Neumann wegfuhr, vorgezogen hatte, im Taxi sitzen zu bleiben, erklärte er mit seiner Absicht, festzustellen, ob sie verfolgt werden würde. Auch für seine erst mitternächtliche Rückkehr ins Hotel hatte er eine plausibel klingende Erklärung. Angeblich hatte er den Rest des Tages mit einem Spaziergang durch die Stadt, anschließend mit einem Abendessen in einem Restaurant und später im Kino verbracht. So blieb uns auch hier die letzte Klarheit darüber, was sich am Flughafen tatsächlich ereignet hatte, versagt. Als einigermaßen sicher konnte jedoch angenommen werden, daß der von der Neumann gegen ihn gefaßte Verdacht – obwohl sie ihn im weiteren Teil ihrer Memoiren nicht mehr erwähnte – entscheidend dazu beigetragen haben dürfte, daß sie Feuerstein, als sich eine gütliche Übereinkunft mit ihm als unmöglich erwies, kurzerhand fallen ließ.

Für uns in der Redaktion war sein eigener Beitrag zu der Neumann-Story mit seiner Schilderung der Geschehnisse, die ihn gemeinsam mit Claudine von Tourette nach Nizza ins ›La Malmaison‹ geführt hatten, jedenfalls abgeschlossen. Seine Rückkehr nach Deutschland, seine Versetzung in den vorzeitigen Ruhestand und der Bruch mit seiner Frau, die spätestens nach Wielands Rückkehr von seinen Amouren mit der Neumann erfahren haben dürfte, gehörten bereits zu den Dingen, über die er nicht reden wollte. So konnten wir uns, was seine Person und seine Rolle in den letzten Stunden seines Zusammenseins mit der Neumann betraf, auf das beschränken, was sie darüber zu berichten hatte. Die Anwesenheit der ›Reisegruppe‹ aus der DDR schien sie jedenfalls weitaus stärker beunruhigt zu haben, als sie es selbst zum Ausdruck bringt, so daß ihr Entschluß, Nizza so rasch wie möglich zu verlassen, bei Schimazeks Rückkehr aus Madrid, die gegen 21 Uhr erfolgte, bereits feststand. Eine unangenehme Überraschung erlebte sie insofern, als er sich bei der anschließenden Begegnung in seinem Hotelzimmer kategorisch weigerte, überhaupt noch einmal für ein Spiel der Italiener anzutreten und seinen Entschluß mit den Faustschlägen und Fußtritten begründete, die ihm von aufgebrachten spanischen Zuschauern verabreicht worden waren. Das Gespräch fand in Pieras Gegenwart statt und wird von der Neumann wie folgt geschildert:

Daß Piera ihn bei seinem Vorhaben auch noch unterstützte, ihn vielleicht sogar dazu inspiriert hatte, nahm ich ihr nicht mehr übel als ihre eigenmächtige Reise nach Mailand, wo sie sich, ohne mein Wissen, die Formulare für eine Bankvollmacht hatte geben lassen. Ich sagte zu ihr: »Was er zu tun und zu lassen hat, steht in seinen Verträgen. Er ist genauso an sie gebunden wie Galilei und Ardigo. Wenn er sie nicht einhält, können sie das Geld von uns zurückverlangen.«

»Um etwas anderes als um das Geld ging es Ihnen ja auch nie«, erwiderte sie in feindseligem Ton. »Wenn Sie mit eigenen Augen miterlebt hätten, was sich in Madrid abgespielt hat, dächten Sie anders darüber. Jochen wurde richtiggehend verprügelt. Jemand schlug ihm sogar eine volle Cola-Flasche auf den Kopf. Er hat eine große Beule. Sie hat geblutet. Ein Unfallarzt am Madrider Flughafen hat die Wunde behandelt. Er befürchtet, daß Jochen sich eine Gehirnerschütterung zugezogen hat. Im Flugzeug wurde ihm ein paarmal schwindlig.«

Davon hatte sie mir bisher nichts erzählt, und Jochen auch nicht. Ich sagte, zutiefst schockiert: »Dann sollten wir sofort einen Arzt kommen lassen, Jochen. Du mußt gründlich untersucht werden.«

»Ich brauche keinen Arzt«, erwiderte er. »Bis morgen früh bin ich wieder in Ordnung. Ich bekam auch schon beim Spiel dauernd Tritte gegen den Kopf, aber auf diese Weise werden sie mich nicht los.«

»Ich hatte dir davon abgeraten, nach Madrid zu fliegen«, sagte ich. »Ich hätte Galilei gesagt, daß du dich nicht wohl fühlst und deshalb nicht mitspielen kannst.« Ich befühlte die mit einem Pflaster überklebte Beule an seinem Hinterkopf und sagte: »Trotzdem mußt du etwas dagegen tun. Ich stehe im Augenblick in wichtigen Verhandlungen. Sobald sie abgeschlossen sind, suchst du in Mailand einen Arzt auf und läßt dich gründlich untersuchen. Wenn es tatsächlich eine Gehirnerschütterung ist, darfst du sie nicht auf die leichte Schulter nehmen.«

»Was sind das für Verhandlungen«, fragte er. »Noch immer mit diesen Amerikanern?«

Er lag, nur mit einem Slip bekleidet, auf dem Bett. Als ich hereingekommen war, hatte sich Piera bereits der blauen Flecken an seinem Körper angenommen. Auch unter dem rechten Auge hatte er eine kleine Schwellung. Er sah jedoch lange nicht so schlimm aus wie Feuerstein nach seinem Zusammentreffen mit Pellicos Männern in Riomaggiore. Ich sagte: »Nicht nur mit den Amerikanern. Ich habe dir bereits vorgestern erzählt, daß ich auch noch mit anderen verhandle. Aber nach allem, was heute passiert ist . . .« Ich sprach nicht zu Ende, weil das Telefon läutete. Piera nahm den Hörer ab. Sie blickte mich an und sagte: »Es ist Signor Ceroli; er möchte Sie sprechen.«

Daß Ceroli erfahren hatte, daß ich mich im ›Westminster‹ aufhielt, war kein Zufall. Ich hatte von Feuersteins Zimmer aus mit dem ›La Malmaison‹ telefoniert und dort hinterlassen, wo ich zu erreichen war. Auch mit Claudine hatte ich kurz gesprochen. In der sicheren Annahme, daß Cerolis Anruf zu dieser späten Stunde nur etwas Unangenehmes bedeuten konnte, sagte ich: »Hallo, Signor Ceroli. Ich kann mir denken, weshalb Sie anrufen. Hat Mr. Thorn sich bei Ihnen noch einmal gemeldet?«

»Bereits von Madrid aus«, antwortete Ceroli. »Im Augenblick sitzen er, Miller und zwei New Yorker Anwälte nebenan in meinem Büro. Ich versuche seit über einer halben Stunde, Sie telefonisch zu erreichen, Signorina. Sie müssen morgen nach Mailand kommen. Mr. Thorn ist mit allem einverstanden. Ihre letzte Forderung über fünfzehn Millionen habe ich gar nicht erst zur Sprache gebracht. Es bleibt bei den ursprünglich vorgesehenen zwanzig Millionen. Auch Ihre übrigen Forderungen wurden nach einem Gespräch, das Mr. Thorn von hier aus führte, von ihm akzeptiert. Man wird, sobald der Vertrag vorliegt, mit Lloyd's eine entsprechende Versicherung abschließen.«

Ich mußte mich neben Schimazek auf das Bett setzen. Ceroli fuhr fort: »Sie wollten vorher nur wissen, ob Signor Schimazek bei dem Spiel heute verletzt wurde und ob es möglich ist, daß er schon in einer Woche nach New York kommt. Sie haben vor, ihn dort mit verschiedenen Leuten bekannt zu machen, die sich für ihn interessieren. Übrigens hatten sie aus Amerika drei Fernsehteams mit nach Madrid gebracht, die das Spiel aufzeichneten. Mein persönlicher Eindruck ist der, daß sie Schimazek, zu welchem Preis auch immer, haben wollen.«

»Das wundert mich aber«, sagte ich.»Nach allem, was sich in Madrid abgespielt hat!«

Ceroli lachte wieder. »Gerade deshalb, Signorina. Sie kennen die Amerikaner nicht. Ich hatte in meiner Eigenschaft als Anwalt schon öfter mit ihnen zu tun. Ich bin überzeugt, wenn die Fernsehgesellschaften die in Madrid gedrehten Filme ausstrahlen, wird halb Amerika Schlange stehen, um Signor Schimazek zu empfangen. Ist Ihnen schon bekannt, daß bei den Vorfällen in Madrid auch mehrere hohe Regierungsmitglieder, die sich das Spiel ansahen, verletzt wurden? Wir haben es eben im Radio gehört.«

»Das war mir nicht bekannt«, sagte ich. »Und was ist mit Signor Limbourg und Signor Renard?«

»Die habe ich auf morgen nachmittag vertröstet, Signorina. Ich habe ihnen gesagt, daß ich gerade dabei sei, mit den Amerikanern zu verhandeln und daß es große Schwierigkeiten bereiten würde, die Weltmeisterschaftsspiele aus unseren Verhandlungen auszuklammern. Mr. Thorn ist mit Ihrem Wunsch, die Laufzeit des Vertrags bis zum Abschluß unserer Verhandlungen mit Limbourg und Renard geheim zu halten, schon deshalb einverstanden, weil er davon überzeugt ist, daß die Russen hinter dem Angebot für die Spiele der Weltmeisterschaft stecken. Er gönnt es ihnen, daß sie Signor Schimazek nicht zu billig einkaufen. Für die Public Relations, die für Schimazek in Amerika geplant ist, wäre es natürlich ein zusätzlicher Effekt, damit auftrumpfen zu können, daß die Russen allein für die Weltmeisterschaftsspiele dreißig Millionen Dollar bezahlt haben. Für Thorns Auftraggeber war das ein zusätzlicher Ansporn, alle Ihre Forderungen zu erfüllen.«

Ich mußte lachen. »Er könnte sich doch denken, daß Schimazek kein Interesse hat, ausgerechnet mit den Russen abzuschließen.«

»Für die Amerikaner stellt sich das etwas anders dar«, sagte Ceroli. »Übrigens hat mich auch Limbourg aus Madrid angerufen. Die Aussicht, Schimazek den Amerikanern für die Weltmeisterschaftsspiele sozusagen vor der Nase wegkaufen zu können, scheint seinen Auftraggebern mehr ein politisches als ein sportliches Anliegen zu sein. Anders kann ich mir nicht erklären, daß Limbourg auf die Höhe des amerikanischen Angebots, über das ich ihn anläßlich unseres Telefonats zum erstenmal informierte, beinahe mit Erleichterung reagierte. Ich bezweifle jetzt allmählich, daß es wirklich ein so kleines Land ist, das hinter seinem Angebot steht. Da ich mich für morgen nachmittag mit Limbourg und Renard verabredet habe, wäre es mir sehr lieb, sie könnten schon im Laufe des Vormittags hier eintreffen. Sie haben von Nizza nach Mailand günstige Flugverbindungen. Versäumen Sie es aber nicht, Signor Schimazek mitzubringen.«

»Wozu?« fragte ich. »Sie haben Mr. Thorn doch sicher schon Einblick in meinen Vertrag mit ihm gegeben?«

»Es handelt sich dabei auch nicht um den Vertrag. Die Herren wollen sich persönlich davon vergewissern, daß Signor Schimazek das Spiel in Madrid gut überstanden hat. Sie scheinen deshalb beunruhigt zu sein.«

»Dann bringe ich ihn mit«, sagte ich. »Sagen Sie den Herren, daß sie unbesorgt sein können. Wir brauchen Hotelzimmer für acht Personen. Ich möchte aber nicht, daß wir dort den gleichen Presserummel erleben wie in Nizza, Signor Ceroli. Sagen Sie der Hotelleitung, daß wir Wert darauf legen, unbekannt zu bleiben, andernfalls ziehen wir umgehend wieder aus. Auch möchte ich nicht, daß der Grund unseres Aufenthalts bekannt wird. Können Sie uns ein Hotel empfehlen?«

»Ich werde Sie im ›Milano Hilton‹ unterbringen«, sagte er. »Mit dem Direktor bin ich persönlich bekannt. Ich werde alles für Sie vorbereiten, Signorina.« Er lachte. »Reisen Sie immer in so großer Gefolgschaft?«

»Neuerdings sogar in noch größerer, als mir lieb ist«, sagte ich und beendete das Gespräch.

Jochen fragte: »Worum ging es?«

»Das möchte ich dir unter vier Augen sagen«, antwortete ich. »Schick Piera für ein paar Minuten hinaus.«

»Das ist unmöglich. Sie wäre tödlich beleidigt.«

Ich richtete das Wort an Piera: »Ich habe einige geschäftliche Dinge mit Jochen zu besprechen, die nur ihn und mich betreffen. Würden Sie uns so lange allein lassen?«

Ihr Gesicht rötete sich vor Ärger. »Das soll er mir selbst sagen. Ich lasse mich von Ihnen nicht aus meinem Zimmer schicken.«

Ich sagte kühl: »Es wäre nur dann Ihr Zimmer, wenn Sie es auch bezahlten.« Zu Jochen sagte ich. »Ich habe keine Zeit, mich lange mit ihr auseinanderzusetzen. Wenn es dich interessiert, worüber ich mit Ceroli gesprochen habe, dann komm ein Stockwerk tiefer in Feuersteins Zimmer. Ich warte dort auf dich.«

Er richtete sich rasch auf. »Seit wann wohnt der wieder hier?«

»Seit heute. Er hat herausgefunden, daß gestern eine achtköpfige Reisegruppe aus der DDR hier abgestiegen ist. Ob das wirklich nur eine harmlose Reisegruppe ist, möchte ich bezweifeln.«

Er wurde kreideweiß. »Davon wußte ich ja gar nichts. Wieso hat Pellico mir noch nichts davon erzählt?«

»Wieso hätte er dir das erzählen sollen? Er hat ja keine Ahnung davon, daß sie auch aus der DDR hinter uns her sind. Daß ich von ihrer Anwesenheit erfahren habe, verdanken wir Feuerstein. Du kannst froh sein, daß er wieder hier wohnt. Wo steckt Pellico? Ich habe ihn, als ich herunterkam, nicht gesehen?«

Er stieg hastig aus dem Bett und griff nach seiner Hose. »Ich komme mit dir. Pellico habe ich, als wir eintrafen, zum Essen weggeschickt. Piera und ich haben schon im Flugzeug gegessen. Ich ziehe hier sofort aus und komme mit in dein Hotel.«

»Darüber unterhalten wir uns bei Feuerstein«, sagte ich.

Weil ich nicht darauf geachtet hatte, welche Zimmernummer dieser hatte, wartete ich, bis Jochen angezogen war. Als ich einmal zu Piera hinschaute, saß sie in einem Sessel und blickte mich mit einem Ausdruck unversöhnlichen Hasses an. Ich kümmerte mich nicht länger um sie.

Feuerstein hatte in seinem Zimmer auf mich gewartet. Er nickte Jochen nur zu und sagte: »Er scheint ja noch einigermaßen in Ordnung zu sein. Wozu bringst du ihn hierher?«

»Ich habe mit ihm zu reden und wollte es nicht in Pieras Gegenwart tun. In die Hotelhalle können wir auch nicht; es wimmelt unten von Zeitungsleuten. Ich habe ihm von der Reisegruppe erzählt. Er will nicht länger hierbleiben und mit in mein Hotel kommen. Was meinst du dazu?«

»Daß es besser für ihn ist, wenn er im ›Westminster‹ wohnen bleibt. Hier ist er im Augenblick sicherer aufgehoben als im ›La Malmaison‹.«

»Du hast es gehört«, sagte ich zu Jochen. »Wenn sie sehen, daß du das Hotel verläßt, werden sie uns folgen. Wir sind auch nur noch diese eine Nacht hier. Morgen fliegen wir nach Mailand. Ceroli erwartet uns.«

»Störe ich?« fragte Feuerstein.

Ich schüttelte den Kopf. »Du fliegst ja auch mit und mußt deshalb wissen, worum es sich handelt. Wir sollen schon morgen vormittag dort sein. Du könntest mit der Rezeption telefonieren; wir brauchen fünf Plätze. Sie sollen sich mit dem Flughafen in Verbindung setzen.«

Er blickte mich verwundert an. »Wozu fünf Plätze?«

»Für uns drei, Piera und Claudine.«

»Mich kannst du vergessen«, sagte er. »Ich komme nicht mit.«

Ich fragte ruhig: »Ist das dein letztes Wort, Rudolf?«

»Tut mir leid«, sagte er.

»Mir auch«, sagte ich und richtete das Wort wieder an Jochen: »Du mußt noch Pellico Bescheid sagen. Er und seine Männer sollen mit ihrem Wagen nach Mailand fahren und auch den Pininfarina mitnehmen. Sie sollen sich im ›Milano Hilton‹ zwei Zimmer nehmen und dort auf uns warten, bis wir von Dr. Ceroli zurückkommen. Hier sind die Wagenpapiere und die Autoschlüssel für ihn. Pellico kennt den Wagen. Er ist in Rom schon einmal mit ihm gefahren.« Ich beobachtete, wie Feuerstein zum Telefon trat. Als er den Hörer abhob, sagte ich: »Hör zu, Jochen. Ich werde dir morgen im Flugzeug alles ausführlich erklären. Bei der Sache, über die ich mit Ceroli gesprochen habe, geht es um fünfzig Millionen Dollar. Wenn wir etwas Glück haben, können wir schon morgen die Verträge unterschreiben. Weißt du, wieviel das in D-Mark ist?«

Er setzte sich mir gegenüber und sagte: »Nein. Weißt du es?«

»Genau auch nicht, aber ich schätze über hundertfünfzig Millionen. Ich wollte dir das nicht in Pieras Gegenwart sagen. Hast du Lust, in einer Woche nach Amerika zu fliegen?«

Er blickte mich eine kleine Weile staunend an. Dann beugte er sich zu mir herüber, griff nach meinen Händen und sagte: »Für hundertfünfzig Millionen fliege ich überall mit dir hin, Marianne.«

»Für dich sind es nur fünfundsiebzig«, erinnerte ich ihn. »Dafür müssen wir fünf Jahre in Amerika bleiben. Zu den Spielen für Galilei ist es dann eben erforderlich, daß du jedesmal nach Europa fliegst. Bei diesen Flügen werde ich dich begleiten, damit du nicht allein bist. Oder hast du vor, Piera auch mit nach Amerika zu nehmen?«

Er schüttelte den Kopf. »Nach Amerika auf keinen Fall. Ich bin froh, wenn ich sie auf diese Weise loswerde. Es ist auch nicht erforderlich, daß wir sie mit nach Mailand nehmen.«

»Du kannst sie hier nicht so einfach sitzenlassen«, sagte ich.

Feuerstein kam vom Telefon zurück; er sagte: »Sie erkundigen sich und rufen uns an. Ich habe da mit einem Ohr etwas von hundertfünfzig Millionen und von einer Reise nach Amerika mitbekommen. Wann findet sie statt?«

»In einer Woche«, antwortete ich. Und zu Jochen, der noch immer meine Hände festhielt, sagte ich: »Ich muß in mein Hotel zurück. Feuerstein wird mich hinbringen. Es ist besser, du gehst jetzt wieder zu Piera hinunter. Vergiß nicht, Pellico zu unterrichten. Vielleicht brauchen wir ihn in Mailand noch; er und seine Männer müssen sehr früh von hier losfahren.«

»Hundertfünfzig Millionen!« Er schüttelte, als verstünde er jetzt erst, um welchen Betrag es sich dabei handelte, wieder den Kopf. »Die müssen den Verstand verloren haben, Marianne!«

»Wieso?« fragte ich. »Hast du dich nicht schon selbst immer so hoch eingeschätzt?«

»Ich mich schon. Ich frage mich nur, ob Galilei damit einverstanden ist. Wenn ich dann auch noch die Spiele für den Europapokal mitmachen . . .«

»Die rede ich ihm aus«, warf ich ein. »Nach allem, was heute in Madrid passiert ist, wird er vielleicht froh sein, wenn du freiwillig auf eine zusätzliche Aufstellung verzichtest. Das werden wir in Mailand alles klären. Dort haben wir es auch wieder mit Ardigo zu tun und finden sicher auch einen guten Arzt für dich.« Ich zog meine Hände zurück und stand auf. »Ich rufe dich an, sobald wir wissen, wann die Maschine fliegt. Du warst heute wieder großartig, Jochen. Ich bin froh, daß dir nichts Schlimmeres passiert ist. In Spanien wirst du jedenfalls nicht mehr auftreten. Dafür sorge ich.«

Er nickte. »Sie verdienen mich in Europa wirklich nicht, Marianne. Das mußt du doch selbst zugeben?«

»Ja«, sagte ich. »Sie verdienen dich nicht.«

An der Tür küßte er mich. Mir fiel auf, daß er sich ein paar Augenblicke lang wie haltsuchend an mir festhielt.

Ich kehrte zu Feuerstein zurück und fragte: »Darf ich telefonieren?«

»Dumme Frage«, brummte er.

Claudine meldete sich sofort. Ich sagte: »Es wird spät. Warte nicht auf mich. Morgen früh fliegen wir nach Mailand. Du kannst schon meine Sachen packen. Nur das Waschzeug nicht; das brauche ich noch. Wurde für mich angerufen?«

»Nein, Madame. Ich werde auf Sie warten, auch wenn es spät wird. Ich war noch nie in Italien. Ich freue mich sehr darauf.«

»Dann bis später«, sagte ich und legte auf. Es enttäuschte mich, daß Belloni noch nicht angerufen hatte, aber sicher hatte er noch kein passendes Quartier gefunden. Ich nahm mir vor, bei unserer Abreise an der Rezeption Cerolis Rufnummer für ihn zu hinterlassen.

Feuerstein fragte: »Wieso braucht Schimazek in Mailand einen Arzt? Hat er etwas Ernsthaftes abbekommen?«

»Anscheinend eine leichte Gehirnerschütterung. Er hat eine Beule am Hinterkopf.« Ich setzte mich zu ihm und blickte in sein Gesicht. »Ich hatte mir gewünscht, du kommst mit nach Mailand. Was kann ich dir jetzt noch sagen? Daß du auch mit nach Amerika kommen sollst?«

»Willst du mir das sagen?«

»Ich weiß nicht mehr, was ich dir sagen soll. Als wir uns zuletzt darüber unterhielten, wußte ich noch nicht, daß ich schon so früh nach Amerika fliegen werde. Vielleicht fliege ich sogar schon früher. Mich hält in Europa nichts mehr. Wenn mein Vater Lust hat, lasse ich ihn nachkommen.«

Das Telefon läutete; ich ließ es von Feuerstein abnehmen. Er fragte: »Sieben Uhr fünfundvierzig; ist dir das zu früh?«

»Nein. Haben sie noch vier Plätze?«

»In der regulären Linienmaschine.«

»Dann laß' sie für uns reservieren.«

Während er telefonierte, trat ich auf den Balkon hinaus. Die Sonne stand schon tief über dem Meer und färbte es rot. Als Feuerstein an meine Seite kam, sagte ich: »Es tut mir leid, Rudolf, aber es hätte keinen Sinn. Ich werde nicht nur meinen Vater, sondern auch Belloni und seine Familie nachkommen lassen.«

Er nickte. »Das dachte ich mir. Und Claudine wirst du natürlich auch mitnehmen?«

»Ja. Wenn ich eine Sache anfange, dann führe ich sie auch zu Ende.«

»Bei mir tust du das nicht.«

Ich wandte ihm das Gesicht zu. »Mit dir habe ich auch nichts angefangen, Rudolf. Das war immer nur eine Sache auf Zeit. Du hast deine Frau und deinen Beruf. Ich sehe nicht, was ich für dich noch tun könnte. Ich würde mich für das, was du für mich getan hast, gerne erkenntlich zeigen. Aber darüber läßt du ja nicht mit dir reden.«

»Über zwei Millionen?« fragte er.

»Willst du sie haben?« fragte ich ruhig.

»Was ich haben will, darüber haben wir schon gesprochen. Ich spreche gut Englisch und traue mir zu, auch in Amerika einen Job zu finden. Wenn du jedoch Belloni mitnimmst, bin ich nicht interessiert.«

»Das ist kein Thema zwischen uns, Rudolf.«

Er nickte. »Das wußte ich. Ich weiß zwar nicht, wie er das bei dir geschafft hat, aber ich kann es mir denken.«

»Du siehst das falsch, Rudolf«, sagte ich unverändert ruhig. »Ich war mir früher nie darüber schlüssig, was ich eigentlich wollte. Jedenfalls keine Ehe mit einem Mann, der mich als sein Eigentum betrachtete. Ich suchte nach einer anderen Form des Zusammenlebens, wußte aber nicht, wie sie aussehen müßte. Seit ich Belloni kenne, weiß ich es. Ich erwarte von dir nicht, daß du es verstehst. Da wir aber nun schon einmal über Geld gesprochen haben . . .«

Er ließ mich nicht ausreden: »Ich habe dir schon mal gesagt, daß ich auf dein Geld scheiße. Einen Belloni und eine kleine Nutte wie Claudine kannst du damit kaufen; mich nicht. Vielleicht besorgen sie es dir für dein Scheißgeld besser als ich.«

Ich kehrte ins Zimmer zurück und griff nach meiner Handtasche. Er kam mir sofort nach und fragte: »Was hast du vor?«

»In mein Hotel gehen. Es ist nicht nötig, daß du mich begleitest. Du hast mir eben sehr wehgetan. Es beweist mir aber wieder einmal mehr, wie wenig wir beide zusammenpassen. Ich bin dir für alles sehr dankbar, Rudolf, aber mehr war es zu keiner Stunde.«

Er blickte mich eine Weile schweigend an. Schließlich fragte er: »Dann ist das jetzt also dein Abschied?«

»Es schmerzt mich genauso wie dich.« Ich trat zu ihm hin, küßte ihn und verließ dann rasch das Zimmer.

In der Hotelhalle warteten noch immer zwei oder drei Dutzend Journalisten; mir war unerfindlich, worauf sie noch warteten. Mit Schimazek konnten sie heute abend nicht mehr rechnen. Einige hatten mich erkannt, ich hörte, wie sie sich gegenseitig meinen Namen zuriefen und mir nachgelaufen kamen. Vor dem Hotel stand ein Taxi. Ich stieg rasch hinein. Der Fahrer sagte: »Das Taxi ist reserviert, Madame.«

Ich nahm einen Hundert-Francs-Schein aus der Handtasche, legte ihn auf den Beifahrersitz und sagte: »Zum ›La Malmaison‹.«

Er fuhr sofort los.

Mir war wieder einmal übel. Ich zündete mir eine Zigarette an und sah aus dem Heckfenster. Der Mann am Lenkrad des Wagens hinter uns war Dreher; ich erkannte ihn sofort. Er saß nicht allein im Wagen, aber so genau schaute ich nicht hin. Ich sah ihn wieder, als ich schon im Hotel war und mich am Lift noch einmal umdrehte. Er beobachtete mich von der Tür aus.

Claudine begrüßte mich, über mein frühes Eintreffen sichtlich erfreut. Ich schloß die Tür hinter mir ab und fragte: »Hast du schon gegessen?«

»Nein, Madame. Ich wollte auf Sie warten.«

»Dann bestell nachher auch für mich etwas«, sagte ich und griff zum Telefon. Ich verlangte das ›Westminster‹. Jochen war sofort am Apparat. Ich informierte ihn über die Abflugzeit und vereinbarte mit ihm, daß er und Piera mich gegen halb sieben im ›La Malmaison‹ abholten.

»Bring auch Pellico mit«, sagte ich. »Er soll uns noch bis zum Flughafen begleiten und erst dann nach Mailand fahren.«

»Ist etwas passiert?« fragte er mit besorgt klingender Stimme. Ich sagte: »Nein. Ich bin nur vorsichtig. Wie geht es dir?«

»Gut«, antwortete er. »Ich bin völlig in Ordnung.«

»Dann leg dich zeitig schlafen«, sagte ich. »Bis morgen früh, Jochen.« Danach ließ ich eine Verbindung mit dem Flughafen herstellen. Ich erfuhr, daß in der Maschine nach Mailand noch acht Plätze frei waren. Ich belegte sie alle auf meinen Namen und hatte anschließend mit Claudine ein kleines Gespräch darüber, weshalb wir, zu den bereits bestellten, noch zusätzlich acht Plätze brauchten. »Ich möchte nicht, daß Journalisten oder andere neugierige Leute mitfliegen«, sagte ich. »Bestell uns jetzt das Essen. Etwas, worauf auch du Appetit hast.«

Ich trat auf den Balkon hinaus und blickte auf die Straße hinab. Drehers Wagen konnte ich nicht entdecken, ihn selbst auch nicht. Vielleicht hatte er sich schon ein Zimmer genommen. Morgen früh am Flughafen würde ich ihn endgültig loswerden. Auch wenn er unser Reiseziel herausfände, so war ihm damit doch nicht viel geholfen. Die Maschine war jetzt ausgebucht, und Mailand war eine große Stadt.

Mein Abschied von Feuerstein ging mir nicht aus dem Kopf. Claudine kam zu mir und sagte: »Ich habe zwei Portionen Ardenner Schinken und . . .« Sie brach ab und rief bestürzt: »Sie weinen ja, Madame!«

»Das passiert mir öfter«, sagte ich.

Ceroli hatte schon alles vorbereitet. Wir brauchten die Verträge bei ihm nur noch einzusehen und anschließend in seiner Begleitung zu dem mit ihm befreundeten Notar zu fahren, wo die restlichen Formalitäten innerhalb einer halben Stunde erledigt waren. Ich hatte Jochen empfohlen, sich vor der Unterzeichnung der Verträge auf kein Gespräch mit Thorn, Miller und ihren beiden Anwälten einzulassen. Da sie nicht Deutsch sprachen, ergab sich auch keine Gelegenheit dazu. Es lief alles so unfeierlich ab wie bei einer Ehescheidung. Nur daß dort im allgemeinen keine Schecks der City Bank in New York über zwanzig Millionen Dollar überreicht werden. Thorn und Miller luden uns und Ceroli dann zum Mittagessen in ein Restaurant ein. Auch die beiden Anwälte kamen mit. Beim Essen besprachen wir noch einige Einzelheiten über unsere künftige Zusammenarbeit. Dabei wurde mir ersichtlich, daß Thorns Gespräche mit seinen verschiedenen Auftraggebern bereits zu sehr konkreten Inhalten geführt hatten, denn er stellte uns für unseren ersten Besuch in New York nicht nur die Begegnung mit einigen Spitzenfunktionären des amerikanischen Fußballverbandes und der Wirtschaft, sondern auch Gespräche mit Filmproduzenten und Regisseuren, Drehbuchautoren und Fernsehgewaltigen in Aussicht. Meine mehr beläufig eingebrachte Absichtserklärung, uns nicht nur auf einen kurzen Besuch in Amerika zu beschränken, sondern dort unser festes Domizil aufzuschlagen und Jochens europäischen Verpflichtungen auf dem Wege kurzer Gastspielreisen nachzukommen, löste bei Thorn ebenso wie bei Miller und den beiden New Yorker

Anwälten freudige Überraschung aus. Ich begründete unseren Entschluß mit den Problemen, die wir seit Jochens erstem Auftritt in Italien hatten und die für die vorgesehenen Gespräche mit den Drehbuchautoren von besonderem Interesse sein dürften. Obwohl Thorn und Miller begierig darauf waren, diesmal etwas Näheres darüber zu erfahren, beließ ich es wieder bei vagen Andeutungen und vertröstete sie mit unserer baldigen Ankunft in New York. Über ihre Erlebnisse und Eindrücke im Bernabeu-Stadion hatten wir uns bereits zu Beginn unserer Gespräche unterhalten. Mit Rücksicht darauf, daß sie noch am gleichen Abend mit Ceroli verabredet gewesen waren, hatten sie das Stadion schon vor Abbruch des Spiels verlassen, so daß sie von den nachfolgenden Ereignissen nichts mitbekommen hatten. Auch ihre mitgebrachten Fernsehteams hatten sich bei Beginn der Tumulte noch rechtzeitig aus dem Stadion entfernen können. Über Jochens Rolle bei dem Spiel wurde nur wenig gesprochen. Da Thorn und Miller ihn schon bei dem Spiel gegen Frankreich erlebt hatten, waren sie bereits in etwa darauf vorbereitet gewesen, was sie in Madrid erwartete. Die beiden Anwälte erzählten mir übereinstimmend, sich, wie die meisten Amerikaner, noch nie ernsthaft für den europäischen Fußball interessiert zu haben, aber nun, da sie Schimazek im Tor erlebt hätten, seien sie davon überzeugt, daß allein schon seine Anwesenheit in den USA ein ähnliches Fußballfieber auslösen könnte, wie es in Ländern Südamerikas schon seit langem vorherrsche. Auch Ceroli vertrat die Ansicht, daß Schimazeks kometenhaftes Erscheinen am internationalen Fußballhimmel ein zuvor unvorstellbares Interesse am Fußball auch bei jenen Teilen der italienischen Bevölkerung ausgelöst habe, die bisher dieser Sportart gleichgültig gegenüberstanden. Selbst seine Frau, die sich aus Sport überhaupt nichts mache, ließe sich neuerdings keine Fernsehsendung mehr entgehen, in der über Schimazek etwas berichtet oder ein Spiel, bei dem er mitwirkte, übertragen wurde. Merkwürdigerweise nahmen weder er noch unsere amerikanischen Besucher die blutigen Ereignisse in Madrid allzu tragisch. Thorn vertrat sogar die Auffassung, daß es sich dabei um zwangsläufige Begleiterscheinungen jedes, die menschliche Vernunft überfordernden Phänomens handle, wobei er auch auf Hitler zu sprechen kam, was mir nicht recht einleuchtete. Ich selbst hatte mich an Jochens irrationale Fähigkeiten bereits so sehr gewöhnt, daß ich es längst aufgegeben hatte, mich noch darüber zu wundern. Um so nachhaltiger beeindruckte mich die offensichtliche Faszination, die Jochen selbst auf so nüchtern denkende Geschäftsleute wie Thorn, Miller und die beiden Anwälte es waren, ausübte. Ihre Art, ihn anzusehen und mit ihm zu reden, drückte so viel Respekt und Bewunderung aus, daß mir der Gedanke kam, sie hätten vielleicht auch vierzig Millionen bezahlt, wenn ich sie nur verlangt hätte.

Thorn hatte bereits die Rechnung für das Essen beglichen, als er noch auf unseren für den Nachmittag vorgesehenen Vertragsabschluß über die Weltmeisterschaftsspiele zu sprechen kam. Er sagte, daß unsere Forderung, sie aus dem Vertrag auszuklammern, der schwierigste Verhandlungspunkt mit seinen Auftraggebern gewesen sei, weil man beim amerikanischen Fußballverband für diesen Wunsch kein Verständnis gehabt habe. Nur die ungewöhnliche Höhe des uns vorliegenden Angebots habe schließlich von seiten des Verbandes zu diesem Zugeständnis geführt. Er sagte: »Sie müssen wissen, was Sie tun, Miß Neumann, aber Mr. Miller ebenso wie unsere Anwälte stimmen mit mir überein, daß Sie damit ein nicht unbeträchtliches Risiko eingehen. Mit einem Verband abzuschließen, der Ihnen gar nicht bekannt ist, setzt ein hohes Maß von Vertrauen voraus. Ich sehe nicht, womit Sie es begründen wollen.«

Ich lächelte. »Finden Sie nicht, daß dreißig Millionen Dollar eine recht plausible Begründung sind? Mr. Ceroli hat eine neue Theorie. Ich weiß nicht, ob er Sie schon darüber unterrichtet hat.«

Thorn nickte. »Die Iraner, aber daran glaube ich nicht. Ich tippe unverändert auf die Russen. Daß es sich um ein kleines Land handeln soll, ist sicher nur ein Trick, um Sie überhaupt dahin zu bringen, den Vertrag abzuschließen. Ich könnte mir denken, daß Mr. Schimazek keine sehr freundlichen Gefühle für dieses Land hegt, und die Sowjets wissen das natürlich auch.«

Ceroli widersprach ihm: »Ich habe von Mr. Limbourg die ausdrückliche Versicherung, daß es sich um kein Ostblockland handelt, Mr. Thorn. Sollte dies trotzdem der Fall sein, so ist der Vertrag ungültig. Miß Neumann wäre dann nicht einmal zur Rückzahlung des Geldes verpflichtet.« Er blickte auf seine Armbanduhr und sagte zu mir: »Wir sind in zwei Stunden mit Monsieur Limbourg und Monsieur Renard verabredet. Vielleicht wollen Sie vorher noch einmal in Ihr Hotel zurück. Ich fahre Sie selbstverständlich hin.«

Ich stand auf. »Das ist eine gute Idee.«

Wir verblieben dann in der Weise, daß ich Thorn und Miller zusicherte, mich innerhalb der nächsten Tage telefonisch mit ihnen in Verbindung zu setzen und sie von dem genauen Termin unseres Eintreffens zu verständigen. Da sie noch am gleichen Tag nach New York zurückfliegen wollten, verabschiedeten wir uns vor dem Restaurant von ihnen. Während wir dann in Cerolis Wagen zu unserem Hotel fuhren, erzählte ich Jochen all das, was er von unseren Gesprächen nicht verstanden hatte. Er sagte: »Ich glaube auch nicht, daß die Russen hinter diesem Angebot stecken, Marianne. Gegen den Iran habe ich nichts. Wie ist das eigentlich mit Amerika? Brauchen wir da nicht ein Einreisevisum?«

Ich unterhielt mich mit Ceroli darüber. Er sagte: »Mr. Thorn hat beim hiesigen amerikanischen Konsulat bereits alles für Sie in die Wege geleitet, Signorina. Sie brauchen mir zwei oder drei Tage vor Ihrem Abflug nur noch Ihre Reisepässe zu geben. Mein Büro wird die Formalitäten für Sie erledigen.«

Damit war auch Jochen einverstanden. Obwohl er sich bei unseren bisherigen Gesprächen sehr gut gehalten hatte, machte ich mir seinetwegen Sorgen. Ich fand, daß er sehr blaß aussah. Schon während des Flugs von Nizza nach Mailand waren seine Kopfschmerzen stärker geworden. Einmal hatte er mit dem Kopf an meiner Schulter gelegen und sich darüber beklagt, mich und die anderen Fluggäste nur ganz undeutlich zu sehen. Als wir dann aber aus dem Flugzeug gestiegen waren, hatte er jedoch, außer leichten Kopfschmerzen, keine Beschwerden mehr verspürt. Damit Thorn und Miller das Pflaster an seinem Hinterkopf nicht auffiel, hatte ich ihm noch im Hotel die Haare darübergekämmt, so daß es nicht zu sehen war.

Ceroli hatte uns in einem sehr luxuriösen Hotel in der Via Galvani untergebracht. Bis jetzt hatte es mit unserem Inkognito vorzüglich geklappt. Damit wir an der Rezeption von keinen Gästen erkannt wurden, hatte uns der Hoteldirektor, ein Italiener französischer Herkunft, von der Tiefgarage aus mit dem Aufzug persönlich in unsere Zimmer begleitet. Daß es sich dabei um zwei Suiten mit einem großen, modern ausgestatteten Wohnraum und einem kaum minder großen Schlafzimmer handelte, war zu erwarten gewesen. Auch für Pellico und seine Männer waren zwei schöne Doppelzimmer reserviert. Sie waren, als wir uns in der Tiefgarage von Ceroli verabschiedeten, bereits im Hotel eingetroffen; ich sah meinen Pininfarina unmittelbar neben dem Aufzug stehen. Da Jochen sicher schon ungeduldig von Piera erwartet wurde, vereinbarte ich noch in der Tiefgarage mit ihm, daß Pellico uns zu der vereinbarten Zeit zu Ceroli fahren solle. Feuersteins plötzliche Abreise, die ich Jochen mit einem Rückruf durch seine Dienststelle erklärt hatte, war von ihm mit offensichtlicher Genugtuung zur Kenntnis genommen worden. Vermutlich hatte er in ihm die eigentliche Ursache für seine mißglückten Annäherungsversuche der jüngeren Vergangenheit gesehen. Da wir heute morgen auf der Fahrt zum Flughafen keine Verfolger hinter uns feststellen konnten, neigte er ohnehin bereits wieder der Ansicht zu, daß es sich bei der Reisegruppe aus der DDR doch nur um harmlose Touristen handle, so daß ich Feuerstein auch gar nicht mehr brauchte. Obwohl ich seine Meinung nicht teilte, fühlte auch ich mich durch den Umstand, daß ich Dreher weder im Hotel noch am Flughafen zu Gesicht bekommen hatte, einigermaßen beruhigt. Für Claudines Anwesenheit gab ich Jochen meinen Wunsch nach einem Mädchen an, das sich bei unseren vorgesehenen vielen Reisen um meine und auch um seine Garderobe kümmerte. Ich erzählte ihm, daß ich in Nizza, wo sie eine Stellung als Hausmädchen suchte, zufällig auf sie gestoßen sei. Da er sie schon einmal zusammen mit Feuerstein in einem Taxi hatte sitzen sehen, war sie ihm auch nicht mehr völlig unbekannt. Von Piera wurde sie, aus welchen Gründen auch immer, vom ersten Augenblick an geschnitten. Sie hatte ihr nicht einmal die Hand gegeben. So wunderte es mich auch nicht, daß sie das Mittagessen im Speisesaal während unserer Abwesenheit getrennt eingenommen hatten.

Ich erfuhr es von Claudine, als ich kurze Zeit später in mein Zimmer kam. Sie sagte: »Als sie mich an dem für uns reservierten Tisch sitzen sah, drehte sie mir den Rücken zu und nahm an einem anderen Platz. Ich verstehe gar nicht, was sie gegen mich hat, Madame. Ich habe ihr doch nichts getan.«

»Vielleicht sieht sie in dir eine künftige Nebenbuhlerin«, sagte ich. »Schimazek scheinst du jedenfalls zu gefallen; das wird auch Piera nicht entgangen sein. Künftig läßt du dir das Essen aufs Zimmer bringen.«

Um mich vor unserem nächsten Treffen mit Ceroli noch etwas frisch zu machen, ging ich ins Bad. Ich stand noch unter der Dusche, als

Claudine an die Tür klopfte und mir ein Ferngespräch meldete. Ich dachte sofort an Belloni, der vielleicht bei Ceroli angerufen und von ihm das Hotel erfahren hatte. Ich schlang mir ein Badetuch um die Hüften, rannte ins Zimmer und ließ mir von Claudine den Hörer geben. Es war aber nicht Belloni, sondern Emilio. Ich mußte mich auch diesmal erst darauf besinnen, wer Emilio war, und fragte dann, mit vor Überraschung rauh klingender Stimme: »Woher weißt du, daß ich in Mailand bin?«

»Das wissen noch andere Leute außer mir«, antwortete er. »Wie geht es dir? Ich habe oft an dich gedacht.«

»Ich auch an dich«, antwortete ich, weil mir im Moment nichts Besseres einfiel. Ich setzte mich auf das Bett und bat Claudine, mir eine Zigarette anzuzünden. Emilio sagte: »Niemand darf wissen, daß ich dich anrufe, Marianne. Kann ich mich darauf verlassen?«

»Du hast dich auch schon in Nizza auf mich verlassen können«, antwortete ich. »Lebst du noch immer in diesem Wohnwagen?«

Er lachte leise. »Nein, ich rufe dich aus Zürich an. Der Wohnwagen ist schon lange wieder bei seinem Besitzer. Dein Einfall mit der Pistolenkugel in der Tür hat mir sehr geholfen. Man hat mir jedes Wort geglaubt.«

»Ich könnte notfalls ja auch beschwören, daß es so war«, sagte ich. Und weil ich nicht wollte, daß Claudine verstehen konnte, was ich sagte, fragte ich auf deutsch: »Können wir uns auch so unterhalten? Ich habe einen Zuhörer hier.«

»Du kannst dich auch auf mexikanisch mit mir unterhalten«, antwortete er. »Hört Schimazek zu?«

»Nein. Eine Freundin. Ich begreife nicht, wie du erfahren hast, daß ich in Mailand bin und in welchem Hotel.«

»Wenn Schimazek in Nizza eure Adresse hinterläßt, wohin man euch die Post nachsenden soll, darf dich das nicht wundern.«

»Aber wir haben sie doch nur im ›Westminster‹ . . .« Ich brach ab und sagte: »Verflucht.«

Seine Stimme klang unvermittelt ernst: »Eigentlich betrifft das, was ich dir sagen möchte, auch nur Schimazek, aber solange du dich in seiner Nähe aufhältst, bist du genauso gefährdet wie er. Ich weiß nicht genau, was läuft und wie es geplant ist, aber man will ihn nach den Ereignissen in Madrid jetzt unbedingt aus dem Verkehr ziehen. Wenn ich dir einen Rat geben darf, dann verständige umgehend Galilei davon, daß ihr euch wegen der Geschehnisse in Madrid freiwillig aus dem Geschäft zurückzieht und Schimazek auf jede künftige Teilnahme an internationalen Turnieren . . .«

»Das geht nicht«, fiel ich ihm ins Wort.» Wir haben erst heute wieder einen Vertrag abgeschlossen.«

»Mit wem?«

»Darüber möchte ich nicht sprechen«, sagte ich. »Wenn Galilei damit einverstanden ist, werde ich Schimazek dazu überreden, sich an keinen weiteren Spielen für die Europameisterschaft mehr zu beteiligen.«

»Galilei wird einverstanden sein«, fiel er mir ins Wort. »Es geht aber nicht nur um die Europameisterschaft. Er darf überhaupt nicht mehr spielen, Marianne. Er muß eine öffentliche Erklärung abgeben, daß er sich völlig vom Fußball zurückzieht, und er muß das möglichst noch heute tun. Schließ' um Gottes willen keine weiteren Verträge mehr ab, und wenn du schon welche abgeschlossen hast, dann mußt du sie sofort annullieren. Ich betone noch einmal: Mir geht es um dich und nicht um Schimazek. Was aus ihm wird, ist mir persönlich gleichgültig. Solange du aber Verträge für ihn abschließt, bist du genauso gefährdet wie er. Man sieht hier einfach keinen anderen Weg mehr, weil man davon überzeugt ist, daß ein Gespräch mit Schimazek über einen freiwilligen Verzicht zu keinem Ergebnis führt.«

»Wenn man ihm eine angemessene Abfindung . . .«

Emilio ließ mich auch diesmal nicht aussprechen: »Wer soll das bezahlen, Marianne? Die Leute hier, die für die Europa- und Weltmeisterschaftsspiele zuständig sind, verfügen über solche Mittel nicht. Es wurde bereits versucht, mit den angeschlossenen Verbänden über eine Beteiligung an einer Abfindungssumme Gespräche aufzunehmen, aber bis zur Stunde trafen nur Absagen ein. Galilei und der italienische Verband wären zwar bereit, Schimazek freizugeben, sie befürchten aber, daß es dann zu Massenaustritten ihrer Mitglieder kommt. Ein solcher Schritt könnte nur von euch ausgehen. Immer vorausgesetzt, ihr schließt dann keine neuen Verträge mit anderen Vereinen oder Verbänden ab. Paß auf, Marianne, ich telefoniere von einem öffentlichen Münzfernsprecher aus. Die Zeit ist abgelaufen, und ich habe keine Geldstücke mehr bei mir. Es geht mir wirklich nur um dich. Wenn das, was ich befürchte, geschieht, darf es keine Augenzeugen geben. Dich müßte man sonst genauso ausschalten wie Schimazek. Ich rate dir noch einmal, sofort eine Verzichtserklärung . . .«

Ich fiel ihm erregt dazwischen: »Was heißt hier: Ausschalten und Augenzeugen? Will man uns etwa umbringen lassen?«

»Natürlich nicht. Da gibt es bessere Möglichkeiten. Von den Leuten, mit denen ich es zu tun habe, wird sich bei dieser Sache keiner die Finger schmutzig machen. Auch Galilei nicht. Das überläßt man anderen, die ein ganz persönliches Interesse an Schimazek haben. Ich kann jetzt wirklich nicht weiterreden, Marianne. Ich habe dir schon viel zu viel gesagt. Wenn es herauskommt, kostet es mich meine Stellung und noch einiges mehr.«

»Dann werde ich dafür sorgen, daß es dich nichts kostet«, sagte ich. »Ich muß darüber nachdenken, Emilio. Ich brauche zwei oder drei Tage Zeit.« – Er sagte ruhig: »Die kann ich dir nicht garantieren. Was sich hier tut, bekomme ich nur am Rande mit. Ich kann dir nur soviel sagen, daß seit gestern abend zwischen Zürich und Rom beinahe pausenlos telefoniert wird und daß man in Ardigos Anwesenheit mehrfach auch mit Spitzenfunktionären aus der DDR zusammentraf. Tu, was ich dir gesagt habe oder halte dich in den nächsten Tagen in deinem eigenen Interesse von Schimazek . . .«

Seine Stimme brach plötzlich ab. Gleich darauf war die Leitung tot. Ich behielt noch eine Weile den Hörer in der Hand. Dann wählte ich Cerolis Nummer.

Augenblicke später war er am Apparat. Ich sagte: »Ich habe es mir anders überlegt, Signor Ceroli. Sagen Sie Limbourg und Renard, daß wir nur abschließen, wenn wir wissen, wer Ihre Auftraggeber sind. Andernfalls verzichten wir.«

Er antwortete nicht sofort und dann mit: »Gedulden Sie sich bitte einen Augenblick. Ich muß das Gespräch auf einen anderen Apparat legen.« Es dauerte nicht lange, bis er sich wieder meldete; er fragte: »Haben Sie besondere Gründe, darauf zu bestehen, Signorina?«

»Ja«, sagte ich. »Mir ist nämlich eingefallen, daß es sich bei einem kleinen Land auch um Kuba oder um eine andere mit dem Ostblock sympathisierende Regierung handeln könnte.«

Er ließ sich auch diesmal mit der Antwort Zeit: »Ich glaube nicht, daß die Kubaner für Schimazek eine solche Summe ausgeben würden, Signorina. Schon gar nicht, wenn sie mit einem Scheck der Chase Manhattan Bank in New York bezahlt wird. Ich habe ihn bereits gesehen; er scheint in Ordnung zu sein. Wir werden das natürlich wieder überprüfen. Wissen Sie schon, wo Sie ihn einlösen werden?«

»In der Schweiz«, antwortete ich. »Daß sie das Geld haben und mit einer amerikanischen Bank zusammenarbeiten, hat nichts zu besagen. Das Geld könnte auch aus ganz anderen Quellen kommen.«

»Das ist richtig.« Er legte wieder eine kleine Pause ein. Dann sagte er: »Gut, Signorina, ich rede in dem von Ihnen gewünschten Sinne mit ihnen und werde Sie dann umgehend das Ergebnis wissen lassen. Übrigens wurde, während wir beim Essen waren, von einem Signor Belloni aus Marseille in meinem Büro angerufen. Er hat hier eine Adresse für Sie hinterlassen. Ich wollte es Ihnen erst später sagen, wenn Sie zu mir kommen. Oder ist der Anruf sehr wichtig?«

»Nein«, sagte ich. »Er ist nicht wichtig. Aber da Sie schon anrufen, kann ich mir die Adresse auch gleich aufschreiben. Ich nehme an, es handelt sich um Marseille?«

»Nein, Signorina: Um eine kleinere, in der Nähe von Marseille gelegene Stadt namens Allauch. Als Straße ist die Rue Cecile 15 angegeben. Ich melde mich also sofort wieder bei Ihnen.«

Ich nahm mein Notizbuch aus der Handtasche und schrieb die Adresse auf. Mein Blick fiel wieder auf Claudine. »Warum lächelst du?«

»Weil auch Sie lächeln, Madame. Diesmal muß es ein sehr gutes Gespräch gewesen sein. Ihr erstes Gespräch war kein gutes. Ich habe es Ihnen angesehen.«

»Du siehst mir schon viel zuviel an«, sagte ich und ging wieder ins Bad zurück. Als ich wenig später fertig angezogen zurückkam, meldete sich auch bereits Ceroli wieder, er sagte: »Meine Besucher stellen eine Bedingung, die Bestandteil des Vertrages werden soll, Signorina. Sie und Signor Schimazek verpflichten sich zu strengstem Stillschweigen über die Identität der Auftraggeber.«

»Das akzeptieren wir«, sagte ich.

»Dann bleiben Sie bitte am Apparat«, sagte Ceroli. Es dauerte dann aber einige Minuten, bis ich seine Stimme wieder hörte: »Entschuldigen Sie bitte, daß ich Sie warten lassen mußte. Wir haben ein kleines Problem. Sie können wählen zwischen Kuwait, Bahrain, Oman oder der Föderation Arabischer Emirate.«

»Wie bitte?« fragte ich.

Er lachte. »In einem dieser Länder ist Ihr Mäzen jedenfalls zu finden, Signorina. Ob es sich dabei um eine Regierung, um eine Einzelperson oder um mehrere Personen handelt, die sich zu einer Protektions-Gemeinschaft für eine national-arabische Fußballmannschaft zusammengeschlossen haben, wollen meine Besucher selbst nicht wissen. Sicher dürfte sein, daß der Entschluß, mit einer eigenen Fußballelf an die Weltöffentlichkeit zu treten, durch Signor Schimazek ausgelöst wurde. Ich könnte mir vorstellen, daß man bemüht sein wird, noch andere Spitzenspieler des internationalen Fußballs für die vorgesehene oder bereits schon vorhandene Mannschaft zu gewinnen. Für Sie ist es letztlich auch unwichtig, ob Sie mit einem Land wie Kuwait oder mit einem gemischten Konsortium abschließen. Sie haben es auf alle Fälle weder mit Kuba noch mit einem anderen östlich orientierten Land, sondern mit hochkarätigen Ölscheichs zu tun. Ich wäre Ihnen ein schlechter Anwalt, würde ich Ihnen jetzt noch davon abraten.«

»Wir sind in einer Stunde bei Ihnen«, sagte ich.

Gleich nach diesem Gespräch ließ ich eine Verbindung mit Pellico herstellen; er sagte: »Es ist gut, daß Sie mich anrufen, Signorina. Ich habe schon ein paarmal versucht, Sie und Signor Schimazek zu erreichen. Sie waren aber nicht im Hotel. Ich habe leider keine guten Nachrichten für Sie. Wir wurden vor einer halben Stunde von unserem Chef angerufen. Er verlangt, daß wir noch heute nach Rom zurückkommen. Einen Grund dafür hat er nicht genannt.«

Das war wirklich keine gute Nachricht; ich sagte verstört: »Dann werde ich ihn selbst danach fragen. Woher wußte er, daß Sie in Mailand sind?«

»Das mußte ich ihm vor unserer Abfahrt aus Nizza sagen, Signorina. Dazu sind wir verpflichtet. Wir können nicht ohne sein Wissen von einer Stadt in die andere fahren. Als ich ihn heute morgen vom ›Westminster‹ aus anrief, war er noch damit einverstanden, daß wir auch in Mailand den Schutz von Signor Schimazek übernehmen. Ich kann Ihnen seine Rufnummer geben; verlangen Sie Signor Pirelli.«

Ich schrieb mir die Nummer auf und sagte: »Kommen Sie zu mir. Ich kann Sie dann gleich vom Ergebnis meines Gespräches unterrichten.«

Mit der Verbindung nach Rom hatte ich Glück; eine Frauenstimme meldete sich. Als ich nach Pirelli fragte, wollte sie meinen Namen wissen und fragte dann: »Einen Moment, Signora.« Es dauerte aber viel länger als nur einen Moment; es war dann auch nicht Pirelli, dessen Stimme ich hörte, sondern die gleiche Frauenstimme von vorhin sagte: »Es tut mir leid, Signora, aber Signor Pirelli ist nicht im Haus. Ich glaube auch nicht, daß er heute noch einmal in sein Büro kommt. Kann ich ihm etwas ausrichten?«

Ich legte, ohne zu antworten, den Hörer auf, und versuchte es sofort mit der Rufnummer des Verbandes in Rom, aber auch hier teilte mir eine Sekretärin mit, daß von den Signori im Augenblick keiner im Hause sei. Ich sagte gereizt: »Das ist doch lächerlich, Signorina. Jemand vom Verband muß doch da sein.«

»Heute nicht«, antwortete sie. »Die Signori sind alle bei einer Besprechung.«
»Und wo ist diese Besprechung?«
»Das weiß ich nicht, Signorina.«
Daß man sich nicht einmal die Mühe gegeben hatte, sie für den Fall meines Anrufs mit einer plausibel klingenden Ausrede zu präparieren, ließ mir deutlich werden, wie weit die Dinge bereits gediehen waren. Ich hatte den Hörer kaum aufgelegt, als ich von Ceroli angerufen wurde. Weil gleichzeitig auch Pellico eintraf, bat ich Ceroli um etwas Geduld und forderte Claudine auf, Pellico in den Wohnraum zu führen. Das Gespräch mit Ceroli nahm ich dann im Schlafzimmer wieder auf; er sagte: »Eigentlich ist es nicht nötig, daß Sie vorher noch in mein Büro kommen, Signorina. Ich bin mit Limbourg, Renard und ihrem Anwalt bereits in allen Punkten einig geworden. Ich möchte Ihnen daher vorschlagen, daß wir uns gleich beim Notar treffen. Könnten Sie es einrichten, in einer halben Stunde dort zu sein?«
»In einer Stunde wäre mir lieber«, sagte ich. »Ich habe hier noch einiges zu erledigen. Ist es unbedingt erforderlich, daß auch Signor Schimazek mitkommt? Er fühlte sich nach dem anstrendenden Spiel gestern doch etwas müde und hat sich nach unserer Rückkehr hingelegt.«
»Dafür habe ich volles Verständnis«, sagte Ceroli. »Es war ja auch schon ein Entgegenkommen gegenüber Thorn und Miller, daß er mitgekommen ist. Als Ihr ›Angestellter‹ ist seine Anwesenheit auf dem Notariat vollkommen überflüssig. Der Notar ebenso wie ich hatten ja bereits heute vormittag Gelegenheit, uns von Signor Schimazeks Wohlbefinden zu überzeugen. Sagen wir also: in einer Stunde, Signorina. Ich werde meinen Kollegen auf dem Notariat umgehend von dem geänderten Termin verständigen und auch Limbourg und Renard davon unterrichten; sie sind noch hier bei mir.«
Von allen Italienern, mit denen ich es bisher rein geschäftlich zu tun hatte, war Ceroli mir am symphatischsten, und das nicht nur, weil er meine Interessen in einer Weise vertrat, als wären es seine eigenen. Daß auch ich ihm nicht unsympathisch war, hatte ich schon bei meiner ersten Begegnung mit ihm feststellen können. Er wirkte mit seiner schmächtigen Gestalt und der etwas unförmig geratenen Hornbrille äußerlich zwar recht unscheinbar, gehörte jedoch, wie mir von dem Geschäftsführer unseres ersten Hotels in Mailand, der mir Ceroli empfohlen hatte, zugesichert worden war, zu den angesehensten Anwälten Mailands. Einen Augenblick lang fühlte ich mich versucht, ihm von Emilios Anruf zu erzählen und ihn um seinen Rat zu bitten, aber das hätte ihn möglicherweise gegenüber Limbourg und Renard in einen Gewissenskonflikt gebracht, den ich ihm, solange der Vertrag nicht unterzeichnet war, ersparen wollte.
Pellico machte sofort einen tiefbekümmerten Eindruck auf mich. Ich gab ihm die Hand und sagte: »Ich habe Ihren Chef leider nicht erreichen können, Pellico. Es tut mir leid, daß Sie abreisen müssen. Vielleicht ist Ihre Anwesenheit aber auch nicht mehr erforderlich; es ist möglich, daß wir Mailand schon morgen verlassen. Meine Geschäfte hier erledi-

gen sich rascher, als ich es angenommen hatte. Wie war das eigentlich in Madrid? Sie waren doch sicher auch mit im Stadion?«

Er nickte. »Es war schrecklich, Signorina. Wir hatten auch gar keine Möglichkeit, für Signor Schimazek etwas zu tun. Als die Zuschauer auf ihn losstürmten, wurden meine Kollegen und ich abgedrängt und verloren ihn aus den Augen. Wir sahen ihn erst am Flughafen wieder. Wir waren sehr froh, daß er nicht ernstlich verletzt wurde. Hätten wir das Stadion nicht rechtzeitig verlassen, wo wäre es uns vielleicht genauso ergangen wie den vielen Zuschauern, die jetzt in einem Krankenhaus liegen.«

»Ich bin auch froh darüber, daß Sie nicht verletzt wurden«, sagte ich. »Ich war sehr zufrieden mit Ihnen, Pellico. Sollte ich wieder einmal nach Italien kommen und einen Beschützer brauchen, so werde ich gerne an Sie denken. Wer hat eigentlich den Schlüssel für das Haus nach Tourette? Hat den Signora Belloni mitgenommen?«

»Nein, Signorina. Den habe ich. Meine Kollegen, die das Haus abschlossen, gaben ihn mir.« Er legte ihn zusammen mit den Wagenpapieren und dem Schlüssel für den Pininfarina auf den Tisch und sagte: »Da ist leider noch etwas, Signorina. Ich möchte Sie nicht erschrecken, aber ich muß es Ihnen unbedingt sagen. Würden Sie bitte mit ans Fenster kommen?«

Beunruhigt ebenso über sein ernstes Gesicht wie über seine Bitte, folgte ich ihm ans Fenster. Er schob die Gardine etwas zur Seite und sagte: »Sehen Sie den dunkelroten Citroën? Ich beobachte ihn schon, seit wir im Hotel eingetroffen sind. Der silbergraue Fiat, drei Wagen vor ihm, gehört auch dazu. Sein Fahrer stieg einmal aus und unterhielt sich mit dem Fahrer des Citroëns. Als ich ihn aussteigen sah, saßen zwei Männer mit ihm im Wagen. Jetzt ist es nur noch einer. Wahrscheinlich lösen sie sich gegenseitig ab, und die Abgelösten halten sich dann in der Hotelhalle oder in der Nähe des Hotels auf. Vielleicht haben sie Zimmer im Hotel genommen. Sie müssen schon vor uns hier eingetroffen sein. Sicher sind sie, während wir Sie und Signor Schimazek in Nizza zum Flughafen begleiteten, sofort nach Mailand losgefahren. Sie müssen also Ihr Reiseziel gekannt haben und auch das Hotel.«

Ich brauchte eine ganze Weile, um mit dieser neuen Hiobsbotschaft fertig zu werden. Schließlich fragte ich: »Ob es der gleiche Citroën wie in Gourdon ist, Pellico?«

»Er hat jedenfalls das gleiche französische Kennzeichen wie in Gourdon, Signorina. Ich war bereits unten und habe mich dessen vergewissert. Sie werden verstehen, wie schwer es mir fällt, Sie unter diesen Umständen allein zu lassen. Leider durfte ich meinem Chef nichts von den beiden Autos hier erzählen. Ich hätte ihm sonst auch von dem erzählen müssen, was in Gourdon passiert ist, und dorthin hätten wir ja in Ihrem Auftrag gar nicht mehr fahren dürfen. Wenn ich gegen den ausdrücklichen Befehl meines Chefs noch länger hierbleibe, verlieren ich und meine Kollegen unsere Stellung.«

Ich trat vom Fenster zurück, öffnete meine Handtasche, nahm zweitausend Francs heraus und gab sie ihm. »Sie haben mir trotzdem einen großen Dienst erwiesen. Ich möchte nicht, daß Sie meinetwegen Ihre

Stellung verlieren. Wenn Sie Ihren so überaus freundlichen Chef sehen, so grüßen Sie ihn von mir. Arrivederci, Pellico.«

Er beugte sich über meine Hand. Als er sich aufrichtete, hatte er feuchte Augen. Er verließ rasch das Zimmer.

Ich setzte mich in einen Sessel und dachte eine Weile nach. Mein Blick fiel auf Claudine, die meinem Gespräch mit Pellico zwar zugehört, es jedoch nicht verstanden hatte. Bei dem, was mir jetzt noch zu tun blieb, konnte ich sie nicht länger mehr gebrauchen; ich würde sie sonst nur unnötig in Gefahr bringen. Ich stand auf, ging wieder zum Telefon und verlangte eine Taxizentrale. Ich ließ mir die Kosten für eine Fahrt nach Marseille sagen, und bestellte das Taxi in die Tiefgarage. Zu Claudine sagte ich: »Und nun zu dir. Ich habe ein Taxi kommen lassen. Du wirst mit ihm nach Allauch zu Monsieur Belloni fahren. Vorher fährst du noch in Gourdon vorbei und nimmst dort alles mit, was danach aussieht, als könnte es ihm, seiner Frau oder seinen Kindern gehören. Auch den Kinderwagen darfst du nicht vergessen; der Taxifahrer soll dir beim Einladen helfen. Anschließend fährst du noch bei dem Immobilienmakler vorbei, von dem wir das Haus gemietet haben, und gibst den Schlüssel ab. Zu bezahlen brauchst du nichts. Sag ihm, daß Monsieur Belloni seinen Urlaub in Gourdon wegen dringender Familienangelegenheiten vorzeitig abbrechen mußte. Du bleibst bei Belloni, bis ihr von mir Nachricht bekommt, wohin ihr von Allauch aus fahren sollt. Ich schreibe dir nur rasch auf, was du alles für mich erledigen und wohin du überall fahren mußt.«

Während ich es tat, kam sie zu mir und blickte mir über die Schulter. Sie fragte leise: »Sie wollen mich nicht mehr bei sich haben, Madame?«

»Ganz recht«, sagte ich und gab ihr den Zettel mit den Adressen. Ich öffnete die Handtasche und sagte: »Ich gebe dir für alle Fälle zehntausend Francs mit, Claudine. Wenn du in Nizza bist, fährst du bei deiner Freundin Yvonne vorbei und nimmst sie mit. Ich werde auch für sie eine Beschäftigung finden. Das Taxi bezahle ich; darum brauchst du dich nicht zu kümmern. Hier ist auch der Schlüssel für das Haus in Gourdon, und dieser hier gehört zu dem Haus in Tourette. Ihn mußt du bei einem anderen Makler in Nizza abgeben; auch seine Adresse habe ich dir aufgeschrieben. Wo Allauch genau liegt, weiß ich nicht. Der Taxifahrer wird es sicher finden; es muß in der Nähe von Marseille sein. Gourdon ist auch leicht zu finden; es liegt nur wenige Kilometer von Tourette entfernt. Hast du das alles verstanden?«

Sie fing an zu weinen. »Ich möchte nicht von Ihnen weg, Madame.«

Ich zog sie neben mich auf das Bett und sagte: »Du wirst bei mir bleiben, so lange wie du es dir wünschst. Nichts, was ich dir versprochen habe, ist ungültig geworden. Kalifornien nicht, und die Bahamas auch nicht. Ich brauche einen zuverlässigen Menschen, der für mich all das erledigt, was ich dir aufgeschrieben habe, und zu dir habe ich das meiste Vertrauen.«

»Aber ich könnte mit dem Taxi doch wieder hierher . . .«

»Nein, das kannst du nicht«, fiel ich ihr ins Wort. »Du würdest mich hier nicht mehr antreffen. Ihr werdet vielleicht schon morgen, spätestens jedoch übermorgen ein Telegramm von mir erhalten, unter welcher Telefonnummer ich zu erreichen bin. Ihr ruft mich dann umgehend an, damit wir alles weitere besprechen können. Und nun hör auf zu weinen und mach dich fertig. Das Taxi kann jeden Augenblick hier sein.«

Ich schob sie von mir. Bevor ich jedoch aufstehen konnte, läutete das Telefon schon wieder. Meine Überraschung, Ardigos Stimme zu hören, war so groß, daß ich zunächst keinen Ton hervorbrachte. Er fragte, als hätten wir uns erst gestern in bestem Einvernehmen voneinander verabschiedet: »Wie geht es Ihnen, Marianne?«

»Danke«, sagte ich mühsam. »Und Ihnen?«

»Mir geht es auch sehr gut«, antwortete er. »Wir haben von Pellicos Arbeitgeber erfahren, daß Sie wieder in Mailand sind.«

Ich hatte mich jetzt von meiner Überraschung gefaßt und sagte: »Dann haben Sie sicher auch schon erfahren, daß er seine Männer zurückgerufen hat. Geschah das in Ihrem Auftrag?«

»Nein; wir erfuhren das auch erst heute. Er sagte uns, daß er sie ganz dringend anderweitig benötige; er will Ihnen aber schon morgen oder übermorgen wieder einige Männer schicken. Das ist aber nicht der Grund, weshalb ich Sie anrufe. Galilei und einige Herren des Verbandes, die Sie schon in Rom kennenlernten, möchten sich gerne mit Ihnen und Signor Schimazek unterhalten. Um Ihnen den Weg nach Rom zu ersparen, treffen sie mit einem Flugzeug hier ein. Ich stelle es mir so vor, daß wir zuerst in einem Restaurant gemeinsam zu Abend essen und anschließend zu meinem Haus fahren. Selbstverständlich werden wir Sie und Signor Schimazek vom Hotel abholen. Vielleicht gegen neunzehn Uhr, wenn Ihnen das paßt?«

»Das läßt sich einrichten«, sagte ich, nach kurzem Überlegen.

Offensichtlich hatte er mit meinem raschen Einverständnis nicht gerechnet, denn seine Stimme klang erleichtert: »Wir freuen uns alle sehr auf dieses Wiedersehen. Sie können sich denken, daß es nach den bedauerlichen Ereignissen in Madrid doch einiges zu besprechen gibt. Es ist ein großes Glück, daß Signor Schimazek keine ernsthaften Verletzungen davongetragen hat.«

»Woher wissen Sie das? Auch von Pellicos Chef?«

»Nein. Piera hat noch von Madrid aus mit ihren Eltern telefoniert. Begreiflicherweise machten sie sich ihretwegen große Sorgen. Es wäre ihnen auch lieber, wenn sie heimkäme. Sie ist zwar schon öfter wegen eines Mannes von zu Hause weggelaufen, aber noch nie so lange. Wie Sie wissen, ist ihr Vater im Vorstand unseres Verbandes. Vielleicht könnten Sie einmal mit ihr . . .«

Ich ließ ihn nicht ausreden: »Für so etwas bin ich die am wenigsten geeignete Person; das wissen Sie so gut wie ich. Piera ist erwachsen genug, um selbst zu entscheiden, was sie tut. Telefoniert sie oft mit ihren Eltern?«

»Leider nicht. Seit sie bei Ihnen und Schimazek ist, erfahren sie nur noch aus der Zeitung, wo sie sich gerade aufhält. Ihr Anruf aus Madrid war das erste persönliche Lebenszeichen, das sie ihnen gab. Ihre Mutter sagte mir, sie habe unter einem Schock gestanden und am Telefon geweint.«

»Inzwischen hat sie sich wieder beruhigt«, sagte ich. »Übrigens tut mir das, was in Nizza passiert ist, sehr leid, Guido. Ich wollte es Ihnen schon lange sagen.«

»Es war nicht Ihre Schuld, Marianne«, sagte er und beendete das Gespräch.

In den nächsten Minuten half ich Claudine beim Packen. Das Geld steckten wir in ihren Koffer. Die Rezeption meldete uns das Eintreffen des Taxi. Wir fuhren mit dem Lift in die Tiefgarage. Der Taxifahrer war etwa Vierzig und machte einen guten Eindruck auf mich. Ich nahm ihn ein paar Schritte zur Seite, gab ihm das Fahrgeld und sagte: »Ich habe es im Moment nicht anders als in Francs. Die nehmen Sie doch sicher auch?«

Er zählte das Geld und sagte: »Das ist aber zuviel, Signorina. Die Fahrt kostet nur . . .«

»Es ist egal, was sie kostet«, warf ich ein. »Ich möchte, daß Sie das Mädchen gut hinbringen. Sie spricht nur Französisch. Werden Sie sich mit ihr verständigen können?«

»Ich spreche auch Französisch, Signorina.«

»Dann kann sie Ihnen unterwegs alles selbst erklären«, sagte ich erleichtert. »Sie hat in Nizza noch einige Besorgungen zu erledigen. Seien Sie ihr dabei behilflich.«

»Das werde ich gerne tun, Signora«, sagte er.

Ich kehrte zu Claudine zurück. Sie stand mit blassem Gesicht neben dem Wagen und blickte mich unverwandt an. Ich sagte: »Später werde ich dir alles erklären, Claudine. Ich habe noch andere Gründe, dich nicht hier zu behalten. Achte darauf, ob euch ein dunkelroter Citroën oder ein silbergrauer Fiat über eine längere Zeit hinweg folgt. Sollte das der Fall sein, so forderst du den Fahrer unter einem Vorwand auf, dich ins Hotel zurückzubringen. Du kannst ihm ja erzählen, du hättest etwas vergessen.«

Sie wurde noch blasser. »Was sind das für Leute, Madame?«

»Das weiß ich selbst nicht genau, aber Signor Schimazek hat viele Feinde. Es könnte sein, daß sie sich auch für dich interessieren.«

»Dann sind Sie aber doch genauso in Gefahr wie er«, sagte sie. »Wenn Sie in Gefahr sind, möchte ich Sie auf keinen Fall allein lassen.«

Ich küßte sie rasch auf die Wange. »Ich kann auf mich selbst aufpassen. Man hat es ja auch nicht auf mich, sondern nur auf ihn abgesehen. Mach dir meinetwegen keine Gedanken.«

Sie weinte schon wieder. Ich fragte: »Willst du mir unbedingt das Herz schwer machen, Claudine?«

»Nein«, sagte sie weinend. »Aber wenn Ihnen etwas passiert, möchte ich nicht mehr leben.«

»Du wirst noch hundert Jahre mit mir leben«, sagte ich und schob sie kurzerhand in das Taxi.

Ich kehrte, ohne mich noch einmal nach ihr umzudrehen, in den Lift zurück. Jochen war im gleichen Stockwerk untergebracht wie ich. Ich klopfte an seine Tür. Piera öffnete mir. Mir fiel sofort auf, daß sie einen verstörten Eindruck machte. Dann sah ich Jochen auf einer Couch liegen. Er hatte das Gesicht mit den Armen bedeckt.

»Ist ihm nicht gut?« fragte ich bestürzt.

Als er meine Stimme hörte, nahm er die Arme vom Gesicht und sagte: »Ach, da bist du ja. Piera wollte gerade zu dir gehen und dich holen. Ich weiß nicht, wie das passiert ist, Marianne. Ich wollte ins Bad und bin ganz plötzlich hingefallen. Vielleicht bin ich über etwas gestolpert.«

»Moment«, sagte ich und lief ans Fenster. Das Taxi mußte bereits die Tiefgarage verlassen haben; zu meiner Erleichterung stellte ich fest, daß der Citroën und der Fiat noch auf ihren Plätzen standen. Ich drehte mich nach Piera um und sagte: »Jochen erzählt mir, er sei gestolpert und hingefallen. Waren Sie mit dabei, als es passierte?«

Sie nickte. »Er ist aber nicht gestolpert; er muß plötzlich das Gleichgewicht verloren haben. Ich bin fast zu Tode erschrocken. Kurz vorher ist auch schon etwas Merkwürdiges passiert. Wir tranken Kaffee. Ich schenkte ihm eine Tasse ein und reichte sie ihm über den Tisch. Als er sie in die Hand nehmen wollte, griff er zweimal daneben. Mir ist beinahe schlecht geworden, als ich das sah. Vielleicht stimmt mit seinen Augen etwas nicht. Er sollte unbedingt zu einem Arzt gehen. Reden Sie mit ihm, Signorina. Auf mich hört er nicht.«

In ihrer Verstörung schien sie ihren Haß auf mich völlig vergessen zu haben. Trotz des Schreckens, den ihre Worte in mir auslösten, war mir sofort klar, daß es schlimmer um ihn stand, als ich bisher angenommen hatte. Ich sagte: »Ich möchte, daß er hier von einem Arzt untersucht wird, Piera. Wir brauchen einen guten Neurologen. Sie kennen sich in den italienischen Telefonbüchern besser aus als ich. Suchen Sie einen heraus und bestellen Sie ihn, ohne Jochens Namen zu nennen, umgehend hierher. Telefonieren Sie von meinem Zimmer aus, damit Jochen nicht mithören kann.«

Ich gab ihr den Schlüssel und wartete, bis sie das Zimmer verlassen hatte. Dann setzte ich mich neben Jochen auf die Couch, griff nach seiner Hand und sagte: »So geht das nicht weiter, Jochen. Ich möchte jetzt wissen, was wirklich mit dir los ist. Im Flugzeug sagtest du mir, du könntest alles nur noch verschwommen sehen. War das vorhin auch der Fall?« Er schwieg.

Ich beugte mich über ihn, küßte ihn und sagte: »Ich kann dir nur helfen, wenn auch du mir hilfst. Ist es schlimm?«

»Ich weiß nicht«, murmelte er. »Mußt du nicht noch einmal zu Ceroli?« Ich blickte auf die Armbanduhr. »In zwanzig Minuten; ich bleibe aber nicht lange weg. Was ist los mit dir, Jochen? Kannst du nicht mehr richtig sehen?«

»Es ist nicht immer so«, sagte er. »Aber jedesmal, wenn ich die Augen schließe und sie dann wieder öffne, sehe ich alles doppelt. Paß auf.« Er schloß die Augen und öffnete sie wieder. »Jetzt«, sagte er. »Jetzt sehe ich auch dich zweimal. Ich hatte das schon in der vergangenen Nacht, als ich aufs Klo mußte, aber da waren die Schwindelanfälle noch nicht. Die habe ich erst, seit wir hier im Hotel sind.«

»Und wie lange hält das mit deinen Augen an? Du sagst doch, daß du diese Sehstörungen nur hast, wenn du die Augen schließt und dann wieder öffnest.«

»Jetzt sind sie wieder weg«, sagte er. »Jetzt kann ich dich wieder normal sehen. Manchmal dauert es nur ganz kurz und dann wieder länger. Heute morgen, als ich aufwachte, dauerte es über eine halbe Stunde. Ich getraue mich schon gar nicht mehr, die Augen zuzumachen. Vorhin, als ich mit Piera Kaffee trank, habe ich sie einmal versuchsweise ganz kurz zugemacht. Trotzdem konnte ich hinterher alles nur doppelt sehen.«

Ich sagte fassungslos: »Wenn du das schon heute morgen hattest, warum hast du mir dann nichts davon erzählt? Es war unverantwortlich von dir, in diesem Zustand mit zu Ceroli zu gehen.«

»Wenn Thorn und Miller mich unbedingt sehen . . .«

»Die hätten auch ohne deine Anwesenheit unterschrieben«, unterbrach ich ihn. »Die Schwindelanfälle hast du nur, weil du in diesem Zustand mitgekommen bist. Damit hast du alles nur noch schlimmer gemacht.«

»Scheiße«, sagte er und blickte mich an. Und während er mich anblickte, füllten sich seine Augen mit Tränen; er sagte: »Ich bin fertig, Marianne. Ich weiß es, ich bin fertig. Ich werde nie mehr einen Ball halten können.« Mir steckte ein Kloß im Hals. Ich blieb noch ein paar Augenblicke lang neben ihm sitzen. Dann gab ich seine Hand frei und ging zum Telefon. Ich ließ mich mit der Flughafenauskunft verbinden und erkundigte mich nach der nächsten Maschine nach Zürich. Anschließend bestellte ich mir ein Taxi. Schon während ich mit dem Flughafen telefonierte, war Piera hereingekommen. Sie hörte mir schweigend zu. Als ich das Gespräch beendete, sagte sie: »Sie wissen ja gar nicht, ob er überhaupt fliegen darf.«

»Ich habe die Plätze nur für alle Fälle gebucht«, sagte ich. »Haben Sie etwas erreichen können?«

»Ja. Ein Dr. Persico, er ist Neurologe. Er kann aber frühestens in einer halben Stunde hier sein. Ich mußte vor ihm sechs Ärzte anrufen, bis es bei ihm klappte. Die meisten waren noch in der Sprechstunde und empfahlen mir, bei der neurologischen Klinik anzurufen und Jochen von dort abholen zu lassen, aber das will er ja nicht. Wozu fliegen Sie nach Zürich, Signorina?«

»Ich möchte ihn dort in einer guten Klinik unterbringen. Ich hatte ohnehin vor, morgen in die Schweiz zu fliegen. Ich muß Sie jetzt für eine halbe Stunde mit ihm allein lassen, Piera . . .«

»Warum?« fragte sie rasch. »Ich bin jetzt nicht gern allein mit ihm. Es wäre mir lieber, Sie bleiben auch hier, bis der Arzt eintrifft.«

Ich zwang mich zur Ruhe. »Ich habe eine dringende Verabredung mit Signor Ceroli; er erwartet mich zusammen mit einigen anderen Herren, die meinetwegen eine lange Reise auf sich genommen haben. Ich werde mich beeilen. Sollte der Arzt inzwischen eintreffen, so sagen Sie ihm, daß er meine Rückkehr abwarten soll.«

»Wenn er aber nicht warten will oder kann?«

»Dann verraten Sie ihm eben, mit wem er es zu tun hat. Vielleicht kennt er Jochen auch vom Fernsehen oder von einem Zeitungsfoto her. Wie es zu der Verletzung kam, können Sie ihm am besten erzählen.«

Ich ging wieder zu Jochen hin und sagte: »Der Arzt kommt bald, Jochen. Wenn er es erlaubt, fliegen wir noch heute abend nach Zürich. Ich habe bereits Plätze gebucht. Dort finden wir gute Ärzte und auch die Ruhe, die du brauchst.«

Er nickte nur; die Augen hielt er wieder geschlossen.

Piera ging mit mir auf den Flur hinaus und sagte: »Ich verstehe nicht, warum Sie ihn unbedingt nach Zürich bringen wollen. Wir haben in Italien genauso gute Neurologen wie in der Schweiz.«

»Das kann sein«, sagte ich. »Er ist dort aber sicherer aufgehoben als hier. Sie fliegen doch auch mit, wenn der Arzt es Jochen erlaubt?«

»Selbstverständlich. Denken Sie, ich lasse ihn jetzt allein?«

»Sie haben schon viel für ihn getan«, sagte ich. »Er erzählte mir einmal, daß Sie ein Autofan sind und für Ferrari schwärmen. Ihre Eltern sind nicht arm. Warum lassen Sie sich von ihnen keinen schenken?«

»Das würden sie nie tun; sie hätten Angst, ich könnte mit einem so schnellen Auto verunglücken.«

»Aber Sie hätten keine Angst, einen Ferrari zu fahren?«

Sie blickte mich aufmerksam an. »Nein, Signorina. Aber der, den ich mir, wenn ich das Geld dazu hätte, kaufen würde, kostet über neunzig Millionen Lire.«

»So viel ist das gar nicht«, sagte ich. »Wir müssen uns einmal darüber unterhalten. Vielleicht nachher, wenn ich zurückkomme. Nur tun Sie mir den Gefallen und passen Sie bis dahin gut auf Jochen auf. Er darf jetzt keine Minute allein sein.«

»Das werde ich tun«, sagte sie. »Sie können sich auf mich verlassen, Signorina.«

Für neunzig Millionen Lire konnte ich das auch von ihr erwarten. Ich war fest entschlossen, sie nicht mit nach Zürich zu nehmen. Egal, was es mich auch kostete.

Als ich kurz darauf in das vor dem Hotel wartende Taxi stieg, schoß mir das Wasser aus den Augen.

17

Zu all den Ungewißheiten, mit denen uns die Neumann aus der Lektüre ihrer Memoiren entließ, gehörte das weitere Schicksal Schimazeks ebenso wie ihr späteres Reiseziel und ihr gegenwärtiger Aufenthaltsort. Als einigermaßen sicher darf jedoch gelten, daß ihr Weg sie weder nach Kalifornien noch in ein anderes Land der Vereinigten Staaten geführt hat. Ein Gerücht, sie solle sich irgendwo in der Karibik aufhalten, konnte nie bestätigt werden. Darüber, daß sie ihre Reise, wohin auch immer sie geführt haben mag, nicht allein angetreten, sondern Belloni und seine Familie ebenso mitgenommen hat wie das Mädchen Claudine und Yvonne, herrschte nach der Lektüre ihrer Memoiren innerhalb der Redaktion auch nicht der kleinste Zweifel. Unsere nachfolgenden Recherchen über mögliche Reaktionen ihrer damaligen Vertragspartner in den USA und in den Golfstaaten auf ihr und Schimazeks

Verschwinden, von denen die Weltöffentlichkeit erstmals aus ihren Memoiren erfuhr, führten zu keinem Ergebnis. Die Gründe dafür, daß sie ganz offensichtlich keinen Versuch unternommen hatten, die Mailänder Verträge wegen Nichterfüllung durch Schimazek nachträglich anzufechten, blieben immer im dunkeln. Sei es, daß auch sie sich der allgemein vorherrschenden Version über seine Entführung durch östliche Geheimdienste angeschlossen hatten oder daß die Neumann mit Hilfe ärztlicher Atteste den Nachweis hatte erbringen können, zum Zeitpunkt der Vertragsabschlüsse über die Schwere seiner Verletzungen noch nicht im Bilde gewesen zu sein. Möglicherweise traf aber auch die simpelste aller Erklärungen für ihr Stillhalten zu, daß sie zu dem Schaden, der ihnen entstanden war, nicht auch noch den Spott der ganzen (Sport-)Welt ernten wollten, und weder Lloyds noch die anonymen Auftraggeber der Herren Limbourg und Renard würden deshalb an Liquidität wesentlich eingebüßt haben. Dies traf ebenso auf die geschäftstüchtigen Herren Thorn und Miller zu. Obgleich die Neumann zu diesem Punkt in ihrer Story kein Wort verlor, konnte doch davon ausgegangen werden, daß bei der Überreichung des Schecks der ›City Bank‹ die zehnprozentige Provision bereits in vollem Umfange berücksichtigt worden war. Daß sie bei ihrer Gewissenhaftigkeit, gegebene Versprechen einzulösen, auch ihren Anwalt nicht in der Luft hatte hängen lassen, darf ebenfalls als sicher angenommen werden, zumal er ihr nach ihrer Rückkehr in das Hotel noch einen nicht unbedeutenden Dienst erweisen konnte. Gerade diese ihre Gewissenhaftigkeit wird es dem Leser ihrer Memoiren auch ermöglichen, sich selbst Gedanken über das künftige Schicksal Schimazeks zu machen, wenngleich sie aus Gründen, die vor allem seiner und auch ihrer eigenen Sicherheit dienen dürften, gerade darüber den Mantel des Schweigens ausbreitet.

Merkwürdigerweise erwähnt sie den Umstand, daß sie ebenso auf der Hin- wie auch auf der Rückfahrt zu der Vertragsunterzeichnung mit Limbourg und Renard von dem mit vier Männern besetzten dunkelroten Citroën verfolgt wurde, eher beiläufig. Vielleicht läßt sich diese erstaunliche Gleichgültigkeit mit ihrem inzwischen gewonnenen Eindruck erklären, daß ihre Verfolger es nicht auf sie, sondern allein auf Belloni abgesehen hatten und darauf hofften, sie würde früher oder später mit ihm zusammentreffen. Da sie diesen jedoch in Sicherheit wußte, sah sie offensichtlich keinen Anlaß mehr, sich noch länger von ihnen in Atem halten zu lassen. Möglicherweise war sie aber auch durch ihre Sorge um Schimazek so stark in Anspruch genommen, daß sie die Gefährdung ihrer eigenen Person verdrängte.

Über den vorläufigen Befund, der sich bei der Untersuchung Schimazeks durch Dr. Persico ergeben hatte, äußerte sie sich in ihren Memoiren in eher allgemein gehaltener Form. Sie führte ihr Gespräch mit ihm nach ihrer Rückkehr vom Notar unter vier Augen in ihrem eigenen Appartement. Dennoch läßt sich aus ihren eher vage gehaltenen Andeutungen schließen, daß Dr. Persico bei seiner ersten Diagnose eine durch Hirnquetschung und Hirnblutung hervorgerufene Dauerschädigung mit nur noch mangelhafter Koordination der maßgeblichen Reflexe und Muskelabläufe nicht ausschloß. Sie selbst erwähnt in diesem Zusammenhang ein stumpfes Schädeltrauma mit nachfolgenden Seh- und Gehörstörungen. Dr. Persico sagte ihr, daß Schimazek schon jetzt nicht mehr fähig sei, ein ihm aus kurzer Entfernung zugeworfenes Feuerzeug aufzufangen, und riet ihr zu einer sofortigen Einlieferung in eine Mailänder Fachklinik. In ihren Memoiren schreibt sie dazu:

Mir war sofort klar, daß Jochen keinesfalls damit einverstanden sein würde. Ich bat Dr. Persico, sich einen Augenblick zu gedulden, und kehrte zu Jochen zurück. Zu meiner Überraschung fand ich ihn in einem Sessel sitzend vor. Piera, die bei ihm geblieben war, zuckte mit den Achseln und sagte: »Er wollte nicht länger auf der Couch liegenbleiben. Er behauptet, es ginge ihm jetzt schon viel besser.«

»Hat der Arzt Ihnen gesagt, was ihm fehlt?«

»Nein; er wollte nur mit Ihnen darüber reden. Ich brauchte ihm auch gar nicht zu sagen, wer Jochen ist; er hat ihn sofort erkannt.«

Davon hatte Dr. Persico mir bisher nichts verraten. Ich sagte zu Jochen: »Er will dich in eine Klinik einweisen. Fühlst du dich wirklich besser?«

»Du siehst doch selbst, daß es mir bessergeht«, sagte er. »Es fällt mir nicht ein, mich hier in eine ihrer Kliniken einweisen zu lassen. Wieso läßt du dich auf so etwas überhaupt ein? Ich denke, wir fliegen noch heute abend nach Zürich? Oder hast du das nur so erzählt?«

»Nein«, sagte ich. »Die Maschine fliegt aber erst in vier Stunden. Ich weiß nicht, ob es gut ist, wenn du noch so lange . . .«

Er schnitt mir das Wort ab: »Wenn überhaupt in eine Klinik, dann nur in der Schweiz. Dort kann ich wenigstens selber mit den Ärzten reden. Es macht mir nichts aus, hier noch ein paar Stunden zu warten. Ich fühle mich sehr wohl hier.«

»Dann rede ich noch einmal mit ihm«, sagte ich.

Dr. Persico hatte am Fenster auf mich gewartet. Er hatte sofort einen vertrauenerweckenden Eindruck auf mich gemacht. Bei aller Direktheit, die Dinge ohne Umschweife beim Namen zu nennen, war er von gefälligem Wesen und konnte einem auch zuhören, ohne dabei ungeduldig zu werden. Ich sagte: »Er behauptet, es ginge ihm schon viel besser. Er will auf keinen Fall in eine Mailänder Klinik, weil er sich dort mit den Ärzten nicht unterhalten kann. Ich hatte vor, mit ihm nach Zürich zu fliegen. Ich habe für zehn Uhr heute abend bereits Plätze für uns gebucht. Ist es vielleicht nicht doch möglich . . .«

»Davon muß ich Ihnen unbedingt abraten, Signorina«, unterbrach er mich. »Wenn Signor Schimazek sagt, er fühle sich schon viel besser, dann ist das eine Schutzbehauptung, um sich der Aufnahme in eine Klinik zu entziehen. Ich kann zwar einer gründlichen Untersuchung, zu der auch Röntgenaufnahmen gehören, nicht vorgreifen, aber ich bin sicher, daß allein schon der Weg über den Gangway einer Verkehrsmaschine vom ärztlichen Standpunkt aus in seinem Zustand unverantwortlich wäre.«

»Gilt das auch für einen Transport mit einem Krankenwagen in

Begleitung eines Arztes? Die Kosten würden dabei keine Rolle spielen.«

Er schien zu überlegen. Schließlich sagte er: »Wenn die Kosten keine Rolle spielen, rate ich zum Transport mit einem Rettungshubschrauber. Wenn Sie es wünschen, kümmere ich mich selbst darum. Er müßte dann allerdings mit einem Krankenwagen zur nächsten Unfallklinik mit einem eigenen Hubschrauberlandeplatz gebracht werden. In diesem Fall könnte ich auch schon eine neurologische Klinik in Zürich auf sein Eintreffen vorbereiten.«

Ich sagte erleichtert: »Damit wäre ich sofort einverstanden und für Ihre Hilfe sehr dankbar, Dr. Persico. Wie lange kann das dauern?«

»Das weiß ich nicht. Ich muß mich erst erkundigen. Ich erledige das von meiner Praxis aus. Dort warten noch Patienten auf mich. Sie bekommen dann Nachricht von mir. Es tut mir übrigens sehr leid um Signor Schimazek. Ich gehöre zu seinen Bewunderern.«

»Sie glauben, daß er nicht mehr . . .« Ich brach ab.

Er kam vom Fenster zu mir und sagte: »Bei dieser Art von Verletzungen ist alles möglich, Signorina. Es war nicht nur der Schlag mit der Cola-Flasche. Er muß schon während des Spiels mehrere Fußtritte gegen den Kopf bekommen haben. Ich möchte mich, wie ich Ihnen bereits sagte, ohne röntgenologische Untersuchung nicht festlegen. Wenn er Glück hat, wird er bei fachärztlicher Behandlung so weit genesen, daß er auch wieder ein Buch lesen oder spazieren gehen kann.«

»Und wenn er kein Glück hat?«

»Dann wird er für Sie zu einem Pflegefall, Signorina. Ein Andauern des jetzigen Zustandes oder gar eine Verschlimmerunng, die ich nicht ausschließen kann, führt in den meisten Fällen zu Depressionen. Die Patienten werden teilnahmslos und apathisch. Ich hoffe, daß Ihnen das erspart bleibt. Er ist noch sehr jung. Da trifft es ihn um so schlimmer. Ich habe mich mit Kollegen oft über ihn unterhalten. Wir waren übereinstimmend der Meinung, daß es für sein völlig unbegreifliches Reaktionsvermögen ebensowenig eine medizinische Erklärung gibt wie für andere Phänomene, angefangen von Mozart bis zu Einstein. Die physischen Voraussetzungen allein, die bei Signor Schimazek zweifellos gegeben sind, hätten ihn zu keinem medizinischen Phänomen werden lassen. Reflexe und Reaktionsvermögen werden von unserem Kopf gesteuert, Signorina. Mozart hatte seine Musik schon im Kopf, als er auf die Welt kam. Bei Signor Schimazek kommt aber noch etwas anderes hinzu. Laienhaft ausgedrückt könnte man es das Zweite Gesicht nennen, eine übersinnliche Begabung, in eine, wenn auch auf den Bruchteil einer Sekunde verkürzte Zukunft zu sehen. Ich war in Neapel, als unsere Elf gegen die Spanier spielte, ich habe Signor Schimazek selbst im Tor erlebt. Mein persönlicher Eindruck war der, daß er schon immer im voraus wußte, aus welchem Schußwinkel der Ball abgefeuert und wohin er fliegen wird. Das wiederum aber impliziert, daß er die Ansichten und Gedanken seiner Gegner nicht nur durchschaut, sondern sie miterlebt, ein in die Parapsychologie reichender Vorgang.«

Er lächelte. »Wenn ich Ihnen in meiner Eigenschaft als Neurologe eine wissenschaftliche Erklärung für ein Phänomen wie Signor Schimazek geben sollte, so müßte ich das Handtuch werfen, Signorina. Ich habe sie ebensowenig wie unsere Sportjournalisten, die seit unserem Spiel in Madrid nicht nur Spalten, sondern ganze Seiten unserer Zeitungen benötigen, um ihren Herzen Luft zu machen. Aber der Unterschied zwischen einem Mozart und einem Schimazek liegt nicht nur darin, daß uns der eine eine unvergängliche Musik und der andere ein unfaßbares Erlebnis hinterlassen hat. Sie erzielten mit dem, was sie auf unserer Welt bewirkten, auch völlig unterschiedliche Ergebnisse. Mozart half mit, ihre Ordnung, soweit wir ihrer heute noch sicher sein können, zu festigen. Schimazek hingegen war auf dem besten Weg, einen ihrer Teilbereiche auf den Kopf zu stellen.«

»Sie sagten: Er war im Begriff?« warf ich ein.

Er wurde ernst. »Sehen Sie, Signorina, was immer ihn auch dazu befähigt hat, uns allen unsere eigenen Unzulänglichkeiten wieder einmal so eindruckvoll vor Augen zu führen: Es ging von seinem Kopf und nicht von seinen Händen und Füßen aus. Von diesen vierzehn Milliarden Zellen, die unser Ich steuern. Auch nur die geringste, gewaltsam verursachte Veränderung dort, kann auch unser Ich verändern. Es wird an Ihnen liegen, ob er mit seinem neuen Ich weiterleben kann oder nicht. Nicht an mir und auch nicht an den Kollegen, die ihn in Zürich oder sonstwo behandeln werden. Ich habe auch über Sie viel gelesen. Sie haben ihm zu dem verholfen, was er bis zu diesem Spiel in Madrid war. Helfen Sie ihm auch jetzt, mit dem zu leben, was er heute noch ist und in Zukunft sein wird.«

Er griff nach seiner Tasche und gab mir die Hand. »Ich rufe Sie irgendwann an. Es kann sehr spät werden.«

»Vielleicht ließe es sich einrichten, daß er von keinem Krankenwagen abgeholt wird«, sagte ich. »Wenn das Hotelperonal ihn sieht, weiß es morgen die ganze Stadt und übermorgen die halbe Welt. Ich möchte nicht, daß es bekannt wird.«

»Das kann ich verstehen. Ich werde sehen, daß ich ihn selbst mit meinem Wagen abhole. Kommt die Signorina nebenan auch mit?«

»Nein. Auch sie soll nicht erfahren, wie es wirklich um ihn steht. Sie haben ihr von dem Ergebnis Ihrer Untersuchung nichts gesagt?«

»Sie schien mir nicht die geeignete Person dafür zu sein«, sagte er und ließ meine Hand los. Ich begleitete ihn noch bis zur Tür und sagte: »Vielen Dank, Dr. Persico. Sie sind mir eine große Hilfe.«

Er nickte. »Lassen Sie ihn nicht merken, daß Sie geweint haben.«

Ich ging ins Bad, wusch mir das Gesicht und trat, bevor ich zu Jochen ging, wieder ans Fenster. Der Citroën und der Fiat standen noch immer dort, wo sie schon gestanden hatten, als Pellico sie mir zeigte.

Piera öffnete mir die Tür. Sie fragte: »Was hat Dr. Persico gesagt?«

»Daß Jochen Ruhe braucht«, antwortete ich. Ich sah, daß er sich wieder auf die Couch gelegt und das Gesicht mit den Armen bedeckt hatte. Ich setzte mich zu ihm, nahm die Arme von seinem Gesicht und sagte: »Wir fliegen heute noch nach Zürich.«

»Hast du mit dem Arzt gesprochen?« fragte er, ohne die Augen zu öffnen.

»Ja. Er meint auch, daß es nur eine Gehirnerschütterung ist und daß du dir deshalb keine Sorgen zu machen brauchst. Bei Ceroli habe ich auch alles erledigen können. Wie fühlst du dich?«

»Nicht besonders. Mit meinen Augen wird es immer schlimmer.«

Piera sage: »Dr. Persico hat ihm eine Spritze gegeben und die Wunde an seinem Kopf behandelt. Was werden Sie jetzt tun, Signorina?«

»Was ich schon vorher tun wollte; ich fliege noch heute abend mit ihm nach Zürich. Ich will Ihnen nicht ausreden, mitzufliegen, Piera, aber Ardigo erzählte mir am Telefon, daß Ihre Eltern sich große Sorgen um Sie machen.«

Sie zuckte mit den Schultern. »Sie wissen ja, wo ich bin. Meine Bekannten und Freunde wissen es auch. Wenn ich jetzt plötzlich nach Hause käme, redeten sie sich bestimmt ein, Jochen hätte mich nicht mehr bei sich haben wollen.«

Wenigstens wußte ich jetzt, warum sie so versessen darauf war, mit nach Zürich zu fliegen; ich sagte: »Sie können ihnen ja erzählen, daß er zur Behandlung in eine Klinik mußte. Sobald er dort entlassen wird, fahren Sie wieder zu ihm.«

Sie dachte mit gerunzelter Stirn darüber nach. Dann schüttelte sie den Kopf. »Das werden sie mir nicht glauben.«

»Auch nicht, wenn Sie mit einem Ferrari zurückkommen, den er Ihnen geschenkt hat?«

»Er hat mir ja keinen geschenkt«, sagte sie.

Ich stand auf, ging zum Tisch, wo ich meine Handtasche stehen hatte, und öffnete sie. Während ich einen Scheck ausfüllte, kam Piera zu mir und blickte mir über die Schulter hinweg zu. Ich gab ihr den Scheck und sagte: »Es war auch Jochens Wunsch. Sobald er wieder in Ordnung ist, rufe ich Sie an und lasse Sie nach Zürich kommen.«

Sie blickte zuerst den Scheck und dann mich an. »Warum tun Sie das, Signorina?«

»Weil Sie ihm und auch mir viel geholfen haben«, antwortete ich. »Den Pininfarina lasse ich Ihnen auch hier. Ich könnte ihn jetzt doch nicht mit nach Zürich nehmen. Ich gebe Ihnen die Schlüssel und die Papiere. Sobald Jochen wieder auf den Beinen ist, besuchen Sie uns in Zürich und bringen den Pininfarina mit. Es wäre mir allerdings lieb, wenn von Jochens Verletzung vorläufig nichts an die Öffentlichkeit käme, Piera. Sonst steht es am nächsten Tag in sämtlichen Zeitungen.«

»Dann werde ich meinen Freunden eben sagen, daß er aus geschäftlichen Gründen in die Schweiz geflogen sei und ich diese Gelegenheit benutzt hätte, um meine Eltern zu besuchen. Wenn sie den Ferrari und den Pininfarina sehen, werden sie mir das bestimmt glauben. Wie lange, schätzen Sie, wird es dauern, bis ich Sie in Zürich besuchen kann?«

»Sicher nicht länger als vierzehn Tage.«

Sie setzte sich zu mir an den Tisch und sagte: »Hoffentlich behält Dr. Persico mit seiner Diagnose recht. Ich weiß von einem Torhüter aus Florenz, dem etwas Ähnliches passiert ist. Bei ihm hat es auch mit solchen Sehstörungen angefangen wie bei Jochen. Heute ist er blind. Er wurde dreimal erfolglos operiert. Seine Frau hat sich von ihm getrennt; sie konnte es nicht länger mitansehen, wie er sich quälte. Er hat seitdem zwei Selbstmordversuche unternommen und wurde dann in eine psychiatrische Klinik eingewiesen. Ich könnte so etwas nicht durchstehen, Signorina. Ich habe Jochen zwar gern, aber mein eigenes Leben wollte ich deshalb nicht kaputtmachen.«

Sie blickte zu ihm hin. »Ich glaube, er schläft jetzt. Vielleicht war es eine Beruhigungsspritze, die Dr. Persico ihm gegeben hat. Wenn es ihm in Zürich noch schlechtergehen sollte, müssen Sie es mir vorher am Telefon sagen, damit ich nicht ganz unvorbereitet zu ihm komme.«

Unser Gespräch war nur noch eine Farce; sie wußte das ebensogut wie ich. Sie war zu intelligent, um sich nicht darüber im klaren zu sein, worüber wir in Wirklichkeit redeten und daß es uns beiden nur noch darum ging, wenigstens den Schein zu wahren. Leichtfüßiger als sie hatte wohl noch keine andere Frau in einer ähnlichen Situation die ihr dargereichte goldene Brücke ihrer Rivalin betreten. Ich sagte: »Das werde ich ganz bestimmt tun, Piera.«

Das Telefon läutete. Ich nahm den Hörer ab; eine Männerstimme sagte: »Ein Taxi ist für Sie eingetroffen, Signorina. Es wartet in der Tiefgarage auf Sie.«

»Ich habe kein Taxi . . .« Ich brach ab und blickte auf die Armbanduhr. Es war kurz nach sieben. Wieso hatte ich Ardigos Einladung überhaupt angenommen? Was hatte ich mir nur dabei gedacht, als ich ihr zustimmte? Was mußte in meinem Kopf in diesem Augenblick nur vorgegangen sein? Ich wußte es, und ich wußte es gleichzeitig nicht. Ich hörte mich antworten: »Sagen Sie dem Fahrer, daß es noch etwa fünfzehn Minuten dauern wird. Wir sind noch nicht soweit.«

Ich konnte hören, wie er mit jemand sprach. Dann sagte er: »Der Fahrer wird auf Sie warten, Signorina. Er bittet Sie und Signor Schimazek, direkt in die Tiefgarage zu kommen.«

»Es ist gut«, sagte ich und legte auf. Ich blieb ein paar Augenblicke lang neben dem Telefon stehen. Schließlich ging ich zum Fenster und betrachtete zuerst den dunkelroten Citroën und dann den silbergrauen Fiat. Ich erinnerte mich, daß Dreher mir anläßlich unserer letzten Begegnung im ›Westminster‹ paradoxerweise unterstellt hatte, es handele sich bei ihnen um ›meine Leute‹. Ob außer den Fahrern noch andere Männer in den Wagen saßen, konnte ich von hier aus nicht feststellen. Eine kurze Weile wußte ich nicht mehr, was tun. Das Taxi für Claudine hatte ich in die Tiefgarage bestellt, weil ich ihre Abreise vor dem Hotelpersonal geheimhalten wollte. Zu Ardigo hatte ich nichts davon gesagt, daß ich Wert darauf legte, in der Tiefgarage abgeholt zu werden. Und wieso überhaupt schickte er uns ein Taxi? Ein Taxi hätte ich mir auch selbst kommen lassen können. Er hatte ja auch nichts von einem Taxi gesagt, er hatte gesagt: Wir holen Sie selbstverständlich ab. Wer wir, wenn nicht er selbst? Während ich noch darüber nachdachte, fiel mir ganz unvermittelt wieder ein, was Feuerstein mir über die spätabendlichen Geschehnisse vor Bellonis Haustür in Nizza erzählt hatte, als es zu dem Feuergefecht zwischen Insassen der beiden Autos gekommen war. Vielleicht war es mir sogar schon eingefallen, als ich Ardigos Einladung zugestimmt hatte und unwillkürlich an mein vorangegangenes Gespräch mit Emilio erinnert worden war. Nur daß sich diese Assoziationen mehr in meinem Unterbewußtsein als an der Oberfläche meiner intellektuellen Wahrnehmungen abgespielt hatten. Auch als ich jetzt zum Hörer griff und Cerolis Nummer wählte, handelte ich mehr intuitiv als einer überlegten Absicht folgend. In seinem Büro meldete sich jedoch niemand mehr. Ich suchte in meinem Notizbuch nach seiner privaten Rufnummer, und diesmal hatte ich Glück; er war selbst am Apparat. Ich sagte: »Entschuldigen Sie, daß ich Sie noch einmal störe, aber es ist möglich, daß wir uns etwas länger in Zürich aufhalten werden. Sobald wir dort alles erledigt haben, melden wir uns bei Ihnen, Signor Ceroli, aber ich habe ein kleines Problem, bei dem Sie mir helfen könnten.«

»Sie wissen, daß ich Ihnen immer gerne zu Diensten stehe, Signorina«, sagte er. »Was kann ich für Sie tun?«

Ich zögerte ein paar Augenblicke lang. »Es klingt vielleicht mysteriös, aber ich habe meine dringenden Gründe dafür. Ich möchte, daß in der Hotelhalle ausgerufen wird, daß für Signor Belloni in der Tiefgarage ein Taxi eingetroffen ist. Sie dürfen aber, wenn Sie mit der Rezeption telefonieren, Ihren Namen nicht nennen. Würden Sie das für mich erledigen?«

Für eine kurze Weile blieb seine Stimme weg; dann hörte ich ihn verwundert auflachen. »Das klingt wirklich etwas mysteriös, Signorina, aber ich respektiere Ihre Gründe. Wann soll ich anrufen?«

»Jetzt gleich«, sagte ich. »Sind Sie im Laufe des Abends zu erreichen?«

»Ich bin den ganzen Abend hier.«

»Dann melde ich mich später noch einmal. Ich lege jetzt auf, damit Sie gleich das Hotel anrufen können.«

Ich beendete das Gespräch. Zu Piera, die mir, einen verständnislosen Ausdruck im Gesicht, zugehört hatte, sagte ich: »Ich weiß nicht, ob Jochen Ihnen schon einmal von Belloni erzählt hat. Er war einer der Männer, die ihn in Rom entführt haben.«

Sie wurde blaß. »Belloni, das ist doch der Mann, der Ihnen in den Abruzzen zur Flucht verholfen hat. Was tut der hier?«

Daß dieses üble Gerücht von mir selbst in die Welt gesetzt worden war, ließ es auch nicht besser werden. Ich sagte: »Vielleicht ist er gar nicht hier, aber einige Männer, die sich ebenso für ihn wie für mich und Jochen interessieren, sind uns von Nizza aus bis hierher gefolgt.«

»Davon hat Jochen mir aber nichts erzählt«, sagte sie, sichtlich betroffen.

»Er weiß es selbst noch nicht«, sagte ich und ging zu ihm hin. Er schien tatsächlich zu schlafen. Ich trat wieder ans Fenster und sagte: »Jochen wird Ihnen nichts davon erzählt haben, um Sie nicht zu ängstigen. Wir hatten es in Frankreich auch noch mit anderen Leuten zu tun. Einem von ihnen bin ich zuletzt im ›La Malmaison‹ . . .«

Ich brach ab und beobachtete einige Männer, die plötzlich aus dem Hotel kommend über die Straße rannten. Ich zählte insgesamt fünf. Drei von ihnen rissen die Türen des Citroën auf und sprangen hinein. Die beiden anderen nahmen in dem silbergrauen Fiat Platz. Wegen des starken Verkehrs auf der Via Galvani dauerte es eine Weile, bis sie aus ihren Parkplätzen ausscheren konnten. Dann kurvten sie hintereinander mit durchdrehenden Rädern über die Straße, schleusten sich in den Gegenverkehr ein und waren wenig später aus meinem Blickfeld verschwunden. Ich trat vom Fenster zurück, ließ mich in einen Sessel fallen und schloß mit angehaltenem Atem die Augen. Ich öffnete sie erst wieder, als Schüsse an meine Ohren drangen. Sie hören sich so weit entfernt an, daß ich sie, wäre ich nicht darauf gefaßt gewesen, vielleicht gar nicht beachtet hätte. Piera jedenfalls schien sie nicht zu beachten, sie saß noch immer am Tisch und hielt den Scheck in der Hand. Die Schüsse dauerten an, ich meinte, auch Maschinenpistolen herauszuhören. Wie eine Maschinenpistole klang, wußte ich nur aus Filmen; sie hörten sich an, als ratterten irgendwo im Haus Preßlufthämmer. Dann drangen auch Stimmen an meine Ohren, Angstschreie und lautes Rufen. Diesmal hatte auch Piera sie gehört, sie sagte bestürzt: »Da muß auf der Straße etwas passiert sein, Signorina. Vielleicht ein Unfall.« Sie sprang auf die Beine und lief zum Fenster. Ich beobachtete, wie sie es öffnete und sich hinausbeugte. Jetzt waren die Schüsse und das Rattern noch besser zu hören, auch das Rufen und das Schreien, erregte Stimmen, Fragen und Antworten, die jedoch nur undeutlich heraufdrangen. Gleich darauf tat es einen dumpfen Schlag, dem das Geräusch splitternden Glases und quietschender Autoreifen folgte. Piera wandte mir das Gesicht zu und sagte einige Worte, die jedoch wegen des andauerndes Lärms nicht zu verstehen waren. Auch Jochen schien davon wachgeworden zu sein. Er fragte plötzlich: »Ist es schon soweit?«

Ich ging wieder zu ihm hin und sah, daß er die Augen geöffnet hatte. »Hast du geschlafen?« fragte ich. Er blickte mich an und bewegte die Lippen, ohne etwas zu sagen. Sein eigenartiges Verhalten beunruhigte mich so sehr, daß ich für nichts anderes mehr Augen und Ohren hatte. Ich setzte mich neben ihn auf die Couch: »Was ist los mit dir, Jochen? Kannst du wieder nicht richtig sehen?«

Er schüttelte den Kopf und fragte: »Warum redest du so leise? Ich kann dich überhaupt nicht verstehen.«

Wegen des Lärms hatte ich sogar sehr laut mit ihm gesprochen. Wenn er mich nicht verstanden hatte, dann konnte er auch nicht durch die Geräusche von der Straße geweckt worden sein. Der Gedanke, seine Kopfverletzung könnte nicht nur das Sehvermögen, sondern auch noch sein Gehör in Mitleidenschaft gezogen haben, war so schrecklich, daß ich kein einziges Wort herausbrachte. Ich beugte mich zu ihm nieder, legte den Kopf auf seine Schulter und streichelte sein Gesicht. Ich hatte kein Gefühl dafür, wie lange ich so neben ihm saß. Irgendwann hörte ich ihn fragen: »Was ist das für ein Krach da draußen?«

Ich bezog seine Frage auf das durchdringende Geheul einiger Sirenen, die entweder von Polizei- oder Krankenwagen stammen mußten. Ich hatte sie schon kurz zuvor aus größerer Entfernung vernommen. Jetzt schienen die Wagen bereits in unmittelbarer Nähe des Hotels zu sein. Das Gehämmer der Maschinenpistolen war inzwischen verstummt. Ich stand rasch auf und trat zu Piera ans Fenster. Das sich mir bietende Bild ließ mir den Atem stocken. Während die ganze Via Galvani, soweit ich sie vom Fenster aus überschauen konnte, von kreuz und quer stehenden Autos verstopft war, drängten sich gegenüber dem Hotel auf dem jenseitigen Gehweg einige Dutzend Schaulustige und blickten über die Straße hinweg. Als ich mich aus dem Fenster beugte, sah ich unmittelbar vor der Einfahrt zur Tiefgarage zwei ineinander verkeilte Wagen stehen; in einem von ihnen erkannte ich den silbergrauen Fiat. Daneben, in einer sich rasch ausbreitenden Lache frischen Blutes, lagen die leblosen Körper von zwei Männern am Boden. Ein halbes Dutzend mit Maschinenpistolen ausgerüsteter Carabinieri hielten ihre Waffen auf die Garageneinfahrt gerichtet. Ihre Fahrzeuge mit den eingeschalteten Warnleuchten waren auf dem diesseitigen Gehweg abgestellt. Vielleicht hatten sie ihn wegen der verstopften Straße auch schon für die Anfahrt benutzt. Der Anblick der leblosen Körper und des frischen Blutes drehten mir beinahe den Magen um. Ich trat rasch vom Fenster weg. Dann sah ich Jochen neben der Couch stehen. Er stützte sich mit einer Hand auf eine Stuhllehne und schickte sich gerade an, zu uns ans Fenster zu kommen. Obwohl ich selbst das Bedürfnis hatte, mich irgendwo aufzustützen, lief ich zu ihm hin, zog ihn neben mich auf die Couch und sagte: »Das ist in deinem Zustand kein Anblick für dich, Jochen. Zwei Autos sind vor dem Hotel zusammengestoßen.« Zu Piera sagte ich: »Schließen Sie das Fenster. Es ist nicht gut für ihn, wenn er das alles mitbekommt. Haben Sie sehen können, was passiert ist?«

Sie schloß das Fenster und sagte mit schreckensblassem Gesicht. »Nur das, was vor der Garage passiert ist, Signorina. Als ich hinausschaute, standen schon ein Haufen Leute auf der anderen Straßenseite. Dann kam plötzlich das silbergraue Auto im Rückwärtsgang aus der Garage geschossen und prallte mit einem anderen zusammen, das gerade vorbeifuhr. Es ging alles so schnell, ich habe es gar nicht richtig verfolgen können. Zwei der Männer, die in dem Fiat saßen, müssen schon vorher tot gewesen sein. Als die Carabinieri die Türen öffneten, fielen sie auf die Straße. Ich glaube, es saßen aber noch zwei Männer im Wagen. In der Garage wurde noch immer geschossen. Es hörte erst auf, als einige der Carabinieri in die Garage feuerten und dann hineinliefen. Was kann da nur passiert sein?«

»Wir werden es sicher bald erfahren«, sagte ich und blickte Jochen an. Er saß, die Ellbogen auf die Knie gestützt und das Gesicht in den Händen vergraben, in verkrümmter Haltung neben mir. Ich legte einen Arm um seine Taille und fragte: »Willst du eine Schmerztablette, Jochen? Ich habe welche in der Handtasche.«

Er schüttelte, ohne die Hände vom Gesicht zu nehmen, den Kopf.

»Oder willst du etwas essen?« fragte ich. »Es wird noch eine Weile dauern, bis wir abgeholt werden. Ich könnte uns etwas heraufkommen lassen.« Weil er nur wieder den Kopf schüttelte, fragte ich Piera: »Sie auch nicht?«

»Mir ist der Appetit vergangen«, sagte sie und nahm in einem Sessel Platz. Sie zündete sich mit fahrigen Bewegungen eine Zigarette an und sagte: »Hoffentlich ist mit dem Pininfarina nichts passiert. Wenn er bei dem Feuergefecht in der Garage etwas abbekommen hat, kann ich vielleicht gar nicht mit ihm heimfahren. Ob man schon hinuntergehen und einmal nachschauen kann?«

»Versuchen Sie es doch«, sagte ich. »Wenn die Carabinieri in der Garage sind, kann es ja nicht mehr gefährlich sein.«

Sie drückte die kaum angerauchte Zigarette aus. »Vielleicht haben Sie recht. Wenn der Wagen noch in Ordnung ist, würde ich, solange es noch hell ist, am liebsten gleich losfahren. Oder möchten Sie gerne, daß ich noch hierbleibe, bis Sie abgeholt werden?«

»Das ist nicht nötig. Es kann sehr spät werden, bis der Wagen kommt. Sie müßten dann entweder mitten in der Nacht heimfahren oder bis morgen früh hierbleiben.«

Sie stand rasch auf. »In diesem Hotel möchte ich keine einzige Nacht mehr verbringen. Ich bin gleich wieder hier, Signorina.«

Ich hatte noch immer den Arm um Jochens Taille liegen. Als Piera das Zimmer verließ, nahm er die Hände vom Gesicht und fragte: »Wie spät haben wir eigentlich?«

»Halb acht. Was machen deine Augen?«

»Schlecht. Wie lange müssen wir noch warten?«

»Bis Dr. Persico anruft. Er holt uns ab. Wir fliegen nicht mit einer Linienmaschine, Jochen. Er will uns einen Rettungshubschrauber besorgen. Das ist viel besser für dich. Vielleicht fliegt ein Arzt mit. Sobald wir in Zürich den genauen Befund kennen, sehen wir weiter. Falls du eine längere Behandlung brauchst, bist du in einer guten Privatklinik besser aufgehoben.«

Er wandte mir das Gesicht zu. »Du hättest die Verträge nicht unterschreiben dürfen, Marianne. Wenn bekannt wird, was mit mir los ist, müssen wir das Geld zurückgeben.«

»Das müssen wir nicht«, sagte ich. »Aber vielleicht können wir uns nicht lange in der Schweiz aufhalten. Ich werde mich in Zürich erkundigen, welche Möglichkeiten es sonst noch gibt. Wenn wir eine gute Klinik außerhalb Europas finden und die Ärzte keine Einwände haben, fliegen wir nach Marseille und fahren von dort aus mit dem Schiff weiter. Eine Schiffsreise wird dir vielleicht sogar guttun. Man wird dich sicher auch ambulant behandeln können. Dann mieten oder kaufen wir uns in der Nähe der Klinik ein Haus in einer schönen Umgebung. Wärst du damit einverstanden?«

Statt mir zu antworten, fragte er: »Wo ist Piera?«

»Sie holt den Pininfarina aus der Garage; ich habe ihr gesagt, daß sie ihn für die Heimreise benutzen kann. Sie will noch heute abend zu ihren Eltern fahren. Du hast doch nichts dagegen?«

»Ich bin froh, wenn sie weg ist«, sagte er. »Als du bei Ceroli warst, hat sie mich dauernd angesehen, als läge ich bereits im Sterben.« Er lehnte den Kopf an meine Schulter. »Ich habe kaum mehr Schmerzen, Marianne. Nur mit den Augen wird es nicht besser, im Gegenteil. Ich sehe jetzt nicht mehr doppelt, aber alles nur noch ganz verschwommen.«

»Das hattest du doch auch im Flugzeug schon.«

»Aber nicht so schlimm. Ich kann jetzt nicht einmal mehr dein Gesicht deutlich sehen. Es war ein Fehler, nach Madrid zu gehen. Ich hätte auf dich hören sollen. Sie hatten es diesmal darauf abgesehen, mich fertigzumachen. Nicht nur die Zuschauer, es waren auch die Spieler. Sie haben keine Gelegenheit ausgelassen, mir, wenn ich mit dem Ball am Boden lag, gegen den Kopf und in den Körper zu treten. Als wären sie von irgendwem dafür bezahlt worden.«

»Vielleicht wurden sie sogar dafür bezahlt«, sagte ich. »Ich rede nur rasch mit der Rezeption, damit man unsere Rechnung fertig macht.«

Ich griff zum Telefon; es dauerte diesmal ungewöhnlich lange, bis sich eine Männerstimme meldete. Als ich darum bat, mir die Rechnung auf das Zimmer zu schicken, merkte ich, daß ich mit dem Direktor sprach; er fragte, mit bestürzt klingender Stimme: »Sie wollen uns schon verlassen, Signorina?«

»Leider«, sagte ich. »Es hat sich ergeben, daß Signor Schimazek noch heute abend nach Zürich fliegen muß. Er wird dort zu dringenden Gesprächen erwartet. Was war das für eine Schießerei?«

»Wir wissen es selbst noch nicht genau, Signorina. Für unser Hotel ist das eine ganz schlimme Sache; einige der in der Garage stehenden Gästeautos sollen beschädigt worden sein.«

»Dann waren also Hotelgäste darin verwickelt?«

»Das ist noch nicht so sicher, Signorina. Bisher ließ sich nur feststellen, daß einige der Männer, die bei dem Feuergefecht getötet oder verwundet wurden, sich kurz zuvor noch im Vestibül aufgehalten haben. Nach den bisherigen Ermittlungen waren die Insassen von insgesamt vier Fahrzeugen daran beteiligt. Vielleicht ein Bandenkrieg, und das ausgerechnet in unserem Hotel. Sie entschuldigen mich jetzt, Signorina. Hier geht alles drunter und drüber. Die Rechnung lasse ich Ihnen sofort hinaufbringen. Ich hoffe, Sie haben sich trotz dieser bedauerlichen Geschehnisse in unserem Hotel wohl gefühlt.«

»Doch, es war sehr gemütlich bei Ihnen«, sagte ich. »Bei unserem nächsten Besuch in Mailand werden wir uns gerne an Sie erinnern.«

»Darüber wäre ich sehr glücklich, Signorina.«

Jochen fragte: »Mit wem hast du so lange gesprochen?«

»Mit dem Hoteldirektor. Er wollte mich dazu überreden, noch etwas länger hierzubleiben.«

Ich blickte Piera an, die im gleichen Moment zur Tür hereinkam. Sie sah jetzt noch blasser aus als vorhin. »Es war furchtbar«, sagte sie. »Wenn ich gewußt hätte, wie es da unten aussieht, ich wäre bestimmt nicht hinuntergegangen. Die ganze Garage ist voll von Krankenwagen; überall stehen Bahren mit Toten und Schwerverletzten. Ich konnte nur einen kurzen Blick hineinwerfen; ein Carabinieri hat mich gleich wieder zurückgedrängt, obwohl ich ihm sagte, daß ich meinen Wagen in der Garage stehen habe. Ich bin dann an die Rezeption gegangen und habe gesagt, daß ich ihn unbedingt brauche. Man hat mir versprochen, ihn, wenn er nicht beschädigt wurde, aus der Garage zu holen. Den Schlüssel habe ich unten abgegeben. Ich finde das alles irgendwie sehr merkwürdig.«

Auch ihre Art, mich dabei anzusehen, war irgendwie merkwürdig; ich fragte: »Was finden Sie merkwürdig daran?«

»Ich bin auch nicht auf den Kopf gefallen, Signorina«, sagte sie. »Als ich an der Rezeption war, hörte ich zufällig ein Gespräch zwischen zwei Gästen mit, die wegen des Vorfalls nicht länger im Hotel bleiben wollten. Einer von ihnen war kurz nach sieben Uhr mit seinem Wagen in die Garage gekommen. Dabei fielen ihm zwei mit Männern besetzte Autos auf, die hinter ihm in die Garage fuhren. Diese Männer stiegen aber nicht aus, sondern blieben im Wagen sitzen, als warteten sie auf etwas. Nachher stellte sich dann heraus, daß sie an dem Feuergefecht beteiligt waren.«

»Benutzten sie einen dunkelroten Citroën und einen silbergrauen Fiat?«

»Eben nicht; die müssen erst etwas später hinzugekommen sein. Zwischen ihnen und den anderen, die schon unten waren, kam es dann zu dem Feuergefecht. Der Hoteldiener . . .« Sie brach ab und blickte mich prüfend an. »Woher wissen Sie überhaupt, was für Autos das waren?«

»Von dem silbergrauen Fiat haben Sie mir selbst erzählt«, sagte ich. »Der Citroën fiel auch mir auf, weil er schon seit über einer Stunde vor dem Hotel stand und mit Männern besetzt war. Sie wollten noch etwas von einem Hoteldiener sagen.«

Sie nickte. »Er bekam vom Geschäftsführer den Auftrag, den Pininfarina aus der Garage zu holen. Bevor er hinunterging, erzählte er mir noch, daß in den beiden Wagen, die später hinzukamen, Italiener, und in den beiden anderen Deutsche saßen. Aber keine aus Westdeutschland.«

»Was stört Sie daran?«

»Mich gar nichts«, antwortete sie. »Mir ist, als ich das hörte, nur wieder eingefallen, was Sie mir kurz zuvor über Belloni und die anderen Leute gesagt haben, die sich für Jochen interessieren. Dann noch ihr eigenartiger Anruf bei Signor Ceroli.«

»So eigenartig fand ich den eigentlich gar nicht«, sagte ich. »Außerdem: In Italien wird doch beinahe täglich irgendwo auf irgendwen geschossen. Das müßten Sie eigentlich viel besser wissen als ich.«

Das Telefon läutete. Dr. Persico war am Apparat; er sagte: »In etwa einer Stunde, Signorina. Ich muß Sie allerdings darauf aufmerksam machen, daß es sich um einen Hubschrauber des italienischen Automobilclubs handelt und daß man Ihnen die volle Gebühr für den Transport berechnen wird. Ein Rettungshubschrauber des Roten Kreuzes stand in der Kürze der Zeit und wegen des weiten Flugs nicht zur Verfügung. Wie geht es Signor Schimazek?«

Mit Rücksicht darauf, daß Piera mir zuhörte, antwortete ich: »Sein Zustand hat sich nicht verschlimmert. Ich weiß wirklich nicht, was ich ohne Ihre Hilfe getan hätte, Dr. Persico. Ist es möglich, daß ein Arzt mitfliegt?« – »Auch dafür ist gesorgt«, antwortete er. »Ein junger Unfallarzt des Automobilclubs wird Sie begleiten; ich habe glücklicherweise sehr gute Verbindungen dorthin. Bis später, Signorina.«

Eigentlich hatte ich ihn noch auf die Geschehnisse in der Tiefgarage vorbereiten wollen, aber bis zu seinem Eintreffen würden die Carabinieri vielleicht ihre gröbste Arbeit erledigt haben.

Kaum daß ich den Hörer aufgelegt hatte, rief die Rezeption wieder an. Eine Signorina teilte mir mit, daß der Pininfarina keinen Schaden erlitten habe und fahrbereit vor dem Hotel stünde. Zum Glück hatte Piera noch nicht alle Kleider ausgepackt, so daß sie innerhalb weniger Minuten reisefertig war. Vom Fenster aus vergewisserte ich mich davon, daß sich der Verkehrsstau auf der Via Galvani allmählich auflöste. Die Unfallwagen und die beiden Toten konnte ich nicht mehr sehen. Nur die neugierigen Zuschauer auf der anderen Straßenseite standen noch dort; es waren jetzt sogar noch mehr geworden. Zwei eben aus der Tiefgarage rollende Krankenwagen fuhren mit heulender Sirene davon. Ich blickte ihnen empfindungslos nach.

Pieras Abschied verlief nicht ohne Peinlichkeit. Als sie sich zu Jochen niederbeugte, um ihn zu küssen, drehte er rasch das Gesicht zur Seite. Nur das gleichzeitige Eintreffen des Hoteldieners, der ihr Gepäck holen kam, ließ es nicht noch peinlicher werden. Ich begleitete sie bis auf den Flur und sagte: »Es war sicher nicht so gemeint von ihm, Piera. Wenn Sie ihn in Zürich besuchen, wird er sich bestimmt darüber freuen.«

»Ich weiß gar nicht, was er plötzlich gegen mich hat«, sagte sie. »Ich habe ihm doch nichts getan.« Sie hatte Tränen in den Augen. Obwohl sie es nicht verdient hatte, tat sie mir leid; ich sagte: »Sie müssen verstehen, wie ihm zumute ist. In diesem Zustand reagiert man oft anders, als man will.« Ich hielt ihr die Hand hin. »Kommen Sie gut nach Hause, Piera. Wir werden uns ja bald wiedersehen.«

Sie ergriff meine Hand und sagte: »Ich habe mich noch nicht einmal bei Ihnen bedankt, Signorina.«

»Das brauchen Sie auch nicht«, sagte ich. »Ich verdanke Ihnen genausoviel wie Sie mir.«

Sie blickte mich verwundert an. »Das verstehe ich nicht, Signorina.«

»Es ist auch sehr schwer zu erklären«, sagte ich und ließ ihre Hand los. Noch ehe ich richtig im Zimmer war, läutete das Telefon schon wieder. Ich nahm es ab und fragte, ohne mir etwas dabei zu denken: »Sind Sie es, Ardigo?«

»Ja, Marianne«, antwortete er. »Sie sind noch immer im Hotel?«

»Wie Sie hören«, sagte ich. »Der angebliche Taxifahrer und seine Begleiter, die Sie uns schickten, sind in der Tiefgarage in eine Schießerei verwickelt worden. Haben sie sich noch nicht bei Ihnen gemeldet?«

»In eine . . .« Er sprach nicht weiter. Ich fragte: »Sind Sie noch da?«

Seine Antwort erfolgte erst, als ich meine Frage wiederholte; er sagte, mit stark veränderter Stimme: »Ich verstehe nicht, wovon Sie reden, Marianne. Der Fahrer, den wir Ihnen geschickt haben, war allein. Sie sagten, er sei in eine Schießerei verwickelt worden.«

»Es sieht so aus«, sagte ich. »Hoffentlich ist ihm und den anderen nichts passiert, aber das werden Sie ja sicher erfahren. Wir haben noch die Carabinieri im Haus. Vielleicht wissen die, was aus ihnen geworden ist. Soll ich mich mal bei ihnen erkundigen?«

Ich legte auf, ohne seine Antwort abzuwarten, und weil ich schon einmal beim Telefonieren war, rief ich gleich noch Ceroli an und sagte: »Hier im Hotel hat in der Tiefgarage ein Feuergefecht stattgefunden,

Signor Ceroli. Ich wollte Ihnen nur rasch sagen, daß weder Schimazek noch ich davon betroffen wurden. Wenn Sie also morgen in der Zeitung etwas davon lesen, so brauchen Sie sich unseretwegen keine Sorgen zu machen. Ich rufe Sie von Zürich aus wieder an. Wir fliegen noch heute abend.«

Er fragte nach einer kleinen Pause: »Ist das alles, was Sie mir noch sagen wollten, Signorina?«

»Ja«, sagte ich. »Wir hatten in Italien einige Probleme, aber die scheinen jetzt gelöst zu sein.«

»Probleme mit Signor Belloni?« fragte er.

»Mit dem auch«, sagte ich. »Sie haben mir mit Ihrem Anruf einen großen Dienst erwiesen. Ich möchte mich bei dieser Gelegenheit auch noch einmal für alles andere bedanken. Sie sind ein ebenso guter Anwalt wie Notar. Ich werde Sie allen meinen Bekannten empfehlen.«

Er lachte leise. »Lieber nicht, Signorina. Ich bin mir nicht ganz sicher, ob ich sie auch alle zu meinen Klienten haben möchte. Übrigens erzählten mir die Mr. Thorn und Miller, sie hätten es noch nie mit einem so knallharten Vertragspartner zu tun gehabt wie mit Ihnen.«

»Das sagten sie doch nur, weil ich eine Frau bin«, antwortete ich. »Wenn man sich als Frau unter Männern behaupten will, dann muß man genauso denken, handeln und empfinden lernen wie sie.«

Er lachte wieder. »Ein Glück für mich, daß meine Frau unser Gespräch nicht mithört, Signorina Neumann. Ich wünsche Ihnen einen guten Flug.« Ich bedankte mich.

Als ich zu Jochen zurückkam, lag er wieder auf der Couch und wandte mir das Gesicht zu. Er fragte: »Mit wem hast du telefoniert?«

»Mit Ceroli und Ardigo.« Ich setzte mich zu ihm, griff nach seiner Hand und sagte: »Das Schlimmste haben wir jetzt überstanden, Jochen. Von nun an werden wir nur noch an uns selbst denken. Wie geht es deinen Augen jetzt?«

Statt mir zu antworten, zog er meine Hand an den Mund und murmelte: »Wirst du mich verlassen, wenn ich nicht mehr spielen kann?«

Ich fragte schockiert: »Wie kommst du nur auf einen solchen Blödsinn?«

»Weil wir jetzt allein sein werden«, sagte er. »Du weißt ja, wie die Leute sind. In spätestens vier Wochen haben sie uns wieder vergessen.«

Ich beugte mich zu ihm nieder, küßte ihn und sagte: »Uns beide werden sie bestimmt nicht vergessen, Jochen.«